泰州文獻

第四輯

陸吴州集
宫侍御奏疏
中翰公未刻稿
木田詩鈔
映日堂詩
恕堂詩
墨華詞
金臺偶存
拄笏樓詩

鳳凰出版社

ISBN 978-7-5506-2285-2

9 787550 622852

圖書在版編目（CIP）數據

木田詩鈔、恕堂詩、拄笏樓詩等 / （清）張丕揚等撰
-- 南京 : 鳳凰出版社, 2015.10
（泰州文獻）
ISBN 978-7-5506-2285-2

Ⅰ. ①木… Ⅱ. ①張… Ⅲ. ①古籍－彙編－泰州市－清代 Ⅳ. ①Z424.9

中國版本圖書館CIP數據核字(2015)第252784號

責任編輯　王愛榮
裝幀設計　姜　嵩
出版發行　鳳凰出版傳媒股份有限公司
　　　　　鳳凰出版社(原江蘇古籍出版社)
　　　　　發行部電話025－83223462
出版社地址　南京市中央路165號　郵編:210009
出版社網址　http://www.fhcbs.com
印　　刷　揚州文津閣古籍印務有限公司
　　　　　揚州市開發區鴻揚路22-2號(6幢)　郵編:225009
開　　本　889毫米×1194毫米　1/16
印　　張　38
版　　次　2015年10月第1版　2015年10月第1次印刷
標準書號　ISBN 978-7-5506-2285-2
定　　價　560.00圓
(本書凡印裝錯誤可向承印廠調換,電話:0514－87969255)

《泰州文獻》工作委員會

主　任　藍紹敏　陸志鵬

常務副主任　盧佩民

副 主 任　戴勝利　王學鋒　張培成　佘江涛

委　員（按姓氏筆畫为序）

丁少華　方標軍　成愛君　季春芳　周興安

查學斌　姜小青　奚愛國　陳士宏　黄林華

曹茂良　曹學賦　許大才　張國祥　萬永良

程榮穩　鄒祥龍　費振鐘　劉　玲　劉仁前

劉宏鳴　潘時常　薛金林　顧維中

《泰州文獻》編纂委員會

主　編

盧佩民

副主編

黄林華　姜小青

執行主編

成愛君　費振鐘

編　委（按姓氏筆畫为序）

王　飛　王　劍　王正奎　卞惠興　朱長順　全　勤

李文華　李明官　吴　迪　吴小晴　吴雙林　汪　政

沈　俊　林世田　莫其康　倪培翔　徐一清　徐同華

高　峰　陳　立　黄　靖　曹學林　常　康　張　定

張永龍　劉仁前　劉春龍　潘浩泉　薛　飛　謝冬榮

竇立成　顧寄南

《泰州文獻》學術指導委員會

（按姓氏筆畫为序）

江慶柏　金良年　茅家琦　華學誠　徐　雁　畢飛宇

程章燦　楊九俊　魯國堯　劉玉才　顧　農

總序

泰州古稱海陵，漢初（公元前一一七年）置縣，晋末（公元四一一年）設郡，南唐（公元九三七年）建州，始稱泰州。

泰州濱江近海，物阜民豐。漢唐以來，糧鹽並舉，商貿繁榮，爲溝通南北的重要港口城市。

泰州素爲文教昌明之邦。唐初立州學，北宋建貢院，明清開學政試院，産出大批科舉優秀人才。

泰州自古人文薈萃。走進泰州的，從范仲淹、富弼、陸佃，到孔尚任、吴讓之、蔣春霖，都留下深遠影響。走出泰州的，從張懷瓘、胡瑗、施耐庵、王艮，到李清、吴嘉紀、柳敬亭、黄龍士、李鱓、鄭燮、劉熙載、李詳、梅蘭芳、高二適，都在各自領域爲中國文化作出巨大貢獻。

泰州遺存的文獻也很豐富。僅據《江蘇藝文志》所載，便有二千七百餘種，涵蓋經、史、子、集的方方面面。其中，尤以明清時期爲夥，占到百分之九十九以上。這當中不排除由於種種原因，致使元以前的一些著述湮没無聞，但明清兩代，確是泰州文化的繁盛期。在這些文獻中，如《書斷》（張懷瓘）、《水滸傳》（施耐庵）、《王心齋先生遺集》（王艮）、《宗子相集》（宗臣）、《陋軒詩集》（吴嘉紀）、《板橋全集》（鄭燮）、《藝概》（劉熙載）、《李審言文集》（李詳）、《黄龍士先生棋譜》等，在中國文化史上都有重要地位和深遠影響。

與此同時，對鄉邦文獻進行整理的也代不乏人。自宋至清，周氏（周麟之等）、宫氏（宫偉鏐等）、陳氏（陳應芳等）、徐氏（徐鳴柯等）等都曾致力其事，爲泰州留下了許多寶貴的文化財富。清嘉道間，鄉人夏荃編輯《海陵文徵》二十卷、附録十二卷，《海陵詩徵》十卷。民國初年，曾任江蘇省省長的鄉人韓國鈞歷經十餘年編成《海陵叢刻》計二十三種六十六册。

二〇一一年九月召開的中共泰州市第四次代表大會，提出了建設文化名城的任務。爲此，中共泰州市委、泰州市人民政府決定編纂《泰州文獻》。這是泰州有史以來對本土文獻最大規模的整理和彙編。它對於保存、利用、研究和開發泰州的歷史文化，尋繹泰州獨特的地方文化價值，爲泰州文化建設提供歷史人文資源，意義重大。

爲了保證編纂工作的順利進行，市委、市政府專門成立了工作委員會、編纂委員會和學術指導委員會。工作委員會由市委、市政府領導和相關部門負責同志組成，負責對編纂工作的領導和協調。編纂委員會由相關專家、學者組成，具體負責《泰州文獻》的編纂出版工作。學術指導委員會由江慶柏、魯國堯、程章燦、茅家琦、華學誠、徐雁、金良年等國内知名文史專家組成，負責對編纂工作的指導和把關。

編纂工作按如下幾個步驟進行：（一）進行文獻調查，建立文獻檔案；（二）精選有代表性、有學術價值的作品影印出版，選目由編纂委員會和學術指導委員會共同審議確定；（三）編輯出版《泰州文獻總目》。

《泰州文獻》分爲四輯：

第一輯『官修舊志』，收録泰州地區現存所有官修地方志。

第二輯『地方史料文獻』，收録泰州地區歷代重要的筆記和史料。按内容又可分爲史地類：收録有關泰州歷史地理方面的著作，包括小志、專志、雜志等；政情類：收録有關泰州政治、經濟等方面的著作；文教類：收録有關文化、教育、圖書館等方面的著作。

第三輯『家族文獻』，收録泰州地區重要的家譜、家傳、家集與名人年譜。按内容又可分爲家乘傳記類：擇要收録泰州家族譜牒中的譜序、家規、家訓、箴言、族約、族記、祠田記、塋田記、雜記、著述等資料；家族總集類：以家族姓氏筆畫爲序。

第四輯『泰州文存』，收録泰州地區作者的詩文著作及其他代表性著作。按内容又可分爲學術論著類：收録泰州作者的經史雜著；文集類：收録泰州作者的詩文集；地方總集類：收録泰州作者的詩文合集。考慮到《水滸傳》、《封神演義》（《辭海》云『一説陸西星作』）、《檮杌閑評》（學界多謂李清所作）等小説流傳甚廣，版本豐富，故不再收録。其他如堪輿、術數類著作，泰州人撰泰州地區以外的地方志、地理志類著作，一般性的彙編、摘鈔類著作，亦不予收録。

《泰州文獻》原則上收録現轄區内的作家作品。但從尊重歷史出發，泰州學派創派人物、明代思想家、哲學家王艮，平民詩人吴嘉紀等人，歷史上均屬於泰州地區，對泰州地區具有深遠的文化影響，他們的作品亦予收録。

前人給我們留下了豐厚的文化遺産，我們既要加以珍視和傳承，更要在前人的基礎上，創造出無愧於今天這個偉大時代的新篇章。這是我們更重要的使命，讓我們爲之努力。

《泰州文獻》編纂委員會

二〇一三年十月十八日

凡例

一、《泰州文獻》（以下簡稱《文獻》）分爲《官修舊志》、《地方史料文獻》、《家族文獻》和《泰州文存》四輯。

二、《文獻》收録範圍原則上爲現行政轄區内作者的著述和與泰州有關的重要著述，但考慮到歷史上曾屬於泰州地區的人物，如泰州學派的代表人物王艮、平民詩人吴嘉紀等對泰州文化深具影響，對他們的作品亦予收録。

三、所收著作成書年代限於一九四九年以前。

四、《文獻》所收著作，以學術價值、使用價值較高爲原則，適當兼顧版本價值。

五、《文獻》以影印方式出版。如有蠹損、殘缺、漫漶不清處，原則上以相同版本予以補配，以保證完整、清晰。

六、《文獻》對所收每種著作均撰寫提要，置於該著作前面，以方便讀者瞭解作者生平、主要内容、學術價值等。

七、《文獻》除保留所收著作原有頁碼外，均新編頁碼，每册頁碼自爲起訖。

八、《文獻》最後一册編有書名索引和作者索引，以方便讀者使用。

目録

陸吴州集

（清）陸舜 撰

《陸吴州集》不分卷，清陸舜撰，據清刻本影印。

陸舜（一六一四—一六九二），字元升，號吴州，江蘇泰州人。康熙三年（一八六四）進士，十二年官浙江學使。康熙十七年，舉博學鴻儒科，以病辭。家居二十年，爲鄉里所敬重。咸豐《海安縣志》卷六，載其著有《雙虹堂集》《何恃樓集》《當場文集》。

本書盡爲序作，有代人序，有書序，有壽序。從這些序中，可以看到一些作家的基本情況。如《清人詩文集總目提要》所指出的，《送張孝廉詞臣再上公車序》、《題張詞臣青樓恨傳奇序》，皆可考見清初戲曲家張幼學身世及所作傳奇概況。本書還表達了作者自己的歷史與文藝觀念，以及提倡了社會良好風氣。如《張爾弼七十壽序》贊揚了張氏才華博絶却困與世俗最終退隱的高潔品行。陸舜通過這些壽序與書序，表達了自己一以貫之的儒家思想，贊揚孝廉與有高潔品行之人，有益教化。

（張　錦）

文集卷之

泰州陸舜吴州著　男

孫　祖游天隨輯

序

擬

御製十三經序

朕惟皇祖基命用肇造我國家及我太宗仰承天麻拓疆展土奄有萬邦洪惟我幼冲人纘承丕緒受籙膺圖撫綏區夏以集祖宗之大勳用成一統之業厥惟否德忝位僭越是懼庶幾考古定憲師聖益愚近

法憲章遠通經術其或愆忘不作敢告無罪以勿替我曆年然酌古準今紛有方策羣書攸載罔弗資治抑惟是振裘挈領泝流窮源於山必求嵩華之高於水必求黃河之大且深於人必求古人之聖與古聖人之言語政事必進更與傳而求其萬世不易之常法謂之經庶其考信六藝源本三才典則孔彰以輔朕治之不逮故大學者務釋三墳五典以治八索九丘尚已其言而世爲道行而世爲法者則有十三經爲易詩書春秋禮記以及周禮儀禮論語孟子公羊穀梁孝經爾雅蓋嘗聞之易以道陰陽詩以述性情書以載政事春秋以明賞罰三禮以定名分論語有齊魯之異而宋相資之以爲治孟子有趙岐之註而唐儒宋儒師之以爲學孝經倡于河間唐京序之以爲百行之大原爾雅倡于周公子夏成之以爲九流之奧旨穀梁之無明文公羊之有隱義凡皆補左傳之缺拾麟經之遺以爲世道人心之大防故此十三經者若日月之昭回于天若江河之流行于地窮高以樹表極遠以啟疆所以百家騰躍終入環內列代開創不過範圍者也且夫經者經也言經而緯在其

中經者常也言常而變制其後我國家自天造以來禮明樂修刑清政簡百工允釐庶績咸熙所謂緯也而不考經以爲治則運世而無本也命將出師討逆伐叛兼弱攻昧取亂侮亡所謂變也而不據經以靖亂則招攜懷遠而不以德也予小子其曷敢不孜孜于古先哲王之訓與與夫古先聖賢之著作其事不師古或糠粃于政以爲祖宗羞用特取所謂十三經者壽之銅版藏諸太學以廣爲頒行俾人人務崇實學湛乎經術朝廷以之立德百官以之佐治士以之爲學庶人以之寡過庶其大猷是經先民是程潤色

我太平鼓吹我休明朕用是凝天命而揚祢烈垂萬世無斁也朕與爾諸臣其克念君師之責僉曰欽哉是爲序

靜海高中堂父榮封序

皇清既受天命居攝有年乃歸大寶　今上皇帝越六年辛卯親親政發德詔赦肆封天下文武諸臣其自勳階以上恩恭有加錫類四世雖云特降昭自職也靜海中堂代興公希其與　今上君臣相得之謚閱始終存歿不衰且特至於本身及夫人姜氏受封而外即首錫誥命於其父望雲公泊母曹太夫人又復特降昭子職也其上大父拱吾公大母蕭太夫人亦晉封又上曾大父鴻臚一峰公曾大母邢太夫人又並晉封皆昭孫職其先兩世特贈望雲公世特封並特進光祿大夫累加宮保勳階如故於戲甚盛高三世受特恩爲一時文武勳封之寵其榮顯昭代責及靈爽亦云極已乃鴻臚公慷慨任俠閭里受言得平反母邢夫人勤儉平恕獨明大義拱吾公聰敏力學母蕭夫人賢淑有聲具載高家乘不述述望雲公行略蓋以見中堂之封先世有繇其俾中堂得以肆封先世者有本也公少而孤大母邢太夫人以孀姑撫乳孫教養兼至迄於成立公微大母之教立身行已動法古人嚬笑不私直聲四訖且樂施與稱鄉長者蚤好讀書力學有年齋志未遂爰以教子彈盡

義方中堂不冠帶不敢在側其諸兒孫怒則未嘗不跽請命也卒至不發其身發其子孫故中堂取卿相陟崇階遂安今爾修亦成進士爲良吏而冢孫恒懋又丞蕆領賢書次恒豫弱冠仕州郡丞也曹太夫人克勤克儉有祖姑風其教養中堂亦如毋邢之教公者此其所由並晉皇寵而食報無疆也今公年七十餘幾八袠矣　今上覃封首先鹽茲人謂公食中堂之報抑知公之自食其報爲卽是其不爽者乎　今上之與中堂君臣之間擬乎眷顧較諸廷臣爲有差賜以玉音牓諸庭曰存心醇謹行事和平人第知爲

朝廷之美中堂不知卽公所以自立而以之教中堂者然則公既教其子爲賢宰相以與國家矣而國家卽與之爲賢宰相之父亦卽宰相也適相償爾而豈有濫歟及今封典而外兼行廕襲其曾孫某番已入監讀書列之官廕而恒豫復以新恩特廕中書令人高氏之世受國恩可謂勤且渥矣而皆由于公之孫先而啓後然則公之所以冠冕氏望者固不足滋識

送邢孝廉詞臣再上公車序

士之感意氣乘風雲者盈燕趙之間皆是也雖然士之獵名則一而齋志不同制科之有鄉試會試者一雋而爲鄉舉再雋而成進士此俗所謂兩牓者也嘗人之所薦盬心蚗而豪士夸然以爲必得者也嘗人苟得一雋而爲鄉所舉此以一雋爲已足矣豪士雖得一雋而爲鄉所舉此必以一雋爲未足也豪士而遂以一雋爲已足而總然苟就一職焉烏虖此非遲莫促之而卽饑寒驅之也夫饑寒烏足以驅人哉人自驅之耳人自驅之則亦安往而不得饑寒也者而

謂饑寒之果足以驅人哉吾子丙戌領賢書已丑舉進士不第越茲六年壁蕭蕭也不賤而貧孝廉中人稱好消息然亦不貧之貧耳而人謂爲吾子病聞有勉以明年成進士聞應遂補官不卽亦挂選爲貧仕將除別駕分守浙之烏鎮焉今辛卯冬且再上公車矣而余以一言贈行吾子壯哉夫吾子豈饑寒中人哉卽以饑寒論者有屋數椽課可以蔽風雨有田數疇收粟可以充粢飾有桑數樹食蠶可以備酈綠溪可以漁獮可以蔬秫可以釀僮婢可以給供役而肩輿可以代趨步卽較鳴鐘列鼎之家有間矣若

乙肘見腹猲而有貧士之色此亦庶幾其或免夫飢
行作吏官不過守令祿不過升斗簿書之側廉耻爲
重耳作清白吏者仍不能自給其子孫而䘏其妻妾
貧而仕豈少仕而貧乎至若一售之不如兩榜固俗
士之言然而甲之乙之朝廷之所以次第天下之士
者非無謂也明初用人不循資格草莽特簡之才徐
馮數輩而已若孝廉仕者才俊如李贄輩官秪部郎
而能剛直能幹如海瑞秦丹輩位及僉憲別駕而止
歷三品階以上者罕聞焉夫士策名登籍將以開濟
爲已任匪特邀一級之祿糊口四方而已而必登高

陸吳州集 卷之 七 雙虹堂

第躋顯秩抑又豈唯大文誇炫里閭以榮寵我戚屬
爲哉凡以位極一鄉者治一鄉位極一國者治一國
位極一朝者治一朝位極天下者治極于天下夫吾
之治必極之天下而后快然非高位魁柄者不能則
是爵位者功業之所託也科名者爵位之所起也鄉
會者科名之所分也成進士而不在高位者比比矣
鮮有明經孝廉而特起在高位侈功名者若吾子之
平生豈不以天下爲念者哉詎此一行豈遂足以定
出處哉儻謂饑寒之駈之者彼饑寒者抑又烏可以
爲名哉

辛卯下第解嘲序

昔伊川先生曰少年登高科一不幸也初覺其言繆
而后乃今以爲非非也余少絀一遇自丁巳吾降四
年遂出就傅越辛巳乃補邑弟子時受讀二十年奇
矣無幾時大姓改革中丁丙薙不應制科者復五七
祀戊子秋乃應省鄉試不第今辛卯復不第齒加長
十年矣試畢江南人爭把余闈牘讀之以爲卿子其
冠軍乎顧余卽不欲過讓自謂此來且將得大物也
榜發之下乃在孫山之外矣彼得售者則皆一時不
相知名之士而硃墨二卷又多里巷編笑豕而咸謡

陸吳州集 卷之 八 雙虹堂

江南人乃取其售卷與余輩落卷轉相讐校以爲一
時人物倒置爲主司罪而余曰唉主司之所以絀我
者主司之所以成我哉夫主司烏能成我而我之所
以自成則實由于主司之我絀則主司抑又烏能絀
我哉今夫名山之陽廣漠之野有大木焉壽以日月
滋以霜雨一歲而把再歲而拱數年而成圍又數年
而合抱匠石采之伐而爲材其在拱與把之歲也任
節矣或未堪棁也任宇矣或未堪棟也其在圍與抱
之年也任茨瓦之椽矣而或未堪縉紳之堂厦也任
金碧之幹矣而或未堪王侯之甲第也倘遲之數十

年而薇日矣再遲之數十年而干霄矣大工收之以作宮闕之壯麗匠伯頫之以搆甲乙之輪奐而後有以全大木之質而成一代柱石之材也使夫用其拱把無其圍抱矣使夫用其圍抱無其干霄薇日矣然則所以盡此大木之用者豈非以蚤用用之之用小而以不用用之之用之爲大乎士之受知于世也猶木之落而爲材也小大遲速之際固未可以爲幸不幸矣蓋人之于爲學之日日益競者爲諸生爲然若孝廉而遠矣若薦紳先生逾遠矣諸生者其人微其事簡其日暇其氣醇而又有督學守令以課其成而

陸吳州集　卷之　九　雙虹堂

又有歲薦鄉省以嚴其比且或不得于時發憤爲雄悉出古今書乘而矻矻窮年白首者往往而是故司馬子長憤恨而著文章杜子美窮愁而精著作也爲鄉舉人者不肖者謀溫飽而賢者亦荒于交際成進士去者不肖者營苞苴而賢者亦廢于簿書故蕭炅伏獵而爲侍郎鄭五歇後而作宰相也然則士之倖儁於幼年者長年之學其孰得而學也士之倖儁於長年者壯年之學其孰得而學也然則吾功名之損吾學業之益也吾遭時之蓦吾聞道之蚤也天之愛士何渠不如其愛木也而謂小大遲速之際烏知幸者之非不幸而不幸者之爲甚幸哉唐劉蕡以對策忤宦官而落第杜牧者其時得儁士也爲之語曰劉蕡下第我輩登科能無汗顏夫杜牧不可謂無自謙之實而有知人之明而蕡則無怨言尤色焉烏虖爲劉蕡者深遠矣

陸吳州集　卷之　十　雙虹堂

送葉西甪用觀察序

余與西甪皆有退然之志而皆得一官進之所以爲退也尺蠖之屈以求信反其術而擽之此處今日之道與雖然士之讀書以行道道不一行而卷懷之天下後世即安得知有我焉其人者也道行矣而知信而不知屈知雖而不知雖知進而不知退此豈得謂之聞道者哉抑豈所以爲今日之仕焉者哉西甪與余起家中書舍人與知制詔非脩矣此官也謂可以爲發進遷退之計耳一行吾道可不負吾學名成而身退焉庶幾不若顯鄉鉅公之居高而危進而不

可得退之爲廪廪也乃西甪之才如處囊之錐脱穎而穎見見而不即可囊也簡親王世子大將軍專征閩南以兩中翰行葉西甪鄧偶樵也授秘省參軍俱以儒臣從武事西甪尋以軍功備兵與泉間則親王署之其仁政賢聲所爲保釐此殘疆危土者可考而最也今其地爲東南海徼國姓寶藏孽焉且以開作邊釁也　天子嘉西甪之署功而復命之仍實授閩南備兵之任以復昔之繭絲而保障者今其復蒞于茲土哉　天子之用西甪于與泉也爲其習也爲其能也爲其文以武也西甪之再用于與泉也習其故也能其故也文以武其故也體　天子慎簡之心與大將軍薦剡之意出其新政以毋忽舊服西甪固自有上報朝廷中報世子下報與泉者吾不得而知之吾蓋得而信之也然西甪之于進其身者則善矣夫吾今而亦猶然進其身焉者數年而後不出十載之間僬不讓兩疏者獨步聖世也凡夫所以爲此者吾道既行而吾身亦甚可保矣人莫不欲自保其身而役役爲四方京蘿之遊以至髮白齒落也是豈所以保其身者哉余與西甪生同鄉出同年仕同籍學同志于其進而商退焉此中固有不可彊焉者然不欲其進而爽厥初服焉蓋仕而有不必竟仕之意存而後乃爲今日之仕也烏虖難言哉

送楊桂生南歸序 併短歌

古燕故風沙老客之區而今爲甚烏虖雖有京雒不如歸也匪無遊宦䋲馬而閒居匪無名刺旅食而騎驢仕章士服慼慼係之余固願長安之人傾國而家食焉出都下門以爲傘也楊子行矣長安之故未可一二爲人道但㴩湖之陰太湖之上田腴而澤清稻香而魚肥卧可以耕坐可以釣晞髮冬陽之林煮鐺落木之夜謹事老母弟妹佐之而妻孥從後篤倫稽古行修學進無歉于時仕則名隱亦傳也以視此之風起塵合塞聰蔽明穿車轝而守馬賓者相距豈啻

河漢哉此去故鄉有問燕之黃金臺尚在者乎子其應曰千金之市今亾有矣序畢爲之歌曰秋光老兮寒漸肥送子出門兮加征衣河水欲凍兮雙槳催歸

錢羹鶴年伯榮封暨同年錢生一中翰轉補詩部序

丁酉之春三月巳酉　天子有事于圜丘越三日壬子至于方澤而奉祖宗以爲配倣古錫類以訖大小臣工厥祖暨父咸不匱而沐施封者王人以下罔弗被甚盛事已羹鶴錢先生者武林隱君子也以諸生老先此乙未夏爲其長公生一迎養入京師生一者時猶中書制詔也先生以其子貴來未郎以其子貴也蓋固高布衣耳先是辛卯歲　皇帝親政有覃恩中翰甫能貢舉入成均國恩不及士揚名而未顯親

也今郊以配而覃恩繼舉中外四訖大者晉勳階小者咨陞授制書敕書之煌煌焉置步鄭勿絕也是時中翰亦既通顯矣且三載攷績候除六屬矣而先生久以迎養至兩年之間而受恩得封爲郎特授徵仕郎子榮職嗆賁巳夫先生豐于才而嗇于遇吾鄭惜之而茲且豐于遇矣先生固精于治易者其在乾之二漸之上九矣乎先生生而頴異數歲能成文章八齡時太公以謁選卒長安先生從之盡喪如成人禮因之少孤事母夫人孝有聲黨庠累應郡舉不得售講易授徒擬之王弼邵雍其人名衿顯紳多其弟子

而三錢過庭則各授一經中翰執戴記兼易晙宗治
春秋世其學者季子翼士爾三錢即尚士仕殊致然
皆未易才先生故盡以其制科之業歸之第工著述
爲時鼓吹微醉朗吟之餘致蕭如也晩年大節多在
門内張仲孝友古人如之蓋先生卓然文行爲時所
宗處爲大儒出爲名臣豈遽出濂洛關閩以下乃不
于其身而于其子于其子謂非即于其身哉刻一時
恭恩綸者俱以堂上白髮人春秋高越在故鄉爲憾
而先生獨躬承寵渥朝錫命夕拜官焉夫先生逍遥
湖上爲名士高人亦復優游國門號封君大姓其在

浙西則一郡之者英其在都下不亦天下之大老歟
越戊辰中翰選計部其距得封時中間十有五日耳
計部東南之寶能躍鳳鳴齊驅頡陸而起家中秘侍
從絲綸尋復晉秩小司徒佐地官以爲王安擾邦國
初以爲買舍人旣以爲劉正字以八斗之才極庶司
之遐曾何有于更張而調之者則計部之秩日益進
而其器日益遠于身之所受即親身之所受矣區區
一命之錫豈遽以盡事先生者哉昔宋王祐身未大
用植槐于庭自期其後世必爲三公而子旦卒相此
必有所自信以信其子者今先生以一經老而拱手
以竢其子之成且伏闕肆封也方之祐旦得無近是
然則計部不得不勉爲王旦而先生固有待以爲王
祐也且其在計部者兩晉清要不爲匪貴一被覃封
不爲匪榮游沐國恩不爲匪厚然則無所謂報先生
者有報　天子而已思所以報　天子者即其所以
報先生也先生尚已爲計部者勉乎哉

葉年伯榮封暨同年葉西角新補興泉觀察序

今天子以孝治天下有事郊壇配以祖考錫類之恩推及臣庶無有中外咸克承厤凡以顯人親裕後之名展人子報本之意至弘遠已先是甲午之役閩孽不靖載揚海氛　皇帝乃命簡親王統大將軍印駕海專征扈蹕而行有兩中翰皆江左名士一爲鄧偶樵一則西角也古人成名文章自所爲有郊壘之日往往多在軍中軍旅俎豆之事古人缺一不以爲材謂是匪此不足銘績永禩也然是時西角仗劍以從者則猶紫微舍人耳先是春三月西角偕其執友方

蛟峰薛式九鄧偶樵徐默菴潘進也包樞臣韓聖秋輩及余凡十八人奉詔入西清脩官槧筆一時朝士皆以爲華選之登瀛洲西角其房杜與西角前此貢與入太學且方陳鄧士而仕未有遭遇如此之捷者文章固極盛其器略抑自此遠矣然有奇者前此試南闈冠副車一蹶後此試北闈又中副車再蹶再蹶不得志且謂鳳池不足爲賀者旣遂投筆請纓也何西角之志大而遠慷慨而獨壯乎甚矣此才之出爲不偶也生西角者爲極難爾棠之邑有歌風先生者隱君子也少工制科之業而志不存焉心經世奇邈

吟嘯其脩然高蹈在林逋种放之間舉七男兒頭角互異皆郡諸生試輒冠軍有子有傳如先生者復何求矣配夫人陸相與偕隱洞庭江滸之濱固有高人如葉者哉夫諸葉皆昔過江諸賢之遺而未盡得志以顯其親顯其親者西角也咄咄先生實生西角傑哉父子兄弟先後之間相輝映已雖然西角吳材數爲閩用其熟諳海上情形以往反爲時保障者又濟世才豈儒臣比哉時未厭亂　天子以南顧爲憂其意嘗在閩海也彼西角從王海徼時實在保釐之矣簡親王爲上其狀于　天子曰閩海之役首在興泉

此一臣者問昔興泉能吏也築城修堡與百堵招流離安插兵民守禦盜賊惟此臣能　天子曰俞汝其與泉吾股肱郡仍以委卿昔之承乏茲郡者今春簡書行矣時晉憲之命亦適偕整飭閩南之命並下此閩內外大小臣鄰之慶何葉氏之纍逢其盛哉自西角以辛卯副元入貢成均讀中秘書知名朝野文章華國之業此爲懋已裘帶簪筆出事戎行初爲親王備兵旣爲　天子觀察取當年繭絲保障之蹟踵而增之其爲勳勞抑有極與大西角之所以能爲文章與其勳勞在王室者雖曰天授然歌風先生教之素

矣益拜爵者君子以之自顯推恩者君子以之顯親天子仁孝而大夫公忠進秩進階曠世一遇西角此經故鄉奉巵酒爲二親壽丈夫子之志其亦少慰與雖然先生之風由高而水長西角之才文經而武緯海上孤城根盤節錯倘三年不復揚波功成以報天子此時朝廷之荅西角以洎先生者正未有量然則今日之榮始基之爾　天子以之教孝先生以之教忠觀察以之報本食舊德而勉新圖抑所望于無窮者乎

壽王大司馬序

國家新造以來　天子慎簡大僚疏而列之六官之表凡皆公輔大器萃爲昭代典寶者而咨命之所以釐劂庶府佐脩宅師而景熙鴻運也顧天之生才如區量然有得八斗者加一石則已溢有得一石者損八斗則已歉匪惟文章然經濟視此平準矣是故冢宰掌邦治司徒掌邦教宗伯掌邦禮司馬掌邦政司寇掌邦禁司空掌邦土毋內位而尸不代庖而理和齊如五味專一若琴瑟用各奮庸若采以熙天工固五器之不相謀抑亦不器之難也今國之三公疇則匪不器者乎而以大司馬公爲冠故以之治兵則兵治而公之才則自此遠也公于前代舊績勿皆攷以時余耳之余目未及也不敢謏自余入都公爲少司農日取四方水旱錢穀之數食瘁而心計言桑孔者奴之言王呂者敵之以恤民之心而行足國之術兩難矣而國用以足民罔不恤[illegible]兩不難而知公之善于治財也且朝拜奏輒言治河矣夕抗疏則有水旱矣或則爲籌餉或則爲議兵噫是安得公百其身爲國家經此數大政以禔中外福而　天子曰咨爾永吉政急其艱且鉅者事既不可攝用以詰吾戎是

時四方抑且多難爾西北之役在金幣不以款發兵東南閩廣滇粵之交議鎮議勦無虚日公坐政事堂露布電激而風馳羽檄亦日而白月覩捷書之快不若策六軍之繁且苦卒之不呼庚不呼癸荷戈而脫巾者絕跡萬里之外也公之克詰戎兵者雖起司馬法何以右之哉顧東北水西南旱有司章奏不以聞聞亦且日緩公疏凡再上饑集之色啼號之聲警耳而惻目者我公舌而筆之震撼廷而泣　天子安上門之馬未遷而流民以圖我公始終爲民之心歷司農而司馬且即由此總揆以燮理其亦何時已已哉

烏虖治水司空之事也救災恤荒司農之職也量財酌用通于宗伯之掌也捄災所以弭盜通于司寇之理也天官冢宰之責凡以愼選六職廣而布之岳牧監司守令之間耳五職既修其于銓政何有我公兼而有之展也于今不器之才矣昔之論周禮者曰冢宰亦司稅斂司徒亦司播刈宗伯亦領樂律司馬亦典官材司寇亦掌生齒司空亦掌邦事古六官之職固未嘗不兼而今以才分之也自周官后兼六官者無其選矣而公其續與公方富于春秋　天子生靈實嘉賴之有無疆之休矣余將歲進卮酒而爲之壽

壽龔少司寇序

今夫天以好生之德而寄之天子天子以好生之德而寄之股肱之大臣大臣以天與天子好生之德而洽之于下民之心然則刑者天地之秋氣而欽恤諸天子大臣之心而後用之則又未嘗非即天地之春氣已以故書曰明于五刑以弼五教夫刑爲弼教而設則刑亦教民之具爾刑爲教民之具則亦如家有不率教之子而嚴父董之以笞撻孰有不率教之弟而嚴師繩之以朴學夫天下有父師得已而僇辱其子弟者哉則亦安有仁人長者在上苟得已而擊斷

其百姓者雖然難言之我公之爲少司寇庶幾有之已公之爲少司寇也時取歲事而爲之省憂西北苦于水潦東南苦于暵旱而公爲抗水旱之疏繪流民之圖盡取四方督撫諸臣之所不及言與所不盡言者而極言之識者固知我公之有所大不忍于其中也夫有所大不忍于吾民之昏墊饑寒者必有所大不忍于吾民之死生禍福而我公果再上疏艱難周愼而議刑寧失出毋失入與不辜寧不經按其典則五刑之屬未能盡廢推其意則即三章之約猶若多耑者公如是其不忍于民哉是誠所謂刑之如獄而

用之如春已夫春主生天有春氣能生萬物人而體之實生萬民生民物者即能自生故天無息而人無堀壽之微也且夫天下未嘗無殺物之春而亦有生物之秋然則治刑者識法乎秋之爲殺其可哉是故天子之罪臣而民公之壽人也已

題張詞臣青樓恨傳奇序

竊若歲寒浪託沓百世于九八我輩情鍾奇一聲之河滿故吳歈越吟不惜翻歌于夜乃引商刻羽居然解律周郎銅琵美女騷士既作鐵板江東英雄舒歗豈必汾陽之伎若雲無聲白雪廣平之腸如鐵不賦梅花者乎獨是南北之窠巢未脫悲歡之印版難翻有劇必演大都公子美人無奇不傳强半分釵合鈿還魂之女鬼活向人間彼孤山壽中遂爾精靈出跳幽閨之姊妹呼同小字乃西園謀于冈之而目雷同王孫吉俐莫須有兩輩奇人紅線押衙未免倩一番劍俠雖云離合悲歡無此不成關目然而生旦淨丑演之竟成唾餘今者雙虹主人善解人情既鳴天籟數部離詭笑傀儡之全是九宮調濁痛揶揄之曰非采堵錦之詩譜青樓之恨終當情死宛轉關生墦華紡寵賦神人之降窺姑邵致恩流催紅葉之流御水秦淮河曲簫聲夜半落場桃葉渡頭絃索秋千鳴杜曲是雨催詩刻殘銀燭生風行酒盡斷金釵織坐石之三生擅登場之四美偏爾多情易別薄倖成悲絲竹堂前愁緒憐卿愛卿琵琶亭上泪痕出爾反爾李白將行情滿桃花潭上燕淵未薦影落崔苻澤中

既斷藕而無絲自落花以成病傷情者終非壽相斷腸矣豈復生年斷魂蘇小開癡心女子之山絕粒玉簫寫薄命佳人之照楊何以死邵何以生未免有情泫然流淚至若渺渺游魂排山倒海啾啾血魄穴地通天託蝴蝶以捕風攤骷髏而捉影一日花開正駈馬疾蒿船明月空載人歸蕭條嫉妒傷素縞以何來冷落門庭剩歲艱之自鎖夫乃分別之中添大分別死生之後著另死生玉香入再生之寺回頭我不認當初林生感三七之期東道主竟爲今日楊之祝林人情與秋雲俱薄林之于楊鬼語偕夜月俱凉梨花

泰吉舌吽寒玉馬金雞楊柳杜鵑聲啼破曉風殘月草不成別永從此辭此填詞之家絕無僅有者也鏤版爲悲不傳其妙嘔心成錦漸近自然有如捉劍呼天持杯唱月擬惠連之夢句繞文通之筆花蕊斷者不可復續妙有殊情死者不可復生不無定理掃破鏡重圓之故事夵去珠還合之管文較之杜麗應少一生較之柳媚不多一死假鄰女以歸人幻同趙玉託姊尸而旋里真北典娘可謂自有雕龍不同畫虎至于文皆生旦事無雜優可以詠歌雖千串演無論下里巴人不獲頭搖眼合即若梨園子弟何從舞絕歌清雖置坊間實供同好讀此編者慎毋視爲玉般之卮宮銀樣之鑰頭則宮商之別調山水之知音矣

代壽吳少司寇封翁禹石先生序

本朝以孝治天下一時諸大臣皆得以其錫類之故各因其爵秩而肆封其祖父母與其父母其祖父母與其父母類皆得因其子弟之爵秩而寶受恩得封雖然爲人之親而食子弟之報或以世德或以布衣崛起而得沐　天子之恩榮以爲其累世光寵必其有積德累行不發其身而發其子孫者以爲戩穀適祿之本然其豐嗇之故修短之數人爵之授蓋有天焉而莫不肖其人之生平德行之淺深厚薄以爲報蓋食報若斯之難也若少司寇康菴吳公之翁爲禹石先生者其足以當此者乎先生楚産也吾聞楚故

多名山大川如洞庭彭蠡之奇嶓冢湘梧之異以奇氣鬱爲高人如前接輿後彭澤其流者不然先生之風何山高而水長也先生蹀躞就苑吐噫榮美以數奇不偶而遂絕意進取雖其時爲之要其高節有過人者否則天下豈少白首窮年而矻矻一經者哉又其性謹厚而其氣豪上不以尺度自踰不以榆枋自限始伯高季良合而爲一人者歟又若孝謹以事二人友于而撫猶子則周之張仲也設祭田以祀先置義産以贍族則宋之范文正也憂人之憂急人之急排難解紛而以義高天下則七國之魯仲連漢之龍伯高也先生之生平不少槩見如此然則先生非蘄以文章著而倂以德行著亦非僅以德行著而倂以節俠著德行節俠文章合而萃于先生之一人夫亦可以處爲大儒而出爲名臣矣顧乃力學好古名教自樂鴻漸羽儀脩然物表視富貴若浮雲以江湖爲息壤漚泡一切驅隙此生而栖心物外睥睨一世不以封君大姓自翊而以名士高人自遠也先生其少室之山人而華山之處士哉將覃封之綸與憲乞之典並下而先生亦適以辛丑春王正月屆六旬噫此所稱有達尊三者歟其冢君少司寇公一時之先後

同譜及其門下士俱隨游内薦紳先生名公鉅卿之後問言于余而余曰噫吾何以壽先生哉即以朝廷之褒封吾先生者壽先生而已吾何以封先生者壽先生哉即以先生之所以教少司寇公者而因受恩得封以壽吾先生而已先生令嗣二冢君爲少司寇公次君爲某某其器皆遠到行將取次輝映當代而司寇公則爲先生之已食大報者然則欲覩先生之壽考福履亦秖覩司寇公之佐辟宅師立朝之大節可也夫秋官以欽恤爲事以好生爲心大司寇掌

建三典小司寇掌詢萬民則其所爲佐王刑邦國以衆輔志而弊謀者至無已也不其以壽吾心者壽吾民壽吾民者壽吾君而卽以壽吾君者壽吾親也哉自是而晉卿貳歷公孤位台衡納百揆則其所以出宰天下以長六官而明三台者其以道百祿而備五福以無疆之休以事吾親者更爲不可更僕數也抑又寧惟既醉備福而歌如維九也哉謹爲序

壬子廣西鄉試錄序

千秋之役余以簡命校士粵西特先諸省王司時宰爲其服徼道紆逖我朝定鼎以來諸國之會車書者同文逾紀矣顧十五國之風猶有缺遺焉前此唯滇粵之交耳今茲桂林新定象郡道通矣從來文教之敷不脛無翼虎皮載戢蔚炳隨之翊我國家菁棫作人卽一二世而釀億萬斯年之氣不下堂而開千八百國之風其於西粵之靈鼉鼓鐘又胡弗可攷而伐也顧余不敏承乏西來日兢兢焉以勿克勝厥斯文之責是恩肆於鎖院棘闈之深風鈴霜柝之隙月篝星盥沆手校讐體　聖天子恩皇之至意以爲多士鼓吹至勤懇已其誓諸監試也不惟其禮惟其法其誓諸分考也不惟其公惟其明其誓諸士也不惟其言惟其行以故一時所得之士爲真龍不爲刻鵠爲木雞不爲野狐爲骨駿不爲黑猪爲蒼鷹不爲乳虎凡此若魯魚亥豕去其訛也羊質虎皮去其僞也鳧脛鶴厀去其揉也牛鬼蛇神去其怪也凡此者匪獨以奉功令亦所以還古道匪獨以崇正學亦所以端士心匪獨以表章經術亦所以預儲政本匪獨以愼簡官材亦所以厚培國氣夫馬以調良者稱爲下里

未聞嗤踶踶㷀者之得徵其頷鳳以備德者稱爲九苞未聞耩距黔喙者之得覽其輝士以正誼明道通經學古者稱爲天下才未聞枝葉爲言枘鑿成行者之得濫其選今兹之役掃正路而闢其蕪秖倒瀾而障其趨乎日猝非之皇皇以幸毋此丙夜乙藜之一事即不敢謂拔十得五以上報　天子亦庶不至挂一漏萬以滋戾于多士已古百粤之爲國也內制廣源外控交趾南瀕海徼西接溪洞中有龍蟠鳳巢之奇鍈鄒鈷鉧之勝荆州之域實産異才卒以獠猺弄兵割險負固民無由服王化士故不得捘文教焉今

陸吳州集　卷之　十二　雙虹堂

兹兵革甫寧賓興遂舉當將之士曰骨而肉之餘生咸得與於斯文也由是載領賢書入貢　天子其所以發蹤射策條對天人以黼黻我國家者殆未有量而不在乎區區制科之業也與上勉乎哉抑新造之邦民業更始草昧之俗士爭懷新彼得儁者巳巳未儁之上其亦厚自祓濯以爲他日薪樵之積將于古人所謂衆錯相成之誼亦或可以孰念矣夫

代諸道觀察使壽李臨臺序

弘惟先生大人莒葉吞花丞叶蕭梁吉夢靡蕪賦草近躡淮海文星里既着以八龍靈推有地翠特空夫一驥後傲過人乃舉起延平濯水壺而秋月復才追與泰開白社以青蓮鼎甲戌而先登覽庚寅而初度而知鐵冷馬避驄行觸豸風清松蔭烏臺九里貂蟬座敞草縣青瑣雙扉駿駛天馬北來冉冉人龍南渡劉正字理財立權溶江藍月曉蘆花蘇學士憂國聞韶飛道軺霜清茜草盤剔海東之鹽筴佐理江南之度支卧高日日春深依太傅官梅重門坐嘯行看紛

陸吳州集　卷之　十三　雙虹堂

紛雪似配謝家絮柳聯句耽佳襄七道以供方儲通九府而資圜法奉璽符而飛下幾鳴石萬石之鸞和拜勑書以遥巡正提雅長房之鳩杖乃北之自內朱紱方來而佑之自天戩穀俾爾既大雅之歌如九安老人之祝多三禩講金臺擁旄蛬而論白雲入瑯吹真人司馬臨占太史遥奠錫蕃北極依微腊迴西庚其等肇分虎節弁曷幸屬先生登滿龍門領稱不遺諸道長日秀舒自采玉壺春酒堪携花明玉洞錦成霞不識春秋觴侑天厨白鳳衆出滄濱紅透火與揆

籌屋䄂將瀛島青霞顒吉人有道之瞻進君子無疆之頌淮天何際人是登仙江漢有聲民歌孔邇儼騎箕而附尾實生甫以及中商錢以爲大夫陪侍彤楓古道自然照色旻倩而官執戟游揚金馬是兒尚可知年我姑酌彼金罍用特介兹眉壽百千維祝四六俱成

張爾弼七十壽序

往予嘗閲郡志屈指有明吾鄉科第之盛實自張氏始蓋張氏發祥自奉直公顧一傳而爲觀察公文郎以第一人開科吳陵者又四傳而爲司馬公桐甲第蔚興後先輝映人謂張氏何多才也其近系徙三塘者則爲肖巖公杓實生爾弼張子抑又什伯其才而大亢厥宗者與夫士君子得志于時顧不若不得志于時者之所爲矣其得志于時不過冢少年登科第致身青雲而附驥上馳耳抑知豈于遇或未必其不嗇于才碌碌無短長庸庸多厚福此雖博一第反不如其且困一衿也夫非謂其困一衿者之必過于其博一第者顧博一第而卒薄于學困一衿而反得以厚其才此則曠觀于得失之林微測夫天人之故其成我者適敗我者也其敗我者適成我者也其超然卓然于世俗遇合之衖之外爲何如哉今爾弼張子始彼此如一轍已三塘地里子耳而人才殊駿張子乃執牛耳登壇者皆結而爲社號貞一焉後復集海內人士大會齊㒘于廣陵廣而爲江淮一社則宇內巨觀已二社既次第舉行而皆推張子爲齊盟其博學嗜古弦誦不輟風雨自如聯席擦筦獨能爲沉博

絕麗之文駕軼韓蘇而伯仲班馬雖作者時藝而實皆爲古文以示同人遂名噪一時而試輒冠軍故當時前輩十五國名流咸知海陵三塘有張子已顧遇合有時而出處任運時雖博一矜而尚困一第其在世俗未免以爲如張子而且當于遇而張子則恢恢乎亦不自知其豐于才已時會變遷僚當改革乃不勝愀然有滄桑陵谷之感廢書而嘆不復仕進舉昔之雄才灝氣而忽退爲深山道流焉噫此誠聖賢之徒爲龍爲蛇爲虎爲蠖之作用獨于張子見之已今行年七十矣與其嫂夫人許舉案齊眉如伯鸞德曜

三塘里人咸以爲令妻壽母夫若婦有同風能如是乎與子偕隱致足樂已其長君從修次君馨宏長孫符驥屬予孫坦皆不易才犨掑余以壽言請余曰此非予不能傳張子文何能壽張子爲因諾其請而贈以言其于張子可謂傳之亦略盡矣乃長君者前江南省試壬子副車也其讀書屬文超絕軼羣無不悉如張子其于一第雖幾得而暫失而其役爲已效焉此殆所謂不發于其身而發其子孫在他人處此無不以爲其子克勝任而愉快張子則處此夸然若不經意者其積學益深覩時益達信道益篤而處境益

乎是非博一第而薄于學反不如其困一矜之爲益厚其才者歟抑嘗言之人之履富貴極崇高者往往當時則榮沒則已焉而負才著述之士又往往屈于身前而信于身後以故從百世之下覩百世之上取古人之書而讀之但知其爲某子某子稱述其所爲德行諷誦其所爲文章而未暇攷其官品與其所爲布衣薦紳先生也然則其以功名富貴壽孰若其以德行文章傳者哉顧若張子者歷第不屑以其功名富貴壽亦若無意以其德行文章傳者而爲之子若孫與其謀所以壽若翁不若謀所以傳若翁者然則

亟取張子之所以爲張子並取張子之所以爲今文古文者起而傳之則壽之百世有什佰于其所爲壽之一時者是則所望于從修馨宏者哉特爲序

壽楊廣文序

長至之月越望三日爲楊子歲生之辰年三十有八紀癸巳也薦紳先生皆爲楊子壽纏貝雲列羔鴈緞起而余壽以言盍槖水袖風矣楊子色喜謂莚過羣公以是壽我不俗也余因舉卮酒進曰大丈夫豈不貴得志于時哉雖然金玉其外而敗絮其中毋寧不得志爲也然則內金而外玉倘即不得志且將敗絮得志者抑又何自不得志爲也然則人顧其內何如耳遑恤其外矧夫外之不皆金玉也子遊長安兩歲寒矣衣輕裘策肥馬滑稽公卿之間噱吐雲霄之上

識者謂爲溷正平終子雲其人否者以爲此太湖澤畔行吟一廣文耳噫此則所謂以敗絮測金玉矣夫楊子掉三寸舌挾五寸管飈馳雲擧上書策事水監火觀使誠得志何遽不作痛哭流涕之賈長沙也而顧乃未展驥足尚困鹽車薄遊長安留而家焉夫士輕去其鄉而遠逆其慈母幼子亦有所大不得已于時者顧乃爲敗絮者所姍笑生才者天惜才者人斯世悠悠亦何爲哉雖然楊子優于才而未進于道余以道進之昔嵇叔夜璞玉渾金人欽其寶而不知名其器儒者固盈金玉其中而仍貴渾璞其外已夫才

高者叢毀之淵藪智深者招妬之蛾眉才高而卑之智深而淺之寧渾而金璞而玉與輕裘肥馬滑稽噱吐者有間也其亦庶乎其可矣如是而毀之而妬之矣人而橫逆君子豈復無說以處此今子行年幾強仕矣其亦聞道之年乎而于天人抑何怨尤矣楊子幡然起曰吾子之言壽我心矣何以謝之爵以大斗

陸吳州集　卷之　雙虹堂

困學紀聞鈔序

古學益其難哉其能治古學者之難尤什伯于古作者之林矣夫不能治古人之所長則不能搜括其閎肆而網羅其菁藻而不能治古人之所短則不能芟薙其繁蕪而割取其膏腴既治其所長復治其所短必有精于取古人之識而又有雄于服古人之膽故筆墨之役靡而不肉卒能俾古作者俛首以奉約束而莫敢有所枝梧紀聞一書出自故宋浚儀王伯厚先生先生博學洽聞備宋季六官之長之一而輒好著書以自娛故博極諸家彙爲一編爲易詩書禮春

陸吳州集　卷之　廿九　雙虹堂

秋篇者雕而不訛爲經說篇者精而不郛爲論語篇者質而不近爲孝經篇者條而不纖爲史篇者反而不僻爲諸子篇者炫而不詭爲小學篇者曲而不穢爲雜識篇者贍而不亂大抵全書宏而能暢奇而能法淵異而能通誠使京王毛戴不得各擅其經術而班范劉陸不敢崇耀其史裁一家言者也第彼徵類該博有見畢收非漁獵之未精實蒐羅之過密所賴后之讀是書者復其膚而存其精務去其游言而標其新旨攷其異同而訂補其紕漏而后彙羣書以成一書且彙一書之精以冠絕乎古今諸家之書而後成爲一代一姓大醇無疵之業辟則作食乃有以散前人之飽療後人之饑而皆有以各得茲余夫子嶧龍劉公觀察汝陰則出其書爲之緒訂以嚴其校讐而閎潞大方伯元亮周公復出四遺書以襄董其剞劂夫子乃與同人共爲删治蓋意取夫由博以治約以精而益精與爲豐年玉寧饑年粟與爲玉卮無當雖寶非用寧取擲山之璞之美琢之而成器也夫是鈔之成夫子與周公揚扢于千里之外而又與同人删定于一室之內既搜討乎羣書之精義微言又裁制乎浚儀之深心大刀規之萬之刀之尺之非取其

陸吳州集　卷之　四十　雙虹堂

琴瑟而更張之乃取其美錦而學製之也展矣浚儀之功臣而羣書之宗匠與語云千羊之皮不如一狐之腋去千羊之皮而取一腋固以爲美矣聚千狐之腋而成一裘不其美之美者乎吾于紀聞一鈔云爾已

歷代史序

詩亡而春秋作後世歷代之史皆自以爲續春秋也然則春秋者其歷代諸史之宗與雖然杜預之序春秋曰發傳之體有三而爲例之情有五一曰微而顯二曰志而晦三曰婉而成章四曰盡而不汙五曰懲惡而勸善凡此五者皆以明義例正襃貶誅亂賊故文成數萬大指數千爲萬世作史之冠若夫列代之史僅得其似而已然得其似已足以賞罰一代而有餘不謂之春秋之續不可得何也史未必其春秋也代必不可以無春秋也有可以續春秋者則史之節

有僅得其似而續春秋者亦史之而已夫周之史以柱下得名故有史佚史聃史過至秦則有太史令夫周以上之史春秋終之春秋以下之史秦始之君子不道秦以漢徑承火德也故終春秋者斷自漢史始漢之太史令以龍門氏著自談及遷不遷其官而遷則著成史記以行世故言漢史者其首司馬子長乎扶風班氏固復以漢書顯晰而不穢詳而有體則亦子長之亞與至宋順陽范曄乃作後漢書抑又續班氏之烈也晉巴西陳壽三國志續漢而外蜀其統散于三國矣若唐文皇帝撰晉書御筆其僅事爾梁吳興沈約之宋書其亦有風流才氣者與梁蘭陵蕭子顯之撰齊書也北齊鉅鹿魏收之撰魏書也隋博陵李百藥之撰北齊書也唐華原令狐德棻之撰周書也唐魏州魏徵之撰隋書也唐隴西李延壽之撰南史北史也凡皆一代之偉人而千秋之鉅筆也後唐歸義劉昫則有舊唐書之著宋雍丘宋祁則有新唐書之著其軼五代六朝而直接兩漢者乎若宋廬陵歐陽修之五代史則又上掩馬班而下儷君實紫陽者乎元脫脫之著宋金遼三史也亦一代之典章者矣明古婺宋濂王禕則元史出其手焉蓋一時之金

鑑矣予按其所長則直以爲一代一春秋可也雖然腐令史記未更筆削之經也以固詆遷太玄之擬易乎司馬氏尚遊俠輕仁義班氏沂忠臣賤直節范氏刻深峻酷猶宜其于春秋之義例未可以訓也蔚宗書有如稗官小說焉魏收尤穢蕪冗焉爾已沈之宋休文叛逆而據佩范雖小作而沈則蕪陋陳壽李延壽蕭之齊書令狐之周書則以爲有學究氣焉隋書之作于魏徵其引周齊諸梁之舊事載王邵袁宏之繆說均可訶也誠哉所謂晉齊五朝斷爛之風骨而學多浮雜北書蕪冗男倫失均辥衡李延壽二史識

者皆其南畧北詳以世家體作列傳厥製未允猶彼善也由此觀之不惟不合于春秋褒貶之義且併失其文與指焉至若新唐事增文省謂勝于舊然晦而不達雖省何貴其于文辭雖爲畧近然其指失矣其于義例褒貶亦何當也歐公五代史筆可謂義嚴秋霜惜是時事半翕行人皆盜賊否亦悍卒驍豎取姍有餘轍法不足者雖以治法正亂若以死節植臣紀且惜其載瑞遺災非乖戒之意也至若宋史成于褆譯之世庸孰支離怒不能指人髮喜不堪解人頤眞邸報之極爛者矣金遼元史名號未雅事亦庸碌蒙氣滿紙焉其于春秋之義例之褒貶之指之文皆奚當也嗚呼史亦難言矣哉

沈子文集序

余竊嘗謂屬古文辭者諸體不可失而蹊徑不可循今之爲古文辭家輒云某先秦兩漢某晉魏六朝某唐宋大家烏虖古人我矣古人安存乎我古人矣我安任乎益天之生材必有所近率其材之所近而又充以學之所至似左穀班馬偶耳而非規規乎我之左之穀之班之馬之也斯眞左穀班馬矣即不謂之左穀班馬焉可矣似應劉徐庾偶耳而非規規乎我之應之劉之徐之庾之也斯眞應劉徐庾矣即不謂之應劉徐庾焉可矣似韓柳歐蘇偶耳而非規規乎我之韓之柳之歐之蘇之也斯眞韓柳歐蘇矣即不謂之韓柳歐蘇焉可矣夫天之爲雲爲霞爲霜爲霰日相類實日不相仍地之爲鳥爲獸爲草爲蘤日相肖實日不相襲人之負材與天地之生材大小雖不侔而其原流變幻之故其間同而異異而同則一耳故夫破庸人之論創一家之言拓萬古之心胸推一世之智勇此之謂諸體不失而蹊逕不循者邪然而難其人矣入都交維揚沈子出其集示余余披而讀之烏虖斯誠不失諸體者也斯誠不循蹊逕者也斯誠屬古文辭家者也喜而爲之序

沙子梅花詩三十首序

諸花詩既難作而梅花詩更難作非難作也難盡作也盡作之而仍然一難盡作難盡作故難作也盡作而難盡作故更難作也昔之詠梅花句者雪滿山中高士臥月明林下美人來一往疎影横斜水清淺暗香浮動月黄昏再佳一往再往而又佳者誰與宋廣平不得已廣詩而爲之賦得毋謂詩難盡而賦易盡歟然賦亦獨以一廣平傳即賦亦若難盡者而匪獨詩也已今沙子之爲詩乃竟上下平三十韻其取難盡作者而盡作之也邪三十韻適以配梅花三十樹

烏虖三十樹梅花不足盡梅花而梅花亦以盡三十韻之詩亦不盡梅花而梅花亦以盡邪瑞園者沙子海上園也辛丑秋余游焉于萬花谷中坐臥其梅花間者如坐臥其三十首詩間也追而序之何幸與其梅花與其詩俱傳也邪

鄭子房母孺人王老伯母七十壽序

今上登極之四年予以考工承乏野廬之職予友鄭子子房以觀光游學至京師款署詣予歡相道故爲詢厥婦婦予嫂也曰親操井臼今伊昔矣詢厥諸子諸子予猶子也曰五男兒皆樹立長山亦次山裔咸能餬口四方矣詢厥孫男女曰此已十人矣而予曰唉吾子門内若此吾伯母王太孺人者廚下都前得毋環視而色喜乎因憶吾伯母且今年幾何而子房曰古希矣吾母康寧如昔眠食無異第髮蒼蒼而白齒或摇而脱焉既喜且懼無以稱吾觴因思知吾母莫若子但得子一言歸而壽吾母可乎予唯唯予固

及託子爲予言伯母平生矣伯母早適吾伯父泰徵公公先世郎客邪上實皆擁不訾公義俠輕財遂不復似昔家人生産伯母先經華膴後遭漂泊處樂見怨處約見才猗嗟女子而丈夫矣然且隱德大度見之處人讎怨之間焉泰徵公故義俠曾爲人完逋而卒蕩其千金之貲者其人不修德而修怨雀鼠騷然致以家祠伯母且謂妄人横逆以讎報恩何所不至吾寧破産勿復與爭後經國變其人禍至酷烈雖報以天而人不與焉此可以見吾伯母之德與度爲不

可及也區區箕帚之謹織紉之勤九熊畫荻之勞蔬食澣衣之節此不過婦道母道之常更僕而難悉數者于母無取焉吾惟舉其大者而已矣甲申而後泰徵公被難廣陵子房奉母播遷西浙復以公故奔走江淮間伯母獨挈子婦諸孫羈栖湖上生事蕭然銖粒寸絲經營辛苦所謂處樂見德而處約見才也既以予兄弟與張子詞臣周子爾璇皆與子房友善因卜居余里之三塘維時諸子比鄰遂往返數晨夕矣夫人于時平綿交者更亂離則愈密以安樂通好者經憂患則更真以故吾輩與吾子房風燈月案雪火

霜雞尊酒論文幾忘寒暑其于伯母豈惟登堂而拜實則朝夕如見吾母矣以故伯母因時時課及子房與予輩所讀何書所屬何文所交何人所行何事日槪欣然爲脫簪珥佐肴核酒予飯予無倦容色焉予輩之受吾伯母之飲食教誨又寘如吾母矣厥後變亂大定復就廣陵故土而家焉是時蹤跡雖少濶疏然每一入郡未嘗不時時過從起居異姓而骨肉若此有不知之甚深而言之無有不盡者哉余何余以游宦京邸十餘年而其所以事吾伯母者亦徑少疎已一旦子房至爲予言伯母七袠近狀而命予序遂不覺吾伯母之黃髮龐眉嘉言善行一時畢集而感子懐且感子言也有不知之甚深而言之無有不盡者哉今子房歸矣彼其交游遍海內自能羅致四方賓客以榮顯其親然卽屣交于室觴溢于庭皆未足爲伯母壽獨是朝廷將復舉廷對之舊典子房行且歲獻焉由是擢高第致青雲其所以慰老母于桑榆而馳高堂以翟茀者殆未易量也是則吾伯母之意是則吾子房之志也夫謹爲序

楊石袍文集序

人知文章出于薦紳先生而不知其出于布衣高士也葢薦紳先生之能爲文章取富貴而止耳卽有傳者百不得一人焉而布衣高士其事簡其氣約其心澹志醇其學耑業精其値於境習貧故其力於文益工也顧不託於文以傳則已苟能託於文以傳者必傳焉此牛馬走下室而著史記執戟登閣而草太玄少陵七歌而爲詩日進乎子四愁而治賦獨精也抑布衣而不必盡高士未有高士而不布衣者抑能爲文章而不必盡布衣高士未有布衣高士而不能爲

文章者然則布衣高士其與薦紳先生爭此壇坫久矣顧薦紳先生之傳則易而布衣高士之傳獨難若楊子者所稱東海布衣高士耶其文章固傳矣得毋所謂爲其難者歟楊子豫章士而實產東海之虎墩其讀書好古下帷而不窺園者有年矣故爲文章駕韓而馭蘇若曾歐李柳諸大家遂以爲口喫而舌彊者流已出其集以示余蒸爛如披錦焉究極所學則原本六經根抵史漢唐之比偶且不足齒矧其在三晉六朝而下者乎故其炳烺如日星其滂沛如江河其潔清如氷雪其絢爛如雲漢一言之披駁如剝蕉抽繭焉一氣之瀠洄如發風湧泉蹈筆墨之變化窮窟之勃窣氣體之高妙篇幅之瀚演可謂至楊子之文而極矣楊子之文而至此極者又豈非以其窮愁而工者哉楊子食貧于舌耕冬夏一裘葛而止寸心以內有千古一卷而外無百年出其聰明才智心思月日不以供他事而獨發爲文章利名若漚泡貴富如草芥也楊子亦何幸而不爲薦紳先生而爲布衣高士者哉雖然天下之爲布衣高士者必如楊子而後可稍不爲楊子者顧又安可自託于布衣高士而遂驕語薦紳先生者哉昔魯仲連東海布衣高士也

義不帝秦高蹈濱渤以義俠而能文章知名齊魯之間著作周秦之際千祀而後鮮嗣續矣楊子其流亞歟不然何人地之同也

杭郡當場制藝自序

人仰有善游者其足跡無所不至而里閈目睫之地往往多所未經匪獨夢噉鐵杵棄輿入鼠穴已也唯帖括一道亦然今夫童而習者經書長而安者筆札謂聖賢之言語太深而反失之于淺守父師之訓太難而反失之于易任文章之事太高且遠而反失之于近于平故有白首窮經而不得其解終年呫嗶吚唔而不傳其妙者嗚呼爲我輩者殆举皆癡人耳又何惑乎其說夢乎不知天下之理叔易簡爲歸吾儒之業以平易近人爲貴故先輩云爲文之道須典顯

淺典之義姑不具論其云顯淺豈非所云里閈目睫之地往往多所未經者乎讀桃花源記知武陵漁人之說誕讀世說新語至山陰道上行山川自相映發令人應接不暇其說夸今文章家之逝于高遠而失之平近者亦猶人桃源而迷蹊以爲此中人語未可爲人道過山陰而潑目以爲千巖萬壑草木蒙茸而不盡然也則曷不求諸里閈目睫之地自有所爲人所未經見者乎如予此編中夫子何爲二句文作八股宮潤屋文貼道章近滑稽猶天之不可階二句文直兩對以猶字作紐子曰庶矣哉二句文兩大對卽用複字複句直以一股作兩股寬裕溫柔文截長爲短孟子自范之齊文將無作有其他不能枚舉皆所謂里閈目睫之地人所未經而我爲之語云眼前有景道不出予庶幾其免矣夫然諸生童非不能爲此不敢爲此耳何以言之夷試者外有功令之懸內存得失之見倘將予而爲之一旦遇盲主司而殿之最之進之退之必有不可知者故知而不爲非不知而不能爲也然則予之服豸服坐皋比惟吾所欲爲而爲之亦曷足多乎雖然諸生不敢爲而徑令箇中佳境遂湮沒而不傳不甚可惜哉卽以予是編爲攻玉

之石引玉之甎又何不可自爲序

攬茝集序

騷云雜杜蘅與芳芷屈大夫蓋自況也江潭遺放潛行微吟其盼已也揭車江離其學人也薜荔菉葹矣古一屈大夫今一唐中尉國放人也而栖託好佳牽情香草唐子以之自況而孤寮有悲情唐子以之況人而搴芳有樂致領其所得亦就多乎唐子宛之名士而蕭然過江爲汗漫之遊落遊之樂與周方伯劉使君修白社靑蓮天竺石渠舊雅因與此中名士周旋器蓋而劉夫子以余與唐子兩兩相通不置不翅王荊公爲芷之道子固爲子固道正之也乃余則

陸吳州集　卷之　　三　雙虹堂

烽燹蟆屈徬皇數起而造門不前乃唐子則風雨雞栖招隱屢詠而候人兮徛相思適相恨彼此難爲懷也避之旬日慕望彌殷余乃發于歎之棹請安道而流連焉雖新相知然藏之胸中久矣見同阿促歡若平生天下有絕不相識而相思相慕甚苦而后乃相見相見立譚而徑可託以爲故人者余與唐子之謂也剡燭賦詩把酒論文色涸潤然依栖信宿唐子視余不謂寡玉景差余之視唐子則屈豪杰一流人矣不然袖集而弁攬茝攬茝云者緊何聲情歟旣拔其集剛江以南北一徑流覽其中美人君子蹈蹈之絕妙好辭也唐子且曰衆芳皆備俟吾子椒馨之贈焉余曰唉余何能爲衆芳之託哉展斯集也秀若芙蓉翩若芰荷辛若申椒芬若菌桂或搴木蘭于阰或攬宿莽于洲或種九畹之蘭或樹百畮之蕙或貫薜荔之蕊或餐秋菊之英我之自我蒼葹也菀枯也蒲柳也紉不安帶結不爲佩亦泯徘名于香雲白水間耳何能爲衆芳之所託哉雖然采惡澀而紛之懷椒糈而要之岌兮高余冠陸兮離兮長余佩聽靈修而思公子搴芳草而逐王孫雅有茲願弗敢辭也他日過江左吊風流上新亭分藨會北樓可登敬亭不厭盡

陸吳州集　卷之　　五四　雙虹堂

兩水雙橋梧桐橘柚之美收十月吳山梅花曉落之勝則且以全宛之才人騷士爲遠志小草而以我唐子擅蘭鞠之芳秀標荃蕙之袖領也

送曲沃令序

縣令爲古天子牧民之寄益重之也故伯之次有牧牧之下有監監之下有守守之下有令維令與民獨親而其任亦獨繁且鉅故天子益嘉賴焉今公之令曲沃也以贑令補其令贑也值金兵蹂躪之餘又接壤粤東南征之師如更戍焉南贑故上游地貨財甲天下爲豫章一大都會而一擾于金再衝于粤遂致城郭破壞人民流散里俗彫敝大反于有明盛時公至寧輯其人民增修其城郭招集而安全之不惟不至無贑且幾幾有贑全盛者公之力也贑距江南數

千里余挾歲又復留都下顧曷從知之而信之然豫章仕者多君子游吾鄉且接軫京洛類能爲其鄉之邑大夫良有司頌德政首公故余及知之而信之且公先贑爲吳陵尉吳陵者吾鄉也其爲尉賢故知其爲贑賢而今且令沃固非儼然嚮之尉吳陵以令贑者哉公令贑以憂去服闋補官枚得沃銓郎疑之奇使更枚之尋復得補者驚羨而公之客咸賀曰沃爲財藪顧公得令茲土廉亦富矣且枚之至再而必得鬼神亦將有意于公乎公曰噫吾之視沃猶視贑爾沃故絳地兵革以來大創傷矣鼎新而後稍能安集民聊以生今茲方滓鴻而郊鳥之相依爲理未能無罪而啓倖心爲民父母之謂何邑貧令之憂也于邑何求邑富邑之福也于令何與吾無以需沃吾有以謝客矣陸子聞之曰公言及此沃之福也吾無復相勉矣獨其枚之至再而得沃者客秖知爲鬼神福公而未知其所以福公之意也鬼神將愛沃人而畀之以公豈獨以利公爲哉福公所以愛沃也愛沃所以利公也公言及此沃之福也願公始終勿怠今日之言沃其有厚賴乎吾將俟公以徵良之詔矣相與顧謝驅車去

鄧孝威過嶺詩序

過嶺詩者，鄧子孝威從龔芝麓先生游粵東而作也。先是先生游吾里，從游倡和，屨滿嗌隘，而鄧子蚤為上客領袖焉。既次廣陵，則鄧子俱；既次白門，則鄧子俱；既次他諸名都大郡好山佳水，則鄧子莫不與俱。刻景檄辭，鞭才赴韻，金罍不夜，蠟屐忘暄，先生可無他人，必不可無鄧子。然則鄧子之與先生，可謂道合忘年、傾倒不逝者邪。既先生累官京師，則招鄧子于別署，委蛇退食之暇，即與鄧子吮毫濡墨之會也；憂讒畏譏之日，即與鄧子痛哭流涕之時也。先生未幾

而躋崇秩，復未幾而累左遷，一時僚友朝士門生故吏趨避聚散之緣，殊有難可道者。鄧子蕭然一慷慨布衣耳，論交十年，升沉一致，大雅相成，名益海內，可以遠追王孟，近方陳董。鄧子有不為先生重而益以重先生者哉。丙秋粵東之役，先生奉使而南，遇鄧子于江淮之間，既見之，庶不忍釋手，強以從游，而鄧子惕然孤往，襆被來追自隨也，在返嶺南不下幾千餘里，蠻烟瘴雨，海蜃山嵐，皐華所駐，車船迭進，先生之興不淺，而鄧子之氣益豪。其間山川之盤鬱，奇物之變幻，鳥獸草木之奇，城郭人民之異，觸目惹意，必發聲者，咸韻而有是集也。題曰過嶺，匪獨紀時、紀事、紀地、紀從游之盛，將以見鄧子與先生萬里投轄，迥出當時僚友朝士門生故吏趨避聚散之緣之外也。其亦山中白雲不可持贈者邪。

代壽陸母李孺人五十序

東陽古風節郡士女貞雅標舉南州余舊治其許有諸陸偕余游指碩之暇柄詩紋酒相與弘獎孝節長谿風流載搜郡志得故大司馬洸公女爲諸陸從祖母夫人攬其節槩飲冰茹荼爲里坊表烏庳陸有婦焉如是者哉而諸陸曰噫此固吾先世姑已傳者爾近有余嫂爲故從兄和玉婦者爲猶子駒母不幸而論節洸夫人而後徽音之嗣其在斯乎敢爲齒牙之以希大夫椒馨之錫矣嫂姓李氏右族之遺歸適余兄爲陸家婦時不及事舅姑矣而相夫子以賢能聞

諸姑識者謂是婦言笑矜貴舉止靜遠誠吾家之福不謂彼遭不造才二十有二歲得相夫子五年耳先與子駒繈以女自是余兄不諱嫂泣而言曰殉夫與守孤孰難則守孤難矣吾誼不可從容衾穴永矢唱隨顧此遺孽何怙何恃成一己之名固不失爲烈婦殺一天之嗣且併累未亡人爲不孝子吾甚恐且敢乎遂決意爲守孤計而辛苦之况凄涼之色爾有之可哀憐也時依叔舅寄命有年言不出捆孤嘗在抱風雨一鐙霜雪一帷人所不堪安如也自駒稍長嫂乃漸與家事析箸而居是時上下中外岐岐奉顏色承音旨和柔調理紗有經綸男室女家殊煩心計矣迨駒可教慈且兼嚴駒素姿儉紛志撩高尚且祗閟流隱處不仕顧母貲教之駒承母訓琴書自娛性癖耽茗寄指隱沆且旁溢爲花草木石之趣以事其母亦既抱子兼多女婿泱泱融融怡厥堂上嫂乃漸去辛苦凄涼之况之色而臻福壽康寧之樂也今年夏亦既五袠稱度究余聞而歎曰噫陸又有婦焉如是者哉守夫近庶保孤近孝克家近才教子近義方而率子偕隱近明哲備此五賢可以婦矣且有佳兒婦以供舞綵有多子孫以慶含飴有勤臧獲以備掃除

良田可以耕菜圃可以漁庭戶蕭灑暇與游足大之報施吉節固與淵富興矣抑夫以壽壽者所榮一時以節壽者所榮奕世彼鄉人言行將依郡志與洸夫人輝映後先爭光日月節之所在壽且無疆吾將以是爲諸陸之嫂氏祝

宫侍御奏疏

（清）宫夢仁 撰

《宫侍御奏疏》，清宫夢仁撰，據國家圖書館藏清康熙刻本影印。

宫夢仁（一六四二—？），原名曆宗。字宗衮，號定山，一作定莽，清泰州人。偉鏐長子。康熙十二年（一六七三）狀元。選庶起士，累遷右副都御史，巡撫福建，罷歸。旋以修河勞績復原官。乾隆《江南通志》卷一百四十四《人物志·宦績》稱『夢仁行己居官，剛直不阿，服御無改寒素』。所著有《自訂文集》、《讀書紀數略》等。

本書爲宫夢仁任御史時所撰奏疏，書前有徐乾學、王鴻緒、徐元文等序多篇。此書殘缺，漫漶頗重，目録載奏疏五篇：《礦洞必不可開》《酌題補題留之例》《請耑河工之責成》《酌銓選開復之例》《淮揚水患異常》。前三篇完整，最後一篇殘缺，第四篇無。前兩篇奏疏作於康熙十四年（一六七五）九月，第三篇作於康熙十五年正月，宫夢仁時任貴州道監察御史。《礦洞必不可開》疏陳開礦之弊，其時軍費浩繁，朝廷擬議開礦彌補度支，宫夢仁認爲開礦則奸人謀利，動亂由生，百姓遭殃，國家也受損。《酌題補題留之例》疏陳用人之弊，其時地方官員等濫用題補題留，致使在官員任用中營私舞弊，宫夢仁認爲官員任命權在吏部，請加强監管，杜絶奔兢規避，以一事權。《請耑河工之責成》疏陳專司治河之利，其時運河治理耗費巨大卻無成效，宫夢仁請裁南河、中河兩分司，專設管河官員，兼轄地方事務，通盤打算，以求其效。宫夢仁康熙十二年進士，先爲庶吉士，後授御史，汲汲於盡忠朝廷，故知無不言，言無不盡。讀者於此幾篇奏疏中，亦可見其殫精竭慮爲國效力之心。

（周　忠）

宮侍御奏疏

存壹冊　康熙九年庚戌會元

[illegible]館課序

[illegible]子旗号策名坐而言起而見諸行事有用
人 英明華文章自命而已然文
一求其因應而各當也難求其總萃
而[illegible]尤難而論者謂詩至杜陵盡古今之
勢文至昌山如源泉然不擇地而湧又何以
焉余於宮子定菴而嘆通人之才非可以尺
寸求之也方定菴之成進士也以制舉業爲天
下冠由是科名之文以定菴而重若閭櫝若腮
菽並爲四方所誦習可不具論及其讀書中祕

序文　　詩序　一

凡
朝廷掌故與古今之成敗是非皆得而詳究之其所
爲文如誥冊如論議如詩賦如箴銘如序記策
或頌說諸篇或應
或給札而成務各極其所長而後止求之古
作者[illegible]所多讓由是館閣之文又以定菴而重
[illegible]稱柱史凡所建白皆能悉本末通
[illegible]於河漕諸大計言之尤切識
[illegible]是臺諫之文更以定菴而重夫以文
[illegible]不一其體也昔人爲之辨其流別若誥誥

兵之本於書歌賛賦頌之本於詩序記之本
名表之本於禮紀傳之本於春秋如方圓
〔…〕而究其指歸必有功於聖賢
〔…〕然後可以言文以體立而用隨之
〔…〕求而熟悉者無不可次第施行而余特就其
也今〔…〕且緻歷中外出治兩河舉其平日所
〔…〕爲之考論焉見其因應而各當者在是總萃
而兼工者在是使天下之人較然卽其言而信
其爲有體有用之學他日更入而持論議於
廟堂將如造車合轍駕輕就熟余之淡信於定菴者

正遠且大豈徒以文章之事盡之哉

高陽李 霨拜手題

康熙丙辰冬吉

〔…〕疏館課序

〔…〕山余同年文也不昭者三年丙辰嘉
〔…〕沐水公自北抵大梁時寒甚
〔…〕署中設肴醴話舊因出其疏稿詩
文〔…〕竟而喟然曰君子之所學也言以載
〔…〕而文〔…〕言事信言文乃能表見於當時而
取信於後世以故荀孟董賈皆能文者也而數
家之言遂焯然暴見而大行然使數君子者遭
逢堯舜時際雍熙於以佐休明而襄盛治夫復
何難然而遇合之難期也定山首占科名爲一

時領袖逾三年以南宮第一
特簡讀中祕書典故文章諸體具備其皆醇也而後
肆焉及掌西臺立殿廷之上直詞正色定是非
決可否言論丰采有古諫議風今
〔…〕州董轄輸之任矣夫筮仕不四載
而〔…〕歷臺憲今且分藩遇合之隆亦何異
〔…〕時當用武天下數百萬勁卒强兵
〔…〕況中州右俯太行左盼伊洛
〔…〕荆〔…〕北枕河朔古所稱擁上游以形制四
〔…〕者竝公襟帶間也公平持所敷奏而宣揚者

且明試以功異日榮膺
□□業其以不負所學者上報
□之詎僅以載事飾言而已哉客窻
阿□□忌班荆故辭簡而言不文
康熙丙辰嘉平月吳西年眷弟蔡啓僔頓首題

序文　蔡序　二

□疏館課序
□年□元宮君定菴之以行省叅議轉漕中
□□所爲文都爲一集及其在御
□奏爲一集將行屬余序之定菴與
余□□余雖不敏盍不得而辭余幼則聞諸先
□君子曰詩須有爲而作文須有爲而發也余
以是說讀古人之詩文未有不然者特其所託
者遠其詞旨緼含深厚必待求其所遇之時所
處之地而後得之也定菴館課詩文于體無所
不有其緼含深厚後人之讀之者知定菴之生
當盛世遭逢
聖主從容侍從其賦頌箴詩司馬相如王褒揚雄之
徒其議論序記說解制詔斟酌于唐宋八家其
理學淵源于乾道紹興諸儒先之言包羅貫穿
有得于□中而非徒言之已也定菴先後上疏
陳□□皆不一或崇詰責或見採擇或報聞皆
關繫世□□失爲尤甚者其意思愷惻而不激
□□□□覽賈誼陸贄之文可追企也
□于詩文所託者如此其行于遠無疑也自
□攬轡中原其所睹民間利弊有所措置興革

序文　徐序　一

之以畿狀教約公移判牘孰非有用之文而
□山川誌俗又可賦也定菴年事方剛
聖□□□伯入爲鄉士自此一官爲一
集著述□□殆未可量請得繼今而有言可乎
康熙□□年歲次丙辰孟冬昆山年弟徐乾學
謹序

序文 徐序

疏館課序

□以與氏南宮第一而與余癸丑同對制策
□□□□而授侍御史盖自余尚爲諸
生而定□之文已遍天下矣其爲庶吉士有館
課賦□□銘五七言古今體若干篇論議序說
□詔策若干篇館中皆驚歎自以爲不及其爲
侍御史章屢上皆侃侃持天下大計人尤爭欲
得讀之於時四方傳購繕寫不能給乃付工雕
板而屬序於余余未有以應也會定菴以布政
司參議督理糧儲河南河南古所謂土中利漕
輓而今者京師在其北幾二千里兩河之民困
水陸搬運
國家方更新其法非有能者不足以使公私交利
於是吾定菴慨然有志于以風昔之所論著條
奏者施之於一路之民也余乃得推其意以序
其館課□疏曰古之君子其於公家之事知無
不言言□不盡爲之而惟力是視者非有所擇
□有所□□然亦不以已也昔者周文襄
□請得與館選而劉忠宣公願自試于政事
□在職方又久次不欲遷定菴之在館中嘗抵

序文 韓序 一

當世之務今集中所載屯田治河議兵制馭
是已其在臺中諸疏非有所依阿意旨豈
其計…慮不能已于言也吾知夫定
菴所欲…者有文襄忠宣之心而今之功令願
獨不得…自請也或者言之於館中臺中而未
…能者獨得而行之所部中乎言之於館中
臺中而得行其言也利在天下而其效遲行之
於所部之中是向者之言舉而措之也所及者
在一方而其效速吾知夫定菴之自喜于其言
之行不請而得也奚也固陋不敢自比數于文
士而亦不敢以文士之文視吾定菴之館課奏
疏他日定菴歷中外忝槐贊元官問治行汗
青國史吾祖所謂將大書特書屢書不一書而
已也豈直今日爲之序而已哉
康熙丙辰冬十一月同年弟韓　菼序

序文　韓序

奏疏序
在唐虞夏商君臣皆面相詰誡勤勤懇懇見
…者…而知也故不事奏疏之繁自周
秦以來…所見於傳記如左國所載文義蔚然
典則而事理亦燦然明備其有裨於治道多矣
乃世之言奏疏者莫不歸美於兩漢則亦非通
論也兩漢而後若唐之陸宣公李鄴侯宋之韓
魏公司馬溫公其敷陳闡合君德探度洞中機
宜亦何遜於兩漢哉彼其學誠有所本而識議
有以大過乎人也定山宮子庚戌以第一人魁
南宮癸丑選入庶常其館試諸作固足以冠冕
海內文章之士矣既而授爲侍御冠惠文秉繡
衣正色立朝言論風采無所屈撓天下想望之
未幾以糧運關乎軍需借才忝藩於中州而定
山戀
主懷闕之思則未嘗一刻忘也其奏疏具在如止開
礦酌題…貢成河工議銓選開復疏理海口雖
…底…已見其明義利之辨抱生民之
而具古大臣之梗概矣使盡出其所學崇論
…議又寧可測耶方今海內未靖

序文　魏序

賢無方需才甚慇試之內復試之外烏知大
[illegible]甫鑄不欲促之爲承天之柱立極之鼇乎
[illegible]盡所學蓄其識議之本他日宣室夜
半
前席都俞[illegible]廣揚
帝前以此奏疏爲權輿矣
康熙丁巳夏年通家眷生魏裔介序

序文　魏序　二

疏序

古無言職之官而人皆可以言考周禮天
[illegible]師氏名言保氏諫惡則保氏卽是言職
歷稽往牒[illegible]之於當時卽可垂之後世讀在昔
遺文雖[illegible]世之下未有不嘉歎誦法者或泥古
下合於時宜徇時有悖於古訓以及激切訐意
[illegible]足以動一時之見聞實無濟於治道能傳之
久遠者鮮矣嘗慨蘇允明之論諫有取於理論
勢禁利誘激怒隱諷之術至以鄭魏公爲得其
術逢比爲無其術又以人主當有勢以驅之使
言皆由戰國縱橫權謀機智之餘習上下皆以
術用求三代君明臣良之風安可得哉司馬溫
公論擇言職則以三事爲先不慕富貴重惜名
節曉知治體余以爲能惜名節必不慕富貴若
不通達治體雖惜一已之名節何益於世事則
言職必以知治體爲要每讀吾友宮定菴侍御
奏疏未嘗不歎服其潑有得於治體也定菴讀
[illegible]允心經濟考古證今潑思遠慮已見於
諸著作及爲御史半載間封事數上其言
泥於古而求宜於時拯弊於豫而計利於遠

序文　王序　一

[illegible]疏序

康熙[illegible]有二年癸丑瀛州宮定山以庚戌省元

同[illegible]史[illegible]見其學本經術辭尚體要自以爲不

及越二年[illegible]監察御史數上封章論當世得失

皆切中[illegible]害不爲唯諾不爲訐直其明年由爲

河南[illegible]政司叅議莘亭王子讀其文嘆曰當

天子[illegible]聽之日生民凋瘵之餘使得留心經濟如君

等數人講究利病補苴罅隙天下且安太平可

必不則專用君議未必無補於時即不然且留

君於此所言雖不盡用亦足增重

朝廷山有猛獸藜藿爲之不食公之謂也夫君子志

在致君澤民苟得行其所學何論內外然吾終

不能無感於此行也或曰古人焚諫草不求人

知而君序而傳之何歟曰此君之志也夫賢者

感慨哼事懷忠當世自以疏遠闕廷至託爲詩

歌流入其中以諷諫人主如唐白香山之徒其

志有足稱[illegible]君在臺時所有章奏非特歌詩之

以[illegible]傳

[illegible]十聰明仁恕其已行者可以彰君美其未行者猶

[illegible]幾乎香山之志焉而焚之以逃名非君所取

讀嘉猷其關於治體者尤爲明著誠爲言職

[illegible]模無讓於其人矣讀其疏而不興誦法之

[illegible]豈然歟

宛平王崇簡頓首撰

君之學問文章切實爾雅讀館試諸作可資
[illegible]二然君非僅以文學顯者也余故特舉
其[illegible]者如此詩曰惟此哲人謂我劬勞此亦余
之勞歌也
康熙丙午冬十有一月雲間年眷弟王鴻緒譔

序文 [redacted] [redacted] 王序 二

疏跋
古今之爲奏議者多矣獨於漢推賈誼於唐推
陸贄於宋推蘇軾非特其文章爲一代之冠蓋
審時度勢實有當於國計民生之大苟從其說
未有不[illegible]安長治者也
定翁[illegible]老大人先生初讀中祕書其言語效天
下及入爲西臺未淚期而所上疏若銓政河渠
諸大計皆相時之所急而發於言不欲爲塗飾
耳目之具天下讀之者以爲賈誼陸贄蘇軾復
出也乃今出蒞兩河在京師雖爲右臂其于言
責不能如向時之朝上而夕報可也世多惜之
然
予一旦從補牘中得先生舊所上封事嘆曰吾人
不聞汲黯戇論矣行且復召則
先生之爲國家規久長之利者又不僅此帙已
也
康熙十有[illegible]年歲次丙辰嘉平月屬下吏嚴江
毛際可拜跋

序文 [redacted] [redacted] 毛跋 一

館課序

欲求天下之治先者在乎得賢欲得天下之賢人者在乎養之有素此教習庶吉士所以爲
朝廷之大典也夫士業已屆首受書升於樂正而辨於司馬、論定而後官之則皆通經學古博物洽聞敏於才智而優於經濟者也又何必復立之以師長給之以廪餼羣聚而伊唔誦習之不輟毋乃近於迂乎非也此其間固有深意非栢情之所能測也盖士子伏案揣摩所習者經史耳舉業耳至於

國家之典制歷代之因革生民之休戚宮府之機務或未之詳也故每一科賜第之後必選天下英俊魁碩之士教之養之旣成而後授職一代之相才出其中一代之名臣亦往往出其中若定山古子者器識文藝兼優者已庚戌之役余忝居總、以第一人拔諸多士之中天下業已依光附尹朴式恐後癸丑選入庶常鉛槧攻苦猶然爲諸生時也每拈一題竪義摛辭出入意表於灑臺等賦則揚班之遺也如情性諸說則程朱之粹也如屯田諸策則董賈之剴切也如

卄部諸作則燕許之高華也其古風排律五七言若作俱枕精□雅則李杜之蒼鬱也豈不珠聯璧合星明霞爛也乎以此而黼黻
皇猷潤色太平其之素蓄而足耳余讀先輩翰林館課見其文藝之佳者器識必宏其後往往爲公輔爲名臣然若是之作者盖亦鮮矣則定山他日功業所至且將乘
國之鈞熙德順序而凡在金馬玉堂之署覽斯編者當不以内外而異視之也

康熙丁巳夏年通家眷生魏裔介序

館課序

余與宮子宗袞交有年矣按其入佐宣而可親讀其文渦肆而有則進而叩其所學則貫穿經史綜覈百□淵乎莫可得其涯涘也蓋自宮子未第時令所以得之者已如此及宮子以己酉與家仲兄同舉京兆庚戌爲南宮第一人復與家伯兄同雋余惟良友獲遇而雄文之果得以拔萃也固心喜之暨癸丑之夏宮子蒙
恩選授庶吉士又與家仲兄偕讀中祕書情好甚篤知其益肆力古學不以科名自憙慨然將登古作者之堂而期爲他日名世之品也余更喜之比去歲五月余奉
命教習院中因得與宮子日相款洽二十年故人一旦執經修弟子禮於余心常未敢安既而宮子授御□爲
天子風紀之臣益得出其所學以整肅大綱匡正庶事庶幾古□臣之風再睹於今焉余尤喜之迺今歲仲秋宮子隨例外轉遂拜河南督糧之
命余始爲宮子之去惜而繼復爲宮子之分省榮□大士讀書稽古既得擬取巍科以文章馳譽於天下又身履玉堂之署盡窺秘府藏書以大廓其學問然後乃冠繡服執簡柱下以宣聲震發□聞士至此可謂遇矣然使不得一親民事以抒其生平之所蘊積徒優游中朝漸至卿輔之貴覺生□之蒿目民艱思得一當以惠此窮蔀者終未免然於懷而環視稱郎爲縣令者又不免苦於牽掣故不若監司之得宣行其志也今宮子官以糧儲爲名則舉河南八府十二州九十四縣之民悉得霑以膏澤豈非親民之所施尤博者乎昔蕭望之由少府出爲馮翊宣帝俾近臣諭以治民考功之意而開元盛時亦選京官有才識者汝外任豫州天下中土少參方面長官
當宁之使宮子未必不有意也宮子可不勉哉曰方南至宮子告行赴汴因出其館課索序余辱與宮子久故故不惟館課是論而歷敘疇昔之雅且終以規勸之義焉

康熙丙辰十一月既望崑山年家友人徐元文頓首拜譔

序文 徐序 又一
序文 徐序 又二

館課序

士自束髮受書專力於制藝之中其不工者無論矣即出而掇高第負盛名而才分所限問以詩賦箴銘詔冊記序之作茫然如墮烟霧其中或有一二能兼擅者乃一行作吏簿書錢穀之務奔走竭蹶毋有所不暇給獨是列中祕之選者視草天祿石渠間董以師資優以體望月有程歲有試而館課之文以著嗟乎其亦不世之遇也哉然釋褐之後榮利眩其中應酬晉接紛其外攻苦恒不能如諸生時且進退得失之間

較之制藝之文所關差不甚重毋以故事應之故文雖工亦不傳即如有明三百年自劉青田宋潛溪外以臺閣文傳者指不多屈固甚難其選也惟

定翁宮老大人先生幼習過庭之訓讀書春雨草堂海內賢士大夫以暨高人名士爲詞章以美其家學者積累致數百餘篇庚戌冠南宮習其文者擬之荆川石簣諸大家數科以來皆競趨於昌明博大之路則先生之力也及入讀中祕書試輒居上等落筆都下競爲傳寫歲丙辰

繡衣出視糧儲際可始得謁先生於大梁諸出其館課見示際可新令浚儀塵務蝟集乙夜篝燈反覆繙閱終不能窮先生之所至也夫館課之類其緒也衆而多端則其立言要於至當先生左畫圓右畫方肆應而不窮各造其極而後人皆嘆先生之才不可及也不知先生之爲制藝也既聚詩賦箴銘詔冊記序之材於其中而不屑屑於句字之末故制藝傳及其爲詩賦箴銘詔冊記序也又以制藝大家之氣行其間而弃去其比偶之跡故館課傳況進而求

之西臺之奏議與分陝之治蹟其爲有體有用之學又豈得以政事文學遽分之哉顧天下亦有束髮受書欲視草於天祿石渠間而不可得未嘗不自傷其遇及讀先生是集如觀海望嶽極其思摹擬似而終以爲不可及則亦廢然自返也已

康熙十有五年歲次丙辰嘉平月屬下吏嚴江

毛際可拜譔

奏疏目次

泰州宮夢仁定菴著

奏疏

奏疏　一　目次

奏疏

泰州宮夢仁定菴著

貴州道監察御史臣宮夢仁謹

題爲礦洞必不可開遣官務當嚴飭以省無益之
費以防未然之防事竊臣三世傳經廿年苦志
叨冦南宮之選備員常吉之班曡荷
恩拔居言路自顧譾劣勉圖報稱惟期知無不言
言無不盡不識忌諱不避嫌疑以仰抒
宵旰之思稍效涓埃之誼已耳但新進小臣諸凡未
諳不敢草率塞責謹先就見聞所最異者爲我

奏疏　十一　止開礦

皇上陳之方今
大討四征軍需孔亟議捐議省不得不爲先事之綢
繆乃一二奸民遂意度支不足藉口開礦希圖
進身垒事之階始自本年春山西應州民武應
元等呈控差官開採約算多不得實未行治罪
因而王惠臣等以河南叩
閽馮端河告以山東具奏口供支吾部議不准奏
旨一從寬免責矣一行該撫察明矣項見部覆欽天
監右監副劉蘊德據呈代題一疏奉有賢能司

官同往採驗之

有虛實□任未定何敢遂爲瀆陳但臣區區爲

國爲民　忠衷有不容緘默待者稽古王制三十年之通制國用不過曰耕九餘三而已三代而後國用盡耗莫如唐而武功最盛闢地最廣用兵最久師行最勝亦非於租庸調外別有所取盈也苟謂礦爲天地自然之利下不病民上不損官採之將與鑄山煮海同其奇贏何太公圜法管子正筴而外未有以採礦富國稱者即輓季間一行之又何迄無成功旋復報罷也蓋礦

奏疏 [redacted] 二　止開礦二

之生也非若耕桑之可以歲殖也又非能孝而取之無所費而自成也且所使開礦之人又非饒衣食知禮義類皆饑寒奸宄烏合而偷爲利者也無論生長不常入不逮出貪邪竊盜流弊多端當此叛逆未盡誅滅保無賊黨竄入其中積日累時莫可究詰一聚難散渙爲隱憂故較銷金之費於取金之利十不償一較已然之費之利百不償一較無稽之利於不可稽於千不償一而較呼朋引類之害於摶砂鍊之利又萬不償一此其必不可行者也況自滇黔首亂以來所在瘡痍民半死於鋒鏑半淪於溝壑所恃供億奔命以衛

京師者九山之東西河之南北江浙楚粵之半壁耳固生聚教訓之不遑而乃請開採將依官民四六均分之說添設官吏僱募人夫守護輓輸綷騷種種一不及額於何取償報認攤賠勢所必有至於捐資辦工其說愈不可信蓋殷實百姓有恆業者必有恆心此等奸民游閑無賴非圖利已又何所希冀而爲之甚或指富家大族曰私開指田宅墳墓曰有礦土著豪強挾讐

奏疏 [redacted] 三　止開礦三

報復不省官司任意索詐民必坐困無樂生之心矣利則歸下害則歸上名則上受其損實則下遂其私此又不可行者也夫有礦地方大約皆氣脉所結聚幾輔八郡尤天下本源

陵寢之擁衛

京師之股肱王氣鍾靈宜加培護若肆行掘挖定於龍脉有妨今劉蘊德既稱衙門實司地理素相致書之傳何不審其重者大者輒敢位妄題使相視而虛回已多此一遺相視果有多寡亦難預期乃以何服小民方給兵馬之

爲糗應驛遞之往來復典是役此又更不可行
若謂
成命難反汗萬不得已懇
皇上面飭部遣官員不許借採驗之名虛張聲勢肆
行射利騷擾經過地方仍
勅下直隸巡撫檄令該道或各府佐貳會同相度使
有司有所憑以應副恐防伏莽之奸詐冒差使
乘機妄動實於封疆有關且止就疏內境界踏
勘不得節外生枝亦止論礦之有銀無銀而銅
鉛在所不必倘或不符立置欺誑重典庶懲一

奏疏　四　止開礦　四

儆百後此不敢效尤不然奸民實繁有徒改名
換姓變幻百出致言利者紛紛盈庭大非
盛世所宜有也臣確從今日時勢起見冒昧披瀝字
多逾格伏乞
皇上乾斷施行
康熙十四年九月十八日具題二十三日奉
旨開礦事情原爲軍需浩繁方在差官察驗宮夢仁
奏殊爲不合著嚴飭行

泰州道監察御史臣宮夢仁謹
題補題畱之例以杜奔競以清規避以一
臣讀尚書有曰知人其難能知人則能
安民明乎致治之道首在用人也又曰冢宰掌
邦治統百官均四海明乎用人之權責在銓選
也自滇逆背叛以後每閱邸鈔見各省題補題
畱紛紛多不一例竊思用兵地方不能懸缺待
人就近補用原非得已乃內地督撫從而效尤
有稱本官之才能而以降革補任者有稱百姓
之籲請而以陞遷畱任者有稱人地相宜而以

奏疏　五　題補　一

雜流居正印者夫曰才能安見才能之必逾於
部選乎曰籲請安見籲請之果出於至公乎曰
人地相宜安知雜流偏宜而正印盡不相宜乎
在督撫二年薦舉三年卓異顯庸之柄如何鄭
重乃不與於二年三年之大典而忽得偶書於
一朝恐亦理之所必無而事之未可盡信者也
敢請
皇上
議除會經奏
虛公酌量其餘槩行停止臣愚以爲現在
兵地方部選稍遲縱欲准其題補以便早行

料理亦必令部選之員刻期領憑赴任或仍以
〔…〕之缺用或部以附近之缺用至於題補在
臣部選爲主勿得任意更張庶不至重
外而輕内矣邊地内地美惡迥殊揀擇固人之
常情趨避亦事所必有凡從邊地陞内地者應
〔…〕題留其從内地陞邊地者不許題留庶不至
假公以營私矣考送軍前者原分各途則本項
需次之員正自濟濟又何必借才别項致嘆積
薪乎凡已任之雜流止得照雜流擢用而未考
之雜流並不得越階題補庶不至借虚名而邀
奏疏 [redacted] 六 酌題補二
實授矣如此則奔競可杜規避可清事權可一
重銓選實所以尊
朝廷其有關於用人致治者豈淺鮮哉如果臣言可
採伏乞
皇上睿鑒施行
康熙十四年九月十八日具題二十三日奉
旨該部議奏

巡視東城貴州道監察御史加一級臣宫夢仁謹
〔…〕澤
〔…〕之責成以省虚糜以資
國用事臣伏讀
〔…〕諭款有曰河工脩築糜費不貲兹當兵餉浩繁著該
督〔…〕小官加意節省仰見我
〔…〕旰焦勞
國計民生無一不上廑
睿慮也竊思今日財用浩繁固不止於治河一事而
河工糜費誠莫甚於淮揚兩府在廷諸臣亦既
奏疏 [redacted] 七 尚河工一
言之屢矣但人執一説每多異同臣愚以爲淮
安居淮水之下流恃高堰以障之高堰決則淮
安受其害寶應在淮安之下流恃越城以障之
越城決則寶應八淺受其害高郵江都又在寶
應之下流恃周橋翟壩以障之周橋翟壩決則
高郵江都受其害其堰壩高低尺寸皆有定制
自故明至〔…〕
〔…〕堰越城周橋翟壩脩築無恙淮水盡出
〔…〕故漕運從無阻滯淮揚從無水災始於順
治十六年冬私開翟壩木石擅放商船入湖泄

至十餘年後日沖日淺日決日廣全淮之水盡
生淮南通計揚州界內洩水閘口不過四
周橋翟壩內決至二十五里以四十
餘丈之閘口洩二十五里之水勢此淸水潭東
西兩堤所以決也淮水旣分則出淸口者不及
一力不足以敵黃而刷沙此海口所以
淤也海口旣淤黃水無所歸宿奔騰泛溢爲害
於宿遷桃源淸河之間此黃家嘴七里溝所以
決也棠我
皇上軫念災黎疾苦發帑銀截漕糧蠲免地丁正賦
奏疏　八　嵩河工二
累年
曠恩不下數十萬金此戶部歲辦所以不無缺額也
在淮安懼淮水漲而高堰難保也或利翟壩周
橋之決洩揚之官民講求脩復故道而翟壩周
轄揚州境內此所以議論紛紜動多掣
歲沖決迄無成功也不知順治十六年以
前翟壩周橋未決三百年淮水常出淸口未聞
則此竭民力而耗金錢沉田廬而損
由於事權之不嵩耳今日而求節用治
河之方足

裕民之道惟有裁南河中河兩分司專設管河
員使兼轄鳳廬淮安揚州三府地方職
一人庶得虛公籌咨通盤打算其形勢
之上下堰壩之高低斷不致彼此互推以鄰爲
壑然後可期責效核實程功則水患永除而治
河可省災黎復業而歲入之供無逋冗官
而一切之廩食皆漸減矣此誠一勞永逸
之舉而又大有裨於軍需者也臣從
國計民生起見仰體
恩綸敬陳一得之愚伏乞
奏疏　九　嵩河工三
特勅該部酌議緣係條陳河工情形字稍逾額貼黃
難盡併祈
鑒宥賜全覽施行
熙十五年正月十七日具題二十二日奉
具奏

貴州道監察御史加一級臣宮夢仁謹
奏爲水患異常疏理海口宜急圖列情形乞
使一勞永逸實裨
本年正月間具有恭繹
責成一疏部覆請
總漕江南總督逐一詳議具題此特從
上流起見就平日而言也昨總漕臣帥顏
保恭報異常水灾疏稱自揚至淮兩岸石土堤
工處處告急衝決多口河湖相連汪洋一望民
舍盡行倒卸田土皆沈水中又船從江南來者

云自揚至淮在常時不過三日程今且非半月
不能達輕舟如此則糧舟可知上河如此則下
河可知其關係輓運之咽喉東南之財力誠非
此固不可以一日不治者治之而不審衆
之勢徒爲逐節小補之謀等水衡之金
化百姓之膏血爲藪澤旋衝旋塞再
安瀾以紓
亦必不得之數矣臣請得而詳言之
淮水爲通所以捍淮水使尚會黃
水者高堰翟壩一帶堤岸耳其上流爲阜陵洪

湖淮水於此停蓄堰壩逆之西注會黃水以
下流爲白馬五湖之間皆爲漕渠
自清口對入天妃閘南下六十里
而西南經黃浦八十里達於寶應
清水潭百二十里達於高郵沿邵伯
而西流歷金灣茱萸灣百有十里達於
折而西南十里由三汊河分二派於瓜
儀真入江曰裏河亦曰上河自茱萸灣閘東
南從苡稻河百有十里訖於泰州曰鹽河自泰
州東西二壩過港口而北百四十里爲興化稍

折而西南八十里爲高郵再折而西北百二十
里爲寶應又折而東北九十里爲鹽城其間育
映錯綉阡陌比鄰草蕩鹽場星羅碁布周廻千
舟檝爲往來而出廟灣白駒丁溪諸口
河上下兩河惟恃一線河堤蜿蜒間
望內如釜底外若建瓴淮揚兩府數
鹺利由茲出焉淮揚六七州縣數
室廬存焉故內開行水支河
凡以串場海道相絡也人知高寶
伯河堤爲下河州縣之門戶高堰翟壩又上

堤岸之藩籬藩籬不固門戶因之失守固已
古人云射陽諸湖□也高寶諸上田腹
閭也灌於□而漲於腹所必至者況
由大於口小於尾閭而謂不洚洞
是理哉古今稱善治水者莫如禹禹
日入於海再則曰入於海孟子亦曰禹
爲壑是海之能受水而爲水所歸也明
旁豈歷官河上諸臣獨不見不聞而故爲是泄
泄從事乎歲久日湮漸積壅塞民之豪有力者
盤踞其間滄海桑田每多安土重遷之慮因緣

奏疏 [redacted] 十五 理海口 二

爲奸煽惑衆聽謂此不可捌而開也開之將不
利於商若竈且恐生奸人窺伺心固不自今日
而多聚訟矣抑思黃淮入海以雲梯關爲首稱
安廟灣海口以南有新興之匣子港鹽
妃口石礎口之新洋港伍佑之老八港
莊之新團河白駒之牛灣河草堰小
淤河口丁溪馮家壩之龍開港以
載在志乘事跡可循而何云捌始也
吾人討獨不可就附近之地因下而別
澤耶至民竈巴在范公堤內豈海潮所能擊

文何有於鹹水傷禾淡水傷鹽之說乎況濬
煮海者得不□□而舟焉利當不在民
口僅□□爲出水之門勢不等於
知以競渡也無已更施品椿於上流
而建閘以時啓閉慮且萬全此誠千
之理而萬世永賴之休外此類皆因循
且塞責不則變通之術亦必不得已而
行者矣前聞總河臣王光裕由泰州有海口
之行或亦逆料水之必來堤之難保雖康熙七
年間略經開濬而一地有一地之海口一口有
一口之分流此之通不能代彼之塞故欲爲是

奏疏 [redacted] 十六 理海口 四

舉耳乃數月以來未聞
請保無難於慮始格於浮言可開可不開二者
卒未有定耶臣非不知此時而建此議
共迂謂猶之饑而植禾渴而穿井雖疾
顧今日勢縱等於燃眉計猶可以徙
遂甘委之無及恐不至水患日甚
年屬一年□止又或者謂諸逆雖漸
囊尚煩經畫□石夫役之費於何取資
以一面修築捍堤一面開濬海口諸工並舉

中翰公未刻稿

（清）宫昌宗 撰

《中翰公未刻稿》，清宮昌宗撰，據泰州圖書館藏鈔本影印。

宮昌宗（一六三三—一六七八），字武承，號毅庵。清泰州人。偉鏐次子。順治八年（一六五一）拔貢。授宏文院中書舍人。康熙七年（一六六八）舉博學鴻詞。因疾未赴。

宮昌宗著述頗豐，卒後遺作藏於家，康熙五十五年（一七一六）其子宮懋勇從其遺作中撿得詩文若干，編爲此書。泰州圖書館藏本殘缺，此書總目載有狂談、瑣談、枝談、恒談、古詩、五律、七律、五絶，此本所載只爲狂談，後附有《中翰公罷歸偶課目次》。狂譚自序釋其義爲狂人之譚，『其是非或頗謬於聖人，但譚其所欲譚，而不顧天下後世之論議，是以狂也』。共三十三篇，多爲議論歷史人物、事件、制度，亦有部分隨筆雜文。論史之作有許由、莊子、鼂錯削諸侯、晏嬰、商鞅、高光待功臣、昭烈取蜀、曹操、陶潛、宦官等。宮昌宗自言其文或頗謬於聖人，其議論實與傳統觀點并無明顯差異，一些文章也能令人賞讀回味，如《晏嬰》，言其歷來稱爲賢臣，爲史遷所欣慕，而齊君的惡行，晏嬰不能阻止，應負其責，如莊公通於棠姜。莊公被弒後，晏嬰不能討伐逆賊，亦爲失責等。所言亦頗有新意。

（周　忠）

弁言

歲在戊午不肖甫十有三齡即遭先君子之變時雖總角授書與未嘗學問者等微特先君子之文章氣節未能窺其萬一即一言一動亦若罔所聞知庚申服闋後同伯仲兩兄啟先君子篋笥得藏書二百餘部强半皆丹黄批釋談時勢則較若列眉論人物則推見至隱而其中尤精詳者則莫如鑑綱莊子世說及諸方書遂三分之不肖得書六十七部而鑑綱在馬公生平作書極斂捉凡所著作稱述無不經手錄

者晚年尤喜談兵故兵書尤多通計可二尺許不肖又分得方書二本秋繁錄一本初訂兵書三本又自著四書講義名曰摘題隨當先君子在日不肖即請而讀之微窺先君子若有吝色然不敢致問唯受書而出後聞語母夫人曰某兒向予請講義予初不欲授恐不能解反致遺失此書繼又不欲阻其向往之志竟與之矣不肖聞之甚喜至是與前所分者悉藏篋雖幸免遺失之咎然其不能讀父書則至今如故也其兵書悉歸仲兄餘諸手錄者悉歸伯兄公性豪放凡所著述多不留稿或留稿而為友人攜去或有草本無真本今所存者不過什之四五又强半皆斷簡殘編及戊子伯兄辭世時猶子旻文離襁抱未遠不肖恐先籍日就朽蠹乃于七月間親曝于庭因檢先君子手澤另貯一笥以示謹守勿失之意不料仲兄復于辛卯繼逝壬辰長夏為之收拾遺書亦復如戊子時私意俟稍展素志行將以古今文詩詞遺稿並所批鑑綱莊子世說等書俱刊以行世未晚也迨乙未行年五十而仍然故我自恐顯無分亟命旻文

將另貯一笥者檢出得詩文若干本手自鈔寫彙成一帙其殘缺者與草稿之不能辨者寧闕疑焉不敢妄參臆見反致失真撫今追昔既不能趨庭受教復不能得寸進以表先澤罪滋大矣姑錄而藏之以俟後之賢子姪有能光大前人之業從而稱述之剞劂之是則不肖之素志也夫因紀其歲月于簡首時龍飛康熙五十有五年歲在柔兆涒灘禁烟日男懋

勇百拜謹識

杜子濂先生原序

海陵之西北隅有地名小西湖闢自宋人今為穀庵乃公紫翁先生園亭先生橋梓皆以能文名天下而又樂稱道人之所為文故士咸欲歸之以名舉其所為文而稱道之余嘗遊小西湖與客嬉遊竟日薄暮妄返園有亭十餘其東者為寂勝傍有巍然而高者為泰山焉余名之曰倚岱亭其西者亦居水中央與倚岱等而無山焉余題其額曰西湖清照即春雨艸堂賢君諸亭傍雖累石為山而高亦不逮也水繞於

序　三　泰縣圖書館傳鈔本

園亭繞於室小徑蜿蟺長橋四出繞于堂繞于亭復繞于園故游者四顧而滿志焉主是園者即不文余猶將張之況君家素志以能文名余安得不敬而師之今亭穀庵祇園外集而並及夫所謂園者蓋以非雄偉磊落淋漓崛嵂之人之文與詩不能獨富也

康熙二年仲冬穀旦琅琊年家弟杜濂題於修來園中

秦亦夏先生原序

穀庵先生詩文若干首其遺緒餘也而精者不傳余每與接談嘿然不一置可否酒酣興發議論輙風生令聽者忘倦喜談兵謂孫吳未盡所長當深以黃老之學余不敏恒欲請從事焉而未逮其秘不傳者天人性命之奥也嘗訊宋儒以訓詁特工為理所障欲學者盡捐文字獨闢靈宗真老師宿儒窮年皓首未能窺見其萬一者也嗟乎高山景行徒切向往奈以簿書鞅掌不免晦明風雨間難質疑備所謂當前而

序　四　泰縣圖書館傳鈔本

之者歟祕私計穀庵行年纔三十余得見事之他時不棄余余能不自棄負笈相從期於耳提而面命之或僥倖聞道未晚也世之有心斯道者不得侍先生之側與先生遊親炙先生之訓又不能盡窺先生之所為詩與文其先睹斯集而讀之殆亦思過半已乎

舊寅年春弟秦尚忠亦夏甫題于鳳城公署

中翰公未刻稿總目

中翰公未刻稿目次

趙普
評蘇
宦官
稽疑
釋彖
明堂
郊祀辨
郊祀分合辨
說夢

歎息
咨容
述遇
乞說
好貨財論
功過格
引鳳篇
前醜窮
後醜窮

懶翁傳原缺

狂譚自序

狂譚者狂人之譚也舉世皆狂而覲道人不狂恐世之狂者反目不狂之人為狂而欲飲狂藥也故以狂名譚其是非或頗謬于聖人但譚其所欲譚而不顧天下後世之論議是以狂也然狂夫之言聖人擇焉咄咄道人又惡得諱言狂乎

祇園覲道人自識

中翰公未刻稿

男懋勇手録

狂譚

許由

夫人有烏獲之力而後能挽千鈞有離婁之明而後能燭五色有庖丁之技而後奏刀合桑林有輪扁之能而後運斤應心手有伯昏之射而後肘能措杯水有師曠之聰而後耳能辨音器夫一藝之微尚猶如此況天下之重帝王之尊四海九州所尸祝山川鬼神所呵護者乎傳曰堯讓天下于許由由不受隱箕山夫許由亦安能以天下辭者度其德不足感風雷度其才不足驅岳牧度其權不能殛四凶度其威不能格三苗直不能為天下耳安能以天下辭哉世儒指其事為美談楷其義至高夫義高者非當人也非常之人其處也有據其出也有為除大害與大利洒其沈淡其災為天下之所不敢為行天下之所不能行則舜禹是也使舜禹亦為許由之所為行許由之所行則九河未之疏五穀未之殖龍蛇未之放山澤

末之焚郎許由亦不能優游俯仰全其軀于潁水間矣遑問天下哉故褚小者不可以懷大綆短者不可以汲瘠深井鼃難以語海者拘于墟也鼯鼠難以語山者安于陋也許由難以語天下者志于卑也逮至後世異端競起遂有於陵仲子辟兄離母為君子所羞稱嚴光為世祖故人不能竭志盡忠以翼中興之運而老死富春丁鴻鄧彪劉愷此三人者當襲父爵非有臨遺之命嫡庶之別也而兄弟相讓以沽名孰非許由為之始倡哉下此而終南有徑北山有文虛士盜虛聲史無論已然則首陽延陵何居乎曰夷齊之讓也出乎人情之至正天理之至公適當鷹揚變變代之時恥食周粟而餓死古之節義人也季札者識時務通權變明哲保身之士也未可與由同日而語也孔子刪書斷自唐虞而許由不見齒于經傳者有以夫

莊子

道一也有所論說以矯天下之弊而拯後世之溺者而一、不矣時當戰國世降風微利名之谷開忠信之源錮是非之門鑿淳和之璞雕莊子思以矯其弊拯其溺而著書之言十餘萬攡（音鴟 攡同）與天地擬萬物齊禍福外死生放廢百家孤行其意以自恣史氏謂王公大人不能器之信有然乎後儒議其縱肆邪說詆毀仲尼當焚其書廢其徒嗚乎以管窺天闇于所見以挺撞鐘陋於所聞其于道也豈特甕雞而已哉蓋道猶海也孔與莊猶水也浩浩淼淼茫無津涯岐而為川析而為流各循其故各歸其墟至滿而盈仍反于初萬派之所朝宗者非海也耶本同末異而究歸極于道者非孔與莊耶從既始有物之後而論之孔子也從未始有物之初而論之莊子也既有物者存乎人也未有物乎者本乎天也本乎天者無所美無所惡無所減無所增道術皆後起之名成毀皆有盡之數作智造巧者物之害也別白着黑者身之危也脩行飾名者削真之斧也畏夭榮壽者亂性之緣也然則非小聖人也特於所畧者詳之而已詳其所畧而不深斥夫在彼之非以明我說之甚是則天下後世必將河漢其言而不余信故孔子言仁義彼以為駢拇孔子言詩禮彼以為發冢孔子述堯舜彼以為卷婁孔子視若營四海彼以為躬矜與容知孔子賢伯夷恥盜跖彼以為夷狗名跖狗利其殘身殞命一也是孔子所已言而未詳者得若人而摽剔之斯為可快已況所欲言而未言者得若人而詳言之不更大快於中乎蘇子曰陽擠而陰助真知言哉不然當子輿氏闢揚墨至比于禽獸而辨論不及於漆園豈非以其相為表裏而羽翼之功大歟王介甫曰善其為書之說此真强作解事者矣

四　泰縣圖書館傳抄本

六國

秦非能王天下也六國王之也六國非滅于秦六國自相滅也何則齊楚韓魏燕趙之衆非寡于秦也以六國之衆群起而收之非啻十倍也平原信陵諸居又非短于武安也使其信義相要結患難相扶持陽以尊東周陰以拒西秦是以天下而伐一國衆仁而誅一暴摧枯折朽反掌間耳秦一旦提百萬之師帶數千之甲東出函谷則齊以銳師當其衝衛楚絕其後燕趙斷其粮道韓魏趙左右翼為聲援南出武關則楚以銳師當其衝燕趙躡其後韓魏趙間道布遊兵以邀擊之秦捲旗息鼓偃而西走六國協力長驅擾其農夫使不得耕掠其牛馬使不得畜煩其士卒使不得休息得其地即列為邊得其人即編為戍秦將自顧不暇遑問諸侯哉計不出此而齊魏首敗從約以代趙蘇秦復請使燕以報齊今日婚姻明日敵國携心離德自相矛盾秦得以秣馬厲兵優游而坐乘其敝大則一二賂城小則割一邑强者覆軍而殺將弱者北面而請朝事極勢窮君敗臣辱乃始勒兵

五　泰縣圖書館傳抄本

西向思雪其恥以己之之兵當方剛之衆以數里之地角萬乘之雄刃未交而士氣先沮師未飽而國用已虛猶狐豚之咋（音責）虎髓（音精）鼩（音渠）之襲犬不格明矣然則秦豈能滅六國哉六國自相滅而已矣

晁錯削諸侯

蘇子謂晁錯天姿刻薄謀弱諸侯以疏骨肉激成吳楚之禍而卒以自殺其身嗚呼何其深咎錯乎已成之事而不原當日削吳以尊漢之苦心耶吳王之反也適犯其怒得泄其不逞之謀似乎錯之激之也當文帝時以太子爭博之故而稱疾不朝借端已見矣其尙且隱忍持重而不發特以几杖之故弭其心豈當一日忘西向哉錯慮家國之間不避忌諱倡言削地之計以尊天子而安社稷忠矣孝景聽袁盎之讒說倉皇不辯遽斬之東市謬矣吾謂錯之為謀甚善特其發端為過急何則當日所慮者獨吳耳他如齊楚膠西濟南之徒初未嘗有不朝請之罪也又未嘗招畔納亡公禁弗予郡國吏如吳者也又非有銅鹽之利富厚甲天下可以借資而起也乃削地之議未加之謀反之吳先加之未反之國其心必有所不服不服則疑〻則懼〻則必叛故吳得以藉口誅諸侯為左右手以誅錯為名此錯之咎也非謀之不善也則以其過急也為錯計者先吳而徐議列國可也後

人謂其以刻薄之臣輔刻薄之君行刻薄之事將買誼痛哭流涕於指股之喻者亦為刻薄耶是何以可成敗論天下事哉

晏嬰

晏子世所謂賢臣而史遷亦曰為之執鞭所欣慕竊疑莊公之通于棠姜也晏子與聞乎抑獨以為未聞乎夫身既已為相矣君有過而不聞何貴乎其相也君有過而聞聞之而不諫是逢惡也諫而不受遂從而聽之是尸位也乃謂諫說犯君顏果信然耶反窘辱而死于臣也太史書其罪者皆被戮南史氏亦奮義執簡以遠從嬰于此時不能悉國中之甲士身先犯難聲逆致討又不能請天王之命乞列國之師庶幾以自塞其責而曰獨吾君也哉吾死也聽其擅自廢立與之同列而事主豈祗見義不為無勇而已哉厥後與叔向論國政曰齊其為陳矣心知其為陳而未聞寤其主以稍抑其權豈進思盡忠退思補過者固如斯哉吾每嘆自古仁人君子遭時不淑而窘命于負賤之中辱身於泥塗之下者何其衆也非其才不足見知于時也知己之難也以越石之賢而屈于縲紲之内非所謂遭時不淑者乎晏子贖右驂延為上客可稱知己矣及阻尼谿之封謂儒者滑稽非所以

先細氏何耶果如嬰言則孔子為中都齊人當不復歸康樂矣若非然者則晏子之智曾不若犂鉏哉太史公所以不論論其軼事其意深遠矣

商鞅

秦孝公據終南太華之勝跨洪波涇渭之險富强甲天下以稱雄長於諸侯出武關則荊楚之君不敢挺予而淬刃出函谷則山東諸國爭割膏腴之壤剖要害之郡西向而請朝當此之時天下非小弱也謀臣戰將趨走六國合縱而相攻者非一朝一夕之故也而卒以區區之秦稱强六世移鼎周疆囊括輿圖海內為一者則皆商君之力也昔人謂鞅廢井田變古之罪不可勝誅夫井田之行于古也上無兵征之擾下無輸輓之勞兵即農農即士故不增田而賦已足不加賦而用有餘戰國裂土分疆互相吞噬宿師連戰糜費不貲鞅于塗遂之外皆布為田禁末作勤耕織瀉鹵之地盡成膏沃間曠之土亦棲稻粱一歲所收獲利百倍既以利國又以便民即管子之策齊計倪之伯越無出其右者奈何泥言師古必執井田為不可變哉子產鑄刑書始而謗既而思孔子曰古之遺愛也故曰用治國用輕亂國用重使孝公不死太子不立公子虔之讒不行則商於可與秦保終始況有車

裂之禍哉且鞅令行之十年而民說矣其所以卒受惡名者惠王殺之而非其罪也劉歆謂其以嚴酷致滅亡豈不謬乎昔人謂徙木立信為小人狙詐之術不知非常之原黎民所懼々々則疑々々則不信不信則令不行令不行則非議而民莫之從故徙木細事也而賞在所必加況大于徙木者乎棄灰小過也而罰在所不貸況過于棄灰者乎使非以此絶不經意之事懸不測之賞示以令有所必行安在無非議而莫之從者哉蘇軾曰帝秦者鞅亡秦者亦鞅意謂秦因變法而帝亦因變法而已也不知秦之帝帝於商鞅秦之亡亡於趙高鞅為定法之臣而高為亂法之臣使扶蘇不監軍始皇不崩于沙丘則胡亥不立李斯不因而趙高不得肆其志秦未得二世而遽亡也使鞅之法足以亡秦則其初又何能以帝秦哉予謂商鞅不世出之才也向令說以王道孝公即舉而用之豈僅伯佐云爾哉

高光待功臣

夫天下有憤激寘恩之事而一人獨安行而不顧者亦相乎勢之所趨而非可以一概而論也何則當楚漢相遇于中原漢高之隣于危殆屢矣卒賴韓彭黥季等智謀詐力出之搶攘之中誅暴秦滅強楚混一區宇一時佐命之侶皆當世所謂賢豪間者也彼其捐親戚棄墳墓相從矢石間亦各欲附翼攀鱗以自成其志及至握大寶而誅勠略盡豈澗達大度者願若是其寘恩乎觀光武雲臺諸將盡裂地而封侯解兵柄敦儒學不任以吏事使得各歸國完爵土其保全功臣至厚矣兩君豈不相越逺哉不知勢有所不同故行事亦大異高祖以英傑之姿蹶然而起自草澤驅山東豪傑如鷹犬雖有斷跋扈之氣不能出其範圍之中大難初夷非不欲大小相維親賢並建拜肆旋之祚錫帶礪之盟也然而勢固有所不能也天下擾々非素有恩信大義久結于民也又非有尺寸之握乘勢而起聲施素重于天下者也且韓彭諸人又皆有王伯之才視高祖未強少文碌々無足奇

高祖亦復自惟不及諸人也一旦不恢號名無籍之徒雲集風馳四方響應正未知鹿死誰手光武克復舊物與天下更始天下沐浴漸於文景者久矣莫不歌思舊德想漢官威儀復興其將相師徒皆故國之人欣然而樂為之用王莽王郎前事之失後事之師也郎有不詭狡爲啟疆三河義士誰能應之者故猜嫌不必設而功臣得以保首領世其爵長子孫世儒謂光武待功臣優于漢高不知易地則皆然其勢使之然也

十四　泰縣圖書館傳鈔本

史遷先黃老而後六經

宣尼大聖也問禮于老聃至驚為猶龍晏子謂儒者滑稽不可軌法非所以先細民曹參以武夫師蓋（音盍）公則秦漢以前盡也黃老明矣故孟子闢楊墨而辨論不及于漆園殆漢孝武表章六經文章訓詁之學寖廣始尊其名曰儒以道德等書概之諸子之列非古也班固以先後序次訕史遷與管窺矣孝成因髮（胡今）堯改道冠為幅巾則彼時猶未大遠於古也後世不察目為黃冠者之服又代為孔李二公妄爭高下豈不謬哉

十五　泰縣圖書館傳鈔本

昭烈取蜀

蘇文忠謂孔明遷劉璋失忠臣義士之望欲治兵振旅為仁義之師蓋亦難已余謂劉璋有可取之道而昭烈復處于不得不取之勢何則靈獻之際英雄蜂起各據形勝以窺漢室雖多不軌而猶偈為尊王討賊以收天下之心劉焉位列藩臣身為帝胄宜其痛心疾首犯難而為天下先而首鼠兩端陰懷異志乘其間隙據有益州車服器械僭擬天子坐視其敝而莫之救阻聲教絕貢賦傒然有不臣之心璋以闇弱

之資嗣盜王土廩廩祿祿尸位而已張魯一匹夫耳斬木揭竿號召走險而璋已汲汲有不能終日之患表曹輩耽耽虎視每欲挾天子之令以誅璋而彼此相牽力有所未及耳一旦以偏師下成都西蜀非漢有也昭烈與璋兄弟也明知其不能長保茲土而故袖手坐觀其成敗不忍也待他人取之我復從而爭之晚矣即以劉焉僭僞之故削其地而奪其權誅其不臣之罪亦仁人義士之所服也況得其地而歸其財遷于公安佩以將軍印亦可謂善處骨肉之間矣尚得謂不仁不義者之所為乎且荊州當南北之衝在江東為肩背在西北為襟喉在許洛為門戶是三國之所必爭而不寗相下者也復與三吳分半而居其勢不足以立國國勢未立而進不足以兼攻退不足以自守與諸君相角于中原難矣故施大仁者不矜煦煦之仁申大義者不為孑孑之義然昭烈之取蜀是也

曹操

戓謂操亂賊也使操而賊也則孫劉獨非賊乎哉其不滿人望者獨弑后一節耳夫人情鮮不畏死迫于險則走險走險則犯名干分凡儌倖以求全者無不為矣非夫公節概之士烏能慷慨引分受命而不悔殺身以成仁者乎故患每生于過激而禍多中於猝然當是時使伏完不圖操〻亦不弑后也使伏完圖操〻即駢首而就戮亦不得謂之忠也愚焉而已且使圖操而密其謀不泄其機當不至禍患之猖獗

酷烈如此其極也自詒伊戚豈得獨罪操哉嗚乎君不君矣而後臣不臣〻非得已也其君庸昏不能以自振則其臣有崇功鉅伐挾震主之威而不能以自安也陳蕃竇武無罪就死何進元舅身夷族滅王允朝斬奸卓夕殞其軀朝廷之紀綱若此謀臣力士復何望哉此操之所不得已也且孫劉各擁位號擅用兵帝制自尚視朝廷蔑如也逐鹿之雄比〻皆是未當以此為非也而必謂操不當受九錫不當挾天子令諸侯不當與孫劉抗直欲操死于孫劉之手而

此行落一「世」字

後快是徒知豹能搏虎而不知虎盡亦將噬人也獨不思湯武放弑而後豈復有不假征伐揖讓相授者哉嗚乎操好名心勝耳使肆然而帝誰敢非之者乃借服事之名欲以比隆于西伯處危蹈疑隱忍而不發卒以負天下後之訾議也夫世固有立意好名而反蒙惡聲者有如是夫

淮南子

言者心聲也心知其所以然而後能言其所以然言其所以然者必寔能行其所以然者也讀淮南益等死生齊窮達宮天地懷萬物返性于初而游心于虛者也吾意其人必莊老之流飄飄乎有凌雲之志不以誘泪真不以欲滑和也及錯綜其行事則又大謬不然彼淮南列土十里位在親藩處骨肉之間承宗祧藩垣之重宜能自全以屏衛天子矣乃挾邪僻之計率衡山倡逆首為亂臣賊子之所為而觧所忌狡謀未終遂自殺父子再亡國為天下後世所觀嘆豈其工於詞者拙于行得其文者失其寔乎悲夫

揚雄

所貴夫為大賢者其立身行己利害去就之分必確乎有不易之道而後載簡而足法吐詞而為經非徒語文言字之間而已也徒觀其語文言字而以大賢之號歸之安知夫孔孟非欺世盜名以取榮稱者哉竊怪痺唐宋諸子次揚雄于孟軻之後而昌黎亦謂太元勝周易嗚乎大元果勝易乎與不勝易乎始勿論第其言曰知元知默守道之極惟寂惟寞守德之宅似亦通乎易者之言也使果通乎易則治亂得失吉凶悔吝之數臨險阻處憂患之義必曉然明白於其中斷然有所抉擇于其素而決然行之至當而不疑矣胡為而劇秦新美愴皇投閣先不能見機而作有明哲之保身之道如吳市之梅福遼海之逢萌繼不能堅守臣節伏義而死如龔勝又不能如郭欽蔣詡輩甘肥遁以免禍卒以三朝之老失身二姓蒙厖含垢隱忍求苟活大賢固若斯乎跡其行事豈不與易大相刺謬哉今夫文章與心術通出乎情發乎聲而應之乎事仁義者其言溫節使者其言烈風雅之人其

文騐邪僞之人其文僻〻然後足以見其奇原雄之
文雕字竄句故矜艱澁以飾其陋蓋工為奇者也一
時與工為奇文者劉歆也則文之奇不過與歆等耳
歆之行事何如而可以文與易較輕重哉王介甫謂
美新篇非其所作永始四年雄作甘泉賦夢腸出而
卒永始去莽遠甚何以稱三世不徙官史曰莽大夫
揚雄死豈別有其人抑史臣之妄耶荆公好奇喜立
議論毋怪蘇子以謟語應之也獨昌黎謂孟子之後
一人而已稱譽失寔豈不謬哉

廿二　泰縣圖書館傳鈔本

文中子

王通一三家村老措大耳方六朝纂敍相循延興而
延廢載籍之散亾幾與秦灰無異一時文章之士又
皆風雲月露鬭巧爭妍聖賢傳心之旨久湮沒而不
明通處狂瀾之中毅然以大道自任謂聖賢可學而
至去浮華之習欲究進于淵微可謂卓矣然綴葺古
人糟粕之餘徒從事於口耳章句之末妄意精義之
所存高談王伯謬擬經傳優孟郤甯之詞說牽合附
會以欺世盜名將何謂哉今夫士亦何患乎莫己知
也我求無為可知之寔而已矣通既不能度其君又
不自度以重其身布衣談時務躁進希榮以求售脩
文益量之需矣無因而至誰其信之方彼不見用于
時年力正富強退而增脩其學直搜聖賢之閫奧求
進夫吾之所不逮未為晚也乃教授河汾汲〻以著
書為務謀道之心終不勝其好名之心今其說具存
祇足供智者之一噱曾何益哉此如僻壤窮流粗得
飽暖便矜氣肆志以為天下莫己若也曾未至通都
大邑見宮廟肆市商
賈之所聚珍寶之所出有驚心駭目望而卻走者矣

廿三　泰縣圖書館傳鈔本

陶潛

讀家君歸箴一首謂淵明不為安石茂弘一流而以隱君子見蓋大有所不得已於其中也旨哉言乎夫士生而列于士君子之林者鮮不以天下為己任一夫一物之不獲其所愁焉然有予辜之恥焉即安謂(得)隱賢于仕乎哉且功名者生人之大欲也貧賤者人之所不能堪也去所欲以就所不能堪處士盜虛聲甚無謂也而謂淵明為之乎使其可終于隱也則其初不必出觀其出而仕仕而不得意而後隱則其情大可見矣今夫吳阿衡以百里之仕必不能著於伐

之勛處仲父于葦家之中必不能著一匡之烈使姬發不以師傅待呂望則寧終漁于蟠水昭烈不以布衣昆弟之權待諸葛則寧躬耕于南陽何則騏驎非鹽車可繫鸞鳳(凰)非枳棘所攀也以淵明之清風高節顧淹滯于簿書鞅掌之間欲大言則位卑欲行道則製(掣)肘其赫赫烈烈操威福而居其上者率皆斗筲之才穿窬之智耳反向若輩乞憐以求承權長史之色即至愚不肖而頑鈍無恥者不為而謂淵明為之乎後人不推原其衷但述其高致似與盜虛聲鮮寔用者同類並觀豈不陋哉嗟乎以君子而處卑位也則處高位者可知矣以君子而樂于在野也則在朝者可知矣隱而僅如淵明可也使有躬耕太息於無聊之中忽發為意外之想者天下事尚可問耶則亦何取乎世之有隱君子哉

陸賈至德

新語曰設刑不厭輕爲德不厭重夫刑者先王不得已而用之者也其事至忍而其心至仁其器近殘而其道近厚也刑輕則易犯法易犯法則死者衆死者衆則是驅民于刑也故輕之不可也上天調四時王者執二柄有所輕有所重者不可也始之以刀鋸終之以禮樂威之以容綱漸之以深仁如是而後謂之至德也已矣

趙普

古之爲相者必有終始不移之節始能建大業而享令名而不諂人主以子孫百年之患方宋之興也太祖乘周之弊得奮其翮一舉而坐享其成趙普之力居多焉觀其懲藩鎮之患立更戍之法削節鉞之任置通判之官立宮門補舊牘相業可不謂優焉然而功不足以掩其罪周良之際幼主暗弱象臣悍將群起而爲奸故一夫作難國以滅亡昭憲鑒前之所以失與我之所以得而傳國遺言約爲盟誓彼徒知周之亡於孺子之失其柄而知亡于托孤之非人使有伊周武侯傅陸輩又誰得欺人孤兒寡婦取天下乎普宜據春秋大居正之義開明其說以解其惑且德昭從事行間最久果如恭帝之幼耶併光義能如太祖之禪讓無尺布斗粟之謠耶且以兄傳弟以弟傳侄將登履之日已在耆耋之年而莅事之初已有倦勤之患幸太祖之弟二人耳若如文王之子百人亦將以兄傳弟耶漢景未建太子欲傳位梁王竇嬰引卮酒進曰父子相繼何得傳梁王趙普見不及此乃就榻

為誓藏櫃為盟倘所謂不學無術者之所致乎夫大臣為百僚師表不予天下以可窺而天下亦卒無以窺其隱誰敢以黃金假海物伺候宰相之門哉觀于販秦隴之木為屋材營邸店以與民規私利而知其越諸國有以深中其隱也河陽之出固無足怪夫身既已退矣復上表自訴謂光義忠孝全德無有間然似誠以遺詔為不可忘忠之至者也及太宗即位秦王未有叛逆之事而盧多遜亦不過為往來之詞普乃挾私仇倡公義再誤一語致啟禍端使一弟二侄不但不為天子而並不得為庶人嗟乎以太祖櫛風沐雨之天下而竟不能保其子若孫一傳而遽絕其祀豈禍前之誓一旦而遽忘之哉然則河陽一表已知不得于太祖而欲自附于太宗以邀殊寵全末路耳回思識炭行酒定計太原當此之時君臣握手言聽計從有君如此何忍負之夫以開刱之初屬從龍之彥當輔弼之任骨肉之間而奸邪若此何怪乎祥符五鬼靖康四凶耶

評蘇

有歐陽公始能識子瞻子瞻不過歐陽則終其身荒山窮谷之腐儒耳安能咳吐風雲咲諢廊廟哉後世無歐陽知人之哲而使之試子瞻過人之才亦妄甚矣故司事者皆盲心迷目之輩所取者皆病狂喪心之談俄而為病狂喪心之談者又復司盲心迷目之事矣文章一道將何時而有定評耶嗟夫

宦官

天下之將亂必先有内憂而外患隨之患之在外者易知也易知則易防易防則易制憂之在内者每隱之於無形出之於不意而發之于不及知平日不為之防一旦倉卒而為之制勢必中傷而後止則宦者是已彼甘心以父母之身虧形以求親媚于主上其心必有所至忍而其事多不近情夫以不近情之人使出入宮禁中供掃除給奔走起居飲食相近習斯已難矣奈何與之共機禁使得窺意旨以操人君之喜怒哉原其所以非意也勢也始而用之既而親之

日相親則日相信信小人則君子疑親小人則君子踈朝廷黜陟刑賞之權潛移于左右而不覺一時忠義之士慷慨憤發抗疏論救欲誅所以去之而踈疑之言格〻不相入矣彼知其欲誅去我如此也讒言以間其忠微詞以諷其過小則竄辱貶斥大至亡家滅身而膚隙無恥之徒利害怵于中榮辱亂於外口囁嚅而不敢道足趦趄而不敢前婢膝奴顔以全身遠為害為幸忠與邪兩分而黨錮之禍遂堅牢而不可破忽然覺悟欲與踈疑之人謀左右之親信難矣甚至機事不密毒流宗社禍起蕭牆使無藉之流得乘風而起以清君側為名悲夫秦二世而亡非楚漢亡之趙高亡之也桓靈用十常侍而召外兵除内難董卓因之以弱漢唐以柄歸宦官刼脅天子廢立在手至有銀榼畫地天子門生之操崔退昌為謀未終而朱全忠已篡位矣故曰内憂起而外患隨之也他如鄭衆之辭賞呂强之直諫楊復恭之討賊嚴遵美之避權此皆不數〻見者也即數〻而見天下豈乏

才必恃刀鋸餘生哉

稽疑

炎帝侵凌諸侯軒轅乃治兵於阪泉三戰而後得志是放弑不始自湯武也神農八傳至于榆罔黃帝傳高陽高陽傳高辛高辛傳摯是與子不始自禹也摯政微弱諸侯多歸堯摯乃致禪是禪讓不始自堯舜也

卅二 秦縣圖書館傳鈔本

釋彖

朱子云豕走而悅曰彖字特像形耳不知于易何取升庵云交廣有彖獨角名茅犀善知吉凶俗呼為豨神即古之犛音離牛也守宮一名蠦蠷又名易身色無恒隨時而十二變夫曰彖曰易皆獸類也與取名于象之義實同象體備十二肖而胆復隨四時以周身皆獸之靈異而與經義有相合者也故聖人各有所取爾也

卅二 秦縣圖書館傳鈔本

明堂

接神契曰明堂者天子布政之所夫宗人嘉事之朝曰燕朝叙羣吏之朝曰治朝致萬民而詢之曰外朝既有三朝矣復取於明堂何居蔡邕曰清廟太廟太室太學辟雍明堂其名雖異其實一也然考工記曰夏后氏世室殷人重屋周人明堂豈庠序校之外又別立學宮耶明堂只九室既聽政於此而郊祀廟祭教國子亦於此可謂冗遏不倫之甚矣且齊宣欲毁明堂將並數者而盡毁之耶以此知諸儒附會之說非定論也元經曰周公攝政率天下諸侯朝於明堂因尊文王以配上帝愚意明堂者周公所創以為諸侯述職之地者也當主少國疑之際强藩大宗未必不有窺伺之漸周公雖負扆臣也伯叔甥舅之邦儀然北面而禮之其中必有所不安茲因其朝會而祀文王于明堂以見祖功宗德不可忘則忠孝之念油然以生嫌疑消而覬覦之心絶矣此周公懾服諸侯之微意也非竟以明堂祀文王也星宫書曰天子巡狩有常居明堂之位是也然則侯國亦有明堂者所

以備天王之巡幸也以此益知諸儒之謬

郊社分合辨

宋儒議兩祀分合遂成聚訟原其所嚴蓋拘于文而泥於義也古者有正祭有告祭冬至祭天于圜丘則燔柴以升烟就陽之義也夏至祭地于方澤則瘞埋以達氣即陰之義也祭天則合天神而禮之日月星辰司中司命風師之類是也祭地則合地祇而禮之社稷五祀五岳四瀆之類是也蒼璧禮天黃琮禮地是天地之禮玉不同也奏黃鐘歌大呂舞雲門以禮天奏大簇歌應鐘舞咸池以禮地是天地之樂舞不同也其分祭也明矣此所謂正祭也若舜嗣堯位類于上帝望于山川武王伐商告于皇天后土又柴望並舉大告武成周公營洛丁巳用牲于郊翌日戊午社于新邑有同日而舉者有繼日而舉者不拘時不擇位因事而並告之此所謂告祭也禮固不同義各有當也

廿五　泰縣圖書館傳鈔本

郊祀辨

郊祀昊天於圜丘尊而遠之也故以后稷配宗祀上帝於明堂親而近之也故以文王配尊之則以誠相通故壇而不屋親之則以禮相接故屋而不壇中庸所謂事上帝者統于一尊而言之也地亦稱皇地祇殆亦上帝之別稱也後儒拘于訓詁謂天乃形氣帝乃主宰毋論失郊社分祀之初意即其說有據將以形體祀圜丘以主宰祀明堂以后稷配形體以文王配主宰有是禮制乎

廿八　泰縣圖書館傳鈔本

說夢

天地不自知其為夢也勞勞焉攘攘焉立為春夏秋冬四時之序金木水火土五行之官日月星雲風雷雨霜露山川河岳草木鳥獸虫魚之狀不自知其為夢也夢而不知所止至崩折而後覺焉矣人亦不自知其為夢也喜怒哀樂傷其性榮華憔悴蕩其形意立於有所取而所取者不勝取也意立于有所合而所舍者不勝舍也不自知其為夢也而反嘆朝菌無晦朔蟪蛄無春秋勞勞焉攘攘焉夢而不知所止至死而後覺焉矣故夢長者彭也夢短者殤也夢吉者夷也夢凶者跖也夢喜者堯舜也夢戚者湯武也均是夢也當其未覺欣欣然有意乎其夢也惟恐其覺也及其既覺也可歌也可泣也可嘆也可涕也人亦一物也物亦一人也貴與賤同草而宿貧與廉共壤而居也物亦均是夢也亦安知禹為仁桀為暴孔為聖邪為頑伊周為正直莽操為奸雄哉安知蜉蝣不悲人而悲蜉蝣哉然則又安知生之為可樂死之為可哀也耶嗚呼知其為覺覺亦夢也知其為夢亦覺也有所以為覺者而夢可也抑有所以為夢者斯為可覺也已矣

恕為怒之訛

此行落字

歎息

蓋美玉藏深山良工不憚升高而剖之美珠在深淵賈人不憚陟險而捜之文繡漬于泥塗見者必顧盻躊躇惜其失用莫邪干將淪於屠肆驊騮騏驥服鹽車上大行遇擊劍之士相馬之徒售以千金奉若至寶故鳳皇不因文而見珍龜龍以[甲]而見異鸚鵡能言人爭羨之鴛鴦藻羽網者張羅此數者非有益于人也而人顧輕[財]力以致之者為文采輝映可貴于世也至於豪傑之士倜儻之才口談先聖之書足復大賢之跡在內則朝廷尊在外則强寇戢掌天祿校石渠則能博問洽聞出膏腴之詞衍古今之義著一代之良史揚千載之英聲其為文采非特數之比也而人之貴豈工於愛無用拙于愛有用哉非也人主高居深拱外事不聞一聽有司之自為喜恕為進退非失于不公即失于不明不公者必上刑不明者無罪夫以不明者而處進賢退不肖之重任猶鷦鷯微鳥安能量鵬腹蚼蚌細族何以測龍麟以管窺天以蠡度海以盲目占五色以充耳聽五音必不得之數也則大不知固也或知之而不以進或進之而不與以權憐才惜士之心寡忌能嫉功之心勝痛碌者居高位享厚祿負高士之行者奉顏色竭奔走偃仰趨下風高談無所于陳奇謀無[所]于發欲陟才能則無柄欲誅奸惡則越位窮年皓首終于短馭奇才大略耗於長愁豈誠命至于屈才通理塞有如劉孔昭所云耶嗟乎天之所以待非常人不同于待常人也孔子不王春秋乃作屈原不得志始著離騷使相如為公卿則文賦不工使司馬遷為將相則史記不成子雲十年不遷而法言太元離奇炳蔚仲任憤時疾世著論衡二十餘萬言然則富貴者一時之虛境也著述者百代之美談也老子曰知希者我貴可見知希者上士之所貴而下士之所急所易知者庸人不易知者哥人也彼尚父之陰符成于八十百里[奚]之伯術顯于七旬非前愚而後智始弱而終强也必待兩主而後知之亦必待兩主而後能用之也故寶貨難售大器晚成也

四十一　泰縣圖書館傳鈔本

四一　泰縣圖書館傳鈔本

竟

答客

余負性懶癖行多所不羈每思博極羣書研究原本自
出論議著成一家言獨追古作者為徒而不顧時俗輕
重乃嵩帖括制舉子業故有志而未盡廿四遊京師
自謂懷抱利器行將有所合不幸為穿（罕）物者所忌不
得奏游技于有司者之前悲憤無聊因閉户沈酣于訓
義將博觀古今之得失以肆其於文章交游少知己
不過一二人與己合者徒從遊不與己合者雖日造吾廬
不見也客有謂余曰外人固多口哉君不可不彌縫

其闕而弭其謗嗚乎天下事貴于近情而已其不近
情者雖聖人不能强彼謂我者果有一面之識乎抑
素有道義相欽重文章相推許願與一時同志相勸勉
而入于聖賢之域乎正平懷刺漫滅無所遇者僅一
孔融耳謂今世猶有如其人者乎主人閽吽呼聲啟
門而待揖入啞然而相視不知客之姓氏里居也客
亦不知主人之姓氏里居也延門接一刺而已古以
飲合懽非謂其不得已而飲之也不得已而飲之不
懽矣今一屋列多人擾擾攘攘一客坐未定又復一

容至忽而起忽而立如是者數十次方舉盞相屬少
者諂其長者卑者諂其尊者其長者尊者又得尤長
者尤尊者而諂焉更無一語齒及道義文章者人固
有能有不能若此者不近情者也非吾之所能也客
將以此為朝廷之功令耶抑堯舜周孔相傳以為必
不可少之事耶若然則棄審惡我而謗我其不見黜
斥于世亦幸矣非然則官有司職有守竭忠盡智之
不暇而何有汲汲於世故之應酬哉嗟乎天地終古
如斯也而日月一去而不留擩者忽而壯矣壯者忽

而老矣老者忽而衰且朽矣所為者無窮而所受者
有數奈何人規亦規人步亦步同于庸衆人之所為
乎故人之所趨我之所避人亦所喜我之所悲人以
為性情我以為桎梏人以為世法我以為糠粃仰惟
不媿于天俯不媿於地内求不媿于己外觀不媿于
人老死不往來吾其為無懷葛天之氏歟客請去吾
無庸弭謗為

述過

今夫四時有盈虛，五行有生尅，日月有盈昃，歷數有興衰，此其間有數存焉。數者，所以制有餘補不足也。何則？過之所存，雖屠販之夫可為將帥，章句之叟可備公卿；過之所不存，雖以孔顏之賢，窮經皓首，賈董之智略，終身卑位。故過不過，數得而制之，人得不而而為之也。然過與不過，數也。何以過者偏得於庸夫，不過者每生與於傑士乎？非然也。其人負有篤下之姿者，先聖之諱不必盡曉，百家之書不必解盡，其行

婁瑣而無忤，其言朴鄙而無競，福不能先，禍不能始，天若憐其無用于世，不足輕重於人也，故尊之以顯位，崇之以厚祿，俾其優游俯仰，與世浮沈，無大功亦無大過，其數為補不足。至若負高世之才，抱過人之德者，議論傾流俗，談說貫古今，噓氣成雲，吐詞成川，得志不為喜，失志不加慍，拖朱衣紫者鄙為鶡鵠，負海博聞強記者嗤為鸚鵡之能言，一旦尊之以顯位，崇之以厚祿，必將斥黜天下之庸人不止也。此其材足以制儔類之命，其意足以干天地之和，其尊之崇之也，毋寧其已也。且一朝之榮辱有域，而千古之得失無期，使之述典謨，序風雅，揚扢（蓋骨二音）忠孝之大義，究晰治亂之微機，傳于無疆，聲于不滅。覽遺文者如奉筮蔡，載古冊者炳若日星，讀其文想其人，觀其言法其行，此屈於當時，伸于後世，豈于其名儉于其實者也。其數為制有餘，使必擇有餘者而尊之崇之，則以天下之大，四海九州之眾，其間可尊可崇者不過數人而已，天豈若斯之刻哉！嗟乎！過制于數，雖有賁育之力無所施，雖有公輸之巧無所濟，雖有猗頓之富不能轉，雖有王公之貴不能違也。

乞說

昔有繫瓢於背者囚首跣足扶而行蒙袂而呼嗚嗚巢父亦負瓢過諸塗把臂相懽約偕隱潁水間及至市忽膝行歌哭多不情見者呼而與之食巢父益異之以為玩世不羈之流也久愈甚心厭其所為叱曰子奚為而若此也曰余艽然無告之窮氏也天地刻削我鬼神揶揄我朋友醜我棄絕我我豈得已而為之哉聊以全吾生以俟吾死耳君何異焉巢父曰嘻吾以為負瓢者吾徒也而今乃知子之行乞也耶

泰縣圖書館傳鈔本

捽臂疾走不復顧若曰來吾語汝汝徒見夫世之戢然冠博然帶高吾車駟吾馬者之紱紱也而不知盡乞人也其道盡乞道也彼工於乞故乞焉而人不知吾德甚不暇工故終身焉至於此極也何則吾之乞通衢廣肆而已彼則獻嘆王侯之側脅肩寵倖之門馳騁闕如燭闇鶩要津如龔斷吾之乞帶索行吟而已彼則挾孟孔之說為先資借仁義之談竊為捷徑優孟其衣冠而後術巧傀儡其形貌而後計行吾之乞將以糊口吾果吾腹者也彼則竊金珠以驕妻妾冒朱紫以炫鄉閭鳴鐘列鼎以掩其羞廣廈高堂以文其醜吾之乞將以勞於朝逸於夕者也彼則日出而擁篲權門日入而輸金貴室揚裾奮袂于觀瞻之下摩頂放踵于曖昧之間吾之乞耳共聞目共見者也彼則首鼠有聞聲之懼疑狐懷惡影之嫌君子已悉其肺肝小人猶揜其情態吾之乞病相憐甘相讓者也彼則設鬼蜮以排同類之共爭懷蜂蠆以防公論之不與甘心于豪強之鷹犬以逞搏噬之能求容於薰灼之爪牙以為逢迎之具吾之乞任俯仰而何

泰縣圖書館傳鈔本

媿彼之乞對衾影而增慚吾之乞不期于樂而無憂彼之乞既求其得而復患失吾方持此以驕于世之人而君反用此為詬詈耶巢父惝然失愕然謝曰嗟乎始吾以殷湯之言之不義而污吾耳故洗耳于潁水間今若所言我以乞為乞乞又以人為乞將踵相接而履相錯者盡乞也安知不見我負瓢而以我為乞乎然則殷湯之弒其主以利此天下也其亦工于乞之道也夫吾于世何求願以皭然不滓之身雜魑魅而居禽獸而處乎遂棄瓢投潁水而死

好貨財私妻子不顧父母之養

瀛臺直宿夜不成寐百端交集借此發揮

且孝必以養為先而養必以志為重等而下之以養口體稱其於人倫中亦缺有間矣況棄君子之道誅庶人之行絕庭闈至性之懽而深家室暱情之好豈曰人情所能止者聖人弗禁乎吾謂不孝而極之傾財妻子何哉貨財初于孝無損也亦且以益將其孝然有重即有輕人之恒情也從其恒而觀之無損也從其異而觀之必至內輕而外重妻子初于孝無妨也亦且有以代致其孝然有厚即有薄人之同情也從其同而論之無妨也從其異而論之必至本薄而末厚故父母之養為大也而好貨財私妻子不然人之有志于財也其先必以父母為名謂家貧甘旨不足以相奉於是竭心力以營之設變詐以取之所得亦無幾而若人以為吾所好在此也夫有所好必有所私私志一萌凡尊乎所私妻者不暇顧也凡親乎所私者不暇顧也以其所好遂其所私可以驕其妻可以驕其子左顧右盼怡然自得也父母于我何有

の八　泰縣圖書館傳鈔本

哉倘所謂利令志昏者非耶抑人之有志於財也其後遂以父母為苦雖富有私蓄亦難以數將於是遂乎什一以為罔利多其窟竇穴以為藏所有曾幾何而若人以為吾所好莫易也夫不能不有所好必不能不有所私私心一起凡生我以得有其私者不遑顧也凡我成以得其私者不遑顧也以其所好娛其所私妻樂得有其夫子樂有其父勞思勞慮常恐或失也父母于我何如哉倘所謂放利多怨者非耶原達人之高論寥廓而無為初不存父母之見也而何有于妻子更何有于貨財推若人之鄙吝頑鈍而無恥祇知有貨財之重也而何有于妻子更何有于父母此人而事君必招權納賄致貽盜臣之譏以此人而治民必厚斂苛刑致有焚身之懼以之共朋友是以市道相與也何論交道以之處兄弟是以戾氣干和也何論同氣由此而推盜跖之不易其行竊穿之不媿其心倡優下賤之不毀其形總由好之一念所生也百行先孝其原五倫已絕其四宇宙雖大何何所復容衾影之中安能自適妻子亦當恥之矣父

の九　泰縣圖書館傳鈔本

毋何庸子之哉

功過格

天下無所見君子小人也見之功過而已矣功過不可知知之禍福而已矣然皆有幸有不幸幸則以君子而得福以小人而得禍不幸則君子時罹于禍小人時及於福豈天亦任其生死壽夭貧富貴賤而漠然無所主持于中乎不然則天之報施亦謬矣了凡先生立為功過格似謂君子而必得福小人而必得禍則何以稱焉夫過者人之所恒有也功者人所不敢自信者也自信其為功而儌倖之念生焉矣儌倖之不得而怨望之念生焉矣況乎計日而記之計月而記之累其所謂功與過而禱之冥冥之中以求吾心之所欲得諒君子不為也乃欲以此訓天下垂後世豈不悖哉雖然君子亦信其在我者而已矣在我者足自信而凡生死壽夭貧富貴賤之存乎在天者居易以俟之而已然則功過格不立可也曰以此恐嚇天下之小人而並以勉勵天下之君子也君子小人日虔于功過之中窮年累月無一猛省虔將君子日益其功而不知即偶損其功亦不知也小人日益其

過而不知即偶損其過亦不知也不知而善小而不為惡小而為之者有之矣不知而君子息于為功小人甚于為過者有之矣且報應非盡無者也或報之於生前或報之于死後或報之于其身或報之于其子孫功過有大小報應亦隨之人自顛例倒于報應中而有所不覺耳古人每有必貴而賤當夭而壽得而復失窮而忽通所積各具所報自殊但觀了凡先生所自述其生平者亦蠡當世鑑戒之林也能不兢兢所以天下有事之必然而不必盡然者伯夷而餓死顏回而早夭盜跖窮凶極惡而壽終是也有事之不必然而可信為盡然者曹操之為韓信伏后之為呂后欽宗之為太祖康王之為德昭是也由此而談報應章章不爽矣所以君子信其在我者而已信其在我者功過格是也

引鳳篇

余癖嗜音律揚師作濫吹以志戚余曰嵇康好琴潘岳好笙王褒好簫馬融好笛才人好事何所不可作引鳳一首以答之

東海有引鳳子者精核術數博覽丘墳詩賦凌滄海氣誼薄霄雯困抑屈其志愧憑填其膺憔悴衰其容勞苦役其形嘆人壽之幾何而千歲懷憂予余何不宣之以八風蕩之以五音於是操昭華之長琯截柯亭之良竹吐宮納商和金按玉或疾或徐一往一復抑葉斷腸梅花譜曲月冷關山松應幽谷掌距切遻（音愕）過行雲天地為之久蹐跼掾床三弄願而樂焉舉觴祝笛爾容脩然爾節鏗然爾音璆（音求）然吾貯爾以華錦將稱交而忘年毋聽世人之謗議使爾寂滅而聲名不偽掩耳生過而聽之搖感頷揪然至前曰咳此何為者哉余方寶精嗇神調氣養情好色絕而不御淫聲却而不珍嗚呼噫嘻奚為洩丹田之元而奏此靡靡之音引鳳子左手執笛右手揮觴洞目駭視啞然而嘆曰而豈君山之舟人而畏魚龍之躍噴而又豈泛江於夜月而懼山石之崩裂不然則

迂人也吾厭聞此迂談掩耳生正襟危坐娓娓而言
曰鐘以鏗立辨鼓以讙動衆絲以哀立廉廉曷為去
此數者而獨取意于笛乎引鳳子曰鐘鼓之聲大以
譁不能發悲思琴瑟之聲和以柔不能宣幽滯媧黄
辛壎倕和𢶡離磬石錯金窮妙極巧蹟以歲月然後
成功唯竹因其天姿不變其質虛中直外純以氣行
黄帝於此定黄鐘之宫焉且夫笛者滌也所以滌蕩
邪穢納于雅正也君獨未聞斯義乎吾試為君吹一
再行乃撫長篴以抒懷氣轟鏗而得倫羗穿雲以裂
石恍虎嘯而龍吟應夾鐘則秋葉劳劳合無射則春
葩凋零聽其巨音則周流氾濫而多姿調其細響則
清静厭應（音意）而多致其温衆也似君子其慷慨也比
壯士驟若風雷之搏擊舒若山川之宏肆非習久者不
能達其音非精通者不能暢其理掩耳生注目而視
傾耳而聽彈劍而歌曰日月其邁年齒不將今我不
樂老去空傷哉且奏笙簇君試引璫（瑯竹）簫功名富貴如流
水流與宫漢苑成滄桑怡情適志貴及時好其所好
又何妨歌既畢進謝曰此固達士之高懷風人之雅

尚乎但天下聾瞶久矣陽春白雪誰與為和調愈高
則知愈寡故世無子期伯乎（牙）輟琴而不鼓何則知音
者罕也吾尚掩吾耳何况不知者之掩耳哉相與俛
首長歎而别

前醮窮
祗園主人岸然自異行不合於時上不見知于其君
下不見重于其友道益窮俯仰無所聊仰天而號曰
嗟乎吾其鬱〻久居此乎昔人謂此中有鬼是乎否
乎因結草為舟縛柳為車致酒一卮蜀飯一盂招致
斯鬼來顧吾廬未幾月暗星晦風淒雨清屏息潛聽
似呻似吟循墻躡足恍若有人容色腫噲襟裾零丁
揖余曰僕昔在唐與昌黎韓子周旋久彼不堪其過
乃作送窮驅我今去唯恐不速今子招我亦有說乎

主人曰嘻汝顧奚為曰余形雖陋余族甚繁凡有不得
志者皆余同類從而附和齮齕之以至斯極也主人
憤然勃豁曰嗟乎孔子大聖也厄陳蔡藜藿不糝顏
回大賢也屢空原憲懷獨行君子之德肘見而踵決
范丹何罪至于塵甑東方何辜至於穿履匡衡鑿牖
倪兒寬市都巷諸若此類不可殫紀此人皆具有命世
之才過人之智而遭厄若此雖命蹇使然非由汝與
訛造訕而成哉汝不窮小人而窮君子不窮邪士而
窮端人韓愈長者不加罪汝而叱汝欺吾性剛氣雄
安能容魍魎于吾側哉有言則言無言則死鬼竦肩
束頸口張而不下汗浹背髮上豎膝行順下風曰僕
知罪矣復何言主人曰天下庸碌之流徒事口耳章
句之末以僥倖得志于其時居高位享厚祿意氣自
得而揚〻不以為恠恥者眾矣況商賈小兒屠夫販
婦家累千金富擬王侯食粱衣鮮乘肥刺淺出其詐
力以取功名有司盲心迷目而售之朝廷循資歷級
而用之上下相蒙豪傑喪氣此非不足君子所乎是
數者天下之大盜國家之巨蠹也汝無所歸盍往歸

之不復當餌迹于君子之門揚袖于端人之側矣汝
不自艾尤蹈前車將剝汝膚裂汝軀解汝毛髮與頭
顱鬼唯〻而應抱首踉蹌而去

後醮窮

醮窮之明日主人鬱〻不得志益無聊神銷氣索假步山巔水涯間冀得異人而從之游有丈人者岌〻其冠綷〻其衣仙然來游劍佩陸離莞爾而嘆前揖致詞曰噫嘻造化者陶駒也人生者醯醢也富貴者名禍之門也才名者積凶之府也故智者屣之愚者猿馬達士遁之下士濡焉今君茫然無侶四望躊躇將皇然其有所失歟奚愀然而不自釋為主人長嘯俛首不荅丈人曰我知之矣窮通者時也制時者數也不戚〻于窮不汲〻于通者君子也且窮者士之恒也道不窮則不大學不窮則不精身不窮則筋骸家不窮則寇盜干計不窮則謀慮疎文不窮則聲氣溢時不窮則節義不見居不窮則文章不奇故仲尼窮於過作春秋以垂萬世曾子窮于食七日不舉火商歌溢金石季路窮于衣縕袍而不恥閔損窮于孝父母昆弟無間言丘明窮于目而國語傳孫臏窮于足而兵法著馬遷窮于腐而作史記王充窮于位而作論衡子卿窮于使而吞氊定遠窮于幕而投筆然

則窮者士之恒也非窮不足以見士非士不足以當窮士窮而後節見窮士而後數奇小人窮以喪其身君子窮以榮其名小人窮則無賴君子窮則益堅君其窮人也歟〔君〕即窮豈終身窮者奚愀然而不自釋為主人異之延而歸之家朝與游夕與居覯其為人非聖非愚問其姓名若有若無杳〻冥〻縱游大區則向者所招之鬼也主人撫掌曰噗曰嗟乎子之用心苦矣子以為君子也故窮我也我何為戚〻於窮也哉不戚〻于窮而又何為汲〻於通也哉相與茵冷半日。

中翰公罷歸偶課目次

男懋勇手錄

論語

君子之于　節　質勝文則　節

斯民也三　節　曰安

伯達伯适　季騧　·

孟子

芒芒然歸　自楚之滕至之滕

諂笑　事親若曾　句

齊人有一　全　而未嘗有顯者來

樹牆下以桑　口之于味也

增入

禹無吾間　全　點也何如　節

天下有道　子出　宗廟之禮　節

詩曰衣錦　節　微者微也　兩句

右六題文家藏本俱不載得之于業師丁長蝦先生抄本中附錄于此不敢忘所自也又附論一首表五篇策二道策題五道

論

晏平仲善　節

表

大婚　宮殿告成恩赦天下

品級考　賦役全書

部寺錢糧盡歸戶部

策

揚墨佛老　救荒

策題五

木田詩鈔

（清）張丕揚 撰

《木田詩鈔》七卷《木田雜著文鈔》一卷，清張丕揚撰，據國家圖書館藏清雍正刻本影印。

張丕揚，字北溟，一作伯鷹，號木田。清泰興人。茂枝子。康熙歲貢生，官内閣中書。

此書詩鈔按詩體分卷，文鈔包括詩餘、論、序等。張丕揚工於詩，爲王士禛激賞，王士禛序言其詩『清和純粹，獨步一時，而非貌爲大家，亦非掇拾長慶、劍南可比矣』。集中詩各體兼備，題材廣泛，頗見佳篇，如卷六《宿田家河》：『春寒日暮投荒寺，破榻孤檠對冷僧。我欲共言渾不答，空門滋味信淵澄。』《論兄弟》一文云五倫中惟兄弟爲難處，處兄弟之道惟在克己。考張氏生平行事，頗有深意。

（周　忠）

木田詩鈔序

詩學宗李杜太白激昂豪宕少陵沈欝頓挫所遇不同舒嚮亦異樹瘿蜂痾翻成奇采不霑其境無其詩善哉天池生之論曰優孟

似孫叔敖豈并其鬚眉軀幹而肖之耶亦取諸其意氣而已詩人自有性情自有發洩龥於額失其神外纏中乾窦取焉夫以少陵太白居輞川登華子岡跳辛夷館隱約肆志嘯詠風物其悲憤憂欝亦無自而生即襟抱超朗遠駕右丞而蜀道難公無渡河哀王孫秋興七哀諸作不得復有意唯出於和平中正瀟

灑閒曠耳余受江都顧書宣太史雄雛齋詩每過從商榷見棐几木田詩卷有畏事渾如鷁退飛之句感而哦咏書宣為道木田門閥行誼學力與婣婭至好

始亦謂獎譽樂善之常余固無由晤木田木田亦無由知余之欲見也戊子秋木田至金臺余得倒屣書宣已歌薤露是又可哀也夫木田既晤亟索其稾得

木田詩鈔王序　三

數百首因以評與序相屬受而長吟淵淵乎金石之報而芳蘭之韻也適余于役於外歷半載携在行笈古驛秋燈點次於蕭森落葉中夫木田負奇氣不遇

九方筮仕又不就其感憤無聊侘傺不平宜也而音響節族之間粹然穆然非深有見於道而能之與雖然忠臣羈客值景興懷號呼感發情不容已沈鬱激

木田詩鈔王序　四

宕無非醇雅詩云神之聽之終和且平洵無媿焉若木田懷瑜待知爾咼自愛百城坐擁泉石花鳥寄其倘徉天機清妙良有素心是中深趣願言與共此其

詞之清和純粹獨步一時而非貌為大家亦非捃拾長慶劍南可比矣夫三百篇中吳楚無詩漢魏以下江左為滕孔雀東南飛乃五言鼻祖唐時許仲晦張

文昌陸魯望杜彥之稱名最著元顧阿瑛玉山雅集名甲天下有明合肥常熟太倉鼎三大家詩學之盛近在東南木田振響其間余蓋厚有望與時康熙戊

子十一月濟南王士□阮亭譔

不自禁而有詩發天然也不得已而有詩抒鬱志也或無心而滑警句或刻意而屬常談事必紀人必贈物必詠景必題佳者少矣攢眉閉户苦吟也句澁而情窒佳矣溲不多落筆中書堂文釆動人主詎盡苦吟哉飯顆

山頭自是戲語改罷長吟抑揚反覆盡其致耳余幼嗜詩老冏所滑記曩時山水人物燕集亦必有詩後登彭城張天驥放鶴亭衆皆拈韻染翰余偶無所作因得縱觀風景今古之感窮窣於懷繼又以夜遊瑯琊宿醉翁亭秋高月明空天唳鶴四山嫓爐如畫余憑欄觀之至曉亦無詩而詩之意至今醞釀於胷不能忘嘗有不虛好月惟鼾睡慣賞名山莫賦詩之句故必詩無詩必佳詩無佳詩　北溟先生木田集則不必詩而無不詩不

求佳而無不佳者也先生天資警敏超絶一時春窗雪案下帷有年抱奇氣屢躓於試僅以中翰待用黄塵紅鉥清月孤篷倦還林下一以歌嘯自娛詩故瀟灑絶塵淡而遠外朴而中華摇筆數千百言如夙構而意致層

疊若攢峯簇嶺為苦思力索所不到丙申秋始晤令似長兄於江都之董相祠示以尊人近艸聞王新城先生最愛其畏事渾如鷁退飛之句是文豹一斑也帙中若老年筋力病方知語不驚人也便休却怪先生白日卧

云自鄰家大醉還月暗春江冷烏啼喬木昏離悰喜握手同病轉傷心掃徑愁無僕披帷喜有人花疑新沐出鳥似帶醒飛嚴風吹更皎列宿冷無光冬晴人意暖諸作惜新城未之見耳及今讀全集見其三黨姻婭往來

酬酢至情肫摯何其莊以和也友朋離合尤極纏綿來而喜去而亟決去而思生與之遊死而殯恤其婦子久而詢其塚墓蓋數十年無一隙末之友先生誠古之人哉新城先生曩手批若干首今年春似君諸長兄招余

於家園以後作若干首屬以補評惜余讀先生之詩不得見先生抑媿不堪續新城之貂補閱竟識數語簡端俾讀是集者知先生之詩不自禁而言不容已而言故雕鏤者不能至抑塞者悉以達而無必詩必佳之病也

雍正四年清和月之望年家眷
仝學姪合肥田實發題於樹
園之水鏡齋

木田詩鈔田序　五

木田詩鈔全目

古延張丕揚北濵著

木田詩鈔全目　一

木田詩鈔全目

木田詩鈔卷一目録

古延張丕揚北濵著

木田詩鈔卷一目録全

木田詩鈔卷一

古延張丕揚北溟著

五言古詩

讀書

六經如穀粟三史譬羹胾諸子百家言酒醪與果餌養生借食氣和胃須甘脆輭飽不療飢蔬食非咼味胷中無經史氣餒神先惴既知事鉛槧胡不求根柢涉獵謾相矜玩物終喪志而況舍古人近拾今人慧徒爾學壯語識者止一哂精神置無用可哂亦可涕我生苦鈍魯歲月驚已逝短綆思汲深志强力不繼勉矣寸陰惜慎哉中道廢刻楮任譏彈抱甕甘勞瘁此中差足樂焉知老將至

風力絶似梅都官

詩社紀述二十韻

同心訂雅會竊慕古人風竹谿思髣髴雒社想遺蹤牛耳執者誰渤海一代宗（季子茶圃）二仲復英絶咼（李子陶圃）峙共爭雄（季子薌皐陂盧）主盟次隴西夙推砥柱功沛國稱兩難昂協並雍容（朱子去瑕廷玉）吾家有大阮詞翰繼江東（叔薇村）是皆騷壇宿碩巔登其峯自慚瓦礫質亦在鈞陶中聯座喜盈席相思即相從倡酬日無虛飛觴興不窮八人五能飲耽吟七子同所惜不善飲學吟且未工愛我不遐棄追隨心忡忡久作溝中斷敢言爨下桐駑駘費鞭策砥砆待磨礲幸得附同調時一披心胷素交矢歲寒黃金唯市童深知比匪戒庶幾塵氛空千載尚可期道義相始終

序次有法氣格亦極高渾

早發蒙陰

去國日已遠離家日以近晨興發山店南望心凄緊秋暑已全消嚴霜猶未隕遄歸及此時高旻清氣引近聞山左飢每愁道路壅流離雖未見村墟卧難穩吾鄉幸歲豊忽報秋霖湞千里湯縈懷中心惄如疚趣裝戒輿人行行毋滯軫嗟我跋涉艱憐爾筋力盡僕夫嘆且笑昕見胡太窘昨歲到滇南萬里無域畛未幾走沙漠累月黃塵滚但憑兩足通未見雙目眕視此南北都何異在欄楯舉步

便已到漫爾拄唇肋聞此爲憮然無言心自忖丈夫志四方肯令老闤闠讀書不行路萬卷付渾沌覊憂頓已釋勿使輿隸哂

寓渾雄於朴雅氣味純是眉山

歲除前二日安遺堂小集用東坡別歲韻

乾餱衍歲友恵然來不遲歲月邁且除迅速無由追良會匆輕擲吾生固有涯𨡀租奉　新詔幸逢熙皡時里衍樂太平擊鮮更烹肥相期來歲歡寧爲徂歲悲愧我鮮餽遺樽酒慎莫辭新沐共彈冠

意興未少衰

高古類魏武短歌行

賦得既耕亦已種且還讀我書代應試作

古來沮溺流乃是用世者藉此平生志耕稼爲陶寫高致溯軒皇曠懷思虞夏農經時一注麥竿幾忘把更喜得大庇風雨安廣厦油油禾黍清桑麻徧原野一編挂牛角神閒意瀟洒胝足南畞間科頭北窗下坐嘯擁百城茅屋清於瓦緬想義熙彦千秋存大雅

神韻肖襄陽而氣骨得之少陵

送家竹中兄歸白門即次留別原韻四首

金風動疎林塞鴈渡江縣驪歌唱此時蕭摵盈郊甸君本濯塵姿何年謫仙院荒城留鴻跡獲喜追遊讌新詩饒雋味入口非恒餌人復如其詩見者皆稱善夙敦棣萼歌文酒相留戀大雅久淪亡於今存一綫胡爲別我歸毋乃羽翮倦淼淼秋水深南山悠然見

憶昔兩先人生各天一隅志同氣乃合頭白常相

俱君能繼大業不羨朱紫紆媿我渺見聞株守徒拘墟聚首歷春夏秋意生菰蒲酌酒忽送遠炱鼇更膾鱸遊以超象外遑問榮與枯人生如幻耳優伶登氍毹握手勿復悲隨境有清娛庖丁善刀藏四顧自躊躇抗懷在千秋焉用將伯呼

汪汪千頃波虛懷自冲冲詩是君家事著述高墉崇兒輩奉楷模親受淬厲功我時聆清誨亦坐春風中令子金玉噐佇看鸞鶴翀善誘莫如君摩天羨飛鴻慚無絲毫補但喜眼界空行矣憩天池翹

首望無窮
舊業在鍾阜蓬蒿手自剪一室擁百城今古恣驅遣先世有遺書努力自披闡砥柱果何人肯與狂瀾轉孤吟時抱膝閒雲看舒卷松逕故未荒縣門吾知免春來訂相訪襆被一策蹇

語出性真故悉屏離飾愈多逸致

哭堂妹朱孺人五十韻

七齡妹失母吾母親拊視髫稚擬成人生來有夙慧姆訓自然嫺婦功比衆異依稀八年中辛勤猶

甚記動息恒相依晨昏未忍離人事恨多乖吾母遽又逝哭母踰親生天性肫而摯越歲乃于歸沛國舊里第荆布事舅姑井臼相夫壻夫壻儒家子驥足千里志黌序初有聲廊廟期大試嗟哉命不辰中道先捐棄維時家中落四顧鮮依庇阿翁貧孝廉生計曠不治藐矣三孤兒幼者纔逾歲伶仃一弱息煢泣牵孃袂危厦勢莫支巧婦炊無計誰能堪此者岌岌吁可惴卓哉未亡人慷慨奮自勵謂我誠宜死我死將誰諉泰山與鴻毛所爭非微細收泪撫諸孤勉矣善述繼椎心痛門户潸支未凌替次第舉三喪經營費瘏瘁夫子卜佳城拮据具錢貝荼蓼三十年茹苦甘如薺男女漸成立婚嫁各已遂族黨譽交孚泉壤默相慰蹊盭只自知皦日豈空誓教子娩陶柳義盡仁亦至學成母怠荒業專毋嬉戲藝苑競翺翔琢磨非凡器王氏樹三珠薛家鳳接翅誰成令子名差快慈親意伯也先著鞭聯翩躋中秘去冬省覲歸　天王恤孝思宮錦乘朱軒道旁咸歎嗟入里拜高堂愁顔稍一

霽報施信自天莫謂天憒憒妹素有羸疾亦緣勞慘致藥餌雖時需精神未衰敝胡迺一朝間脩然遽遺世詎曰吾事畢揮手去無累我因身後悲愈憶生前事大倫既克敦小善無不備處事中規矩讀書明理義古來烈丈夫爭光應無媿懿美不勝書倉卒難銓次吾家有賢媛彤管足昭示長歌代哀些不知泪與字

曲折灝翰大氣舉行文隨筆轉筆隨心轉深入漢人壼奥此種詩當與工部並

送季又繩之毗陵謁舅氏楊芝田先生

赤帝司炎柄，烈日揚其威。科跣不敢出，喘息汗頻揮。君家好齋館，松蔭竹風微。深堂無暑氣，客至坐忘歸。家伶解絃管，蘭室生芳馡。興到掃千言，下筆疾如飛。箕踞去巾襪，高卧敞窓扉。温飈自南來，習習吹人衣。誰爲羲皇人，此中殆庶幾。胡然事遠役，趣裝不少羈。為敦渭陽誼，寧憚酷熯煇。君行詣雲亭，王甯情相依。毘陵一代儒，詩法近世稀。虗懷就折衷，爐雪有微機。更聞妙音理，毫芒晰是非。一時兩周郎，心賞喜莫違。茲遊實有得，豈徒慰渴飢。但悵高帆挂，未免意歔欷。

風格蕭踈中遺詞正復雅訔

賀于鱗長登賢書

荆璞剖有時，渥産識有人。萬鎰重琳球，千里絶垓垠。吾友軼世姿，玉質秋水神。弱不好嬉戲，獨與詩書親。束髪名早噪，試即冠其軍。余時獲蝇附，壇坫追後塵。駑駘望天衢，燕石厠席珍。遠大共期許，肝膽欝輪囷。吁哉材力劣，那更骨相屯。屢蹶頗自疑，頻斥難再陳。放浪江湖間，僂指四十春。君志不少

挫，秣厲氣益振。脩綆事深汲，不畏俗笑嗔。庖丁善刀藏，發硎恒若新。奇光自輝山，逸足看籥雲。一受特達知，乃歎賞識真。文章豈無價，鍼芥信有因。行羨衡風翮，聯翩翔青旻。遂令蠖屈者，無不欲求伸。老我世味薄，亦覺意津津。

慷慨激昂，唾壺欲碎。篇中荆璞渥産言言，顧母章法尤極緜密。

宋彊齋明府招飲用放翁莫放過三字為韻

文章有真契，友朋有真樂。遥遥百千載，斯意未落莫。江城小陽月，琴堂弘開閣。接踵来名賢，志同道相若。高會置尊酒，情酣無筭爵。笙歌沸沸生活尋淡泊。良夜庶不虗，冲懷各有託。主賓懽忘疲，雞穀已咿喔。

嵩山峙天中，峻聳宇内壯。造物鍾靈秀，哲人由嶽降。濯濯出塵姿，襟懷獨超曠。百里試士元，才大故難量。公餘嗜吟嘯，同心敦夙尚。館餐日無虛，清俸時分餉。大雅久寂寥，擔荷肯輕放。翹首仰雲霄，高風直與抗。

同穀無不應，千里自相和。兩美無不合，百萬豈論

價頗訝荒江濱名彥忽盈座稔聞安邑賢盍簪慶
且賀不惜道路遥早覺旅愁破屐舄紛交錯獻酬
起復坐鄰下差可追南皮無以過既醉讀新詩落
落眼光大

澹而越腴而曠淂黄門中散神味

春署菜花和宋明府

清操勵飲氷高風學種蔌官齋植數叢花葉錯黄
緑羣卉方競芳似避此芬馥仲春紀月令釋菜先
百穀士夫知此味庶無媿食禄盧相齒津津廣州

意粥粥藜莧腹相宜向公乞一束

筆情高簡讀之覺野香拂拂生几案間

東皐道中寄懷翁霽堂 丙申初冬霽堂枉過浹旬把臂流連觴詠快所未經數日之别輙爾縈懷詠采葛之詩悵望乆之情見乎詞率成三十韻

襆被向東皐行行屢回首豈緣家事牽亦非塵冗
絆彳亍胡所念所念在我友我友濯世姿英絶敻
儕偶玉骨秋水神量才不計斗一舸浮江來傾盞
驩握手藉甚宮槐篇嚮往故已乆今者會而親新
詩投瓊玖老我才力鈍筆墨笑荒朽誰令空谷人

精神忽抖擻終日託同調匝月共尊酒持論略無
岐多可而少否君有劉邕癖每不棄哀醜下里皇
荂詞慙苟常掛口甕面屋角間往往都搜取博雅
已稱難謙沖更罕有方今名場中虛轂競奔走如
坐五達衢過者紾其肘君懷千金璧深藏同敝帚
寶氣騰光芒爭覯人恐後呶呶復何爲對此應怩
忸君弱不勝衣健筆萬夫掊君訥似無言鴻文蛟
龍吼史公笑留矦英雄難測剖斯世有斯人氷雪
淨塵垢斯人視斯地泰山俯培塿所取晨夕共一
吁復一喁薰蕕恒相倚蒲牢時仰扣春糧倏有役
良朋悵虛負丁寧語僕夫歸裝汝早趣

惜友憐才悵别肫摯之情浮於筆墨之外讀此一過覺秋水伊人去今未遠

書憤

山鬼逞伎倆公然行白晝幾年憑城社遂乃負嵎
岫世人狃見聞往往入其彀翻手作雨雲反面忘
親舊奴輩但利財甘爲季倫詬人事夫何常轉眼
有往復氷山消易盡湍罍覆難收去聲一旦失支撐
駭機驚發驟淫威安在哉空餘千載臭

鬼蜮情形應投豺虎詩人極言其惡愈見忠厚

贈孫邃人

覽湖古奥區珠胎毓奇瑞浩淼百頃間靈秀於焉萃篤生有孫子翩翩非凡器鄰族骨節殊洗馬丰神異十歲露頭角出語長老避驚才絕領袖金紫唾手致詎料時命違莫解彼蒼意驊騮蹋不騁瑾瑜懷未試九踏省闈門三策長安騎胡琴碎萬緡觀者徒歔欷衮衮復何人對此能無愧君遇雖少遲君學日益邃汲深事脩綆古人與寤寐制義挽頹波詩意追正始豈惟淮海英直建東南幟神交既有年執鞭願未遂江城秋氣佳軒車喜來賁傾蓋便如故三月莫逆視自慚樗櫟材妄附芝蘭味酒深時論心吟餘共把臂繁音競響時益見希觳貴念君門閥舊山公曾啟事力與狂瀾爭生氣凛可畏公侯後必及淵源豈無自天道有轉移人事互更置翁子時可乘勉矣行自慰繩武振前修熠天看寶氣

雄深雅健音節古宕

壽季根安五十

老孃百慮忘不忘獨朋好僂指平生歡氣合心相照渤海尤多英唯君齒最少矯矯翔空鶴蹻蹻追風驃世間齷齪兒詎足當躪蹈幸不鄙哀朽竊得託同調詩篇兼酒琖清言翻詣笑如此數十年金石期久要君才獨富健好學窮窅妙於古無不窺鄰架恣吟嘯讀書期實得嗤彼虛剽盜著述盈篋笥歲月有深造每荷珠玉投洞胷披奥窔行年同達夫詩名久傳譟交遊座常滿逢迎屣屢倒直是氣槩雄共歎光芒耀物態有遷移人情或⿰鬲亢⿰鬳亢一柱砥其中安瀾各疏濬堂上萱艸榮斑衣盡色孝庭砌芝蘭秀偉器儲廊廟人生有此樂亦足自慰勞富貴今其時天以象賢報余黍白頭交輒傾肺腑告勉矣春自永理數默感召

奇傑之氣若長虹之亘層漢

東李陶園

多病故人踈況復郊邑隔報說屐屐過驚喜理巾幘急出君已去悵望意脉脉似憐衰疾餘欲令稍

宴息深情良可感私衷竊未釋如何契濶懷頓教
失咫尺既已託同心豈必拘形跡禮法可相忘送
迎諒不責輿乗頼扶持周旋傾肝膈還期恵然來
一尊共促席

色淡而味腴

題季蘅皐幼孫孝母詩

天道有偏陂物理多乖舛人生逾六十此身詎能
免所頼後有人庶以慰老眼吾里有孝童閒氣徳
門産孩提具至性烏鳥哺知反母病不解衣母死

号且跳哀痛感行路惻怛合禮典成人或猶難況
爾髪未綰乃祖吾石交忘形同嵆阮道義相觀摩
時命共偃俛年來屢坎坷把臂每憤懣今為太邱
喜長文目中罕具此純孝姿應知所到遠瑤草毓
靈胎驥足看大展吾友平生志将於孫枝顯老夫
扶杖觀笑指此婉孌

真摯動人一結尤為蘊藉

次韻答季陟盧

老與人事踈無能如燭武客戚得同懷倡予時和

汝毎抜氷雪篇盛夏可忘暑見羨松筠姿神明靜
有主但饒諧嘯樂絶無束縛苦輝山韞璠璵輙不
棄碔砆自慙材質窳久譲三倍賈白首老巖壑窮
年織履組君於我奚取而云是吾侶相依五十年
飛鴻遵陸渚去冬君抱痾南溟暫息羽千頃阻汪
洋十旬隔峻堵茲者月清和佳序値陽五病起檢
吟筒酧勞宜酒脯媿非陳枚才戕擮當鍾乳一尊
聊論心促膝傾肺腑芻蕘漫有陳騂騮毋捕鼠
年此健身髙懐足千古

巧生於法淂手應心君於我奚取而云是吾侶二句尤雋永可愛

同范若菴戴禹因及兒子嶶音登狼山

縈紆半載餘鬱如久縶囚五嶽起方寸出遊寫我
憂驅車向呉陵更買崇川舟舟行三百里嵳嶪迎
清眸白琅古名勝砥柱海門流五峯屹相峙氣象
森以遒留題甲江北著稱已千秋寺門江北第一山額米襄陽書
茲來恣登眺夙願快一酬小憩山胥閣聳身最上
頭峨峨若可溯蓬瀛若可拔江聲與山色悠然心
目謀寺僧屬舊識茶話相淹留日曛遂止宿蘭若

愜清幽是時秋再望皓皛懸晶球瑩澈濯心骨濁
質恍浮漚偕行得同志劇談忘夜倏朝旭升扶桑
椒雞鳴林楸（椒鷄自海外飛集此山）再下黄泥阜迤邐馬鞍
陬石骨露嶙峋山風吹颼飀精舍藏深巖徑仄未
易求古藤菀當門盤拏如蛟虬云是宋代物摩挲
光澤浮久久不忍去信美擬盡収歎無濟勝具未
能事冥捜僕夫促言歸吾倦亦欲休東歸劒軍峰
留俟他日遊
縈林絡石宕折幽窅東坡題王晉卿烟江疊嶂圖詩有此手筆

端陽日季直齋招陪宋明府沈廣文泛舟以
午日扁舟徧濟川命題分得徧字

江城江潮環曲曲城郭徧市渠可方舟動有濠濮
義今年春雨多入夏猶曼衍東風吹續續新漲平
兩岸使君政治暇遊覽故所便里井有絃歌閭閻
無愁歎況當令節居蒲艾家家宴渤海作主人輕
舟一葦牵小隊翩然來隨身止詩卷蘭槳碧漪深
沙棠細浪濺同心五六人中流任瀠漩或停緑樹
陰或艤紅亭畔髿髿拂隄柳貼貼掠波燕萱草入

眼明榴花點水茜觸景便教留遇勝必須選維時
天氣清晴川淨如練心目既開朗風日尤美善輕
雲敞湘簾微曦撤翠幔蕩漾徐相引永日不知倦
隨潮出西関沿城向北轉彌望葦葭叢烟波胡瀰
漫少焉暝色秉景物忽一變遥睇赤雲西紫緑萬
狀現落霞射酒顔暮靄籠水面新月挂林斜照人
似戀戀舉頭天宇洞波光映交爍若非出郭來此
景奚由見須臾復入城餘興鼓亦扇移艇放澄潭
張燈助清讌隅水鄭虔居伊人非溯洄招邀共入

座咲言接燕衎聯詠韻分鬮飫飲爵無筭冉冉新
荷香碧筩折相勸直欲沁心脾豈徒逼臭觀萬禮
盡脱畧冠巾聽欹亂酒酣潑鐏罍詩成索筆硯良
會豈易逢樂事已全擅再作辟水遊宮牆增爛絢
望者歎神仙留連忘言旋主賓情逾懽玉漏催銀
箭
汪洋恣肆亦復曲折瀠洄如百川灌河花汀柳港無不通達劒南集諸作有此澹雅無此豪逸

冬日嘉樹園雅集十號分得二

霜風脱木葉鐐盤快盡埽新寒逼客旌詩腸酒吻

韓伯休居市有遐情余久抱痼癖藥餌未能平嬾嫚入膏肓枯荄難再榮君能燭肺腑將毋憐蛉蝆何術起羸軀稍爲駐衰齡

鑿鑿皆滑至理軒岐精旨括於數言

樹園重訂詩社次肩山韻

伐木與斷金斯義千百世士生貴知己心同豈傳會譬如一歲中四序各以氣璿璵非云寶麟鳳非云瑞英材實間生騷壇騖拔幟大雅久不作滑君私頫慰百里意潛乎十年心壹醉時維朱夏初松竹滴蒼翠晴雲盪襟胸清風吹衣袂舊盟締新歡相期但真摯追逐擬韓孟倡答比莊惠毋爲聲利階毋啓嫉忌地江州安邑間此身原不繫嗟彼輕薄兒翻手雲雨意唯我十六人道義相終始一笑指紅裙解否文字事反呂黎詩意

真氣磅礴詞復藹然移人朗吟數過令我想香山雒社諸英也

壽季茶圃七十

憶余兩人交實始壬子秋容城寄經句握手膠漆投倏忽四十年歲月逝如流同心本難滑況乃各

燥南樓興不淺愛士傾夙好江城名彥萃遠近千里到聲氣快應求簦笈事請造浩浩露英爽崒崒見排奡羣材待藥籠衆音仰雅操卓哉中原壇有酬無不報新知感延接舊好相慰勞芳筵列名園林登喜清與有朋慶壺簪有地舒嘯傲聯坐十八人同署儔瀛號揮豪飛綵箋爭長比滕邾長城嚴壁壘雄師建旗纛鞭弭逐後塵敢復辭衰耗良會須盡歡一語諸公告輸輓已屆期幨車行轉漕

雄杰兀奡想見黃池爭長之盛結語更爲趐雋

贈季飲上

料病如料敵用藥如用兵是非判毫芒呼吸寄死生決機制勝間變化微難名勿謂醫小道標榜故非輕古來盧扁輩功與元化幷人往法具在後起敢紛更胸中與指下有若響應聲千慮防一失萬有託一誠斯義知者誰卓哉渤海英君生自閥閱儒術粹以精早年有慧業氷雪淨聰明於古無不窺百家任縱橫尤嗜黃岐書繙披手不停妙得上聖理俗師何由爭肘後方自鈔丹井水自馨依稀

白頭君才自超絶千里騁騂騮娩余駑駘質追逐不少休君性尤傲岸嫉俗真若讐喜予樗散材迂踈獲見收是以兩無猜情好日綢繆芝蘭味自合雲龍氣相求無倡有不和有酢無不酬方之古人中韓孟繼白劉今年君七十杖屨胡優游海田任變遷浮雲隨去留但知茶成癖日日擎素甌厚植不求衒鼠璞將毋羞古寺屋半間夏葛冬一裘齊眉比德曜佳兒快仲謀中充外無虧暢矣復奚憂舉此聊壽君余言誠然否

質實堅緻詩家老境

上元樂倣淵明止酒詩體

四序何時樂最樂是上元百姓何事樂最樂是好官好官樂上元斯樂難具言江城成樂土五稔樂阜安熙熙樂於市𩿉𩿉樂于原民氣樂以和簿書樂且閒樂哉今何夕樂疑非人間屨舄樂交錯車馬樂闐喧燈火樂達曙簫鼓樂紛攢問誰能樂此偕樂古稱難樂爾景物佳樂爾俛仰寬行看樂歲臻樂只頌赧歡聊作同樂歌誌斯樂勿諼

愈簡愈雅愈樸愈華詩中有文甚作一首上元小記

上巳後三日宋明府招集東園時牡丹盛開各賦五古分得四質

賓主擅東南林亭好風日四美并二難時哉弗可失使君性耽吟暇不輟紙筆況有蓬瀛侶詩城儼崒嵂崐山玉無雙桂林枝第一重擬祓禊遊觴咏與更逸屐舄紛且錯酒醴馨而溢客逾西園數暢與蘭亭匹維時未穀雨名花忽映室天亦助人歡化工意難詰印紅暈微酣染碧疑幻術對此清咏發彩毫生芬苾四筵競傳觀珠璣爍卷帙良會不多有素心永可必一水仲蔚居相期過蓬蓽

清美流逸情與景會

壽陸蟄飛五十

機雲千載彥風流邈古今誰為繼起者之子挺江潯生具濯塵姿長卻習染侵矯矯離羣鶴家瑞國璆琳茹古性所耽綆脩汲自深十年淬干莫萬緡市胡琴時乎猶有待出處半浮沉翁子不求知達夫但高吟艾齒德彌邵粹美比兼金君家好里第

門栫欝成陰常棣鄂韡韡藺三繞森森更聞琴瑟調疏越有餘音似此足自娛何用羡華簪望洋歎浩波仰止睇遥岑樽酒相披對握手共開襟

盡掃塵壒獨見清勁

贈袁肖山

吳陵多詩人菁英不勝攬往者陋軒翁刻意趨平淡太羹味冲漠梘腹苦顑頷褱陽暨江夏崛起儼分陝榮華易銷歇門户增慨感近時推二妙商邱首頻頷玡悵登巖廓無從較琬琰袁子特傑出旗

鼓爭磨颭天然具靈胎初日映菡萏非徒後來秀直使前人掩伸紙掃千言墨落不加點驚才洵超絕吾尤服其膽江城百里隔往往辱車檻於今屐齒跧新知意氾濫安邑情倍温長江韻鬭險皮陸富倡酬追蹤故無忝佳句應日多目攝萬丈燄

俯仰慨歎彌深愛慕所謂超以象外得其環中

王桐孫侍御招飲賦謝

細雨散輕埃吾愛小謝句開樽值此時清興倍相助幾年驄馬客合在蓬瀛住一旦詠歸來掉頭不復顧喜遂初服心深得閒居趣客至棋一枰意到詩頻賦汪洋千頃波與世了無忤今晨折簡招情話親朋聚躡屐登高堂蕭然澄俗慮居我最上頭絡繹呼供具饜腹金虀羮浥唇薔薇露自慚衰朽材屢屢叨異數君家好庭砌照眼三珠樹況復萱草榮丹顏慶長駐天倫樂事真應笑冠貂誤一卮酢主人傾懷吐肝素酒酣起視天清風披雲霧

瀟灑出塵結更超絕

戴自江昆季招飲看梅

名園傍城隈春色無邊極梅花及春半入門即姑射主人折柬招尊酒歡留客結伴步林皐香瀰山南北草木生輝光平泉畱手澤為憶剡溪翁營葺非旦夕承家羡通子聯翩何奇翼行看九苞彩暫為六月息勝日邀親朋讌笑情悃㲄維時新雨霽輕埃歛無迹仰首睇青冥葱翠紫窪色好風自東來芳英飄几席豈惟鼻觀通直使心脾滌翠羽鳴啁啾高下飛花側獨鶴舞向人似欲爭皎白都應入新夢中宵往魂魄

清豔絶世羅浮夢中有此僊境

贈顧友于

蜀岡氣盤礴東走六十里白沙結名區振古大橋市顧子此挺生露傑人地美翩翩稱濁世雙眸照秋水清望播香名踰淮越江汜阿翁一代手辦香吾心企每讀雄雉篇幾疑難繼起於今乃歎絶是父有是子季方羨玉潤久喜慰衰齒不謂一門中珠璧交相比向見君制文返淳追正始汲深必脩綆月將歲積累豈無捷徑術狥俗素所恥抱甕集名

師漢陰詩文同一旨商羽日引刻遑恤皇荂耳瀰瀰千萬言意獨為行止挑鐙一披卷口誦心唯唯源遠流自長根沃實可竢信矣毋自疑勗哉踵先軌豈獨吾郡光還為斯世喜

送翁霽堂之大梁潘司馬幕倣松陵體

雄雉集膾炙海內抱甕一帙信足繼美詩中曲折寫傾倒之意兼寓勉望之旨古道交情也

春舸浮江來同心歌嚶鳴彌旬懽流連驅車將遐征滎陽金蘭交雙旌中州城招邀逾冬春奚容遲其行

士靡漸骫骳砥柱伏我友踽踽以道處耿耿以理守勉巳景往軌造請豈肯苟始曉水乳稱淡永乃可久

曠致嘯澗矸浩興詠廨舍異地意自注慷慨遂命駕道路計駐轡快晤在仲夏話舊互問訊笑賦更淚下

躡屩踏嶽麓入洛憶昔哲筆墨復不寂夙約一榻設結策出必合促席燭或竭悅懌樂曷極契濶矚北轍

孝芬弟生日用東坡壽子由韻

四叔安妥亦奐亦峭

世網紛萬端徵者守其一汝生絶塵坱維皇默相騭遇物開城府臨事無意必綺歲氣飛揚近亦就平實晨夕惟素心比匪所深黜子平何時遊隱隱願未畢長此屋白懷所向自成吉放眼天地寬千秋在一室逸興寄枯棋閒吟任老筆泮奐樂忘年三萬六千日

知非逾十載達化自今始推排六十年砬節歆薦

聦豈常矜修飾要自無瘢疧白頭老弟兄唯我深知子式好絶猜嫌孔懷相依倚終鮮漫興嗟同父不過此愧無黃子木共凭烏皮几相期不已音一歌南山杞

多規少頌而祝者之賢愈著骨月情至語

王桐孫移尊日涉園招同諸子陪宋明府觀荷消暑各賦五言二章

繡衣老詞客高躅近世稀歸田力掃軌了不聞塵機邑有賢令宰志同道弗違德業相觀摩詩酒相

因依時維盛夏日特啟鄰園扉儷舄翩然至泉石增光輝河朔共酣飲宣子無炎威遂喜名彥萃共看毫素揮主賓情既懌酬酢久忘歸周坐蓬蒿人亦覺逸興飛

水部舊林亭經營費意匠十年雖易主松竹尚無恙入門心地涼盤空羅翠幃小沼菡萏新迎風日搖漾坐久微香來體清神俱暢更喜禮數寬解衣任踈放碧筒長鯨飲彩筆春江漲户小詩腸枯蒟蘆愁依樣連朝數趨陪此地尤超曠荒圃待秋香佇頩軒車降行吟帶月歸瓊瑤拜嘉貺

清癯如芙蕖之映初日

贈范聲著

東皐有范子身疑有僊骨於藝無不通於事無不悉千鍾傾荆玉萬言操不律睥睨極二豪嘯歌恣一室光風霽月懷面背氣盎溢雖有褊心人對之亦自失君本名賢裔風流世表率一支分海隅繁衍盛門閥荀薛棣萼榮濟濟競起軼二八媲高陽君行適相匹龍尾稱後勁行看脫頴出余叨葭莩

親更忝金蘭契百里恒相思千秋期纘述高軒賁然來握手情倍熱拂塵便高吟沈詩無任筆嗟我沉痾人喜得新詞發維誦不忍休翹首仰峯嵂公乎慎無歸時時予匡弼

逸氣在骨超越凌雲

病中謡

七十世稱稀六十生亦足私幸孱羸軀已歷六十六有妻同白首男室女有家此生事粗了俯仰可無嗟人皆為我喜謂我一身輕鹿門唱隨樂五嶽

遨遊情詎知賦命乖暮景多不淑外侮猶可排傷
懷在骨月三見子婦亡弱女又乖危老淚幾曾乾
病身憊難支荆妻素康好今春疾忽作半載百憂
纏虫觸蛛網縛天乎余何辜乃使至此極煩冤將
誰陳巫咸呼不得戚友乖恤者多方相慰解曠識
宜達觀胡不自脫灑人生子姓繁修短烏能齊不
見香山翁歌嘯破悲啼況復六旬人眼中經見多
此等事恒有憂傷待如何聞言亦心省唯唯復否
否我有不平鳴欲說還搔首與其繁而損毋寧少

而完和平鮮疵癘不使衰顏攢若以年多故何如
促我年早令驅螻螘洒然萬慮蠲物態日變遷造
化多狡獪予奪豐嗇間時出常理外屬離亦欲多
今覺多增累受命亦欲長今覺長無味太上能淡
忘庸人每不及鍾情在我輩那免青衫濕

敘述古質得
漢人神髓

木田詩鈔卷一全

木田詩鈔卷二目録

古延張丕揚北濱著

七言古詩

木田詩鈔卷二目録全

木田詩鈔卷二

古延張丕揚北溟著

七言古詩

並頭建蘭歌

新羅產蘭異凡茝巨卿遠致四千里（范默菴自茅汀署見遺）堂初葺恰花開蕤蕤芳英落棐几就中一枝尤殊絕九辮兩心帶相比若分若合不可辨並頭連萼非耶是雙珠下抱渥其根馥郁經旬香不徙化工造物妙無倫人世剪裁那能擬吁嗟蘭生本空谷何年移植此盆裏遥想幽芳獨發時牧豎樵夫等閒視於今觀者胡紛紛共歎奇葩非偶爾物生有幸有不幸世態人情類如此吾對此蘭生感慨長嘯一聲拂衣起

攄寫感慨落落大方

贈姜子君佐

余交姜子始乙丑傾蓋相逢驩握手挾來奇技頗驚人絕後空前得未有承蜩弄丸詎足稱吞刀吐火唾市儈指揮談笑若無意變幻倏忽那可名空

空妙手推獨步驅役萬有疑神助磁瓶貯水滿十升一拍不知何處去觀者色變且神寒幾曾見慣同等閒余亦書空作怪字儼乎狡獪玩塵寰未幾別我走閩越天末海隅空彳亍棲遲幕府將十秋微官雞肋非所欲翻然襆被長安道公卿延致爭傾倒聲名播越動至尊南甸西園兩承召姜子雅不戀紛華高情直欲寄雲霞扁舟千里問揚子衝寒東扣故人家間闊契濶十八載鴻鯉雖疏此心在開扉一笑急牽衣湖海襟期猶未改自言舊術久拋棄今日爲君聊一試物色非故耳目新酒闌燭炧驚相視姜生姜生潞州已老延陵苑范范宇宙誰知己我生碩作五嶽遊子能從我我俟子仰天搔首共裴回噫不如且盡手中杯

激昂古宕直臻少陵堂奧香山琵琶行殊遜此氣格

次韻答俞陳芳

酒花凝紅燭花碧寒雲黯淡天同色此時安得我友來促膝論心浮大白屈指宇內賢豪多紛紛珠璧誰隨和吳陵詞杰挺終古出門相望一高歌孔

過趙公亮南村草堂卽贈

南郊趙叟眞高士性愛幽居遠城市半簷茆屋倩蘿牵清滕玉川鮮僮婢我來策蹇叩荆関三徑就荒五畝閒却怪先生白日卧云自鄰家大醉還開扉一笑延余入環堵蕭然 四壁立主賓欵洽無繁文情話綢繆思夙昔我之舅母君之姑分雖鴈行齒則殊君生先我二十載我敢兄兄兄弟吾親誼交情久更在那知人世炎涼態每於淡處見天眞論心自出形骸外君今垂老數居諸壯志銷沉豪

氣除臨風自謂羲皇上憑几時聞南郭噓中饋更有賢德曜井臼親操躬洒埽夫婦齊眉俱古稀鹿門偕隱稱同調半畝亦可供饔飧何必阡陌長子孫數椽自足蔽風雨何必甲第誇連雲濁醪一杯長在手胷中萬事復何有白眼看他世上人不識空洞之中有我否

孫登之嘯 鸞鳳之音

次韻送王勿齋回里

吾邑彈丸真僻土賢豪車轍鮮肯駐太原詞客一李誼通歷三世少卽推君天下士荆山未剖卞氏珍玉盤錯落鮫人泪丈夫會當作雄飛豈憂時命稍相違君今顧我茅茨下老我無能識路馬竊有匊莞爲君陳但教世人莫我怕酒酣耳熱喜更悲此生富貴須何時只今諸謝爭馳日捉鼻沉吟寧復疑

豪氣似太白 艶采奪長吉

再疊前韻柬陳芳

天風破雲一片碧松桂凌冬逾逞色紅橋寒屋坐

詩人壇坫孤吹壟元白三唐兩漢未足多獻金戔石音響和愛我贈我陽春句郢市何人再屬歌遠追千古近百世始知名下無虛士淼淼江湖波浪深少陵代洒青蓮泪孤鴻海上自高飛歎君身世兩相違百尺樓頭俯瞰下我甘執鞭秣君馬帝城一箇信無雙盛名豈惜達官怕雞聲咿喔析聲悲物色變態斯何時唯有文章在天壤寸心滑失不須疑

此作悲壯則純乎工部

世雄却愛江鄉如素故人生死契在友朋落落形骸豈空寓巨山兄弟交尤密（左虞陶園）精神往來肝膈露分手惆悵忽三年望斷江雲與春樹恰喜佳節佳客來錦囊滿貯驚人句知交把袂何所貽瑤篇投贈勝琛賂涼風天末秋水深同心聚首寧非數樽酒流連逾十日宵吟曉課抒積愫知君到處有逢迎焉能常向荒城住黃花盈目惜別離朝聽驪歌已載路登車回首重徘徊我亦欲隨煙霧去

瀟散爽逸

元日東戴二禹因

生平癖嗜在友朋接席連牀懽未足解衣那得千文裘蓋屨恨無萬間屋抱此素願慰無期空歎鳥聲鳴幽谷吾鄉人物皆英絶愧我衰殘漫徵逐一時行輩乏師資後起賢豪尤斐郁終歲追遊尠虛日屈指知交儼在目却念剡谿素心人二十年來情好篤君情恬淡我疎愚真氣相看迥流俗我雖知君毫無補君亦知我不我督伯鸞冷釜有同甘季偉一雞慮難續衡宇相距三里餘相思相見胡

其速韓孟追逐不暫離歐梅同工非異曲椒酒辛盤獨遲子過我痛飲盡一斛

詞旨纏綿具見真愛解衣二句古人難之

宿華蟲別館有懷顧書宣太史

十年嚮往雄雉齋今日一宿華蟲館雄雉齋詩讀匪易華蟲館榻高難扳（去聲）主人登朝逾一紀珥筆彤廷翔虎觀詎謂斯館虛無人庭前玉樹胡璀璨酒痕墨汁想當年緗帙芸編照几案孰勤垣墉孰堅茨舊廬若或開生面我來喜共阿戎談遙矚五雲歎且羨君家積累由來遠高閎果遂于公願即今吾郡盛科名焜耀輝煌誰爲先（去聲）洞庭波潤湘水深乃疑岑碧嶽麓（太史方視學楚中）起思從之邈無由自嗟久作溝中斷晨興促裝戒僕夫回首雲亭情汗湯

落筆雄峻森削讀之如望太華

觀李黃門得菴年伯廐馬歌

昔人愛馬愛神駿遙遙今古將毋同隴西良廐冠宇內縱觀快目豁心胸燦如雲霞紛成綺光疑疋

練矯猶龍迷離五色眩莫辨舉策欲數指難窮主人羅致非朝夕賞識直令冀群空驕姿逸骨任矜寵珍同異材萃藥籠飲以米汁飼以棗露床華屋擬楚宮吁嗟一物变如此何物不歸胞與中却憐駑駘久困蹟負鹽挽磨悲長風壯心未已徒伏櫪忌思剪拂需我公

語〻神駿絶似工部畫馬長歌

送石長吉歸灤州

三十年作天池客一旦翻然復圖北别我贈我惜别詞商聲悽惻羽聲激星移物換想當年過眼浮

雲化作煙人生聚散那能主空教迴首涕潸然或有爲君止駕者乾坤逆旅形骸假此身到處可爲家豈必故國終難舍或處君體素清臞久住江南卑濕區細君弱息更嬌脆能堪絶北風塵乎或謂此行良匪易舟車勞瘁行李累況聞梓里六滄桑跋涉沍途似多事君曰唯唯復否否子言誠是我知久嗟我羈栖已半生誰獨無情忍分手代馬依風北向悲譙倚倦翮思舊枝愛我深者自知我或

不我知亦任之潞河春暖水溶溶輕裝擬趁一帆風心傷卭水鷺花杳望斷横山雲霧封卭山横水隅幾許臨岐欲語翻無語一聲驪唱黯銷魂别緒離情詎可數祖帳在道駒在門淺盃勸盡更傷神君歸笑語團圞日可念荒江凝眄人

每愛左氏傳晉太子臨行時狐哭諸人各出一段見識情事如畫爲後人所難到吾讀此詩深服其得左氏之神

蘭芽曲

樹生了蚌吐華蘭經歲晚復作花香味幽冷異凡葩倚徙服媚咸稱佳湯稱佳還甚喙氣已藏胡馥

若植根淺託體弱慎護持雝春萼

寄託深遠音節高古

以枯桂遺茶圃作薪併侑以詩

西園老桂森成行花時挈榼坐花傍主賓盡日詠且觴倚樹放眼延秋光柯葉蔽虧望無際莫使枝間有菑翳呼奴芟除心目霽縱觀忽訝柴滿地茶圃老人笑謂余今日之樂樂只耳天香滲透我衣裾恨未入骨沁肌膚徑思餐吸左公露婆娑樹底

疑何處吳剛僊斧誰相付斫取瓊枝不知數老人嗜茶愛積薪於今富有無憂貧以桂作薪香氤氳香隨茗氣滌心神杈枒錯雜成兩束送至高齋靈椿足地爐活火天泉熟想見翠煙浮淨緑煉炭由他紈袴兒豈是勞薪不可炊幾時過君烹煎雪芽點素瓷共教清芬溢溢生華池

（蕭疎自賞絶世風流太白之後唯子贍有此）

喜姚棫卿見過即次見贈原韻

蓬蒿一徑卧江滸崛强不解迴波舞叩門喜來故人轍誰將蜀桐擊石鼓君才絶俗厄自天滄桑過眼等雲煙赭垣黔廬翻可賀五柳美談傳千年只今鬢髮白於銀握手淺夏却勝春深盃到手莫辭醉囁嚅肯同世上人

（清而超）

喜袁肩山至

昔人一日不見如三月積月成歲當如何同心百里有袁子却歎會少睽離多君既高卧不輕出余亦懶嫚困江沱吳陵延令地錯壤相思相望邈山

河尺鯉雖復時獲剖梁月那禁發高歌三載契濶一夕慰俯仰歲月同逝波君才逾健學益厚縱横下筆孳雄軻放翁生平詩萬首（劍南集有六十年間萬首詩之句）於今半百已兩浮捆載狼藉富箧笥千夫不足當撝呵老我嗜吟慙鈍拙片箇寸牘苦研哦對君羞澀氣已索誰敢旗壘爭搴摩問須底物酬别緒新添唯有兩鬢皤讀君佳句可愈疾愛君標格勝飲和詩不可到人可學中心嚮往寧知他一回相見一傾倒琳瑯氷雪頻挼抄清風永晝恣談讌食新話舊醉顏酡南州一榻先有主（時下榻季虛我三念東齋中）徑畚薜蘿幾時庾信卜新宅祝嘏行看載酒過

（層疊蒼莽落筆有千里之勢）

和宋子春明府遊荒園原韻

清絶梅花逾氷雪春風初遍江城陌作賦想見梁園人勝遊肯讓羅浮客中州才子飛雙舄偶下通明出姑射公餘雅不廢嘯歌筆花璀璨酒苍碧乗興步我東城園池館林亭欣有色迎階小草欣向榮應候幽禽久調舌維公愛梅兼愛竹寒梢百尺

霄漢接梅有奇姿竹勁節呼友呼君故無別咄咄
蓬蒿偃仰人衢門久鮮軒車轍殘山賸水幾何年
沐公清睞情獨切褭回吟賞意奚窮莫問榮華與
銷歇

（骨幹堅老中更饒冷艷）

喜何秋山入城次王壯其韻（時何足疾初愈）

身安步健便已足漫說朱軒與華轂啓期有樂樂
自知唐衢奚俟無端哭與君把臂幾何年脫畧形
骸鮮拘束念君高臥城東莊餽遺慚乏錦鯨褥去
秋一别逾冬春石鼓殺沉思蜀木近喜袁子海陵
來詩酒連旬相追逐君聞驅車入闉郭一時百里
兩耆宿筆槩墨壘爭搴摩揚馬同工非異曲老友
四五酬唱多却媿蕪詞亦見録人生聚散豈偶然
莫負金尊虛銀燭（袁子肩山先至）

（亦贍亦超）

壽季才一六十即次賜祝賤誕原韻

仲容門巷子雲宅斯文未墜人在茲行年已比伯
玉化鶴飛誰遲江上詞憶逆少日鴈行好異姓同
氣逾壎篪三寸管握翔藝苑相期珥筆濡形墀詎
料蹉跎各頭白時乎不至吁可疑時乎不至吁可
疑幾年塵坱晴玻璃君遇雖窮身還富有文百軸
千卷詩唾壺完好胡琴保耿耿風義獨自持揶揄
軒渠任世俗衆女寧足傷蛾眉老我無能思竊附
魚目難與珠爭輝六日直同十年長私喜終身光
風中坐浮雲披

（清絕如嚼氷雪）

題宋子春明府採桑歌

鳴鳩拂羽戴勝飛村村養蠶掩荊扉江鄉四月桒
葉肥採桑女兒趁朝暉攀枝折條露未晞遵行寧
惜徑路微采采莫使蠶苦飢提筐携籠緣陌歸白
粥事神默有祈願常晴暵無陰霏成眠開簇想依
稀此事自古首后妃嗟我婦子勤無違不然卒歲
且無衣賢矦對此懷民依形為歌吟燦珠璣行看
八績四熟殆庶幾安在隆古不可希

（與垂楊葉老鸎哺兒同一下筆意）

贈朱生仲堅

世間子弟徒紛紛用杜句余久厭見不樂聞儇利佻
達强半是積習難破陳相因束書不觀談無根詡
詡賢知欲先人意中那復有長老芃蘭興刺何時
悛聲音顏色距千里望者却步誰復云蓬蒿陳人
飽閱歷眼庶半生迥出塵朱生爲吾老友子龍文
麟角非凡羣英氣踔厲絕領袖却觀意度胡恂恂
生雖世族同寒畯纖埃未染全天真下帷終歲不
窺户數馬寧知指幾輪君家兄弟才競秀高歌望
子情尤親佇看祖鞭蚤年著天衢翱翔躡風雲他
時過從凉州話笑指阿戎非卿倫

可勸可戒 風人之旨

放歌行

儒冠誤我五十年老知無益猶營逐負郭十畝誰
代畊一經世守未能讀狐疑相杖迄無成白首蹉
跎空彳亍余生鄙陋渺見聞少承庭訓知檢束繩
趨尺步罔敢違呫嗶窮年守幽獨李廣數奇屢失
道唐衢有淚向誰哭眼前衮衮復紛紛仰視諸公
甘帽伏君門萬里未得通我命不猶敢頻顑弱冠

失恃壯失怙終天抱憾何能贖獨行踽踽鮮弟昆
杕杜堪悲日三復慚無面目對糟糠縱不責我我
更辱先學從教兒輩嬾彭澤諸男皆碌碌人生五
倫四如此真樂焉存嗟槁木此時能無將伯呼卬
須我友心相屬但使生平有知巳吾德不孤願巳
足妻孥不識友能識君父莫告友可告同心豈遂
遜同氣相視無言意自篤舉觴放眼共狂歌一任
揶揄在流俗局促肯效轅下駒抱璞甘老荆山玉
金石赦發自淵然唾壺欲碎霜毫秃

愈真切愈壯激氣骨堅 厚處古人中亦不多有

余患目疾夏雲友面貽桑麻丸方賦謝

孱軀水弱火作祟往往上炎頭目閽壯年便爾老
更甚儵忽來去苦無端昨歲病卧三百日一日未
放藥爐閒今春强出視人事詎知磨蠍猶糾纏齒
牙耳鼻迭爲患幾曾片晷得小安兹者雙目忽盡
赤風火搏擊恣蔓延永晝昏眵夜酸痛霞蒸霧蔽
泪雨漣恨無金鎞一除掃夜沙石決徒紛然太原
喪次晤老友執手問勞慰且憐自言昔時亦患此

妙方喜遇良醫傳法用胡麻同桑葉蒸晒九九竄作丸年來服此有成效補坎制離功莫殫衝泥過我親指授感君厚意真拳拳回思追隨文苑日月世歲月數推遷君生較我先四載君顏視我小十季燈下蠅頭書細字筋力彊固神明全松栢之姿寒益勁却咲蒲栁先秋殘殷懃不惜一引手哀頹實甚難躋攀發蒙開蔽受君益金針秘敢忘蹄筌會須依方急修製還我巖電天寧慳

詳細寫來語皆真樸

贈季荼圃

吾邑遡來多壽考年八十者指屢屈以余所善首推君儒骨清臞獨超越視聽明聰手足便精神強固意興勃歡場勝地無不登肯使纖毫稍拂鬱唯有齒牙微凋損硬月大餅猶能齕暇時見過作茗戰七椀風生清言發經史疑難無滯閡閒巷細瑣亦詳核我久無見蓄待相我久無聞贖待揭如斯齒德真典型垂髫師承到白髮人生大耋寧有幾況比少年更排奡腹笥富可傲侯封家庭樂可驕朱紱明年持作祝蝦詞相視一笑不予拂

諧笑瀟灑不染一塵

雨不絕四章

雨不絕江河決十家牆屋九傾撥二麥初播根未結嗚呼雨不絕兮傷實多瞻望城野嗟如何

雨不絕天瓢潑連鯀宵旦無斷歇碾渦沒馬濟濡轍嗚呼雨不絕兮行路難況乃束帶見上官

雨不絕泥汩汩無車湧出廛與蹶跌潤詩酒艱請謁嗚呼雨不絕兮客思愁廩庖誰繼桂薪憂

雨不絕畢掩月釀就新寒作小雪衝泥撲面苦慼發嗚呼雨不絕兮難問天綢繆還宜防未然

古趣洋溢是少陵得意處

題桃源山莊 為鄭御之

千載花源何處覓弃麻雞犬杳無跡徵士一記曲能傳千載下人如親歷莫聲縹緲迥塵寰七十二峯排烟鬟東南窈窕闢異境別有天地非人間云誰創始自漢代名區豈容委草萊磨令洗古幾春秋是中應有高人在滎陽碩彥煙霞姿逸情勝地

兩相宜勇辭珪組樂巖壑卜築獨擅湖山奇林亭池館絕塵埃萬頃在胷具真賞神仙窟宅幽人居遥望雲亭意惝怳先生不是避秦人咏觴花月時邀賓幾時淂作武陵客扁舟一問蕤源津

蕤花流水在人世武陵豈必皆神仙東坡先生同有此歎

和俞子斧雲自壽韻

丈夫何頹齒人次一自識君甘第二聰明絕頂歎夙成不在語言與文字握手頻年共論心寸衷相許逾盟誓性靈陶冶露天倪噬彼陳言克箴筍語

木田詩鈔卷二　十七

不驚人死不休吟到三更且交四自是君身有仙骨世儒紛紛皆餘智老我無能與世違是非幸不相謬剌蓬蒿滿徑任居諸窗草不除存意思媿無高標凌秋嚴敢言正色奪春媚才窘難賦黃鶴樓一脚踢翻一拳碎君年三十耽吟哦自言詩是吾家事上窮月窟躡天根東探驪珠驚龍睡里耳安足聞大聲折揚皇荂競繁吹中流砥柱更何人風雅未衰同厦庇余生先君二十載却慚駑駘對騏驥相視而笑淡無奇同心金斷比其利頎君暫自韜輝光英雄待時須藏器甫申之生本嶽降嘏詞敢自同醜類遠垂百世望千秋與君共結平生志

一往雄邁筆挾焱輪

贈季蒲徵即用其歲朝原韻

紛紛世態日翻新此老胷中無纖塵但多嬉笑少怒罵翛然直擬羲皇人海田歲月何足紀浮雲瞶瞔類如此富貴身外奚有哉拍浮杯中長足矣我老感事多歎嗟温飽每媿對西華父書能讀讀不盡便便腹笥自盈奢唯君筆墨尤堪愛燦然文章假大塊探微妙繪絕無倫道子丹青今猶在有時

木田詩鈔卷二　十六

跫音破寂來論詩深細更無該縱橫上下吾屈服千古豈獨歐與梅旁通多藝饒賞適曆律射算無不格還將何事共遨歡玉枰金葉隨行展

清曠無比

贈茅子瞿客

論交豈必在黃金此意今人知者少市兒狙獪吾無責獨怪文人亦悖道披卷叩唔悵筆乾阿堵恒思淵牀繞高門縣簿走皇皇古道沉淪風雅掃茆

子落落天下士三墳二酉恣探討揮毫精銳薄雷霆落紙風雲竄窈渺去冬策蹇到荒邑一見便如生平好高躁僅作信宿留縶維無從心神悄今玆聚首快彌旬朝吟夕倡抒懷抱人愛茹子在文章吾重茹子詎詞藻曠懷直溯羲皇上高致迥出雲霞表猪肝不肯累安邑羊質應自啞羣小手執岐黃一卷書嘯咏研窮可終老問字户外屨常滿寓亭幾欲名揚草力迓正始共追攀砥柱忍使狂瀾倒同心相過即流連韻事寧受俗情擾始知才士不憂貧多文爲富墨爲寶人淡如菊氣如虹鷄立鶴翔何矯矯黽勉礪志在千秋傾蓋相逢恨不早

筆破餘地詩亦雷霆走精銳矣

憂樂吟

憂能傷人人所知破憂尋樂似得之尋樂未識眞樂處徒以耳目肢體故肢體所樂在便安少有拂逆即損歡耳目所樂唯熱鬧或時孤寂便懊惱本因可樂翻得憂詎知眞樂不待求天君泰然無纖累此身隨地皆可置有時枯坐意自酣人以爲苦我則甘有時形瘦神不枉人以為勞我則逸甘苦勞逸夫何分太空舒卷任浮雲子輿商歌啓期樂千古高懷未寂寞然則我得無憂歟憂在終身非斯須

粹乎有道之言

和宋明府答嚴修亭送寺寓蠟梅原韻

黃梅開雝寺屋椽綠華紅萼失其妍下有幽人恣吟嘯清興直與花爭先廣平先生意淵靚愛客還憐客孤影寒卷素友成三人一枝堪折香味冷謾說羅浮庾嶺閒千秋韻事相追攀何如此花韻更別風雅贈答性情關戴崇每許聽絲竹賞愛不以衆人畜試從蝴辨嗅檀心應識朝朝新水沐東坡句引后山詩斯意惟有誠齋知

清芬浮於楮墨

明舞陽令贈僉事潘公殉節詩

公諱弘淮陰人明末死流冠難

舍生取義唯仁人殺身成仁斯志士生讀何書學何學見危敢悖聖賢旨卓哉潘公閒世出滔滔一

柱中流砥少有奇氣迥殊衆萬目時艱時拊髀以
儒官薦宰巖疆慷慨許國行如駛時遭陽九綱紐
弛爲巢之徒紛四起公奮義勇屢却敵傾厦嗟難
一木倚城摧身陷聲援絶天心人事乃如此罵賊
不屈蹈賊刃洞胷穿脇面集矢常山之舌睢陽血
古今輝映誰與比更有令子承父志捐軀赴難甘
從死同時含笑入九原父爲忠臣子孝子公視一
死亦尋常臣子分應如是耳却媿低頭趨拜者身
名俱喪同狗豕維公靈爽常在天至今生氣凜可
擬廉頑立懦人仰止千秋歌咏光青史

木田詩鈔卷二　廿二

忠義激烈寫來生氣凜凜千載令人歌泣

夏日途中遇雨誌喜和宋明府韻

天時難料維雨晴金饑木毀關民生多雨苦潦百
室慮久晴憂暵群吪驚痌瘝一體有賢牧三農無
擾四郊清月在孟夏日在畢來牟受賜慶黍烝更
念西疇事方作小民頋欲奢難盈豆莢秧苗渴望
澤安得甘澍慰輿情詎知天人默相應南風吹雨
沛然傾彌望百里皆霑足畛遂澮溢溝澮平於皇
愛民無沴戾霽後仰視浮雲輕行看朝朝打麥響
不須國國水車鳴

平平鋪叙喜意自溢言外

夏至前二日同宋邑侯登慶雲寺千佛閣觀
榴望雲

家家雨值黃梅時陰晴倏忽憂畢箕大麥登場尚
覆積小麥半猶卧隴陂雨脚不斷阻樵採眼前尤
慮在爨炊賢侯對此軫念切瞻望日夕恒嗟咨連
朝稍喜有霽色天意似欲强支持公事招呼集丈
室議修邑乘証校踳駁訂瑕疵廣咨羣議詳且慎仰見

木田詩鈔卷二　廿三

氷鑒清無私香廚飯罷乘餘興同登傑閣相追隨
閣前榴花燦紛披憑檻欣賞心神怡舉頭濕雲凝
欲垂将毋復雨傷烝黎形諸慨嘆發爲詩公乎憂
民乃如斯謂宜朱暉映丹萼却悵陰霾掩華姿頋
公無憂進一詞天人氣合公所知但留甘霖遲十
日便邀明賜靡有涯迄用時若無愆期還看花光
雲影漾晴曦爲公一舉飲椒卮

摹寫賢令憂民曲折如畫圖足稱詩史

東直齋

君病在胃我病腹。一縁外傷一內伏。外僅血凝氣稍閡。内則氣衰血不足。痌瘝相同相扶持。如斯不媿眞骨月。餘偃仰虛齋中。嗒焉委形同槁木。自分即死無不可。脩短終盡奚遅速。此身本來非我主。如客行旅人僦屋。頻年世味淡於水。伏枕靜思更爛熟。已知隨化無齟齬。但苦羸軀空亍亍。焉得如公賦質強。況復高懷澄以穆。只今少極半載餘。幾曾片刻眉頭蹙。徵歌命酒日無虛。高唱聯吟詩盈幅。蓬蒿中人遥企首。跛牂附驥難追逐。何當惠我鍼砭詞。起我積痾日三復。

深得漆園之趣故語〻有咀味

新晴直齋招陪宋明府賞海棠

霞。城錦幄春煙疊。胭脂細點美人頰。華清睡起暈痕新。昭陽舞倦腰肢怯。西川嘉植移何年。爛熳庭除照几榻。夜來微雨稍泚灑。煙籠霧薄濕褭展柔繇。零亂嬌無力。臨風欲墮憐一捻。須臾朝霽升陽烏。萬點紅映千碧葉。晨粧如沐態橫出。朱顏帶酲迎眉睫。傾城佳麗自天然。麁杏凡姿直媵妾。主人好事值芳時。置酒邀賓屐舄接。曉幕高張蕩晴昊。彩箋分授互酬答。風流儷令性耽吟。對此名花清興愜。揮毫貌得花精神。花底鶯翻鸎與蝶。剛腸將毋桒情牽。逸才更見當筵捷。始知有色無香誠虛語。試看今日筆花墨瀋相沾裛。

瓌姿逸態橫絕一世甚與定惠院作頡頏

寄懷殷彥來 次宋公韻

頻年偃臥荒江鄉。曹檜褊小企大邦。卅載前事如昨日。懷人念舊心傷皇。深源驚才推英絕。國之楨幹家球瑯。上規千古凌屈賈。目中那有曹劉牆。猶憶與君初執手。習習綠水芙蓉香。傾蓋披拂便如素。風期道上意飛揚。下愚時得奉清誨。如振聾聵開蒙荒。光朗秋月恒坐我。洪波千頃歎汪洋。間值酒酣耳熱後。白眼忤俗任譸張。維時齊名有史顧。

蕉飲 頡研

詞壇鼎峙追高王。嗟哉二子俱謝世。名成身逝增哀傷。大雅獨君典型在。新城門推侯芭。行余老且僊人事廢。久同杯水膠坳堂。每思舊雨空悵望恨無雙翼隨風翔菰蘆一帙常披讀彷彿落月光盈梁忽聞音塵近咫尺天教聚合洵非常百里驅車急有待寸箋達愫聊相將一尊爲吟昔人句佇看珠玉流圓方

鏗鏘如發金石

壽薇村叔七十

先生今年政七十（用晉乩語）飽諳世味深有得意氣盡除元龍豪臧否獨效司馬默田思綺歲文酒塲飛揚跋扈誰能抑目攬四海餘遐情手散千金無吝色詩筒遊屐日無虛越水燕雲猶堪憶星霜閱歷滄桑更紛華過眼塵機息餔糜杖玉令其時知雄守雌白守黑雲霄事已付佳兒糟糠侶更喜同德氷雪一卷獨怡悅中山千日甘逃匿以此自樂樂忘年香山栗里意可識白頭阿咸人久棄每荷忘分相拂拭時偕老友四五人晨昏風雨嘗相即酒酣耳熱恣談諺狂吟高唱攄胷臆同心聚首無忌諱三世永好非矯飾舉觴壽公公滿飲諒我卮言率而直悠悠謬謬奚足云年年歲歲歡無極

木田詩鈔卷二　廿三

薇村高致寫來令人歎羨作者胷次亦見

梧桐爲大風所拔歌答翁霽堂

嶧陽之桐迥非恒映簷覆砌多清陰飽歷星霜飫雨露亭亭碧玉風前臨詎意狂飇中夜發頗似特意相淩侵根株拔起枝葉委當暑失却青蕭森悠悠過者空歎息彼蒼深意誰能尋中通外直不解賞漫望美蔭思披襟任情攀折等閒視孤高難附加噁嗜掊擊羲山巳自昔朘削子美到於今私巳戕物數如此肯教此木槁江潯亦勿刻作魚司空巳往石鼓沉亦勿斲爲琴中郎不作尠知音何如仍向高岡植還看煙條雲榦栖靈禽（意本香山）

天意人情俯仰悼惜極沉鬱頓挫之致

蓮塘風雨歌

清水芙蓉去雕飾前賢名句傳自昔於今真賞漫何人漫說研朱與塗碧亭亭曉日舒南浦灧灧輕烟籠北渚詎知耳目有奇觀不在晴明在風雨大塊噫氣排空來池水盡立蔞萍開千葉紛披翠綺捲亂英飄颻紅霞堆蒼茫雨勢隨風至翻盆倒峽

木田詩鈔卷二　廿四

咏流連似難捨明春東下觀日出白琅遊續白蓮
社
蕭踈自賞
吐言天拔

疊韻送姜自芸入都

一見歎君天人也通明偶下持風雅美瑞豈必覩
星雲重器無須說夔皐畢城東望奇氣起合有非
常人在下弱冠名已雄詞壇秋水氷壺致瀟灑小
草偶出誇當代枋衡鉅公咸傾寫十載猶緩看花
期搔首欲問蒼蒼者白蒲一集快披讀根柢原本

豈可假墨壘整暇揮兩甄筆鋒歛薄震萬瓦潔比
芙蓉濯清水響若鈞天奏廣野包羅衆有入帡幪
鎔鑄萬象歸鑪冶如斯人文豈易得疑非今有況
有且方今名場爭喧豗日下烝烝紛且夥古原一
賦更何人不倒屣者蓋亦寡千秋大業喜有屬百
鎰胡琹聲可捨行看嶽閣摛新詞好寄荒江舊白
社
雄奇瑰瑋有包羅衆
有鎔鑄萬象之槩

贈宮參兩

難擬議温泉狼藉浴真妃玳簪欲墮吳娃醉曾聞
南海有睡蓮翩反高下入水眠眠所未經今恍見
奚論玉井華峰巔須臾雲開天宇淨目光搖搖眩
未定鉛華一洗態橫生薌澤微聞疑遠近使君對
此飲且歌佳景當前忍放過筆端久有風雨集荷
葉荷花奈我何
紅碧零亂之狀
圖繪邪不能到

湯聞自過小齋種石菖蒲移牡丹戲贈

崇川湯子吾友也短小精悍特風雅能詩能書尤

能畫能發清謳舉百斝興來潑墨寫鸞溪湖州滎
陽在其下寒梢百尺森瀟湘風雨煙雲供揮灑貌
得幽香恣芳審氣合心同聊陶寫湯子丹青性情
出堪笑紛紛塗抹者更以畫意通藝植逸趣那許
凡手假小盆爲我穿雲根石蒲細砌如鱗瓦帶雨
移蒔牡丹芽富貴花不礙山野種成自喜先自賞
良工寶劍脫洪冶觀者咨嗟歎奇絕點綴位置豈
苟且老眼拂拭手摩挲拜受清賜亦已夥崇川由
來多名彥於今杰出如君寡經旬把臂但嫌遲觴

宮矦志學卽工詩身有儒骨非人知太卬喜共長
文載節府使院相追隨畫戟凝香常侍側閒居公
讌時摛詞出語卽教老蒼服下筆直與風雲期少
作紀年人膾炙迄今蕪蕠猶可披邇來學力更日
進陟歷堂奧升階擽日新月異詎有極脫棄凡近
窮搜追紅椒一帙吾傾倒朝夕口誦無心惟久懸
國門馳藝苑何庸鄙叟綴卮詞但念詩學漸蕪廢
格律聲韻皆乖離君才如海心如髮尺寸不失尤
可師雄文既已跨今古虛巳更足挽浇漓生習貴

盛同韋素恂恂抑退無愆儀因憶先公雖早世照
眼喜見璚瑤枝千秋大業今有屬經國傳世夫何
疑自傷衰病荒江湄環視能無孺仲悲安所一假
陶謝手頓教槁木回春姿

古宕

喜何秋山入城卽事率賦

梅花事殘吟閣閉白楊作絮飛湯天遙憶我友胡
爽約哀眸東望終朝懸忽聞剝啄敲在户驚同空
谷跫音傳入門頗恠意色異雙眉深蹙手支顴自
言老畏入州府苦緣塵事相糾牽吾宗孫子少負
氣小忿構隙閧市廛懷飘之俗不可訓暴斂之名
非所便以此驅車告同志誰排解者今魯連我聞
其言重慷慨如斯意氣起前賢龐公既不惜一出
季陵豈宜同寒蟬竭歷頓隨諸君後左屬櫜鞬右
執鞭雖未得當此心在友誼或可告無愆獨喜因
玆得把臂翻成良晤眞天緣牡丹花開紫藤垂去報
且共觴詠揮長箋

纏緜慨慷於此
見前輩意氣

二月十五日雨後孝芬招邀宋明府暨諸子
同賞樹園春色各道會心處

江城春色燦如綺二月芳菲遍蕣李荒園一角城
東隈分得餘光亦爾爾季琰設席值花時花時復
值風日美中原壇坫盟久歸河陽種樹踵芳軌公
餘雅不廢遊讌讌必有詩詩有紀今者勝集萃鄒
枚衮履風流誰能擬更有嘉賓能踐約一舸浮江
趁春水維時梅英已飄零群葩次第鬪妍靡庭前
玉蕋開特遲似待騷人拭目視昨宵輕雷送疎雨

晴光如沐塵氛洗使君對此心神怡振筆雲煙迅落紙諸公相繼成高吟觸目琳球難屈指或如老将横幽燕或如美人歩蘅芷鮮若芙蓉映初日快若峻坂下騄駬墨壘筆槊相搴摩酒氣花香共湧瀰私幸蓬徑辱名賢勉續蕪詞慚下里飲酣張鐙更留客皓梟當空首爲頞滿進一卮公燕喜人生良會寧有幾當前好景復奚俟追隨竊笑吾老矣

寫景寫人寫情寫文曲折排宕絶妙一篇樹園遊記

喜翁嚳堂至

春光强半都虚擲風雨憂幽𩵋疾厄空齋不異藜藋居顧瞻蹙蹙唯咄唶跫然之音夫何來喜聞屐齒破蒼苔我友遠涉蓉江水愁人懷抱一朝開回思分袂已隔歳共叙離悰伸積愫鄙情客志我復萌毀已嚳人君猶故維時促坐皆同心新詩尊酒細重論戒毋舉口便稱好頓教司馬謇無言是日情事如此憶泛傾蓋交情在敢進狂言披腑肺從來良友有深規未聞虚譽爲真愛君於古人力無遺陟其巔崖抉其疑詎謂今人不好古乃同秦越視瘠肥我亦知君有深旨寧教多與毋少拒但恐今無左太冲奨藉徒煩士安序

以規報嚳古道交情

木田詩鈔卷二全

木田詩鈔卷三目録

古延張丕揚北滇著

至日同翁霽堂嚴修亭季荼圃陔廬孝芬弟
同賦
答季才一客江堰見懷韻
宋明府過袁肩山草堂
哭次女三首
惜春
梅亭遠眺
送季蒲徵之寧陽
病中東齋堂

重九
題董圃畫貓
東季端木
午日
何處能忘暑四章
次范聲著見贈原韻
和季才一見懷原韻
宋明府以飲茶歌爲翁朗士愈疾偶成二律
寄贈滁陽浦崇甫

鶴巢秋色
咏白松
答秋山見東原韻
封燕昌以樹園牆北隙地見售詩以謝之
送陸宗先之靈壁廣文任
城南瓷花
病耳
嚴修亭携尊學署延邑尊及諸子讌賞雨後
風荷分韻兼懷沈廣文

賀友人合巹
送沈廣文南津回廣陵署即次留别原韻
中秋日樹園看桂和陔廬韻
兀坐
贈别毘陵楊蓋菴
輓大山先生
和嚴修亭遷居韻三首
七夕宋明府同諸君樹園讌集兼别肩山修
亭阮仙

席散又賦七夕林中羣鵲噪一首

哭朱甥谷似

次鄧方回樹園看桂原韻二首

九日沇南津廣文招陪宋明府賞蓉菊

芙蓉次肩山韻

木田詩鈔卷三目錄全

木田詩鈔卷三

古延張丕揚北溟著

五言律詩

賦得岍椰欲揺青（宋明府赴曾百泉齋各賦適辭未往）

岸容方破臘隄椰卻知時浥露凝疑汁迎風漾若絲雙株移可待三徑植非遲莫漫揺青色離亭動遠思

古寺年年綠長條又見新東風初拂榦生意早迎春奚俟拖金縷何時作麴塵祇園握手處攀折更誰人

深情遠致起結尤工

東園讌集（效進退格）

心同言更合佳會豈嫌頻霢霂催詩雨油油盼友雲蘭亭無俗士金谷有高人千里將歸棹今宵手慢分

好會中惜別能不悵然

新桐（分得十蒸）

對此嶧陽產頓教心地澄已看花纂纂早喜葉層

層、嫩、碧、朝、暾、映、輕、陰、暮、靄、凝、拒、炎、全、賴、汰、洗、澱、日、相、仍。

色澤青翠亦如新桐初引

和季對溪移居草堂五首 原唱用少陵瀼西草堂韻

論心三十載、動與古人期。溫飽原非志、行違各有時。高明愁鬼瞰、沍伏任春遲。一畝橫經處、斯文尚在茲。

君家兄弟好、最好獨推君。逸氣橫無敵、新詩逈不羣。行探天柱月、暫卧海東雲。金石淵淵發、高樓聞

未聞。

縱橫任盜賊、豈惜一氊青。荒矣陶君宅、清哉揚子亭。昨非今已是、人醉我常醒。獨立空庭裡、斜陽映翠屏。

讀書破萬卷、金盡等泥沙。失道防霜雪、汪洋歎渚涯。連雲真幻影、韶景亦空華。細數升沈事、滄桑豈一家。

高寄青雲上、肯同田舍郎。數椽聊罝郄、五柄未成行。奇翼何時矯、良金不畏傷。相看成莫逆、一笑據胡床。

體格全師少陵而無規橅之迹

廣陵歸舟喜雨。兼懷俞師巖廢常時俞寓延令

漫作趨炎客、羇江三日留。狂飈未破暑、一雨忽成秋。踈簟宜清晝、青樽好夜遊。紫芝須我否、鼓枻促歸舟。

泠然善也

賦得松際露微月

良夜虛堂靜、三松偃蓋深。忽驚光射砌、仰見影橫

參。黛色凝疑白、清輝散作陰。古今同一照、倚樹發高吟。

從松月生感、便踞題巔非離鏤手法

會日懷李陶園不至

采采蕭葭隔、相思景物催。江湖波始濶、霜露屢多猜。淡想人如菊、荒應徑積苔。莫教吟興減、壇坫待鄒枚。

丰韻蕭踈三四獨見雄渾

次茶圃見懷韻并引

深秋病枕愁絕無聊荷季子茶圃以詩垂訊淑情古道溢於楮墨間庶幾昔人落月屋梁之意循諷周環幽憂頓釋謹步原韻以酬知我吮毫洒然益不覺沉疴之去半也

良朋嗟契濶感序更心驚以我思君意知君念我情黃金悲世路白髮信平生蕭瑟秋風起于喁自有聲

金石盟心久由來志不磨三秋流逸響七發起沉疴但慮知音鮮寧嫌良會多憐余相問訊佳句勝陰何

不問家人產時揮鉏底金邊生空有笥梁父漫成吟獨往誰同調肩隨粗解音自從總角後師事到如今

遥遥追世好真氣默相看久有膺融契重尋李杜壇名山千載待環堵一經安只此堪終老吾生肯妄干

結撰精嚴

次戴蓋瑶見柬韻

兀處同空谷跫然鮮足音何由蓬徑裏忽遺剡溪吟謦欬疑連璧紛披快碎金跡疎心自密豈受俗塵侵

喜意溢於言外

次季蘅皋見柬韻二首

人事胡乖忤蒼茫欲問天嚴霜摧弱草勝地歎荒烟苓术非心藥幽憂促剩年吾生甘已矣知已漫情牽

老大嗟何及猶思髫齔情同庚慙小戊獨往羨孤清舊雨終難棄新詩再締盟佳篇真益我含泳勝餐英

蒼涼老潔

喜晤陶園口號二首

秋杪嗟睽隔同憐病浹旬冬初懽握手共喜煖如春蒲栁慙松栢清風掃俗塵月來詩酒會今滑諦仙人

肩隨思綺歲忽歎鬢毛衰良友三秋詠離悰一夕

披自成西向笑肯令北山移海我精神喪師君已是遲

流轉如話次作五六正復佳句

冬日集又新堂喜晴 限韻

勿替歲寒約高齋喜洞開恍同明道坐愛有趙衰來紅綻春前蕋青餘雪後苔冬晴人意暖觴咏迭相催

冬晴人意暖妙語可傳

寒月 限韻

酒罷行看月疑來地面霜嚴風吹更皎列宿冷無光氣肅瞻雲嶠心清想上方中庭荇藻白話久影移廊

清勁

春曉

晨光驚老眼曙色映書幃澹蕩雲天淨熹微烟霧霏花疑新沐出鳥似帶醒飛已見春過半休教負旭暉

五六名句對句尤勝

耳從前月聾何秋山索賦

聰甚翻為病君今得葆真三旬絶俗擾七十喜閒身嘈雜從山鬼清寧養谷神百端付一笑巢許默相親

去病葆真無爐充耳

望雨

三旬愆雨澤萬姓切痌瘝咄咄中情亂嗟嗟望眼穿爭龍鞭不起旱魃虐忘還涓滴黃金貴何時一破慳

憂閔深心言之獨切

次韻答休隱上人

西來知大意兎角與龜毛潯潯聲名藉非非見地高祇園推智果蓮社負詩豪齊貫吟成後詞臣亦解袍

落落大方

次韻東孝芬弟

三緘能引過五十未云遲市虎傳雖妄原鴒飛忍離興戎從口小飫飲是中醫臧否消忘後澄懷坦

不疑。

語皆朴至

都門喜晤王桐孫侍御即次見贈原韻

九載嗟睽隔，披襟思轉增。枯魚甘涸轍，驄馬羨趍騰。峻節門常冷，昌期時可乘。周親深肺腑，情話日相仍。

苦水嘗難耐，黄塵望欲摧。久知成朽質，況復媿非才。只合蓬門老，誰教　帝里來。深情有侍御，爲我數擎杯。

猶憶探梅日，詩情大令賒。君今能報國，我到喜如家。絕少一枝贈，唯添兩鬢華。中書廿載後，再問故園花。

兩分一合，具見章法，詩境尤老

苦雨和秋山韻

苦雨無時節，春光半已休。那言花鳥候，況説麥禾秋。賓阻迎思馬，詩艱釣覓鉤。皇天不可問，聊共醉鄉遊。

翻老杜好雨知時節意，戲筆韻甚

雨中柬茶圃

閒身許二老，不逐衆人行。永日三秋隔，連陰百感生。調飢誰可療，鄙吝肯教萌。遮莫衝泥怯，悠悠江閣情。

懷人之意，陰雨尤切，所謂風雨如晦，雞鳴不已

催梅

臈前已破蕊，春後一巡簷。冷韻疑相待，東風意未猒。前邨尋欲遍，官閣興先添。佇盼南枝放，休教花信淹。

亦具冷艷

次王桐孫韻送袁甯山歸海陵

老去傷哀樂，驚心歲月過。漸看朋輩少，倍覺別愁多。酒欲傾賢聖，詩期掃障魔。三年一把臂，那又唱驪歌。

賞音有摩詰，酌酒晤孃遲。緘發青箱秘，賡多白雪詞。握蘭香裊裊，折柳碧絲絲。揮手難爲別，頻看晝晷移。

老勁中圭，神獨絕，逼真工部

悼馬

小駟川東產堪憐一紀隨由來鮮疾疢從未受鞭笞伏櫪猶思奮哀鳴似有知景純呼不起自此罷驅馳

碧海有情還悵望青天無路可追尋此唐人失鶴句也是詩音韻悽惻不減前賢敝帷戀〻可以想見古人

同茶圃直齋過王櫃子寓小飲

客裡翻爲主咄嗟進饌頻烹治平聲餞別味沾浥到陳人舊好形骸放新知色笑親謂令表弟蕭君大受老饕饞齒頰歸路尚津津

封晋牧恵建蘭賦謝

芳鮮耐人咀味

釁序同遊日於今四十年壯懷消漸盡交誼篤逾前賤子恒叨恵良朋屢損錢荒齋生馥郁芳草比金堅

同心之言

國瑶弟出扇索書并欲得余近作漫成三律

學書如學射心手默成機頹栃惟筋骨虞歐各瘦肥鴻翔饒逸勢龍跳有餘威亦曉前人法其如筆力微

詩是吾家事深慙鍛煉功老來猶欠細窮矣未能工漢上胼胝拙西山頗力空阿連新有句聞弟多近詩恵我勝清風

雁行敦夙好馬齒媿餘年羨爾斑衣樂還看棣萼賢雕蟲誠小技雲路有先鞭雅頌登歌日何人筆似椽

落筆天成吐詞深秀老來一聯尤警

秋日何大山見遺餅餌再侑以詩次韻奉答

涼風遥結念朗月喜投懐詩繼悲華館驪泉公文集名名高雄雉齋大山新齋名徵歌人倚玉愛客酒如淮藉甚何平叔偏難晨夕偕

書同寒具至披對見君懐珍味充枵腹高言爍小齋久羞環衛鄭肯比橘逾淮謬託忘年契心知喜共偕

細琢肉好淡語彌旨

秋分後一日戴自江昆仲招同諸子東園讌

集

君家兄弟好滿目觸琳瑯王氏三珠秀燕山五桂芳垣墉勤不墜朋舊睦無傷生子能如此傳經想義方

筵開秋日爽秋色正平分愛客酒無算論詩思絕羣堂仍名綠野館不媿停雲翻笑平泉主空為身後文

久歎登臨倦今朝興倍佳天香凝紫綺冠名嵐翠拂流霞杯名履道詩稱敵謂桐孫左廣高軒賦競誇書城自江兄弟

獨慚雙鬢禿遮莫負韶華

親誼比鄰篤通門累世歡一經看繼武雙璧喜彈冠雲路聯鑣轡秋風振羽翰吾衰猶及見老眼望漫漫

情致纏綿慰望並至

懷季直齋久客毘陵

初謂經旬別詎成匝月違歌臺聲響寂吟墠唱酬稀目斷秋雲遠心隨江鴈飛故園金粟綻一櫂好言歸

衣帶一江隔同心兩地違金風吹澹蕩梁月照依稀代馬應回首南烏亦倦飛渭陽難判袂豈是樂忘歸

是小別相憶語

懷季蒲徵臥病東郊

良朋嗟久隔少極閱三旬秋枕東陽瘦清風南阮貧丹青堪盡日書史足腴身爲咏江雲句相思老更親

三四佳聯

封燕昌招同諸子讌集

春風十日裏兩度過高齋典午忘形久佳辰樂事皆分曹尋博奕大嚼恣談諧堪傲榮名客衝炎苦硬差

襟次獨超

至日同翁齋堂嚴修亭季荼圃陟廬孝芬弟同賦

令節有杯觴清言覺晷長笙歌前日困德基堂博觀劇塞昨朝忙摩青閣葉戲老友敦同志嘉賓貴遠方相將

文字飲生意究初陽

文字清歡想見幽居樂事

答季才一客江堰見懷韻

判袂中秋後俄驚欲雪時五句成間濶百里憶風期咄咄人情薄嗟嗟歸計遲思君擬有句佳句果相思

一自征車發常懷旅況寥每於朋好聚輒望海鄉遥客緒悲殊里輕裝迓郭橋吟箱富篋笥握手慰深宵

首作收句佳甚預寫歸來之樂尤微結想

宋明府過袁肩山草堂 次肩山原韻

小隊衡門下傳呼不惱隣寒回汝南雪暖賦廣平春掃徑愁無僕披帷喜有人傾囊紛琬琰誰道仲容貧

賢令高人兩邊俱見

哭次女三首

驚飈摧弱質蘭蕙一朝傾病母千行泪衰翁寸斷情百年悲幻影三十歎浮生更慟彌留際哀哀孺慕聲

汝生無疾疢逆幼鮮呱啼咸謂邀天厚詎知賦命睽室家憂自廹兒女累相擠銷煉成凶折人間事不齊

長男年舞勺女亦字名門色養無愆節相莊少間言生前多淑惪身後莫煩冤苟使而翁在時當慰汝寃

情至不堪多讀

惜春 宋明府樹園讌集分韻

三月踈人事蓬門鎮日扃芳菲驚欲盡履舄喜重經嫩碧枝初亞殘紅色尚熒 時海棠木瓜花猶在樹 春光忍遽別更上最高亭

淡而艶

梅亭遠眺

梅嶼攀躋處孤亭傍古杉暗香猶可覓叢翳甫教芟野色收檻檻天風冷袖衫憑高清咏好珉石永鐫劖

句饒清韻

送季蒲徵之寧陽

高躅不輕出，同時鄭子真。非緣耽寂處，只是怕干人。荆被情難懟，葭莩意久親。臨岐齊勸駕，莫憶別離神。

憶昔西遊日，歸裝意洒然。解囊唯警句，檢橐恥餘錢。東郭德常勵，北山志愈堅。此行依骨月，勉矣稍通權。

不屑干人，復不能閉户；不能易操，出亦無補。讀此三歎。

病中東齋堂

腹疾經旬劇，孱軀敢自宜。方書消永日，藥果待醫師。蒲柳衰應早，風霜戒已遲。久嗟生趣盡，不病復何爲。

陳人甘委頓，良友感殷勤。勿藥喜何日，治風檄待君。忘形容裸袒，同體比榆枌。期俟秋香發，扶痾共夕曛。

文人病中偏多佳致

重九

風雨阻登高，荒齋坐鬱陶。無朋同命酒，有句憶題糕。囊窘愁租吏，顏衰羞鬢毛。茱萸何必佩，回首幾驚濤。

清致可想

題董圃畫貓

睒睗雄威射，烏圓畫作殊。名應稱虎舅，材豈是貍奴。顧盼無凡態，孳孳有遠圖。爾非尸素者，鼠輩敢睢盱。

以賦爲比，寄託處逼真古人

柬季端木時抱痾彌旬

老友踰旬病，跫音半月疎。無人時獨歎，對食每長歎。野鶴何妨瘦，寒松不畏鉏。微痾君易療，心疾孰憐予。

知心好友，老而愈篤，晨夕風雨不忍暫離，樂事憂懷皆欲與共，情勢所必然也。讀此詩益想友誼之厚

午日

愁緒辜佳節，湘纍汝我朋。病身成槁寂，禿鬢任鬅鬙。詩思逆衰減，憂懷逐境增。千秋今日恨，渺渺問難憑。

是自寫午日情事

何處能忘暑四章、

何處能忘暑熇蒸奈爾何臨淄揮不盡河朔飲無多赤脚雙趺蘭科頭短髩皤炎曦尤畏午唯令睡鄉過

何處能忘暑虹霓拂閬風渴思餐沆瀣高欲向鴻濛清絶塵氛外涼生霄漢中衹慙下土質喘汗仰蒼穹

何處能忘暑甘泉桂殿間風輪相鼓盪氷席互廻環澄水繒常設迎涼草特須千秋知節遇下士敢追攀

何處能忘暑笙歌博奕場從教炎朕炭那覺汗如漿解慍聲三疊除煩葉百張更思沙上甲心體自清涼

或感或諷讀此可敵龍皮扇子

次范聲著見贈原韻 同令兄愼時下榻小園

幾度滄桑後猶餘舊艸堂同心來百里豪興畟二觴共喜談諧洽渾忘禮數妨新篇多肆好清韻叶風篁

脊令誼獨切不與俗沉浮句得芳塘夢沐聯桂圃秋慚余空落拓愛爾破牢愁大雅令誰偶應居百尺樓

清言如霏玉屑

和季才一見懷元韻

休戚誰相恤知君念我深離悰喜握手同病轉傷心老鶴何堪舞哀猨已失林陳枚箋橄好破俗一高吟

三四尤佳

宋明府以飲茶歌爲翁朗士愈疾偶成二律

一枕東陽瘦兼旬會晤疎寒暄嗟變幻晴雨悵齟齬潼浦應多句臨川好著書順時期强飯亦勿太清虚

爲念文園渴 謂宋明府 新詩驅病魔黃州清夢詠仙掌玉泉歌七發幽憂滌三危沾溉多慚非盧陸侶風味或無他

細哦二詩亦覺風生兩腋

寄贈滁陽浦崇甫（浦善岐黃）

藉甚滁陽叟，當今韓伯休。方書鈔畢歲，池水飲多秋。仁壽期同域，刀圭無漫投。聞君庭訓好，利濟是貽謀。

襆被賁江城，屋烏推愛深。（余三媳，椒邑吴世兄念弢女也。浦與吴世交，媳病延至）高情逾骨月，真意勝苓蔘。霽月光風度，扶衰救敝心。歐亭千古峙，西望共岑嶔。

渾雅

鶴巢秋色

鶴巢四時好，秋至更相宜。老樹紛踈影，澄潭漾碧漪。登樓放眼闊，憑檻會心遲。遥憶蘭臺上，行須宋景詞。

起有雀翥秋空之勢

咏白松

貞松不記歲，礌砢映庭除。雪榦干霄上，霜皮溜雨餘。龍鱗觀節槩，馬尾守臺輿。更喜長哦處，香聞艾納徐。

雲來氣接月出寒通想見其勝

答秋山見東原韻

東望白楊巷，幾回簦欲擔。羸軀真坐嬾，野性久成憨。飽餌供盤脆，瑶篇映紙藍。（唐段成式造望藍紙）爾音能惠我，荒徑早開三。

拈弄險仄益見新美

封燕昌以樹園牆北隙地見售，詩以謝之

半畝拋荒處，年年草萊橫。久成虞芮讓，肯比蜀吴爭。缺陷完西北，推移勝弟兄。從今履屐過，應自識君情。

用典成趣

送陸宗先之靈璧廣文任

士龍來別我，秉鐸向山城。妙選新膺數，談經舊有聲。文章傳洛下，姓字詣延英。寧羨登臺省，於今絳帳榮。

十年慙馬齒，君實丈人行。久忝芝蘭誼，遥憐苜蓿香。行修崇漢室，士樂軼周庠。應識新詩好，清音磬石長。

工秀藴藉

城南䓘花 和肩亭姪原韻

浥露嬌疑汗臨溪爍欲然千花朝綴錦萬樹晚籠
烟道士今何處崔生肯便還城南恍渡口歌發譜
新絃

小着色便爾部麗

病耳

老見百衰態聞根嬰病新大聲翻覺遠細響詎來
頻徐客通憑字臺卿侮任人褒然還自喜聊免濯
清津

諧謔純是東坡

嚴脩亭携尊學署延邑尊及諸子讌賞雨後
風荷分韻兼懷沈廣文

甘雨初霽後尊移君子齋 學齋名 幽人結風雅客裡
費安排朝靄紅蕖麗輕飈綠酒佳王猷竹有興徑
造見高懷

為愛荷香好儷皃屢次過風翻翠浪捲雨浥醉顏
酡但有觴吟樂應無禮法苛鄭虔何日過花事莫
蹉跎

其香冉冉

賀友人合巹

氷河開已半桃陌亦將華雁奠迎朱旭凰求繫絳
紗催鋪百子帳待幕七香車試問粧成未東方燦
曉霞

溫李之遺

送沈廣文南津回廣陵署即次留別原韻

青氈留客處白社論心時儒雅真人雋風流是我
師吟鞭裝忽戒別緒意難持脉脉誰堪此蓮塘碧
水知 每蒙招集荷池

睠懷庭日永感慨宦塵飛令伯將陳養淵明欲賦
歸讀經便腹笥苦咏減腰圍百里嗟暌隔何時坐
曙暉

雅雋纏綿沈君高致亦令人從詩中想見

中秋日樹園看桂和陟廬韻

喜是中秋日剛逢桂綻時黃呈金色早 秋分前放名蚤黃
香度玉甌遲 用吳猛事 詞客歌叢樹幽巖倚習池新知
與舊賞芳意廣寒知

小山堪載酒，幸至有羣賢。黄雪秋容麗，青樽逸興
連。紛紛晴映日，靄靄暮浮煙。莫負今宵月，清光勝
去年。
小山雅集浮此佳咏，令人有天香雲外之想

兀坐

老去性情減，衰餘物累輕。笙歌甘寂寞，博塞歇搶
攘。舊友隨時至，新詩信意成。終朝兩食後，兀坐了
無營。每午食後唯啜茗數盌，至卧時率以爲常
太空晴雲，想其胷次

木田詩鈔　卷三　茜

贈別毘陵楊蓋菴

毘陵老詞客，襆被過江城。爲叙殷韓好，與直齋因爲舅甥
叨孔李盟。詩才驚萃嵂，觴政快縱横。旬日春風坐，
塵襟滌欲清。
藝林弟子列，親誼丈人行。一桂清門迥，三刀膴仕
芳。從時知檢束，愛我任疎狂。更感層雲義，排紛意
激昂。時欲為予解紛
老去豪情在，元龍百尺樓。撫時多感慨，涉景自風
流。花值將離後，人思跨鶴遊。將之廣陵 佳篇陳几案，諷

詠日難休。
力歸平淡而正，非絢爛可及

輓大山先生

東向一吞聲，椒漿哭寢門。老成人不再，風雅事誰
論。月暗春江冷，烏啼喬木昏。從今車過處，愁指白
楊村。
夂忝忘年契，深叨世好盟。篇章時贈答，魄遺屢經
營。風義兼師友，交情到死生。傷心尤觸景，時節正
清明。

木田詩鈔　卷三　芸

猶憶東行日，留余宿草堂。盤飧供不輟，孫稚繞成
行。別後音顏隔，相思道里長。依稀兩載事，忽已判
存亡。
豪氣元龍著，披帷尚儼然。斷風悲蹀躞，籠霧泣嬋
娟。向題先生小照，有駿馬美人圖 通子能承緒，遺書手自編。二三
老友在，相對淚潺湲。
四首如一首，一首如一句，純乎浣花家法，至寫景寫情之妙又屬餘事

和嚴修亭遷居韻三首

富貴餘身外，翛然終歲康。不隨時俯仰，一任我圜

方飲酒真無量哦詩別有腸高風千載接羞澁歎
空囊
錯壞舂糧半輕裝已造廬草堂貲已辦高士傳堪
書百尺青松長千竿惡竹除運斤知淵志無事再
躊躇
結廬半村郭幽事絕塵囂一瓣師曾鞏八分學李
潮茅誅新傷水柳蔭舊番條較脒屏山宅奚憂風
雨飄（朱文公有卜居詩）
（高人之廬如畫而肖次亦如話）

七夕宋明府同諸君樹園讌集兼別肩山修
亭阮仙
特掃蓬蒿徑邀攀長吏車羣賢憶遠集良會喜秋
初瓜果聊陳設雲煙任卷舒誰為乞巧者莫謾賦
歸與
天上方填渡人間劇制裾阮家竿有布郝氏腹多
書兆轍還趨幕（劉阮仙赴清江浦）南轅各卜居（袁肩山嚴修亭各歸移家）臨邛惜別句（宋公有莫學雙星會相思動隔年之句）眷戀意如何
（詩韻清絕）

席散又賦七夕林中羣鵲噪一首
何事林間鵲喳喳未肯休勤慵吾不管牛女爾能
謀清露涼相逼微雲澹欲流豈無枝可息遮莫好
音投
（微雲澹欲流較河漢句更雋）
哭朱甥谷似
病裡驚凶問殘軀竟日僵人皆嗟命遇我更惜文
章强仕年初屆潛修志未償渭陽情意切老泪灑
千行

苦學吾親見精專奪化權魏舒貞有志衛玠竟無
年黃榜生前幻鴻文身後編巫咸呼不下何路問
高天
死生一虛謬但痛客京都三載雖通籍終年仍授
徒鳳書方欲下雞夢忽云徂應讖彌留際雙眸南
望枯
汝兄老詞宿汝弟亦能文德曜勤操作顏烏軼輩
群榮名生不媿清譽死猶芬哭罷還相慰重泉聞
不聞

次鄧方回樹園看桂原韻二首

爲探秋香信，相将到小園。林深想濠濮，窓静詠羲軒。藻挨淮南句，玄聽弘正言（周弘正吃而能談）。素心人不易，吾欲共朝昏。

冷露初霑處，微香逗已多。方期幽賞共，其奈促裝何。花下一尊酒，席終三疊歌。東皐親串在，煩爲訊煙蘿。

聲調逼真盛唐

九日沈南津廣文招陪宋明府賞蓉菊

休文纔返駕，置酒敞行窩。碧沼璚葩燦，黄瓷金蕊藹。微霜色更逞，永日賞偏多。賓主東南萃，仙凫豈憚過。

令節爲清序（是日霜降），如斯節序何。舉觴傾藥王，引首望銀梭。誰賦茱萸句，無忘桑苧歌。樓頭應價重，满座盡頹酡。

險韻妙極熨貼

芙蓉次肩山韻

亭亭映碧潭，斜過酒旗南。晚露枝猶濕，秋烟色愈酣。吴姬年十五，青女月初三。塵外真幽絶，柔情祇自含。

澹逸

木田詩鈔卷三全

木田詩鈔卷四目録上

古延張丕揚北溟著

七言律詩

晴郊麥壠

丁丑歲暮過澄江謁兩翁年伯即蒙留飲賦

謝

和戴平山見柬韻

讀先方伯公集同姪肩亭作

寒潭霽色

季荼圃書室爲風雨所壞和季原韻

題云吉姪小畫舫

贈施繼常

寄懷殷在公

江城元夜

賀范慎時赴瑞州太守任

祝張行一明府壽

偕友城南看梨花

端午前二日安遺堂重開文會分韻

遲曹石倉不至

贈朱水仕

題安遺堂并引

贈王顯明

招同茀瞿客季荼圃葑谿家薇村叔繫舟栫

下納涼

次韻答季維樞兄弟

丁亥春喜茅瞿客見過雨中留飲

哭季希聖叔岳

文廟督工呈同事諸君

題魁字并引

登騰蛟閣故址望江上圖峰分韻

次韻答俞斧雲

同人約探城南秋色

秋宵不寐枕上漫成

偶題

前韻答季蘅皐

贈葉子山之武陵

咏佛手

壽季蒲徵五十

和宋明府韻

萬壽前一日諸子隨宋明府錦棚觀燈

余於安遺堂南除構數楹作小軒上不覆瓦以閣廣間明蛤代之窻闥之飾亦然雖風雨晦明而其中明爽敞豁恒若有霽色因顏之曰晴軒并以俚句博諸君子珠玉其

幸而惠我焉

賀封彥起姝丈生子

輓南升叔

已丑春正五日邀同堂諸昆弟飲

賀宋明府生孫

送春

喜朱甥海士捷已丑禮闈

過季氏北園故址有感

王桐孫季直齋招陪宋公南郊遊讌次宋公韻

壽休隱上人七十

贈天濤上人

贈農部陸松崖

客中聽歌童潘玉如女粧度曲即贈

歸途憶里中諸同志

九日漫河逆旅陳子覲宸治具小酌率賦

渡沂河宿李家莊次辟間韻

舟過寶應食湖蟹

朱仁玉招集又新堂次俞崇山韻

雪中東袁肩山

辛卯正月五日過李陶園城西草堂欵畱茶話

盆梅

上元風雨

答季陟廬

題季直齋新齋

又和直齋自題新齋原韻

落梅

花朝季直齋招陪宋明府賞玉蘭
讀陳近仁詩和其韻
戴堯聲招諸同人讌集
和孝芬弟夏日偶成原韻
季根安招同雉皋范若菴太守暨諸同人高齋讌集
聞山甫弟究心乾竺之學昨惠新篇粹乎有道之言也依韻酬之
送曹石倉赴上海學博任

和季陔廬五十自壽韻
季直齋招陪宋明府戴園讌集
閱海士近詩書後
壽夏希音八十
蕪城之役往返彌旬歸讀茶圃見懷之作依韻奉答
立秋日諸同人泛舟謝墅觀荷
喜含山王東表見過
和王桐孫贈東表韻

餞別傅育翁郡守
輓程階亭集放翁句
和袁肩山題荒園韻
次肩山見贈韻
送徐清秩赴閩海遊府任
贈封燕昌
壽薇村叔六十
和茆瞿客贈崔幼蕉韻
寄懷湯望衡

賀湯徑三
贈范青萬
送王壯其北上
和季茶圃元旦詩二首
微雨初霽嘉樹亭賞梅
同家竹中兄携尊飲浮村梅花下次竹中韻
慰李陶園喪子
和于躋清先生送五先叔葬原韻
哭朱嘉蓮再甥

次肩山韻呈家耀如叔祖

祝潤恒上人六十

余不事帖括亦有年矣偶拈鬮題戲為之因書其後

和季茶圃見柬韻

九日讌集

次韻送茆瞿客歸里

和何秋山暈飛閣欵留止宿

季直齋大行招同令兄茶圃陪王桐孫侍御宴集

哭陶艾圃師

壽楊九登

祝封燕昌生日

夏日新霽登慶雲寺準提閣

夏日集同人看荷王桐孫侍御以疾未赴次來韻奉柬

輓茆瞿客

送茆瞿客旅櫬還里

壽李牧公六十

喜燕孫叔自寧都歸

寄懷杜海樹

過季才一書齋和袁肩山韻

哭顧晝宣太史

和季才一夏日見懷元韻

和澄江翁朗士見贈韻

祝王桐孫侍御六十壽

封燕昌祖母節行采入邑乘邑令贈額旌之即事一律

王湯又以移居詩見示率成長句

戴蕋瑤見惠蝎梅一枝賦謝

壽孔子長生日即用見投原韻

范若菴親家偕令弟茂遠聲著令姪青萬見過止宿問天樓喜而有作

前邑令袁公書院新成敬紀四韻

戴南軫招同諸君園林讌集

和宋明府課耕二首

讀宋明府怡雲堂集暨令先公傳贊誌漫成
二律
次俞棠山雨中感懷韻
清明日俞棠山移尊樹園陪宋公雨中賞梅
壽季直齋六十
封習園新得彩屏宣爐率成長句
喜王勿齋至
封燕昌招集撫松山房玩月
夜熱乍得涼飈晓起微雨永日無暑喜而賦

此
和朱海士見贈原韻
壽何秋山
贈式臨和尚
輓王勿齋
重九日問天樓賞桂和根安韻
肩亭姪以秋感詩投閱賦贈
西園賞桂
賀百泉和尚入方丈

范心淵招飲
王桐孫招同范心淵讌集即次心淵韻

木田詩鈔卷四目録上全

木田詩鈔卷四上

古延張丕揚北濵著

七言律詩

晴郊麥壠 社題分韻

出郭先教逸興添迎眸更愛麥蔪蔪小輿穿陌疑無際大有成書欲預占弱穗輕花隨地落好風晴日一時無塵氛到此都銷盡匝月還來看荷鐮

輕倩純似放翁

丁丑歲暮過澄江謁雨翁年伯即蒙留飲賦謝

孔李通門五十年歲寒風雪拜堂前巋然東國瞻遺範藐爾西華賜獨憐話憶舊時多感慨杯深永夜更流連孤踪荒寺誰相問今夕春生萎葭先

抒寫情事結撰精嚴得少陵真諦

和戴平山見柬韻

秋風落葉蔽空飛寂莫江城晝掩扉湯說金臺市駿骨如何土室卧牛衣讀書博塞誰爲是郢市齊門淂當稀知命知非唯爾我余兩人同庚且將樽酒對斜暉

工於發端

讀　先方伯公集同姪肩亭作

手把遺編細評商唐音宋劄挹芬芳賞心婉白抽青句駴目驚雷掣電章豈爲修詞求麗藻也緣厚植發奇光雨窗小阮同披閱二百年來氣自昌

得讀前人文集體

寒潭霽色 社題分韻

晴光拂水氣霏微一夜寒霜喜旭晞瀲灩波紋清

徹底曨曈日色暖蒸衣絶無皓首衡泥苦已忘嚴颷肅殺威樹影山痕皆入畫澄江佳句憶元暉

起結尤佳

季茶圃書室爲風雨所壞和季原韻

老屋吟身擬杜陵此中儲蓄未爲貧千編左右真成友一硯晨昏久結隣李衛公硯名結隣誰使宵霖作小厄應知天意滌纖塵佇看垣牖重新日詩課從頭細細詢

起唱高響以下便如破竹五六淂柳子厚賀失火意

題云言姪小畫舫

小築幽棲隱市寰。圖書數卷屋三間。寧云巷僻難容轍。却喜堂成別有山。延吉風流稱玉尺。謫僊詞賦壓清班。謂北江東皋 吾家小阮叨同調。可許嗣宗數往還。

詩境自然如散聖安禪

贈施繼常

胥山、奇士、荒江客、握手開襟一見親。坐我春風逾十日。邀將明月作三人。丹青點染都成趣。詩酒疎狂自露真。恡煞紛紛月食者。施不食肉 誰與同志嘯蒼旻。

秀韻可味

寄懷殷在公

三十年來瞬息間。盟言猶昨鬢毛斑。蓬蒿仲蔚人同棄。泉石深源心自閒。物態變遷唯閉户。故知慰藉一開顏。阿戎詞賦朝霞麗。謂令似鳶馨 我欲東探大小山。

代東能令先後情事俱盡

江城元夜 社題分韻

花月江城良夜永。喧闐簫鼓沸春濤。康衢雨過輕塵潤。海嶠光升碧漢高。火樹數行齊煥彩。星樓幾處競焚膏。驚聞墮馬西門市。讀易停披首重搔。聞族人

有彩鳳騫霄之勢

賀范慎時赴瑞州太守任

信宿登堂積愫披。旌麾西指悵臨岐。葭莩誼惜多年別。氷玉情殷到處隨。余大兒隨行 渤海才名推卓犖。南陽黎庶樂雍熙。應嗟叔度來何暮。松竹東軒繫我思。

雅雋得風人之情

祝張行一明府壽

七年人沐恩波遍。懷想恩波又七年。恵及江鄉車再過。歡騰黎庶覩爭先。小陽月屆長春旦。報德觴偕介壽筵。瀝酒祝公今日始。福星常傍斗牛邊。

吏政人風一筆雙寫

偕友城南看梨花

迨遞城南十里餘、良朋勝日喜追隨、高低麥隴行行緩、遠近花村疊疊宜、除是山陰差可擬、想來梁苑未多奇、深紅淺碧真如錦、忽訝盈眸雪滿枝、

恰愛今朝天乍晴、封姨不妒見花情、玉容浥露香猶濕、素質迎暉色倍明、鞋帽插來驚白髮、洗粧歸去帶餘酲、莫教寂寞悲千載、擬共携尊日一行

娟秀清瑩、欲置人瑶林玉樹間

端午前二日安遺堂重開文會分韻

遥遥真氣共相將、千里教同況一方、此日金蘭寧謾許、他年車笠慎毋忘、喜來舊雨青山約、愛接新懽白社行、尊酒論文吾輩事、好看藝苑共翱翔

情致綢繆

遲曹石倉不至

末契欣承到後生、謬稱同調湯披誠、移床遠客深相戒、拒使標門峻莫攖、豈爲衝泥怯細雨、誰來驚座絕冠纓、知君果有煙霞癖、恠煞城南道左迎

訝之深望之切

贈朱水仕

壇坫追隨二十秋、忘年忘分許同遊、多君京國飛雙舄、笑我蓬蒿卧敝裘、野馬浮雲從變幻、葭誼蘭契足綢繆、樽前先長嗟無狀、仲蔚霜華早上頭

情文斐然

題安遺堂并引

敝廬建自 先方伯公時在明弘正之間於今更兩朝歷七世矣、寒門第宅半皆轉徙、唯此以卑陋故獲存、壬午夏重脩葺之因取麗公之言顏曰安遺、志 先人之恵也

風雨粗安二百年、緬懷先德思悠然、高閭謾說于公志、湫室寧師蕭相賢、汾曲數椽欣有託、岷山半畝豈無傳、於今朴陋還如故、爭似思光岍上船

垣墉堂構、賢賴後人、讀此令人思遺澤之長

贈王顯明時爲余小齋作石假山

我生素有烟霞癖、每恨居無山水謀、安得奇峰千丈墮、誰將恠石一鞭浮、當軒犖确驚還喜、過眼嶙峋去復留、自是愚公稱異手、恍疑把臂入仙洲

筆力亦覺
嵯峨千仞

招同茆瞿客季茶圃葑谿家薇村叔繫舟栁下納凉

高栁微風水氣泠，携來氷雪到漚亭。余小舟名千言靡藻同三禮，謂瞿客雙辟聯雲謫二星。謂茶圃葑谿擬拂虹霓過閬苑，漫隨煙霧問滄溟。吾家大阮稱踈放，不道今朝眼倍青。

氣局
雄渾

次韻答季維樞兄弟

爽氣朝來挹袖襟，一門徽獻自淵深。烏衣里第高千仞，白恰風流叟百尋。芸閣遺編看細撿，春塘佳句好聯吟。先人舊德依然在，裕後由來非積金。

恵我新詩句句清，糢糊老眼頓教明。追攀遠冀千秋業，豪蕩平摧五字城。世態盡由吟卷寫，閒愁總付酒盃傾。塵埃野馬渾無定，笑拂煙雲展紫瓊。

亦新倩亦勁拔
亦復瀟洒絶倫

丁亥春喜茆瞿客見過雨中留飲

忽聞君到急開扉，喜極無言笑攬衣。兩地離懷三載隔，一江春水片帆飛。應知錦句收盈帙，爲問吟身瘦幾圍。相慰相憐相對久，擎杯更愛雨霏微。

天地蜉蝣寄此身，今朝握手倍相親。驚風墜露悲諸子，謂平山維樞仰公貞桂蒼松得幾人。老去襟懷仍似昔，到來氣象一番新。淮南詞賦靈光在，誰許荒江有逸民。

新警之句令
讀者神爽

哭季希聖叔岳

大雅淪今屬阿誰，屈騷賈鵩古同悲。青箱無復推江左，白雪寧求和里兒。曙後一星欣未墜，崇城百堞莫教墮。窗州剷棄王生去，那禁齎咨涕洟垂。

語語沈痛筆
墨皆有泪痕

文廟督工呈同事諸君

數仞將摧勢莫支，叢生榛莽悵還悲。真儒來喜名仙吏，新廟成看廓舊規。鼛鼓勿勝黎庶勸，橋門環覩士民趍。龍鍾自媿蓬蒿侶，追躡雙鳧氣力衰。

鼓舞懽欣一時
趨事之情可想

題魁字

明倫堂中屏舊有魁字為宋文信國所書
大可徑丈自前甲子年至漫故老無知者
玆邑宰西蜀公偕紳士修葺黌序忽屏間
字形微現急磨剔而出之體勢遒楷如對
端人正士加以丹雘煥然改觀賦此紀異

斂蓄魁光八十年欣看今日麗中天文星高映峨嵋月元氣潛分濯錦川鐵畫銀鉤寧漫漶龍跳虎卧自騰騫遥遥精意相呵護珍重當年筆似椽

色正芒寒

登騰蛟閣故址望江上圖峰分韻

江城百里盡平疇數點遥岑望裏收襟帶川原憑傑閣銷沈刼火歎荒陬飛虹馬跡依稀見廣福鐘聲汗漫愁獨上廢墟聊縱目晴峰如故思悠悠

雄渾中有沈鬱之氣

次韻答俞斧雲

鏡裡衰顏兩鬢蓬自憐未老已成翁泥啣東海終非計甕抱南畦寡見功過眼變遷悲泣露披襟疎豁對清風翩翩文伎吾知已石鼓於今有蜀桐

感慨語非知已莫與道

同人約探城南秋色

共道城南秋色佳秋光正美約朋儕清同彭澤籬邊趣曠擬瑯琊竹下懷大塊文章寧擇地商飈點綴喜盈階但言探勝神先往酒琖詩筒樂未涯

蕭疎自賞

秋宵不寐枕上湯成

西風嚴漏苦相侵坐擁孤衾思不禁縱有達觀千載識難教洒脫五更心空階細雨凄成響艸際蛩音黯莫尋秋氣堪悲夜更甚慚無健筆發哀吟

鏡湖昨夜聞新雁自起挑燈讀漢書同此情致

偶題

老去方知萬事非閒來自覺寸心違讀書不免亡羊誚畏事渾同退鷁飛陶令痴兒泼懶慢杜陵愁婦漫歔欷晏遊五嶽需何日且遂春潮下釣磯

起以承接為對偶筆墨入化次聯雋妙令人百復不厭

前韻答季蘅皐

惟君知命我知非三載於茲未稍違心羨冥鴻秉

霧翥身斷泒鷺逐霞飛雝書北牖真戎數抱甕南畦暗自欷總丱舊遊今老大何年共拂渭濱磯

鴻鶩一聯精緻

贈葉子山之武陵

今朝喜共阿戎言却憶梁州隔九年少蘊家聲仍似昔杜陵宅相久稱賢名山幾有千秋業蓮幕爭看兩地延舊好新歡情脉脉秋風惆悵武林船

起結處烟波千里

詠佛手

嘉果迎秋次第登枸櫞首見薦盤新質含白雪虛尤潔膚作黃金腹更辛香國分名詎近玩化工巧琢比奇珍安能一假靈通腕點盡枯頑任屈伸

吐屬芬芳雕鏤細潤

壽季蒲徵五十

閱歷滄桑五十春白衣蒼狗任紛綸久知寡過如蘧瑗未信常貧是買臣序值初陽維嶽降數全大衍更天申星圖無事持相祝自有丹青妙入神

清超雅切

和宋明府韻時直齋置酒爲壽

誰將長句介長生南北天親老弟兄千載連枝如一體五旬中表恰同庚嘏詞疊進雲霞蔚壽斝頻斟醽醁清東井星文占太史欣叨末座有餘情

穩秀老確

萬壽前一日諸子隨宋明府錦棚觀燈

詰朝共擬效嵩呼喜見歡聲徧巷衢火樹星橋燈錯落珠聯玉綴錦模糊笙歌五夜逾元夕宴樂千門似大酺自喜腐儒逢盛事得隨鵷侶詠唐虞

如火如花勝唐人應制作

余於安遺堂南除構數楹作小軒上不覆瓦以閩廣明蚵代之窗闥之飾亦然雖風雨晦明其中明爽敞豁恒若有霽色因顏曰晴軒并以俚句博諸君子珠玉其幸而惠我焉

數架依簷傍舊垣薄施礲斲便成軒縱橫十笏虛堪受脩短三椽朴自存王子竹樓無藻繢歐公畫舫適涼温但教晴意常在雨暗雲遮那足論

淡朴之中
更饒色澤

賀封彥起妹丈生子

始、信、逋、翁自有兒也、知康節未嫌遲、克問喜見名
三美、錫慶還看秀五枝、玉果犀錢長命縷、豊眉隆
角出塵姿、啼𠲎覃訏𦙶英物、繡襁肇看宅相奇

是甥氏
賀語

挽南升叔

一門叔父嗣宗賢、爾汝忘形到艾年、秋月春花回
首幻、狂歌清嘯舊魂牽、早知半夕成生死、恨不終

朝與食眠、文木摧萎𣟄櫟壽、商邱縱目漫潸然

情真故
言痛

已丑王正五日邀同堂諸昆弟飲

樺燭春風酒數巡、塤篪倡和樂天真、一經共守千
秋業、四世同堂十八人、勉矣無慚清白裔、瞿然莫
忘友恭親、試看交瘉與深刺、尋醉追懽肯猒頻

警聯令
人艷羨

賀宋明府生孫和直齋韻

龍門喜見發新枝、曲水源深詎易知、隆角英𣪘覘
世澤、王芽珠顆稱家兒、興宗此日看麟鳳、纘祖他
年比𡙇夔、吉夢允符天有錫、蘭湯浴罷飫瓊飴

一洗錦
綳習語

送春

流轉風光歲不違、今年倍覺意歔欷、韶華半月殘
冬占、雨雪三春好日稀、著樹踈花猶戀戀、漫空狂
絮又霏霏、吾衰久自忘哀樂、但惜東皇草草歸、
那從迴景有陽戈、逝水奔輪一擲梭、來歲丁寧似
太早、當前領畧豈須多、將離應候芳菲歇、黃鳥催

人睍睆過、聊趁春園一巵酒、臨風小餞發高歌

屈指之下
令人黯然

喜朱甥海士捷巳丑禮闈

健翮摶風絕九區、探驪又得第三珠、由來叔寶神
明異、自是陽元志氣殊、陶令早騰勞令母、歐阡遲
表羡遺孤、卯看敷對彤廷日、未必王楊敢先盧

是喜是感
愈感愈喜

過季氏北園故址有感

賸水殘山杳莫尋、路人指點亦傷心、當時芳榭名

葩灡今日荒原宿莽深豈是平泉緑綺奪誰教金谷倏銷沉依稀三十年間事轉瞬興衰思不禁（俯仰陳迹能不興懷）

王桐孫季直齋招陪宋公南夘遊讌次宋公韻

清風暇日自優游小隊春原景物収喜有繡衣情繾綣更多綸使意綢繆香飛冷雪沾醽醁錦爍朝霞映渚洲白傅詩篇龍美賦琳瑯觸目夜光浮（有日麗霞明之致）

壽休隱上人七十

瓢笠逍遥七十年翛然禪伯亦詩儒恵休人識湯公號清晝名因謝氏傳（師俗姓王為邑華胄）白社青溪成久要三車雙樹有真詮知君妙解窮年理為誦南華第二篇（可代駿迦說法）

贈天濤上人

久識香臺有慧宗喜憑褒德一書通（卓子伍介紹）溪報山色隨行笈野鶴閒雲愜素衷吟過碧江非漫興招携白社果誰同香牙善水傳衣在瀟洒團蒲坐晚風

鈍根生自笑踈頑刼火燀炎尺宅殘（時荒園被火故借用樂天詩句）意乍讀新篇勝氷雪幾經論語息波湍坐來雙對雲天淨歸去中峯歲月寬二士比鄰相把臂追隨我欲老巘巒（風致自逸）

贈農部陸松厓

半生樗散卧衡門自笑無端策短轅故里三千歸

夢杳紅塵十丈倦眸昏病身亟欲依親串篤愛真能勝弟昆客裡如家那易得私心喜極轉忘言

自古長安不易居艸茆況是到來初途遥風雨經千折日久襟情未一攄榻上流連唯藥椀門前呵從過軒車前身應是維摩詰卧聽齋鐘與梵魚

惟君至性邁彝倫四海論交但一真汎愛久知成大庇深情更感篤周親幾年薄秩浮沉置今日徵名錄注新王我於成良厚矣只慙瓦礫負陶甄（欝情旅況與農部高義都見）

佳節喜有良朋話客床兩月國門辭已決三千客
夢路偏長家書報說波臣患急共君歸謀稻粱
還客羈人難為去住靜讀二詩覺秋之為氣蕭森筆底

渡沂河宿李家庄次辟閭韻
蕭葭已老露為霜一別長安心地涼對此茫茫慚
士雅從教栩翁學蒙莊齊山魯水行將盡淮海邗
江思正長載酒放舟旬日事共澌塵慮潤詩腸
客中情事爾爾

舟過寶應食湖蟹
蟹胥未滅蒓鱸思況復停橈八寶旁霜老膏腴應
滿腹風高郭索羨無腸堆盤細剥非常美濁酒同
消倍覺香不是解囊逢我友那知湖產勝江鄉
煙波逸興正復令人羨江湖風景

朱仁玉招集又新堂次俞崇山韻 朱甫辭廣文歸
久别常思重聚難聚因别久倍情歡菊松無恙還
開徑澗壑堪懷樂考槃白首十年蹤雁鯉青尊一
夕坐芝蘭新知舊好相酬酢話盡升沈到燭殘
起聯耐人諷咏古人不易到此

客中聽歌童潘玉如女粧度曲即贈
三月羈人百不禁那堪促節比繁音迎眸喜見吳
兒態觸耳驚同越客吟河滿一聲心欲碎柘枝雙
舞意難任盈盈十五駝來美老去空悲秋氣侵
言下黯然不減江州司馬青衫欲濕

歸途憶里中諸同志
浮雲落日意如何倦羽南飛憶舊柯瓦缶豈宜陳
廟闕樗材只合置巖阿清霜戒路歸裝迫梁月懷
人旅夢多故里同心應念我閒窗着句幾高歌
江湖放浪久閒人斷送風沙累十旬素友暌違緣
庭事好花辜負笑無因分襟訂有遄歸約計日還
驚道遠身竹里蓬門勞寤寐相期老作古延民
三徑未荒菊松無恙軟紅香土那能留人

九日漫河逆旅陳子覲宸治具小酌率賦
方知今日是重陽拂拭征塵一舉觴竹葉沽從茅
店美菊花開憶故園香秋鐙饗箸驚無味倦客枯
唇喜飽嘗坐久共看斜月落淮南薊北思茫茫
捲地西風暗夕陽一尊難得在殊方慙無好句酬

雪中柬袁眉山 倣岑嘉州體

到此三晨十倍詩今朝天更助清思勝六有心撩好句青娥特意佐深卮折竹報須健筆取酒窗致與逸情宜郢客自饒白戰手歌成未肯付紅兒

有韻有致結尤蘊藉

辛卯正月五日過李陶園城西草堂欵留茶話

藍輿小舁出郊坰新序先思尋舊盟行近柴門心已靜坐聯棐几跕雙清幽居雅合名桐石李舊齋名高致真宜遠市城携手共看風日好斜川佳句憶淵明

詩境清絶

盆梅

大庾分來雪一枝蟠根小盎鬱囷奇向人倍有横斜意破蕋還思珍護時吟罷浮香流棐几夢回踈影映屏帷生平幽賞同和靖紙閣蘆簾貯汝宜

幽清雅靚亦復踈影横斜暗香浮動

上元風雨

斜風細雨竟晨昏忘却今朝是上元獨坐但宜易一卷衝泥空負炬千門短檠熠燿光偏艷孤咏凄清靜不喧老去情懷雖稱此來宵還盼月臨軒

清寂可念

答季陂廬

同是華林園內蛙公私兩部漫喧譁須知物論原難一還念吾生亦有涯萬事消除唯飫酒三春爛熳好看花角弓毋忘解觧句不爾空教讀五車

有道之語讀竟令人滿腔憤悶一齊掃却

題季直齋新齋

移就新齋事事佳詩筒酒琖喜相偕疊將石穩甌堪置乞得花栽手自排地近歌臺娱聽覩客來野徑忘形骸南軒北牖真成傲青睞時邀到朽荄

具見直齋雅人深致

又和直齋自題新齋原韻

百年華胄歎遥遥共仰高標接玉杓畫舫齋成邀舊雨齋式侶舟宜男草種發新苗前圖後史供漁獵物態人情等鹿蕉他日雲亭問字後豈徒詩句望推

獻

寫静攝情境如画

落梅

廣平賦罷山香唱，姑射隨風倍逞姿。素質不因塵土涴，芳心似與水雲期。壽陽宫裡粧初試，黄鶴樓中笛乍吹。清鮮吟成渾未減，逞將飛片佐春巵。

清芬可挹

花朝季眞齋招陪宋明府賞玉蘭

亭亭一本照階墀，氷柱瓊英歎見稀。任是梅清慚潤膩，縱教梨白遜芬緋。風前瀟洒璧人立，月下翩翻素女歸。瀝酒酹花還有祝，年年庭砌共相依。

儷吏芳辰小隊過，也緣綸使太情多。人其如玉當花坐，臭不殊蘭對酒歌。揮取瑶枝親几案，摘餐秀色賽酥酡。阿連亦有芹蔬約，聊倩名葩映薛蘿。

首作五六次作三四尤為芳潔可愛

讀陳近仁詩和其韻

久識崇川有碩儒，風流獨往近今無。千秋清節陶徵士，一代詩名高達夫。白眼青尊從兀傲，騈詞綺

句總刪塗。也知金玉音報遠，可許烟波老釣徒。

如見其詩如見其人

戴尭聲招諸同人讌集

同君久住大橋頭，千頃汪洋媲芥舟。白首相看忘爾我，青尊借遣任沉浮。薛公座上賔朋滿，謝傅庭前蘭桂稠。逸興高情推獨擅，終朝疑在習池遊。

盈軒嘉植比河陽，草木晶熒夏有光。三徑喜來求仲迹，百觚應許次公狂。薰風永日徵高會，茗氣花香拂畫堂。少小追隨今老大，誰言短鬢謗心長。

拈句皆有静氣詩境所不易到

和孝芬弟夏日偶成原韻

豈必平泉説贊皇，孤松坐對興偏長。無多日課唯清話，肯使秋毫有俗腸。西馭從教炙手勢，北窓自覺沁心凉。科頭支脚成高卧，不是荼蘼即酒狂。

心境清凉煩囂盡滌讀此如御風而行泠然善也

季根菴招同雉臯范若菴太守暨諸同人高齋讌集

懿親勝友喜團圞，浹日兼旬意未闌。自是金蘭潜

有勢豈徒樽斝漫尋歡論交澹泊忘車笠設餽家常只豆篁羅列訝君逾素約應教童豎罰堆盤

平淡中寓老致

聞山甫弟究心乾竺之學昨惠新篇粹乎有道之言也依韻酬之

身世如何忒認真須知無果也無因三盃一局都成幻逆旅浮雲孰較親事到頭來空行機逆動處莫逡巡紛紛語句求工者喚譽堪憐不病呻

是白業直諦

送曾石倉赴上海學博任

蓴鱸高躅自千秋却喜君今作宦遊五斗肯敎勞磬折一官不異在林陬光風明月看胷次春樹江雲寄唱酬咫尺侯門虛左席應知難辨獨稱優

惟學博可稱仕隱而詩情亦極瀟洒

和季陵廬五十自壽韻

慧業傳從總角年六七歲時侍吏部坐側屬對甚奇鄰庚手骨合稱儒吐詞蔚作雲霞色拓筆驚開霹靂弦不分青緗憎命達肯教朱紱嘆情牽髩絲禪榻清陰永共話無生聽暮蟬是日邀客慶雲方丈

憶同硯席藉陶甄白首交深但一真恬淡自宜知命日氷兢信有省非人金徽在御流聲逸玉樹當階拂眼新翁子姓名今已著即看寶氣躍延津

屬對最工

季直齋招陪宋明府戴園讌集

預把菖蒲泛酒巵山公携屐習家池陰移菉竹千竿影高愛虬松百尺枝鳥囀花明人共醉風清日永坐忘疲一時仙令兼騷客綵筆先成五色絲

風味翛然

閱海士近詩書後

嗟乎大雅久不作彌望白葦盈黄茅氷雪一卷濯肺腑醍醐半杓除煎炮有時蘭茗愛翡翠還看碧海鶩蟠蛟佳境尋取那得盡東坡漫爾讀孟郊

拗體難於穩老詩格獨如屈鐵

壽夏希音八十

八十年來一舊人天全未受俗塵嬰清同和靖山中况樂比茶生市上情絳縣故宜誇甲子黄公奚

藉講長生只今化國優游日時下躅祖之詔好卜期顧咏太平氣清故恙淵舊語

蕪城之役往返彌旬歸讀茶圃見懷之作依韻奉答

行行逐衆莫推獻策蹇邗溝九月梢弱體多年畏行役良朋幾日暫分抛家園叢菊空爭豔野岸芙蓉漫放苞倦翮思栖依古寺夢回猶憶舊知交

五載知非久息機素心晨夕樂相依每聞妙緒爐鎔雪忽訝他方珠脫衣僕僕應知遊子苦營營自覺寸衷違天涯縱使多者舊我友卬須忍不歸

秋鐙踈鐸夜何其鄉思遥遥百里馳旱蕪崎嶇馬力憊霜天蕭摵雁飛遲懷人况值淒清候作賦空悲摇落時十日與君真契濶從兹永定歲寒期經句于役即云勞瘁逐逐者應媿考槃之樂

立秋日諸同人泛舟謝墅觀荷

為憶芙蕖再放舟清波數里好頻遊人同李郭稱仙侶座有休齊總勝流謂式臨旦幢二師巳藉荷香銷九夏即看桂子咏三秋荒園徧獲羣公賞佳句成編疊未休清鹿出塵

喜含山王東表見過

頻年筆墨締神交喜奉光儀拂草茅病久孱軀忽踴躍蓄多疑義待推獻一宵雖黍同張范千古龍雲比愈郊北面吾甘弟子列君歸傳向仲容嘲瀛上姪秉鐸含邑愛客深情溢於毫楮

和王桐孫贈東表韻東表膺歲薦新淂子

白帢烏衣總鉅儒殊方同氣喜相俱明經新羨孫弘薦吉夢初徵徐氏雛集號聯珠名並駕望推華髮世爭趨追隨自媿蓬蒿侶遥企蘊門一嘯呼次聯雅確

餞别傳育翁郡守

繡衮無由再覯公東人惆悵賦飛鴻忍看父老車前泪剩有官銜袖底風向日臺懸秦鏡朗從今樹老杜梨紅久知盛世思循吏佇聽金綸下漢宮

婁婉中復饒愛戀之意
覺潁川渤海其風不遠

輓程階亭集放翁句

百年光景雜悲懽萬事直須作夢看不信韶華如
轉轂忽驚蟷涓已堆盤傷心橋下春波綠愁聽城
頭畫角殘收拾吟牋停酒椀淡烟微雨暗江干

夜宴得京書往來湖山間有作
宜賞海棠醉書沈園倚闌病起

精警熨貼
神氣俱融

和袁宥山題荒園韻

雲鎖塵封不計春聊披榛莽剪松筠問天標閣悲

當日問天閣先伯祖無災公所名也種封成林憶昔人樹園先太岳吏部公所名也可從倚時仍踵舊太傾欹處稍更新殘山
剩水還容我況有良朋勝飲醑

五六香山
得意之句

次宥山見贈韻

厲揭由來判淺深卬須端自為同心振衣誰實先
登墠把臂還看共入林鬱鬱青松昭勁質沉沉石
鼓發洪音香山人散蘭亭會詩社九人而自江燕昌年最少志在
千秋好自尋

氣味
獨真

送徐清秩赴閩海遊府任

金殿親承天語煌璽書新賜出長楊越山秋送旌
旗色閩海霜迎劍戟光威重遐陬饒勝略歡承官
舍有餘慶元韋情好稱昆弟翹首南天鴈幾行

團花鞋韉蒐春日細柳旌旗拊
髀年較此作當讓後來居上

贈封燕昌

年少今開萬卷餘少陵句多君氣猛更心虛力穿七
扎凝思日高並三峯下筆初午夜篝燈叡朗朗晨

窓得句意蘧蘧清風惠我鈔謄細道勁如披歐柳
書

筆健而
調高

壽薇村叔六十

閱歷滄桑六十秋墨池酒琖足風流吟多山抹微
雲句先生為吳湖州婿名與枝頭紅杏儔舊遊東海之門鄭氏交
遊皆雋妙虞卿著述寓窮愁竹林咸籍追隨久謂
我知言一拍浮

大雅於今一線存後生猶喜見儀型千間廣廈心

常在四庫分披手不停門内肅雝齊白首膝前蹲躍發新硎滄洲笑傲真堪老勝浔丹經有酒經

逸興遄飛有飄飄凌雲之致

和茆瞿客贈崔幼蕙韻

侯芭自謂知揚子陳氏今看有二方涸跡市㕓豈浔已託身負販亦何傷山中鶩蹇風塵苦江上扁舟日月忙四十年来師弟誼對君灑泪欲成行

林慮詩豪父執行相逢江縣話滄桑西華散練悲任氏北海經幃憶鄭鄉先稿授刊遲有待遺民補緝晚無妨運斤漫説成風巧吾質云亡二十霜

真摯可傳

寄懷湯望衡

一自通門五十年音塵每悵隔江天黄堂已報青緗業緑野猶慳白社緣千里相思縈蝶夢寸衷遥托藉魚箋嗟余卭壑蹉跎老那及中山早著鞭

意氣元龍百尺楼人人都願識荆州裴橋謝墅初衷遂寶樹荷騶國器優令似新補主政詩酒興還期踏鶴湖山佳或許盟鷗德星何日占東井共結新歡續舊遊

舊雨情深語皆切至

賀湯徑三 望衡令似

綺歲爭傳入洛名能文洵不媿家聲　九重捧日清光近雙闕瞻雲輦路明蔚炳久知淀霧變騰驤今見躡風行阿戎故自稱超絶歎羡寧徒老步兵

三四浔盛唐人風格

贈范青萬

車騎雍容閒且都光風披拂野人居秉時行看無濡軌服古新裳有　賜書　帝里太卭遥結念玉楼樂令觸增欷君為題研隹婿衰殘久浔疎人事今對清標意有餘

瑩澈如澄潭月上

送王壯其北上

翩翩照眼符佳夢顧我衰顔相對慙自有青箱綿世業肯教瓊樹隠江潭雲深路指三千里紙貴榮於五等簮遥望金臺群彦喜如今又共阿戎談

清麗芊緜似劉夢浔

和季茶圃元旦詩二首

瓣香遠溯醉吟臣（茶圃詩宗香山）雑誦忌年七計旬每值佳時多好句况當新序淂閒身依稀長慶紛披帙髣髴開成散誕人君比樂天差似勝盈庭蘭玉爍生春

健身漫説老而傳如鶴如松信有然（原倡以松鶴自擬）綺歲交遊渾似昨晚年氣誼篤於前不諧塵俗由天性獨愛踈狂亦夙緣婪尾三盃吟興發風流來往自年年

二詩亦絶似香山置之長慶集中不辨

微雨初霽嘉樹亭賞梅（禁用梅事）

雨過探梅嘉樹亭瓊姿濯濯玉壺氷未容白雪三分勝還笑清宵一夢醒陳句每慙汚素豔衰顏漫評醉髯鬍廣平終自無柔骨皆與南朝體並稱

清姿四映

同家竹中兄携尊飲浮村梅花下次竹中韻

客裡驚春意倍深那堪臭觀暗香侵喜同伯氏乗幽興徑造支公話素心酒色花光紛入席高談默對總知音饒他嶺上開千對愛比孤清獨討尋

是借知己幽探不泛涉尋梅語

慰李陶園喪子

謝樹驚殘第一枝巫咸冥漠詐誰知索居淼淼西河泪霧夢茫茫東野悲趙氏父書嗟未竟郗家子舍痛長辭老懷莫漫憂傷過繞膝方多蘭玉姿

以悲為慰是以能慰以慰為悲是以益悲

和于躋清先生送五先叔葬原韻

生死交深况耄年縱饒達識也情牽州門腹痛無

停轍蒿里詞哀有妙詮一紀質亡神黯矣千秋艸宿泪潸然綵蘿金石傷懷切仰首松楸未忍還

語皆沈痛讀之黯然

哭朱嘉蓮再甥

三旬孤影歎伶仃蘭玉摧萎寶氣沈江外太邱嗟隔面楼前德曜慟分襟生傷北里留籬屏死恨南風失棘心爾有阿翁暨太母好從地下一追尋

悽惻動人

次肩山韻呈家耀如叔祖

大父行尊情愛濃吾宗吾久得師宗峕毙百尺元龍閣偃盖千尋和嶠松先聲去長自慙多白髮後塵每歎失青峰何年示我東来意雖白真詮默默逢

（渾老）

祝潤恒上人六十

緇塵不染舊袈裟法臘初週甲子賒妙諦但須開一指上乘寧惜演三車鐵門限倚龍鸞筆金粟身瞻寶日華欲進蝦詞還自笑公聞遮莫當鳴鴉

（學不逮此 正恐拂席）

木田詩鈔卷四上　三三

余不事帖括亾有年矣偶拈闈題戲為之因書其後

篇成還自笑披猖老女重新學靚粧豈是名心猶未斷衹緣熟處偶難忘十年獨宿甘空谷九折驚蒐畏服箱（自乙卯迄壬午凡九試皆無當）差喜近來稍有得不從臧穀覓亡羊

（細哦三四 令人惘然）

和季茶圃見東韻

金風蕭瑟雨廉纖愁緒成堆髩帽簷漢水魚沉詎復返鴐湖波沸未能恬書空咄咄唯終日伏枕綿綿一黑甜欲把枯毫答知己眼前佳句果誰拈

（險韻更 覺自然）

九日讌集（限叶重陽字）

病起登臺悲杜甫題糕閣筆媿劉郎從教俗子挑吟興且共同心醉羽觴社祓欲脩宜令節冬晴預喜卜重陽（俗以重陽晴則三冬無雨）曲江清字誰先叶手展郵筒意淼茫

（冬晴句絕 似范石湖）

木田詩鈔卷四上　三四

次韻送茆瞿客歸里

茫茫宇宙欲何之歸卧烟霞一釣垂綠酒青鐙經歲感風帆霜笠半肩詩東園作記還能讀西第留賓未可期知已天涯寧有幾那堪握手笑分馳

傾蓋論交意激昂素心人喜共江鄉蓬門風雨開荒徑蕭寺晨昏坐墨莊鴻鴈一聲驚攺序驪歌三疊度徵霜送君崖際悲君遠轉盻春風毳李場

（三六唐 人名句）

和何秋山暈飛閣欵留止宿

經年少晤何平叔，握手能無㚒潤嗟。芸閣不扃似待我，征塵繞拂便如家。孫曾四世皆環座，箭漏三催尚喚茶。恠道龎公久嬾出，清歡真樂更誰加。

（設色淡遠，畫家所難。）

李直齋大行招同令兄茶圃陪王桐孫侍御宴集

一時賓主擅東南，媿我衰慵也厠。談情話披襟真不猒，塵喧回首再誰堪。静知蘊渙能忘組，勤惜惟賢未授餐。清興十分成四友，不須沉醉有餘酣。（宋閣門宣賛舍人，即今之行人職也。）

（駷駷散散，不落塵氛。）

哭陶艾圃師

杖屨睽違十六年（公以甲戌冬入都謁選），緬懷今昔泪潺湲。癰知識字何由爾，不解逢時孰使然。多歲摳趨悲白首，半生濩落負黃泉。雲林夢香楓林黑，掩卷吞聲廢太元。

斯文天特畀斯人，默默肩承七十春。詞翰飛騰凌藝苑，姓名播越到楓宸。知幾勇遂初衣志，聞道無虧全受身。收拾遺書多哲嗣，隴西私願藉能伸。

（道義授受，故言之親切沈痛。）

壽楊九登

斗牛紫氣孕光芒，果是高賢出豫章。揆覽庚寅生巳異，齒周甲子日方長。江湖跡寄襟懷廓，家寓名傳姓字芳。更羨佳辰當令序，凱風送暖酒卮香。

（三四屬對工切。）

祝封燕昌生日和孝芬韻

藉甚平原譽早傳，買絲難繡韻翩翩。垣墉緒業塗茨固，詩禮門庭積累堅。凉浸玉蜍光吐半，香飛金粟酒盈千。錦堂花滿稱觴日，十二城人醉玳筵。（是日與席者十有二人。）

（韻致翩然，骨格清勁。）

夏日新齋登慶雲寺準提閣

雨過薰風習習吹，香厨齋罷拾丹梯。由來禪宿躭吟賞，更喜詩豪共挈携。百尺楼高塲塵坱，大千界澗見天倪。祗慚衰老難除累，白社頻招未許遲。

（句帶禪味，不是泛常登眺語。）

夏日集同人看荷王桐孫侍御以疾未赴次來韻奉柬

方塘十畝江潮通曙荷迎日曉霧濛一櫂容與遲舊雨四座披拂懷清風遙知耽靜寓朝槿却悵木報無刻桐問公幾時輞川住別業與荒墅相望咫尺老懶成兩翁

扮體詩格調最高與塡詞河傳相類尤難熨貼
詩獨雄渾奇傑音節清響真不媿大家手筆也

輓茆瞿客

七載荒江幾往還雄才信足起疲孱是非那問時

木田詩鈔卷四上　三七

流口骫髒難隨俗子頹詩卷長留人忽逝燕談方歇泪交潸耒陽釆石千秋慟都在須臾一息間

生不尋常死亦奇玉樓促赴信非虛漫言白傳歸空寂自是端明坐汰除文釆風流今已矣靈光碩果復誰歟彥升身後還堪慰喜有西華讀父書

人琹俱往悲望湖山
良友之情自足千載

送瞿客旅櫬歸里

生死交情訣此時吞聲一哭向河湄誰堪孤櫬遙遙去遮莫吟魂冉冉隨雲慘日斜悲紼旐江深波

潤畏蛟螭伶仃弱息扁舟裡上食晨昏血泪洏與君頻歲唱酬多詎意今為薤露歌淨埽浮雲詩作讖哀隨栁翣泪成河依稀似戀新膠漆縹緲應知舊薜蘿歸卜佳城有我友謂黄君右觥他時絮酒一來過

意真詞痛
古道交情

壽李牧公六十

詩筒酒琖幾相将德業吾師敢雁行眼底滄桑塵外置清時歲月壽中長龍門望峻猶容席牛背圖

木田詩鈔卷四上　三六

成小佐觴豈事蝦詞同世俗由來傴骨自非常

筆有烟
霞之氣

喜燕孫叔自寧都歸

夢繞金峯一載頻秋風入户喜歸人往還程計七千里花月樽空四十旬行篋滿携餞錦句布帆無恙慰吟身友朋山水洵堪樂何似鄉園情話親

流麗新倩
最耐吟諷

寄懷杜海樹

藝苑追隨憶昔時於今白首判雲泥城南羡爾蓬

瀛籍竹里嗟予枳棘栖久識惠敎四渤水也知新句娓花谿為憑千里通誠素謂肩山何日披襟手共攜

仕隱雖異情誼自通於此足見文章敎氣

過季才一書齋和袁肩山韻

近得奇方是寡愁高齋閒過話綢繆文無定價將誰待語不驚人也便休即墨有田堪秉耒啟期多樂任披裘幾時再訂城西約又看新編紀麥秋

語不驚人也便休好句如珠

哭顧書宣太史

星隕秋空櫪馬驚傷哉一代哲人傾掇科首啓淮南盛擬藻高齊山左名論國朝詩者首新城江都家事久捐許國日君恩特銘遇臣情涓埃方効丹誠泯郢樹江雲雙泪盈

記得招提判袂時遂成永訣可勝悲鯨迎天上攀無及雁盼衡陽返莫期司馬遺書還博麗彥升諸子盡瓌奇倏然公自乘雲去肺腑情深哭我私

文星淪隕知己尤悲綜計前後字字是淚

和季才一夏日見懷元韻時余修葺樹園先曾有詩見詢故並及之

樂事同心未有涯每懷標格歎柔嘉形忘爾我翻嫌數地隔東西一任睽久識孤情羞熱客相期清話對秋花漫言占得平泉勝君到仍如仲蔚家

詩情清冷

和澄江翁朗士見贈韻

衰殘久與牧樵倫夢斷黃扉隔紫宸已分無才難逐衆褫然有句不驚人巍巍壇坫傳聲遠謂邑侯宋公袞袞英髦入眼新吟答尚嗟餘習在烟波掉首一收綸

蓉江名彥好才華開府叅軍未足誇綺陌行來驚玉樹錦茵坐處號蓮花遥知門閥高江表更識師承有大家君為朱玉如先生高座異地同心詎易得暖風陽月拂簷牙君十月到縣

每憶于公久拂衣謂廷尉王如公東南碩果望中稀忽從殷羨清音達獲接候芭逸興飛高詠掃除時俗豔法書變化古人肥寸箋欲報雲亭語大雅微言今

有歸

原委確切似作霽堂小傳

祝王桐孫侍御六十壽 用東坡壽樂全先生韻

殿上臣為林下仙，嘯吟履道八經年。燮維桑梓深堪戀，癖在烟霞久益堅。化日優游敦俗厖，春江沲潛足高眠。靜中自得長生理，奚事鞱真與悟禪。

鑑湖乞得喜閒身，甲子初週值首春。芝蕙香凝吐鳳髓，松杉老欲作龍鱗。季陵不媿稱高士，甫里真宜號散人。衹恐懸車年未屆，遂看廊廟待鈞衡。

曲江風度鑑湖高致俱能傳出

木田詩鈔卷四上　四一

封燕昌祖母節行采入邑乘邑令贈額旌之即事一律

茹蘗丸熊四十春，表揚身後有賢孫。喜當名宰編彤管，爭看褒詞賁德門。公論在人久更著，閫儀垂範沒猶存。從容矣葉緜瓜瓞，永識松筠重蔭恩。四字額言

節母慈孫名宰公論數言括盡足稱詩史

王湯又以移居詩見示率成長句

門巷烏衣合屬王，喜看新燕集雕梁。雙扉啟處開生面，三徑除應滌俗腸。豈謂無居安庾信，久知有意待文昌。瀼西佳詠留千載，今日風流笑頡頏。

以自然為精警不見追琢之迹

戴蕋瑤見惠蠟梅一枝賦謝

黃蜜裁花歲晚開，一枝持贈意幽哉。每憐人淡真如菊，又見情深特寄梅。磬口香從氷骨發，檀心種自異方來。小齋賞對堪移月，遮莫春先臘底回。

冷香幽韻

木田詩鈔卷四上　四二

壽孔子長生日即用見投原韻

遠從洙泗溯源流，曲學紛紜敢效尤。壁壘獨標新赤幟，衣冠猶見古黃收。十年長自慙衰齒，百尺高應讓上頭。縹緲春風稱一韡，維摩室即是瀛洲。時寓居僧舍

壽語瀟洒最難

范若菴親家偕令弟茂遠𣪍著令姪青萬見過止宿問天樓喜而有作

海棠時候綠楊天，遠賁高軒喜接聯。季琰能同法

護逸。嗣宗素愛仲容賢。葭莩夙好忘賓主。雞黍家
風娩綺筵。此日陳荀權聚首。德星應映井垣邊。
賢主嘉賓珠聯璧合盡一時之美每一哦咏輙欣羨無已

前邑令袁公書院新成敬紀四韻

一紀恩深浹髓膚。堪嗟吏議等齊竽。人驚赤子離
慈母。公喜青山淂故吾。頳水冠恂千姓籲。會稽劉
寵一錢無。買絲競繡平原像。畏壘民愁尚未渝。
流連愷惻可想賢令高風也

戴南軫招同諸君園林讌集

名園佳日招群彥。綠野堂開氣象新。幾疊晴峰迎
小院。千枝水萼綻初春。賓朋渾忘頻廚傳。泉石欣
看得主人。更是歌聲堪愛戀。酒三行後尚逡巡。
淂野寂雲興禽繁山響之趣

和宋明府課耕二首

三時稼穡憫農忙。夙駕星言早税桑。喜見耘耔勤
婦子。愛多膏雨足陂塘。詔傳漢室惟先穀。詩美豳
風實肇王。今日周爰親履畝。明昭應自錫平康。
耦畊負耒自成行。比户安居不出莊。甘雨隨來田
畯喜。温風拂處令君香。青葵白飯爭携饁。流水平
疇好蒔秧。勸勞殷勤情未已。仁心藹藹見篇章。
筆筆香韻芳春農事髣髴畫圖山光水色處處有太平景象

讀宋明府怡雲堂集暨令先公傳贊誌漫成

二律

摩挲老眼豁。教新琛貝繽紛。夔禺陳久羨。說林誰
與偶。今推房庫更無倫。囦源藕李風流邈。掩映韓
歐脉派真。京兆人才驚輩出。蓼溪又見娩綿津。
由來儒術重中州。况復清門世德優。萬石家風堪
砥俗。太邱身範足詒謀。巍科默報昌賢嗣。下邑棠
麻得令侯。應識鳴琹臻上理。文章政事並千秋。
莊雅最淂體製

次俞棠山雨中感懷韻

兩旬車騎駐江城。節序俄驚及晚春。餐館情殷客
燕喜。廪庖勅給吏遵循。披吟七字光芒句。開滌三
危鄙吝身。偶以俗冗三日未晤 為愛馬卿都雅甚。臨卬傾倒
本來真。
氣韻芳潤

清明日俞棠山移尊樹園陪宋公雨中賞梅 分得東字

殘山剩水枕城東。子墨移尊興不窮。愛是麗、家来德操。慙非習治杜山公。良朋殊里兼同里。勝事詩筒更酒筒。天遣芳華供嘯咏。踈梅留得晚春中。

躧屐林亭當踏青。沾衣偏愛雨惺忪。主賓誼篤傳篇簡。師弟情殷醉醁醽。石鏤花飛香玉片。柱聯字燦戲鴻形。宋公書聯句於屏楹 酒酣談劇歡歡夜。重展吟牋墨瀋馨。

踈〻落〻如梅雪之廻風

壽季直齋六十

伯玉行當達化年。精神意與倍於前。詩篇觸手紛成綺。談論隨機湧若泉。堂上齊眉琴瑟叶。庭中繞郄蕙蘭妍。羨君未老傳家政。贍有閒情聽管絃。

稱觴花甲雅無慙。人事天時喜並參。盛長如春當仲序。方新似月恰初三。盈尊清醥嘗虛左。按部家伶費指南。歲歲同歡登耄耋。衰翁竊幸傍纓簪。

清新倍於他作 壽好文不同處

封習園新得彩屏宣爐率成長句

中人產易雙珍。玩臭腐神奇轉手移。六曲屏圖山海志。九籠爐襯法瑚匜。金泥輝映華堂稱。寶澤摩抄靜賞知。良會佳辰陳設處。瑞烟繞映鳳麟姿。

古色斑駁

喜王勿齋至

離懷三載慰江干。老友爭迎後輩看。善飯能教顏渥赭。行吟何碍足蹩躃。誰襄剞劂千秋業。且盡盃觴十日歡。莫謂荒城供給少。河豚園筍薦春柈。

確是喜再至詩 移投贈唱和不得

封燕昌招集撫松山房玩月 分得松字

歡娛盡日下高舂。映席清光逼酒容。俯訝深階荇藻亂。望疑石面雪霜封。金波影淡花香潔。玉宇塵空夜氣濃。遥想羽衣歌嫋嫋。誰將長笛倚孤松。

樹影扶踈空階如練良夜清致入畫

夜熱乍得涼颸曉起微雨永日無暑喜而賦此

五日惔焚不可支。飲氷揮羽總無裨。忽驚風起青

峯外陡覺秋生大火時清簟徐施煩盡去輕衫晚換爽初披也知宣子還為政且喜炎威暫爾衰

詩味清醒六若嫩涼滌暑

和朱海士見贈原韻

西抹東塗老自慚文壇汚更汚詩壇漫嗟李廣功名蹉應笑虞翻骨相寒剩水殘山聊有寄青尊白髮浩無端渭陽瑰玉驚投贈揩拭昏眵百遍看

由來哲嗣最稱難有子真同事了官共羨天衢騁騏驥爭看雲路接鵷鸞紛披今日生花筆辛苦當年漂麥竿地下孫堅應慰意景升恐不免眉攢

老去多悲不獨秋但懷朗照輒忘憂堂前舊種三株樹日下新修五鳳樓王氏文章皆峻拔謝家詩句自清幽唯君孝友榮名藉豈必黃金號素侯

拂衣詎許在華年林下優游玉局僊小墅賭棋隨意勝深杯邀月幾回圓拄頤致讓黃門擅捉鼻吟因太傅傳莫負清時還努力名花好日置瓊筵

四詩工力悉敵尤多警句

壽何秋山九月登七十先徵詩

七十者稀古所歎況乃丹顏四十同吟詠久耽思棄疾觴酬不倦愛無功清輝香霧情偏殢殘雪嘶風志尚雄先生有名馬美人圖繞座黃花矜晚節遥瞻紫氣在城東

三四工鍊是高人小照

贈式臨和尚法諱衍頡鎮江人

昌黎風骨夙稜稜閒暢還爲方外朋自是三乘多妙諦由來四智說高僧詩豪應共推齊己禪伯於今有惠能我欲皈依心地雜白蓮社可許同登

奔輪日月遞相乘累有周何除未能靈鷲一燈開暗室曹溪掬水勝清氷瀾翻君是生前慧師生能背誦華嚴五十卷渙釋余同悟後僧却憶江東安國好歸時為道別懷增

相賞有香牙善水間意

輓王勿齋

海國霜宵隕大星驚傳哀訃到江城風流頓抱東亭慟垂缽猶思元禮情余於先生為後輩久叨忘年之交問字門前無素友論詩地下有賢兄昭陽文獻於今盡片

石摩抄涕泪横（音調惻愴）

重九日問天樓賞桂和根安韻

雲外浮香遠入樓登高極目思悠悠初凉天氣驚來雁新下潮痕見立鷗三載無成空刻葉（修葺樹園凡三載矣）百年行化易悲秋莫教敗意愁租吏試問淮南粟里流（摹秋容入畫）

肩亭姪以秋感詩投閱賦贈

病餘吟倦百躁慵喜遺新詩有仲容直共天香拂

襟袖（時桂花正放）還同皓魄豁心胷杜陵湯興詞章美宋玉興悲感慨重好自高空舒健翮老夫翹首一扶笻（爽朗如挹西山朝氣）

西園賞桂

叢桂小山秋自發珠英百斛愛鄉江坐來花底心先醉攀向枝頭意未降杯膩香疑分碧落詩成人各樹麾幢殘紅初褪新黃濕消受芬芳刻倚窓（句中亦有雲外天香）

賀百泉和尚入方丈

一鐙斷續八週星今日光盈舍衛城南去寶衣終有主西來嫡嗣久知名呼窗猴任無消息入海牛從自滅生門外片詞叅法座好將金劍細猷評（詩法亦得曹洞三昧）

范心淵招飲

半載登堂一再三每來輒便有新談浮雲蒼狗從教幻野馬塵埃默自叅萊子綵衣歡未艾安仁文

筆賦方酣世情今日真勘破合付癡聾畧帶憨（心地空明觸處皆悟）

王桐孫招同范心淵讌集即次心淵韻

良朋契濶幾春秋握手同歎往事悠十丈罥塵衣久拂七年離緒話難休滄江卧穩成高躅薇省詩清砥末流却媿蓬蒿老仲蔚漫從百尺望樓頭（七年離緒話難休淺語有深致）

木田詩鈔卷四上全

木田詩鈔卷四目録　下

古延張丕揚北濵著

七言律詩

范心淵枉過江城信宿言別即次見投原韻

賦送

喜戴禹因自　都門南歸

乙未新正六日朱海士甥招飲

祝如皐邑侯周公六十

和毘陵楊蓋庵見贈韻

聞季嵩峙散梨園鬻乗馬持贈

旭輪襟文招同介明驪珠我升龍門暨令兄

萬時識集率成

送旦幢上人歸楚

送春

迎夏

輓李牧公

喜袁肩山至即次識集小齋原韻

輓周淑也

和王屏石留別韻

哭俞太羹編修

邀季陵廬觀劇不至見柬長句依韻答之

送孔子長還毘陵

泛舟謝墅觀荷

喜友人至

和季蘅皐驚火原韻

中元夜泛舟即事

問天樓同諸子看桂感興次陵廬韻

秋霽同人集慶雲方丈

中秋前二日宋明府移尊封園招同人賞桂

喜俞爲光至同鄧方回孝芬弟賦 限六魚

哭石長吉

季直齋招飲賦謝

和季根安生日自詠原韻

賀從外甥朱時肩捷秋闈

荼圃病愈枉過志喜

和十九叔喜舜揚兄弟買日涉園元韻

贈别宋明府
壽霽堂尊壺李孺人
和季陟盧失幼子原韻
和戴禹因貧病原韻
朱霧園納姬時年七十五
輓戴自江歸櫬
贈海陵稅使王宗沂
祝于錫山七十
祝吴姜綸五十

集放翁句送李陶園移居西村
和直齋自東皋見柬韻
老病
辛丑首春和答袁肩山見贈原韻
苦雨
同季荼圃暨言臣孝芬兩弟小飲次荼圃元旦韻
次季陟盧元日至二日原韻
對雪口號

初十日對雨
十二日復雪
上元日喜晴
十六日至十八日連陰十九日復大雨
春寒
食河豚
病足
病中對雨
壬寅春仲偕友城南看棃花過訪李月川不

值令子福周甫在磬年出欵客甚恭且進退有儀歡留竟日作長句贈之
余以夙疾舉發謝絶人事者三閱月矣喜山甫弟枉過因索讀其近作謹用來韻率賦奉贈筆墨久荒不自知其工拙也

木田詩鈔卷四目下全

木田詩鈔卷四下

古延張丕揚北溟著

七言律詩

范心淵枉過江城信宿言別即次見投原韻賦送

廿年久締金蘭契，百里欣來肺腑親。雖黍供甦輸鼎味，瓊瑶什感眷陳人。漫嗟背樹驚風改，却羨階雲拂眼新。他日看花還有約，為君早贈甕頭春。

詞旨熨貼而紀律精嚴處非細玩不覺

喜戴禹因自都門南歸

朝來僂指盼君歸，拂拭征塵笑攬衣。為說水衡情亹亹（謂介繁），更多安邑意依依（謂彥趨）。秋風去日黃花瘦，春舸還時綠葉肥。莫謂斯遊成漫浪，解裝猶覺五雲飛。

起語極有情致結亦不率

乙未新正六日朱海士甥招飲新齋

高齋初構愛清幽，勝日相招竟日留。雲樹蔥蘢還傍宅，窗軒明淨却臨流。書分天祿縹緗溢，酒讓屠蘇醴酥浮。泰晉新歡王甯舊，匱麗情話倍綢繆。

三四如讀沈啟南畫

祝如皋邑侯周公六十

十八年來膏澤深，東皋紫氣接江城。膺融誼感通門好（兩先人同登戊子賢書），裴魏交叨白首情。自是望郎宜久任，更看異政著新聲。長庚星映琴堂朗，共祝靈椿歲歲榮。

和雅有度

和毘陵楊蓋菴見贈韻

遮莫山翁與放翁，詠觴追逐比雲龍。曠懷直駕千秋上，雅量何妨百華容。誼託葭莩微有附，交同醞酎若加醲。惟君愛我能忘分，仰蔭凌雲偃蓋松。

詩情輕靜如秋雲之過嶺

聞季嵩峙散梨園鬻乘馬持贈

裘馬笙歌稱少年，佳公子合號翩翩。忽然屏絕同居士，豈是潛移有仲連。文物毋寧捐去好，天姿原自賦來賢。鳴鐘駕駟肴他日，拭目終軍早著鞭。

流麗可愛佳題佳構

旭輪襟文招同介明驪珠我升龍門暨令兄

萬時譙集率成

君來西縣行避我，我到東城坐擾君。久託葭莩寕漫附，縱孅褷襳欲常親。心聲聯席皆同調，拇戰分曹各張軍。詩酒友朋終日樂，渾忘鬮發煦陽春。信筆揮洒天然机趣

送旦幢上人歸楚

飄然瓢笠好西歸，野鶴閒雲自在飛。一柱久知超智果，三年悔未識皈依。珠隨衣去光猶蘊，金為人償機自微。粥鼓齋鐘追憶處，陸陶那免笑調飢。秋風動地黃雲老義山與此同意

送春

春光九十猶孅促，況復歸期早六晨。二十四日立夏簇錦繁華忍遽別，令燈結綵甚盛萬壽節張頽齡哀樂覺尤親。柳絲挽處柔無力，榆莢鋪來積委塵。花下一尊相訂語，襄州有句倍還人。明年擬在四月望前立夏頽齡句讀之三歎

迎夏

青陽別去朱明至，送往迎來數舉杯。喜待南薰歌解阜，好看東畝賜牟來。生衣單恰隨時換，虛閣深堂取次開。却媿寒儒非熱客，炎熇慎莫到蒿萊。是迎夏不同夏日詩

輓李牧公

憶從丱角便交公，東海椒盤歲必同。謂徐駁霞姑丈滁為李毋舅一見已教心折服，久要別有意周通。不孅白首多蹉澗，願指青松共始終。豈謂於今成永訣，寢門洒泪向西風。

高懷不受俗情牽，百尺龍門孰許前。披卷獨將詩遣日，引盃聊託酒爲年。王楼下倩人間筆，鯨尾驚歸天上儒。棠棣花榮芝桂秀，謂令弟陶園應知含笑慰重泉。以賀實見情至

喜表肩山至即次譙集小齋原韻

習習清風小院閒，纖纖初月一鈎彎。飲醇遠遺周郎醖，見惠露酒揮翰爭看劉氏山。拂拭摩挱桐數本，流連吟嘯屋三間。別來豈獨篇章富，更羡喬松氷雪

頹。

高致如覩

輓周淑也

老年朋舊閲情切況是存亡判隔時東里甫嗟梁木壞西橋又慟哲人萎謝公緜栗真無我宋氏箕裘自有兒子隱即令英爽在生平意氣幾曾澌

衰年哭友情境堪傷行墨間有聲有泪

和王屏石留别韻

由來盧扁本無奇指下心中默自知私智漫投烏可訓委身輕試亦堪悲痌瘝切體惟真意仁壽同登是素期高致如君今更少藥爐茗椀數篇詩

清標高論總瓌奇故令芳名遠邇知肘後方書鈔自喜禹門豎子走生悲精從儒理通醫術忝以新知定久期花發將離鄉思促東園歸輯紀遊詩

委身句堪為病者發一長歎作者是以大慈悲心見藥艸身說法

哭俞太羹編修

澡雪（堂名）盥心廿一人飛光倏指十三春已嗟白社凋零久（荆里竟聲念東長吉維樞南卉叔天摰弟相繼下世）那更青松摧折

新素志畢生推任達交情到死始知真東山噩夢傷年厄誼訣金蘭共愴神

珥筆　彤廷正盛年秋英春萼兩爭先丹黄手校蘭臺秘甲乙親承玉尺權十載文章堪報國一生進退敢違天索瘢射影浮雲過公論還看身後傳

孔李通門秦晉歡（向有昏因之約）緬懷今昔涕汍瀾葉飛秋浦人歸里病劇文園身闔棺塘艸悲吟清夢斷瀧岡待表孝思殫千秋正則同遺恨紅縷青蒲不忍看

交情到死始知真一生進退敢違天真名句也

邀季陟盧觀劇不至見東長句依韻答之

偶因小集憶良朋想到松齋心地澄君似泉明識馬隊我如康樂附高僧人生亦勿耽枯寂世事都宜付曹騰約待芙蓉初日裏相邀共倒玉壺氷

與物推移不設意見達者之言

送孔子長還毘陵

延陵延令一江隔自昔親知兩地通喜有才人同北海來過仙吏咏南風五句高會懽無斁百首新

詩興未窮幸託周親叨末契誰教分手快徂蓬

君才如錦筆如雲備體兼長總不羣那肯當筵遲寸晷還看餘勇張三軍連枝靈蕙情懷篤同氣蘊程唱和敦此去家園松菊好秋風猶奐接清芬

孔君才品與別意合併寫出古法也

泛舟謝墅觀荷

愛有芙蓉映曙暉輕舟出郭浪花微漫篙柔綠煩襟滌撲座狂香逸興飛河朔飲酣堪畫日漢陰風古總忘機碧簪朱粉誰爲主欲載殘粧詠月歸

詩情亦若芙蕖之映朝日

喜友人至

城南聯袂看花日光景依稀恰一年白雪香飛開似舊青春人健興逾前安排竹罍穿芳陌收拾吟箋拂醉筵遮莫江城成樂土來遊接踵有名賢

細咏此作足見交情

和季衡臯驚火原韻

火滅風迴衆勿譁祝融愛護是儒家爐餘驚定循蓬徑喜極吟成燦綺霞好自呼童拂几簟還看畨

客有茶瓜由來子敬神明暇杖履依然那用嗟

妙能寫出季君胸次

中元夜泛舟即事

盆設盂蘭鐃吹喧高秋齋日屆中元聊乘小艇同嘉客恰愛新涼拂玉尊水面燈浮觀幻影宵深唄唱滌塵煩清遊漫欲追蘇子山月江風千載存

心境清涼故筆一塵不染

苦熱

孱軀畏暑倍難支赤帝司權太逞威河朔如澠煩未解臨淄成雨衆齊揮陰陰白日無雲氣曤曤晴空有鳥飛那更兼旬隨長吏晨興步禱肅裳衣

如圖雲漢

問天樓同諸子看桂感興次陂盧韻

揩順搔首問青天自媿愚頑未學仙愁緒强排無酒户病身甘老有花田欣逢佳日延三益幸見華巔滿四筵是日四席二十人皆老友也最是秋香宜我輩高吟直到白陶邊

羇憂如旅迫思歸老友尋歡情更依習習天香襟

袖潤霏霏金粟露華晞詩篇鷲嶺人誰似賓客淮
南事已非安得左公餐吸術了無塵累坐秋暉
雜社耆英小山仙客
静味二詩令人神往

秋齋同人集慶雲方丈

朝來爽氣拂松杉閣倚仁王不愛銜高致那從談
使倆塵慷徙爾嗜酸醎行慙杜曲雙金綬坐老青
州一布衫鄙我歠嘗蔬笋味飽吟佳句嘆渢渢
爽朗
可愛

中秋前二日宋明府移尊封園招集同人賞

木田詩鈔卷四下　九

桂

使君愛客羣英集席敞名園秋正中十畒清陰嘉
樹合一庭香氣小山通雲飄月落皆陳句仙斧瓊
甌豈俗工揮汗不嫌餘暑溽主人情暖坐薰風
起句陡健以下磨雲
琢月字字俱染天香

喜俞為光至同鄧方回孝芬弟賦限六魚

百里秋風車騎都故人子喜賁荒廬江雲漳樹停
驂晚踈雨青尊著句初東閣起居相問訊尊公太羹曽養
痾鄣城南陽朋舊共軒渠乘黃贈比瓊琚貴遠惠駿騎永

好情深久更餘
情致
纏綿

哭石長吉

驚聞凶問三千里回首交情四十年祗慮白頭難
再聚詎知黃壤竟長眠衾裯家累將安託緗縹遺
經喜有傳世好周親雙墮泪重泉應亦盼南天
律法淨之工部
故嚴如岳家軍

季直齋招飲賦謝

皤然六十一衰翁嬾媿何堪禮數隆戲草牛驚文

木田詩鈔卷四下　十

繡被翔空雉畜籠樊中恵連末娌招都遍羣弟及諸兒
叔寶元陽愛亦同兩壻及外孫揮汗不辭三雅進多君
情熱氣如虹
詩意勝春夜
桃李之樂

和季根安生日自咏原韻

知命君真能俟命知非君久已無非駑駘推抹驊
騮瘠燕雀飛搶鸞鳳飢青玉案吟象賢美烏衣門
叟雜賓稀年來詩律尤深細常侍名齊齒亦幾
讀三四不無
黃鍾毛缶欲

賀從外孫朱時肩捷秋闈

芳齡早占郤林枝，喜見羲之又有之。信是取携同故物，由來英慧異常兒。十年五入泥金帖，舊第新番琢玉姿。勉矣鼎科好繼武，（尊公冑元已得而失）高歌望子副難期。

信口拈來無不新雋

茶圃病愈枉過志喜

喜君勿藥過蓬廬，握手扶持一笑呼。薄食何能傷日月，至人端不畏焦濡。少睽重聚情加慰，小極新痊神更腴。來往風流成二老，健身歲歲恣遊娛。

字字俱帶喜意，五六更佳

和十九叔喜舜揚兄弟買日涉園元韻

閒園十畝儼雲莊，勝地尤憐傍宅旁。不惜千金相購取，頓教百卉有輝光。塵容到此心為淨，熱客來過意亦涼。暇日聯吟春草句，問津我欲漱餘芳。

佳地得主人，宜欣喜意溢

東朱全玉

同心同學幾居諸，文酒追歡日不虛。敢謂聲華相

比附，常教肝膽自傾攄。江湖逸興新耽引，衆馬豪情久屏除。僂指平生知己貴，白頭肯使故人踈。

情致綢疊

過城南村居問四舅氏起居（時聞小恙）

八旬舅氏六旬甥，情比殷韓老更親。每歎鄉城多間隔，那教痛癢不咨詢。清齋久卻塵中累，高卧真成物外人。為咏渭陽篇什好，慙無持贈意逡巡。

家常語不嫌淡朴

賀季直齋預作壽枋

千年珍木出岷江，重價收為百歲防。錦雉成斑還透理，堅金比質更饒香。深知身世皆虛幻，試看行生終退藏。表聖達觀誰復及，故宜親友具壺觴。

貍斑女卷形容猶遜

贈季吟四

陋軒歿後風流歇，三十年今有替人。俗豔掃除歸朴老，霧臺舒卷見清真。同心喜託芝蘭契，握手欣叨肺腑親。品格如君近亦少，豈徒詩句挽漂淪。

每讀投贈詩即如見其人，以真切不泛也

賀口岸巡司鄒子宜六十壽

憶從綰綬江鄉日西北屏藩十五春傾蓋傾懷子最早觀成觀化衆相親曆週初甲當陽月酒進長庚介嶽辰祝罷躋堂更有慶蘭芽新茁繞霧椿

確切不泛

次袁肩山留别韻

三旬聚首唱酬頻十載論心只一真仲叔片肝肯累主伯高冷釜不因人浮雲變任成蒼狗清興秉還坐綠筠間道紫芝將命駕（聞俞大美將至）留君同拂軟紅塵

寫出肩山高致

壽鄭母雷恭人七十（鄭爲侍御爲光繼配戊午孝廉懋績母）

星輝寶婺映長庚綠酒黃花好介觥象服久同豸服儷壺儀早羨母儀成含飴蘭茁雙枝秀娛綵萱敷背對榮他日期頋登上壽應邀異數答陳情

端雅亦復無雙成萼綠語

丙申歲首漫興（用埜塘元旦韻八首之四）

韶華改只益頑癡垂老隨身數卷詩衮衮驚馳駒過隙紛紛難掃鏡添絲慙無酒脯酬吟咏愛有親朋話歲時漫道今年筋力健暗中消減復誰知

春到蓬門歲正初黃紬卧穩涷皴舒飽嘗世味全歸淡閲盡人情半是虛兀傲不隨時俯仰迂踈一任俗軒渠椒花粗答春光好甦尾杯傳入手徐

靜中檢點覺多愆知後重非十四年半世浮沉虛盛代一經斷續付遺編跳丸日月歸飛鳥泛梗形骸不繫船哀齒已過義卦數深諳悔吝敢爭先

此生自分老江鄉僂指傳年欠六霜合共農漁衣短後敢希主客賦長楊五株柳對慙元亮百萬胡琴惜子昂天許閒身成懶放從今何事復怱忙

詩意和平見道之作

元夜同諸友觀燈和季根安韻

千門火樹夜爭開簫鼓喧闐飄吹臺連陌燈輪堪掩月（是夕無月）深宵遊女競粧梅踏歌聲戴寬仁詔（時下蠲租之詔）酺宴懽先介祝盃（春賀萬壽節）最是延陵才思艷鳳鶱佳句足裴回

燦如火尌銀花

喜袁肩山至

交遊細數數晨星如子真為耐久朋淡似菊花香自遠甘同橄欖味能恒書来人面經年隔興到扁舟一夕乘但羨元龍品格最也知詩思更掀騰

用筆如帆隨湘轉

内人新受　勑告身志喜

蓬蓽糟糠四十年伯鸞慙負孟光賢只期素志成偕隱詎幸　新綸沛九天象服焜煌紛異彩龍章鄭重儼親宣今朝荊布權收拾好拜　殊恩鞠膝前

莊雅

喜楊荅庵中途返轍途遇邑尊邀回

嘉賓巳去重回轍憶比春歸又閏三今年閏三月墨瀋在函開尚濕酒痕沾袖嗅猶酣風塵不憚因心許行李粗安便手談至即與王侍御圍棋獨幸蓬蒿老仲蔚光儀再奉附羊曇

次句巧不傷纖返轍情事入妙

心遠堂讌會分賦上巳後一日

詩老遠浮春水舸謂肩山芳筵重締隔年盟懶中令亭驚虚過客裡高吟喜預成肩山先日作修禊賦三徑羊求蘭社啟一時咸藉竹林清南唐葉子東山奕風味還應遜管城

芳潤可激

宋明府招同睢州王謙存南郊看梨花

城南春色信佳哉貴客芳辰綺席開喜是使君寬禮數湯教野服厠追陪坐來花下天為幕望去枝頭雪作堆盡日流連吟賞愜濡毫專待長卿才

最愛名花白雪稱紛紛朱碧漫相爭封姨不妒香常聚黃襖輕籠色倍呈想到有時宜帶雨定知無處可藏鶯王真仙院何從覓千載風流脉脉情

有色有香更自婣潔

送春

春光九十真虗度半是風摧半雨殘黯黯愁予猶繾綣匆匆別我太闌珊爭如佳客攀留得誰遣衰翁懷抱寬卮酒殷勤頻寄語明年景物倍江干

五句淡永可味

雨後西園看牡丹

名花雨後未闌珊莫與戎葵一樣看買費千錢堆繡被護須百寶飾雕欄低枝半濕疑含醉麗色全呈解合歡更有興平酥酪在殘英落蕋亦堪餐

不減錦帷作卷之作

荷珠和直齋韻

無價瑤珠不計錢承從天際翠桦鮮清光帶雨圓還潤瑩質隨風折復旋九曲能穿推繡腕千金暗擲笑華顛試將幻影觀真相信得通明久益堅

圓明無定腕若走盤

夏日招諸同人高臺觀劇和季根安韻

歲月奔騰一瞬餘嬉遊翻憶我生初親朋滿目皆堪愛風景當前肯放虛舞袖歌聲從日日吟箋酒盌任徐徐百年身世渾如戲莫羨承明忘故廬

其言藹如

送僧旦憧回楚

幾年吳楚歎離居握手今朝重黯如白首行滕遊汗漫青山歸夢意欷歔憂來牧子歌難續老去旻公跡又踈我亦如僧君較甚耶須法喜樂蘧蘧

唐音

祝林湘翁六十

六十羣推氣體佳幾年詩酒悵離懷金螺日進還餘興玉對叢生定滿階瑤草帶雲鉏雪圃梅花和月賞晴齋相期好續耆英會莫遣鱗鴻信息乖

五六佳聯

送朱阜公歸里即和留别元韻

廿年春樹與江雲乍喜披襟手又分一瓣香猶存碩果九皐響豈雜凡群霏霏别緒飛梁雪逐逐歸装趁魯曛漫說自今成契濶但吟佳什歎繽紛

琢句高響不染時調

和季陟廬病中見柬韻

紛紛眼底歎吳蛙羨爾高樓静不譁茗椀藥爐佳伴侶蠹編塵柄淡生涯時煩令子勤通款每憶良朋懶對花潭浦劉楨嗟久隅霍然好倩阿香車

淡中生趣詩境静細

喜直齋病痊去冬墜車傷腰

息機三月跡多睽。座少車公樂事稀。雖是咏觴原未廢。何如屐屐日相依。春風被體神能爽。花信催人興不違。約於花朝見招擬向紫谿同鼓櫂。好看登陟步如飛。清脱異常諷詠自見

和季直齋戒遊湖詩原韻 并序

遊湖之習比戶成風作倡於輿臺濫觴於游惰近則士大夫競效為之日夕朋聚若非此無以為生者甚且閨閣嬉遊子弟放蕩積重難返付之慨歎而已讀直齋作實獲余心悉依韻和之聊為齊門之瑟亦不問聽者之以為何如也

老多忤世果然真。聽說遊湖額輙顰。已見亡羊笑臧穀。漫將牧豕比平津。江河日下看胥溺。風俗何時獲返淳。君是當今陶士行。不辭鞭策費精神。維俗苦心此作可當中流一柱

目疾經旬不愈柬同學諸子

吾衰已久今年劇。耳病方殘目疾增。行坐倀倀茫

木田詩鈔卷四下　十九

欲死。晨昏兀兀槁如僧。拋殘花酒甘岑寂。廢置琹書任曹騰。唯悵同心成濶絶。幾番搔首卧還興。狀病目堪噱

賀陸展初公郎合卺

小陽春暖破新寒。翠幌珠樓曉色殷。喜見佳人來沛國。爭看才子出雲間。雙屏射處絲蘿合。百兩迎成禮服嫺。遙想催粧詩句好。河洲先為咏關關。起句新麗

敝裘

三十年來一敝裘。多情感汝久綢繆。千金漫自誇狐腋。九譯何須說雉頭。季子風塵甘落寞。榮期琹索任優游。縱教百結難拋棄。不道寒交老更稠。敝裘羸馬古人不棄感慨繫之矣

丁酉元夕和宋明府同樂詩

世際休明詎易逢。九重須曆邁三宗。江城喜見春如海。良牧欣看德似風。燈火萬家徵道泰。笙歌千戶肇時雍。子京燒燭揮毫日。深意寧清琢句工。太平風景

木田詩鈔卷四下　二十

胡簡臣首春招集次陸南隱韻

安國、莚開春滿庭、離悰屈指八週星。浮雲過眼看非白、嘉酎當階倍自青。雅望久知傳綵筆、豪情尚欲索銀餅。芳辰好友洵難值、歌板壺觴未許停。

意致自豪

李陶園同茶圃過訪余適他出未值 用轆轤體

我似避君先有出、歸來跂首意逡巡。新昌逸興將毋負、江浦鴻篇未得聞。小院紅梅蕊欲綻、冬釭綠蟺味初醇。幾番擬效犁眉句、今冬暖甚 還待同心賦夕曛。

小院二語益增訪者之悵

埜塘招陪宋明府老鶴巢讌集共賦林壑深處雨後聞鶯 限十四鹽

數椽臨水還依樹、林壑天然信美兼。古木千章陰欲合、風潭百頃漲新添。簾纖香沫輕沾席、睍睆佳音遠入簾。仙鳥來過清咏發、悠然濠濮坐猒猒。

清和圓脆生人雙柑斗酒之興

同直齋孝芬借沈廣文荷亭延宋明府 限七虞

木田詩鈔卷四下　廿一

濯水芙蓉玦日初、亭亭清露滴琮珠。相邀仙鳥崇朝坐、陡覺炎氛半點無。長晝閒宜談逸事、家餘干評話 同心聚可繪新圖。鮑仲友作圖 碧簪朱粉常須護、為語東陽好戒塗。沈即束裝入郡

清圓若新荷之擎露

朱霧園招飲即事 桐孫卓猷蒲徵燕昌孝芬冰仕海士共十人

詠、觴、寂寞幾星霜、今日重登澡雪堂。肺腑舊人敦夙好、糗餐新品訝初嘗。新製果餅甚佳 雀芽塵尾清談永、花塢棋枰俗慮忘。更喜陽元來侍坐、謂仲曹 爭看觸目有琳瑯。

句外有閒情逸致

和答海陵陳聖音

問字名傳舊子雲、新詩照眼簡編青。諸生魯國門爭秀、老將漁陽鬢未星。高論霏霏塵尾玉、驚才灑灑馬鬃瓶。古心古貌吾傾倒、元石三年始得醒。

三四雄奇

祝戴葭瑤五十

同心相合道相從、白首交深有戴崇。品地久知無

木田詩鈔卷四下　廿二

習染文章獨自見，霧通四時景備神嘗暇。三載帷垂養自充，覽揆他年希晉國，雄飛應笑庾郎中。

品格高貴，音節清亮

病中懷友

蒲柳經秋先自靡，孱軀受虐那能支。悔因兒女增魔障，誰道彭殤有主司。旬日呻吟我已衰，衰年筋力病方知。愈風一檄思良友，伏枕懸眸未許遲。

衰年筋力病方知，真名句也

賀戴沙亭通判山海關

祖鞭早著遂初懷，更羨彤廷賜見來。倉庾耑司儲國賦，股肱要地作邦材。雄關兀峙雙旌駐，大郡分符駟馬開。昆弟雲霄飛接翅，餘光拂處賦蓬萊。

雄健似盛唐人

次友人見贈原韻

敢將碔砆比圭璋，坐處誰言累日香。躑躅青春空作客，蹉跎白首未為郎。蘧非自信知三載，閣序甘心後一王。獨喜故人時慰藉，笑他流輩謾譸張。

人貴自問，悠ミ之口，正以見君子

贈吳念弢世兄兼送歸里

譜誼交情兩世親，於今更喜託朱陳。荒陬敢漫誇韓樂，衰第何由締郄姻。千里遙遙天作合，百年脉脉好重申。如雲驚顧盈門爛，頓使蓬茆氣象新。

三十年前珂里遊，一枝借託幾春秋。舊時彭戴還無恙，今日崔盧孰與儔。褎水滁峯縈夢寐，新婚夙好足綢繆。君歸待我春明後，載酒摳衣百尺樓。

寫交情親誼處十分莊麗

輓休禮僧

寂爾闍經西院僧，傷心十載老詩朋。生推華閱唯清晝，死得真詮是惠能。鎖骨銷時憐瘦鶴，茆齋過處憶澄泳。白頭都講空揮泪，薪盡誰傳無盡鐙。

木蘭院作無此悽惻

戊戌元日

過六年華又歲朝，嗒然南郭歎無聊。驚聞慈殿傳哀痛（時太皇后晏駕），恰稱蓬門閉寂寥。應客總教兒子替，謀生甘遜市儈饒。擁爐竟日無繁擾，獨對庭梅看雪消（除日前大雪）。

清冷

內人病

少日如賓老作友，病瘵痾癢倍關心。衰齡多慮吾難遣，病質新殤汝不禁。繞郄諸雛嘗藥進，支頤一叟對床吟。也知死妄爻終吉，爭奈愁腸脉脉侵。

梁孟情真，寫來欲泪。

悼三媳

惡見園齋萎翠筠（三兒讀書舊室園竹忽盡枯萎），傷心中婦逐歸雲。八齡幼子嬌誰鞠，千里高堂呼不聞。人世彭殤難理度，衰年兒女倍情慇。何堪此事頻經眼（於此凡三見矣），慟比王琨涕泗沄。

愈真愈慟，六句尤為難讀。

次女病

月上于歸得快壻，維摩久喜少縈牽。詎知一病經年劇，日遣雙眸百里懸。痛苦毋寧教我受，尩羸忍不動人憐。文床猶自閱情切，為是慈幃疾未痊。

直寫痛懷

祝季荼圃八十

江城勝事共相傳，道是先生大耋年。日有清臞體彊固，了無營慮意安便。杖頭碩果瞻常在，東國霸光慶得全。吾邑邇來多壽考（余去年壽先生句也），幾人境地占公前。

博聞强記久知名，大雅儀型今伏生。三世文章同馬監，一堂慈恵勝田荊。齊眉戲綵歡娛日，繞郄鳴環愛戀情。樂事天倫無少憾，高懷獨與玉川盟。

回首光陰似擲梭，謬稱同調果如何。師承自幼香甚蓺，弟畜于今石可磨。通計百年愁日少，平分一載晤時多。老來唱和聲相倚，曲奏南飛舉觶歌。

通計百年愁日少，平分一載晤時多。茶圃贄次與作者交情，彼此都見。

歲暮顧仲讓壻畫念衰老，驅車過存，悲慟之餘，繼之以詩

翁壻相持慟不禁，半年涕泪一宵傾。哀猨斷咽啼無力，獨鶴凄凉唳有殺。想像鳴環猶在目，歘歔對玉倍傷情。嬌癡兒女堪憐惜，成立何時慰九京。

情至

送朱進公返里即次留別原韻

雲一任飛我媿周何難免累生天成佛願多違

六真亦韻

和季直齋大行元旦早朝

元辰北望五雲盤擬制揮毫墨未乾衰廢我應甘納屨飛揚君尚欲彈冠黃扉青瑣縈魂夢珮影鐘聲儼聽觀自是不忘君父意敢辭難和怯春寒

雖六宏整然確是草野擬作

和友人西園觀梅原韻

詞壇高踞羨孤吹清絶梅花恰與宜一笑登樓千

樹爛徵吟倚石寸心知到來海國傳新句夢入羅浮異昔時冷豔幽香應有待騷人莫悵探春遲

好句亦與梅花同韻

城南看花之約為風雨所敗漫賦遣興

擬向南郊續舊遊那知天意敗人謀廉纖細雨偏教妒料峭寒風不肯休玉貌離披空有淚絳衣惱亂漫多愁從來佳會稱難再但惜吟篇未得裒

如見細雨斜風飛紅走白之狀

飛花和甫山韻

纔喜離悰慰兩月又驚岐路賦晨風烟波歸有元真樂蓬累行嗟仲蔚窮浙水江雲同極目清歈濁酒一披衷白頭惜別尤難遣情黯驪歌執手中

結語黯然

偶成

婚嫁粗完兒女累詎知完後累尤多已看食指盈千百那更行年有跌蹉左補右支徒苦我関心屬目忍由他因思向子真高脫只合深山恣嘯歌

生人多累不履其境者固不知

顧氏外孫痧後餘症經旬不退家人頗為皇急愁歎之餘率成口號

衰年百慮久蠲除不道今朝困老夫譚氏掌珠光彩暗魏家雛鳳羽儀痡徬徨終夜行千匝憔悴三餐飯半盂達者如斯毋乃過嗟哉痾癢切肌膚

情牽之處信非排遣所能語語沉切

秀才出家戴義則索賦

由來儒墨本同歸明眼人先達妙機自是詩書超證果不将鬢髮受銜轡慈悲法喜真無著野鶴閒

深紅樹樹綠絲絲花事俄驚欲盡時過眼芳菲如有戀辭枝香艷果誰爲沾來袖底難從拂舞向筵前未肯離僕本愁人兇對此忍教一片減春姿
好景難留不獨飛英增恨詩意在言外

建蘭

三山嘉卉比珍瓏開值南薰晝景融如見幽姿空谷裡勝於服媚好春中花攢千朵頻欺蕙香殢經旬任受風合意同心相咏賞擬將修潔佩芳叢
五六是建蘭不比幽蘭句

東陸尭采

三十年前晤嗣宗早知羣從獨賢容君今彈鋏歌方促我正朝飛曲未終多病久教禮法廢新愁更覺應酬慵黃壚咫尺河山邈惆悵天涯兩禿翁
清轉如話

壽秦鄜孫邃人尊慈八十

寶婺呈輝映覺湖華堂祝嘏進星圖階盈蘭玉三珠樹酒泛嵩嶷九節蒲熊荻劬勞歌聖善氷霜虒鯱歎枝梧只今八十如四十好待新榮溢舊廬
堪作賢母小傳

和真州王屏石咏牡丹韻　王業岐黃

朝酣夕染晝初長把臂高賢共舉觴每歎名葩無好句今看國手咏花王留春不禁歌三疊對酒還思醉百塲豈謂幽人遠繁艷橋傍杏側植何妨
艷花却用淡描

贈海陵鄧方回

兩載知交廿載思荒函重展憶當時（余十年前小札鄧子猶存）行漫言江渭音塵隔豈便膺融氣誼衰爛熳情深笈歌夜合芳菲春去惜將離別來幾許升沈事且付

薈騰醉酥醽

吾方作詩贈衮子（謂肩山）中及南陽舊典型大雅風流思白社千秋事業在元亭携來先稿光猶耿（遺見尊公過嶺集）展諷新篇眼倍青尤羡景行才思麗行看蓮幕待文星（時將入息邑幕）
颯爽有英姿

立秋後一日余讌閩廣文招同宋明府季直齋學署賞荷（分文先韻）

濯濯紅蕖映碧漪，鄭虔開宴特臨池。喜當大火初
西日，果是金風欲下時。香浥露華清几席，凉隨水
氣沁心脾。縣齋學署方塘共，花月春秋自此期。
誰送先生苜蓿盤，金虀玉糝訝華筵。三極水榭新
凉納，永日清懽苛禮捐。撲面風來香柄柄，迎眸雨
過葉田田。荒園小沼比隣近，欲向濂溪乞一篇。
寫景清芬，讀之頓若荷風入座，新凉襲人。

哭顧氏外孫王官

相倚相依十七載，掌珠倏爾墮塵埃。回思汝毋幽

泉閉，何日衰翁懷抱開。珍愛過於談氏玉，傷心令
勝白衣崔。世間此恨偏教我（用香山句），焚絕柔腸寸寸
灰。
人事天心兩不平，有懷無路訴高閽。已看成立還
虛幻，那復毛離是祖孫。濯濯清標猶照眼，依依絮
語欲銷蒐（病中與予劇談甚悉）。多緣欠爾千行淚，掩面吞聲
不忍論。
只以常語寫之，字字有泪。

宋明府招飲即事

霜高氣潔小陽回，公暇筵開叨後陪。詩老雙浮江
外舸（謂朱阜公、施孝虔），郎官久擅甓湖材（謂王香山）。千秋政事
歸風雅，一夕杯筒掃壒埃。更喜袁安躋驕至（有山適至），
德星聚比建安才（是夕賓主七人）。
寫景寫人寫事，如見雅集。

和孫雪樵見投原韻，即送其歸里

一番相見一番新，意合交孚久更真。喜有汪洋銷
俗慮，問誰嬌傲號才人。晴暉堪愛難分袂，帶水非
遥儼接鄰。入耳驚聞鸞鳳嘯，枯鱗掉尾望通津。

為雪樵寫照，愛慕尤切。

偶檢甲申冬同人文會姓氏録有感

澡雪堂中廿一人，三年忽半作離群。天衢馳驟看
五子（裴東介、繁仁、王又繩、師巖），錦里逍遥憶二君（長吉、肩山）。歡讌每
終思轉切，舊書重展意彌慇。那堪更有傷懷處，頻
卜同修地下文（維楓、天擎）。
紀事中夾入悼歎，仍以紀事收，深得盲左筆意。

庚子榜發，吾邑南北無一人獲雋者，賦此用
共勗勵

眊眎渾同博浪沙會須再舉莫咨嗟億如子貢千無失射到由基百不差規矩折旋程自合聖賢飲飫致尤嘉屠龍刻楮非迂濶好看夫人吐異葩

道在反求言之親切

哭王桐孫侍御

倏爾乘雲去帝鄉數窮義畫哲人傷更誰白簡留烏府無復南陔侍北堂回首幾時同燕笑摧心一旦判存亡哀年久已捐哀樂老泪今朝浥淌裳

東山棋墅足怡情噩夢俄驚遽反真喜有佳兒能負荷慟教貧友失依因日斜剛自逢庚子歲厄將毋比巳辰身後詩篇刊不朽知君神爽未甞湮

工確似義山而氣格過之

和季才一七十自壽韻

老去文章足自怡年華荏苒意舒遲曠懷遠寄千秋業逸致高同百尺枝絶去俗氛塵累少洞開城府素襟披阿兄自壽君還健白首連賡幼婦辭

托跡塵市若深山身在非夷非惠間有欲不爭心自靜與人無競户常関地惟居易能安命道值明夷尚守艱獨念故人呼不起（謂桐孫侍御）時教珠泪洒清穎

儘他喬李倚雕闌松柏由來耐歳寒老我幾曾乾綵筆誤人終不棄儒冠親依竊比驢蛩負紛擾無殊蠻觸看七十者稀古所歎酌公好日百憂寛

篤摯深切是骨月好

和宋明府告休韻

滔滔誰戒满帆舟明眼人居最上頭久識浮榮同夢鹿喜教素志狎盟鷗耆年謝組追疏傅下澤乘車慕少游公欲遂初且少住相從呼取釣詩鈎

宋公高風可挹

贈別宋明府

七年恵澤去江城疏傳高踪陶令情決意辭榮真有見脩然解組絶無縈俸錢散客行囊澁詩卷隨身歸槖盈應識遂初令可賦清風道路一鞭輕

風流誰更繼河陽仲蔚蓬門亦漸荒坦坦公真無喜愠砰砰我久惡炎凉隨聲吠影夫何鮭置腹推心宜未忘一笑浮雲揮手去家園松菊足徜羊

集中與宋公唱和獨多宜於餞語纏綿深至及讀次章愈增人三歎

壽霽堂尊壺李孺人

由來哲配古今難，陶鮑同心有翟桓。馬隊相從甘苦共，鹿車親挽室家安。閨中秀自嫻詩禮，林下風寧羨綺紈。設帨佳辰清節始（秋初生日），遥瞻寶婺碧雲端。

煩歆初滌拂涼飈，金母霞觴此日宜。琴瑟房中歌靜好，瓊瑶砌下喜瓌奇。才媛雅稱才人偶，女德還從世德滋（孺人為忠毅公曾孫女）。贈佩剪鬟賢久著，故應酬

報誦無期。

秀整端凝韻高調響

和季陟廬失幼子原韻

掌珠驚墜哭佳兒，瓊蕊新摧惜寶枝。老鶴在陰聲欲斷，靈毫入夢慟難移（用孟東埜事）。煩寃莫訴形篇什，哽咽增哀廢匕匙。我近情傷猶未釋，為君解賦轉先悲。

彭殤總已識無生，朝露浮漚春晝氷。愛刄斷來如劃水，智珠照處似然燈。漫傷驥子千秋泯（亭名見西征賦），久觚龍文五色興。勉矣延陵聊制淚，欲希燕桂力猶能（原詩有希植燕山第五枝）。

痛慰交至至情一片

和戴禹因賀病原韻

世事由來屬淼茫，荆凡誰復辨存亡。澄懷自得安貧樂，達化寧求却病方。途盡漫揮空有淚，愁來欲斷已無腸。試看富厚豊頤者，草際宵螢薄曉霜。

有閉户而歌聲滿天地意

朱霧園納姬時年七十五

漫說梨花覆海棠，芳菲信自占春光。定情應悔前宵泣，輸意還同少日狂。梯栁新榮知近喜，鶯簧未澁好催粧。温柔我亦思燕王，妒煞君能老是鄉。

寓規於諷不同豔語

輓戴自江歸櫬

巫陽不下問銜寃（用義山句），慟爾方當强仕年。六詔承宣辭北闕，一官歲月殞南天。雄材未展霜蹄蹶，綺萼初舒脆質蔫。久托比鄰兼老戚，臨風那禁泣潺湲。

孤櫬迢遙萬里還親朋一哭總辛酸嶺猿江雁乾
萎苦瘴海炎荒行路難檻户雲生風習習池塘草
長水漫漫榮邀身後馳郵入抵里應知寃魄安
音悲而壯調雄而逸

贈海陵稅使王宗沂

琅琊望閥家聲舊淮海閒曹吏隱清百里聞風竦
覿面一朝握手便攄誠同心契合捐繁禮世好淵
源叙夙盟（先世侍御公視學江南先祖父邀特達之知）古有雄才司莞
榷知君不媿呂原明

氣格自老

祝于錫山七十

萩苑肩隨五十春栢松蒲柳喜同青久教兄事兼
師事更羨稀齡似壯齡白首相莊偕舉案黃金鄙
斥但傳經桓榮稽古行邀寵（先生已授縣丞）好下懸車向
闕廷
三四流逸

祝吳姜綸五十

黃山奇秀迥塵埃高士知由嶽降來遯世不妨隨
世仕逃名無那被名催神全應許休文病賦就還
推子建才瀝酒願從今日始再逢五十度花開
壽語自見清超

集放翁句送李陶園移居西村

數椽也復是吾廬家具何妨載鹿車已向人間齊
物我敢辭老境落樵漁一編蠹簡心空在五畝荒
畦手自鉏便謂與公長契濶要看著句到黃初
（閒中戲書　除夕前二日休暇書意　幽懷　幽情　得子虛臨安書　過玉山寄芮國器　題寄王才臣山居）

痕迹俱化放翁為之正不能爾

和直齋自東臯見柬韻

紫氣東瞻憶伯陽經旬遊屐戀他鄉聞聲結納無
煩介到處逢迎寧擇方萬物應知漸減色芳菲轉
瞬欲更粧幾番閣筆難成詠盧駱終須首遜王
花封接壤宿舂糧咫尺言訛人意惶一任虛聲藹
載路何妨作戲儘逢場白琅朝禮登臨切雉水賓
朋酬應忙故里春風多寂寞急須文旆返江鄉
萬物芳菲句相招意在言外

老病

韶華冉冉老將至，遲暮悠悠病暗隨。苑塞胸中詎
易療，柳生肘上亦難支。劉楨漳浦清羸日，白傅開
成衰痺時。唯有篇章聊與遣，憗無筆墨遠相追。

情懷雖惡而琢句益佳

辛丑首春贈答袁肩山見贈原韻

執手寒暄淚幾行，彌天風雪助悲涼。影孤舞鏡淒
而楚，穀迸哀絃慨以慷。那見鰥魚宵得瞑，堪憐啼
狖斷無腸。白詩無腸與君斷也知新有孫枝慟，回景同嗟

少魯陽。

廿載傾心弟事兄，飛牋洒筆罷群英。鄴侯架溢三
千軸，老子胸藏百萬兵。久荷恩施能造化，頻教莊
叟解忘情。天涯知己寧多有，日把新詩過此生。

展齒跫然到蓽門，三年闊別慰離魂。枯毫久寂歌
憗郢，余自己亥春二年來不多作詩矣。小閣初成嘯待孫。鴻翥羨
君新雪跡，劍沈笑我舊舟痕。浮雲變態悲今昔，綠
酒青燈細細論。

七十餘生已付天，衰顏那復望重妍。子荆泪竭難
除服，奉倩神傷合損年。自分殘軀留有盡，從教春
色浩無邊。瓊瑤投我幽憂滌，把臂還期宵旦連。

語極蕭瑟，意自磊落，與知心人言之方長

苦雨

江城五月歎愁霖，日日東風接地陰。滛潦不休天
亦瘁，痴雲久結日疑沉。千家仰屋炊煙濕，二麥堆
場泥淖侵。已喜豐穰又降沴，彼蒼渺漠果難諶。

米蕺善作雨景詩，堪伯仲

同季茶圃暨言臣孝芬兩弟小飲，次茶圃元

旦韻

四老人幾三百歲，喜君八袠獨先開。清吟琢句材
逾健，蝸屐衝泥興未灰。卯酒微醺禦烈雪，辛盤小
飣對寒梅。莫言冷淡辜新序，真賞還期數往來。

起聯突兀

次季陔廬元日至二日原韻

紛拏終歲未遑安，喜入新年改舊觀。宿約青山久
待向，同心白首得偕桓。叔翻六六初能潔，徑葺三
三略遠謹。衰病强與禮數廢，含毫隱几意彌漫。

偃蹇蓬蒿無一長。年華生事兩蒼浪。歲方迮我驅馳隙。老不如人立面牆。積雪未消重洒玉。寒梅欲吐暫収香。如斯清味誰能解。好共心知一飽嘗。

韻清而香

對雪口號

彌旬奇雪降初春。埋没韶華似少恩。漫説河豚遲上市。還憂隴麥暗傷根。長鑱杜甫生安託。短檷焦光息自温。放眼驚看銀世界。笑知天意恵黎民。

能道清冷之況

初十日對雨

續續、東風雨脚斜。霏微、勢復欲成花。地翻、泥淖溪三尺。爨斷樵蕪窘萬家。眼見何垣不圮塌。耳聞比屋盡咨嗟。老夫方作情懷惡。憂極長謡手自叉。

初春多雨景象如披圖畫

十一日復雪

又見氷花挾雨飛。天心無厭待何如。直教青帝難司令。判得紅燈付子虚。鶴氅風嚴行却步。兎園顛禿客廻車。寒甚則筆退尖見東坡詩註 不能為瑞翻為虐非是

陽烏執掃除。

苦雪望霽黄綿襖子宜乎驚喜

上元日喜晴

上元節傍舒梅候。驚蟄十六日 喜得晴光際此開。九陌漸看佳氣轉。一枝早覺暗香來。日因久曀尤堪愛。燈趁新晴不待催。但使自茲花月好。熙熙猶足樂春臺。

絶去雕飾獨見天姿所謂道得口頭語也

十六至十八連陰十九日復大雨

春光、放得、一朝晴。纔過元宵又晦冥。應是乾維猶有怒。不知坤軸幾時寧。市如兵燹初殘後。人似風淫久病零。我更衰愁難禁此。雨聲漸漸鬢星星。

苦雨積憂善摹其景

春寒

癡雲。不散朔風忩。非分凌春作勢寒。卑坼、蘭芽仍凍結。已舒梅蕚更摧殘。天心盡欲諸艱試。人意都無片刻懽。幾訝此身覊黍谷。誰将律管上陽竿。

春雨春寒衰年猶為難遣

食河豚

河豚素屬初春味。令傷春分始薦廚。口腹慾期詎足論。行生失序實堪吁。雪深物亦知藏匿。寒重人難舉網罟。猶幸我非饕餮者。不然食指幾揶揄。

小中見大

病足

春陰有句成詩讖。有人似風溫句 忽訝跉踤一足傷。沴戾侵肌虛易入。溫寒中體老難防。扶行聊喜無蹎蹶。兀坐翻教遂懶狂。拊髀不須長太息。此生那復望飛揚。

似嘲似歎

病中對雨

病身唯與雨相宜。孤枕幽窗獨對時。漫自春愁成黯黯。隨他風力散絲絲。沾泥絮喜無狂態。辟樹花從減舊姿。經卷藥爐堪作侶。此中靜味復誰知。

病時情狀爾爾

壬寅春仲偕友城南看梨花過訪李月川不值令子福周甫在髫年出欵客甚恭且進退有儀歡留竟日作長句贈之

佳時結伴看梨花。車馬餘閒過外家。老僕迎門情意熱。文孫留客獻酬嘉。肥甘珍錯供都具。臧獲輿臺賜有加。小醉不須更攪勝。臨風玉樹席前誇。

奬許後進不嫌細瑣

余以夙疾舉發謝絕人事者三閱月矣喜山甫弟枉過因索讀其近作謹用來韻率賦奉贈筆墨久荒不自知其工拙也

巷北街南不隔家。十年前事憶紛華。瓊漿餘潤沾纖甲。錦蹋閒情蹴狹斜。弟喜演艷劇 羨爾襟懷仍浩落。歎余衰病日增加。白頭兄弟無胥遠。好共春塘詠棣花。

鮮豔異他作

木田詩鈔卷四下全

木田詩鈔卷五目録

古延張丕揚北溟著

五言絶句

翻案梅花詩

和宋明府酬送盆蘭原韻

詠花十首

詠鳥十首

題倪高士枯木竹石圖

山莊

題露筋祠

漂母祠

木田詩鈔卷五目全

木田詩鈔卷五

古延張丕揚北溟著

五言絶句

翻案梅花詩

清絶真無偶高風不可攀如何壽陽殿肯與佐粧顏金盤將有薦玉蕊湯敷榮秋實春華外須教眼底明

寄意起絶

和宋明府酬送盆蘭原韻

移根自九畹沾裛春雨餘綺石點黃瓷芳氣相煦嘘同心敢謬託鄙情質無文聊將紉佩恍修潔陳嚴君紫芽數莖香乃見吟賞獨他日登蘭臺應不遺幽谷蕭艾寧復伍螽蝗不得近鳴琴愛餘閒共此白日靜

峻潔淂摩詰之神

詠花十首

蘭

朱蕊點輕黃，幽芬翠石傍。山人為我說，不及在山香。

水仙

清寒發幽芳，綺疏映春曙。不許纖埃侵，直欲凌波去。

牡丹

名占萬花先，開向萬花後。君子守謙德，富貴乃云久。

芍藥

但美殿春號，恥名溱洧花。當年一持贈，百卉盡咨嗟。

萱

朶朶淡金粧，風飄翠帶長。新詩憂未改，何事不能忘。

山丹

幾瓣猩猩血，染成入夏花。化工鬬鮮艷，端的費硃砂。

茉莉

鏤玉成小蓮，清香散薰晚。浴罷對明月，蕭散來近遠。

蓮

只宜睞柳下，端合夕陽中。若論鮑照句，又道映朝紅。

金錢

五銖銅乍鎔，砑羅剪鮮滑。秋夜擲紅苔，空階買明月。

菊

空岑與籬角，甘與秋光守。移種畫欄邊，多言怨五柳。

若諷若諫亦莊亦雅

咏鳥十首

鶴

巢應歸閬苑，立莫向雞群。若羨乘軒好，阿誰琴已焚。

鶯

花、落、雨、初、乾。交交春乍殘。隔。林。終。日。喚。方。信。友。殸。難。

燕

将泥栖畫棟。戀舊去仍来。歲、歲、東、風、裡。春、光、費、剪、裁。

百舌

剄、吟、脩、竹、裏。又、囀、好、花、中。可、惜、殸、聲、巧。衰、年、方、耳、聵。

脊令

飛能應首尾。羽族見斯禽。一體相關意。百。年。兄。弟。心。

布穀

閒、煞、柵、邊、牛。新秧綠正稠。畊、人、催、不、起。枉、喚、五、更、頭。

鷹

汝。本。愁。枵。腹。百。禽。亦。愛。生。化。鳩。知。有。日。深。討。自。心。

平。

鸚武

綺袖憑調弄。隴山通夢寃。昨。宵。烹。雞。鷙。豈。是。為。能。言。

畫眉

朱簾掩映閒。梳羽態多閒。每、向、金、籠、囀。久、應、忘、故、山。

鵲

雪後一殸喜。朝。曦。紅。到。簷。玉。人。臨。寶。鏡。剛。是。畫。眉。尖。

題倪高士枯木竹石圖　渾洒如意深得山陰筆趣

瘦石與枯木。澹然有遠姿。想見青桐下。一、翁、坐、而、敧。

山莊

海國少巖岫。到山愛山深。山人不相識。軥輣聞山禽。

是盛唐人音響

題露筋祠

毒蟓能銷骨，貞肌遂露筋。何須怨白鳥，此輩本紛紜。細雨秦郵路，征帆碧樹齊。祠邊紅一片，又見夕陽西。

首作解頤，次乃入画。

漂母祠

母也真多事，千金意不存。戰爭勞楚漢，只為飯王孫。一嫗能相骨，全楚竟無人。誰下祠邊泪，年年淮水春。

與折戟沉沙同意，次作感慨係之矣。

木田詩鈔卷五全

木田詩鈔卷六目録

古延張丕揚北溟著

七言絶句

陳觀宸遺雙鵝畜之園池湧成二截句

同孝芬弟郊迎新尹避暑田家口占二截

送階平弟葬四絶句

答顧友于見懷原韻

過向曙瑩有感

題季蒲徵折枝牡丹圖

季星仲持箑索書賦贈五絶

謝季才一送扁豆

送徐懋文之通州

仲春新齋城南看梨花蕊花口占

贈趙兩峯

清明前一日同滁陽浦崇甫同邑戴禹因城南看梨花

旦幢和尚漁樵松鶴圖

祝朱令揚六十壽

和宋公懷咏荒園池蓮
和宋公元夜勸民詩三首
季直齋處食猪肝腸詩
賀唐自安令卽合巹
客有諷余應萬壽科者以此謝之
和宋子春明府郊行絶句原韻
喜朱進公重過延令口號
題季子行畫滿糕羹人圖
和宋公郊行原韻

朱廷玉便面索書余以目疾遲報戲成四絶
萬壽菴看牡丹
喜姊文朱裴東假旋里門
樹園早梅
和子野叔扇頭韻
謝孫邃人客中送湖蟹
題趙文中小照
李書城見遺盆菊
季嵩峙餘閒堂讌集觀劇

和季直齋贈別韻
燕來笋
和吳愓思見懷韻
王桐孫招陪宋明府日涉園雨中讌集
題楊九登小照
題孫雪樵白雲圖
謝季直齋送香粳
謝戴沁源送鶴
題朱埜塘老鶴巢三截句

答季才一
王蘭經風半作黄色
登藏經樓遠眺
東臯道中
十月雷
催直齋和詩
酒後賦得朦朧月
十九叔見惠鯿魚賦謝
吳陵歸舟口占

木田詩鈔卷六目録全

木田詩鈔卷六

古延張丕揚北溟著

七言絶句

陳覲宸遺雙鵝畜之園池湧成二絶句

雙鶖新羽白於雲遠自山陰池上分欲謝故人慙報帖惟將枯腕學黃庭

澹泊家風只自知楮雞瓠鳧雅相宜克庖敢說東堂炙宿水眠沙任爾之

超逸有天池生筆意

同孝芬弟迎新尹避暑田家口占

攢眉東帶出西城底事勞勞觸熱行小憩莫嫌農舍窄輸他無送也無迎

踈柳高槐蔭屋旁坐深風送豆花香此來判作趨炎客翻得清閒半日涼

五月雖熱麥風清涓唐人風致

送階平弟葬四絶句

二十年來傷雁行階平以戊寅夏没楓青月黒思茫茫昨從夢裡依稀見昨歲首春梦見話不分明倍斷腸

青鳥術自得佳城表聖高懷達死生今日霧輀歸宅兆應知含笑慰冥情

彌留猶憶泪潺湲手指諸孫幼可憐成立能文令慰汝瀧岡竢日表歐阡

一生學業在程朱從學於毘陵陶文圃先生炳炳遺文未可誣遮莫附身藏漆室試看光氣燭天無

情至語自能達

答顧友于見懷原韻

合浦霧胎瑶圃枝男兒三十壯行時巍科大業君家事千載傳稱魏埜詩

郢質云亡跟位空運斤無復望成風渥洼騏子吾傾倒相對重教憶乃公

迂踈我久同中散通顯君宜比巨源天意難知鸞鳳伏紛紛野鶴早乘軒

上追漢魏陋齊梁光燄爭看萬丈長文字交期樽酒論何時再接令君香

愛羨交至令友于文品俱見

過向曙塋有感

萬馬明堂百雉陵，千章松栢蔚如雲。幾時忽作牛山木，爲問何人恣斧斤。

雍門鼓罷孟嘗哀，身後誰能料盛衰。豈謂先人無怨恫，差強牧豎和歌來。

過客悲山鳥古今同歎

題季蒲徵折枝牡丹圖

國色天然三兩枝，淺深向背總相宜。四香百寶渾多事，爭似黃筌筆底姿。

涉筆有超曠之致

季星仲持箑索書賦贈五絕

遥遥華胄百年久，奕奕清門千仞高。山簡風流猶未邈，肯將豐芑等鴻毛。

趨庭詩禮幾何時，弓冶箕裘好自持。今日對君懷樂令，白頭洗馬不勝悲。

王友金昆美爾家，五枝棣萼自堪誇。須教盡得稱龍虎，莫與時人判等差。

縱然轗軻莫睢盱，喜見龍文膝下駒。撞破煙樓他日事，先看作法有良圖。

脩身先守三緘訓，砥行還思四勿箴。骨月關懷老更切，相期晚節慎浮沉。

箴規處古道照人顏色

謝季才一送扁豆

嘉蔬移根自海鄉（種出姜堰），秋深相遺滿圓方。南山每歎成虛願，輸却君家樂事長。

體甲陸離成紫碧，苞房滿綻作觚稜。沙瓶爛煑欣然飽，未許萍虀浮並稱。

意致自新

送徐懋文之通州

廿載相親賓主情，余情坦率子情真。中間亦有經年別，覺道今番倍愴神。

君今襆被向崇川，遊屐歌筵日勝前。我望五峯遥企足，相期猨鶴待明年。

東皋曾主巨卿家，此去經過定駐車。若訊蓬蒿近消息，但言病老日增加。

老傷哀樂難爲別，舊好心交別更難。君若倦遊應過此，并州久作故鄉看。

語朴而有深味四作更見情至

仲春新霽城南看梨花桃花口占

無酒無茶無朋侶小輿獨舁出城南道傍應咲此老子如此看花真未諳

漢宮香泪初収日秦洞殘霞淡抹時一片堪憐況萬點問誰淂解我情癡

十載前曾作勝遊豪情回首嘆飈流著莣獨向花前立似覺幽懷脉一籌

更上層樓一縱觀繽紛花雨撲眉端髩絲禪榻吾將老欲倩維摩微笑看

縦筆為之不加雕鏤是古人絕句中真當行處

贈趙兩峯

十七年前交孺子計今八度過江城蓬蒿仲蔚空衰老那及天成國手名

眼底紛紛似奕棋此中消息子能知嗟余殘局難収拾指點微機待阿誰

鄉里尚書姓字香白楊作柱歎滄桒年來羨哉同心友喜淂談經在鄭鄉謂楊君聖期

由來退步是居先物理還從奕理傳他日賈元毅磬沸緋衣看侍玉墀邉

觸處生動名手但著墨便自菊々欲仙

清明前一日同滁陽浦崇甫同邑戴禹因城南看棃花

年年不忍負梨花景物今年覺倍嘉上巳纔過寒食屆特教香雪鬪韶華

宵雨初晴曉氣清真妃睡起一枝春玉容不許纖塵汚洗盡鉛華入眼新

輕雲淡日養花天瑩質迎風分外妍恍若此身在瑶圃幽憂俗慮一時捐

昨春獨往秉孤興今喜名賢與共探應識先生心賞處風光也在邑西南

詩境亦復瑩潔

旦幢和尚漁樵松鶴圖

召魚喚虎尋常事運水搬柴現在機眼下心頭應爾爾略憑顧陸繪依稀

老鶴蒼松不計年西來大意向誰傳塵容對此生

慚愧輸却樵漁蒲衲邉
信手拈來便已翛然塵外

祝朱令揚六十壽

記得當年秉燭遊歡娛博塞幾春秋於今意興還
如昨一事輸君先白頭
桂薑心性老逾辣氷雪肝腸久更真閲歷滄桑適
甲子人人誰不挹陽春
少年場事尚堪誇稟賦由來天獨奢湯説功深勤
木鑽應知生自有丹砂

意興飛揚舊遊如昨是壽好友時心語

和宋明府懷咏荒園池蓮 時余抱微病

病負方塘百朶紅從教玉露與金風遥思庾杲依
王儉麗絶飛晁萬緑叢 時霽堂同在廣陵
秋蓮著意發新紅似待天香雲外風留取碧筒斟
桂醑淮南詞賦小山叢
何其麗也

和宋明府元夜勤民詩三首

三五良宵趁上春九衢景色一時新賢侯當此懐
民瘼獨念孤煢愁嘆人
一燈費抵幾廛禾得失相衡孰較多讀易停披勤
詰誡譜成佳句掩陰何
杼柚無聞賦二東笙歌燈火慶相同莫將三夕荒
終歲默奪潛移仰化工
美賢侯六譽奢費可當良箴

直齋處食猪肝腸詩

忘形莊惠兩無猜披瀝輪囷萬有該試問當筵誰
似雪對君下箸喜盈顋

久嗟衰鈍無腸斷衹媿猪肝未得拋今日感君能
食我敢将殘齒負良庖
似坡公謔筆

賀唐自安令郎合巹

子安傑閣揮毫日昌谷高軒落紙時久識才名推
第一今朝好賦合懽詞
西園賦就醉笙歌南國糚成豔綺羅信是何郎初
得意争看此日小登科
詞麗而雅

客有諷余應萬壽者以此謝之
老馬爲駒笑爾愚不甘伏櫪待何如唾壺莫遣無
端碎幾見天閑有蹇驢
但安遲鈍復何嫌漫說鉛刀也自銛待得鋒殘鋩
折後空資談笑到窮簷
當時諸葛成何用只合終身作卧
龍有大經濟人出處不苟如此
和宋明府郊行截句原韻
恵風披拂自人人墨綬行來緑野新佇聽兩岐歌
異政軒車到處已成春

木田詩鈔卷六　九

合稱僊吏號詩人憑軾微吟得句新物候民依齊
入目傳將綵筆歎陽春
循令文人一筆
雙寫景物可想
喜朱進公重過延令口號
曉起晴光滿户階蒼頭報說故人來蓬門久歎同
空谷應識今朝笑口開
半千里外相思切十五年間物態殊握手殷勤話
夙昔幾番惋惜幾嗟吁
逍遥七十五閑身茗雲扁舟號逸民猶喜元龍豪

氣在不辭襆被到江濱
舊朋老友極難忘況有黄花能佐觴晚節依稀人
共羨年年常見酒巵香
句句是喜意惋惜吁嗟
處正是深於寫喜字
季蒲徵畫滿粧美人圖
禿襟小袖綺毿前想見盈盈正妙年秋水芙蓉去
雕飾寫來意態是天然
蘜澤依稀楮墨間明妃千載若生還當年合殺毛
延壽凡腕何堪貌玉顏

木田詩鈔卷六　十

一再翻案
文心愈巧
和宋明府郊行原韻
父母由來歌召杜家人誼切勝耶孃殷勤好憶停
驂語處處侯甸菀彼桑
雊乳鳴無遠舉雉挽鈴飛有向人鴉試看今日隨
車澤何負頻年撲面沙
春氣盎然是一
幅甘棠膏雨圖
朱廷玉便面索書余以目疾遲報戲成四絶
壇坫何人建節幢由來沛國長諸邦自慚曹鄶非

儕偶山谷當年意早降

萼華集合篇章麗氷玉名齊酬唱多標置清高吾

畏友匆莬急欲借斤柯

千載詩宗杜少陵百家書愛趙吳興秖嗟精衛空

瘏瘁啣盡西山力不勝

良朋一篋閣經旬末疾應憐水部身天似憎余多

惡扎不教陶楮淂相親

詞淡而永

萬壽庵看牡丹

國色朝酣古寺中滿城綺縠逐春風名花合傍粧

臺賞遮莫楊家一捻紅

平章宅裡無雙種罨帥筵前一朵芳怪煞十千買

未淂却教蘭若擁天香

別具風旨

喜姊丈朱裴東假旋里門

同心兄弟寧多有一别那堪十二年握手相看悲

復喜此身健在各遨天

憶泛君去作儒官猶假高齋締古歡廿一人同金

石契遥瞻龍首在江干

白衣蒼狗態如何都作浮雲一抹過自謂年來稍

有見歎君見地較余多

兄事兼師五十秋屬毛離裏更誰儔養生一訣猶

多悋任我霜華早上頭

由來七十古稱稀應識人間事不齊莫悵太邱無

共載季方英氣吐虹霓

松菊猶存徑未荒故園儘自足相羊絳紗設處還

堪戀靖節高風水一方

字字真朴字字情長是骨月兄弟間切語

樹園早梅 宋明府限做聚星堂咏雪禁用體物語

春風喜早到山園曉起巡簷一笑看紅滿枝頭氷

蕊綻孤根暖欲破輕寒

南枝放處見清標供得騷人醉濁醪更賴東皇能

好事催花香雨一宵勞

猶憶探梅舊有歌句在壬辰春直將佳句媿陰何于今

獨淂花情性掃盡䌓詞細自哦

滌除一切獨發天然疎影暗香都來筆底

和子野叔扇頭韻

桑濮皇荂漫自爭嗑然誰識太希赧傳言鮑老休饒舌祇供當筵一笑評

銙板皮絃孰與爭九皐高鶴一聲赧試看旁若無人處蜩鷽啁啾敢肆評

大戟長戈矗戰爭旋聽柔曼櫂歌聲英雄本色原如此更向中書一坐評 *叔喜演雜劇*

漫浪形骸何所爭憑將歌嘯集同聲碩人既老弘農誕千載風流有定評

放浪風流不經思索而意興自佳

謝孫邃人客中送湖蟹

秋風九月稻粱肥正是湖濱蟹壯時每恨荒陬此味瘠多君歸取特相遺

開奩郭索欝輪囷長跪舒來尺二身玉液金膏爾滿腹蜀薑吳豉我沾脣

自是孫郎意氣豪客中翻爲遺霜螯吾家鱠蛤安能敵濁酒司持鈇老饕

客中貽蟹酬贈以詩兩皆韻事寫來故爾瀟洒

題趙文中小照

柴墟士有連城譽逸興清標故自殊妙處不傳憑顧陸風流爭似潤南無

亭亭孤幹峻無枝渺渺希聲賞待誰鶴比清高蓮比潔是中位置恰相宜

金鞍白馬豈忘情侍立空煩童子清欲倩丹青重貌寫一甌香茗美人擎

楊白名齊藝苑傳 *君為桐孫侍御妹婿* 肯教麗句獨爭先知君欲作驚人語攤卷科頭意渺然

題外取意天池先生每每如此

李書城見遺盆菊

堪愛金英蒔素瓷黃黃白白逞霜姿硯南便有東籬趣栗里當年未淂知

叢蕊掾為數寸英摩挲獨領晚風清天工已盡歸人力却咲隋家翦不成

素交舊有芝蘭契世好新分杞菊芳老去秋容甘黯淡今朝衰眼頓飛揚

揮洒自如時帶逸氣

季嵩峙餘閒堂讌集觀劇 全令叔根安立齋

招我聽歌意獨真幾番嬾嫚負高情輕埃香沫秋容好敢怯衝泥不一行

餘閒堂上綺筵張此地當時歌舞場十六年來音響寂今朝入耳喜洋洋

金虀玉糝老饕甦良夜猷猷意自酣賓未必佳主甚羨竹林咸籍擅東南

行樂由來在及時自嗟衰老悔難追豪情爛熳笙歌沸羨殺江東獅子兒

木田詩鈔卷六 十五

詞旨清卓與復不淺

和直齋贈別韻

王甯情深味渭陽風人遺意未嘗忘路車玉珮悠悠思極目江潭樹幾行

弘農名郡長諸邦似舅何郎亦少雙彌月唱酬才力敵一如海更一如江

歡場處處賞心同半在歌喉酒琖中今日驪駒赦斷咽高陽那不憶山公

友朋詩酒幾曾離金葉銀箏玉當卮此後德基堂上過林宗宿處少人知

層次中結撰獨嚴而情致尤為深至

燕來箏

玉芽迸土知時節似與元禽有宿期二月江鄉風物味初芹早韭共相宜

新泥沾鏟燕啣初晚食堆盤肉不如莫咲清貧饞季子從以斤斧肯教虛

雋永處耐人咀嚼

和吳惕思見懷韻

木田詩鈔卷六 十六

憶泛賁廡趨庭日辛亥秋隨先子秉鐸全椒假館別墅僂指星霜五十年古道君猶悲宿草欲為先子入祠名宦未果非才我媿表瀧阡

聲氣遥遥千里同遠將佳箑惠仁風故人若有腰纏興好掃蓬蒿一畝宮詩中約及荒園

首作三四更警妙

王桐孫招陪宋明府日涉園雨中讌集

公餘屐舄日優游繡使開樽集勝流日日追陪無好句衝泥又復強吟謳

清芬可掬

謝戴沁園送鶴

儸羽翛翛塵外姿剡溪遺我感心知自慙修潔非
君子空負沖天萬里期

幾年飲啄習池邊漫自乗軒傲雉鷯今日支公權
豢汝故園莫負稻粱恩

一片閒雲萬里心淂雈意與故不同

題朱埜塘老鶴巢三截句

每愛平橋一片水依稀茗雪綠烟波數椽已讓詩
人占一艇還容釣叟過

木田詩鈔卷六　六

平林漠漠水濛濛縱召王維咏未工記得高樓指
點處今朝身入畫圖中

拂池樹影無邊翠帶濕鷺報分外圓應與高齋增
點綴還供儸令掃雲烟

輞水淪漣與月上下朗吟三絶覺華子岡山莊景物如在目前

答才一

沽市紛紛任混殽太羮元酒故難拋只今真味如
君少共試山家藜藿庖

子山琢句評春夏玉局裁詩詠雨晴喜是今朝成
別趣一林煙靄幾叡鶯

金丸礧礧初宜雨翠毬油油好受風七字共教紀
雅會一尊還與慶時豊宋公憂雨傷農故云

點染處獨饒興會

題楊九登小照

一盃一杯復一盃何人相對兩無猜我生小户慙
蕉葉可許青州作後陪

意在言外

木田詩鈔卷六　七

題孫雪樵白雲圖

陟岵興歌思不禁停鞭遥睇白雲深誰將阿堵傳
神手寫出烏私孝子心

白雲靉靆結層阿遊子偏驚入望多雲下堂深萱
艸綠倚閭屬望更如何

淡淡著語自然深摯

謝季直齋送香粳

老去心同樵穀芽枯唇百味總如葅憐余特遺長
腰粒香氣開脾敬拜嘉

淡而旨

王蘭經風半作黃色

花開花謝總東風色相雖殊心賞同詎事朱旛護玉質嫩黃點處亦春工

余每謂風雨疾病有會心處皆淂生趣事〻求全則眼前無非失意詩雖偶吟實乃見道之言

登藏經樓遠眺 和宋明府韻

追躡儷皃清輿秉丹梯百級許同登樓頭尺五瞻天近碧樹紅霞不計層

冷豔似曹祠部

木田詩鈔卷六　十九

東臯道中

百里猶分兩日行衰年倍覺畏遐征不辭于役因親串却喜相偕淂友生何遜孤標梅比潔 謂大山 袁安高致雪同清 謂肩炎 蠶對此捐驅盡攪轡何妨緩到城

清致可以一滌炎氛

十月雷

淵城霹靂亂交加失筋倉皇遍萬家更歎阿香何太苦非時頻喚爾扶車

蒼鷹乳虎未為災怪底奔雷十月來號令乖徒恣歎薄帝閽深閉幾時開

不以為瑞淂風人深意

催直齋和詩

偶拈生句因詞窘窘處能通獨直齋較好癡斜二十首奉煩敢說硬相差

直率處更見蘊藉

酒後賦淂朦朧月

淡烟籠月素枝橫月暗花光分外明不道酒闌燭

木田詩鈔卷六　二十

跋後廣寒姑射兩含情

依稀林際美人行雲覊樓頭微逗情爲語今宵休遽別清光湏待十分明

逸致

十九叔餉鰣魚賦謝

開奩灼爍卧銀鱗想見之而出水新怪道朝來食指動故應珍味飫枯唇

咸籍追隨到白頭終年餽遺意綢繆每慙猶子多慫德尊酒何時一酢酬

唱酬問遺應
羡竹林之樂

吳陵歸舟口占

九十九溝十八橋，楊人素習不知勞。北風送我歸舟便，數葉蒲帆抵百篙。

興味
獨佳

題茹瞿客小照

披圖髣髴挹丰儀，想見微吟獨笑時。真訣不傳人已邈，縱教顧陸未由追。

月落楓林暗愴神，夢中何似紙中親。莫言宿草三年汨，轉見生前五十身。

古道交情
字中有泪

南郊口占

一年最好是三月，（用唐人句）好月江城多好花。最是南郊景色麗，碧烟香雪間紅霞。

花明柳媚日薄雲
濃讀此令人想見

萬壽道場詠新柳（和宋明府韻）

浩蕩皇仁六十年，榮沾草木亦欣然。千條新綠祇園側，似解迎風媚遠天。

永豐移植被恩榮，傳得香山兩韻成。今日春風江縣滿，好逆嫩碧詠昇平。

香臺攘攘復林林，頌禱謳吟億庶心。喜看黃金披拂遍，恩波如海是春深。

頌揚句難得
似此部雋

次韻贈楊宗柳

多君儒理發菁華，不是尋常術數家。湖海襟期仍似昔，蓮生舌本筆成花。

由來妙技迥超羣，垣下華山亦讓君。二十七年重話舊，一樽相對盡餘醺。

老年尤憶舊知交，喜爾扁舟到草茆。今日倦遊歸亦好，岷峨數畝莫相拋。

代謀見
真愛

賦得紅裙妒殺石榴花

六幅瀟湘籠地輕，猩紅映日愛分明。石家阿醋偏多事，吐豔舒華着意爭。

丹葩那敢鬬芳妍，妒殺羅裳色倍鮮。妒是常情無怪爾，應教妒處也生憐。

人妒花耶花妒人耶感慨係之

題季蒲徵槑宋徽宗荔枝圖

遠揚踈綴絳紗囊一笑遥思齒頰香若使三郎解繪出省教飛騎到炎方

似商隱題古絶句

賦謝季又繩見惠建蘭

潘楊誼比葭莩合王鄰情逾肺腑看更是同心稱莫逆特將芳潔托荃蘭

幾年空谷日芬芳誰遣幽香到艸堂綺石黄甆深愛護畱君淵屋作臺郎

氣味亦彷彿芝蘭

和俞子大旅邸感懷元韻即贈

江縣欣來潘岳車風流往事握談餘翩翩人羨烏衣巷寶馬輕裘百卷書

煌煌色正復芒寒鉅筆鴻文李杜間旗鼓騷壇有伯仲阿奴未必便輸顔

玉樹瑶林氣自森韓家雛鳳吐清音十年不作羅浮夢驀地今朝感慨深

典確處工於使事

和袁肩山荷花二截句

緑水紅蓮一朶開誰言蛺蝶不偷來鄭谷詩清香蜨不偷賞心要在色香外碧葉猶堪卷作杯

緑水紅蓮一朶開好看步步拂波來相期共趁花生日一朶酬伊酒一杯

别致

三伏日偶作

兩幅禪裙一紗巾披猖裸袒竟非人知心賴有忘形友恕我衰羸嬾病身

有竹風梧月之趣

和直齋酬送凉鞁

如風僊足衆驚憐更應君爲赤足仙未獲執鞭甘進履妄希明教仰高賢

用事獨雅

宿田家河

春寒日暮投荒寺破榻孤檠對冷僧我欲共言渾不答空門滋味信淵澄

起句絶佳耐人吟誦

守戎吳昆裕納姬宋姓

二月氷河一半開栁枝𣷹葉總含胎吳陵令有藍
橋路共羡于歸宋子來

曉日輕雲綺閣開碧桃天上種僊胎春風一夜知
多少佇看傾筐盈疊來

押胎字倍見藴藉

次直齋韻贈姚有菴楊閤公及殷起弟演劇

衰放頻年侶鶴猨頖教今日意嬋媛爲憐姚子歌
喉好欲擬鄒枚賦兎園

漫說清閒便是僊看來熱閙較爭先郭郎此日耀
揄上通國歡稱白雪絃

鸞鶴高空𣪘響馳能令人喜令人悲誰言秦薛於
今絶祗惜陽春付里兒

言外之感

和季直齋盆荷

自是濂溪性愛蓮雙瓷移植發庭前晩風晩日堪
吟賞彩筆還吟永不蔫

蓮風荷露宛在目前

九日戲東苑瞿客

拂面清飈接素煙菊花竹葉兩茫然幾番漫想題
糕字應讓山樵踞我先

一月中秋晤約虗經旬契濶意何如於今始信新
知樂能使茅君跡也疎

結想爲恕足徵深契

萬壽節和宋明府韻

欣逢聖節祝長生得傍仙凫日日行蒲質自慚趍
走鈍仰希松栢有餘情

錦句看從彩筆生鼓吹觴詠過深更良宵那用聽
譙鼓況有華燈徹夜明

喜見花城作錦城九衢羅綺慶昇平　皇仁浩蕩
難酬答賴有賢侯達下情

莊雅得體

題翁朗士小照

秋水氷壺致自遥光風霽月俗襟消此中空洞無
纖芥底事相煩濁酒澆

指揮如意意閒閒左倚偏提右小蠻誰道索郎非
我友情酣豈在引盃間
擁身萬卷傲侯封羅列尊罍此意同披卷直驚酒
氣沸豪情欲賦大江東
竹垞云君不知醉朱竹垞詩有君不知醉知其趣吾謂斯言未必
然三葉千鍾同一趣於今始見酒中僊
琴且無絃酒何必醉伯倫而後當為作者屈一指

王桐孫侍御招飲賦謝次小齋讌集原韻

繡衣乍解一身輕閒逐鄉園老伴行階艸芳菲庭
日靜秋雲舒卷晝常晴

無雜賓朋羡鄭廳楸枰一局傍疎櫺庭前玉蔚參
差立更愛柔條入眼青
幽齋小院轉芳叢地隔隣房曲未通凡事且須留
缺陷斯言何讓古人風
耦俱同志絕無猜此日當筵襟抱開千載荀陳佳
事在盍簪更喜素心來謂茶圃
情僻耽吟放眼寬紛羅萬有渺毫端迂儒謬許稱
同調共把黃花向晚看
高情逸致侍御胷次俱見

贈程晉三

喜君發軔蜚聲日正是登壇邁衆年讀罷新詩三
歎息幾多梗概筆能傳
每言玉子强人意今日芹香足慰親老泰通門期
望切秋風轉瞬換儒巾
得屬望體

重興集雨阻次壁間韻

計程今日渡黃河清浦淮陰瞬息過九仞功成遲
半簣一宵風雨客愁多

水陸分途此一宵風沙回首尚魂銷孤篷對雨聞
成味字句求安細細調
有巴山夜雨之意

木田詩鈔卷六全

木田詩鈔卷七目録

古延張丕揚北溟著

木田詩鈔卷七目録全

木田詩鈔卷七

古延張丕揚北溟著

五言排律

賀全椒吳萬春世兄入學

奕奕延陵系，翩翩上國英。一經承世澤，首甲著家聲。（令曾伯祖國對前戊戌探花，令叔祖禹辛未榜眼。）年比終軍麗，神同洗馬清。廟廊儲俊彥，黌序兆飛鳴。文價千金購，才名四座傾。驊騮初騁足，鷹隼始高征。振藻驚行輩，揮毫敵老成。高堂流遠慶，末戚藉餘榮。竊以潘楊好，還思孔李情。（令祖梅村公與先君同丙辰榜，余三男締婚高門，爲君姊丈。）禺科君故物，翹企我私誠。指日句臚唱，應傳第一名。

流轉一氣，化排偶之跡。

九月十日宋明府招集縣署賞菊擘蟹（得六魚）

不盡登高興，琹堂再燕譽。秋光倍照眼，酒氣尚霑裾。寒蕊英全綻，霜螯腴有餘。列屏成錦幄，斫雪勝冰蛆。香聚移盆後，鮮如出簖初。陶潛應不負，畢卓幾曾虛。晚節真堪賞，珍肴豈易儲。主人情爛熳，座客意軒渠。揮翰情懷愜，持杯逸趣攄。祗慚非賦手，

搔首獨躊躇

確是九月十日句而意興更超

次答姚莪士五日讌集原韻

藕門指趣遠今日見孫登高比孤騫鶴澄如入定僧忘年叨末契㕑别喜良朋人擅無雙目詩叅最上乘清言王屑墮藻思錦霞蒸允足砭聾聵還宜醒瞢騰遥情自今古人事任沉升絶業君堪荷樗材我鮮能舉觴當午節速客自晨興親串三年話

余叅葭莩之末

軒楹一夕燈但求真賞合豈畏世人憎哀

些悲空逝恩榮笑未曾雖然留奕禩孰者辨淄澠淼淼将安問茫茫詎可憑肯從乾蠹老漫語夏虫氷不盡平原興孤帆下海陵

取徑自别尤多警句

壽季冠青五十

介壽值花朝佳辰樂事饒嫣紅紛着樹新碧嫩抽條鳴鳥歌筵佐飛英舞席飄延陵推雋望渤海仰音昭里第烏衣舊文詞白雪標工詩庭訓素學易聖功遥更喜椿萱茂還看蘭玉劭綵衣三世慶康樂百年要純嘏誰能及真榮豈易邀酌君君引滿即此是松喬

一洗常語

木田詩鈔卷七全

木田雜著文鈔卷八目録

古延張丕揚北濱著

詩餘

論

序

文

贊

題詞

書後

木田雜著文鈔卷八目全

木田雜著文鈔卷八

延令張丕揚北溟著

賀季根安令郎合卺 調寄春光好

蟾彩滿雁報賡菊卮清良夜珠樓迓玉軿羨雙星
才子延陵雋妙佳人譙國幽貞更喜高堂方介
壽進瑤觥

清超矣而豔彩自存

封彥超招飲 調寄清平樂

小春如夏 是日暖甚 情暖浮盃斝半載幽憂空傺侘喜
得今宵清暇 黃花照眼猶新霜螯入饌稱珍良
會佳辰好友肯教負却芳尊

風味絕似辛稼軒

題季蒲徵張僊圖 調寄天仙子

霭霭祥雲萬朵紫卓立真人冠劍偉殷勤抱送天
上兒麟之趾鳳之觜陰相德門螽爾祉 珠顆玉
芽芬蘭茁電轉雙瞳照秋水桂林攀得郤家枝象
賢美克問喜緝緝繩繩從此始

灩灩洒洒又脫盡詩餘習徑矣

論兄弟 癸未正月五日雨中漫筆

五倫中惟兄弟為難處蓋君臣以義行父子以恩
合夫婦居室憂樂相同朋友論交報氣易應獨至
兄弟則體本合而實分跡已疎而仍密朝夕相共
有無相形日用纖悉之事豈能無言家庭居處之
間未免率意或父母有偏愛之處則怨憤易遷或
妻孥有詬誶之詞則猜嫌斯起此非大識力大學
問人未有能處之而無失者是故脊令之歎角弓
之刺古人於兄弟之際三致意焉豈不有感於天
顯之不易敦而傷枝撥本之痛雖在賢豪或往往
不免乎然則處兄弟之道安在曰惟在克己所求
乎弟以事兄而未能所求乎兄以友弟而未能此
克己以恕之道也但求我之所以事兄而何必責
之弟但求我之所以友弟而何必望之兄此克己
以忠之道也我唯盡我之事兄者而兄之待我則
聽之我唯盡我之友弟者而弟之待我亦聽之此
克己以誠之道也兄即未必盡友而我之所以事
兄者不敢衰弟即未必盡恭而我之所以友弟者

不忍懈此克已以敬之道也行之以恕積之以忠出之以誠守之以敬能此數者而其於兄弟也庶幾矣嗟乎末俗悠悠天親誼薄兄弟之際至今日固難言之矣而余尤有慨者人既鮮能盡友恭之道而世亦不願淂能友恭之人間有一二兄弟式好者反指而笑之曰諂曰懦此等議論出真所謂天理澌滅良心淪喪江河日下而不可止矣信若所言則夫世之同室操戈蕭牆搆閱者必且稱之曰有骨氣有膽量相與歎美而效法之耶嗚呼是何言也歟吾故願世之為兄弟者實能各盡其友恭之道而尤願世人於兄弟之能友恭者毋譏笑而非議之也

至性過人故能言之痛切

送石長吉北歸序

朋友離合之情聚散之感人生之最不能堪者也然其時有久暫之殊地有遠近之異是故悵一日於三秋嘆河山於几席昔人於朋友之際蓋惓惓三致意焉渭北江東楓林梁月猶不免形諸慨寤而發為詠歌而况惜別當番白之年分手去千里之外久合而離一散而不易聚者乎未免有情又烏能默默於此耶長吉世兄自丁巳就婚南下因僑居吾邑邑之人士既喜見王謝風流之蘊而久與之親君亦樂吾邑風土之淳朴而相與安之荏苒三十年蓋將以并州為故鄉矣今以丁亥春忽欲挈家而北治裝已具始以告人蓋其歸志决而其勢不可以復留也獨計君之家去吾邑四千餘里中間歷齊魯燕趙而東抵山海之関其遼遠阻絕固非可以朝相思而夕命駕者且君之歸方將修廬舍治田園為長子孫之計安土重遷非以仕宦故必不肯輕出或出而仕矣而不在吾南土則會晤之期正遥遥未可必也是豈猶夫泛然之離

合聚散而已乎憶　先君子自己丑歲受知　令
祖少宰公之門與　尊人主政公敦通家孔李之
誼數十年未替今兩先人皆下世而余與君幸得
天假之緣半生聚首結心念昔情好勿諼乃一旦
揮手遠去知己天涯之感既黯然其欲絕而追念
先人三世之好從茲永隔尤覺嗚咽不能成聲也

慷慨激昂似送董邵南頓挫跌宕似序
江鄰幾文集昌黎廬陵兼而有之矣

祭　先考芝園府君痛述

嗚呼吾　父竟舍不孝而長逝耶不孝早歲失恃
煢煢無依時吾　父遠客京邸倉皇南下既撫不
孝而痛哭矣復煦顔以多方鞠育之嚴父而兼慈
母縷縷苦衷不可殫述到今近三十年父子相依
未嘗頃刻離也吾　父自丙辰通籍後淡於仕途
十載家食絕跡干求乙丑冬始赴部謁選而幼弟
哀揚忽以痘殤不孝方以保護未周深自痛恨吾
父乃無幾微動色曰果我兒自不當死我何悲

乎雖復强為笑語然不孝微窺之其神傷矣吾
父不言也不孝因心知之矣嗚呼痛哉吾　父少
負大志屢困公車潦倒半生始博一第嘗語不孝
曰我有未竟之志汝其成之言訖輒欷歔感嘆意
有在矣而不孝因循徵逐虚度歲時鞭策不前頭
顱如故吾　父之期許不孝者今竟何如耶不孝
尚可以為人乎嗚呼痛哉吾　父天性孝友毫無
矯飾　祖父母見棄後兄弟同居晨昏聚首壬戌
冬季父以疾謝世脊令之痛五内崩摧而吾姊尤

屬愛女然先一歲以中風暴卒此吾父第一傷心之事不能告人者凡此皆銷鑠精神虧損元氣之漸也其誰知之乎吾　父稟賦素强聲響朗朗若洪鐘步履輕健不讓少年脩眉長髯人以為期頤之相獨有痔疾垂五十年視為常病無大害已已夏補缺西清一席吾　父以　君命不敢遲冒暑兼行疾趨辦事積勞之餘舊疾舉發未數月即乞歸抵家五載雖加意調攝猶時發時止不孝因心憂之孰意去冬十月疾忽大作不可救藥矣淹

滯經年終致不起嗚呼痛哉吾　父年逾七十不可謂不壽讀書成進士志亦不為不遂服官雖未得顯秩然幸叨清禁侍從之列亦不可為卑使再得優游數年樂泉石之清閒觀諸孫之成立親朋情話歌詠太平俟髮禿齒落猒棄人世之時然後逍遥無為乘雲而至帝鄉庶令為子者無所遺憾奈何一旦遽舍不孝而逝也嗚呼痛哉吾　父易簀前二日呼不孝至榻前命止湯藥且諭之曰吾一生坦白上不欺天下不欺人自少至老終不變

節今則視死如歸絕無留戀兒凡事自能善承吾意吾無遺囑也嗚呼痛哉不孝苫凷餘生勉就食息從此刻苦自勵教育諸孫五叔父精力尚健自後事之如事吾　父也兄弟雖各圖分居仍自聲息相通懽好無尤也至親密友凡平日之往來交遊者仍時時修好不使疎間也蓋必不敢稍改吾　父生前之事貽吾　父泉下之憂吾　父即無遺囑而無形無聲之視聽不孝敢不凜凜也嗚呼痛哉

一片血誠悲酸刻骨是孩提時哭訴厀下語

祭元配季孺人文

嗚呼。孺人之生於世也六十有三年。其歸於余也。四十有七年。而今之辭人世而長往也。又四十餘日矣。音容日遠。悲感愈深。傷林鳥之分飛。慟哀猿之失侶。余不能為漆園之達。又安能已於懷。今之哀哉。夫死生亦數耳。余獨悲夫孺人之不宜死而竟死也。且死生亦大矣。余又悲夫孺人之不意其死而忽然以死也。以孺人之賢且孝慈而惠也。親族稱之。閭黨稱之。其心地光明而坦白。其行事寬厚而和平。無死之理者也。以孺人之神明完固。年

林田雜著文鈔卷八　九

高而體康也。天若默相之。人亦私願之。雖屢險其如夷。或瀕危而不殆也。無死之機者也。無死之理而今則竟死矣。無死之機而今且忽然以死矣。所謂天道可問耶不可問耶。所謂人事可料耶不可料耶。嗚呼。百年瞬息。身世靡常。人第見孺人之子孫繞膝。夫婦齊眉。無飢寒之迫。體無拂逆之縈。心謂其享安樂而鮮憂患也。乃孺人則有大不得於中者。蓋他人不知而我獨知之。孺人亦不言而我

能代言之。始欲相夫以成名。而余則才短數奇。困頓潦倒。迄於無就。今且廢書而歎矣。繼望後嗣之繩武。而諸子年皆逾壯。因循荏苒。未能飛黃騰達以慰母氏之心也。是皆其脉脉而神傷者也。丙戌之秋。李媳產亡。庚寅之秋。季媳瘵死。至戊戌夏。尤有難為情者。一月之中。吳媳顧女相繼而歿。創鉅病深。摧心飲恨。人生柔脆。何堪此銷鑠乎。去春三男北上。初亦不忍其遠離。既而念其喪妻失子。入室無依。乃聽其去。猶憶臨行時。含悽制淚。執手送之。曰。勉矣。吾兒勿使我為王孫氏之母。詎意分袂

林田雜著文鈔卷八　十

之辰。遂為永訣之日也。今則踉蹌南歸。擗踴匍匐。拊棺號哭。一慟幾絕。人世慘毒。無逾於此矣。嗚呼痛哉。孺人居恒常言。人死則死耳。安能展轉床第。呻吟痛苦。坐活地獄耶。初以為漫言耳。而今者飲食談笑。揮手灑然。乃信其果然矣。身後三日。顏色不變。舉體和柔。俗所謂好處生天者。然歟否歟。顧余老矣。衰病之軀。常慮溘焉朝露。宜其先孺人而歿。而孰知孺人反先我而歿耶。牧犢子雉飛之歌

自以為不如禽鳥我今亦猶是矣傷心觸目踽踽奚從為詠同室同穴之詩行當相晤於地下孺人其姑待予爰率諸子哭奠一觴靄如有知庶其鑒予

展轉敘述無不情至

祭顧頡研太史文

嗚呼死生亦大矣茫茫宇宙間鳥獸草木之為物衆人之為人固日生且死於其間此理之恒然無足怪者吾獨不解天之閒世而生一人既已不同於鳥獸草木衆人矣胡為既生之而又遽死之且使其為必不可死之人而竟死之又其時為必不可死之時而忽然死之如吾姻翁先生者則豈非天心之不可問者歟先生少稟異姿承家學於書無所不讀醞釀含茹發為光華詩歌古文詞膾炙海內制舉藝直登作者堂奧以甲戌成進士 廷對第二人讀書中秘文章科名之盛為淮南百五十年所未見蓋真閒世而一出者也中間家居者八年壬午冬復入館辦事濡毫珥筆仰贊 高深史館講筵恩施隆渥既擢文衡於全楚復留校士於禮闈 天語褒嘉 御書頒賜君臣遇合之際亦千載一時矣先生既感殊知力思仰答泣楚之日即進多士而告之惟期以文章報國氷心玉鑒一時方面大吏及諸寮屬亦無不共諒其誠而敬

畏之者行將次第鼇舉蔚然可觀孰意受事甫兩月而遽赴玉樓之召耶嗚呼世之豊於才者往往嗇於遇倖而遇者或不免詘於才才而遇矣又未必人之共稱之也蓋是三者天若鄭重而不以輕畀而尤難萃之一人之身令先生負奇才遭寵遇享大名倘再假之以年其所設施殆未可量是真宇內不可死之人而所際之時亦誠有其不可死者吾不知天果何意而忽死之乎悠悠者將誰問哉猶憶午冬北上時余送之天寧蘭若執手流連

杯酒欵洽惟以兒女婚嫁事相囑且訂余入都為王貢之慶諄諄懇懇若有不釋然者珩喜甲申春弱息于歸粗了向平之願嗣後屢接手書相招余以事蹉跎里門脂車未果迄今五載遂成永隔冥冥之中負此良友矣嗚呼悲哉先生雖處貴盛而欵欵自下春風藹然無異韋素與人交洞見肺腑閭黨姻婭休戚相關而於余尤甚以視世之藉父兄勢力倖取一第而遂夜郎自大攫親故財物反眼若不相識者其相去為何如耶令先生雖沒而著述傳海內聲譽滿朝野諸嗣君皆英絕領袖不墜家聲仲君吾壻也且生孫矣玉樹森森蘭芽復茁轉瞬數年間必有克紹先業而光大之者是先生雖死而有不死者存豈與鳥獸草木衆人同歸於盡哉人定勝天夫亦可以無憾矣神其有知其以余言為然而陟鑒之乎

神骨得之眉山至後幅更覺感慨淋漓

祭范母吳太孺人文

繄高平之望族兮實派衍於吳門沐文正之遺澤兮由累世而敦仁天錫華宗以蘇昌兮德音來括夫德門咏淑質之好逑兮景懿範於延陵梁孟其將再覯兮恒唱隨以如賓事舅姑而盡孝兮禮無缺於晨昏相夫子以持家兮躬搽井臼而維勤合上下而遵禮法兮企鍾郝之典型爰產荊山之連璧兮均堪為王國之英丸其熊而畫其荻兮以慈母而兼嚴君故皇天之無親兮惟有德之是馨俾爾昌而爾熾兮或為薛而為荀壽考遂踰八袠兮矍鑠逈異乎群倫如齊賢之壽母兮耄耋而不衰其神明洵萱幃之人瑞兮里閈咸稱為善人言規而行矩兮返樸而獨存其真大德允在於育嬰兮體天地之好生以此事親而家修兮謂萬石之復見於今仲君長材而遠馭兮展驥足於雲程掌綵綸而叅密勿兮聆　天語之常溫忽受日之孔亟兮廼悃切以陳情棠乞身之見許兮辭　丹陛而旋輪喧鼓樂於高堂兮捧　鳳誥以榮親並棣萼

以扶輿兮羨佳氣之充庭舞斑衣以娛志兮將八千以為春毋開顏而解頤兮復含飴以弄孫謂上壽之可期兮何忽駕夫霧輧值白帝之謝職兮輒厭棄夫塵氛豈雙成之敦廹兮即伴阿母於崑崙悼母儀之不再兮里巷亦助其悲吟矧葭莩之是託兮淂不聞訃而涕零悵驂鸞之遐逝兮徒搔首而逡巡謹載拜以摛詞兮束生芻而少伸盼寥葛之神爽兮庶俯鑒乎愚忱

錯落於邑
江潭遺音

結駟以遊市上則辟人並轡清華特推乎隴右閥閱首冠夫淮南謂宜萱草長榮胡乃晨風驚墜嗚呼丹砂有術難言換骨之方菊水無靈未是延年之藥鮑姑井竭三湘之衆水崩流天姥峯摧五岳之群真失位然而重封屢錫 九天已頻下綸章令子文孫百世將永綿俎豆自應展顏而謝塵世亦可含笑而赴瑶池矣某久叨劉盧之世親又忝朱陳之永好纏悲奚極揮泪尤多爰率豚兒聊陳雞絮

駢麗中更有流逸之氣才兼庾鮑

祭李母于太恭人文

鳳凰之管既已裂於雄雌龍雀之環又復分其子母月妃霧斂陰教難忘星女雲沉坤儀共惜是固里巷之所同悲而姻戚之所隕涕者也太恭人金沙望族駟馬高門朱軒七葉文通武達之家貴里三條佩玉珥貂之第徽柔早譽孝不待教而成淑慎咸稱德固因心而具春蠶館上幽閒有合於風人夜綉窓前詰誡無煩於師氏暨歸我淂翁年伯也雅叶彈棐之韻龍首相莊聿修舉案之儀鹿車同挽燈前伴讀相夫子以成名堂上承懽事姑嫜而養志當得菴公翺翔廊廟則同心黽勉襘褕近日月之光及淂菴公嘯咏林泉則白首相莊巾幗帶煙霞之氣乃更辛勤自勵榮貴不驕身敎荆布之風閨門穆穆室有螽麟之化羽趾振振由是熊荻維勤遂見芸臺競秀比河東之三鳳翽羽同轂較日下之八龍風雲思奮轡頭珥筆名高玉筍之班虎觀儲英籍著金閨之彦凡諸子弟是樹皆瓊維彼曾元無林非玉鳴鐘而食階前則國器駢枝

陳立菴行樂圖贊

太卭清門於陵高轍曾無俗塵身有仙骨尋幽擷芳青鞋布襪意念深矣誰能言說商山嵯峨澧波潋潋涸跡牧樵遊神雲蜺展卷逌然妙繪髣髴

筆勢嵯峨

題王桐孫花鳥絶句百首

千秋詞翰館號辛夸一代風流姿誇瓊樹籍著鸞坡最早杏花與紅綬齊妍人登栢府方强驄馬共青袍並重而乃閒居有賦歸去名篇鳶飛魚躍之衷在在皆逢真趣傍柳隨花之樂時時自露天倪暉庭喜萱茂於三春雲路快駒馳於千里於是卉香鳥語觸目成吟水面枝頭賞心琢句昌谷之錦囊滿貯詠物儷才文通之綵筆常濡寫生妙手補海志山經之未備披沙而得碎金繼齊諧爾雅以成書啟篋而驚鴻寶覺羅虬艷語故自遜此清芬彼王建綺詞詎足方其博雅三旬吟嘯百首流傳洵哉藝苑笙簧允矣騷壇鼓吹

戛玉敲金鏤金錯采洵足登徐庾之壇

題何秋山蜂情集

白傅風流，傳楊柳櫻桃之句；端明放達，有冰肌玉骨之歌。蓋我輩鍾情，原不隨雲馳水逝；縱詩人老去，肯令其響寂音消。秋山先生少負奇才，生多逸興。滄江歸卧，英雄氣短而兒女情長；華館高吟，綺語難除而艷思有寄。漫云柔腸成百結，敢辭狂浪之名；頗向花間活一生，甘逐燕鶯之侶。蜂情名集，猶思筆底餘香；泥絮思飛，我亦風前增慨矣。

累香砌蕊花花
相對葉葉相當

戲增妥園題詞

開奩布子，終朝不滿數枰；喝雉呼盧，百萬止供一擲。文士有藏鉤之戲，王孫競蹋踘之場。射覆頗類於閨人，意錢乃同於雉子。未若南唐金葉，繪作千花；北里牙籌，鏤成五采。既良工之設色，亦好手之裝池。取數固多，呼名復異。夫人錦繖，飛白羽於輕蹝；壯士鉄衣，耀綠沈於側理。占三十六宫春色，猶餘綵勝雙雙；比二十八將雲臺，還賸巫峰叠叠。消磨長晝，頼有此君；排遣良宵，更須何物。由是吟餘

輟管，飲罷停觴，暢我奇懷，撰斯盛舉。簾垂翠羽，梟一縷之沈烟；几據烏皮，晃兩行之高燭。森然按部，寂若銜枚。據楚漢則人畫一疆，演龍蛇則圖分八陣。莫不出奇掌握，爭勝毫釐。倚長劍以決雌雄，拔螯弧而揮天地。躍龍門者類鮫客之獻珠，探金穴者似晶宫之得寶。蝦鬚倒捲，妙絶誰論；蝶翅雙飛，自然成趣。散花奪錦，何勞却暑之冰；對坐比肩，不待辟寒之玉。信是埋憂有地，漫云蠲忿無方。一旅一成，也堪逌爾；百戰百勝，亦復欣然。又奚止誇下

蔡之千金博如皐之一笑而已哉時則酒樓花市永日相將水榭山亭伊人宛在客不速而自至興遄飛而愈長端合隨身那能去手至若鄉心黯淡望雁字而不來旅舍寂寥覓松醪而何有欲除孤悶須縱千場可娛才士文心允稱雅人深致此妥園主人所以平章風月抒厥兎豪圖寫丹青譜之虆簡也或有大人先生目為刻楮費功畫脂損日將欲絕頑朋於户外投博具於江中斯則寂爾寡歡嗒焉喪偶何怪方枘圓鑿之不入良亦好竽鼓瑟之難侔然而流水不停行雲靡繫適情玩物未必沉湎一生行樂及時何妨游戲三昧乎且夫井公負博乃洞府之閒情玉女投壺亦神仙之韻事奚為自苦遑恤人言麋鹿之性不移昌歜之嗜斯在公且休矣自成北海之清吾將湲之勿詒南風不競

義取以譽為規筆則雲蒸霞蔚

題季蘅皋邛関草

隋苑煙花千載供騷人之筆竹西歌吹他鄉驚久客之心況湲昆季聯床近淂句於池塘春草且也良朋契闊遠寄觳於天末涼風對景懷人撫時感興此蘅皋先生之所由欝勃於中不能自已者也嗟乎蜀岡迢遞邛水清漣入眼有一抹紅霞関情在二分明月抒羇旅之幽懷託深心於毫素覺蕪城一賦不數鮑子當年彼東閣高吟豈讓何郎獨步乎

二十四橋明月城鎖東風十三樓外深春寬鎖芳草讀此序覺瓊花楊柳踪跡雖湮而禪智山光烟嵐未改也

書季茶圃十好詩後

蘓子云君子寓意而不可留意明乎留意之足為病也夫意無所留則必一無所好既有所好意安能不留唯留焉而若寓斯好焉而不足爲病若吾茶圃先生庶幾近之矣先生從澄汰洒落之餘有光明洞達之趣無所好且可無所不好十者其寄焉耳蓋自生平以文章朋友為性命之事而時寓諸蒔花瀹茗繡床竹槳之間陶冶靈府而抒寫者胷次淂意見之詠歌洋洋灑灑怡然曠然盖先生之所好者道也寓焉可留焉亦可子皙之莫春沂水明道之雲淡風輕其大意唯先生淂之是又蘓子之所未及矣

蕭疎淡遠淂雲林畫意

木田雜著文鈔卷八全

映日堂詩

（清）王令樹 撰

《映日堂詩》六卷，清王令樹撰，據南京圖書館藏清康熙刻本影印。

王令樹，字樹人，别字桐孫，江蘇泰興人。康熙十八年（一六七九）進士。初授四川富順縣令，擢禮部主客司主事，改授山西道監察御史。時監試被論，令樹疏上獲免。朝野服其誠樸。以終養告歸，鄉里稱其孝行。

令樹有齋，名映日堂，故其集名《映日堂集》。令樹工詩，尤擅五言律詩。是集爲詩集，分古體詩與近體詩，前者爲五言古詩、七言古詩，後者爲五言律詩、五言排律、七言律詩、五言絶句、六言絶句、七言絶句。前有李國東題辭，言：『其詩取法盛唐名家，淺深合格，濃淡中度，不爲詭異，不入卑庸。』《次韻答蘇尚源》中『舉頭江月明，寒霜蓋古瓦』，《迎凉》中『殘暑不知處，心凉曉自迎』，皆可看出其仿唐代名家之痕迹。令樹爲詩，或讀書題畫，如《讀史》《題季鳳起萬里濯足圖》，或寫景寄情，如《陶園》《落花》，或唱和應答，如《和李蒟谿寧陽見寄原韻》《答何秋山》，或贈友送别，如《贈季才一表兄》《寄吴瀛川》。五言律詩、七言律詩二卷多爲其行旅途中所作，如《過大佛巖》《舟過巫峽》《武侯祠堂》《吴陵歸舟作》，讀之可知令樹生平歷經之地，亦可隨其欣賞各地風光。七言絶句一卷最有特色，詩名多爲花鳥獸蟲之名，如《棠棣花》《鷹》《鹿》《蜻蜓》等。令樹雖沉滯宦海，然心懷林泉，依題而作，托物言志，數十種動植物之姿一一道來，使人讀之彷佛置身山林之中。

（耿陳陳）

余交桐孫自其成進士後憶兩人同赴焦山舟中桐孫出其官稿及臨場藝示余余爲分别贊賞兩人皆抵掌稱快及入山余出所選程墨文復示桐孫桐孫爲余分别去取兩人又抵掌稱快于是知桐孫眞能文及桐孫官蜀之富順政成擢部曹需次候補家居日與里中同社從事觴詠閒從郵筒中得其詩詩輒工而惜未多見今年自　京邸寄余全集流連把玩既獨賞之又與同學數子共賞之始知桐孫眞能詩吾郡詩人甚多其作者首推禾蕉穫吴陋軒王西齋次則蔣前民及家從叔壺公盡就凋謝存者僅喬東湖及卓鹿墟輩寥寥一二人其他自標風雅赤幟不啻千百爲群宗初盛唐則膚淺平熟生氣索然學晚唐宋元則纖靡怪僻不求工于意惟詞句新巧是求此兩家如牛李洛蜀分黨互相訾詆要皆剽竊皮毛全無性情故人謂詩至今日而極盛余謂詩至今日而漸以亡矣哀哉蓋自西齋諸子亡而詩與之俱亡也桐孫天資最高又襟懷灑落無流俗齷齪態其詩取法盛唐名家淺深合格濃淡中度不爲詭異不入卑庸寫景即事皆有至性至情寓乎中自蕉穫陋軒西齋外不多讓也桐孫雖沉滯宦海然詩中常繫懷林泉不忘浮雲富貴之意倘能脱屣一官歸而從容歌嘯上溯三百篇漢魏源流下逮三唐宋元得其旨趣所在必能共蕉穫陋軒西齋爭千古豈止高視時輩惜乎吾老矣不能待桐孫歸講求古人眞面目而兹事惟桐孫能知之世俗所謂詩人者舉不能知之吾故獨樂與桐孫言未敢爲僞三唐僞宋元人道也乙酉夏又四月七十老人大邨李國宋題

映日堂古體詩

五言古

古延　王令樹　桐孫甫著

遣懷

我父去秋日奄忽與世辞泣血苫塊間商颷復我吹吹我胡蕭瑟入戶還褰帷顏色憶如昨言笑不可追萱草雖忘憂高椿無禁枝是物有終盡吾生御永悲傷哉東逝波浩蕩靡還期

生無權奇骨濫充沙苑羣幸巳謝伏櫪安得辞犇壓載符西入蜀叩關東越秦心驚九折坂足躡萬

里津龍湖此接壤驟裹罕比倫如何泛駕姿亦得儕浮雲悠悠歲月遷斯意嗟誰陳

黃鸝來翩翩春風吹巳暮晛彼睍睆音傷此津堤樹綠陰日以繁韶華日以去簧舌啓厲階金衣遭世妬高鳥止崇岡俊鶻盤雲路藏身得所宜庶免飛丸懼

鴛鸞集上苑鷞鷫滿河洲飛鳴豈不適虞羅惧見收闇者昧當機君子退急流行芳每見嫉言出動招尤巖廊雖足貴何如守林丘仰視高天雲富貴非吾求

長安多貴豪雲霄列鴛鷺千金買一裘百金供一箸秘閣環綺羅僕御揚塵霧騰踔升天衢當年一徒步古人重持盈日中滋戒懼竹籜亦可冠野蔬亦可茹盛滿壓隱憂清約保吾素

築室傍東偏陰雨曾未了結構豈云侈綢繆須及早頗厭浮名役思却塵世擾婚嫁畢何時百事亦草草聽雨植高桐窠陰分密篠良朋恣詠諧午夢尋幽窅萬慮付青冥徜徉以終老

黃河挾飛流東下疾於矢莽莽灌清淮犇雷欲裂耳一夜十尺高城頭唧舸尾郵人臥江濱俄聞嘆

不已澤國胥波濤鄰壤憐桑梓出郭見來牟半插平田水搔首向蒼穹亟候朝曦起

造物豈不仁阻饑胡屢告蒲版暴厓歴青兖憂積潦　皇王厪宵憂神奸敢夜嘯傷哉此黔黎恐爾化羣盜吾鄉瀕滄江去秋雜豊耗一飽荷天私百年誰能料但得給新芻端居從吾好

題季鳳起萬里濯足圖

帝鄉不可羇城市不足履俯仰託幽踪緬此前溪水雙柳挂渡頭羣魚戲沙尾一竿手自攜獨釣扁舟裏看君年甫壯雄姿罕與比跨馬入燕秦長抱

端居恥如何滄洲湄襟期乃復爾高風自天來浪花蹴文漪放浪亦偶然時至投綸起

季冠青朱海士張云吉李烟圃尹白巘新與兒子新猷新銘會文小齋即事柬季茶圃李陶園

曉夢破隣雞披衣仰冲漠燦燦雲漢間衆星何磊落取次來羣彥薰風吹幃幙分題同鎖院列坐互紛錯玉以石能攻木以斤能削妙理出微吟精言須宾索諸君各少俊意氣相凌爍韓彭交比肩安分強與弱相與壁上觀顧此久驚愕篇成還秉燭

賞心多傑作兒曹愧駑駘一飯慚藜藿霽色夜更清江月炤杯酌翹首覩龍精橫天發霜鍔

飲階亭水閣

日暮繫輕舠聊憩橫塘曲垂楊夾道斜上有幽人屋相與具壺觴列坐燃華燭烟景不可辨窅然同深谷俯檻聞流泉彷彿波紋淥儕輩一開顔而我傷幽獨此地我舊遊語笑相徵逐素心人半杳流光一何速陰砌語寒蛩空梁飛老蝠主人昔少年相看頭半禿百年如逝波把酒增遐矚

示兒子

小鳥能催耕候蟲亦促織物族不遑處况躋斯人列我昨向田家作苦靡休歇篝簍祝秋登筥筐勤夜績生計躭晏安何以供朝夕

鶺鴒稱善爭蟋蟀亦健鬬物命抱區區胡乃矜勝負當其鼓翅時相視引長脰須臾判雌雄一蹶不可救君子貴懲忿斯言應三復

同夏庭木渡江如棠邑訪汪舜來孚仲

明發偕良朋早鼓渡江檝瀲灎滄波清參差晴岫列須臾登北岸行行向棠驛墟野沐秋容平楚延黛色江城忽在眼風物念疇昔白日漸以西凉風

迴井邑中有素心人執手情翕翕剪燭話離憂秋陰吟蟋蟀

藏髮菴棠邑朱孝廉嶽青爲其先人靜之先生建也國初有薙髮令先生遵王制益切孝思以所薙髮囑婦藏之沒且納諸棺孝廉哀父之志建菴墓側因以藏髮名焉

緬昔定鼎初赫濯輿王度棠邑接舊都朱公此流寓朝下薙髮令啼笑雜道路　王制罔敢違毀傷得無懼惻惻語妻孥哀哀念恃怙千行黯不收萬縷密相付謝豹血終殘寒烏號亦暮啓篋視猶新

葢棺事已故令子眞孝廉結菴依父墓命名曰藏髮以矢終天慕落葉下驚飇高松滴寒露氷霜天地長風雨鬼神護疑睇牛山巔孤雲自來去

劉卓崖約余惜園看菊余久待園中不至因適他所卓崖以詩見嘲作此解之

劉郎嗜看花種花無善處買菊寄惜園邀我治酒具我來日已斜劉郎尚未赴童子啓園扉坐久復翔步俗慮遽已捐幽意忽逢故善領此中旨何妨來復去須臾仍回策劉郎已得句謂我去何急悤渠來已暮大笑旋命酌清言愜情愫秋月淨纖雲

繁花濯寒露行止付自然天地一旅寓相期後會來劉郎勿再悮

輓汪太君

翩翩彩翼鳥雙雙集屋隅雄者甦霜風雌者哺其雛厥雛漸以長哀哀念母劬豈無凌霄翮不肯離庭除繚繞庭中枝啁啾同夜烏

又

老梧紛偃葢上有儀鳳巢育雛既繁衍其中無凡毛養翮待天風會見凌層霄庸知氷霜內宵旦孤凰勞翩羽來孫枝吁嗟丹穴高

讀史

東漢矜名節矯矯陳與荀高蹈邁流俗屢世傳孤清太丘弔張讓荀氏婚唐衡浼迹豈云汚胡乃締姻親彧也王佐才阿瞞非漢臣用操爲操用竟以亡其身

又

子房報韓仇博浪奮一擊擊秦雖不中十日索不得劉項方戰爭三子曰人傑韓侯固見烹相國亦就執功成願封留知退乃其術緬彼赤松遊千秋仰明哲

出門雜咏

江雁戢其羽呼群起汀沙黯黯春風暮飛飛夕日斜問彼將焉之云歸滄海涯余方偕北征襆被翻辞家所志毋乃殊道路重咨嗟

社燕營其巢巢成良亦苦育雛華屋閒晨夕事哺乳期共高鳥翔肯與暮雀伍引之飛且息不離棟與宇我今出衡門能勿憂風雨顧茲巢中雛願言護毛羽

何子不忍別乃復登我車行藏非一轍茲意將奚如亡何江雨來淅瀝沾衣襦深泥困短轅不得勝

馳驅馳驅雖不勝歎笑自有餘古人離別意所重在斯須不見林中禽飛飛亦有徒謂秋山
灼灼夭桃花接目若錦綺如何失故態溟濛烟霧紫方春事北遊塵沙幾千里行與兹花別蕭蕭雨聲裏沽酒坐深宵宵闌雨亦止明發更登車判隔從今始

題搔首問天圖為范心淵悼亡作也

千載王夫人招致彼何術魂來隨寒烟魂去浮皓月慘淡桃杏顔銷歇蘭蕙質文成骨且朽芳魂詎再得蒼蒼迥不聞脉脉向誰説

為蕭子穆題尋秋圖

行藏無定轍為歡豈待時大塊孕靈妙智士善推移蕭郎濟世才卷舒罔不宜烟景變層岡霜風昨已吹采采東籬花行行南山陲短策恣幽探錦樹紛離披聊自謝塵鞅匪曰效頼箕時至賦澄清攬轡抒襟期

豐臺閱草主客司掌賓客馬駝每歲暮春有閱草之役

侵曉振衣袂相將出郭門遂臨冀北野恍入江南村汙田出藕板荒畦餘稻根林禽向我喧蹊花靜不言迨迨越阡陌歷歷見寢園行行重嘆息脉脉傷精魂小憇向琳宮斯心疇與論
近樹鬱參差遥山亦窈窕初作　帝郊遊不及春光早春光暮亦佳落花風自掃而我向田中閱彼青青草職守方在兹于役身將老
廄馬方伏櫪弗克騰康莊縱有軼塵姿疇能識其良驅之向中埜青芻苦未長春風不借力需遲亦孔傷俛首一長嘶悲風起牧場

送二五道人隨程武岑出守之天雄任

我聞神仙流出處不一格茅峯彼何人旌陽自貴客龍虎抱中宮雞犬亦拔宅先生聞道者程君豈

凡骨采眞自有徒還丹須有藉不假金幣資那躋松喬列
白日漸西頽狂瀾復東倒我未入艾年容顔亦已槁江上偓佺徒相見苦不早道書發幽秘愚者那能曉大藥許見遺將使宿痾好藉爾返林皐矍鑠尋田老
曾無出世想獨慕陳希夷五龍有秘授一臥無盡期余亦睡鄉客枕簟常自隨導引昧善術蒙寐翻迷離君倘華峯遊為我一叩之不見獨醒人空貽流俗嗤

送封元李之任猗氏

昨歲甫王正單車爰至止春風剄一載綰綬戒行李高軒何崢嶸相望青門裏華膴何足論抒抱自今始卿雲滿　帝郊紖縵越千里崒嵂中條山澄泓潙汭水斂勉赴王程民社端依倚

同學昔少年忽忽頭半髡乞米偕長安終宵話苦辛余昔宰江陽殘黎乏撫循今邀升斗糈將母意未伸君也迂逢時十踏京華塵蓕兹名勝區庶以展經綸培風上層霄瞻視俯八埏行矣荷貤封先酬罔極恩

氷霜萬物摧雨露百草滋自昔擊斷吏何如子惠師猗邑號衝要民力亦易疲儉樸其故俗頑梗詎本姿君負經世才兼具愷弟資震動令民畏長養令民思上世有郇侯謳誦傳風詩

七夕曝衣

又值曝衣日莫曝別時衣別時母心苦縫衣在深幃愀然向我言未言淚已揮出門汝亦得祿養世所希汝父去泉路傷哉萬事非青鏡鑑素髮久矣無光輝況汝性迂拙恐復與世違會當守蓬門旦晚相因依時嗟此衣敝念我何時歸

憶我園中四首

憶我園中柳二月變青絲春風從偃仰朝雨含悽迷故人欸戶來黃鳥時一啼昨出彰義門幾樹留津堤車馬何煩多扳折愁東西

憶我園中竹亭亭閲氷雪翻春燕子來迸地龍孫坼蔓影曳風枝清響滴露葉渭川不可期嶰谷何能即此君一睽違飈塵盈几席

憶我園中桐百尺承炎景微香墜露華稠陰漏月影坐使棐几清翻怯桃笙冷亭午軒櫺幽清宵星漢耿西風吹都市片葉墮金井幾度聞霜鐘旅愁呼不醒

憶我園中梅蓊紛早春樹一株覆累石蘩枝交曲塢氷雪不得摧風雨忍相妬肯與凡卉偕獨狎幽人素廟市競繁枝烟燻併紙護花意慘不舒雜沓蒙塵霧

遲兒子新建不至 聞取道山右

春風吹故里江柳何飄揚建也實孺慕單裝裹餱糧如何取道紆驅車歷太行車輪日以轉太行遥相望危崖俯鳥道仄徑迴羊腸一朝陟其巔愀然懷　帝鄉　帝鄉不可見日落心傷徨

舟行見河岸多小穴燕藏其中因作此詩

我歸循大河河岸高於檣其上有土穴中乃燕子藏比鄰豈殊族寂靜同幽房久伴寒烟宿還周陰雨防東風時乎來翩翩皆南翔翼分江樹影嘴啄春泥香破曉穿素幕侵宵語雕梁亾何商颷至萬物凄以凉翻然引衆雛戢羽還此鄉繁華匪所求虞羅誰能張吁嗟河上燕行止何其臧

述懷

伊昔皇古初結繩治天下道德無所施詩書奚爲者何年禮法繁漸至仁義假吾性循自然毋乃譏

喬野

錦衣不見榮何如被野服鷺車不見威何如馳短轂舍彼鐵連錢吾將乘黃犢行行向林坰聊以托吾足

鴻漸于大陸羽毛可爲儀鳳隱於瑤林文采亦已奇胡乃東海鷹搏擊以爲威韝緤一繫之依人長苦飢

吾廬即衡門吾鄉即泌水栖遲必待肥斯意良亦鄙不見鹿門賢躬耕挈妻子幣帛乃見招堅拒以爲恥

蔦蘿縺高枝藤蔓施峻宇自附霄漢高卒受氷雪苦卓彼百尺桐獨立鮮所與清陰信可悅孤標亦足取

棲隱必於山何如守蓬門扶老必以杖何如憑諸孫徙倚臨清風林陰亦已繁不出庭與戸安問蹄與轅

桃杏爛雲霞梅李豔氷雪繁卉雖殊容春風各榮悅江上多落花飛飛信所適華者胡見欣落者胡見戚

北堂有萱草花開燦黄金薰風一怡顔庭堦垂清陰對此忘殷憂悠哉寸草心願言酹春酒長此拔

吾襟

撫兹階前樹賦質同瓊瑰好鳥時相呼高枝紛蓓蕾江梅已落花待汝潑春醅奈何臨風姿庭院空徘徊

蘋藻生中澤用以潔蒸嘗蕙蘭生幽巖紉之佩芬芳伐彼棘樹枝櫂爲道路傷勉爲人所珍無爲人所戕

梧桐摧爲薪抹麗編作籬雖有美好質托根失所宜高松具貞幹幽岩以爲棲永言謝斧柯保此氷

霜姿

同此六月中，鵬飛鷁自退。萬物詎同族，要各秉其氣。請看沙上鷗，閒閒自適意。強之飛且鳴，何如械與縶。

螻蟈鳴於夏，蟋蟀鳴於秋。語默失其候，占者懷殷憂。嘵彼檐前雀，細語何啾啾。一旦虞羅施，微生將焉求。

雁鴻終北向，鷓鴣自南飛。棲止有定所，乃與物性宜。睍睆黃鳥音，長繞江樹枝。睹茲羽族微，胡乃昧所歸。

北山有茗芷，南國多芷蘺。吾將遑擷之，道遠不可期。采采黃金花，行行故宅籬。西風餐落英，差足忘吾飢。

東嶽尊宗國，西華峙秦關。緬我曩時遊，不得相躋攀。吾土大江上，江水流潺潺。扁舟一過之，望見江南山。

久無婚嫁累，一絕仕宦想。遐哉五嶽遊，不得成孤逆。昨自南徐來，金焦自偃仰。大江淼東流，茫茫送歸槳。

長安舊同遊，經歲嗟睽離。高者薄雲霄，下者蟠塗泥。顧我方隱几，如何夢見之。夢回日已暮，漠漠浮雲低。

歷歷天台山，望望赤城霞。仙源不可尋，咫尺成幽遐。吾鄉多江邨，村村流落花。不識神仙宅，何如田老家。

北渡桑乾河，西踰秦棧嶺。行行亘萬里，寂寂憐孤影。自別塵海深，焉知泉石冷。日上朝眠酣，風來午夢醒。

藻繪擅詞苑，何如悅性靈。漁獵窮書倉，何如尊六經。大文垂雲漢，至道炳日星。奈何欲背之，爝火覘飛螢。

吾鄉瀕大江，吾性嗜流水。青樽古岸傍，畫舫垂楊裏。波涵宵月清，林接夕霞綺。憑誰玉篴吹，一喚魚龍起。

吾愛青山庄，亭臺雜林樾。鐺鳴受竹風，閣動臨波月。高人策杖來，坐演先天說（紫真）。安得一重過，幽情自怡悅。

城中多梵寺，暇日恣偃仰。坐浥茗椀香，行聽齋鐘響。稍已通禪寂，庶或捐宿恙。更爲上層樓，高風接漭沆。

西第競綺靡東山奏絲竹所好雖有殊爲懽苦不足胡爲賦歸來晏坐三間屋朝飫砌花紅暮酣堦草綠

燕姬施粉靨越女餙紅粧青山明黛色皓月廻霓裳而我方臥病孤夢生餘涼夢回旋作歌歌聲悽以傷

題陳聖則行樂圖

浩浩塵壒表巍然聳青山山深泉自流日夕鳴潺潺中有帶笠人濯足淪漪間緗囊綠綺琴坐倚心神閒豈無滄遠音緘之不復彈靈籟自天來松風吹好顔我亦慕岩泉歸遲生事殘披圖三嘆息斯意誰追攀

夜起坐月

炎蒸秋轉甚起坐夜未央仰視天宇碧高雲方翺翔耿耿明河色娟娟素月光堦下老樹枝側影來深堂彷彿寒蛩聲苔陰凄以傷天風自西來短袂生微涼塵慮一以捐幽思何深長栩栩適我意偃息歸空牀

邑侯袁復菴去任里人爲之塑像侯莪眉人

倬彼莪眉山列岫何嵯峨百尺寒氷雪照耀山之阿春風一相煦沛澤成江河我公鍾靈秀秉德清且和撫我歲月久被我膏澤多福耀不終照驚飈失澄波道窮將轍返嗟我人民何

曹侯治獄市但曰愼勿擾清淨本道德其術師黃老後世尚科條下民競機巧情僞日已滋訟牘紛難掃維公蠲煩苛將使澆風好春日自含英秋風因振槁所以蔽芾歌歌滿荒江道

悠悠人世間希慕惟華簪得喪亦何有乃以攖其心公固儒者流比身雙南金明月鑑素抱清風濯塵襟南國遺芳芷西方懷好音有此足矜尚焉問升與沉

人生三不朽其上莫如德大道豈云漓斯民有遺直誠至豚魚孚春生草木悅河内倘再來柳下曾三黜思公不可留公不可得再拜瞻公像長此奉顔色

題宋玉若先生傳後

古處不可期淳風誰與守維公剛毅姿得於天者厚卓哉信所徃皎然本無垢不爲威力撓不爲利欲誘平生凛大節舄茲百行首兼之仁讓風被物靡不有至今緬音徽儼如接樽酒匪茲種德門何

以昌厥後
厥後兩哲嗣我侯爲之倡傷哉幼失怙愀然訪遺
芳永此明發慕卒闡幽潛光鹿山窮仰止汝水流
清揚浩蕩二千里沛然來我鄉我鄉樂且歌歌此
世澤長

九日邀同季荼圃李左虞季蘅臯陟廬登西
城眺望歸飲小齋

九日天宇清佳時忍索處登高沿舊俗朋儕集三
五未暇縱杯酌先爲設雞黍飯罷顧何之平橋橫
近浦振衣陟崇墉參錯萬家俯古堞抱長濠中乃

浮淺渚村樹一蒼然霜葭白半吐嗟予遽衰殘所
在垂聽睹遐瞻隱霧烟裂耳驚風雨雙脚亦逡巡
偕行艱接武百年久蹉跎陳事悲羈旅如何還鄉
縣頻與枕席伍欣茲物候嘉頓失風淫苦吾徒俱
卓落即事多飈舉小憩坐松寮深談闡粥鼓林靄
向冥濛霄雲自軒翥蹴步過隣家疎畦開廣圃西
風吹欲暮黃花才可數乎焉朝更昏安問賓與主
歸矣倒靑罇歡然命素楮李侯詞俊拔左虞 季子
音激楚陟廬 二老故紆徐荼圃 蘅臯 小子勞延佇幸無
金谷罰庶幾草堂聚樂事豈在侈良辰遞今古爲

語臨風帽來秋毋負汝

和李葑谿寧陽見寄原韻

江樹鬱參差青蒼愛文梓睠彼素心人薄遊殊未
已昔我將言歸君亦去都市川塗淼淼間扁舟復
依倚鴻雁忽分飛嘹嚦愁衰耳昨日音書來云在
河之涘傷我北望魂常傍東山里

題宋明府江上行後

江岸烟霏重海門風汐上沙鳥渺何之檣烏迷所
向使君江北來扁舟凌滃沆淋之以驟雨鼓之以
駭浪境以奇而勝神惟暇則王須臾登南岸更爲

牽吳榜綠蔭被長堤青霄吐層嶂喧呼艓子迎斷
續漁歌唱回首剪渡時蕩潏非一狀即境更險夷
高歌寄跌宕嗟我衡門人侷促休騁望把君江上
行頓想扁舟放恐此復徒然脉脉增惆悵

張印宣貽我見懷詩及所著曆候編作此寄
之

故人滄海上貽我百衲琴援之一再鼓泠泠山水
音雅歌久不作古意寖銷沉豈意淫哇中清風滌
我襟願言從之遊杳渺難追尋
陰陽有代嬗剝復相終始萬物以時序推測由之

起自非通變才罕識盈虛理與義無多言風詩揚厥旨洵矣發愚蒙杳渺窺天紀

勸農八首 美邑令也

勸農古善政近世見已寡見說使君來不識何爲者師古而宜今吏術歸儒雅

駕言歷阡陌往往道逢雨雨止日復出所在鳴秧鼓鼓聲何塡然顧之相勞苦

侯伯與亞旅壯者務力田老翁及穉子辛勤誰與憐酌之以白酎勞之以青錢

耽此翠陰凉好風吹壠樹道上使君車乃與饁婦遇忽聞勞者歌坐領田家趣

廿澍以時集乃與禾稼宜新秧插未半舊秧綠已齊東郊布穀聲啼向城闉西

西南多穤秔東北多豆菽高下辨則壤晴雨愁慾伏再拜祝被蒼斯乃良民牧

魚子入田遊亦復乘潮出何處來皃翁閒閒殊自得念我澤國農作苦翻熙悅

示我履畊什居然豳人遺習習來清風乃當溽暑時誰其采異政上達 天王知

壽張北溟六十

百年身世間變化亜一隅遭逢信可待蘊積良有餘不見平津侯六十方爲儒一朝佐漢廷身尊名亦都而君今其年出處將何如翻恐廊廟貴奪此山林娛

絲綸脩世職葦茀拜國恩且依玉珂里徐趨金馬門齊眉偕伉儷繞膝賢兒孫豈無赫奕資要有風義存清歡靡不足正誼夙所敦悠然任俯仰富貴非所論

生人有至樂昆弟及朋友相賞在詩書隨時命樽酒惟君具禚翔勝事靡不有林鳥啼庭階山花帶戶牖值茲稱觥辰吾徒謀亦久介君以大年酌君以大斗

竹梧交清蔭蘭杜叢芳洲辭章非苟作意氣重相求君今富卷帙炳蔚垂千秋而我巴里吟毋乃非其儔鳳音何噦噦鳥語空啾啾願君登壽考著作齊山丘

壬辰九日招同季茶圃蘅皐陟盧李左虞陶園吳滄庋日涉園登高時桂花初放 分得十蒸

佳辰倏又至謀賞孚良朋況復秋容淨值茲天宇澄吾鄉本澤國野水平溝塍乃於城市内振臂思

岡陵清絕水部園追遊得未曾亭榭故盤紆竹樹交侵淩群山互倚伏怪石森崚嶒朱軒俯碧流中可施罟罶胡乃岩畔樹金粟香初凝得毋風物改時序將焉憑顧彼東籬花愁寂恐不勝遂使陶令詩千載疑無徵嗟予善病軀緩步支枯藤臨眺亦云適側立懷淵氷諸君陟層岡有若飛猱升偃蹇老桂枝顧之百感興緬維曩歲遊連袂崇墉登俯仰已陳迹歲月何頻仍歸哉須縱酒相與醉瞢騰

懷朱嶽青

薊門塵浩浩日同牛馬走尺寸鬱未舒念之良亦醜歸臥亦有年不離戶與牖況乃耳目殘十事遺八九交遊獨可懷諷詠猶在口南睇帆山月爛熳思良友

緬彼懽聚日遺我黄山編三十有六峯羅之几案前嗟予汗漫遊勝景紛流連北眺蘆溝月西窮秦棧烟茫茫迷歲月歷歷愁山川不得如公遊迹作追前賢

靈岩有奇石風雨洩光怪斯豈荆山寶乃下米老拜公具瓌瑶姿聲價百其倍胡乃滄洲湄閶門守孤介張衡抱四愁梁鴻歌五噫澄江淼淼流顧之發長喟

出郭向江灘仙踪問果老緬彼白雲遊遺墟半秋草判袂渺何年乞身苦不早聞公老益健詩律窮幽討而我抱病吟容鬢亦已槁安得紙驢來短策荒江道

次韻答張北溟報謝

張侯馳著述輒有驚人句早獵文史苑更得山川助值茲風物佳林鶯啼不住小舁城西來惠然肯我顧傾耳接清言論心愜寘趣舉世騖聲華矢口矜詞賦意氣誰能諧談笑亦相忤君也素心人芻

多知已聚披豁散千痾清酣忘百慮所慚樽酒陳而無珍錯具吟案任欹斜草堂或軒露鄙性賦疎慵羸軀略禮數顧我中庭花蕭條三兩樹無妨細雨垂且得芳華駐于焉娛賞同悔昔十年悞衰顏郝孱紅短髮嗟垂素優哉半日懽如掇空天霧

落花

顧我前庭花摧殘不自保昨恨春風遲今恨春風早春風了不知脉脉吹堦草

林塘

昔我林塘遊雙柑復斗酒今我林塘上誰是舊時

栁范范問栁枝啼鶯猶在否

贈季才一表兄

荒塾聚生徒蕭寥面古郭君來露猶泣君歸日已落日被儒者服未釋幽人屩童稚雜秀頑供餽間菜臛學殖有就將硯田無隕穫偶焉客招呼輙如解急縛曾不廢歌吟亦或偕笑謔咄哉餬口計遂減掉臂樂世路幻巑岏觸事成驚愕俯看尺水瀾仰視寸雲薄怪君人事侮一以天機卻事至劇倉皇境往付寥廓余亦淡宕人相將恣嗢噱

喜朱嶽青至余適在遠郊次日乃晤

終年守蓬徑亦無客到門豈期故人來余反淹江村我聞戒童僕亟爲回短轅白日遽見侮冥冥前林昏對此忽惆悵群居忘笑言把酒不能醉擁衾不能温無何夢歸路明月穿雲痕我身生羽翮翻飛向城垣城垣百尺高脉脉愁精魂

出戶方破愁歸途復劇喜余室久未掃君肯停行李但懼失周旋愚哉二三子車箱殊寥寥晨興須料理輿人爲前奔從者旋繼起吾廬豈云遐何忽邈千里三人肩入門佳客翻倒屣百事信難料變遷胡乃爾開我隤然胸傾我褎如耳情話固綿綿

詩歌亦娓娓娓雖具陳剪燭從兹始

癸巳冬日宋彊齋明府招仝宣城施孝虔崇邑朱嶽青海陵袁肩山同里張北溟暨家香山官署讌集觀劇拈放翁詩中莫放過三字爲韻

浮雲倏千里羣游寄高幕之子天一方萃處此江郭似作梁園遊且赴騷壇約卓哉大令賢子諒而周博直爲儒雅師夫豈塵埃縛自公有餘閒歲序亦云莫梅花暗已催清風動官閣邀客說風騷徵歌佐杯酌豈圖簿領地有此文讌樂

嗟予林泉老賦性本疎放幸已謝塵緣何嫌留宿恙境往付蒼茫情來恣跌宕耳目縱非故襟情一以暢臨流楫再鼓登山屐幾緉今也出蓬門忽焉坐步障主賓盡名彥風流互頡頏胡乃巴里人亦使聞絕唱嚶鳴何喈喈歸鳥亦相傍（時香山亦歸白都門）江月殊多情朗映琴堂上

羲和無停輪忽忽歲月過獨居念遠遊惜我心力惰霜風捲地來山葉半已墮彷彿雁鴻聲哀叫髙雲破堂上衆賓起群謀唱且和把酒不成歌豪情今則那而我方寂然謂客莫譏呵媿非應劉選濫

入陳思座悠哉山水音翕如金石播仰視碧宇寒
磊落衆星大
步季蘅臯韻送朱嶽青歸棠邑
垂老惡離別況復臨深冬朝出郭西門馬首不可
東東方初日白照見江南峯君歸自江北明發胡
匆匆昔別幾何歲白首始再逢不見道傍葉零落
隨飄風且莫漫揮手蒼蒼煙樹重
賀程晉三入泮
春風吹江臯芳菲被桃李舉世競濃華誰與探根
柢程子本英髦讀書伏案几時或著詩篇頗得風

人旨今者酣文戰奪幟在寸晷青衿豈云多聊以
報吾子聞之衰耳豁頃復雜悲喜爾父我舊遊追
歡總丱始締交恥文貌課兒列圖史痛絕十年歿
嗟余亦老矣忻茲好音來誰報重泉底充閭甫有
徵貽謀溯厥美駿骨安在哉神駒應千里仰睇風
雲程俯念渥洼水
壽鄭太恭人侍御次岩公婦
南山有翠栢自昔棲祥烏胡爲一驚散蕭條貞幹
孤吁嗟顧舊巢中乃遺雙雛哺乳歲月久未忍言
勤劬厥雛羽毛長振翮高天衢育嗣亦繁衍彩翼

連山隅莞彼老栢姿蒼蒼容色舒氷霜表高潔雨
露爲沾濡美蔭垂千春上與霄漢俱
寄家拾遺
吾宗有英彥怡情在文酒襟期一以澹詞章自不
苟比聞恢舊制取士羅衆有經史及詩歌陋儒應
卻走君能覓古歡書法亦好手往者見清製風調
追韋柳行爲鄉枚儔豈得終畎畝所慶匪遺逢相
期垂不朽
寄吳瀛川
含山多譽髦拔萃者吳子非帷妙文藻抑且窮詩

史卓彼風騷稱裂我衰殘耳今者重風詩煌煌降
諭旨稽古行見榮流俗得毋鄙部議未下漢魏揚雅音齊
梁滋僞體聲情豈徒然商歌亦自喜不見春風吹
山溪笑桃李
送鄧方田歸海陵
君家傍海隅余家傍江汜道里雖云賒曾未遠百
里春風一棹來衡門在尺咫胡爲覿面難遙情溯
邦水來日杏花繁今看柳絮起柳絮何飄揚相見
茲焉始
相見既已難執手彌依依自謂久留滯襆被將言

歸紅芳日以歇綠陰日以肥去矣守蓬門高歌採蕨薇余亦愁吟客送子當朝暉矯首見孤雲高傍滄溟飛

次韻答蘇尚源

落葉何飄揚閒庭無埽灑午雞鳴我前靈鵲喧簷下蘇君赴我期曾不具輿馬主賓禮數捐片語兩心寫所媿烹魚蔬空爾陳樽斝復此衰病餘一杯不能把深坐忽忘疲相與說騷雅舉頭江月明寒霜蓋古瓦

宋使君以五日同人泛舟詩見示爲次韻

舊俗自何年蒲觴日在五况當浴蘭期恰辭熱梅雨誰與慶佳辰朱明適卓午吾鄉本澤國井邑匝河滸宛轉通寒潮周遭歷枉渚歷歷鷗穿林層層虹跨浦中有空濶處復藉葭蒹補迴環古城濠曠若臨水府余方過舊宅是辰例設黍有子具青樽諸孫闘香縷顧我白頭親歡言在堂宇僻徑掃塵氛閒門傍烟潋座久席不移輿來杯亦舉閒有泛舟人彩毫對華炬若者入堂室若者坐廊廡鍾嶸詩評有公幹登堂思王入室景陽潘陸可坐廊廡等語蓮葉作巨觥若者大酒户高下伊唔吟欸側婆娑舞盡蠲禮數煩遽莫眞機吐借問神明宰笑傲何如許斯乃樂其樂亦各語其語自非吏道修那使世風古休哉絃誦聲比已近鄒魯

夏杪借日涉園邀宋使君彊齋及諸仝學觀荷消暑各賦五古二首得六麻五未

溫風吹長夏逼仄廻檐牙欲枉使君軒假茲水一涯近水乃爲山山木多於麻南峯橫古榭北渚浮輕艖當軒紅菡萏蕭疎三五花花香入几席坐愛林泉賒

亭亭復娟娟久快騷人意吟當淋雨狂飲及清露墜肯復惠然臨名宿東南萃相與叠詩箋願無虛酒觶所愧几筵陳薄設魚蔬味絺衣生暮凉月出高林際更期公暇過計日秋風吹

百泉和尚邀陪宋使君賞紫薇花各賦五古得一東

秋日熇殘暑招邀有遠公又隨仙吏駕來集空王宮堦下紫薇樹乃與三珠同老幹如皮蛻花開森玲瓏曾不畏夏日重與延秋風風吹得微凉徧地飄繁紅胡爲留晚豔直欲齊春工誰與證妙諦吟宰偕禪宗拈之顧微笑翛然塵想空不觀色與相

寂若歸鴻濛

題趙文中小照

之子負奇抱偃息依中林胡爲躡絲履脫畧遺冠簪孤坐倚片石輕風吹素襟紅藥冉冉香桐葉垂清陰有琴曾不御有書亦輟吟舉世空悠悠吁嗟誰賞音胎禽雖在側昂藏萬里心會當鳴九皋一破秋雲深

江淮歲修戰艦每封青樹以資板料里人苦累久矣宋使君獨捐清俸購買他所德莫大焉率賦此紀其事云

江有戰艦曰吵曰唬歲久則修之府牒下如雨亦有歲修錢庀材苦不足爰集斧斤來伐我江頭木　江頭木幾何禍茲丘壠樹幽魂不得語子孫不敢怒　或訴之官曰有成例胥欺役欺因之爲利　誰實階此爲木之妖豈無鸛與鶴不敢營其巢　異哉自何歲風物忽已改佳氣爲雲翠烟似海　居人是依行人是憩問彼美蔭誰使然亦幾忘使君之惠　使君爲誰厥有商孫惟天惟喬蔽芾輪囷菀彼嘉樹兮願無剪伐而庇我後昆

憶昔

憶昔居鄉邨早爲失學兒十一廢誦讀十二同頑癡十三事嬉遊放蕩無不爲忽忽年十四我父親督之往往詩禮訓雜以夏楚施十五乃愧悔負笈遠從師始猶勤句讀繼乃通文詞越歲才一試輒誦青衿詩自此六閱年拾級登丹梯惜哉命不猶仕路何紆遲自憐青鬢往空令白首歸顧我諸兒孫努力須乘時

憶昔在吳門日者壺山翁（甌寧丘姓者談命最佳）謂余得第早其運利用金殆以秋官老聞此頗懷疑歲月嗟電掃洎乎厠諸曹委頓長安道棘署集鵷鷺栢臺叫烏

鳥所歷盡刑官彼術悟玄渺何哉衰病侵顏色遽枯槁歸矣臥江皋藥餌藉相保定命誰能逃時過乃自曉自此謝紛紜翛然棲物表

憶昔官雒源（富邑舊名）巖疆簡且僻時雖烽燧消千室不存百嗟彼人民稀幸無案牘積北岩山自青西湖水自碧（湖山俱近縣署）公餘一登眺聊亦得所適幾度錦官遊玉壘恍可即諸葛遺孤祠少陵餘故宅苦乏懷古才對之少顏色我今事歌吟蕭蕭雙鬢白寤言憶前遊俯仰悲今昔

憶我遊京華拜爵郎官始黽勉歷諸曹奔趨徧九

軌卒乃擢言職　天顏凜尺咫冀抒一得愚浮沉夙所鄙封章一不售忌者羣見毀因之多病侵中我衰年耳扁舟乃遄歸扶持仗藥餌羸孱今尚存吁嗟已老矣緬惟我同遊公卿何濟濟榮枯詎偶然禍福亦伏倚允矣守衡門高歌懷綺里

重九後一日宋使君集同人衙齋賞菊擘蟹得二十五有

叢菊綻寒葩昨已逢重九茲辰天宇清晴光照戶牖使君自公餘折柬招良友取次來羣彥中乃厠衰朽環看庭上花繽紛靡不有或燦如丹砂或垂

如紫綬或爛如兼金或瑩如美琇娛賞有餘懽列座酌巵酒綺饌難具陳巨甓擘以手輪囷膏滿腹悅我老饕口聞公勘災役詰日踰西阜蒿目應苦吟足繼道州後我鄉信樂郊餘糧正棲畝毋曰區宇殊孰詒利澤厚借問彼鄰疆能樂斯樂否願折菊花枝一爲君子壽坐深霜月高空碧羅星斗

冬日宋使君邀同人嘉樹亭雅集得五物

沙暖雁行稠天空鳥影疾揭來江海人下里塡車轍謂我大令賢賓至意無拂豈惟緇衣好抑且兎罝設今者大作社適此孟冬月載酒嘉樹亭風光亦可悅沼水寒不波山容淨如櫛林木振清音余亦聞髣髴遂覺心神曠欣然索紙筆如何逸興加偏愧吾才竭笑比殷深源書空但咄咄四顧豪吟侶詞華爭秀傑矧當郢匠前敢厠騷壇末再賡白雪篇歸途寸心折

映日堂古體詩

七言古

古延　王令樹　桐孫甫著

黄河

黄河之水天上來大聲溯湃如犇雷古道泛泛失其處至今常作東南災東南郡縣億萬户天吴一怒不可回我昨歸自黄牛峽寒灘終古同喧豗夏后廟祀千百載月明猿嘯空山哀

讀史

鴻門宴誰者謀長劍舞風颼颼舞陽誠壯士擁盾豈良籌重瞳一怒眦欲裂二十萬衆皆流血沛公隻身詎傳翼由來興廢非人力玉斗擊碎空爾爲壩上龍文成五色

岳家軍當者靡令如山安可移金人胆丧河北應黄龍痛飲兹其時十二金牌三字獄和議欲成須殺之忠言欵欵堪流涕魏公何人猶見忌功名之際眞難言咄哉奸檜何暇論

故君已去新君立于謙忠膽存社稷建儲未定上皇入有貞僥倖謀復辟上知謙功竟論誅高天無語同糢糊貞也被讒雷雨注拔木破門神鬼怒赫赫鑒觀尚不平何怪賞罰争人君刑餘帿國幾亡身奉祠猶錫旌忠名

五日懷勿齋

一春連夏雨不已江城處處濁波起隴麥將熟婦子飢飄摇亂穗溝塍裏又聞鄰邑苦隄潰河淮爭下疾於矢楚陽低伏滙衆流勿齋哭兄還厄水昨嘗寄我數行書道是停橈四月初蒲觴早赴天中節近江無復雙鯉魚知君欲行吹浪惡牽衣難割妻與孥三閭廟前高槐樹今年霪雨此傾注欲往弔之不可尋念爾愁吟空倚柱安得一夜水退十尺高欹側風帆走亂濤庭前忽報故人到街頭狂叫趨吾曹且吸百杯鼓一曲莫以哀絲託楚騷

團扇歌

團團扇似明月月亦有時虧扇亦有時歇天上月虧今復圓此扇一歇秋風寒秋風寒寒如許月照空墻暗蛩語

答友人問蜀道

朔雲漠漠吹江霧有客問我蠶叢路蠶叢路上最多奇崱屴倒掛千年樹鵂嘀幽谷山魈哀雷奔野壑潛蛟怒當年到此寸心折天梯咫尺飛猱度回

看下界白雲深雲深不見人行處中有危棧聳層巒我陟其巔八十盤更閱風雨鳥道滑虎崖鳳嶺何巑巑行人極目杳難即況復歸來歲幾殘只今想像魂胆喪積雪萬古生凜寒且煖一樽君痛飲聽我高歌蜀道難

秋夜長

秋夜長秋風涼皎皎月照衣裳衣裳白於月滿洒思親血砧杵一聲聲永夜何曾輟階前落葉紛如雨迢迢清漏添如許孤燈苦塊不禁愁四壁哀蛩爲誰語

臨高臺

臨高臺兮天蒼蒼日西馳兮何茫茫鶴唳青冥兮歸何鄉瞻彼白雲兮我心孔傷

臨高臺兮烟霏霏山遥遥兮横翠微欲攀陟兮渺何之眺彼蒼江兮我心孔悲

臨高臺兮風蕭蕭木葉脫兮危孤巢嗟寒烏兮中夜號念彼霜柯兮我心孔勞

臨高臺兮水悠悠日夜逝兮莫肯留胡精衛兮欲塞其流顧此茫茫兮我心孔憂

海陵訪黄丈仙裳

東海詩人舊擅場字曰仙裳其姓黄聞名曾下公卿拜論律爭推宿將强我于少日瞻顔色復從我父依晨夕江縣高樓共古懽白門蕭寺留陳迹只今十載相見疎王尊叱馭多艱虞劍南山水瀼西宅不逢作者空區區我歸衡門仍作客海天六月渺蕭瑟喜翁健骨同松筠見翁兩鬢堆霜雪筇杖過頭手一枝當年索取賦新詩老父持贈忽已没對此吞聲淚暗垂吁嗟乎人生百年亦何有所貴立言垂不朽仰視少微銀漢傍焰翁堂上光如斗

棠邑訪朱嶽青

生平雅有山水情但苦登涉無佳吟生平最是友朋樂每從風雨傷離索朱君放歌才絶倫上溯漢魏卑梁陳貽我卷帙粹且純清風蕩滌纖埃塵我師田司寇楚陽王勿齋兩人嘖嘖奇君才君才瑩潔同秋水君意濃至同春醅余宦巴南往復回十年不見中心哀昨買扁舟向棠邑六峯烟靄秋容碧相逢各已凋朱顔一回懽笑一蕭瑟相與放歌江月低滿徑西風下梧葉

訪汪舜來

憶昔識君鄉縣始天涯意氣聯知己是時我祖居

江村爾弟負笈來江汜結契何啻雷兼陳通家直遡孔與李有時呼我石橋北有時過我溪亭裏我父年甫壯爾父齒未衰矍鑠憐我祖語笑長相偕秋到柴墟君別去春生崇邑我重來鳳凰臺畔花千樹果老灘頭酒百杯亡何遠捧巴天檄蕭蕭短劍朱顏摧感君兩世意殊厚贈金執手南城隈六年僰道渺蕭瑟驚聞爾父忽焉沒萬里未伸雞絮情千巖已遍鵑啼血我歸旋亦哭我親兩家異地同傷魂回首蓮塘嘯歌處我祖一逝尤多春吁嗟人事誰能測星星霜逼頭顱生相見只今愁轉劇

空堦落葉隨飄塵宵來漠漠霜風起又送天邊哀雁聲

秦淮曲

白門秋半霜風肅我來日坐秦淮曲秦淮景物近如何雕欄繡幙開金屋子夜飛來雙畫橈銅街然盡千條燭幕府山頭霧氣昏桃葉渡口波紋綠閣上放歌歌者誰但聞雜沓絃音促君不見侍中祠內月三更老烏項白啼無聲

程退夫二子歌

我友程子曰退夫五年不見心中孤海陵客舍忽相呼自稱別後無一可只有二子膝下堪撫摩我聞斯語語高天天道福善今果然相訂秋風一相顧我渡江歸甫得遇二子堂中一見懽英英頭角雙能露程子殷勤客亦喜三日五日停行李大者出郭相追陪次亦提抱門前俟程子攜兒把酒索我歌我歌振振綿綿殊未已請看他年襆被來君堂座上鳳毛麟角殊昂藏與君白頭短服看翱翔

置身丘壑圖爲李吉四題小像

李子十載京華塵浩然忽發入山想手拈枯藤頭不冠手姿灑落心神朗向平婚嫁畢何時不妨五

嶽成孤往寒林蕩日散春葩飛瀑濺雲激異響黃山之圖衡山詩從來遊歷諧幽賞閒情物外恣冥搜靈境眼前生惝恍我來愁寂坐燕都苦遭困頓攖塵網凜風獨夜萬慮并展圖颯颯生蕭爽願攜瓢笠伴君遊請君畫我松根上

鄰寓看張曉巖賦詩作書伸紙而就賦此以贈

歲華冉冉春風起蕭然閬跡松門裏午餘剝啄叩鄰扉忽遇張顛笑不已張顛好酒復好詩詩不經思先展紙酒痕墨汁互淋漓須臾紙盡詩乃止復

能作書兼作畫風雨山川歸腕下畫成書就更題詩多年紙貴長安價長安詞客多於林纖穠儁體追梁陳那似片時憑几席往往揮灑抒天眞昔蒙貽我燕山作苦難汝和頻見索看君迅筆捲秋雲纔觸蒼叢俄碧落坐上觀者空徘徊嗟余顧此尤驚謌安得杖頭三百青銅錢滿沽斗酒尋張顛相與放眼瞻高天掃却燕臺塵十丈獨看妙手驅雲烟

送曹文瀛選下第歸里

薊門三月春光暮黄金臺畔塵如霧幾家桃李競暄妍蓬門花落曾無數公也早歲馳聲聞文章意氣卑凡倫曩余負笈止公處篝燈竹案偕冬春亡何駑駘着鞭去驊騮困頓淹風塵只今老我長安道公乃公車尋舊好酒酣漫作少年行相看白髮多於草天涯懽聚亦傷神矧今鬱鬱賦歸早吁嗟乎遭逢利鈍豈人謀狗監空貽犬子羞春風紫陌年年在他時錦勒從公遊

烏棲曲 在潞河旅寺作

烏日暮棲禪枝枝頭急雨來雙翼苦低垂西風畫角吹城闕亂落繁霜同凍雪眼前繒弋何紛紛老烏啼殺霜中月

題黄燕思出塞圖

驚飈八月凋邊草萬里龍荒沙浩浩白晝山鳴虎嘯哀青天雲冷鴻飛早長城一築綿千秋漢唐以來兵不休絕漠窮年膏血肉寒燐昏夜吹骷髏聖主御宇烽烟熄六合八荒混而一駝馬綏步中原鳴熊羆罷守諸番戢黄侯好遊亦太奇結束一似幽并兒桑弓竹箭曾不試玉勒絲鞭隨所之借問茲遊何爲者一騎双童行朔野鼓笳日暮聲初寒榆柳霜凝色半赭朝探鴨綠夕醫無如君卓犖豈凡夫聊將懷抱托緗素爲寫秋風出塞圖

題朱燦若扁舟下釣小照

生不願腴田廣宅封殖同山丘亦不願崇階厚糈通顯儕王侯但得烟簑兼雨笠飄搖一葉乘扁舟朱君意致超凡俗生在江南過江北往來不出山水鄉遊徧山椒復水澳西風旅寺古城邊林葉半落籬花鮮手持畫圖向余說一竿行破寒江烟人在浮家魚在水濠濮之間有妙理不必得魚情自喜歸來圖入丹青裏君之丹青妙絕倫繪余顏狀傳余神胡然散服滄江濱不向江頭作釣人咄嗟

耳目改其故朝朝風雨連烟霧時耳鳴日昏安得身輕似烏飛翻然隨汝扁舟去

輓潘礐嶐

彼雕梁兮高燕壘育衆雛兮勞哺乳共棲遲兮護弱羽胡一雛兮凌遠渚不復旋兮依舊宇嗟老燕兮中哀楚日相呢喃兮何所語

彼華林兮雙鶴巢雌者伏兮雄飛高辞故枝兮追烟霄罡風厲兮礫雪毛彼雌鶴兮棲林皐日哀號兮求其曹高旻漠漠兮魂不可招

彼高原兮草青青風蕭騷兮鳴鶺鴒心孔廹兮形伶俜嗟同氣兮如漂萍日之夕兮烟霧鬲吁嗟魑魅兮不可以群

夏日慶雲方丈會集

江城四月陰雨沉終朝坐對寒森森見說梵院大作社支公折東相招尋楚陽詩老高興作曰予偕汝赴其約此間作者立如林余聞斯語神先却曩予苦索長安米九衢千陌風埃起昨歲扁舟抱疾歸歸來宿疾何曾已忽逢詩老重聯詩詩成半在雨聲裏茲晨晴旭開雙柯吾鄉英髦紛來過三五朋儕稱老手更多禪侶能詩歌此老遲遲雙躄足余亦面目同維摩怪來吾子偕至止毋乃小伎羞么麽須臾語笑雜吟哦笙鏞高下音聲和問誰說法江之沱雨花歷亂飛青莎鄙人傾聽虞錯訛還將病眼重摩挲詞源倒瀉傾天河瀾翻波撼蛟螭多計將汝和勞追摹力索思窮奈若何

送勿齋歸楚陽

人生離別尋常有况復鄰邑同襟肘片帆易致白鬚來咫尺素何須黄耳走胡爲茲别劇傷神嗟我與君交最久江城結契三十春百回分手仍攜手豈期十載東華塵尺寸未抒良亦醜扁舟抱疾昨遄歸頭顱似雪面目黧思君苦向秋風前見君偏落春風後一笑千痾散若雲轉驚雙眼清如瀏快意重吟百首詩消魂日盡三杯酒如何小院亂飛花遽向離亭愁折柳明年此地藥欄紅問君蹔足能來否

題黄硯旅見示八大山人畫冊後

八大山人避世流卜宅但依徐穉里虎豹韜藏洪崖山蛟龍蟠伏章江水滕王高閣俯長江飽經刼火今猶爾幾來登眺劇含情愁說風流舊帝子偶作人間老畫師殘山剩水揮毫裏劃開鴻濛想巨

靈寘提纖悉窮幽詭信是筆端奪化工誰知象外通神理苦愛鄰菴老貫休謂石濤似薄當年趙承旨壓埃下士求不得往往秘惜在片紙我客江都嘗見之雲樹山川生案几紛拏光怪不可收嫉妬頗懷黃硯旅但恐神物終飛去展圖未竟驚飆起

城南茶社看菊花

幾夜飛霜散朝霧呼儔行覓菊開處忽過僻巷同郊村依稀識得城南路城南秋色落誰家疎畦吐遍黃金花塿峴當門蹊徑斜短籬茆屋偏清嘉此花一歲一回有看花豈必陶家酒烹來活水似中

泠我一啜之香滿口揩拭衰眸霧裏看支撐病脚畦邊走偕來羣從意亦歡更得蕭閒三兩叟憶昔遊此是何年酒徒詩侶紛流連一聲兩聲歌宛轉十首五首詞芳妍一從薄宦傷暌隔忽驚人事多推遷毗陵老友徐依言天都客程階亭後先物化隨朝烟昨春之季來白髯勿齋傷哉一別歸重泉尚有郎居何平叔秋山時來抱病行蹁躚同學季茶圃我舅張薇村兩人垂老稱矍鑠頻來與我相周旋嗟我乞身衰可憐朝來臥病宵無眠豪竹哀絲聽未得長吟短咏愁爲緣百年悲愉誰使然我欲問花花不言遲回忍與茲花别西風吹上林端月

春暮仝季直齋招邑侯宋彊齋暨同學諸子郊南看花

平生雅負看花癖每到花時越阡陌城南十里花滿郎桃花紅豔梨花白少日花枝老更看繁香歷歷追疇昔使君本是種花人花底詩篇盈尺積我擬載酒從之遊季子聞言神已懌同謀治具向蕭寺怪來風雨匪朝夕豈知天工特好奇留將綺景過寒食鬱勃芳情郁可禁熠燿晴光爛相射取次輪蹄郊野集雲中飛下王喬舄躡屐未舒廣野情

縱眸先仗高樓力使君翻然徒步行羸老逡巡思杖策後先偕赴野人家爲傍花陰聊憩息往者梨開雪滿枝今年幾樹花如摘旁有夭桃似火然斜暎溪流光的的玉女含愁斂素妝太眞酣酒矜殊色吁嗟草木有盛衰玩賞移時轉蕭寂而公襟期一灑然睹此栩栩方自適爲買村醪汎竹尊山蔬埜蔌齋登席忘分頻教禮數捐暢懷一笑乾坤窄座上皆爲文酒徒歸歟須紀遊觀跡大塊文章主者誰茫茫今古同爲客詰朝公作柴墟遊放眼江光千里碧

壽季蘅臯表兄六十

雙扉半掩百事隋白頭中表藹相過曰月之望余生辰飛騰六十眞無那自君之生樂有餘鮮衣綺食書齋坐那知中歲忽變遷世路嶔嵜歷坎坷返轍空悲阮籍窮閉門誰識袁安臥頗怪羣凶肆侵凌還遭醉尉來譏呵豈是名高衆忌之胡爲造物陰相挫而君襟期一灑然敝簏殘編勤自課兼有素心吟嘯侶時惟汝唱予爲和傀儡常憑筆槊消笑談遂遣愁城破身將隱矣偕所偶眼底懽然趨阿大共謀酌君君莫辭羣從暨余人四个舉盞須將舊恨澆拈毫定有新詩作百年苦樂如循環自此亨途應走賀

季陟廬持便面索書口占數語答之

百事曾無寸長擅法書失學尤弗便豈直欹斜體勢乖往往遺錯成一片楮幅花箋奈爾何博求健者今將偏比日雙眸病更昏咫尺之間迷且眩昨者倉卒數行字何期君見偏稱善朝來堅坐索我書書未成字手先戰君之大父官司勳蘭亭墨蹟曩時見自慚衰懶難臨摹惡札奚堪污便面安得秋風送午涼霎時捐棄同團扇

次答袁肩山小齋集飲韻

吴陵有客居海東行歌明月坐嘯風家無擔石出無乘夷然寄傲環堵中我客其鄉迭賡和面成百詠捎郵筒别來春色今已矣驚心嫩蕋生高桐門外范范水自綠林端寂寂花無紅一日雨日雨不歇袁郎藹地相過從豈惟爭妍詞翰富還看戰勝容顏豐偶集荒齋作長句精神淵邃言辭空安得一如昌黎與東野爲雲上下追飛龍

秋山力疾入城見訪招同諸老友集飲小齋兒子新猷作長句因用其韻

我方午睡睡不足蕭條門巷無車轂那知平叔登我堂相將一笑旋成哭自言絶粒且兼旬官骸半萎腰軀束輾轉終宵不得眠燈火熒熒照衾褥我亦頻年抱疾人耳目衰殘形似木三五閒過舊侶徒强將語笑相徵逐堪嗟楚水與眞州詩卷猶存墓草宿（謂勿齋勿客）對爾踽踽一老翁歌來盡是傷心曲揭來袁豹爭豪吟（肩山）諸君傑句紛抄錄百年忻戚兹何時日月范范如轉燭嗚呼日月范范如轉燭

業師曹石倉先生書來

宇宙茫茫日月馳百年有幾頻乖睽余爲弟子公
爲師昔時總丱今霜髭憶聚京華旋復離悠悠十
載牽魂思昨賦歸來耳目衰空懷東海尊臯比忽
焉短札來江湄聲情歷歷胡淒其自道鬚髯不可
淄頹然老態殊曩時信哉時命不吾欺若者早達
若羇遲欲付殘編苦望兒天心杳漠胡能窺前日
故人與世辭初謂彙生存幾輩歡何期千愁萬愁當
告誰欲歸不歸心所悲吁嗟離緒棼于絲幾回搦
筆難爲詞余爲展讀情弗怡依稀夢寐遥見之海
天空濶雲四垂洪濤震蕩蛟螭飛

題朱嶽青觀海圖

吾聞東南之區有巨壑百川浩瀚咸朝宗又聞海
上神山遥在望仙人時萃蓬萊宮蓬萊山半孤峯
起珠龕貝闕驚濤裏天地一氣歸洪濛晦明萬象
窮幽詭高僧說偈神龍聽往往幻作居人形俄焉
白日驅紫霆海波震蕩山風腥昔我夢作乘槎客
空天墮却支機石此邦風景毋乃是欲覓遊人不
可得嶽青先生眞好奇手攜笻杖將安之黄山黄
海久陳迹不窮宇宙非男兒嗚乎自古方技但如
此徐福欒巴皆妄耳知君不學釆眞遊將抉奇情
逞妙理歸來作詩兼作圖圖自雅素詩淸腴我初
展此狂叫呼詰朝與君江上觀潮去爲言滄海烟
波似此無

和宋明府柴墟桃花歌

江頭無處無桃花千樹萬樹知誰家不信赤城連
隴陌羣然絳佩臨雲涯朱霞亂落靑天外漾日籠
烟動光怪幾度芳時歡笑過至今皓首殷勤待一
去燕市十經春歸來臥病滄江濵見說桃花花更
好春雨春風愁殺人忻玆神賞目不給纔越西阡
更東陌間以茱畦萬頃金蕭之麥浪千重碧昨聞

使君車馬過使君澤物物自和歸來示我桃花歌
我將汝和窮追摹桃花桃花奈爾何

孫雪棹過江見訪爲作此歌

西風颯颯聲怒號江間波浪十尺高何人鼓檝來
江臯快哉孫楚眞人豪霜雁橫秋露蛩寂蘆花萬
點照江白君也懷人多好唫題之素扇過我宅我
與君交今歲春耳目雖敞禮數親今我罄折病無
力竊處迮觸遭君嗔不見庭下花開樹俄看葉落
喞杯處萬物榮枯有固然主人顏色今非故我起
爲君勸一巵一歲再見何紆遲滄江淼淼復問之

但願與君此地頻見花開與葉落我雖拖病扶杖相將讌咲其奚辭

新晴德基堂陪宋明府看海棠（限七古得有字）

春雨歇絶春雲走春日融融媚花柳不見季子山齋海棠樹千枝萬枝眞罕有季子期余作吟社曰邀使君羅衆友余初却顧俄翻然謂是使君大好手肯捐世態容疎狂不廢清談及衰朽須臾騶從臨軒墀次第朋儕開户牖忽驚紅艶火齊陳誰簇紫絲金粟剖（紫絲金粟出沈立海棠記）倘是飛瓊矜靚粧無乃太眞酣盃酒曾見茲花西蜀來錦江輝映何粉糅一

別二十五經春爾自朱顔余皓首對之感歎重摩挲不適主人延佇久俚曲偏至郢匠前蕪詞復落羣賢後罰依金谷將焉辭花若有知應笑否試燒高燭向花看離離照耀連星斗

次韻和宋使君途中喜雨

老農望雨復望晴乍愁乍喜過此生陰陽往復尋常耳何爲展轉心魂驚前宵雨甚坐慨息快逢詰日天宇清三日五日遽暄暖大麥小麥相薰蒸豈意老農偏解事謂此懼爲暵旱徵天時人事詎可料喜心頓釋愁心盈使君感歎在中路曰農之情卽我情東阡亞旅苦炎暵南隴婦子愁秋登驀見陰雲皆疾走少焉甘澍如盆傾泥塗滑滑情自喜郊邨彌望溪流平前者喜晴今喜雨花箋絡繹霜毫輕誰爲詩腸作鼓吹道傍閣閣蛙爭鳴（宋喜晴喜雨詩同時見宋賓旬日間事）

爲朱丈水仕題蘆雁圖

秋生邊磧霜爭飛磧北之雁江南歸野雲漫漫沙渚暮江霧漠漠虞人稀縱有凌霄翮謝爾鷗鷺儔矧無求飽心肯爲稻粱謀乍飛乍鳴羣然起或食或宿亦自喜愛殺江頭蘆荻花戴雪拖風照江水

登千佛閣觀榴望雲仝宋彊齋大令暨同人賦七古詩限四支

巍峩佛閣張琉璃雲物歷歷呈幽奇賢哉大令偕衆侶方舒登眺俄驚疑巳喜今辰停白雨誰教過午藏朱曦乍霽乍陰滋變幻爲煙爲霧空迷離下有海榴花一樹顔色黯澹柯條垂拙鳩莫呼躁沒候陰霾偏妬腰鐮期得毋羲和弛兩轡横驅宇宙憑雲師誰知天心極仁愛神鬼呵護相潛移少焉微風噓夕照花光雲葉爭晶輝遥知邨邨刈麥忘勞疲我侯翻然徙倚高唱田家詩

錯料

錯料復錯料自謂公卿隨牒到願抒尺寸酬　君恩上宰無言神鬼笑今之公卿豈汝曹殿廷出入舉趾高唐虞吁咈亦何事禹稷臯夔毋乃勞

回頭

回頭復回頭十年奔走空煩愁由來迂直招物侮我生豈合儕公侯今之公侯亦濟濟雪鬢塵顏雜憂喜縱叨富貴亦浮雲況復年華隨逝水

昨夢

昨宵一夢入烟霧高陟九閽膺　寵顧小臣亦得躋崇班　聖主温言聽不惧驚飈忽地捲埃塵愁殺彈冠白首人夢回仍然棲白屋秋月滿窓照獨宿

客來

閒門久寂寂野苔青上階有客倏焉至充耳曾不聞客自蕭條懷莫吐翻然辭我默無語送之出門仍掩門落葉蕭蕭吹暮雨

同年友

緬我同年友升沉迥不同或騰霄漢上或伏泥塗中死者依宿草存者同枯蓬我尚衰殘棲故土幾看過眼浮雲空愁見江秋鴻雁晚寒沙嘹嚦悲霜風

金門友

緬我金門友兩日不見即相尋縱酒詼談靡不有薄宦歸今抱夙疴感彼驪駒往復歌只今風流各散逝空餘一老滄江沱尚有鳳城幾客在因風問訊今如何

吟社諸舊友

緬我吟社友或來異縣或吾鄉長歌短詠聲硠硠歲月迢遙今又故幾輩才人即泉路往往唁之淚如注曩昔風流安在哉過逢數老愁拈杯回首山棲吟讌處秋風秋雨增悲哀

諸亾僕

傷哉亡僕不可數或埋異地或故土幾夜參差入我夢叩之欲語復不語我每見之心茫然渾忘若輩歸重泉須臾恍惚皆散去獨餘衰老生哀憐覺來不禁淚盈把頻仍此夢胡爲者詰朝何處弔諸魂颯颯悲風吹四野

耳聾

多年羈宦多病攻乞歸里宅雙耳聾故人二三入

我闕顛鬢稀踈齒牙豁相與促坐何所云問我今
朝聞不聞世事萬端勞轉側我耳糢糊似亦得

秋夜

秋河耿耿秋蟾清商颷四起晨露零老人匡牀難
穩臥薄帷不辨天冥冥恠殺比來更漏永欲待披
衣衰骨冷東方日出何紆遲喜見虛窓過鳥影

枕

老人慵久坐倦時即支枕枕必具二三所在酣吾
寢蝶夢栩栩萬慮輕何須更作邯鄲生縱然富貴
白頭亦無取但願引與故人相見頻相語

映日堂詩卷二　十二

杖

千歲蒼藤生遠岫儕偶杉松得靈壽何人劚汝下
空山與我周旋日左右十年衰疾支離翁獨憑短
策西還東連朝風雨太馳驟愼無飛去成蛟龍

開河吟

朝開河暮開河彼疆開少我開多吁嗟乎伊誰之
河兮我勞倍於他
持捶來持畚來此河未了彼河開吁嗟乎河胡支
分兮重我人民災
自河邊底江邊會須開此捍民田吁嗟乎伊誰之
田兮而令我胝且胼
昨日雨今日雨長河兩岸無乾土河中之泥安得
取吁嗟彼蒼兮誰非赤子而我罹茲苦

題孫虞橋先生獄中訓辭後

狂瀾東下誰與砥賴有中流柱石耳吾鄉前達挺
人豪虞橋先生衆所恃當其壯歲掌銓曹澄敘官
方巨源比一旦拂衣還變湖念茲勿釋維桑梓天
災橫作東南災日役丁夫敘州里時極愁聞饑雁
哀數窮甘受亢龍悔禍患方殷神泰然精研大易
知終始忽呼紙筆書訓辭備陳先訓訓厥子諸孫

映日堂詩卷二　十三

奕奕具英姿欲堅膽識須讀史書罷欷歔氣已危
泰山喬木今已矣古來寃獄多名賢善不可爲信
若此得喪存亡安足論要使末流頑懦起歸然風
節炳千秋嗚乎孰謂先生死

和姜自芸柴墟岳祠題壁韵

軍烽夜照江流疾戰馬長嘶汗成血忠武曾樹破
敵勳縱橫墟市堆殘骨項白老烏廟樹啼空傷吟
望心魂迷詎料驅車憑弔客新詩賦就中悽悽問
今戰蹟尚何有江波震蕩江風吼幾度滄桑浩刼
消折戟沉沙業已久此事寧聞宋史傳將軍功烈

埋幽泉不須更話金牌恨颷塵落日增哀憐

題翁齋堂小照

人生最樂惟酣酒咄哉世事寧掛口鯨吞牛飲差稱强兒也一石白一斗而我曾不任杯酌縱然對酒亦蕭索頗懷妬嫉狂飲徒紅友黃嬌供讌樂翁君不飲與我同胡爲圖此矜豪雄左列壺樽右杯斝詎聞引滿還傳空知君不飲飲以意自署酒民陳酒器人皆樂兮我亦樂人皆醉兮我亦醉我展是圖作是歌既歌且舞何傞傞大户小户不須别爲懽豈必金巨羅

輓汪母吳太恭人 農部君子母

農部有賢母至孝復奇節兩割其肱得不死至今聞者咸歎絶甫一割兮欲喪魂上格彼蒼翁幸存盜賊不入孝婦門傷哉再割夫命促彼呱呱者勤撫育有不如此視吾肉未亾人今倏亾用報夫子於黃壤拜　國恩兮凝家祥嗚乎母德曷可忘

映日堂近體詩

五言律

古延　王令樹　桐孫甫著

朱仙鎮

宋室朱仙鎮今來駐短轅當時空北顧自古扼中原沙抱長河遠風霾埜日昏相傳岳忠武萬馬此雲屯

函谷

夾谷關爲徑崇厓削作墻遵途沿馬跡讓路聽騾岡逼仄青天影蒼涼白日光徑行五十里愁絶甚

羊腸

華陰少昊廟多怪樹一幹雜枝仰視三峯高插雲漢眞巨觀也

壯麗金天廟嵯峨玉女峯雜枝纏檜柏高漢插芙蓉惚恍希夷洞然疑老氏踪（老子繫牛樹無枝葉）還愁風雨夜天半吼虬龍

土穴

臨野曾無屋比鄰却有邨入門低僕馬居穴雜雞豚朴略豳風舊深藏土室溫怪來宵汲井幾戶亦相喧

雞頭關

雞頭高入望，一上一魂驚。路折盤空度，身危倒置行。寒雲通棧閣，落日下襃城。出險尤愁絶，蠶叢問幾程。

棧中山店

山店忙投宿，回頭已落暉。霧雲曾不斷，魂魄與俱飛。矮屋雞連榻，中宵虎觸扉。始憐啼鳥意，辛苦喚人歸。

錦江石

蜀水多奇石，離離燦夕曛。空流分錦綺，太古結氤氳。飽孕山川秀，精䔍竹樹紋。如何懷異寶，寂寞此江濆。

過大佛岩

獅子高爲座，蓮花淨作臺。聖燈千片葉，竺老半身苔。蜀魄啼春苦，山魈嘯夜哀。祇餘隔岸寺，風送晚鐘來。隔河有聖燈寺，相傳夜有燈來，掌之皆落葉也。

由叙郡放舟至瀘州

遊目不暇騁，長年亦自猜。風雲飛向後，城郭若爲摧。地軸憑波轉，江門鑿石開。午餘三百里，何處萬猿哀。

富邑官署雜詠

僻處不鄰市，憑高已壓城。蠻天寒嶂影，孤枕夜灘聲。井里何多刼，山田尚少畊。到來年倏莫，未識棘人情。

破竹編爲屋，依岩堵作墻。虎犲行市井，鷗鷺上公堂。案牘曾何事，圖書漫自藏。憑高看埜艇，猶或似家鄉。

此邦雖僻遠，風俗未云漓。溪父遺魚舅，山氓獻虎兒。烹鮮聊可試，用猛懼非宜。未免慚迂拙，瘡痍待撫綏。

瀑濺晴時雨，天留歲晚春。百年寧見雪，萬古不飛塵。禽語蠻難辨，山容換屢新。焉能稱吏隱，差擬葛天民。

官舍連真觀，山樓傍小湖。閒笙鶴自舞，狎水鴨多逋。官舍鴨多飛入湖。白日依簾靜，孤雲到樹無。未能求道去，聊可擷菖蒲。

花事今何早，禽聲況復柔。倩風時掃徑，聽雨一登樓。當戶留慈竹，司閽得石猴。猴身最小。微官聊自遣，底用嘆沉浮。

自作山中吏，常於山上居。草舍因辨藥，菌長亦充

疏得酒呼鄰衲抄書教小胥休嫌多歲月猶似未
官初
何必逢元巳秉間載酒遊灘緣春水曲波與客觴
流雪羽行雙鷺風花上小鰍（魚名）永和修禊日略似
此間不
小縣曾無市邊民不識錢從來兵燹地重荷育煦
天陰海多穿井山泉自灌田惜哉文教遠化蜀愧
先賢
那識尊卑別相逢爾汝呼壺漿趨道左語笑雜山
隅官向蠻天賤民猶太古愚嗟余亦樸略輿俗克

諧無

自南溪還富邑

漠漠山程遠行行霧氣昏亂峯微有徑兩縣絕無
村雨篠鳶烏隱風林虎豹屯崎嶇朝更夕何處郭
西門

自流井

百里猶吾境居然有市寰鑿泉因煮海燔石豈焚
山（有雞公山遺火則徧地皆然火熄而山無恙）絕域僧容恠多方賈客頑到來
成信宿似入昊天還

川西邊地蠻女善壘墻身負重石上山如猱

又烏撒民髮髮高尺許治田兼數人力皆夷
種

邊夷亦王土種類迥難同絕力驚蠻女髮頭笑撒
童兼人負軛異累石堵墻工聲教於何始居然太
古風

內江道上兩岸木香藤蔓勾連似比屋然三
月花放如雪行人如遊玉洞中也

不殊梅再放還與雪同姸野徑張花幕重陰架木
天珊珊來玉女杳杳夢遊仙回首經過路劖岩百
丈懸

旱

誰說天多漏驕陽轉橫行高松枯少色巨竹裂多
聲舊俗尊巫祝邨氓事火耕深慚晉東晳埜老誦
長生

郭外東山寺山頂兩泉相連清濁各別而水
之消長則視大江爲度焉

東山何代寺高出衆峯羣絕巘偏生水寒泉亦帶
雲盈虛誰得測涇渭此能分忽見墻間字蒼茫感
舊聞（有補鍋匠題字）

黃沙驛

官檄催何急山程度更逕亂流爭短筏仄木走長
橋邊徼牛形怪（牛背突出兩肉如駝駝狀）昏林虎氣驕郝堪魂欲
斷岩半語鴟鴞

夜泊永寧道中有虎渡江來山中群牛環角
相向如城郭狀

峽江奔更激巒徼險難平一虎中流渡群牛徹夜
驚昏林晴作炬荒落角爲城太息浮生事憂危見
物情

冬暖

嶺樹高留葉溪流暖不氷風光翻可悅時序竟無
憑遊宦常如客居山亦類僧比來烏兎影毋乃太
飛騰

油井

石油生古井開鑿自何年力可穿金出（能穿錫器散去）膏能
帶雨然（置之兩中更然）頗疑通丙穴亦或近鹹泉不盡探奇
意西風捲竈烟

火井

誰家屋作幕自昔井連礎且喜醎泉近寧隨刧火
飛不煙能煮海入穴豈燋衣（火歸穴中投以衣不燬）一勺池中水
虛無何所歸

江漲

江水不可極茫茫侵古城奔兼高鳥下勢輾亂山
行岸樹連巢沒漁燈入市明憑高魂最怯嗟爾黎
民情

庚午七月江漲余如成都逆流攀嶺而上日
行二十里許

舟行乃陟巘陵谷總冥冥炊雜蛟龍氣燈窺罔象
形青天迷澒洞白日走風霆兩日珠江路長年駭
未經

工部草堂

萬里橋邊路聞尋杜老堂杳然溪水暮何處浣花
香雅調空千載孤祠又夕陽至今誰作者一望蜀
江長

武侯祠堂

尚有祠堂在嗟余瞻拜遲三分炎漢業幾首少陵
詩落日低岷水西風滿栢枝千秋興廢事誰與杜
鵑知

黃牛峽舟中月夜作

萬山朝白帝一水下黃牛不識啼猿意何如杜宇
愁風流誰屈宋談笑有孫劉爲謝江頭月多情照

客舟

舟過巫峽

十二峯相望幽奇逈絶羣雙厓森木合一線午天分境勝偏難矚江深轉不聞陽臺迷處所雲雨自紛紛

八里港阻風

鄉思茫茫急歸舟日日開浪吞彭蠡驛雲羃小孤山見説鯨鯢窟重隣虎豹關秖餘陶令宅隱几片時還

野泊

埜泊荒荒暮寒燈黯黯深鳥驚沙樹夢龍逼海天吟萬里將歸路孤舟此夜心何年五畝宅安穩傍岩林

同年吴紫雯招飲清風亭

放眼登臨處江山聚此亭兼天千練白插水數峯青花落春愁暮風昏日易暝廿年重握手樽酒話飄零

同勿齋仰公步陳帝簡草堂

我友讀書處蕭然野墅同徑穿寒圃外人到夕陽中山茗烹泉白霜花入座紅況同嘉客賞瀟灑挹

秋風

寒月

散步迴廊下西風月在衣天空涵素影星遠縮寒輝孤室燈光細深杯酒力微如何明鏡裏不見夜霜飛

柴墟道中同勿齋作

一水溯江門天長疊嶂昏殘霞延暝色荒草上潮痕梅館朝懸榻蒲帆暮指郵趂君歸去路詩律細重論

謁茅忠愍公祠

早策燕師至南都阻大河直愁飛鐵騎誰爲枕金戈折東舟心在憂時血淚多只今邑父老揮涕誦悲歌

王師先命將大義在亡親竟失安劉計空傷殉國臣百年初有祀（祠建於嘉靖某年）一郡更無人獨樹荒祠裏啼鵑又晚春

建祠仍舊宅瘞骨指荒墩赤族新王典捐軀故主恩河山看又改俎豆到今尊不盡西風恨蕭蕭暮雨昏

江望

隨意飽香秔邨谿緩步行海雲崩日氣林葉亂江聲舊岸空波遠遥天疊嶂横行來烟水暮埜磬有餘清

苦雨

久雨當初夏蕭蕭有剩寒打窗宵且急行路戸庭難密樹連雲濕新荷貼水乾寂寥檐鳥意何日振高翰

同勿齋夜坐

暑生殘雨後偶坐夜沉沉雲結過河影天垂覆檻陰有愁多入鬢無語忽沾襟孤燭深相照含悽共㒳心

夜過蓴香書屋留飲聽姚輯五度曲

閒來尋酒伴重醉綠荷邊敗葉戀高樹吟虫兼細絃風鳴徂暑夜雨洗夕陽天忽聽伊州調心魂一悄然

深柳堂納涼

虛堂疎雨後散髮傍檐牙軒檻如臨野壺觴亦近家微風吟竹葉輕露濕桐花此地多清夢新涼過碧紗

秋江曉渡

扁舟乘曉渡露氣滿汀洲風荻蕭蕭雨烟帆片片鷗微茫殘月在冥歷遠山浮不盡中流意蒼涼雁驚秋

程碧蒼招飲鐵柱宫

故人具樽酒落日坐山椒戍近寒聞角江空夜度簫樵風吹舊麓漁火下歸潮歲暮懷家客羈魂半爲消

夏日山居

豈有俗塵到虛窗碧樹侵鳥喧寧礙夢客話不妨吟竹月涼侵榻松風細入琴趂將長夏日垂釣就濃陰

永日容吾懶閒堂坐更清歌樵如有答甜鳥忽無聲雲氣當窗出岩花接檻平蕭然此物表聊以遂幽情

幾年休採藥盡日懶題詩白鳥爲誰語青山獨自怡雲籠江樹晚鐘度野風遲久向溪頭立邨童捲釣絲

久已捐塵事因之生道心息機多地籟築屋半巖陰嵐氣知晴雨松聲閱古今雲容看又變似結北山岑

古栢蹲巖由新篁出屋脊茶香泉自續石冷醉能題野水羣牛渡高烟獨鶴棲閒憑孤閣望又見夕陽低

幽林多傍壑凉榭不關扉濕翠沾書幔風枝掃石衣物情俱有適人語到來稀獨怪秋生早空階一葉飛

同朱阜公汪舜來孚仲遊果老灘飲符采閣

落葉滿空灘仙踪問已難西風吹不定野日坐將殘帆影兼雲疾林陰抱閣寒陶然人境外何事覓金丹

壽勿齋六十

見說魚龍宅俄成鷗鷺天清流重抱郭秋日乍明田還喜淡災候剛逢初度年芳筵眞可樂應向綠疇邊

又

自此得安宅無爲嘆緼袍飛騰朝看䕶磊落夕持螯爪棗兒工賦虀鹽婦善操西風籐下閣日日醉香醪

寒食梅花

豈意梅花發江城已禁烟寒陰緣積雪遲暮荷高天君卉爭相豔幽香祇自憐不堪寥落意還向晚風前

座師熊大司空寓園晤同門阮獅麓

燕市十年别鑾天萬里行無風迴雁影有淚逐江聲萍聚當師席花飛見客情所嗟雙鬢改相遇兩相驚

宿華藏菴

沙堤斜繫艇野寺晚開扉雪後花仍放烟中僧乍歸四天孤磬滿少室一燈微且共連牀客高歌興不違 謂秋山

曉發

溪行將十里天氣曉猶昏遠火紅傳影深雲白吐痕漂摇憑小艇纍壢近何邨歲暮勞于役愁心誰與論

舟次宜陵雪甚坐酒樓竟日

雪甚還兼雨霏霏不肯休似留遊子屐一上酒家樓野屋蹲烏鵲空田啄鷺鷗晚來寒更劇愁絕倚孤舟

秋夜

亂葉下庭蕪蒼然短榻孤露霜仍舊序日月老潜

夫羇旅沙頭雁心魂夜半烏可堪方欲寐哀角又相呼

月夜聞鐘

衆響一以寂悄然人倚欄月窺孤閣迥鐘過暮山寒吾道俗多忤塵心降獨難嘯歌今日事抱膝且粗安

吴錦雯招飲鐵柱宫時大雪

急雪裏山閣壺樽歲晚開重添諸嶂白不盡朔風來欹側遥帆亂迷離暮鳥迴安知寒色重吾已泥深杯

雪後登金山一名浮玉山

積雪滿滄洲揚舲渡急流飄空雲若練插水石如鷗見説金重佈看來玉盡浮氷花吹更落細細上征裘

立春後雨雪不止黄儀逋何秋山戴平山吴滄度程階亭見過留飲小齋分韻

雪片掃仍落客來寒滿庭俄添萬瓦白相對一樽青春日杳何處淒風不可聽瞢騰寒漏裏莫遣寸懷醒

别家

巴南初捧檄含淚别雙親兹去幾千里高堂少一人慈烏啼月夜社燕舞風辰老母恩勤意牽衣獨愴神

萬行離别淚不待到岐途病婦愁容向諸兒繞膝呼春風斑鬢短津雨隻輪孤未卜出門去微官乞得無

諸父行將老臨岐柰若何離心不可極憂思向來多老屋斜依樹高原半入河何年先世殯壘土向山阿

貧家戀未得仲也倍愁予千里睽違日三年涕淚

餘余以服闋入都江鴻行欲斷塘草色何如可念北堂上休教定省疎

别同社諸子

侵晨吟侶集送我向江潯刻燭頻年事停驂岐路心翠煙低遠樹紅雨上離襟慚愧黄鸝意喈喈弄好音

素心真可戀華髮劇多愁雲樹應相望風塵不自由竹吟凉月夜楓染夕陽秋何日重賡和躊躇過戍樓

曉發

一劍臥車衡孤星照客程縱橫征馬路遠近曉雞聲望火寬飢渴占風説雨晴故園多酒伴枕畔倘聞鶯

堤上

力倦長堤道行行只嘆嗟遥村成斷梗時大水漂沒一路少春花野望天垂盡修途日易斜停車何處所茅店兩三家

途中見雁

同是北行路心憐汝是歸安知荒磧遠只傍野雲飛落日羣相語空山見者稀秋風江渚暮還認舊

沙磯

車中雜詠

不憚崎嶇路驅車更北征烟霏陰磴滑雷過夕峯明澗水兼砂落山田帶石耕轉忘于役苦吟眺一含情

頻年休叱馭此地斷征魂野店多依樹遥山逼肖郵谿河呑驛路沙岸印波痕久矣疲行役何時過國門

雨歇

竟許淫霖歇微風上客裳紅蒸鄰果熟綠放野蔬長粉堞高垣過銀魚亂帙藏誰憐遊子意脉脉倚斜陽

與勿齋

帝里紛名彦如君豈易尋那知不朽業都出已灰心劔吐塵中氣桐清爨後音荊州眞愛士往往誦佳吟謂慕廬宗伯

方鴻一重來燕邸

燕市悲歌地君來只當歸乍添遊子服重叩旅人扉匝地黃塵起經天白日微禁愁須縱酒莫話客塗非

秋日懷陸南隱雪厓

亦識宦爲海誰憐踪是萍親情來夢寐離思入空冥香滿露中樹秋深池上亭機雲才並妙吟向晚山青

旅寺雪後讀離騷

白日竟慘澹寒雲半霽陰孤燈殘雪影蕭寺旅人心林鳥栖難定齋鐘響欲沉可堪搖落意還對楚騷吟

癸未除夕

幸有周親在天涯共歲寒野蔬和雪煮官粟帶沙

餐重幕春潛入深堂炬未殘今宵情倍好不爲荐
辛盤 謂朱心簡
令節忘羇旅深憑高義存峭風酲不解積雪室常
溫北道居停久東山杖履尊陽春看又度慚愧是
師恩 謂熊質存

燕子來

邸舍燕初到呢喃向客譁帶烟翻遠翼因雨啄寒
沙此地誰爲主重來汝有家相依曾不去憐我亦
天涯

旅寓雜詠

旅寓何遷次蒼涼動客魂歎梁閒燕壘古壁上蝸
痕絶少輪蹄客常同風雨村有生皆是寄莽莽任
乾坤
漠漠埃塵外閒閒邸舍中幽禽寧選樹細艸自隨
風舊夢追難憶新詩叠未工朋來旋命酌一笑旅
愁空
居官閒亦好渾似在丘園小草不遮徑高藤半壓
門行藏慚夢寐書史動心魂曩代紛紜事迂儒漫
討論
但與囂塵絶川岩戸牖間雨懸三叠瀑雲結九疑
山吐沫群魚上窺簾獨鳥閒料知宵夢穩不復戀
鄉關
夏日驕何甚今朝亦肯降好風先到樹急雨暮吹
窗簇簇飛蟲亂喃喃語燕雙毋爲嗟宦薄把酒坐
蘭釭
伏日曙光早微凉且自憐茶甘新甕雨香細舊爐
煙旅食叨官粟家人數俸錢茫茫遊宦意不記去
鄉年

廟市竹

不見此君久如何燕市來爲憐嶰谷種誰識渭川

材節在疑成苦心空未易灰殘陽此一照清影自
低回

寄示兒子新猷新建時聞新銘北來

旅居那得樂多病復相侵自少還丹術空求買藥
金風雲常黯黯日月故駸駸檐鵲爾何喜春來尚
好音
才拙羞當代 恩深貸小臣私憐依柏府重許拜
楓宸闕下幾寒漏天涯又早春行藏誰得料慚愧
未歸人 余擬差竣歸覲因奉留任之命故緩
高堂慈母在今是七旬餘升斗余眞媿晨昏汝莫

疎香清春釀秫鱠細晚烹魚代養兒曹事殷勤爲
報書
凍雪連齊魯如何汝弟來路過青嶽近思入白雲
哀山月烏啼苦關雲雁影廻豫愁相見日衰絰淚
盈腮
汝是閉門日還當讀禮時故家文具盛薄俗物情
疑毁譽人何定詩書我所師鹿車爾母訓最足動
哀思
遊宦非吾意承家望汝曹駑駘非異骨燕雀豈奇
毛可念年華逝休矜宅第高金門爾父在白首日

重搔

秋鶯

巧語終何益朝來縮好音一隨羣鳥意不叶亂蛩
吟歲序悲零露風光想舊林行將深谷隱未許彈
丸侵

送李松嵐歸覲

遂辭旅舘去不避曉霜侵十月還家客頻年將母
心寒花吹驛路佳氣滿湖陰應識中庭樹慈烏盡
好音
自能沾祿養昨已列賢書庭草含新意春暉滿故

盧囊珍燕市果盤薦璧湖魚嗟我亦人子淹留愧
不如
果見淮黄會門前流水過手香新劈橘目潤昨收
禾含露蘭蓀長排雲雁序多萊庭無限樂吟思更
如何

范心淵舍人乞假省親送歸如皋

拂衣何太早將母願難違旅寺飄黄葉垣扉別紫
薇雲連南國遠霞映北堂飛余亦思親客含凄送
汝歸
共事春闈日常聞夜漏沉金臺收駿骨棘樹集梟
音官燭一相照驚塵未許侵只今分袂地霜日滿

高林
策馬去京華西風驛道賒山楓迎旭照塞雁起寒
沙旆返天邊路珂鳴海上家還將五色筆揮翰染
烟霞

寄賁韓授

十年遺贈意懶慢未曾酬自少天邊雁空懷海上
鷗幽蘭迷遠谷叢桂想高秋一笑離愁客風塵已
白頭

與何秋山

自有紅顏樂何曾白髮添風流原不減燕妮亦無嫌見説綺羅薄還憐井臼兼君今吟力健好爲賦鷦鷯

都中晤張北溟語及郊園有感

道路塵長滿林泉迹已賒不才寧許國多病況思家戚好情如舊羈人鬢早華郊園聞更勝添得幾株花

送沈麟仲下第歸竹谿

寂寞看花候蹉跎入洛年握瑜寧自鬻工瑟竟徒然書劍飛塵裏田園積水邊尚思先世澤勉矣策殘編

自張家灣放船

及早揚舲去長途自此辰百年垂老日十載乞歸人故國遥通水晴川不受塵翻愁宦海客辛苦問通津

懷母

匝月家書去爲言遊子回乍聞應有喜徙倚得無猜蒼鬢年頻换衰顏病更摧預愁歸舍日淚灑葛衣來

舟夜懷兒子新銘

河干余不寐山驛汝何之已抱岐塗痛彌懷警夜悲憐舟傳柝急倦僕點更疑見説飢鴻滿休教歸騎遲

舟中遣懷

行藏詎一轍心事固多違自分不才老共如帶病歸淵魚迴淺瀨沙鳥没斜暉吾亦嗟遲暮江天待息機

日落村墟外沙昏驛樹邊孤舟萬慮集殘燭五更然自少忘憂術虛憐引疾年柴門應可到能否恣安眠

北道行將盡南方客漸還關河移病骨日月惜衰顏天影遥隨水雲容欲變山我生靡定所垂老向田間

守閘

未是停橈候空嗟泊水隈何年崇閘建不遣片帆開九土梯航道千秋疏鑿才推蓬閒倚望大澤正悠哉

一閘復一閘維舟胡太頻空思飄遠翮未許縱潛鱗靈雨嗟何處好風辜此辰小童偏得意背日獨垂綸

榜人傳郡郭三月苦滂沱鄉邑疑洪水歸途但淺
波無能移地軸誰爲挽天河南北三千里朝朝聽
櫂歌

歸里舟次拜祖墓

河曲先塋在停舟意已哀雨行森古柏再拜藉荒
苔少日叨餘蔭何年起後衰撫躬眞自愧空着繡
衣來

與戴英人表弟話舊

莫話垂髫事相逢鬓已霜懽時猶涕淚別思久蒼
涼市里風埃滿郵谿雨露香一杯重酌汝爲我話
耕桑

送何秋山歸黃橋

來日猶殘夏別時已早秋俱成多病客難話八年
愁露氣催紅葉溪風汎白鷗相期重把酒莫待曉
霜稠

蔣紫眞先生年逾大耋學本内經家住青山
庄名人傳丹井嗟余多病涉彼長江維就正之
孔殷幸晤言而甚洽行藥之餘精談易理息
機之暇間及詩歌不覺紙墨之遂多聊比韋
弦之用贄初不較乎工拙幸勿哂夫衰慵

背郭行三里當門臥一溪雲山村墅北亭榭石橋
西遊子初停屐幽人獨杖藜乍逢忘禮數短服手
頻攜

寂寞埃塵外優游水竹間忽從異地合似縱兩人
閒林日初無定潭雲空自還幽軒相共語高躅迥
難攀

不是宿痾在郵來高士廬閒雲生客屨活水抱行
厨圖演先天秘談深老氏書定知耳目豁吾意已
恬如

漠漠流雲遠亭亭去日斜吾生應有在大道本無
涯埜水潮爭上空山桂自花還丹聞妙訣從此駐
年華

恍入桃源路蕭然絶俗塵一逢遯世客眞是過江
人雞犬雲中侶桑麻物外春從茲棲更宿不復嘆
迷津

誰闢川巖勝渾疑造化功水雲行曲折竹日動玲
瓏自是娛閒地還隨抱朴翁道心兼野趣未許衆
人同

此翁真古怪秋暮尚單衣丹氣千林護青山一杖
飛論心塵世晚識面里人稀但恐占星客江天指

少微

豈意危橋過翻憐景物賒閣懸疑石棧樹臥似星槎但供漁樵便寧聞鳥雀譁香風俄撲袖應有隔溪花

何事頻乘屐登臨得小樓無邊流水趣一片夕陽秋病日閒能遣眞機獨自求比來高臥穩無夢到皇州

久謝浮名役匆過大耋年泉香分橘井境勝入壺天自具丘園僻其如姓字傳東鄰池畔樹又繫幾人船

坐久不知倦西風秋滿亭野花隨地白高竹補山青蘚徑荒難辨岩扉靜若扃雲亭眞好客來往日談經

散步向西堂斜暉半石梁山枝奔隅岸風葉走長廊一任衰年懶還餘野興狂憑欄成假寐彷彿到羲皇

深林不可測孤塔湧其端只煥山川色焉知風雨殘平臨孤月迥空貯白雲寒妙有虛無理須從象外看

秋深晷漸短觀物自從容苔色遥分竹泉聲暗叶松息心聊捲卷散步一支笻倏忽山溪暮煙霞又萬重

頗怪山童意終朝把釣緡江通寬宿水雨過起潛鱗瀨上風何古濠間物自春此中眞趣在吾欲老溪濱

歸舟

猶是來時路無端秋已殘衰眸當日落病骨復江寒木葉兼帆遠汀花拂水乾三山咫尺在判絶十年看

豈意歸林日飄摇又水涯百年常作客一月未還家頹日昏帆席寒颾捲浪沙孤舟何所泊多只傍蘆花

秋山重來

重來眞足喜病在轉相憐我亦年衰客還當歲暮天霜寒林更瘦秋老菊還妍盡此一樽酒與君相對眠

病在

病在何須卸春風且自寬翻能通節候（每換一候輙病甚）兼得懶衣冠老日登朝賤餘生行路難自今知免矣亦足答羸殘

病減

不道養痾日，翻成靜者身。光陰寧過客，風雨亦佳辰。林鳥殷勤侶，庭花宛轉春。一巵須酹汝，常伴白頭人。

遂已稱清絶，何曾避世喧。讀書雙眼在，閉閣一身尊。老病稀朋侶，嬉遊及子孫。平生迂濶意，把酒竟何論。

自以閒驅病，年來耐寂寥。草香三徑在，花事一庭饒。細霧吹書幔，空天入酒瓢。乾坤何所事，吾意若鵁鶄。

梨花

漫作千林雪，遊人自不寒。春風如有待，衰眼得重看。嫩葉澄空碧，高枝故屈盤。前村花更好，未許駐溪干。

余遊既倦，梨花爲風摧殘，因作是詩

忽見半溪白，方知花落多。野風吹不斷，遊子意如何。行處香粘屐，看來綠在柯。茫茫春已暮，歸矣放清歌。

春暮雨後

春色晚凄凄，衰眸望更迷。烟霏林景換，雨壓砌花低。坐倚朝兼暮，行吟東復西。何來營壘燕，依舊補新泥。

與程景蓬話舊

感爾兄兼弟，朝朝向佛龕。忘形偏意洽，無語亦情酣。（時耳病特甚）雲斷三山北，天橫一水南。病懷兼別恨，垂老絶難堪。

送俞立可、程景蓬歸京江

那繫扁舟住，東風上早潮。地從江岸坼，天入潤州遥。溪友勞相問，山靈倘見招。何年重過汝，把酒酹金焦。

病中遣懷

淑氣暗相催，孤懷轉自哀。徑風初動草，閣雨欲肥梅。病甚思丹竈，愁深廢酒杯。春光如我避，惆悵此歸來。

送季蘅皐表兄赴郵塾，即次原韻

里巷跡猶疎，春風別又初。村遥同隔縣，計拙似傭書。啼鳥難留客，梅花應笑予。芳時誰共酌，離索此幽居。

閉戶

閉戶雖留病，韶華自可親。風鳴將雨夕，莎碧落花

辰紛擾羞塵俗虛無養谷神大還庸可得端坐抱吾眞

懷表兄李衡皋

一別當三月（每半館三月方還）相知今幾人風光殘壠樹離思鎖園春不分談詩地空餘獨臥身昨宵夢見汝明月滿烟津

衡皋赴館信宿以子婦經死還家輙避去詩以傷之

怪爾歸何事倉皇涕淚新自來多難客忽作避仇人詬誶捐兒婦傾危到鬼神迂疎寧示譴所忌或清貧

齋中牡丹

莫嗟花事晚尚得及芳辰縱負鉛華質都忘富貴身林陰遮欲密風絮點何頻寄語洛陽侶江天又暮春

新篁

解籜仍依祖抽叢已號君綠垂連夜雨翠濕半江雲待鳳寧無意爲龍漸有文異時高晚節敗葉掃紛紛

秋山來

見爾襟情洽何妨視聽訛相將無俗態爲樂在清歌春向荼蘼盡烟歸薜荔多與君俱宿疾樽酒莫蹉跎

題趙北江書屋

趙蝦歌吟處柴墟傍古原桃花十里樹魚市百家村洲塢遙連岸江潮直到門詩書新築滿風雨共誰論

與師虞良

憶昔宦遊地君來繫客船杯鐺臨淥水道路話青天容易八千里蒼茫二十年咄哉同里巷離索轉堪憐

寄貢韓授

百里雉皋路衰慵那易尋海天沙漠漠江樹雨沉沉嘆絕曩時跡吟孤多病心一箋遲寄汝別恨到於今

重過李用斯宅中看菊花

復此來遊地黃花無數新寒霜堪寄傲秋水合爲神芳豔依堂近蕭閒與寺鄰夜來休秉燭江月澹相親

題邑侯宋赤子怡雲集後

見說名山業西風載一船幾勞詞客望因識使君
賢簇簿煩千慮瑤華惠幾編忽驚明老眼莊誦菊
花前

大化本無極萬端皆有初自關天下事爲著性中
書理窟探根柢詞華觸緒餘讀來微有會蟾影上
階除

讀訪桃紀事二首

偕此洞簫侶怡然蓡水涯溪風開紫霧山影豔朱
霞幾度諧心賞焉知換物華是中眞樂在誰與問
桃花

亦有探幽處夭桃萬樹然不知江上景何似蓡中
天細雨連錢馬春風畵舡公餘誰載酒沙鳥正
翩翩敝邑江邊桃花極盛

寄季莳谿

昨示將書處關河一水長相依窔子室復傍聖人
鄉舊恨何迨遞新詩益老蒼思君多病夜霜月太
淒涼

和季陟廬花朝集飲原韻時梅初放

尚有餘寒在花朝竟少花未妨香寂歷好在影橫
斜幾夕淹殘雨何心闘曉霞吾儕吟賞處不必取

穠華

春遠

春去日以遠悄然垂老魂隨風沙氣暖欲雨樹陰
昏壁壘楸枰靜旗槍茗椀溫還看苔蘚色依舊綠
堦痕

迎涼

殘暑不知處新涼曉自迎應從西舍入或向北窗
生蘇簟眠初穩絺衣吹更輕更憐碁子落倍入竹
松聲

立秋

今歲凉飔早茅堂易報秋可能淸向夢聊得老寬
愁淺夜明河澹高空大火流但期蘇肺病安穩臥
林丘

桐陰坐月

一片江城月溶溶照碧梧論詩過郢客謂眉山把酒
坐潛夫高葉幾曾落淸輝乍欲無宵深風弄影吹
過小庭隅

次韻答方鴻一

判袂自何歲忽來過我軒相迎非舊徑不改是閒
門別久身逾健歡多語自繁朔風吹漸急且自駐

車轅

慚無假館處偪仄此庭軒被褐方吾宅聞鐘又寺門故交世態少往事客愁繁莫話長安市汚塵汨短轅

送方鴻一歸眞州

孤踪何所託歲暮更途窮皓首談經客青囊賣藥翁襟情烟水上道路雪霜中所在詩篇滿誰言旅橐空

眞州寧故國汝往亦言歸活火明丹竈閒雲傍羽衣寓居道觀此邦交不絕近世遯難肥可念江雲外離鴻怨晚暉

映日堂詩卷三 三四

張北溟招飲

華館仍吾侶青陽又綺筵乍過鄉社日先一日春社漸次洛英年晝暝竹簾暗春深爐火然雪花吹不盡騷客幾新篇時袁有山成詩最多

春雪

春半寒何甚雪花吹暮扉旋令芳草没故雜落梅飛客至頻催酒吾衰更換衣還愁江上燕應候到來稀

廣陵歸舟作

作客本無端歸歟興又闌鷗飛春水碧人語暮燈寒野外稀虞網江邊有釣竿故園知不遠宵夢倘能安

吳陵歸舟作

曲港通潮細孤篷帶雨飄沙禽微斂翼烟柳倍多條道路存衰病川原對寂寥我歸春欲去高詠坐深宵

新柳

本是舊時枝方春已弄姿得天宜改色垂地漫吹絲沙草縈青細林花鬪艷遲劇憐衰暮眼見汝碧參差

映日堂詩卷三 三五

新燕

乍來遥海燕蠻語自相親宛爾紅襟舊翩然烏翮新尋巢仍挈侶穿幙始窺人來往江皐上相看又一春

新綠

遂爾紅芳歇俄看綠樹齊一隨天遠近半入草萋迷幽處初連屋清陰已覆溪應多黃鳥在宛轉爲誰啼

裒訂詩草有感

一笑舊編在百年幾浩歌篇題今較少憂患向偏
多沾灑窮途淚驚危宦海波只今投老日撫卷意
如何

寄贈潼關左衛司朱丈心簡

潼水環相抱秦關高自雄從來形勝地獨著保釐
功鈴帳千夫集耕鋤萬井同遥知官閣裏裘帶有
儒風

衰耳

衰耳寧辭塞頽陽那可回不知蟬噪急空爾雁聲
哀懶慢羣情歇飛騰四序催忽驚黄葉落蕭颯夕

風來

曩余遊歷名區所在古蹟多有而集中所載
畧甚因稍爲追述以廣之

歷盡鄉關路驅車入大梁八公人近怪三晉事堪
傷拔宅疑雞犬爭城畏虎狼幾多憑弔恨回首一
茫茫

代禪非無計遷都且待時君臣爭射獵父子盡能
詩天命憑何信人才萃已奇不知横槊句何似釆
薇辞

十世猶存漢千秋啞美新絳袍稱長者白水奮真
人風反寧關戰氷堅信有神曾過洛陽道愁絶滿
飈塵

潼關秦代設百二重堪誇帶礪猶三輔車書又幾
家清時消浩劫落日見蓮花峯名不解征人意行行
有嘆嗟

高祖興王地神孫復自雄三分鼎可峙四百運偏
終棧閣嗟餘燼歌臺想大風何年初失險太息武
侯功

曾爲叱馭客旅夢久凄迷白日未經處青天竟有
梯珠江噴浪急玉壘壓雲低翻幸無慚媿山亭少

舊題

葵子何年國由來天塹存幾看穴鼠鬭一笑井蛙
尊雲斷襄王夢春迷望帝魂我懷杜曲老高詠倚
東屯

上遊此重鎮兵事一危機甥館空金幄商船有白
衣窺吴心過激和魏計前非未免千秋恨蒼茫立
晚暉

孟德縱多智周郎尤自雄連船方習戰一炬竟成
功赤壁不改色滄江自注東祇餘烏鵲影來往月
明中

周侯秉大節，材勇亦超羣。故里除三害，孤臣狥一軍。忠言曾不恤，國典竟無聞。遺廟愁瞻拜，山雲翳夕曛。陳準曾論周處有仇無援必敗，帝不聽，及處戰沒，尤彤而不加罪

唐季群雄起，錢鏐實霸才。千艘輸貢去，萬弩射潮回。朝命猶通此，王封亦壯哉。湖塘寧易姓，一鏡碧波開。

罷釣幾何日，紛更王與侯。英彭猶莫免，絳灌竟同儔。雲夢嗟何故，洛陽遽見收。我過尋往蹟，風雨一荒丘。

聞是羊公里，流風今有無。及身思報晉，折臂尚窺吳。野外人爭獵，山中酒自沽。揭來裘帶客，驅馬過山隅。

十萬劍安在，空教辜舊恩。強臣專誤國，嗣主但稱孫。未返關南地，長驚塞北魂。咄哉景延廣，身死更何論。

征戰於何昉，軒皇已有之。一憑排霧陣，終使化監池。風振秋徂候，沙昏日落時。迂儒無遠識，史冊到今疑。

騏驥嗟云老，虎狼遽見侵。未聞存國計，空挾報秦心。七首行何速，烏頭白至今。空令易水上，慷慨發哀音。

玉貌圍城在，危言劫帝秦。中原猶與國，東海不稱臣。斜日明濠水，高風掃濁塵。歸然臺入望，仰止嘆斯人。

一馬化爲龍，西都委敵鋒。渡江空示讖，易姓已稱宗。仲父殊相倚，將軍早不恭。如何興大義，周顗竟難容。

一出功非細，蒼生繫此身。艱難扶弱晉，談笑劫强秦。嘯咏隨絲竹，行藏有角巾。卓哉王猛識，南國豈無人。

一姓曾謀禪，新朝已號梁。捨身猶可贖，飲血劇堪傷。草色迷宮址，鐘聲度佛香。羣鴉疑有恨，一一噪殘陽。

東渡誰雄主，中興倚太眞。誓詞增慷慨，戮力肯逡巡。一戰能殲賊，諸籓亦重臣。然犀何所事，臨浦劇傷神。

何遽稱王者，彭城一匹夫。空山遺杵臼，賤日判梟盧。拓國多經戰，同朝已擅誅。寄奴才一世，得似漢高無。

霸主恢鴻業，書生感舊聞。江山天作塹，吳魏地中

分北顧曾窺敵南朝此駐軍只今留狠石木葉下紛紛

一笑傾人國何年出若耶吳宮誰作沼越女向如花爭霸心何壯悠佹事可嗟豈知醪水上早已聚蟲沙

雪中東朱嶽青

寒日朝慵起何來雞一啼虛窗延雪色孤坐識天倪簷鳥飛還息庭枝壓欲低故人吟好句隔在板橋西

朱嶽青由海陵歸棠邑賦此送之并東海陵諸同學

殘雪猶在樹驅車過海濱離心方轉側歸思忽逡巡已是閉關候還尋刻燭人應知鄒衍律黍谷已生春時長至次日

和何秋山歲暮

無端歲又暮蕭瑟面寒林烏鵲飛偏疾蛟螭蟄自深風雲紛過眼日月老驚心不見東村叟幽居秪臥吟

人日東何秋山

春復草堂到詩還人日題梅寒寧弄色鳥近一聞啼吟苦才難健愁多夢易迷可堪江上日相照判東西

重過江上西方寺

白頭重過此景物復初冬黃認籬邊樹青知江上峯雲深藏梵剎潮響答清鍾妙有天人相誰探不二宗

江上訪鵬九兄

鴻雁滿霜灘江天夕照寬百盤村路窄一笑弟兄難垂老人同病多愁歲又寒僧闌聊信宿莫遣失追懽

和秋山冬暖詩次原韵

自是沍寒候庭梅已弄春龍蛇不受蟄烏雀竟如馴逼歲人無恙清吟句有神嗟余驚節候猶是抱痾身

夏日閒居偶成

幸無塵事擾傍市得幽偏漠漠白雲過亭亭綠蔭圓靜宜移榻坐倦亦抱書眠衰耳鳴常甚何嫌雜暮蟬

永晝朝眠炎風避薜蘿林陰移欲夕庭草碧何多雅意耽吟癖豪情狎病魔怪他賭墅客十日不

來過

秋初咏雁來紅

未是雁來日階前紅葉齊亦能迎候早不任舞風低日下空江北天高大火西莫愁顏色改清露正萋萋

同年阮獅麓以攝廣文篆來吾邑迫於公務一夕而返作此寄之

小縣夜無市故人秉燭來苦無羞饍具空舉濁醪杯虛室聊陳榻費宮正借才如何同棹速不及講堂開

彪此斜陽去津橋數舊過莫嫌官舫隘却受印牀多（時假二印）宿雨驅殘暑繁星撥淺波再來攜手處空碧指明河

秋日漫興

涼風入我户恰在夢回初敧側還依枕衰慵不廢書叢花抽晚艷獨樹倚前除景物寧蕭瑟差堪慰索居

日長秋更甚幽事與消除一笑愁安在翻嫌閒有餘飯香新雨後杯汎晚涼初聊爲緡殘帙紬函走蠹魚

雨過晴亦易暄涼迭往來風光殘碧樹雲影護蒼苔漸覺羣情歇從教雙耳摧高天猶好我特爲迸驚雷

憑藉諸孫力居然出户庭奔潮寒挾雨高漢密環星北塞遲羣雁西溪度一螢相逢皆少壯故侶半凋零

華省趨羣彥滄江任獨眠吾衰誠已矣親在一怡然芝朮空山長鯿鱸秋水鮮平生歡笑意細數入鄉年

不分歸田日頻叨 聖主恩廌冠還舊秩鳩杖在

閒門榭葉江邊寺蓼花水外邨 盛朝寬大事野老一同論

宦遊曾萬里棲遯復多春一笑炎涼世曾驚寵辱身風塵存病骨江海縱潛鱗獨坐空庭夕秋蟾湧半輪

野鶩銜風落蒼葭帶水斜飄零低羽翰摧折在泥沙鄰壤沉禾稼遥天肅鼓笳餘生寧報國慚愧卧烟霞

鳳冠花

本是瑤林種何年近藥欄幾叢標赤幘亦或學黃

冠搖曳滄洲暮依棲小徑安西風莫造次遲爾露
華寒

宋使君見示秋蟲詩爲次韻

不聞蟲語久風雨復連連豈意商音發翻因妙句
傳幾何去國日今入杖鄉年安用聲相觸哀吟占
爾先

袁肩山由白門過邗上見訪旅寺有詩次韵

相覓羈遊處門前竹數竿乍逢成一笑隨意且同
餐往蹟六朝徧新詩百咏看桃花何好事催汝過
江干時袁將返吾邑

七夕張北溟樹園讌集兼送嚴修亭還騏江
袁肩山劉阮仙還海陵各賦五律二首得十三覃

萬木碧毵毵吾儕此盍簪雲陰沉午閣林影抱澄
潭彥會多佳趣吟心與共探江秋殊可戀莫話返
征驂

良夕重逢七羇人相對三聯吟才並妙別酒興逾
酣雙轄郊邨北扁舟浦溆南臨邛眞愛士把袂立
風潭

七夕聞林中鵲噪各賦五律

坐深山欲夕竹木總陰陰不辨雙星事空傳羣鵲
音溪林聊自喜霄漢竟何心莫更塡河去天衢露
已侵

騏沙嚴修亭移居西郊索詩爲賦四首

卜室今何地幽清得近郊直須新壘粉不用更誅
茅繚繞川原勝陰霏竹樹交定知棲遯穩高鳥徧
營巢

聞爾高堂健閒行不借筇甘肥常在口氷雪自爲
容復此依雙桂休勞憶五松修老祖居堂名白頭娛子舍偕
隱繼芳蹤

傍水千帆過懸天一墖斜清吟連蟀蟋勁筆走龍

蛇雅稱幽人宅頻過野老家自今邨店熟到處酒
能賒

以我閉門久逢君徙宅初興來思放艇衰甚怯脂
車昨夢烟蘿逕空憐水木居好將林臥處一寄老
夫書

咏嘉樹亭松得十一尤

堂下雙松樹能添別墅幽寒依白日靜高湧翠濤
流麈尾韵何逸龍鱗老更遒運忘多歲月長此寄
林丘

五言排律

迎春

一元開節序，萬彙待春陽。太皞司天早，羲和馭日忙。占星杓漸轉，刻漏晷初長。瑞雪冬曾積，寒飈夜不狂。迎年祈土穀，虔祀奉勾芒。村陌鳴田鼓，江城進綵航。山農被襏襫，長吏肅冠裳。闤闠辭殘臘，亭臺換舊妝。慇懃祝南畝，喧笑迓東皇。皂蓋連雲動，青旂預日颺。春花絲作勝，歲酒栢爲漿。繞徑巡三匝，迎郊向一方。漸看抽壠麥，早覺變堤楊。霜野光浮白，烟墟景逼蒼。猗與樂盛世，歸矣宴公堂。五載

映日堂詩卷三　一

官邊徼，三年滯故鄉。鬢毛驚倏變，禮數想猶常。許國慚才拙，寧家望穀祥。雨暘誰作宰，旱潦莫爲殃。好語鞭牛者，天行仔細詳。

初冬同人集桐石書屋登崇岡望江城樹色

曉烟開別墅，霽色盎初冬。取次朋俱集，追歡興自濃。談酣神磊落，飯罷步從容。曲沼泉初涸，寒巖蘚半封。不須呼小艇，何用策孤筇。漸已升層磴，俄如歷九峯。千門喧鳥雀，萬木聳虬龍。地籟吟修竹，氷花灑健松。交柯紛偃蓋，亂葉尚裒茸。薄植憐樗櫟，因材茁菲葑。參差添遠岫，蓊鬱壓崇墉。童土初經眼，烟霄忽蕩胸。元宾留翠靄，青歲想葱蘢。霜果當檐重，春醅入手醲。適茲偕白首，況已逼黃鐘。自笑懸鵬鷃，相期結駏蛩。

壬午十二月二十八日傳集部曹於　太和殿賜　御書臣令樹得池花春映日窗竹夜鳴秋十字恭紀十二韻

聖主崇文切，深宮講藉頻。楷模工五夜，揮灑徧三晨。　天語宣殘漏，恩波近早春。　奎文懸殿閣，鵷序集臣隣。積雪迎初旭，時雪初霽 微風淨細塵。鳳翔舒彩翮，龍起耀蒼鱗。尺幅森如錦，纖毫挽若鈞。方員

映日堂詩卷三　二

圭璧合，溫潤瑾瑜陳。黓畫工營勢，縱橫妙入神。游心棲義圃，藻思動芳辰。窗竹鳴秋淨，池花映日新。非才膺　主眷，奕世奉家珍。

圜丘 時司監禮

黃鍾催暖律，紫禁引朝烟。北極杓初轉，南郊祀倍虔。街塵廣埽集，田燭萬家然。雕輦勾陳列，和鈴道路傳。答陽原報本，配享更崇先。祝史行通悃，春卿蚤視牲。禮文圭幣具，樂器鼓鐘懸。禘以精誠合，壇因法象圜。斜桓森宿衛，肅穆戢官聯。肆夏歌初畢，五齊制已全。格天徵有道，衍祖信無愆。執事咸揚

職糾儀祇備員漢儒多駁議泰時著垂編紐席從
何義燔柴漫計年不觀明備盛誰識化裁權

元日早朝

條風開綺歲霽日上楓宸玉漏聲猶隱金門氣已
新御香通黼座仙仗肅勾陳景德推　元后靈祥
萃百神重闉交履舄百職靜簪紳濟濟彤廷盛融
融禁院春簫韶傳九奏府事協三辰鳳翥矜苞羽
龍驤振鬣鱗中天賡日旦四國備時巡重譯來王
泉元正獻壽頻車書同異俗賚予及圜人瑞肇陽
和候膏流湛露晨恩深先億兆道大洽臣隣幸際

休明世私憐寵辱身非才慚斧斵　聖化仰陶鈞

四十六年春王月奉　命巡視東城紀　恩
十六韻

化理先畿甸　温綸出禁垣春王初布令小子濫
承　恩西掖祥鵷集東華獨鳥騫繡衣行紫陌絳
節指青門并里神姦伏郊郵鼠盜屯簿書嗟復領
訟牘敢辭煩重地勞懷輯清時溯治源但師慎勿
擾敢說自無寃莠草鋤非種嘉禾庇本根風生壓
壒掃雨過濁流奔杲日丹衷在寒霜白簡存森嚴
三尺法邃密　九重閽待旦馳衰骨終宵警獨魂
澆漓手欲挽淳樸性能敦那易豚魚格期毋雞犬
喧弛張須有道苛細竟何論

壬辰端陽前一日季直齋招同袁肩山張北
溟孝芬令兄陟廬陪宋邑侯彊齋飲戴氏東
園得十二侵

佳辰愁鍵戶勝地想披襟賢主呼羣侶名園快共
臨更迎仙吏舄重盍野人簪雉堞依垣近虹橋跨
浦深紆迴穿複道高下揷豐林臺榭紛相屬松梧
不計尋池光騰竹案峯影落庭陰振臂攀烟磴怡
顔向月岑翠微晴欲滴朱暵午猶沉野望黃雲徧

朝停白雨淋千郵連壠陌重郭俯江潯自笑微軀
老常嗟多病侵遨遊情有在登陟力難任濫厠齊
侯坫忻聞宓子琹公餘惟放鶴坐處已馴禽適近
天中節彌間物外心臨流揮麗藻探穴得奇琛詞
峽爭傾瀉蒲觴互酌斟曲高郢匠作才拙楚傖吟
抗論頻追昔爲歡願自今飛烏寧息羽歸鳥欲無
音有客田歌櫂憑誰賦食芩時肩山將歸里好風吹井里良
會怯商參莫叓辭杯斝相將舞劍鐔

次韻答百泉

早被浮榮役難期慧業臻非才虛豸服失計背漁

綸𦣻老思丹竈優容荷　紫宸遠公曾作社陶令厠爲賓幾共墻東侶閒探郭外春孤雲初不定舊雨重相親夙悟原殊衆清言更軼塵緇經香刹古竪拂講筵新聽鳥穿雲徑拈花過水濱蔣生寧敀徑張翰是歸人喜汝詩從律貽余句有神蕭疎標格老披豁肺肝眞莫笑巴人調還將郢匠陳

賦得夏淺却勝春

東作嗟陳迹南訛轉令辰燕閒常歛翼鶯語半藏身地布榆錢厚山添竹粉新流光不厭旼清賞一何頻野逕蒼苔合虛堂碧樹隣寧誇青歲候差慰白頭人

賦得遠雁入寒雲

幸能辭舊塞肯只戀平灘霜日荒荒白江雲漠漠寒翩身追岫影回首失風湍莫以神霄遠過於海若寬賓鴻堪作侶振鷺豈同看憐汝沙禽亂虞羅欲避難

映日堂近體詩

七言律

古延　王令樹　桐孫甫著

富邑官署漫興

巳是衙齋退食時蕭然散服坐櫓楣檀林陰蓋三間屋慈竹梢垂一縷絲行過小㢘咿斷簡鹿善啖紙飛來幽鳥探枯碁當前已適林泉趣不讀陶家歸去辭

最愛江城事事幽晚來無事倚高樓塔啣殘日平連寺灘出空江不碍舟官舍幾年同逆旅巴天十月似初秋孤清翻快浮生意啼斷山猿未是愁

聽父老談張獻忠時事

野老湖干滿鬢絲曾經多難意酸悲自嗟亾國無三戸那更偷生有四肢馬上彎弓調少婦軍前戲槊斃嬰兒只今零落殘魂在往事空談淚滿頤

過兜子山

岧嶤峯頂見周原聞說當年白馬屯刼火有情留井臼谿林無恙繚墻垣亂山蝕盡萇弘血古木啼殘杜宇魂尚有煩冤中野泣青燐萬點照黃昏

江城上巳

江岸亘陰曉乍收忻看霽景徧林丘有情野水朝通郭無語東風晚上樓祓禊誰家嬉水曲尋詩隨客過橋頭繁紅半落春光暮莫遣楊花攪舊愁

憶昔

十載蘴叢夢不迷千盤危棧蜀天齊巑岏怪石迎人立慘澹寒雲伏澗低牀近虎窠門不設米空甗背路常饑驚心見說前溪漲力倦登山日又西峽口江流萬里犇峯高十二晝常昏黃飄亂葉過層巘碧吐空天見一痕莫雨朝雲迷往蹟沉牛如馬斷歸魂等閒遊歷愁中路清夢依稀到蓽門

何秋山招集文在堂看秋色

何郎不惜杖頭錢親速朋儕過市廛客舍翻開賢主席秋光還駐小春天城連古屋寒吹角門接空潮暮進船泥飲莫愁歸去路一鈎霜月映前川

賦得悲莫悲兮生別離

百轉柔腸斷此宵長將紅淚染鮫綃一從壁上塵瑶瑟莫倚風前弄玉簫雖自無情呼曉夢花應有恨逐空潮孤燈剔盡寒更歇幽怨年年總不銷

賦得一夜春寒與夢疎

咫尺仙山不可通春宵樂事笑成空絕無蝴蝶迷孤枕只有芙蓉顫曉風玉漏聲沉香寂寞金蟲焰冷月朦朧多情卻愛高唐女長在襄王夢雨中

靈谷寺

巋然靈谷前朝寺古殿蒼涼代幾遷雄主捨身何尚爾高僧奮舌亦徒然祇園未改千年地香積遥分百丈泉最恨群鴉啼不歇臺城衰草夕陽邊

還家

蕭條兩月旅途間昨趁西風襆被還霜露頻移新節序車舫飽歷舊江山愁心翻向閒中得詩句頻從夢裏刪桐館到來秋已暮籬花林葉亂成班

秋暮歸自邗上留諸同學集飲小齋

滿鬢風沙尚未梳朋儕取次坐山居吟蟲哀雁侵霜亂老菊修梧帶月踈且漉寒缸新秫酒兼烹晚市近江魚生涯到底惟高咏悔甚征塵染客裾

舟過郤埭

滄桑滿目暮雲稠郤伯湖邊過客舟自徙蛟龍成水窟曾棲燕雀有珠樓金錢不惜成髙築璧玉誰能砥橫流最是斷堤爭夜市依然燈火接邗溝

堤上

不盡長堤傍大河十年襆被此重過孤村插水炊

烟少短轍衝泥宿雨多青露柳梢知舊岸紫翻瓏畔有洪波馳驅一笑征途客此去東華意若何

歸思

東風吹雨別吾鄉無限心情戀北堂遊子衣裳今欲敝小臣升斗竟何將羇踪冀北黃塵滿歸夢淮南碧水長極目浮雲曾不斷天邊烏鳥自飛翔

送朱宮聲歸里

旅館因依映緑槐楸枰日日對君開雨深巷陌搴裳至月落禪扉被酒回歸思忽隨流水急客腸真爲斷雲摧計時燕塞飛霜滿念爾衝寒一騎來（宮老訂於初冬重來）

秋懷

一官況味已蕭踈幾夕新凉又旅居敢比昔賢門有雀每同下客食無魚鼠飢苦覓空瓶粟蠹飽猶殘敝篋書隱几恠來清晝夢西風吹不到華胥

潞河官署作

强拈書卷獨徘徊簾幙重重總不開春日乍長寒未減朔風已換響逾哀可能大地龍蛇迟祇見空庭鳥雀來（時過驚蟄）博得官閒娛白晝却煩鼓吹數相催

獨坐僧齋有感

咫尺神霄未許通頻看槲葉下霜空屐無可著朝還雨裘不禁寒晚又風竟等閒身依野衲却憐短鬢類衰翁行藏一笑河干客羞把心情問遠鴻

夏日官署仝劉卓崖作

東華景物近何如已是薫風入夏初堤草似茵朝雨濕庭梅如豆午陰踈住山久負聽鸝興薄宦空繙牧馬書（孟夏放馬豐臺事隸客司）且看緑烟霏粉署同儕笑語向堦除

家書至報謝程退夫

滿鬢緇塵薄暮歸倦依一榻掩雙扉忽傳江上音書至翻苦天涯心事違回首諸兒紛去膝驚心老母舊牽衣不緣我友殷勤意應嘆關河雁影稀

送朱丈水仕歸里兼訂於秋杪再至

晴沙漠漠黯朝暉相送朱雲出帝畿異地幾人堪又散鄉關老日不同歸我孤客裏日偏永君更來時霜正飛無限心情將不去獨憑片語報庭闈

與蓮洲

阿大聲華自舊京何期盡省得逢迎天門早駐雙皀鳥緱嶺遙傳一鳳笙幾共踏霜寒漏急相將曝

日午樓清暇時應與滿沽酒坐聽鶺鴒原上鳴

悼亡

五十餘年往事空難將衰質待秋風驕陽播虐方多厄朝露迎晞遽已終近塞霜生愁斷雁荒亭月落泣寒蛩誰憐善病羈遲客永夜寒衾滴淚紅

于歸幾日典衣襦爲整行裝就旅途弱羽飛翻辭枳樹霜蹄蹀躞走皇都雲霄漸近家偏遠歲月頻更影自孤獨坐小齋人語寂空檐嘷殺夜棲烏

曩時綰綬向西川相送前除意黯然難共吳船通錦水真愁蜀道上青天艱辛乞火教兒夜憔悴裁衣寄遠年暫得團圞旋又別浮雲北望倍堪憐

白雲飛處望吾鄉倍覺酸辛念北堂升斗未能將菽水晨昏曾是倚糟糠俄驚人返瑤臺露安得魂乘聚窟香白首孀姑應有慟幾回掩袂泣殘陽

燕山六月晝陰陰不道驚飈颯故林勞汝畢生婚嫁事傷余八載别離心寒砧亂入愁中響哀瑟難傳指上音欲爲招魂招不得關河迢遞暮雲沉

南來嘉果味如飴旨蓄關心病已危一息尚存猶若此百年如寄竟何之哀思鬱鬱三千里老淚涔涔十二時燕市只今桃實美秋風一荐一酸悲

頻年兀兀坐房幃萬事摧殘願總違再命　寵褒虛鳳詔半生涕淚濕牛衣庸知暫別成長別縱得言歸轉怕歸痛甚寢門終日掩西風繐帳捲斜暉

不共今生賦遂初泉臺渺渺日愁予江花泣雨寒香散塞樹搖風病葉踈騰沓馬蹄行漸老紛紜蝸角總成虛計將短服還鄉縣忍見柴門有鹿車

都中寄勿齋

自別吾宗思不勝比來情與失飛騰苦羈冀北飈塵滿一夢淮南秋水澄穩歲吟心閒似鶴老年筆力健於鷹會當拂袖江鄉去白首相依祀少陵

哭同年趙桐崖

每隨栢府坐宵闌豈意秋風再見難自有精魂依禁掖能無涕淚灑同官青霜朔野飛靈旐白日長河照漆棺最是高堂年大耋猶從故里憶長安

題贈婁東村先是有塞外輸餉之役

赫濯　皇威總六軍龍沙飛輓借神君鄭侯自建關中業介子還成塞外勳邊戍旌旗頻入望寒山鼓角不堪聞誰知萬里哀勞地更有吟心到雁群

答薇村岳舅索近詩

經歲踈慵廢苦吟那堪多病復侵尋擘箋刻燭華

年事種秫餐芝倦客心夢裏竹梧猶逸響朝來禽
鳥自佳音臨風欲寫羈離意衮衮浮埃上客襟

旅中遣懷

下盡湘簾日影疎小齋寂寂罷衙初從無私謁通
朝貴儘有公餘展架書八載宦遊成汗漫永朝幽
意付蘧篨世人錯擬風塵客車馬猶煩到寓廬
無妨要地作閒居旅况蕭蕭世味疎凡任受廛慵
更掃堦能生草不須鋤百年已負登山屐盡日惟
臨乞米書閉户不知春過半風吹花信近何如
午夢初醒意若迷林陰漠漠暗塵低絶無人處蟲
相語適有情時鳥亂啼赤日尚烘高幕北白雲都
入晚峯西翛然竟日淹留地茗椀香爐手自攜

聞李左虞將北上

東風乍暖媚朝暉聞爾脂車向 帝畿莫聽啼鶯
重戀戀爲看羣雁已飛飛煙花故國春偏滿車轍
閒坊跡又稀徙倚中庭頻悵望故人心事恐多違

春日懷李陶圃并問諸同學

東皇往復此天涯漫寫羈愁欲寄誰風雨又牽遊
子夢冰霜一對故人詩颷塵似海誠何地芳草黏
天復此時幾輩吟懷猶好在春塘烟柳正絲絲

季茶圃書來

書傳闕下日斜時念爾心情動遠思老去儒衣常
聽法客來茗椀只論詩清將野鶴形同瘦閒過沙
鷗步每遲最是牽人懷古意西風又滿侍郎祠茶圃讀書茅大芳先生祠中

秋日晚坐

幾點昏鴉隣樹枝涼颷動處聽依稀誰家急杵勞
舂粟孤舘閒砧罷擣衣近塞霜催鴻雁冷故池水
滿鱖鱸肥茫茫心事終何極又策殘編送夕暉

戊子除夕得季左虞見懷詩次韻奉寄

僕僕金門歸計遲他鄉此夜九年時暫拋藥裏聊
行酒忍對椒盤更賦詩垂老翻驚綺節至多愁誰
報素心知一緘瑶艸天邊落故國鶯花引客思

莫嘆殊方相見遲鄉園聚散亦無時可堪老友過
從日還把羈人漫興詩余詩爲秋山抄寄京國臘殘寒雁盡
江城春到早鶯知佳辰休共憑高立直北浮雲攬
夢思

立秋日同人西園賞荷有詩次韻遥和

別墅郭西朝舫通江潮海日烟濛濛閒亭貪客掃
殘暑森木迓秋摇早風坐見沿花立菡萏誰言井

葉飄梧桐良辰清讌不相赴愁殺閉門多病翁

與程景蘧

西風一棹泊江灣十載重逢改舊顔羈宦乍歸餘白髮故人無恙似青山尋醫近郭扶衰病挈榼精廬愛往還獨念一筇支未得金焦咫尺失追攀

得勿齋扎

避客江干只自憐歸來衰病劇纏綿恐將面目驚鄰里豈有心期異昔年（札中有貧衣纏斧不同疇昔之萌故云）北渚鷗鳧空有夢東山絲竹了無緣秋風遲汝扁舟到莫罄離憂短榻前

歸舟

乍趁清秋艇子還滄波摇蕩夕陽閒天低遥海將生汐雲薄空林不掩山漸入繁霜催晚景誰和華露換衰顔往來一笑曾何補愧爾沙鷗向客閒

江上九日

孤舟九日下奔湍景物蕭森秋向闌白盡蘆花霜雁到飄殘林葉露鵶寒腰圍減却方辭組顛鬢稀來一脫冠咫尺青山登未得西風不遣病懷寬

送馬懋弘歸平湖時來自都門

歸來衰病日支離悵望西風一騎遲見説到門先折屐不須布席且啣卮情依白首無多日閒盡黄花又此時信宿小齋憐歲晚岷江燕市數交期

何必娱親是板輿君歸色養有鄉閭心憐鴻雁來賓後身似鳧鷗傍毋初香泛竹樽重進酒寒生鴛水更沽魚憐余臥病蓬門裏寂寞晨昏愧不如

香山集中有快活詩因次其韻

相依晴日初冬候景物融融似入春自有寒香吹小院一隨幽鳥伴閒身采花和藥扶吾老釀秫爲醪酌所親回首京華徵逐地十年今作故園人

冬日偶成

小齋孤坐意茫茫爲掩蓬扉更倚牀煑藥尋常充晚食傍花依約得微香風當避處寒偏入日到閒時冬亦長幸是江頭來舊雨相將病客説詩狂（謂秋山北江）

送徐清苑歸蘭陵

見傚行裝已惘然暫依庭館倍相憐可堪殘臘離尊地還對昏燈暮雨天野日荒荒趨子舍寒江渺渺汎吴船更傷故侶分襟日正是歸人把臂年

己丑除夕

十年鄉國未爲遲舉室歡娱慰所期甘旨薄能將

老母琴書盡用付諸兒漸平宿疾仍行藥不去閒愁爲賦詩敢謂　聖朝耽遠引我生懷抱幾人知

銓材投埜適相宜松釀椒盤復此時萊子爲歡依故闥山農無事答伊耆心期窅渺華年逝歲月崢嶸素髮垂一笑諸孫憐我醉寢門歸去競扶持

春暮耳目稍平仝表兄李才一弟身度山友閒話

經歲沉疴未易平只今耳目稍能清當堦雨樹縱橫影隔座三人笑語聲過雨砌花憐色靜含風溪柳弄枝輕柴門樂事應須在老日爲歡仗弟兄

與勿齋話舊和左虞韻

莫話愁人遊宦事等閒歲月十年過自歸江國逢迎少一憶燕關感慨多白袷乍裁居士服青松不改舊山柯庭堦寂寞春將去幾見飛花點綠莎

送勿齋歸楚陽

十年一見已遲遲何遽歸裝向路岐似聽鳥聲呼且過偏逢花事到將離依然荒館孤懸榻從此閒庭懶賦詩更是病眸難望遠蓬門聊復立移時

細數交期廿載餘相逢短服又如初留賓一榻兼衾枕供饌三旬但筍魚我老閒門無世態君行晚計有殘書薰風一逐征輪遠紅藥青畦苦念渠

題陶圃郵居

久捐塵事隱江湄魚鳥心情泉壑姿幾里畦花通陌市無邊沙樹帶茅茨閒乘野艇因垂釣不入城扉爲註詩隨意種蔬兼釀秫朋儕來往向無期

和茅瞿客次原韻

高天那許縱人閒小極綿綿户牖閒聊復枯吟憑竹案時來幽侶叩柴關此生甘謝酒泉郡太瘦愁嘲飯顆山更啓湘簾當晝永徑花庭草亂成斑

寄方衡子

京華僕僕老方干棹返南天歲幾寒養士無門珠作履避人何地籜爲冠春風短鬢常飄素宿火深宵更養丹昨接茅容傳遠訊滄江歸客已衰殘

安穩殊鄉即故丘如君端合坐眞州伏生老作談經客巢父長爲遯世流自是閒心同野鶴能無離思到沙鷗西風莫上江樓望萬點蘆花總白頭

次韻答吳方弘

林陰漠漠掩窗紗耳目摧殘此一涯九里宙尤排霧陣三春促織响繅車（時耳鳴甚）沈郎病在腰軀減潘令愁多鬢髮華何日閒坊過舊雨相將石乳潑新

芽

目又病

圖書在眼霧漫漫寂向林陰永夏寒日自朝來疑
卻暮月於圓處望偏殘披襟何地心爲曠掩袂無
端涕不乾只有詩成還自草模糊字影倩誰看

病中偶成

曾因睹聽減宵眠翻幸衰殘息世緣精衛力殫寧
塞海杞人神瘁枉憂天睡當酣處無防夢坐入枯
時絶似禪閒啓六窗舒病眼薰風特爲裊茶烟
莫道深山絶見聞眼前消息迥難分聆聲悄似啣

枚旅辨字艱於石鼓文放浪故人閒作隊嬉遊稚
子亦爲群忽看蔓草庭階滿懶慢何時罷耔耘

哭茅瞿客 暴卒於司徒廟

等閒脫屣視塵埃只有吟心恐未灰月落廟門空
寂歷潮生江郭自瀠洄文章自古難諧俗神鬼從
來亦忌才一覺百年浮世夢不須愁詠向泉臺
司徒橋畔水漫漫計日蘭舟下漆棺羽客吹笙環
道左騷人執紼立河干七年異縣流風邇六月荒
城積雨寒悵恨病夫難送汝衰眸一望一悲酸

寺樓看花

四窗初啓眺堪憑江樹迷離不辨層過眼花多同
是客乞身人老只依僧諸天香淨高雲散初地宵
深皓月澄怪底維摩稱善病祇園重與叩金繩
冉冉春風舞白頭盈盈秋水隔衰眸不知綺陌花
何許如此晴光霧不收幾曲幽溪藏野屋四天森
木抱僧樓招邀尚有吾宗在一任模糊踏綠疇

春日仝茶圃衡皋過慶雲方丈

爲仗春風却病魔還偕二妙問維摩肯教好事從
今減似覺春光較昔多何處妙香吹貝葉當軒老
樹比娑羅從來詩境通禪悅更欲登樓一放歌

登千佛樓

佛閣巍峩峙十尋漫將衰骨試登臨蒼茫細認池
塘樹寂歷偏傳鐘鼓音萬慮欲空方外地諸天一
接靜中心何妨善病維摩詰問法常過祇樹林

訪旦幢和尚不值 時任部中說幽冥戒

豈期一笑虎溪空幢影搖搖夕照中竟有泉臺通
法海何方山鬼拜禪公村墟香散花爲雨原野沙
昏鳩嘯風似話三生依片石冷烟斜月影朦朧

仝茶圃衡皋訪左虞留飲齋閣

草玄楊子户常扃老友相探屐齒停半晌優閒尋

句地一間寂歷讀書亭殘花懶慢垂垂白幽草芊綿故故青不用行遊還載酒春風吾已坐郊坰

寄阮獅麓同年（時秉鐸興化）

不須離別數長安舊恨茲茲欲訴難誰遣蓼莪重廢講（兩授亳州山陽教諭皆以內艱去）漫勞苜蓿更登盤澤宮傍市魚蝦賤官舍隣湖鸛鶴寒應識牢愁無限在三間祠畔莫愁嘆

寄李曉菴

苦思白也詩才健十載重逢邗水涯尚有幽情供跌宕獨將道眼閱繁華閒來邸寺如爲客老傍鄉關未有家一笑渾忘雙耳病每聞高論日西斜

懷黃燕思

東山舊墅羈遲客多病逢君一笑休圖畫紛披高士宅壺樽搖蕩夕陽舟二分空睇揚州月四序俄驚江縣秋不見故人黃叔度幾回惆悵向沙鷗

和友人九日詩

邐迤小立女垣邊墟里迷茫胥晚烟高漢閒雲吹雁遠空江落日向人圓百年幾躡登山屐十畝思耕種秫田輸爾花前吟好句寒香早占曉霜先（和陟盧韻）

江城在望路非賒一徑青蕪屐舄加老柘橫生墻隙樹秋葭半白渚宮花經過巷陌行偏後小坐城隅興亦嘉如此時光那可負不須吟眺見雲涯（和方虞韻）

風吹衰柳葉聲乾莫更傷神減舊歡咽野哀蛩歸寂歷摩空老鶴恣盤桓天連古堞秋容澹人聚閒庭月魄寒却怪黃花開懶慢不隨佳節把杯看（和蘅皐韻時有西河之痛故云）

香山詠新年詩二首時已七十矣茶圃今亦七十因和之余爲次韻

不作皇家簪紱臣百年偃仰在侯甸山林勝事歸吾黨風雨荒祠寄此身（茶圃讀書茅公祠）放志樂諧遺世客解頤傾倒說詩人先生信是忘機者江上嬉閒七十春

老來佳興有誰傳坐嘯行吟一灑然歌舞喧闐嗟已往鶯花檢點自當前等閒蔬水饒清趣到處池亭樂靜緣爲喜春風能好事又吹柳色入芳年

過柴墟岳廟

夾道高原水一灣岳侯遺廟夕陽閒潮來未許吞墟野塵起無端失遠山半夜靈旗疑北向終天二

聖不南還我過未得重瞻拜古樹陰森暮鼓閒

次答袁肩山

偶然沽酒味難醇但覺清酣忘主賓風雨不愁覊
旅地菰蘆合聚放歌人自吟郢調捐衰疾遂有瑶
葩艷早春杜老才名誰可並慚非王翰許爲隣

舟中見月仝肩山賦

散罷偕遊畫舫空俄看江月夕烟中晴宵欲上雲
逾白遠海初升日比紅坐對清輝羣品靜盡蠲宿
翳此心同憑誰高喚魚龍起横倚滄浪一笛風

七夕

昨日西堂已報秋凉飈乍拂晚悠悠雙星欲渡雲
微斂短榻常孤夢欲愁靈鵲飛來相並語拙鳩老
去復何謀紛紛却笑癡兒女夜半香焚乞巧樓

中元夜觀放荷燈

誰向秋宵走畫舸中間說法坐維摩憑將白業消
諸刼亂散紅蓮漾淺波霧月迷濛涵水影梵音淒
切宛哀歌老夫病起愁無郵獨對西風掩淚多

吳滄度招飲白石山房同袁肩山李荼圃李
陶園分韻

幽人卜室面雲巖石徑𥿄𥿄草不芟星聚東南徧

在野卦占山澤合名咸論詩永日頻浮盞隨意閒
行懶荷鑱疎柳隅溪誰繫艇臨流吾欲理遊帆

答宣左人次原韻

十載風塵非故吾猶煩相覓到精廬難傾衰耳論
心數可但傷神會面踈自分餘生憑草木（時就醫邗上）苦
思晚計狎樵漁偶同一棹湖塘去又見紅橋帶緑
渠

早秋偶成

凉颸冉冉逐浮雲纔舉清樽已薄醺自笑百年愁
未去可堪多病道無聞（身病方聞道 張文昌詩）詞壇馳驟輸吾

黨宦海飛騰隅舊羣耳目總非心力倦閒敲孤枕
看殘曛

次答方鴻一見訪

相逢莫更話飄蓬九死猶存老病翁促坐情溫如
曝日披襟意豁又臨風蕭寥重集寒沙雁蹇劣羞
言紫陌驄對爾歡娛仍涕淚無窮心事酒杯中
不用臨津問短蓬時沽濁酒喚隣翁幽閒每坐花
閒月徙倚還依竹下風爲治長鑱鉏繡斧還將黃
犢換青驄如君合作墻東侶笑看浮雲落照中
生涯蕭颯等枯蓬老屋三間置此翁憔悴院花猶

帶露荒蕪皆草自禁風千林棘破逃飢鳳五色雲
摧失舊驄耳目總衰情轉適多愁原在睹聞中
且自遲飛八尺蓬說詩須說杜陵翁苫邾藐爾寧
方伯晉魏由來溯國風鳥有奇毛堪附鳳馬非汗
血不稱驄頽瀾東去誰爲柱共爾狂吟委巷中

賦得自笑狂夫老更狂 和宋邑侯殭齋韻

自笑狂夫老更狂潘郎愁鬢早如霜當歡聊戲魚
龍夜事傀儡師 逐隊還登傀儡場邀福豈期因失馬補
牢不事任亡羊東山絲竹非吾事門徑蕭蕭蔓草
荒

映日堂詩卷四 廿

閒呼伴侶共徜徉自笑狂夫老更狂味可充腸寧
綺食室堪容膝即歡場詩同歇後成篇速碁不爭
先落子忙滿引村醪偕歲暮寒飈吹盡又春陽
十載奔塵九市長迷津一渡即周行誰憐病客歸
猶病自笑狂夫老更狂曲徑花陰眠瘦鶴空山林
麓走神羊吾衰不作金門夢曼倩詼諧亦可傷
曾無怨誹在衷藏安用高歌意慨慷負鍤且須行
故土事劉伶 揮戈不用挽頹陽何妨癖性終成癖自
笑狂夫老更狂爛醉不煩桃竹杖盈階穉子競扶
將

衰柳堤邊久怯霜春風吹處忽飛颺山農病起壺
觴具仙吏行來襟袖香薄霧罥花成綺縠低枝踏
鳥奏宮商睹聞彷彿心情愜自笑狂夫老更狂

戴自江招飲東園

主人邀客到園居山傍城隅水滿渠對奕巧當風
過處開筵好是日斜初花含叢桂香逾靜秋老空
林暑未除劇興渾忘衰疾在扳蘿捫石欲何如
別有餘酣罷舉杯枯笻扶我一登臺棲遲聊快歸
人意卓落兼逢地主才黄葉遽飄零露候青山不
改亂雲隈傷魂正在怡情處翹首東峯祇益哀 峯巔

映日堂詩卷四 廿一

有自江先人木主

先渭求春遊詩有春來未免看花愁之句因
賦寄

每到花時不自禁忽歌雅調一沾襟歸人亦抱青
春恨下里偏傳白雪吟何處菰蘆容遯跡從來山
水待知音聞君家傍桃花岸漁父南來倘許尋
把詩空憶看花人兩度花飛逐陌塵莫怨春風頻
惹恨爲憐秋水澹爲神扶笻未易追幽賞問字終
須及隱淪不是錦江江上客郇能高唱動江春

赴海陵作 時議浚港

問余何事出蓬廬況是征輚遲歲除可柰荒圩隣息壤漫同野老議河渠三農有暇飛官檄百室靡寧鮮積儲慚愧迂儒拂袖後關心里閈費躊躇

和程姬田見懷韻

不盡星霜雨鬢侵縱多閒詠亦愁音安知當世彈冠事獨有空山伐木心海國烟消寒月吐草堂風靜夜燈深漫勞匠氏相存訊老栢凋傷在舊林

歲暮以他事入海陵訪程孚夏姬田紫宸兄弟話舊因疊前韻

無端道路暗塵侵且聽朋儕笑語音棣萼自妍春

暖候山松還抱歲寒心相尋落日情偏切乍接光風感又深我已低迷同暮雀幾看穠馥在華林

封燕昌山齋集飲喜袁宥山適至

主人暇日列芳筵忽報袁絲晚繫船乍至似趨樽酒約重過偏締雨風緣爲期已落梅花後作客還爭社燕先明日便愁頻索和別來吟思久茫然

次答袁宥山報謝韻

偶然巵酒話心期博得詩人再賦詩細雨自吹初掃徑好風還上未殘枝蔬肴一笑寒家具杖屨能容衰老隨聞道郊南堪載酒林花如繡柳如絲

詠庭中玉蘭

年年花發草堂中此日此花殊不同素蕋侵凌千片雪瑤葩搖蕩幾晨風梅飄隔院應輸白棠亞低枝怯吐紅縱被摧殘高潔在何妨蕭寂隱墻東

春日過邗上訪樓村不値

江上相尋早訂期無端短輡到來遲雙扉近市晨猶啓一棹看山晚自移雁去蕪城雲萬疊鶯啼隋苑柳千枝辛勤兩日馳驅路獨有僧房閒臥時

歸途

乍過微雨晚風輕羸老依稀聽睹清花向林邊傳

遠色鳥來車畔送新聲春光似待將歸客暝色偏籠欲到城自此柴門容懶慢拚將歌嘯付殘生

答何秋山

分明鄉邑邈關河可奈經年困宿痾短札幾行饒涕淚離愁百斛一詩歌素娥又抱氷蟾遠青女初來渚雁多珍重加餐垂老日飽看紅葉待君過

癸巳九日招季茶圃蘅皐陟廬吳滄度主人汪雲翼再於日涉園登高

依舊江二一老羸忍逢佳節廢歡娛登山倍覺囷盧勝載酒今將少長俱（主人今始入座）何處黃花紛綽約笑

看錦樹亦模糊同來白髮人爭健又過溪南入畫圖

眞憑快侶振衰慵一一清酣勝舊蹤如此頭顱堪脫帽不愁腰脚欲支笻偏宜歷亂菑叢竹好在欹傾見勁松更啓八窗舒望眼漸看落日隱高峯

秋晝日適江村作

高原蕭颯起霜風眼底年光秋又終楓葉紅酣村影外蘆花白颭水聲中自憐短翮同寒雀漫説高飛有賓鴻指點紆徐壠上路欲從江渚狎漁翁

日涉園與友人奕

名園瀟灑在林灣數子敲棋日往還堂隱碧池青麓畔人居綠竹紫薇閒塵氛擾擾歸何處勝負悠悠了不關僻徑若逢樵子過應疑此是爛柯山

答張印宣次原韻

聞君一棹焦岩去江寺閒吟似避人豈意高風迴雁羽却從遠道問漁綸三山不作偕遊夢百里常孤多病身想見松寥臨眺處奔濤千尺起蒼鱗

冬日嶽青香山集飲分韻

兩兩離羣繫遠思豈期先後到庭墀清襟似照帆山月麗藻還歌淮海詞白髮多愁消未得黃梁一

笑熟何遲不因二妙吾廬在那使寒更坐又移

次朱嶽青見柬韻

廿載憂離始見君每同羇舘立殘曛小山賦在詞多婉大曆詩傳意不群昨過寒河衰柳徧幾憐委巷夜燈分莫愁朔雪欺冬日會有高風捲宿雲

冬日雪後宋彊齋明府過小齋邀仝朱嶽青袁眉山清話時二子俱將歸里爲賦詩以送之

空庭剩雪閒寒蕪老友將行酒再沽天半似聞凄斷雁宵初何意落雙鳧吟殘風雨年垂暮坐有陽春調不孤翻使離筵成雅會一時歌笑動菰蘆

懷范拙存職方

名高郎署旋言歸東海明霞繞舊扉邊徼猶然懷吏績中朝曾是典戎機樽罍往輿嗟流水絲竹新音隔晚曛遥念故人躭野趣春風又動薜蘿衣

袁眉山歲暮復歸海陵匝月中兩往返矣爲次其留别韻送之

乍轉東風又賦歸（時立春後）寒城匝月兩睽違仍遵江海初過皸應斂冬春久客衣椒酒自酬青歲令梅花漸入彩毫飛舊時大令過從地（前月宋明府式其廬）剩啄何

人夏叩扉

答鄧方回次原韵 四首選三

共說澄觀藻鑑眞閒編詩史即經綸也知薄世輕操瑟何事因人學墊巾幾擷英華供賞識一聆山水倍情親翻疑郢匠揮斤處肯恕尋常下里人 拙刻蒙採入集

曾看戰壘弔曹劉七澤三湘事遠遊客子空勞投短刺故人無恙自輕裘共言王粲才能賦不道班生筆已投賴有臨邛能好士相如滅却幾多愁 時以楚遊詩見示

幸存三徑點秋光無復心情檢皂囊病在幾曾妨嘯咏愁多亦或類顛狂鷦行斷絕闕鐘杳雁影參差天宇長野老行藏君莫問凄迷舊夢久相忘

答季根菴次原韵

柴門晚計竟何成多病還憐百慮并偶買邮醪江上至漫邀蠟屐雪中行老梅帶臘終難笑衰草思春漸向榮荷爾殷勤中表意忽教酒琖破愁城

贈封岐竹時以其先人遺照索題

江上丁華執著聞如君詞藻合超羣騷壇異日堪爭長文戰當年已冠軍烏在寒林初刷羽梅看老樹久含芬早知家學由名父欲闡幽光愧少文

寄謝大兒房師山陽韓彤光明府

春到池山淑景含龍門千仞接湖潭風謠自昔喧淮北月旦于今重汝南世說韓川能荐士人非王適豈奇男堪憐小子遲瞻侍最是啣恩又負慚

閒門不分捷書來車馬紛紜喜更猜豈有奇毛矜鳳翥兒無渥水致龍媒非才已負千秋鑑鉅手眞扶八代衰自是高天多雨露還思薄植荷滋培

寄吳錦雯

幾年卜宅大河隈知爾雄心未易灰公路浦中銜浪去韓侯臺畔放歌來金隄已佐安流績幕府還高利涉才小子清江將繫艇殷勤爲折故園梅

謝張北溟招陪范心淵次范韵

由來張翰却浮名朋宴鑾箋日日親异縣忽過青瑣客深堂又聚白頭人軟風吹酒波鱗細疎雨沾花意態新縱有餘寒寧入座酣歡已作十分春

答范心淵見贈次原韵

貰酒猶憐燕市秋别來歲月苦侵悠相逢隣壤如千里一笑吾生付四休舊夢蒼凉迷曉月浮雲黯淡入寒流多君連夕殷勤意倍遣春風上白頭

送吳丹崖歸泰郵

楊柳吹花點緑蕪，乍辭旅館問歸途。好風直指盂城郭，霽月還臨甓社湖。博浪奮椎原國士，荆山剖璞得良瑜。秉時君向雲霄路，一札毋忘及老夫。

吾盧

吾盧傍市亦深山，盡日詩編手自删。過眼樓南花絮亂，驚心舍北柳榆班。溪頭水滿羣鷗浴，谷口田蕪老犢閒。自分餘年忘出處，分箋挈榼向人間。

宋使君署中同人分賦落梅限七律得一東

誰橫玉笛倚東風，萬點花飄繞舊叢。清白依然留雪色，悠揚隨意荅天工。飛來粉蝶魂相狎，吹向芳蘭味自同。還識何郎官閣裏，别將幽興託詩筒。

邘上訪樓邨兄

白頭歡聚少延緣，再到邘關亦偶然。前年過訪不值相覓怪當多難日，重逢仍是養痾年。市饒魚笋春垂暮，地偏鶯花心自憐。酒罷無端歌更泣，滿樓風雨暗江天。

幾載閒居未卜居，仲宣樓上但琴書。且看睟面紅如舊，莫訝吟髯白有餘。不遺珠湖歸柱史，漫勞鯨浪駭江漁。紛紜得失曾何事，萬慮真憑一笑除。

六十自壽二首次諸同學見祝原韵

賦性愚頑敢慕仙，蕭蕭霜鬢已多年。材同樗櫟嗟空老，質比松筠苦未堅。自昔浮雲迷大夢，只今明月照孤眠。前身倘是山中衲，欲覓休公一問禪。

歸臥衡門乞養身，驚心六十此初春。空傷帶箭青城鶴，那格隨波錦水鱗。廿載常哀陟岵客，百年難報倚閭人。繡衣彩袖承歡日，先舉清卮禮大鈞。

荆溪周仲山余同年楚芹孫也今春來江北覓館未就賦此以慰之

多年爾祖締交真，楚芹與余同譜，不數歲下世，迄今三十九年矣江郭過逢感歎新。爛熳詞章先世業，飄零書劍過江人。漸看桃李盈蹊候，恰值龍蛇開户辰。昨日驚蟄信宿荒齋須縱酒，莫教衰老更傷神。

和宋使君春日僧院即事韻

緑楊低拂梵王樓，幽鳥喈喈類自求。叠頌升恒皆絕唱，不嫌葑菲亦兼收。春風吹處潛能入，好雨飛來細欲流。慚愧衰慵江上叟，坐深初地鼓鐘秋。是日使君賡揚之什最多，和者亦夥

遥和宋使君心遠堂喜晴讌集元韵

朝來高幕濕雲無，見說西隣騶從呼。風入八窗傳

玉液日臨三徑勝金錍酒兵結陣原應避詩敵難當幸早逋歐陽文忠詩須防梅老敵難當閒興過江吟嘯侶碁枰茗椀亦眞吾是日楊蕊菴在小樓圍棋竟日

朱野塘招陪宋使君老鶴巢讌集同人各賦林壑深處雨後聞鶯七律限十四鹽

老鶴巢邊氷乍添林鶯睍睆傍虛檐半藏碧樹濃陰合似見金衣細雨霑不用攜柑凭曲檻直須縱酒撤踈簾使君一倍饒清興纔得詩成筆又拈詩成後又各賦絶句

次李直齋邀宋使君五日泛舟韻二首

畫鷁行行翠靄邊不須弄笛更揮絃自多作賦應劉在座客七人況復登仙李郭賢朱火鬱蒸初擁日時初霽黃雲瀰漫正書年主人卜夜情逾愜盡溯烟波繞舊川

更轉溪灣別有天陂塘蓮葉碧田田水嬉何事定三日綵縷幾人繫百年自笑微醺依子舍難逢高詠共漁舡誰教纖月明無賴又引遨頭過一川

封燕昌邀陪宋使君嘉樹園讌集各賦殘紅滿綠萍七律一首得十一尤

半畝陂塘帶小丘習家池館最清幽碎鋪萍葉承紅雨亂散薇花貼翠流適意鳧鷗多狎水賞心林壑最宜秋座中宋玉饒奇趣遮莫烟霞句裏收

輓李左虞二首

爭說騷壇白也才如何奄忽棄塵埃性因抗直終多癖心在歌吟老未灰半世舊交誰合轍百年鬱抱一啣杯悠悠舉世如君少悵望東流倍可哀

自憐任俠少時心老去空餘慷慨吟豪氣尚能揮百盞美人漫說擲千金田園冷落爲歡少池館蕭條避客深獨有白鬚稱莫逆海山此去得追尋謂易齋

宋使君招集同人嘉樹園賞桂限各賦七律一首余以病未赴兒子新猷代拈得九青

大令筵開烟水上千林蒼翠一樽青小山桂萼當吟席三峽詞源似建瓴快爾披襟暑未減問誰揮麈醉還醒獨憐善病棲遲客空負佳辰戶早扃

孫子遂人與余相見於吳陵旅舍蓋其十三齡入泮時也丙申秋仲見訪衡門屈指離踪三十六年矣自傷其遭家多難所如不偶又久客都門獻萬壽賦不得達今舉以見示似有鬱于中者余以良玉厚酬奇才晚遇爰贈以里言用相慰勉

江郭重逢嘆不辰睽違三十六經春間關徧灑窮途淚山澤仍淹多難身祖德歌餘常掩袖父書讀罷一沾巾嗟余歲月驚衰暮纔得歡言又愴神虞廷岳牧集彤墀正是呼嵩祝　聖時羈客自工三禮賦深宮難達萬年詞誰令甓社沉魚藻獨向瑶林養鳳儀共道相如能結主長揚珥筆莫嫌遲

云

映日堂近體詩

五言絶句

古延　王令樹　桐孫甫著

聞笛

春日遲遲度春風漠漠吹誰家弄玉笛知是落梅時

雨中吟

積雨昏我庭庭花摧已久花落雨又生間殺堦前箒

世人知賞花日日壺觴約誰從風雨餘獨夜看花落

飢鼯叫殘夜野雉怨春風念彼江邨麥青青亂雨中

輒疑天已漏青帝難爲主縱有鍊石人天遥何處補

江邨刈麥歌

苦逢三月閏多缺一月糧大麥似相憐先時隴上黄

嗷嗷桑扈鳴殘月挂高樹亞旅亦苦辛相與腰鐮去

及旦碹新麥縣峇待此炊濕莖不得燃應憐刈者飢

大嫂饁南畝小姑不出戶苦樂何弗均出嫁汝爲婦

黃雲甫離(去聲)野白雨已在場幾家炊麥熟飢者弗得嘗

江頭雨又來活活插秧水愁殺來與蝆化作飛蛾子

江上紅葉

繁霜曾幾時楓葉赤已老宛如三春花搖曳荒江

道

緬彼丹楓林乃在青松側不知歲寒心愛爾歲寒色

春歸

子規無賴甚只是喚春歸多謝林花意臨風落更飛

妃子墓

妃子何代墓年年坐綠波落花浮不盡可奈晚風何

車上書所見

驅車向廣野漫空潑墨色誰破遠天痕亭亭雙鷺白

雨望(潞河作)

遥天渾漠漠近寺亦冥冥底事經旬雨山容洗不青

秋夢

獨夢向早秋秋來夢不已爲我語西風引入華胥裏

晚坐

孤寺澹秋烟霽景媚寒樹一片夕風來落葉紛如

雨

題劉雨峯水邊行樂圖

百尺生濃陰翛然成獨酌坐久香更清風過桐花落

含風冉冉香帶露田田碧問君掌上杯何似池中葉

汲井

近河水似泉近市水似鹵汲水不擇地母乃自勞苦

貯水

飲水須用甜買水須用錢慇懃貯新雨移甕屋簷邊

都中擬探春二絶

探春春何在漫作探春人東風無賴甚飛作九衢塵

載酒問何處盡道郊南好誰家馬上兒飛過長安道

閒居漫成

東山好音樂絲竹有餘響何如無絃琴脉脉諧心賞

陶令歸未遲三徑任疎放一枕北窗風身在羲皇上

青山庄二絶

適此病眸開策杖山南路山葉半已紅一鳥銜烟去

悠然山盡處百尺跨長虹欲待池邊月還愁池上風

老樹

老樹嗟已髠上有羣鴉集烟月翳復明彷彿枝頭葉

寒渚

行行向寒渚水落沙盡白沙邊雪未消猶印鷗行跡

庭草

寧作庭前草莫作野外花暫時掌白雪終不萎黄沙

盆荷

縱無池沼澤亦荷土泉滋幾日晴還雨花開三兩枝

莫羡池中花花落隨流水愛爾菡萏香獨傍閒門裏

筆

嗟爾管城子相看頭已髠曾憑書諫草愧未報君恩

劍

利器昔在手意氣何雄豪及鋒曾不試笑彼同鉛刀

硯

厥田在硯北南窗可課耕誰將一注水飽看烟雲生

鏡

鑷白白逾出愁根日夜生憑誰語青鏡相照毋分明

壁厨

秦室焼羣書藏之乃在壁嗟我貯殘編蠹魚漫相食

牀

孤牀復遥夜夜夢不可紀獨有苦吟心轉側殘更裏

几

尋詩復尋夢長此憑烏皮詩罷夢亦斷夢中人未知

羽扇

惜此修翎墮難期向遠空指揮無個事所得是清風

砧

片石亦何有聞聲腸欲絶不知思婦誰擣此霜中月

箒

曾與掃春花復此除冬雪傷哉筋力弛捐棄復誰惜

題程鶴潭萱閣圖

驚颷颯萱草花落空堂陰無復春暉照傷哉寸草心

海上生白雲風吹向寥廓憂來不可忘日暮倚孤閣

姜溪牧笛

活活姜溪水上有行人路何來羌笛聲牧兒自此去

牧兒跨牛來牛上短衣着試問扣角人何如吹遂樂

吹笛向何處只在隴西頭跨牛復涉水安穩過於舟

狗名固可悲逃名未足喜但知騎牛背不用洗牛耳

丙申午日口占

東頭依母居西頭坐子舍問今酌我誰移酒榴花下

語子復語孫我衰不勝酒顧我堂上人時時杯在手

佳辰豈不歡倏然忘午寢薰風林間來搖蕩空階
影
昨日白雨消今日黃雲積樂矣汎香蒲匪徒答令
節

六言絶句

夏日江村雜咏

舍北無邊綠樹江南一片青山牧兒吹笛忘返漁
父棹歌自還

籬邊竹葉含翠門外藕花綻香潮落鐘聲野寺風
生月影橫塘

艤棹偏依津柳杖藜又過溪橋同來埜叟何處歸
去獨乘暮潮

幽夢不驚蕉鹿新凉又散風蟬一覺松篁滿地不
知參井橫天

黍苗翼翼盈野蘆荻蕭蕭滿江獨立溪頭日晚飛
來鸂鶒雙雙

野水釣來縮項隣翁破得雙頭一望遠峯插水乍
看新月懸鈎

蒼狗隨風漸没白龍過雨猶腥田父歌迴斷壠榜
人唱起前汀

白浪遠侵汀草紅塵只上征衫野外偶逢溪叟沙
頭細數風帆

郊遊

梨樹身凝白雪桃花頰染朱霞停車野外何處沽

酒橋頭幾家

野岸柳風冉冉，沙灣塔影層層。畫舫誰家遊女，齊鐘古寺山僧。

遊張氏西園

亭午風生竹院，霎時雷過蓮塘。籬徑暗通流水，山樓半隱斜陽。

夜宿慶雲僧舍

雲散四天凝碧，月臨初地如霜。寂若偏聞清籟，吹來何處妙香。

映日堂近體詩

七言絕句

古延　王令樹　桐孫甫著

出峽口至彝陵青天萬里耳目劃然得一絕

客棹初從巴峽回，萬山行盡一川開。等閒空濶人間世，不賦歸歟那見來。

保障湖

保障湖中簫鼓喧，紅橋綠沼映芳樽。畫船歸去斜陽在，照見城頭礮火痕。

沙彌

清絕沙彌梵閣居，回頭一笑渺愁予。閒尋石子池邊立，要打池中戲水魚。

桃花

躡屐春郊趁曉晴，東風吹上客衣輕。遊人不識江村路，只傍桃花深處行。

送勿齋歸里

不向離津心自傷，今朝豈是怯衡霜。堂前寂寞悲風起，一誦君詩淚滿裳。去歲勿齋留別詩有堂前三世衡霜起之句

淺夏扁舟伴汝歸，驚魂半載事全非。只今海雁孤飛後，獨有寒烏叫落暉。

古屋城隈一徑蕪高槐歷亂叫啼烏西堂落日空塵幕老淚涔涔得免無時西齋已歿

落花曲

林花飛盡鳥聲殘滴瀝枝頭雨未乾莫更高樓吹玉笛江城三月晚風寒

謝家亭館習家池寂寞春山萬樹枝幽恨年年何處是東風欲去燕來時

悼亡詩爲張加民作

斜倚粧臺日上遲張郎記得畫眉時三年不向菱花鏡夌亂蜘蛛幾縷絲

題長江萬里圖

極目滄江渺去迷青山萬點夕陽孤年年送盡征帆客爲問風波幾日無

雲陽舟中雪

水驛荒荒歲宴時蓬扉常掩信舟師風嘶廣野夜方午雪白滿船人未知

官倉晒米

半載奔塵潞水涯每思場圃面桑麻豈知趨事官衙日百倍辛勤埜老家

題黃燕思出塞圖

邊草蕭蕭燧燧空氈裘毳帽歷秋風回頭一片長城影半在寒沙夕照中

漫説龍蛇千載地經過虎豹幾重關君行朔漠曾何事笑指醫閭僕馬閒

題二五道人斗山還室圖

塵勞僕僕幾時停圖畫披來雜醉醒似入斗山烟水暮松篁深處一茅亭

送沈麟仲下第歸竹谿幷柬厚餘文叔

燕山春暮尚餘寒悵望湖天淚暗彈不識東風何處去一時桃李盡摧殘時師已沒三載同門諸友亦皆散逝

白髮蕭蕭日倚閭空沾升斗愧何如多君兄弟能將母晚市還沽出網魚

伯氏含悽達素箋挑燈讀罷淚如泉羈人亦有傷心句涼雨凄風又一年時厚餘寄有悼亡詩

漫成

漫思閣筆廢詩歌衰病綿綿可奈何一笑西風偏好事黃花紅葉晚江多

自題小影

五十三年骯髒身忽披圖畫劇傷神自憐衰病衡門客曾作東華夢裏人

西風漠漠下庭墀，一縷茶烟出戶遲。病起無聊成
獨坐，比來經月廢吟詩。

莫問箱中有繡衣，茫茫塵海是耶非。歸來一臥高
秋暮，又負江頭舊釣磯。

勿齋訂於花朝來縣，遲久不至，悵然有作

漫將衰眼費摩挲，重檢音書恐字訛。庭院東風吹
日暮，却看紅雨下晴莎。

題旦幢上人小照

雙松十丈總成圍，一鶴相隨一鶴飛。老衲跏趺山
下坐，不知山翠落緇衣。

訪旦幢上人

梵樹森沉綠漲天，我來蓮社不關禪。江城才士紛
如許，爭買青銅鑄浪仙。

瓶梅

冰霜閱盡有誰知，纔得花開三兩枝。折向膽瓶顔
色在，不教風雨妬他時。

病中枕上偶占

連夜驚秋暗慘魂，檐前疎雨又黃昏。朦朧枕畔不
成寐，落葉半庭風打門。

春日雜詠

苦念青山采藥翁（謂蔣紫眞），一筇時倚石橋風。等閒春
色知多少，只伴梅花夕照中。

曾向深山聽杜鵑，蠶叢景物一潸然。只今家在鶯
花畔，消受春風那一年。

吾廬門外即滄浪，郭裏行舟一水長。臺榭幾家迷
遠望，風來夾岸舞垂楊。

雁鴻飛盡暮江哀，大雅空傷淮海才。記得去年花
落候，黃鸝聲裏白鬚來。（傷勿齋）

漫說韶陽屬上林，烟雲不斷此江潯。不知媚日繁
花意，何似含風寸草心。

百花吹盡小庭枝，欲賦招魂未有辭。不道閉門春
色在，幾篇詠物少陵詩。

江上曾登多景樓，杜蘭花氣接芳洲。溪雲山雨應
如舊，不信遊人已白頭。

上巳嬉遊事已虛，臨流酹酒意何如。慇懃好乞東
風便，二豎憑陵仗祓除。

漫思氷雪變烟霞，廟市曾看地窖花。二十四番消
息在，春風原自屬山家。

楊柳風多亦自寒，松楸雨過幾時乾。一坏新土千
行淚，重拭衰眸背日看。

幾間古屋不依邨寂寞中藏兩世魂莫罷酒漿雙
袖濕回看嘑笑雜兒孫
秋風香滿露中亭王父當年此授經聞說遺墟堪
作墓寒沙踈雨麥痕青

贈從父君美

孤村去郭幾多里一老行年八十三籬外溪聲過
舍北門前山色見江南

郊遊雜詠

春風浩蕩不知愁春日優閒此一遊笑對梨花還
自笑相逢白雪兩盈頭

誰家壺榼過江潯指點繁花芳樹林不道眼前春
色滿萬竿青玉一畦金
村居幽勝接禪宮群從嬉遊伴老翁兩樹海棠明
夕照一甌香茗受春風
留得雙眸衰可憐惱人春色似當年昨從百尺樓
頭望半是雲霞半是烟

題黃燕思棧道圖

偏於陡絶故盤迴怪鳥飛猱處處哀二十四年經
過地披圖忽自費驚猜
快爾遊踪徧海隅等閒一騎歷崎嶇不知庾嶺霞
關險似此青天蜀道無

邗上送戴羲則之南昌

眼底邗江接豫江蕭蕭書劍下吴艭送君小立斜
陽寺愁見沙頭鷗鳥雙

寄張印宣

海上何年學素琴鵾絃雁柱會相尋成連一去滄
波杳留得人間山水音（謂李壺公）
相見才人不可期糢糊衰眼閉門時因風乞與光
明藥更讀先生篋底詩

張北溟舍人招集

結構新添傍舊廳不施丹䨼敞軒櫺一卷壘石玲
瓏秀兩幹修梧對待青
華館凉颸動客裾又乗雙屐到園居怪來張翰饒
佳句山倚層軒水滿渠
青蒼古木雜秋叢小徑斜廊宛轉通何處寒香撲
衣袖空天不斷桂花風
良辰勝事幾相催更展楸枰笑口開一局殘棊終
未得梨園小部按歌來
病餘未敢泥香醪綺饌紛綸飫老饕昨夜松膏明
盪浦秋風更爲上霜螯

百斛閒愁好自寬當場𧆞笑總無端翻雲覆雨尋常事羸老今從局外看

謝季直齋惠永碁

肯使平生一諾輕還知季布識余情比來衰耳偏無賴愛聽虛堂落子聲

幾年聲利罷紛爭風雨連朝更寡營忽對兩軍三百六漫教意氣復縱橫

慶雲禪院八月開桃花一枝

三月桃花八月開爲言林鳥不須猜靈風吹落曼陀雨點綴秋枝護講臺

從來色相總歸空何事紅芳破碧叢須識貝羅香界樹露華涼處亦春風（佛國貝羅樹一年數開花）

江上野望

記得圖峯杳靄間空波揺蕩隅追攀只今林色欺衰眼到處籠烟學遠山

和邑侯宋彊齋郊行韻

久識騷壇執耳人偶然拈韻特清新江頭多少芳菲樹不及瑶華占早春

看梨花

冷蕋幽葩不厭遲翻因風雨釀芳時梅花已盡辛夷落又見江天雪滿枝

野徑春流三五家柴門半啓白雲遮憐渠不染臙脂色羞殺桃花與杏花

九十春光半向殘一年一度此相看似憐白髮荒江客萬蘂玲瓏破曉寒

和宋明府柴墟訪桃韻

豈是仙郎覓舊緣江洲何似蓼中天顛風苦雨寧相妬都在紅芳未吐先

盆蘭

幾多芳穗傍幽窗綺石空勞點玉缸聞道天家新雨露一時沾灑及蘼茳

誰與行吟更斷魂紫莖赤節不須論自依茅舍無風雨九畹香餘更長蓀

梅

晨啓幽窗雲滿天老梅向我著花鮮昨年氷雪今風雨如此寒香亦可憐

玉蘭

謝家庭院漫多枝未淨塵心有客兒莫擬臨風二月樹自來姑射是仙姿

蘭花

松廳棐几暗生塵綺石官蘉寄此身何似幽棲深谷裏寒香吹處沓無人

風蘭

九畹空嗟紉佩餘何如生意倚風疎蕭然寄跡茅檐裏一寸芳心挂碧虛

珍珠蘭 一名斷腸草

靈均不識此芬芳誰貯黃磁幾穗香應有珍珠傾一斛風吹細細斷人腸

水仙

誰剪冰紈向早春蘭香蓮葉在橫陳輕盈綽約銷魂處合與陳思賦洛神

杏花

一自芳菲綴上林尚留顏色此江潯開元宴罷休愁思靜掩閒門春又深 開元中宴罷聞杏花有太息聲

桃花

石橋仙路豈云賖上有層城湧絳霞一笑劉郎無覓處幾人溪口怨桃花

李花

澹冶春容動葦綃籠烟凝雪幾柯條千秋品論龍昌寺贏得風流説九標

山茶 一種名寶珠

陸羽經中載得無嘉名亦得以茶呼肯將娬媚趨人眼獨向犀林現寶珠

海棠

淺黛濃妝逈欲愁朝曦熠耀萬絲柔錦城惟識渾如昨爾自朱顏我白頭

梨花

吐鬚日底舒輕素含笑風前暈淺紅自是仙姝無俗豔昨宵初下蕊珠宮

松花

孤標千尺聳巖陰也被春風花滿林誰識凛風連雪夜空山長抱歲寒心

棠棣花

兀坐無聊日向斜虛窗黯黯綠陰加傷心三月春光暮何處風翻棠棣花

罌粟花

米囊花放舊園春錦繡千純未是貧泌水衡門依約在蕭然終作樂飢人

朱藤花

繁條滋蔓倚高門憑藉春風花自繁縱得垂垂朱

紫徧綠陰濃處易黃昏

柳花

百卉飄零逐路塵漫勞飛絮送殘春縱然幾被東風侮翻得輕揚自在身

牡丹

夙具烟霞稱國色曾霑雨露擅天香故園尚及芳菲候何必春風豔洛陽

芍藥

春風已去景猶賒汝亦人間富貴花綠野堂中雲五色幾年車馬隔山家（文靖公郊園距京城四十里花時遊人雲集）

桐花

百尺高枝畫檻前猗猗丹萼亦堪憐後花先葉憑誰卜（田家以先葉後花占年瑞）待取清陰罩午眠

萱花

閒坐朝暉愜寸心年年萱草北堂陰已看嫩葉澄于碧更有多花燦若金

榴花（一名石崇橘）

朝迎晴旭晚烘霞占盡薰風野老家金谷已荒人代遠不須豔說石崇花

茝花

幸得陶家三徑存幽花細細黯消魂慇懃尚荷歌吟客留得閒堦屐齒痕

葵花

萬里戎葵傍草廬青莖綠葉自扶疎顛風怪雨無休歇向日丹心幾許舒

紫薇花（一名百日紅）

休憑日月競鉛華閱盡炎涼亦有涯昨被驚飈紛自落明朝秋色又誰家

荷花

翛然淨植絕傾斜不愧稱名君子花十畂方塘千點豔一隨舒卷弄晴霞

蘋花

私憐飛絮是前身暫得依洄貼水勻細莛絲絲飄不盡扁舟誰作采蘋人

瓦松

渺爾微生寄積陰依人屋宇亦何心可堪漫學青松色一犯繁霜恐不禁

桂花

空向青霄手一攀商飈涼露滿人間比來金粟嗟衰落莫賦淮南大小山

雁來紅

高叢偏豔野人家粧點秋容葉作花鴻雁乍來烟景暮拖風嫮雨自橫斜

凌霄花

孤松鬱鬱挺高柯誰引繁條上女蘿莫倚層霄朱萼滿西風吹盡雪霜多

雞冠花

絲絲丹幘亦稱雄爭向秋庭豔晚叢一笑披離形似木尚煩昂首向西風

金錢花

金葩翠葉太均勻不假形模合有神獨惜朝開旋夜落西風惱殺看花人

茉梨花

南國佳人玉作顏香風時動綠雲鬟炎州寂寞誰珍賞無數花開虎落間 南粤以此編籬

蓼花

彌望蒼茫水國秋語來沙鳥暮啾啾恐傷搖落高秋盡紅蓼參差帶碧流

秋牡丹

紫華碧葉略相同百寶堆邊富貴空莫笑陂塘顏

色改衰遲亦自荷秋風

秋海棠

幾夜魂消蟋蟀吟似鳴幽怨傍墻陰遊人錯認春風面凉露初零秋已深

菊花

抱病人歸懶荷鋤一從三逕沒青蕪西風冉冉東隣去借問菊花開也無

芙蓉

霜凋萬木水涵空誰與深紅間淺紅江上木蓮矜晚豔不將榮悴倚東風

蘆花

搖蕩蒼葭雁鶩洲叢長體弱不禁秋凉颸蕭颯空潮急一夜霜飛盡白頭

月季花

繁華過眼總茫茫花落花開事亦常獨伴草堂多日月安知人世換炎凉

黃梅

檀心磬口亦稱梅庭樹寧煩驛使催如此峭寒禁不得幾叢銜雪已爭開

柳

依依漢苑憶當年何事東風大放顛怪爾形容眞似我終朝剩得幾回眠（漢苑有柳狀如人一日三眠三起）

竹

萬條青玉罩烟寒高傍幽廬俯激湍我欲垂綸浮小艇憑誰斫取一霜竿

藤

老汝深山獨耐秋從來堅忍在能柔截得一枝將五尺但支衰脚不過頭

草

芊芊碧草上堦痕華落紛紜獨掩門似悔當年迷遠道空將幽怨結王孫

芭蕉

薰風吹處碧叢生閑掩晴窗影半橫可嘆寸心舒不盡連宵風雨送秋聲

菖蒲

花開何日恐徒然（舊傳見此花者得富貴）老向蒼崖碧水邊但使靈根能療疾不須九節說延年

橄欖子

憐君漫學筆頭尖滿腹觚稜也不嫌可怪食來無好味但知澀苦不知甜

鷹

玉爪金眸亦自雄誰知變化有春風自今忘却凌霄翮只在桑陰十畝中（鷹於二月化爲鳩棲止在桑）

烏

空庭老樹影森森頭白蠻烏叫不禁獨有多情天際月清寒照徹五更心

鷗

天半飛鳴意總降獨將清影伴寒江憐他閩海芙蓉色充入隋宮十二雙

鶴

丹頂玄裳逈不羣一聲清徹海東雲當年漫作乘軒客誰訴幽情與衛君

鵲

庭梅昨夜破春寒靈鵲枝頭噪更乾埜老已空塵世想不勞送喜但求安

鸂鶒

嗟爾分明彩翼齊幾曾選樹厭卑栖深情獨有前溪水一任飛飛東又西

布穀

老向江頭寄此生歸來谷口竟何耕林陰漸密禾

苗短不聽天邊布穀聲

雁

東風乍暖卻飛回肯戀花辰錦作堆爲問天邊諸伴侶幾多氷雪羽毛摧

燕

春風往復此江皐一笑茅堂燕壘高昨歲新雛成舊偶依然含哺不辭勞

雀

微軀長是傍簷牙語語東風也不譁底用佳時愁日暮尚留清夢伴梅花

白頭翁

鬢如霜雪耳呼風病起逡巡小院東似爾夌風舒短翮何妨頭白早稱翁

白鷳

玉潭琪樹意閒閒念爾幽奇合在山不及珠雞能斷尾琱籠驛騎去人間

雉

忍戀田家禾黍肥江頭雨雪正霏霏此生合付高原樹不遺泥沙上錦衣

雞

乍合雙瞳已向晨支離一夢更傷神隣雞不識吾衰甚呼醒閒牀抱病人

鷓鴣

從來心性向春暉霜露初濃出已稀縱是鳳城歌舞地此生常背朔雲飛

山雞

有生文彩爲誰雄舞罷王庭竟自終截尾漫忘當日戒休將形影怨青銅

鸚鵡

休矜多口炫微長噩夢無端自嘆傷鷙鳥無情恩寵絕誰將長恨訴朝陽

鸜鵒

濟水湯湯駴濁波憐渠不濟意如何須知南國虞羅集莫自分明喚八哥

鶯

漫調歌舌是耶非亂掠春塘弄曉暉林外彈丸飛更落綠楊低處自金衣

時辰鳥

顏色紛紜日幾移漫從炎海至京師不知雪窖氷房地猶自殷勤十二時

狐

審聽分明轉自猜臨流不濟惜非才憐今歸向靑
丘老可憶當年濡尾哀

猿

十二峯邊萬里船曾聞清嘯一潸然燕山明月吳
江渚回首茫茫二十年

豹

程食韜光不計年五花散處疊如錢世人不識呑
牛氣只在青山紫霧邊

鹿

正是斑斑戴玉年朝遊林麓夕雲泉從來別識春
山草獨擷菖蒲學證仙

馬

道路疲勞歲已深眠沙嚙草慨從今可堪筋力垂
衰暮不盡嘶風萬里心

鯉

污池淺沼漫浮沉自分幽潛託至陰養得赤鱗三
十六飛來霧雨大江深

朱魚

誰與玲瓏結小山迷茫尺水自循環却憐游泳成
佳趣恍在滄波萬里閒

蜃

環郭層樓碧海灣祇憑噓吸片時間山禽錯認仙
人舘一墮虛無總未還

蚌

幾多歲月蘊珠胎萬頃澄波一鏡開莫把輝光較
明月漁人小艇隔江來

蜘蛛

饕殘口腹意何如漫引飛蟲壟斷居不信空天罟
罅隙却教羅網不曾疎

蜻蜓

高雲挾雨過溪南群爾飛揚意態憨盡日寅蠓無
覓處憐他食尾覺餘甘

蟋蟀

涼霧空濛夕月昏花陰寂寂斷吟魂雄心底事難
雌伏又入人家舊瓦盆

蜂

採得枝頭幾片花蜜脾成後便爲家晨風昨報寒
霜候爲罷山齋早晚衙

蝶

彩雲飛處百花稠豈是仙人閬圃遊宇宙茫茫渾
似夢略知領受是莊周

螢

幾點餘光是處飛前生腐草似依稀因風莫過隋
家苑昔日樓臺今已非

蟬

飛來黃雀莫相窺咽斷西風高唱時幾夕空林秋
露冷淒清獨有抱寒枝

蚊

細身長喙不難猜（用東方朔射覆事）食盡膏腴劇可哀更是
如雷成夜市幾曾見汝負山來

雨中得秋山書以咏花鳥新刻答之

多時不見何平叔一病支離劇可哀寂寞庭堦花
事盡霏霏細雨尺書來

尚憶城西文酒徒慇懃爲寄兩醽酥只今上市多
魚笋似此鄉邨滋味無

我亦江干臥疾人品花題鳥暗傷神一編初就聊
將汝爲倚匡牀認好春

江洲桃花

江洲遥在江中間無數桃花杳莫攀我欲拏舟江
上去依稀望見江南山

過岳王墩

熊羆曾此駐江門留得中朝半壁存隔岸蕭條三
兩樹行人猶說岳王墩

題鶺鴒圖

幾個閒閒幾健爭石林沙草漫縱橫可知得失須
臾判獨有旁觀眼倍明

題茅瞿客遺照

幾載幽魂返舊山忽看圖畫淚潺潺正當木落泉
枯候愁見寒烏夕照間（時令嗣賁園乞題）

柬賁倪傳

故人相隔縣西東（如皋稱吾邑曰西縣）忽作江城賣藥翁十五
年來腸斷句可堪重檢舊函中（倪老向寄見懷詩未至今復檢示已十五年矣）

如此迢遥相見難重憐歸客久衰殘欲傾離緒年
光暮密雨無聲分外寒

送賁倪傳歸雉皋次宋使君韵

百里荒原歸去程東風乍换曉霜清離亭楊柳寒
無色獨有沙禽伴汝行

次宋使君金陵道中韵二首

吾衰不復溯江行忽誦公詩一放聲惹却春風無

限恨昨宵孤夢到陪京
當年策蹇一鞭輕落日京覊六代情桃葉渡頭歌
管徧幾回回首似前生

乙未送春二首

漫將離緒綰芳時送爾歸兮歸且遲幾許韶陽猶
多惜午烟漠漠雨絲絲
誰爲喚起黃鶯兒且向離筵歌一曲一曲未終春
已歸無情芳草芊芊綠

日涉園看牡丹

吹盡東風競放花紅深紅淺百枝斜且看掩映山
林色休問姚家又魏家

萬壽道場見殿角新柳次宋使君韻

野老私憐試杖年相隨祝 聖一歡然忽看殿
角青青柳也舞春風媚遠天
尚憶朝衣待漏年玉河柳色故依然誰知 帝
世春如海又遣江城絲滿天

和宋使君登樓韵

漫思佛法說三乘咫尺崇樓未許登（余以力衰未登）羨殺臨
風凫舄影無邊烟景歷層層

朱野塘別墅四首時招陪宋使君

水木蕭踈太史居別開幽徑面清渠得邀仙吏寧
塵境恰值陂塘過雨初
綠樹毿毿黃鳥啼幾人欣賞費篇題使君別有娛
情處一道潺湲似蓼溪（宋使君有恍如身在蓼溪西之句）
烱樓水榭總清酣户外風光且毋探共指昨晨吟
眺處齋鐘粥鼓隔溪南
聽得鶯喉宛轉無十年臥病一潛夫詩腸鼓吹羣
公事獨向滄浪看浴凫

道士何永言百歲老人怡之之孫也怡之嘗
且孤寄處孫所居道院謁縣公公憫之許爲
延續計時奉有逐尼檄遂令尼蕭氏還俗貲
以衣金就何婚余感縣公之盛德且喜老人
將有後也作合巹詩八首

紫簫曾向晚風吹跨鳳何人惬所思豈意奇緣來
壽域還逢嘉會出淫祠
不忝帝釋罷朝眞且了塵緣息淨因齋卸法衣當
法座爭傳氷署有氷人
縣堂鼓吹勝笙歌兩兩懽諧意若何宋玉由來稱
賦手故教今日雨雲多（是日雨不止）
誰家假汝屋三間一帶溪流抱土山恍似仙郎偕

姹女雙雙遊戲在人寰

朝來臨鏡訝新粧，恰恰宜身不短長。悄念神君何以報，偕郎兩辮有心香。

須知滲瀠辦羹鉶，家世相傳有舊經。爲指溪南廟祀在，兩朝俎豆有餘馨。何之五世祖太僕公祀鄉賢祠

百歲堂前百歲翁，一家三世笑言同。人間天上誰能似，始悟蓬門勝蕊宮。

堪憐阿母髮鬖鬖，菽水相將味亦甘。笑指草茸堂畔草，手攜新婦擷宜男。

季直齋以送舅氏楊鹿田赴廣陵詩見示爲

次韵楊前别去中道而返旬日復别

十日空聽風雨狂，乍開霽日仮遊裝。重憐季子聲凄咽，幾把離杯唱渭陽。

慶雲方丈看紫薇花同宗使君及諸同人作

乘閒又過梵王家，萬柳參差翠帶斜。樓畔忽驚衰暮眼，西風搖曳紫薇花。

人稱逸侶吏稱仙，此日唫壇傍講筵。誰遣凉颸林下過，曼陀花雨落香箋。

誰能百日閱凉暄，花謝花開總不言。只合吟毫與茗椀，秋風時爲過祇園。

寄柳高薇度晚鶯

金風何遽拂金衣，舊日池塘未覺非。滿逕落紅春不見，垂楊垂柳尚依依。

一從出谷變凉暄，只合淒清傍故園。紫綠紛紜爭异態，空山寂靜總無言。

嘉樹園池亭夜坐時懸燈四照錯落林壑間亦異觀也得二絶句

水榭初宵酒未呼，高低列炬照山隅。誰將合浦移江郭，忽現離離大小珠。

驚看碧沼沸金波，五色雲霞入夜多。恍似身飛霄漢上，秋星萬點匝明河。

丙申秋余張姻家天其謂余曰有人持函索君題照可乎訊之則含山嚴翁盌樵也余曰彼固知天壤有王郎哉及披函斷簡一字四五行落落無世態心竊異之叩其人旦膺歲薦真率自如工行草篆隸諸法而性嗜酒閉户吟誦澹如也觀其坐石科頭旁無長物其襟期固可想見云因爲短述并系以詩

敘詞雅質字蕭疎，遠道緘通片紙書。已識襟情多磊落，直從晚近溯皇初。

十年虎觀早談經，嗜酒工書悦性靈。江北江南幾百里，却披圖畫想儀形。

立冬日雜吟

病起無聊六十翁，漫將語笑狎兒童。江天又換元冥令，愁見當檐南燭紅。俗呼爲天竺

西風吹盡是何辰，短砌朝開菊蘂新。幽性那能供讌賞，蕭蕭寒雨自精神。

飽歷繁霜老少年，朱顏未改尚嫣然。若教掩映丹楓色，占盡芳華歲晚天。

節序其如屢換何，比來衰颯不成歌。豈知江海豪吟客，白雪偏傳下里多。時四方詩客來敝邑甚夥

晨起呼兒洗竹根，爲邀二妙過閒門。堪憐風雨多情甚，故作泥途印齒痕。

薄具蔬肴似餞秋，草堂賓客盡詞流。寒飈何遽欺衰骨，又解綈袍换敝裘。

客雨涔涔風更加，座中有客問京華。江南九月寒如此，怕説燕關雪作花。

大令詞宗近代稀，四方賓至總如歸。幾回悵望雙旌杳，雲罩寒空雨又飛。

恕堂詩

（清）宫鴻曆 撰

《恕堂詩》，清宫鴻曆撰，據南京圖書館藏稿本影印。

宫鴻曆（一六五六—一七一八）一名鴻律，字酉篆，一字友鹿，别號恕堂。清泰州人。少以詩鳴。壯歲遊京師，讀書蕭寺中。康熙四十五年（一七〇六）成進士，選翰林庶吉士，授翰林院編修。移武英殿纂修《御選唐詩注解》。五十一年充會試同考官。著作頗豐。前後兩遊福建，所作尤多。

《恕堂詩》爲稿本，共六册，爲《西堂集》三卷，《席帽集》一卷，《金湖集》一卷，《用晦集》一卷，《瀛洲集》二卷，《柱史集》四卷。是集近體詩詩風淺切，尚實尚俗，如詠史詩：『業桂淮南波渺渺，漲湫河畔柳青青』《漁夫詞》：『兩岸魚會多如織，戢戢小魚逃不得。大魚入市三百錢，小魚論斤聊耿直。』用詞通俗易懂。長歌風格沉雄奡兀，離離俶詭，如《芍葯》：『自昔揚州産，何年冀北移。客窗無夜合，故國恨將離。』贈友之作《寄太原趙太守》：『始信陽春膏雨過，不徒霜雪借清威。』用詞艱深、僻晦。著者非獨工於詩，其文亦佳，于詩于文，寄九州五嶽之志于終老茅屋之間，縱横澤灑，羅萬象於其中。

（馬珊珊）

堂詩　　　　　　実容冬自武昌來省其兄中丞於三山
余連子　　　　　示其近所為詩恕堂出□□集三卷席帽集
吟秋游金焦山二　曰吾自甲戌迄己卯年詩盡此子其為
我刪而序之余觀其近體高者在襄湯東野間次亦與元
白皮陸頡頏又讀諸長歌沉雄爽兀離奇俶詭或波涌而
異族或鰲擲而鯨呿或熊熊然夜珠寶劍之光或斑斑然
周桔銅器之質則又出入於潮州玉川昌谷碧山渭南諸
家而得其神悟者也公作而嘆曰異哉何恕堂之豪於詩
而怪於　　余爲手測之雖然竊有聞焉吳立夫不云乎
胸中無　　万卷書眼中無天下奇山川必不能爲詩文縱
能亦兒女語爾故張燕公岳州以後詩人謂得江山之助
子瞻　　嶺外以不游山水門其著作益奇大旅古人
遇可喜　　山境興酣濡墨縱橫渾灑萬象不能窮其變
于宙不　　其遐要以有託而傳一吐其滂沛鬱積之思
自後止今恕堂俠五色管負八斗才徧涉於名山大澤之
區古錦囊中着華薈萃而所至之地相與倡酬贈答者又
自海内知名之士宜其詩之每變愈工與年俱進也向使
其名不出里閭足不踰戶閾則規規乎咫間尺見詩未必
工否則妙年蚤達翺翔臺閣亦不過駕騁乎殿稱輦下貴
人而已何有於　　篇何有於漢魏六朝何有於三唐兩
名家而已　　　　撝謙俯仰乎哉夫詩必窮而後工恕堂
憲副之孫太史　　子中丞之弟孝廉大令之父其遇不可

謂窮可以恕堂　　文之詩年已强仕猶困於席帽麻衣賽
雪未獲　　　　　雲即欲自諱其窮焉可得已然相國
文章鉅手炳罨　　　晦明才子之叠至徽禁庭彼獨非工
於詩者耶以恕堂如是之文之詩託不若燕公子瞻則今
日之遇其遇實在非他日之厚其遇也獨是頓唐坎壈如
　長負九州五嶽之志終老荒江茅屋之間詩既不工
窮將益甚走此筆而序君之詩也其亦何似自處也哉
康熙三十八年歲次己卯　　　　同學弟　門頓
學　　　題

堂集上　恕堂　宮鴻曆　友鹿

甲戌六月十五日初發吳陵

選 絫行送婦裁福與顧親齋別里閭一路雲山添客緒十
年塵遠窕儒沽得閑從紀身經地善志多携手勘書坎止
流竹原有數于時常怪馬相如

保障湖觀荷娶別韓錦城雲膽德兵

綠蓋紅幢十里分采官國裏惜離羣美人三百川巧淡名
于六千　軍爲燈火滿船連夜照管弦通曉滿溪聞長風
好便乘　時眺三山多白雲
進艇亦快也　横塘雨忽絕人烟常將花事酬
遣離一别客揺綠獅斜侵官道紅蓮闌入稻畦極妥
此景堪　所過青驪首重回

過

選 長北夾岸水縈洄舟運輪蹄日夕催滄海舊通石混沾
今又灌清淮路分南北晉變也扶魚角雨氣來憶昨臨
一謝謝家（庚午四月自清江登舟風便不三日抵吳陵矣）一帆風利好懷開

郯城道中

嗆鞭撻過古郯城日遠圍廬日一涅振馬有時將策數荒
雞無那促人行豐隸淺望知神道官楞頻看識地名何物
最難得故鄉酒號金莖

選 勞人臨岩別故鄉山中風物見應稀野蠶蛹結長腰繭橐
栽澗領小獨我蕭條過此郡典誰風谷乎沂田夫
日暮牛羊下然碌柴白荷鋤歸

選 試戴笑定歐居好從翁父問諸社山猶沈掩初封日地
是靈光古殿餘杞柳作筐兒撲棗繒絲障面婦騎驢靜看
物理多真奇伏莱垂橐任所如

過德水

項背中原列郡交渠以一水送吳船俗多商賈人知識語
學幽燕未諳暫脫牛衣來工國獨披驪褐過浮橋送看河
北緇塵路黃入平蕪草漸凋

選 淡根連木露秋蕪高蹈浮梁類巧蓬幾處清砧村月一
聲長笛小樓風寒瓜可見時月需早花無過日紅孤館
杵聲聊取醉河人兼味羨魚熊

過河間有懷北地諸親友

選 華一遷逕九世孫灊沽塵壒尚追奔未持清酤澆墳墓且
下高車過里門萬里蓬飄龍自愁千年昇表鶴孤騫人間
六錦昇常事祖禍羞親第（自可陶移居江右至余九世）

河間過毛公故里

選 雅詩於此寄宗風那角胥一炬中兒存會無兩卜子漢庭
遂有二毛公白髮窮以聲續盡烏鯽喜多病鄭窮真學老儈
甚當年祝闕老叢

溝河馆古

三手得出雲逸晉關河比地分縱是欲塘華舊主不誤新君洛陽未淬濱磨劍塞外空穿ㄇ弃墳啾飯果能如昨否帳↑一騎□紅裙

○、京邸喜晤家大兄

選鄉廬凝向舊枝棲忽從長途刷羽翠相見已說門內事重來還旁别時衣遂根秋雪□了空棣萼辰枝長一園長頎歲廊多骨肉拂塵命酒迷如癡

喜晤李木齋先生

下士蕭條困海濱上公捍捍到楓宸昔為漲陶鎔士今托龍門肺附親無說鸞凰憐燕雀直從霄漢見泥塵彈冠且喜登庸近應念泥塗避世人。

甲戌季秋偕李木齋李惺元先生登城西諸名勝

京師豪奢地飛轂驟華鞍碌碌九逵上黃沙三丈浮便面不可障塵壁沾衣裘我來逼未夏歲月悠以遒何當暮秋節爽氣揚晴嶋陟盡入朝旭樹静知風柔學士大人雙曰才壓枝鄒睦此山水癖默言思遊驅向西郭門屏絕叉與騶從主三四人聯翩為歡遊玉互映公葵發壎箎同唱酬公弟松嵐我亦澹蕩士迄陪窮沉憂徘徊城西陌秋華綴平疇天葩艷紅紫地錦羅紺緻祖園以爲地宁于歎芳洲荻花嘆鶩鴨山鳥聲啁啾更來一水北東頭開林丘金粼盡瀅。掾表清幽塞寺峻流水濯纓俯清流蕭然裊柳叢漫瀹之萊備擔流灌田叟事耕耨極目天一方浩蕩飛鶴鳥□同塵蓋地不比芙蓉湫解鞍憩射圃清談石理優遊過　杏亭登西望山樓仁郊黃葉飛送天外洞收萬山眉睫挹映十三秋北以天闕近西膽雲水悠悠高發長嘯清宵殊奇猶聯辔入城郭不知遠且夕梅函何代松枝葉相挐溺居如縮脛鶴仰此路身斜退逆朼氏園有竹同王猷能齊亦忍又方塘何勵遊一忽憑中郎事成勝遊仍逶迤公室樺揚供寔搜入花落弥院佛宮登碧油猶為□輪臺悵望湫星郵歸來下一榻水廚陳芳羞慶抹一以文談嘹傾吳筠顧我蘇廬士而乃同仙舟混塵沾出人何有匪中謀譬彼詒大樸刪載侍宸旒稚量溢寰宇廿霖遍方方州中年何哀樂寵利如之庇時時東山上竹絲□匀酹西兆紀事覺高氾離且伴土人下感慨況逢天氣以吐□乃日勞碌情乃日休逸游不偶然人地俱殊尤

○、女福宮雙松歌

選描擊晨出長安門長安城西山蜒蜿中崖突兀□□宇□門不扃殊静便東西兩松馳道側距三丈高柯聯不同舂拜各俯仰姬兄弟摩雙有□□□姿各有態分形猶得同枝驕泰松漢柏隨代益造就奇氣鍾此西松公爽被袞冕東松君虎擇友疑我誤此松不去以威騎千裥行踽踶學士顧我忽大笑此松卜年非大年昌運宮中松十數夜夸琥珀如擘拳何文□錯焜烟霧靈根寂寞空真泉天昏日以悔以作蛟龍閒急相糾纏鱗爪脫落不可辨擇筆但聽

萃經穴或淺洽　泠激清澗而又似撥空庚弦客來解帶臥松
下風枝亂落如　散細我聞公言長太息世間已物多天全
牛山咫尺文六國家薪樵俠炊烟比材過大斧斤鈍棄
置轉得人矜憐學士　沉唫不我眷詩戲鑒我何拘韋物為
世用乃足貴一拌堪林與狀況此奇植歷十載根節磊落
霜皮堅方今匠石攜大廈餘千梁棟枝櫨枅逢遇要以晚
節顯有材何得常遭遭哉此詰破蒙憫寧用猶豫咨嗟
蓦茂有歐冶百鍊騏八鍜作利斧磨山巔阿誰假我斧可一
斫桂肯讓吳剛專聯轡談嚎日暮夕前人勞吾勉旃

喜晤華子千

廿年車笠重心期天路紅塵望眼迷聞說名駒辭澤使
同高隼拂晴霓春廟　如意五斗官廚醉似泥偏便
客游能到此鄉廬誰不悔羈栖

陪李木菴先生游西山適八里莊得詩十二首

鎮國寺

來趁已公約凉風灑客衣未窮西嶺勝九憩上人居蠟屐
呼銀鹿傳餐趁木魚高僧工　指點入虛無

宏福宮

搖策馬嘶風逗山翠靄重同人忽訝對君故白雲封地勝
多傳跡庭荒茂舊松琳宮連梵宇相續寺接鐘

萬壽寺八鐘

　鳴代黃鐘棄置頻誰來操寸莛不為鼗長椿鐘置蔓艸

中勝國至今二　年了　數見傷心事曾看得意人吟鞭搖曳去勝日且游遨

玉河

杏靄千峰合淪漣一水灣御河魚可數池道柳誰攀空翠
常隨馬飛雲不礙山華林多勝槩我亦此公閑

臥佛寺

古柏依嶐合龕騎夜寺門　　澗户紅葉失山村已與
塵囂隔安知歲月奔追陪恆幽趣雲路行扳援

退谷

前輩風流在方亭紀勝游僧因常寂寞　話向留泉脉
階除濺雲容几案流憑欄看柿葉樹樹冷紅稠

法海寺

地僻僧不俗秋英菊逕黃唯屐躡蘿磴披雲到蔚藍也行
無住著漱論自殊皇小憩階除石名泉取次嘗

五華寺

半嶺樵歌歇連筒引澗泉游人巔踵接過鳥羽翎便木末
明昌號山有金章宗手植松山意大六年霜林行已遠前聽磬聲圓

廣泉寺

咫尺溯十里閑雲共往還登盤河馬滑行轉見僧來麋殿
餘基在空亭落木哀游人攬事少花亦莫如猜

表忠寺

花宮閉白晝喬木四時陰蠹葉經秋落丝村抄雨吟盆虛
大　了俯仰後猶今倚更往來熟僧㳄菊可尋

慈壽寺

飛鞚過長路，悠悠化城僧。邀人暫住客，幽[illegible]同行松。蓋留雲宿，龕燈照壇明。何時謝塵事，相對說無生。

飲師儉堂

公筆久歎許吾詩，或向鄰[illegible]知幾閣。上念布衣交，天淵鴻遷者。秋深燕去，業無才。[illegible]每日說行庖。

唐東江先生注選大。今冬初被召下，詩賦科擧文谷一篇，稱旨，改授禮曹，秩兼太史文。饒[illegible]志喜。不揣鄙陋，輒敢效颦。請正。

燕山冬日終風嚴，浮埃撲面冰生鬚。我來屈指月三匝，周正漢臘行將淹。長安邸第無氣熱，官樓掛壁東圖書生未敢造典謁。日然扃戶垂帘簾。側聞唐侯近一犯[illegible]十衛守，聯樓簷欲從跳下。伸一拜，自以頑鈍羞爐鉗。感公好德如好色，立談膠漆相投粘。先生海內老[illegible]宿，往往學子求鍼砭。聲名赤然塞天破，膏馥賸殘人醉甜。今年[illegible]試[illegible]賦麥光，麗予香康纖揮毫落筆捲風雨。森森武庫戈刀鋒，帝曰此豈百里足，氷廳芸[illegible]宜入出。清華妙選世所重，而公乃得熊魚兼。稽古之榮詢不[illegible]，是[illegible]，急母[illegible]讓練川趙侯好文筆，遊杖盛事歸詩奩。我亦[illegible]眼下過讀初霞熠雲飛緗縹赴佳觀。歡無不有喊詩句，[illegible]覽看笑我亦獻哥。歷落士賣文[illegible]字扣蠶鹽無聊。因人走京洛，衣衫破似風簾，[illegible]破龜搗得百詠鏡櫑提十指磨箱鐮中林盤錯一不

[illegible]門。故[illegible]泥[illegible]我語，趙侯勿刺促，蟄龍那得常淵潛。幸有故人在天上，餘九分落來窮閻。詩成寫[illegible]，向公去硯水作塊冰銅蟾。

疊前韻答東江枉和之什

長安禁夜街鼓嚴，冥行似[illegible]金吾髯。下有官字燭籠出，朋飲龍作三更[illegible]。我昨兩街[illegible][illegible]御黑鞭白棒，隨行擔家中策馬衝吏過不追。或是盛鍋兼之市燈火一時滅，尚有熱女明虛簷歸來一笑坐，擁褐筆輸墨。作如徒鉗，[illegible]雁聲短書麗觸手，蟬魚粘嗟[illegible]半生。寡[illegible]死語誰能破，朽材那受利斧斷。駑足常怕街泥，霑造物小大[illegible]肖譬彼爐冶均洪纖。人自[illegible]豐我宜嗇，處[illegible]豈似[illegible]鉗。

君平屢驗蠖屈，北簷戶未[illegible]能飛古。感時郎事，歲[illegible]暮日夕卧起羊裘兼。唐侯文壇建旗鼓，懃拳吐握殊勞謙。[illegible]扣門枉佳什，指摩醉眼披雲區。洛陽紙貴十行字，酬答愧乏夕金縑。想見哦詩夜牕白，呵氷掃禿中山尖。方今家家效揚陸刻畫，字句求無[illegible]。有如春風競人，忽聽秋水歌。[illegible][illegible]顧[illegible]百本懸國門，披[illegible]鏡鐮。我詩無訊等曹鄶，押下盟妹沾沾革。言二説不竹變，乾家初畫甘龍潛。長繩繫日不停腳，遂恐蹉落終民間。見公之發，霍然起。欲曝日[illegible]騎飛[illegible]。

再疊前韻答次饒枉和之什

[illegible]作[illegible]菓看櫻嚴六時，五起撚枯髯。刻身換骨非所願。

文〻章無留滯入損眠食出漂麥坐乏完席行無幃稍稍
會心入毫髮入總洞揭玻璃簾此意可會〻可說拈花索
笑迦葉詹詹如堂阜敗械扭快若季布諾銳鉗間用此法
到章句四大不著無膠粘名場興趣不自意十年祖臂期
神致人云大斷文大好何不精熟求降落倚市幸得人顧
盼刺繡無乃勞春纖閑藏〻然無足塞貧拳到處鉛刀鈍
竭來徒步入京洛鬢長衫短無忙石舊從此括讀詩瀾
翻舌本韓蘇兼容臺郎中忽御李樣期鉛砢辭溫叢衛公
憂生惠佳什塵霧聲掃低雲愈私詩真〻〻銖兩報以瓊
玖盈縹緗今年一冬無積雪馬耳幸不埋雙火時劃蒸豹
淡如水看人濫〻誇吴鹽豉因奔逐怨虎先大抵其治同

蓬萊南山落盡一頃豆恨不早秀鵝皆鎌先生顧〻有同
病今我涕泗衣裳沾方今朝廷重才傑慎勿脫略甘淵沉
要須大叫披閶闔逆作霖雨蘇閶闔他時為人紀大業筆
充千管乾硯蟾

喜晤李松嵐

選 覺社 湖邊落照紅吳陵派 一颿風留省下揭呼兒拜炊
黍京洛與客同每共縱談〻字跌不知逆夜酒尊空十年
粗禍悲身事敢馬長途數轉蓬

王頡菴先生招飲賦謝

柴車喧阗羸馬過黄塵滿天泥沒踝食入肉猶供人驅禿
扎亂氣真勞瘁我來輦下依難兄官齋晝局吟秋蟲新婦
旨時用車幔書出無日聞驚龍太倉侍郎念我痒赤幌晨
趨鈴下史八座春風便〻來飲醇日日如泥醉紅鱗浮盞
認吴醋山羞羅列海饌肥銀燭列錢留花住華鶴揮羽向
人飛十年衣食事奔走冰炭炎涼無〻有四〻那得誇身強
口腹仍時累親友只今燕〻滯遊蹤無一無聊學賈春南
皮閒客人如我北海憐才〻不弱我公今時稱大賢晚直
高吟紅藥篇漸與公孫公講席如還故鳥欲寬遊公今吐
握風雲壯我以朽株煩哲匠安得身如翻臂鷹九秋雙翅
青冥上

帝京雜感十二首

選 若水丹陵放舊封紫雲如蓋曉蘢蔥天當帝闕無〻送山
到神京特地雄曙色千門烟雨外春聲萬户管弦中舊游
半是遺時者拜筆還過五柞宮

西山蒼蒼白雲封北極迢遙萃萬重露掌遥官流沆瀣瓠
稜迎日炫芙蓉三年不踏瀛洲月午夜虚聞鳳闕鐘老我
蓬蒿何足惜頻愁甚薄瓶藝高墉

北地秋風又一年東薪勺〻〻論錢逢時未辦千倉粟躬
稼還歸二頃田旅客悦頻剑吴楚小美音已變幽燕靜看花
兩紛紛下飄墜重茵亦偶然

選 挾策千時道尚窮敢同頭腦說冬烘炙熱蟬螽書難盡技
止蟲魚注未工怪底汝南人望淺何言冀北馬群空青瓊
猶是舊家物惆悵荊花次第紅

近實

近當花晚角衰燕昭何路築金臺也知辟學無知己不是青奇有棄才孤館挑燈塵夢少地爐温酒故人來圍爐想像荒寒色前滿東籬未忍開。

選

短褐如今向北風瘦隨肥馬抗塵容孤蓬劍野勞歸夢燮梁雅之誤去踪曹植閒愿吁繡虎諸渠繁底費真龍經生未是人奴賤拂拭功勳上京然。

城上哀笳送暮鴻西華歸路忽太忽斜陽似客不久住匹馬如吾亦欲東試寫土風無好句可知花事費春工官資冥誰曾慣徐邈時時酒一中

西山積翠已成堆倦客歸思不可裁少日心情隨夢斷玉鄉花柳入詩來群空冀北從人說徑遠終南自□來雁雙鳧江海上浪誇作賦子雲才

夢闌酒醒鳴(聽)鐘曉鏡圍欒(樹)影濃玉斧千年脩月桂朱□歎寫風松貴游似海知音少舊交如山隔□到處無鹽嫫刻畫夸無端的為誰容

駿足空羈伏櫪悲壯心雖在欲何之嗟余噲等尚為伍問彼朱公誰是師天上未歸之又長人間空賦四愁詩此生難得拔髯笑況在羸騰寄公時

高城吹角雪漫漫底事真同蜀道難乾褐突黔疑未得羊裘還足夜猶寒拂龍吾未逢詹尹食舌人誰是懶殘欲請長纓終無路肯因搜粟詠微官。

選

沂洛緇塵變素衣新詩猶記謝玄暉病欺沈約腰初瘦老。

逼肄吠國不肥田合蕭係惟舌在琴書寂寞伴身歸三年屈指飛光過園柳垂垂長舊園

御書曲江風度扇額賜宛平公許以奉賀兼祝初度

泰運飛龍馭師臣海鶴資瑗從揚雲得刀又呂虔貽皇矣公風度臣哉汝翼為宸衷袞■賦膺藻筠皋伊金鏡千秋麗銀鉤爽葉香筆鋒開混沌法笑鵔義腕運星河轉箋飛列宿移臨摹頓李綵鵲刻走蛟侏飾以黃金鳳鏤之白玉螭烟雲生廣廈日月照華椽其範開新曆莊椿洪濤望次縱嶺上花放曲江渚戲林牟龍倚傳蜀百辟隨視麗張綺席御墨煥天池永錫稱難老如川祝壽宜平泉賦氣端揆到期頤

華子千擬春題系谿門人贈行之什頗富次之亦右先生韻二首

胸次何如夢澤寬世情蟻鬭似泥安人趁草亡莽嬰緣春到蠶猶上箔寒甚嶺山泉供瀹茗侯家池館罷催餐入門細浣緇塵服飽看梢雲竹數竿

子山蕭索帶圍寬高臥吳□一枕安魚樂頗多濠上興燕歸猶作社前寒風霜千里垂別冰雪二年細細餐京洛故人多眷戀不應泉石寄魚竿

次圃老先生韻再送子千

豐臺花放驪將離此別何年是見期落月空梁吾有夢是君踈雨滴蓬時

氷泉芳列瀲豔清雁到彩絡數寄聲燕市朋儔同泛搜感
君傾益悵平生
贏驂袒褐走緇塵話到涼暄懶是真盛致萬羡妹不惡京
華何許未歸人
吳陵渡口落征帆蠟炬搖風酒泛衫紫袍今吾非故我難
搜好句答珍函
楚鶴孤雲自往還驪歌唱徹草芊芊送君何處牽愁住一
抹龍山兩眼泉

上宛平公 有序

蓋聞衆宿經天列三台於帝座羣山奠地鎮五方以示
與畿瓚登清廟之歌而將華美者瑚璉根楠中明堂之
選而任重遠者棟梁惟世運既值昌期斯造物必生名
世伏惟閣下嶽神鍾秀箕宿分靈射策十八文擲[illegible]付
技難東觀筆蜚燕許之英歲公覲不世之遭逢
先帝具知人之識鑒綺盤翠勺頻霑湛露之膏紫綸青絲
屢賜天孫之錦層星雲之糺縵日日臥聆矢車馬之聞
馳時時濡管每瑞履從容之地皆圭璋特達之時人仰
鳳麟情同魚水朝趨鶴禁斤斤邦高夜直鸞臺撤來蓮
炬鷺車赤棒群看次相乘驄畫省紅香共羨尚書曳履
秋宗首虞廷之命五教敬敷考工詳周禮之書六官與
缺方振奮六師之會應張皇九伐之司迎水無波歛謝
公之雅度蔡人共命彩斐相之公忠業則日新人惟求
舊蓮一代鈞衡之寄親副
帝心思兩朝左右之臣實惟公首於是宣參邦柄上代天
工六氣既平三才斯理乾旋坤轉于參兩天之工秋肅
春溫身備四時之氣從來主臣一德不免瞽言四方拭
王張禮與信大有懷鄉之戚天梯雲從王尊不無叱馭
之勞而公分在燕山官聯鳳闕司玉皇之香案陪瑤島
之華觴寵命屢新殊榮載錫一生仕版盡屢鄉廬濡紙
氷銜不離禁籞加以家聲通顯門籍高華太原則閥閱
承家邢郡則良芝蘭繞室貽之厥凱茂弘惟胤遙植北庭
槐景叔乃生文正況復謝庭多鳳亦惟荀氏稱龍八者
沙堤退朝而過末辟從逆踪安石烟籠畫戟過門而儉
修諸季接武慈明午莊孟石蕭花極觴詠管弦之盛甲
第望衡對宇無東西門巷之遙惟德適於群黎斯以介
以多福榮懷未艾德慶方長曆搏散人樗櫟下士余
忝頌德將無近於奔遇削拂陳情或且同乎妖衍於以
先君世譜卑笙猶存伯氏通遊深懷不少姫公情愆握時
課假以吹噓小子念切引以益望深於仰止幸不鄙乎孔
李仔晉往於皋伊敬展葵誠恩比登龍之願肅緘蕪詠
儕於執雉之班云爾
鴻蒙啟大象扶輿肩清美二儀確噴亭毒割元始物物
因相萬億及於物不有聖哲人其誰煩加是京師天下
雄羣甍宅於北神秀夫何如太行湫十里山川露精爽大

人欣仰止譬彼鳴岡鳳余翔耀華趾亦如依澗相群材氣
為靡將言詔蔭同推品金玉比古道映宋宗素風變流詭
瓮觀昔譽書繁縟一為洗摸毫既山之伸紙亦波委時時
九天上溫綸代詔音爰立總九命職方隨器法六重北海鵷
不誇譯雖但調六氣平己展三於理十年亮天工謨謀盈
國史勲銘萬乃鐘功書百篇紙政成
帝曰俞堂廉賡喜起休徵今典型英猷忘倫紀袒割乃先
言賜杖亦授几謝庭多鳳毛銀艾懸景晨同朝十來倫已
石何足侈夏構三萬間門盈一千指夫一月沉壽軻堆難
比擬宮牆數仞高曾誰躡其陛下士非澗慮軌經愧成器
深怨楠柚材逾進或為枳斗山今在望餘輝足攀宴樗材
可離師表綠可丹紫錄云非也晚元公正端揆

長歌贈姜西溟先生並索其行楷書

唐宋幾人能文章千秋只數韓歐陽昔以拙速傳者要於
史筆猶矜黃姜儀元筆精文律刀斗嚴如程不識只帆云
當百法生太可屠鯨細穿蝨才名官職乱為多園冠句摩
追丘軻天子召來集賢院興國史筆資編摩集賢學士多
如草三十輾短鞭爭馳道莫笑追從牛後行眼底紛紛海鷗
為得擬棚當年鍾王腕力秀勁手神奇被室何竟不自惜
意能夜發星虹光吒我廿年死文字未肯定屬不足莫一
讀君文一服膺疑是廬陵落今世蘭亭竹紙囊無錢下筆
右手拙拘攣極意撫揭孤不肖一縱使似遺風叢顧君迅
掃剡溪紙飄懸之素壁生雲烟心摹手追忽自得梃林大叫
呼姜髯

花市一首　來史蕉飲汪安公

山書溪梅列市齊未開先佔曉寒默烟薰入詩人爭買紙
蔭新封鳥不知有邀花慮恐御苑亂飛鶯處憶江潘夫君
西掖吟紅藥几許春風到故枝

詠史六首

紫綬朱輪禹上公高冠揖客盡龐終一封書付奚奴去
品金看歲問通廣廈昔日寒士擬故人以[illegible]同繁華
過眼無多在始信為儒應固窮
鞶懸與金莫浪譏道逢聊復焚輕肥財傾一國齊人貴學
足三冬是倩飢口舌得官詠不甚米鹽拜爵未應非仲卿
舊有封侯骨何必容臺辨等威
一綫金堤築不成空聞牛李剄畦町人間若少翻雲客天上
應無卷舌星叢桂淮南波森森漲沙河畔柳青青書生漫
廿無長暑午枕酣來讀水經
軍都爽氣接居庸隘口丸泥亦可封故遣飛關通一線不
教飛將立全功笛吹白草沙頭月笳落音榆塞外風耶律
究須多少事總憑飛鶴鎖遼東
丸還容易到台司手板頭銜問夜期御袖人誰知早晚生
班心未厭喧卑不無詩句吟紅藥豈有刀圭熟白頭莫笑書
生多浪語應思長鬈蒼清[illegible]

直阡曲陌盡康莊，繡轂如流草不長。卷髮束冠游女艷，綵
鞭騎馬内家裝。少年重氣偏陵貴，大賈□□自鬻良。白首
郎官尚徒步，漫言天路好騰驤。

憶淩園寄家七兄

淩園梅柳景闌心，飽飯詩來坐琴屢淮。便教花障日不
删為喜，樹交陰主八竹裏，茶烟静好客，階前屐齒深塵事
烟驅出門去，故山華萼思難禁。

秋果詩三首

蘋婆

蘋婆纍纍賈牙柈，錫汝嘉名不等閑。練得全身□緑□八
米，半頰滲紅顏。花瓷密貯經時好，銀甲輕搔入手□。荔子
南州飛騎過，莫將此果與俱還。

蒲萄

中原罷掀長荆榛，始逐嫖姚到漢庭。石齦堆將成結緣，天
漿沁齒吸空青。龍沙鷄塞卿仍遠，朔雪邊風酒易醒。暫此
而歸（兩）補種去，春泥初坼冷冷。

來禽

來禽五小半塗朱，便與蘋婆韻致殊。飛燕倩人持繡帶，西
施不自解羅襦。熊蹯原可兼魚膾，龍眼寧甘□荔奴。若到
吳趨誇族屬，寬（楊）氣味一時麤。

擬袁和查夏重（孝廉）

翠領蒙戎似鄴龍，倣來方覺此身勞。不因輕暖求狐腋，安
用麗京歎緼袍。入市且沽千日酒，搖鞭懶逐五陵豪。筆痕
墨瀋尋常在，舊物相看惜鷲毛。

客星五月未裁絺，顧爾聊同細葛披。也上羊裘無定價，人
間狗盜莫輕嗤。縱令金盡難為客，到底塵多只受緇。最是
相親又相卹，寒更覆足夢醒時。

和楊之□先生豆腐詩同西溟東江真□重作

仙□爛煮石為糧，小試銀刀似截肪。玉粉肥他非菽粟，青
精詩汝佐羹湯。最宜晚食郎顛蠋，不礙清齋學太常。百菜
千珍同一飽，晚（免）教流輩笑膏粱。

豈是何家蒸餅餘，拆開十字伴嘉蔬。凝來猶滑酥堪炒
亦能方，肉不如。每過南山思種豆，絕憐上客歎無魚。腐儒

顧我名相似，好帶經箱學犯鋤。

上京江公 有序

壓少固陋，守父兄之教，習制舉業，馳逐名場垂二十載。
雖屢試被黜，而此志不衰。近數年來，從家伯氏游齊魯
燕趙，聞見亦稍進，而終不敢有所要結於當途上，無
北面師承之人，下無鷄鳴風雨之好文質，無所底止之
効。暴見於此，然竊嘗自謂，當今之世，果有賢人君子號
知我者，幸得謀一見之，欲則踴躍奔趨於其門，為之將
車執鞭，固亦其心之所甘。倘其人不可得，則著書立說
俟之千秋萬世之後，猶旦暮遇也。頃□　李公為壓言
閣下從便面上見壓詩，□謬加推許，不去口。嗟乎，生平知

己之素以為當俟之千秋萬世者而今忽有之日夜引
領思得一見以罄其愚蒙以附於古人心於知己之列
如閣下者固曆所謂將軍執鞭而甘心焉者也雖然曆
之為此言也不自今日始也自束髮受書以於今於制
藝見閣下先資詳獻之學於詩古文見閣下起衰式靡
之學於京師見閣下文章政事啟沃光贊之學於行人
使物見閣下崇儉黜華移易世風之學凡此數者竊固
已藏之胸中久矣昨歲金陵廣陵間又數與長公天門
公處中小阮壯輿仲車笠人好今再浮京師於家伯
氏輒更聞其所未聞夫以閣下之德業如此曆之仰於
如此是宜㒺多之間奉瞻音親色笑惟恐或後而僕被
求既數月矣猶然趑趄局束而不敢前者誠恐被進被
退俾於無日至於前之列閣下縱不怪責彼不知我之
或以為有所要結於當途其庸衆我乎其不庸衆我乎
是皆未可知也時復自維以閣下之德業如此曆之罰
其如此倘稍稍出其制藝詩古文為贄因得朝夕繼見
不惟不以曆然自我而且喜其才之可以有造也未可知
今觀於學士李公述閣下所以淮許之者則果然矣曆
所苦名卑身賤又其於學擇焉不精不能自成一家之
言以信今而傳後而不意忽辱閣下一言之譽或者是
曆得志之秋乎嗣自今刮垢磨光覃精竭力於文章之
事稍求有進以副閣下知己之望敢不勉之俚言率成

眞賜觀覽幸甚幸甚
長江趨海門浩蕩尊南服三山互雄峙四顧美清淑大塊
露元氣庶類滋亭育生物殊不測魚能萬其族杞孔一椈
水竹膳各霑足細彼虞夏沉壁載簡牘大旱亦不時為霖
望靈瀆
泰山蠡象衣之壤非所揖滄海渺無極細流奚擇焉至人
揮卯柄草野無遺賢巧匠之所用豈獨杞與楩此伎中輪
輻直木堪櫨析傳愛天下士今古良同然美哉周元公吐
握而歎羣

木菴先生惠羅酒賦謝

歲暮雪下無垠崢嶸歲方晏獨坐誰為歡無酒良大患貴人
誇傣錢富兒競多𥂕窮經便便腹飼飽藜與莧學士官京
師廿年秖清宦顧於親串厚分甘素所慣意摯固可感貪
寧忍訕羅酒亦方物那得咄嗟辦距此數百里此如走危
棧徒御畏不戒墮罌支覆轍而乃不脛走致之大論幻聖
比伯分清諸賢隔一間我昔泥酒杯常被婦人訕今方天
一涯譬彼滿䖝雁濡首傾壺觴不畏童僕瞷沉酣鯨吸波
細引系濡潤醉卧齊萬物一任嘲鴟鴉不為倚門笑聊免
按劍盼弱此一瓣雲缺添待補綻

叠前韻柬良弼又陶兩姪

舉世愧伯夸今方重醒晏無錢未足羞有錢未足患失勢
鳳遭蚊得志龍可豢逃哉杜陵老脫食採人莧自世有大

累宦婚與宦長安，多貴人氣，餘習已慣，但取俗士悅，不顧
達人訕。憶昨江南居，食飲亦清辦。命酒花露（疑）觴，徵令破連
棧。井中有投轄，道面饒卧戟。此樂轉獨闕，深雾（疑）變幽通
為京洛游，清談入有間，無聊付詩歌，彷彿主文諫。憐彼能
言鳥，哀此不鳴雁。侏儒既天刑，高明亦鬼瞰。樸被厭黃塵，
牵芹思碧澗。豈知搏霄鵬，不如搶地鷃。顧此長坂勞，而無
伯樂盼。客子不疑來，草堂梅當綻。

萬壽寺大鐘歌　鐘高三丈餘，大稱之，表裏鑄全部《華嚴經》，明成祖時造，今廟頽荒，此鐘覆草莽中，不懸久矣

蒸蚪老蚊角盤盤（疑）彎弓仰射天庭，欲龍孫瑟縮如蛇。醫忍
軀長聲（疑）踩江渚自，奪勳伐媲軒。義當音按律，咨后夔，唯夔
一足走且疲，謂帝涼薄，神所訾。何用篆刻龍文為銘紀功
德，臣請辭帝亦忸怩心不怡。聊採珠藏，與珠祠九幽，貢金
方執駝鑄鐘，直還銅山。移陽爐陰炭，周四圍千鈞，萬石炊
鉗鎚。鞿賁無射，輕毫璧鼓，橐或有神扶持。《華嚴》象教殊恢
奇，三周四會張曼詞，表裏刻畫同沙錐。蒲牢一吼鯨魚隨，
郎今躋覆悲塗泥，逆壁猶似京與坻。箕簴不設託懸之，嗜
呫聲響知何時。噫嘻英主多瘕疵，昭王（疑）氏琴果無成虧。金山
疑塚猶纍纍，京師有金山大師塚，相傳葬建文處。天壽寂寞陰風吹。成祖以下諸帝陵俱在天壽山。翁仲仆地
石馬嘶，誰提麥飯澆茅茨。十龍九乳鑄者誰？大鐘常有人
摩撝。

詠淚竹（疑）

古井微波轉轆轤，袖斑侵影自模糊。已載湘女竿竹又 ○○

買鮫人一斛珠，鉛粉舊痕留桃葦，石榴新樣驗裙襦。誰言
天地無情老，江水東流海不枯。

不為牛衣起歎吁，新亭風景故悲吾。青衫司馬來江上，寶
玦王孫立路隅。絕塞有人吹玉笛，長門無月照金鋪。關心
最是他鄉客，永夜寒燈半壁孤。○

送次懷杜海樹狀沛舍青傳唐石郊

浣花學子孝廉船，送我河梁意惘然。旅客問途隨雁鶩，故
人贈別有詩篇。寺樓鐘咽三更雨，山店雲埋九點烟。此地
見君題壁句，墨痕濃處契紛解。

寄懷田丹山姊文及此瞻右君兩甥

五年文社起翹靡，後輩飛騰更不疑。軾轍君堪名二子，麟
鸞吾敢望諸兒。吳又廩（深在英學堂肄業）兒夤孝廉，夢老健終事頻。取旗匣有
琴書，寄亦好熟，燈夜課解人頤。

懷王乾菴

班騅蹀躞草芊綿，誰說乘槎到日邊。千里已過秋嶺外，一
尊還憶夜燈前。文章家法空餘子，句讀師資啟後賢。努力
不須憂白髮，子祥元去始騰騫。

懷圖雲蔚

身在泥塗了不知，更無磊塊可平治。終為天上經綸手，暫
作人間句讀師。名理掀騰閒宿悟，門江叅詣析前疑。薊門
懷古多名勝，倘更能來和好詩。

喜晤劉湘南妹丈

憶昨津亭把酒盃同舟共被意徘徊（余北游時相先相送竟陵始別）竹西渦向五
更畫淮浦山從千里開殘暑欲衡高浪去八叔君自故鄉來
風塵勞勸年時慣充向牀頭潑凍醅

寄南中家人

尋常硯北語諵諵自笑吟詩口未緘隻雁雙魚書可到未
禽青李子郵函姓名縫上黃麻紙事業猶操白柄鑱兩地
同時好風月莫辭美酒浣春衫

余在家時家塾課子姪文甲乙甚嚴今余北游恐遂
作輟為詩寄叙五直方子實晨鳳春其怡九如岡
諸姪及言勤呂三記志拳拳之意並東田兄之兒
十一弟時良弼又陶兩姪偕參兩姪孫在京師文會
未與其餘俱稺幼也

我生學藉父兄資春雨堂前認本師舊羨吾宗多秀上八　○
看兒輩擅文詞遂知虛白初生夜正是研朱細勘時頼有
諸昆模楷在肯令含鏝歎荒嬉

李根蔭兄壁上觀李松嵐畫松歌

松嵐畫松誰與匹異宗以來推勁敵數尺枝杈一百盤慣　○
將掬筆摹尤物學士壁間畫五松高枝樛結如蒼龍蒼龍
夜挾雷雨至五松嶽立爭豪雄瘦蛟蟠紙多秋節虎豹熊腰
絕餘常梢三峽雲新枝已压千鈞鍊孤條露葉故依然化
工入手天無權水墨經營極意匠晴烟不斷青蜒蠕噫嘻
艷藥濃花世所尚吾徒冷落知誰向無用霜皮四十圍有
時白髮三千丈願君寶此後彫心梳李春風莫惆悵

家七兄以生日過三省上人詩見寄，因倚韻寄懷

陰霾無處望朝暉塵暗遙天雁到稀丁月薊門霜雪盛衡
寒難恃木綿衣
陳編死句閱朝昏刺繡無端又倚門爭似故園入境異撈
嚴一卷出松根
煮字持時獨掩關雄文聊與換朝餐甦憑寄語偶原去三
轉蓮壽始放閒
長夜其如客夢何典衣沽酒旅懷多洛陽二頃田猶在蠹
簡時時費揣摩
候門驅馬凍生髭苦雨終風送客悲悶與劉郎詰身世（湘南部）
水崖何日換春安
龍樹曇花有舊因每過蘭若話三身兄今四十屋緣斷
亦蹉跎半老人

無題自讀時安

桃源洞口石橋頭採藥當時舊姓劉金翠看來八幅帳素　○
娥眠去月當樓江郎有賦偏名恨王母無方可却愁莫向
紗幬重想像滿庭風雨戴離憂
咫尺銀河一水分衣香手粉鬬氤氳羅敷自能誇夫壻曼　○
倩何妨有細君眉黛芊龍鸚鵡翠袖罷輕展鶺鴒文朱門
魚鑰深深閉群玉峯高背背曛
鹹析紋犀鳳頸簪雲屏甲夜深深誰知巫女朝朝艷空

踏蓮花步步金粉黛半匀宜笑靨芭蕉不展似愁心崑崙
萬里推車軸青鳥何由寄好音

木蘭寺畔小亭邊得花間步屧迎菱裏行雲肌似雪蕈首
顧曲眼猶青蠕衣不留藏鞋鎖獸篆空銷屈戌屏剌史只
今腸欲斷那堪飄泊任蓬萍

轆轤香去有聲明河河路是通津春三月時花枝謝夜五 ○
更愁月照楚水不來湘女瑟蜀山空叫杜鵑兒那堪一
帶淸堤柳兩嫁烟婚總淚痕

誰向阜橋問春娘住人今住善和坊春堤折柳悲公子賦 ○
日栽花號女郎淸涵水乾猶有淌睡蓮心若不同房詩書
珍重頃青笑劈蠻箋覺指香

酒滴銀釭琥珀濃紫綠步障軟圍風睡餘湘簟波紋滑夢
斷梨雲眼纈紅錙怨花枝遶繡幕返魂香氣炙勾籠細腰
掌上休重憶飛燕何曾出漢宮

射覆藏鉤酒之博司空筵上醉留髡芳心似蝶粘瓊蕊香
氣吹花墮碧痕阿母神方教駐景如姬俠骨未相仙槎八
月誰曾渡不淺銀河不易論

白舫青簾看水嬉雙鬟照影綠參差隔花鴉母嬌無語待 ○
浴蠶記有縑顯淡江梅高士婦巫峽雨楚王姬果是胞
胴深深鎖雲漢誰傳七夕期

木樨香陣遶龍葱花下箏調十二鴻螺子乍不着黛綠守宮 ○
初驗臂紗紅香苞濕為三更露單殼涼因八月風家語凭
肩誰得聽登徒悔不住墻東

懶髓何須點玉肌水精如意坐支頤冰紋糸穀裁團扇翠
羽越禽棲鬢絲三婦曲曰中婦唱小姑心有大姑知金堂
凡慣愁拘束秘戲還疑步屧隨

堯葉桃根不靈過後房應唱莫愁歌開奩就月收金雀閒
户移燈亞綺帳穿縫春夢小蓮籌細數夜聲多王昌情
事渾如許十五盈盈意若何

甲巳游草卷一

恕堂詩卷之二

西堂集中

恕堂　宮濕曆　文鹿

乙亥元夕姜西溟寓齋招同唐實君趙文饒查

夏重聲山郎席用杏花春雨江南為韻得春字

京師作上元燈火照通津最沸五都市車騎行駸駸假面

跳兒童笙竽沸比鄰游人肩相摩踏歌娛良辰姜侯富文

藻草玄臥其倫清晨枉折柬治具呼所親四文尊宿契

合如有神我復因賤眉公意方嵯峋昔分牛斗氣今占京

華春飲君五斗酒費君錢十緡此意已不薄況兼珍味陳

下筯饕方物入饗雜勞薪適之五木戲轉覺文字真徵令

括群史鑿險通天根酒兵工格鬪率意何主賓卜晝繼以

火脫略陳完箴諸公便便腹芥拾組與紳而我但蓬蒿未

失賤與貧衽裾隨伯氏嫁衣為他人高會但盡醉美酯如

公醇

△

帝都春日恭紀仿應制

薊北河山固神皋啟帝京五星箕尾聚二水潤濼縈地斥

盧龍塞關連倒馬營黃雲隨輦轂紫氣向幽并定宅交風雨

吹灰中甲庚規模三毫小壯麗二周輕舳住鈞陳列金湯

北斗橫三塗聯嶽鄙一齊指滄瀛大業惟天授雄圖豈力

爭祠神流鼎出導水洛龜呈夏歷乾符壯堯封泰運亨東

溟來比日春囿植華平禁篽鸞集開虎豹守天中堅華闕

雲表列金莖舟楫通王會共球荅聖明題龍白雉包匭戴

香杭淑氣初陽轉和風八字清勞農看馥餉勸相出郊坰

所重惟民食因之計耦耕紺韉飛翠幕鸞駕蒼情龐畔

燮龍過桑間九扈鳴陽和敷沃壤錢鎛有收成歲首幽穀

薦剛辰潔盛冠纓容渰渰琮璧色晶晶南畤陰陽決圜圖

立秩典誠青圭陪日月騂牡擧雩祭霜露沾宮廟烝嘗列

几楹崇恩隆大祭追孝事嚴祊龍勺斟明水鸞刀伐兩家

陳俎豆六變奏咸韺清廟嘉燕備黃流爵斝盈天干揚大

武玉俎薦鍘羹沐德無中外銷鋒罷戰更萬方賡戰壘九

域儼金城好武雖明鑒忘危恐因倖受勤甫草駕亦肅滌

沮征謀騎鑷衛鑾長竿析羽旌選徒誇賁育當柘擬更嬴

晉鼓懸朱絡虞旗結翠纓兔狐深窟匿車輦曉鳴轟手搏旂

山虎刀誅北海鯨蕭蕭大宛馬獵獵羽林兵陳寶登圖籙

觀龍瑞禎平成虞夏業竹帛古今名奮武皇輿壯修文道彌

崇澤宮數軍實泮水集諸生齒酳尊三老詩書重兩黌商

皇冈典禮練泣漢公鄉帝重師儒席人高月旦評雄風汾

水佳刁柏梁賡西郭疏泉近離宮卜築成山光晴蕩漾水

氣暮澄泓霧浥罘罳網雲棲翡翠桁廊腰迴錦幔殿角綴

風箏院閉金蟾鎖人吹紫鳳笙仙都方壯麗天樂與鏦錚

漢子羅珠幕花王醉金甌靈臺雲浩浩虛谷鳥嚶嚶盛世

丹陵啟殊勳白馬盟蕭曹公輔望耿鄧棟梁楨西篛規模

闊東山器識宏書思勤帝綍委珮琨珩廿值恬熙運人

多豔冶情芳郊千騎過春殿百花萌午夜鳴更柝佳辰買

粥餳交衢營第宅廣厠走奇蹤蹴元都市輪蹄錯里閈曼
聲趙女曲高髻麗人行少婦魚軒過宦翠翕擎天桃含玉
露新捌御宮鶯裙袂裁冰雪衣香雜杜蘅麝熏鼻蚼蠟屐勝
日共飛觥醫以四門闢選知五位貞天王親試策苦局待
儲英獻賦淵雲氣哦詩金石聲徵書方韜騤求帛自崢嶸
自顧蓬蒿士聊為鄉曲儋徽長詮亥豕小智挈瓶罌扣角
歌偏壯懷瑜色自瑩天顏近有喜蘄翮到雲程

上玉峯送少宰四首

焜燿台垣通禁廬羽陵半部啟藏書秋將夾袋平明入望
去蓬山向上居吏部方嚴操玉尺毛公清介載柴車代天
才藻人人羨濡筆高吟錦不如

衣冠華選重當時中令如今衆國推百職楷模存雅望一
天風月想襟期法書奇崛黃庭字妙句琳瑯清廟詩淮海
經生猶沮溺欲從冬日借溫私

點蒼峨極許誰攀毓秀神區拯世艱已勒豐功昊鼎上留
施解澤文牛間六轉與自傳天水燕許召應尭王山後輩
欲知襟度曠仙湖千頃聽潺湲

講壇春暖杏花交石理清言笑族庖大極自包河洛體寰
蓄初揲地天文使同傳說颭休命豈有揚雄學解嘲背倚
十銓詞翰手品題佳士出衙亭

題李松嵐黃山圖

一作長安客兩見陌草新松嵐復此游投分因所親四月
尚披裘十日不飲醇相對作蠻語取笑同游人憶君黃山
上長嘯動秋旻衣吹松下風襪無邑中塵展圖見山色悵
然湫雲津

我聞黃山石同岑而離立又聞黃山松佶盤或盈尺懷此
頗有年蠟屐定何日我友百幅畫一一神理出硯漱春泉
聲筆蘸古苔色營丘八不作斯人固其匹相將果此游願
言婚嫁畢

雲卧凡幾時寫此百靈狀浮丘萬古宅一一肖蓬閬五老
攢高峯九龍開列障小鬿碧岑間雲海蹴奔浪纏綿下欲
猿隔谷答樵唱如披紫綠囊似踏蒿坡杖三山几案間曾
當寮寀往

與齒缺其角極貴不神仙何當軒轅帝並騖能兩全甲桂
逐鹿野樂張洞庭遙神龜竦金液雲函開玉編而號下潯
湖憑虛交紫蜺小臣戴拜泣呼龍垂其髯至今古山腳丹
砂流紅泉

舉世重儀智誰能滌所營紛紛行陌子擾擾勞飛迎修短
倘隨化胡為人事縈細彼白雲侶意行采芝英曠然與天
游而何耽世榮昔我慕遐舉歷至猶冥行斬玉自有方茲
焉訪容成

無題千六首次晴雲之又原韻

井桐病葉入秋零薄倖生涯付醉醒紅蠟盡時魚鑰響綠
塵凝處獸鐶局雙難摯折同園捌景法風波是水萍莫向

巫山勞想像夢中雲雨本無形
紅珠斗帳美人圖神女來時穗綺羅纖下離金步障繡 ○
鞋輕踏紫羅褕靡蕪爛盡為螢火薏薇生成似蚌珠刺史
如今腸欲斷問卿年小鮮愁無
三層鬟髻半垂肩只隔銀河是隔天怪底螺魚通夜醒妬 ○
他靈羽孟頭眠丈雛橘蠹猶為蝶飄泊楊花尚滾綿愁堂
蓮山何日到青驪嘶過草如烟
大家名姓內家裝雲剪宮衣雪剪裳畫自嫌親粉墨能 ○
書時又誤還旁馬頭白忌情難斷濁水清時恨可忘小立
凭肩無限意芳蘭竟體為誰香
朝看東嶽鳳書來夕見西崑鶴馭迴人是金堪作屋鏡妝
白玉好為臺春雷雨過魚雷子秋桂輪圓蚌有胎舞罷柘
枝無一語應憐香汗濕雙腮
六六文鴦繡錦衾一春無夢可追尋天教好事他生卜人 ○
說鍾情我輩心花以合歡為上種鳥除比翼盡已鶼蛛絲
何亦許能乞橋斷銀河浪淺深
身輕骨瘦消誰憐蝶替層層押寶鈿棱擲謝鯤成唾夢地 ○
遺曹植亦前緣心如珠箔朝朝捲恨比銀燈夜夜燃道是
金堂叟涌靜猶人情地叠花箋
不閑獺髓熏香膚湘簟微痕韻獨妹春色有心舒柳眼東
風無力顫花鬚庭栽一種相思樹屏畫雙棲比翼圖腹險
五湖高舸去鴟夷那復憶姑蘇

花陰園蓋日遲遲艷杏濃桃共一時甄女死多緣子建樂
天亦先又別楊枝名妹村詞書彤管幼婦詩篇詠色絲瀟灑
便同塵外想不須玉蕾更孤吹
春雲點點蔽前津鳩識陰晴似病身感事懷人形共影休
燈滅燭夢如真燕飛也解憐疑意花落何妨葬美人還憶
夜來愁獨立腮痕拭淚初勻
低梳霧髻與風鬟秋浦迢遙隔水灣纖手一雙擬露筍輕
眉八字畫春山眠同綠柳無端困厄比黃楊未忍攀近婦
飲餘聊共過更誰上藥駐紅顏
天邊頭兒睨初生寂寞蓮籌轉二更入閬苑誰言龍執鞚秦
樓惟有鳳調笙壽陽妝落花間女趙后腰身掌上輕無奈
鳥啼春欲暮舞衣歌扇不勝情
研綾衫子稱身軀四角香囊佩得無岩有情時懷冷淡更 ○
無人處獨躊躇調高那用周郎顧腰細從教小婢扶妬殺
雙鬟秋浦上眠花喚葉自相呼
鳳頸青螢挂壁昏雪胸綿手莫重論不眠獨醒情何限已 ○
落猶開藥更繁陌草有香蜂識路庭花如綺蝶消魂五陵
多少傾城艷斷愧終朝倚市門
冰畔一寸自橫秋曉日朝霞爛未收絳帕貫珠裁繫臂粉
絲撚鏡整搔頭雨雲夢過釵鬟亂豆蔻香如幽殞浮柳眼
花須各無賴合情無語更登樓
並坐差肩舊日思刺桐花下憶迷魂洛濱處女乘前約天

壞王郎有後言纏短銀瓶閉白晝香焦金鴨惱黃昏蘭臺
走馬空歸去腸斷薰風陌草根
寒食前二日大雪宴集黃□□齋郎事有作
杏粥榆錢好歲華何來天上汎星槎主稱江夏無雙士人
折芳春第一花賭酒碁饒拚白玉藏鉤馬又擲紅牙知伊
住處無多遠恐又斜街是若耶
懷人病酒入春多忽漫留髡醉綺羅兩岸雲遲然夢到烏
啼花放來愁何處衣高捲三更雪眼顛低横一寸波始恨
從前不相識廣場空聽撫儂歌
楊尚不入文偕公郎次乙招同姜西溟唐舜君趙文
饒惠元龍吳永年查夏重陳子文錢杏山亮工項
霜田柯南陔狄立人西郊興勝寺看杏花限之言
古
暮春江南花事空燕山三月花始紅大都遲早別氣候底
用人巧分天工北地穠華藏雪窖火炙烟籠被花惱撩來煩
覺異香多買得終憐生趣少可知紅杏遲芳姿一望連林
是土宜柔情不受人約束屋角墻頭露一枝數兩纔過春
雪消東風催花如剪刀融怡曬朗好天日步障十里蔟輕
綃踏歌聯袂忘賓主我亦同來扣僧戶贏騎恰伴肩輿行
壺榼提携坐花塢柯葉相交苔徑窄低能妨帽高容戟危
亭面面不遮山只倚杏花為四壁風梳雨櫛十分艷欲幻
赬霞為素練譬彼櫕陳甲帳時鬖洗胭脂勻粉面熙勳朝

8

酹酒向花語九春日日愁風雨得到花前只幾人况逢晴
昊無塵土蘭亭金谷已寒灰德星今聚西城隈諸公一半
入蓬閬成輩豈得長蒿萊勝賞名流真跌宕臨別花神亦
惆悵花盡於日中矣特地巡簷索笑看數枝仙李奴奴放
狄向濤太史招集寄園時有西郊之行未得赴同東
坡游百步洪韻奉柬
西郊逐隊聽迴波流光飄擲如飛梭上闌花萼自繞眼竊
懷無酒難瀹磨即日梁公名賓客飲如駿馬奔坡放眼中
之人後先集怪我禾吸金卷荷一生十事九錯逆平地往
往成盤渦介無金梓棒玉觴豈望瓊液懸銀河門如醉醒
盡閉命駕褐那得儕統羅寄園亭子日卓午杯羹次第斟明
駝手發命最絕叫號索即酒美殊委蛇逆望側聽神作往
塵勞牽足如繇窠今年酒徒不寂寞明年花事將如何知
君更有金谷宴春風着意為嘘呵
花朝日吉東江由田招同晏西溟趙文饒惠元龍查
夏重聲山孫西屋蔣道泳寓齋分韻得豪字曾字
風雅屬儀曹避賓不為勞隔晨親治具亭午即持醪一甕
堪中聖千珍快老饕未須金谷罰入坐盡詩豪
北地花朝宴花曾開未曾歇知三日嘆盡解一冬冰文字
官齋夕罇罍客鐙簷今因蓮華興到亦飛騰
東載田有劉大山北固方靈皋藏豈績姚君山
才將朝雨壓輕埃又醸深泥亍亍迴隔面真同三合遠論

心還憶一尊開，高城戍鼓無端急，荒磧胡駝不斷來。再到
京華多感慨，十圍營柳是誰栽。

東門吧贈汪文升

瘦馬紅塵入望迷，貴游如海笑知稀。到頭還憶聞雞舞，定
遠終當食肉飛。念載千人多未遇，百年將此欲安歸。知君
袖有驪珠在，且莫行歌學采薇。

僕素菴先生生日詩

鳳凰樓閣五雲端，萬里青霄望去翰。才子常過龍尾道，名
流合作鳳曹官。芳筵蠟炬迷金屋，中禁鯖羹賜綺盤。詩句
只今推獨步，不關家世重將蘭。

麟閣還誰第一功，傳家紫綬數元公。謝蘭郗桂春秋並，寶
葉皇枝肺腑同。詩詠未央宮裏月，琴搖長樂殿前風。觿子
才憐鄧杖健，梁苑時時駐鈌驄。

萬馬新調苜蓿肥，同鄉競切傍瑶扉。後堂鸞素蛾笙又別
館叢終鶴蓋飛。珠玉分行隨綵筆，金貂直下換斑衣。陳思年
紀清如許，好拂花箋賦虙妃。

寶勒綵纈紀勝游，曲江花醉柳風柔。三朝盤石尊中祭，四姓腰
金美小侯。官裏文書題紙尾，眾中詩句擅詞頭。盈階樹樹
棠梨艷，折得繁枝作壽籌。

上合肥公並呈丹壑先生

仙李蟠根蔽冢壤，幹別枝分三萬丈。下生將相與王侯，往
往英姿來颯爽。合肥相國宗軒雄，不作鄴侯定衞公。出入
中樞幹天柄，顏盼寒谷迴春風。頌公不敢作常語，諛詞恐
失風人旨。富貴公看亦偶然，勲庸纍牘書難紀。三不朽事
先立德，以乃功名與著述。夫子誠明格致下，愚蒙頑蠢鋪
揚力。昔在昭陽作壘年，雅詩新補南陔篇。纍纍兵革何人
爭，十疏還家理墓田。主恩絡繹馳中使，雪濤遠存龍鳳粟。
鳳詔封泥下閣廷，靈輀星驛還鄉里。公以太夫人之喪送柩南還上遣使賜奠祭畢馳驛復遣諭賜祭葬
忠禮珠海 素車朴馬淝水東，負土親培馬鬣封。葬處郎遠情何限，
結廬日日依喬松。日月遷流燧火改，墓門宿草蕢蔥在。祥
琴拖軫不成聲，靴機何曾歷城闉。公歸廬於墓次三月足跡未曾入城市 屏翳眾舞
甘霖，經坂田崖圳土生烟。好為維桑請民命，騎龍點滴流
平川。今年旱五年公歸祈禱雨是日甘霖立沛 户西疇遺秉穗，公家瑞應駢蕃至。玉尉
冬花枯木萌，公園中玉蘭花含十月盡放又亭桂忽萌生久成枯木矣 驅理容易回災沴。是年秋飛蝗入境公齋禱蝗即去
還朝端揆相天子，三階迴望平如砥。況有騏驎步後塵，由
還更續談瓞史，揭來又舉食牛孫。今年十月生第三孫 佳氣充閭乙次旬
相門出相由來事，瓊樹三枝最可人。惻聞園廬太清淺，點
波曾見飛銀剪。公廬墓時白燕飛繞園池後又復來巢於次 玉燕懷中已有徵，石麟天上
今何忝。不須史冊紀前脩，如公真與古人儔。曲江燕鳥梁
公鶺孝，感大可通潛幽。餘子鎖鎖不足數，狄張以來北與
伍。得公鼎足列三分，畫作丹青照千古。

夏沐十六韻

却暑寧無地，追涼合有宮。谷藏山叢窨隱，玉珎瓏象應方圓。
器寒移造化功，斧香花尚結琢，評玉雖攻，夏屋驚垂筋閒

坊聽夏銅汗蒸瓷盤習心澈玉壺中濃氣炎官避暑祥風酷暑
泣蟲疑自趨隆諧采消曲玉霸兔中訌今仰趨御日涼
妝楚殿凶浮爪凝紫綠照肌紅紈扇堪分潔瑤林自結叢
晚涼清夏華朝爽襲旁攏名海偏難渡為山亦可融無真
新澈鏡物有神功

宛平竹枝花開香芍藥賦謎

維夏之月律仲呂草橋芍藥戕如土田夫曉唱賣花詞擔
得春風入城濟曾聞名種三十二零落揚州愈舊譜譽從
越女來兮吳宮似息妃入荊楚植根天上不思歸彌隴連
阡蔣作圃長安勝日風融怡初御夫衣脫纖褚才安門外
路如織一月看花忙士女朝攜鑾榼載芳醪夕具銀鎧推
狂枝駿馬爭揮玉鞭鬈釵暗落黃金股靚服新妝照水
明油壁輕車聚風雨謝公從容廟堂上絲竹登臨亦獻
有取午莊舊買十弓地梓草疏泉營別墅赤蹏招邀鈴吏
趨小子亦得陪樽俎知公念才亦念舊傳家最重金蘭諧
東閣時時召故人西堂日日趨章甫清晨聯袂出城郭極
望周原何膴膴竹雞群飛布穀叫綠樹紅泉勝江滸宴亭
爽塏花中央香國微茫日卓午綃障橫陳欄不收丁待
花奴催羯鼓側聞黼扆有命令趣召吾師代天語椽燭如
山照玉堂未借餘閒過竹塢苟龍謝鳳入座來共作湖山
風月主瓔瑜席地幕天妖紅膩白繁如堵赤泥封坼綠蠟
醉銀刀縷切青虀脯溫竹簾絲絡玉盤貝裝珠帽歌金縷

小伶執槊偶缺御別選工歌供綴補山雌忽家禽飛兮得
新聲如一部公絃入破玉笛隨嚼羽含宮無齟齬今此不
樂更何適況有吳歈兼楚舞曆乜歡奇歷落人擔書負笈
如行賈夫子談笑生祥風萬類一一資揚翊又如太陽下
燭物小草亦得沾春煦只今神宰斡元化每向迂儒共握
吐陽和蛙蠕各蠢動噓翕能令谷生黍紅藥階前得共看悅
我蓮萍無處所景羨魏公金帶圍植傍高槐映廊廡

晴雪書屋食鮮荔枝

繡帕黃封下赤墀千盤丹荔好離離乍疑火齊投珠網漸
解紅裳見玉肌番舶幾重圍鍾浪蠻烟萬里護翻枝蓬盬
悅我儒酸味也有天漿沁齒時

投韓慕廬先生

松溆時時仰國工今纔北面拜林宗郢人斤割鄭傷鼻夢
澤波濤不芥胸若是中朝相司馬便於黼座見夔龍鑄顏
願借陶鎔力問字攜尊好過從
鄉雲紀纏護形樓風雅今推第一流老子尚能燒佛骨經
生但願識荊州禮從象困婦時得詩自泰庭逸處槐蔣海
元元猶瘵甚跨驢莫憶翠微游

木菴少司空寓齋小山成賦四長句

天宇澄洋鏡裏收移山鞭石豈人謀巨靈掌上開新徑題
峯邊托隽游藤蔓放枝才護壁箕泉通水漸平溝東華
塵海從頭看蕭灑惟公第一流

東廊躡屐轉幽深嫩水浮階碧蘚侵李鄴侯無烟火氣杜
工部有浣花吟簾紫薄霧天將暝雲護遥岑樹欲陰一簣
功成非易事貂裘典作買山金
天上閒愁盡可埋仙人居好是樓臺南軒日暮鳥聲碎西
嶺雨晴嵐翠開遥夜聽砧催海月鄰家撅笛落江梅雪亭
咫尺誰曾到最喜侯芭問字來
謝公秀句咏澄江練影翻疑棹客艭七品武夷茶潑乳三
投下若酒浮蟻送知退食頻閑慢想見微唫獨倚牕靜裏迎
簷邊索笑兩峯似立小鬟雙

小山成後同人宴集呈木菴先生

五丁神斧不停揮劚得雲根下翠微瀑瀉菲開魚欲躍已
酣簾捲燕低飛晴嵐擁髻登樓見夜燭披蓬直院歸自是頭
銜署工部何妨畫醉典春衣
叠石為梁蘚徑偏兩峯排闥與周旋林亭卜築無多地風
月披襟別有天雨過帶花移好樹自憐小須噓植一到平
羽津一灑然

北鄰二首束近坊諸同學

選 楚尾吳頭一水潴帆五日始為期那知戴笠乘車約正 8
在連檣接宇時不載酒來頻問字自為鄰後每賡詩西域
紅杏繁口織晴有看杏之約閒日應同醉槿籬
選 修我鄰多長者卑因依委巷似蝸廬比鄰有酒聊徵逐一 8
室無心自潔除縱愧蝸牛行戴屋不同鳩鳥拙謀居奇文
疑義還欣賞較勝南村卧敝廬

唐東江和北鄰詩郎次東江韻奉柬

儘拚世事等瓦輪喜遇宗工問字頻文筆驟看龍變化清
言想見鶴精神官情前不掩林泉色詩味真如醞藉人笑我
支離同野叟偶依松柏便成鄰
咫尺客臺向上居塵襟世網盡消除常儲官俸邀良友更
典朝衣聚逸書款洽不愁生鄙吝笑談真可慰空疎中朝
風雅推唐勤冀望修門憶故閭

倚前韻贈惠元龍

為憶文壇去巘輪詩篇絡繹不辭頻何言窮巷山鬼共
說渾茫詫海神失馬君寧真喪我負春吾亦偶依人天封
梢待泥塗淨踏月時時約近鄰
長安擬謀寄居太史三年直玉除象譯頻親官筆札蹉
跎轉寫吏文書海邊鷗下塵機少江上鴻飛世網疎宣室
受釐須再入蓴羹客夢到鄉閭

次前韻答查夏重孝廉

淖泥終日厭蹄輪邂逅元華發興頻幾度花晨邀月夕並
招酒伴賽詩神我甚看客常騎馬前在寓值余他往君怪披帷不見人
調笑固知相遇厚未將同室等鄉鄰
即今時賦家居更無習氣可芟除每逢門巷常過客似讀
生平未見書勝友喜從文字合迂儒倒與俗情疎行數倘
有千緡貯買宅依君結北閭

寒食日洪丹霞招集韓蒸廬先生寫齋倚前韻賦贈

不怕車生四角輪，天街泥滑往來頻。客過華邸逢寒食，夢
逐江鄉賞水神。勝日豈無新賜火，（京華是日禁火。）何人傾壺
倒榼，何辭醉，咫尺奎文映比鄰。
昌黎一揭賦，何居酒户花封好自除。徐邈寡帷時縱飲，郗
超舉懊但窺書。貴游偶與貧交厚，冷眼常於熱客疎。此地
嘗君生日麵，（是日小毛四十壽。）雅卑猶説氣充閭。

次韻答俞漢威

旅食愁看皓月輪，良朋酬唱一何頻。報之瓊玖寧論價，文
以文章定有神。北地儘多操瑟者，南山終憶耦耕人。生平
臭味知誰共，稍喜椒蘭出並鄰。

不祥如我掩蓬居，夫子新詩代潔除。拱璧合裁窺鳳管，千
縑未抵换鵞書。紫蓴汎水三吳遠，黄耳還家八素疎。稍待
秋風搏六翮，文昌高處望門閭。

次韻答李松嵐

慚余生事轉方輪，朋好年來聚散頻。已有新篇驚瘧鬼，可
無芳醴祭詩神。宮廊終望同心侶，風雅今多稱意人。他日一
椽相倚庇，看書燈火借通鄰。
油臙壁等閑居，湖海生平氣未除。工部茵藏三裡賦，中
郎屏寫入書烹鷄。有約途遥近，借馬無人問豈疎。捉鼻如
君才地勝，歸雲且莫戀庭閭。

次韻郎事之作柬夏重一笑

浮雲過眼似弄輪，六押何勞措置頻。俸比鞓郎閑小學官，
如廟祝倚叢神。龍頭定有真名士，燕頷寧甘老舍人。滓礪 8
還將孤刈去，夜來光氣動諸鄰。
若憶監官水竹居，客愁憑仗酒消除。名高顧爾有藏器，脱
簾看人若學書。風捲市聲穿屋過，月篩松影拂臙虛。明年會 8
有看花約，好署泥金報里閭。

香奩詩同素館賦

又是懷人惜死時，釵梁蟢子擲紅絲。江梅亂落似微笑，海
水暗流無了期。大吠花陰燕脉至，香霑衣袖賈充知。嬉春
鬬草匆匆去，閒絲牙牌玉局碁。
乍劈花牋讀未明，看來宛轉是迴文。魂飛不定風前夢，
好難尋峽裏雲。玉笛一聲鶯學囀，鈿箏十二雁離群。捲衣
恨殺宮中女，腸斷秦樓日未曛。
半臂輕綃映肉紅，午涼新沐下簾櫳。花多並蒂連枝放，蜂
有千門萬户通。紈扇路風裁月魄，芳蘭和露泣春叢。王昌不
是無情客，幾度樓頭聘玉驄。
燭光簾影記勾留，解珮無因遇婺儕。墮馬妝成臨竟縮，同
心結好怕人偷。鏡臺夜月初開匣，錦帳春風半搭鈎。不是
無言成獨睡，暫將形態夢中求。
記得三生石上魂，洛塵巫雨我思存。息妃也自無多語，宋
玉徒能有大言。稱意花為蠲忿種，可憐人住莫愁村。朱闌
獨立情何極，寒夜重衾不易温。

地老天荒阻後期　曉殘香餅淚霑衣　看峯半壓添雙鬢　腰帶重量減一圍　湖去湖來書頓寄　花開花謝客思歸　連朝怕上層樓望　柳絮成團撲面飛

墜馬圖爲洪丹處賦

洪生久作諸侯賓　千鍾一吸同長鯨　長安市上忽大醉　騎得健馬深宵行　四蹄迸散眼花亂　城郭轉側空中墜　一時眞作黑甜游　十日猶看白晝眠　朋知相勸大豪狂　藥入口如飴　[illegible]　腸胃日銷月蝕難形逃　君不見周宣占夢說芻狗　一則墮車一飲酒　又不見夜夢飮酒旦哭泣　哀痛適以歡樂得　洪生聞言色不怡　愛然乃怙息　中之物不相負　世間何地無嶮巇　塞翁得馬子傷髀　羊公不醉亦折臂　獨淸獨醒彼何人　博得離騷發長喟　我更深文坐此馬　欲罪驊騮於櫪當　馬不能言對以意　君革拘墟非達者　生客強牛生江潞　不驕匹馬乘樓觸浪檣風檣後一時也　輕軀命同毛　弱人生死所一名　最好車中荷鍤行　醉骨如泥亦有用　陶家之側皆佳語　盡呼童沽一石以酒解醒　眞善策　半酣已得蹣跚行　門前弔客爲賀客

長安午日

生事都如縛稅麻　千纏萬裹滯長途　高門敢望齊天日　醒眼眞憐屈大夫　詠結空持聊解嘲　盤堆昌歜枝吾　南州五月鰣魚美　禾買烟蓑傍五湖

游仙詩

洞口桃花夢徑紅　九華寶帳日曈曈　相望豈是明河遠　但隔蝦鬚抵萬重

黃竹歌成是晁期　何言周道尚倭遲　靑驪本是飛龍骨　放在瑤田喫紫芝

麻姑鬢尚靑　蔡郎小院昔曾經　饌來只有靑麐脯　浪說松根劚茯苓

落淮南露遠山　月輪輕碾桂花殘　金鈴小犬無仙骨　也舐爐中七寶丹

佩月簪星下紫清　瓊綃一幅六銖輕　閬風杜與雙成　望記得金函舊姓名

獨吹長笛過瑤池　從棗文梨樹樹垂　白鹿車遊隨一鳳　底須赤豹從文貍

翠鳳銜梭倚錦機　星妃頓織紫綃衣　黃姑只在河東住　偷啟銀鏁白玉扉

千樹扶桑礙日紅　琪花不謝四時春　上元書到誰讀　滿幅蝌頭認得眞

呼龍駕輗晩耕烟　不道藍田是玉田　天上神仙多燕婉　笑他凡婦只孤眠

阿母深宵降後庭　紫囊五嶽露眞形　尋常那得蟠桃喫　金馬東方是歲星

嫁得文簫小小時　步虛聲徹金箆拖　登天去　說與西江許掾知

天仙倒景鵬乾坤烟真真同蝶夢喧上界為誰不惡充彭
何苦戀兒孫

讀山蘊集呈田少司寇

三年客京師詞壇壁高壘肝腎苦心抉眼謝你好才薄
力不瞻堂皇鮮深造公詩如金鏡刮我雙目眊雄秀出天
稟瀾洗得排奡徹詞亦主文風義可人告今無人詩官誰
能披悃愊我觀山蘊集有如萬軍號揚塵過車徒亘野轟
旌翻甲並熊且貴餉貲鵠首漕井陘與吟平鼠穴西陣談
笑梯山朝過師鑿險夜假道忽然利平曠郊原列軍壘堂堂
能罷辛猛氣得陵暴但知卧龍雄未覺鷹揚耄前軍已電
擊後隊忽虎虓意輕秦楚齊而何曹滕部須臾奔雄雷睡
耳聩決踝不防飯筋失却持手板倒熟讀寫我心非如揚
共詰咀嚼見風韻不徒爭雄驁韓壘高可摩覊門近步到
置公二君間餘子不足傲弇州歷下輩從知鬢慣白軍舊
壇坫一帝己平衿手詩讀再四津梁儼前導而我學步難
末由躡真窮追止半途比擬等剽盜譬若駑馬駒循途
力轉耗後足欲躡前蹤已復蹈況為俗下文松街歌席
悁適燕陽南轅圍納距方鑿生此出下策絲氣異丹縞燈
前聊卒業每呼濁醪犒有時什襲藏文錦裹圭瑁咸詩見
慕尚非以望瓊報

白鸚鵡

雲剪毛衣玉琢身迦陵飛過幾經春鳥嫌紅觜頻調舌只

8

愛青蓮不染塵嶺外雪迷金色女隴頭梅贈縞衣人瑤池
朱邸尋常宿應笑沙鷗意未馴

贈胡愷功先生

在鎬王居慶有那滄瀛萬里靜無波元公欽並金甌貴才
子常陪玉輦過馬踏紅塵歸綠野春番紫鍊指黃河又知
家在蓬山畔遂聽鈞天九奏和
玉皇香案鎮相隨蓋代才名萬口推年比周瑜持鼓日詩
如曹植倚樓時瑤樞咫尺魁三象琪樹騈騈第二枝引是
天生作霖雨黑頭應許陟皋伊
三重畫戟敞朱門把棘猶需湛露恩身比紅雲依玉几心
同碧草護金根唫鞭驅馬來秦畤苑水分流到那園管領春
風無限好史明照芳樽
鳳皇樓閣雪初消珥筆承時翠仗交作賦早鏗金石韻布
耆初襟地天文杖浮綠蟻知仙醞繪縷紅冰出上庖北望
甘泉陪獵處春猿牽葉避鳴鶻
喬木連柯仰世臣貂蟬累葉冠通津要知帝鼎鹽梅手只
是天家肺腑親年少令公香拂座神清洗馬玉為人起朝
花底鳴騶過禁藥東風日日春
飛黃騰踔驥群空敫發天才軼貫終座上爛龍光八筆雲
頭蒼鶻珮弓鯉堂書籍多君賜鸚禁盤飧與父同朱邸
從來絲竹盛偏依現北理詩篇
傳譯驚香繡繳迴長楊羽獵侍郎校獸園合處停車待雄

扇開時握塹來客到平津皆國士人稱太白是仙才遥知
偎直歸來晚好句都從月下裁
上日華休紀勝遊絲歎王勒柳風柔曲江賜第花盈塢覽
圖彎弧射貫候折角談曾早五鹿備身刀自解丁牛蕭齋
趣有應劉在檢照詩囊共酒壽

甲乙游草卷十丁

恕堂詩卷上

西堂集下

己亥

恕堂　宮沈曆　友鹿

亥秋八月送素翁先生扈從以作
龍旗風捲度山陬路繞長林栝柏秋迴望彤庭紛羽散行
隨黃繖暗香浮寸名酸瑧陳驚座詩味鮮妍趙倚樓塞北
川原多秀色新篇爲製錦囊收
腰身二十乙横金通籍先調首蓿群玉珮曉露千秋露花
驄積泉一瓶雲長逸棘文穿魚服小閣出籠命麝薰訂日
白登山下過將詩青塚弔昭君
七萃輪斑大合圍侵陵雪色冷征衣早車絡繹歌能至緹騎
參差射虎歸木葉山高人去少松花江遠雁六稀聖朝候
尉無中外幾處離宮帶翠微
工鄉狀猶從和鸞玉帳宵聽畫角寒磴道揚旌龍馭過軍
門鼓鼓獵場寬磧沙照水痕全白邊樹愁霜葉早丹聞到
西番猶按甲殿君尺組繫樓蘭
手槃賜與割熊肘珠勒銀鞍照地光前響黑猿牽葉避弓聞
青雁赴人忙屢看鷄塞天邊月又似龍堆磧外霜我亦久
思投筆去幾時陪獵到長楊
霜落青榆晚取過軍都山色曉寒最三更好夢先之未八
月新衣添冷何健馬嘶因行路遠裝輕爲去程多清秋屆
指茱萸艷歸日投壺聽雅歌

贈王漢藻

山水畫作誰清超雲林逸品闕全高寫生花鳥誰絕脉黃筌以來無其曹廣陵王生兼二妙筆興喚作丹青豪揮絹丞掃萬靈集眼底火室連中條江鹽峽東欲無極縮地萬里爭毫毛蒼崖怒裂古柏折坐見四壁生風濤六塵飛走各殊態手追心摹時揮毫林鳩石燕相與語水梅落畫間緗桃世間好手定有數如君造物難逃人工天巧爭容相半技藝高那得常逢萬山水寂寞泉石冷此景可畫不可遺為我堤筆畫健然養成六翮摶蒼霄

次唐東江韻壽顏伊人夫人

亦知燕玉堪騰老臨邛相如吻常燥文君遠行白頭吟未許同堂贊翁康桓公貴偶乎老奴季子賤貧亡丘嫂只閑中相重德不見帽巾偕大道抱山先生有令正案影高髽畬淡掃分蘭蕙抽一架雲種蔬曉拌盈畦革莘蓮中饋潔盥匜澣衣豈後誇纖縞後堂誦得周南詩小星遂有衾裯抱空嗚喬鹿偕竟同子夜何曾歌懊惱況有令子富才藻文白雪爭妍好抱山閑居一無事往往新詩發揮早若挽爐香日閒閑但註蟲魚辨溫媼會見夫人挽鹿車來逆偕閒商山皓

送查夏重孝廉歸海昌

江干暑雨滴塵襟荒背菱腰思不禁亡啟蓬窗生明月半年京洛欲歸心

謂柳嘶蟬暑未收澄江棹去又清秋看潮正憶況錢浦可但尋絲縮客愁

黃微山色暮烟函東武城高落照銜莫更留雲遮水驛樓頭人要望歸帆

到眼高鴻肅羽儀南歸好是稻粱時絕憐解語聰明曷日雕籠喚待兒

山水歌贈黃尊古

嵩南高火謝圖青山挂壁飛雲孤羣仙盧廖各爭長都如丈夫運蓮壺幽谷深林日不照獨放層巒亭赤道度藏杳靄生風雷凡經竟離度猿鳥架空鑿險摇君成円嵐藏沒連朝長路蘇峰迴春樹靜恍惚似入桃花源西望澄潭三百尺小艇断烟晴竹席一水淨洗玻璃青四山嶺巖崩崖密碧水邊白雲時往還蒼茫不辨雲與山決背可望不可極眼前路遠開心顏畫作方今誰第一虞山黃君老詞客晴雲書屋午斑剝此畫此人俱拱璧知君下手是神靈剡畫化工無遁形不然袖有縮地術水走山飛來戶庭嗟嗟大江以南山水窟我以浪游都未得畫裏青山欲笑人不忍將之懸屋壁

惆雨大

黑雲壓也如鶴鳴溪霖十日如盆傾只疑因門兩龍鬭誰能鍊石補天漏人命微賤真如泥僕夫夜起崩垣隨望日早出偏遲遲

選 青苔泥壁畫蛞蝓鯉魚尺半行人途天街已斷車馬跡死。鶯啼未蹋屋脊貧家瘦兒腹若飢漏壓斃晨無炊典衣鼓錢呼餅師

、宣武门前三尺浪怒似瞿塘不可上常時輪蹄往尾來今愁馬倒車輪推放水出城如放牐濟泥扶雨歎三峽屋壞墻頹亂鵝鴨

、公卿誰不通五行便怨水旱煩宸心埒呆行酒平津宅藉福激中先避沈嫣施播歎擅場結束但送今夏涼天陰弦緩頻更張

、擬陰白日呼鳩鷂把人真抱無窮憂潰堤決沂一轉蜀何。論華虛與部屋更測江南雨無極魚鱉上樹蛇入室庭子息雖安得伏

選 孫園一樣地稍峻只愁屋墮不愁浸一飯五起坐屢遷。中夜泥濘無好眠抱書四望百感集古今人詠不相及衰安雪臥我而立

寡家四兄七兄十一弟

塵撲髭鬚泥洗靴九春有夢尋烟中身作客心情頻旅夜懷人風雨多二仲尊前常不到四時花下與誰歌鴒飛雁宿俱如此其柰襴衫短袖何

送庾湘之官萬縣

萬里江流帶碧虛扁舟安穩勝軺車譜入舊識瞿塘馬蹇子初烹丙穴魚政簡官齋多宴賞年豐府牒罷追呼從來此郡宜儒吏難蜀文成錦不如

赤甲嵯峨接白鹽拾遺行處試憑軒哉詩細濯江頭水岸情閒聽峽裏猿魚復地為周上壤夔州山是蜀東门政成送指長安日畫接從諳湛露恩

晴雲菴屋名畫六幅各題長句請政袁巷先生

黃子久 畫仿董源

選 晴雲主人有畫癖一生好畫如好色閒氣靈物不示人人亦能看不能識大癡畫法宗董源暮年筆力登師壇此畫流傳到今世欲捉造物端毫至元以來誰伯仲墨光入紙烟嵐重巑岏怒削三神峯浩蕩全吞九雲夢客子安得十日閒晴雲齋頭晴閒閒臨摹數本忽有得為君即寫富春山

米元章

選 襄陽渡口顛風作海水羣飛入城郭山將雨態換晴容霧靄烟揮破寒廓襄陽老仙筆似椽淋漓潑墨神理全落筆有意亦無意紙態素壁生風漣如此江山晴亦好却遇陰蒙變昏曉譬如奇士值事變始有英發播四表噫嘻人事乃在物理中顧我飄搖風雲可托不可托局束只與常人同

倪雲林 自題句 有重思

選 晴閣閒中塵滿壁雲林宿草深一尺只今翰墨在人間一練豈止千金直晴雲齋中洗眼看韻高氣澹如幽蘭快劍無痕劃絕壁木葉半脫波聲寒華亭宗伯老好事卷額橫

題數行字手迹心慕入微花謂是荊関落今世雲林蕭散誰與儔兵戈道路歸山丘須知人潔畫亦潔下視濁世同蚍蝣

吳仲圭畫墨竹

寫竹之法通六書俗手易為筆墨拘何人寫竹有成竹作家首數𣗳李吳錢塘潮飛强弩射此畫闕人如傳舍免物護藏得至今三百餘年神槃暇我昔穴居綠玉村此君相對碧璘璘朝看暮倚不厭惜繁陰借與東西鄰只今羸馬風塵地夢中未寄平安字誰令仲圭為此幅一憶龍孫一長愧

王叔明

細草疊綠如石髮連山十里若紋滑凭得吳興黃鶴翁筆底收來最清越西崦東塿山模糊空林黛色疑有無雲根忽結疑椽屋疑是太古幽人居風吹香雪青苔老雨閣烟扉一時好若向王維認本師此是輞川真畫稿記王山人薦齊名千戈滿地雲林貧蒙也暮年牽兴藉奇技從來不庇身

石田畫廬山高 有石田自題廬山高古風一首

石田老人筆有神巨廬面目為寫真崢嶸高峯駐托小蜿蜒懸瀑蛟龍蹲更吐巨靈運神斧削出坡陀似懸乳哀猿下飲難攀條寒鳥歸飛愁墮羽萬古蟠渦轉輪轂三疊水簾珠萬斛游人總向畫圖看依稀認得康王谷何年來游支短節笋輿茲石扇相過從會當洗耳萬山頂高揖五老看爐峯

送項霜田還臨安

秋水伊人相見疏金臺忽漫奉高車一春花市繁如堵九夏沿霖濁決渠久客偶逢多事日中年方悟老來初米鹽官留人人羨偏喜丹黃勘異書

我夢隨君上渡船得歸那復望腰纏醉於馬矢牛溲底合有青鞋布襪緣十里潮寒通浙口一江楓冷望吳天還家為滌緇塵服仔細持螯晚菊邊

題李曾文放鶴圖小影並送曾文南還

雪羽初生六翮成閒雲萬里不留行絕憐秦淮聽明鳥鎖向紅樓譜佛名

黃塵席帽似飛蓬庾信江南一夢中今日滹沱折楊柳羨君雙鶴已開籠

古辭

帳底紅纓絡屏邊紫氍毹鴛鴦七十二若箇是韓憑

荷花映臉白荷葉比人高雨雲溪上宿暮暮復朝朝

題蔣園先生東皋漁父圖

蒲帆六幅送扁舟徑上東皋信宿留漁網曬時涼雨過釣車響處夕陽浮因看紅葉停烟棹為換清醪踏市樓折葦蕭蕭風漸緊碧波無際下輕鷗

叢桂山莊好蕩舟綸竿入手亦忘留壓枝園果青堪摘破

臘紅蔔白可浮竹塢野烟迷夕舫蓼灘朝爽度晴樓（竹塢蓼灘園中）
（所著名）林泉郎是東平樂豈獨溪翁狎海鷗

秋齋四首同唐東江楊次也賦

蟋蟀

選 居壁移時在野聞隨風斷續泣莎根夜長酒醒客不寐月
暗庭虛語更繁筆丈宗陶鷲婦子寬自對銖憶三孫金盒
紅袖南朝相傳得絲艎拍浪奔

絡緯

選 聒耳秋聲感客心金風撼戶月投林響隨龂女繅車轉飛
向連棚豆莢陰低咽漸同人語寂高吟微覺露華侵繭絲
杼軸今何似對爾離騷思不禁

蟬

選 螳臂相催過別枝琴心妝態兩淒其半生不作楚囚泣遠
道何勞齊女悲苑樹秋寒沾羽翼城樓落日濕冠緌高栖
莫笑寒蟬懶語默人間定有時

螢

選 熠燿迎秋尚禁烟穿林映水自延緣錦幃夜半小星入書
幌俄隨大火遷腐草及時猶易化死灰即溺豈難然餘光
不比綺羅燭只慣豪家照綺筵

又 潛菴寓齋雪酒甚富戲柬

紫琅江上浪堆銀白墮槽頭雪蘂（新夜）何人能獨醒不傳消
息到比鄰

漢書讀罷銜杯更許誰分綠蟻醅料得明朝鬐島有訪君
不戴葛巾來

又 潛菴和詩至而酒不至次韻再柬二首

樵襪頻思訪故人天街如許釀泥新濁醪不向墻頭過未
必南村好結鄰

十日柴桑未舉杯菊花滿把憶吳醅酬詩縱抵連城璧不
及王弘載酒來

九日天壇同人宴集

常年萸菊秋顛風撼巫峽今年九月九曠如坐清雲遠望
行當婦為歡聊一宴拂曉攜壺出招邀俱親狎高生物外
人精廬得欽洽心地兩幽絕瘦筍坼蕾莢古柏尚橫膝道
書亦盈擁四顧人語寂琪花落巾帢天閑何逆蚩尤罟
仙劉無何六翮生罡風衝摧壓長河天際落涼滅古者碑
（天壇西有河象天漢）異草亦有名不辨萸與蕙新霜下繁柯燒眼紅蘇黔
此時萬籟靜幽禽啼恰恰高如呼婦昌祇似叫鶺鴒亂松
驟風雨垂髯拂蒼甲唐惠兩詩老（東江研谿）亡懷檢押默存蠹
悼意辭以腰膂乏姜候摳衣升我自用我法（西漢）諸賓在右
祖離立似盟敢無筵度延褒有肘量廣狹南郊辨分合建
及禘與祫馮君叩箕篝（文子）亦勝卜羊脾叔則旦泊具屏當
及拌匣既鳥不鳴雁亦瞻能言鴨名醪吾所嗜空杯復屢
叩試問酒中趣何如紙尾押日夕搖鞭歸笑言猶喋喋義
和不停馭炎暄異爐箑明朝隙駒過寒飈吹白袷

湯西厓太史移寓相近賦得長句四首

小市三條滄夕霏芳鄰今喜奉清輝門前畧衍青楊巷詩
裏推敲白板扉雞犬不驚頻過客簷花爭點故人衣須知
酬唱歸來晚徒步無勞醉尉揮

得佩銀魚郎地仙俸金折作僦居錢十年未買三間屋八
口先登一葉船（西厓前月家具回越）岸幘人來看好句褐[illegible]客到借新
編比鄰秋稷多知己遍種茱萸始遠聆

直廬晚出歸吾廬一椽無復求贏餘道南不須借宅住岸
上且免牽船居常時虛白自生戶晴日研朱惟勘書據梧
隱几者誰子相與嗒然清塵裾

永衛相望隔雲泥記得曾操硯席隨（與西厓訂交四十六年癸亥之歲今一甲子）猴其此一、
燈千里外那堪憂鬱十年時搏霄搶地各如此座主門生
未可知（老遯元稻諸語）且喜通鄰來郢匠頻過齋館和新詩

擬出塞

太白一大獸窮荒萬里程流星詔使下令嚴驅命輕登車
別親串心如車上旌前途仗馬力生死難為情雪泣語同伍
四海今弟兄

蘭釭照曲房閨人理刀尺羊裘十斤重淚痕沾襞積敵衣
後已短新衣袖更窄短後便上馬窄袖便拓戟常侍好贊
眉變作蝟毛磔

四十八屬國三十六將軍弓抱窮邊月旗彗高天雲竭吉
告嶽瀆猛氣吞邊塵主客形已定勞逸勢所分王闕待生
入看誰先策勳

和門受約東島道嬴糧隨尚憶故鄉別歡樂曾幾時牽衣
兒女泣釃酒親朋悲小人易懷土爻爪指歸期功業上鼎
鐘名姓離軍麾

磧中霰雪下塞外草不長雄關兵馬地四顧絕蒼莽軍政
後期罰將中首功賞盡敵未可知弓檠猶在掌哀哉鄰伍
人契闊隔泉壤

塞雲裂繒帛朔雪飄氈毳將軍有密令行營中夜遷輜重
列中權勝兵陳兩甄武安瓦屋震雁門崖石穿男兒得死
所免胄犯戈鋋

邊地速節候八月霜早凝京觀何代物悲弔一感增白草
漫人骨青燐戀兒燈弓鬧北風勁鐵騎思憑陵飲馬不得
泉路裂層河冰

河源西到天霜花冷鼙鼓搶攉雪後枝雁墮風前羽哀笳
不可聽聽之色如土漢魂語羌魂爾骨尚未腐不圖今之
人破膽嘗辛苦

羌渾黠而剽駐牧天西垠龍蛇螭魅地訛言日來頻策還
兩都護硯敵青海津進軍忽獸散還壁已蟻屯將軍今李
牧投袂淨飛塵

漢闕帶秦隴古來饒牧畜反掌千餘年原荒山亦禿朝騎
款陊馬樵汲走深谷而不長榛菅何從生首蓿伏此一羽
箭往取雙符竹

日余習戎馬觀古識兵事緼緗與武剛萬里爭地利不惟
堅壁壘亦用奇糗糒不因次律敗因咽遂廢食古伍承彌
縫四足非所恃
羽林俱世職名姓登簿符因糧有將畧入粟紓廟謨此方
既削平列障守兩隅一鍾三千石那能神兒輸賢哉趙充
國屯田出殘租

題李松嵐學畫圖

我生不願六印纍纍懸兩肘我亦不願阿堵遶牀誇貫朽
但願入門讀破萬卷之奇書出門傾蓋逢良友長安自昔聲
利場翻覆雨雲無不有只今官賤黃金貴屠沽市兒俱疾
走松嵐先生塵外人縞紵與我十年久嘗其語吾歎欸曰
時用風情顧文酒十日一山五日水捉筆偶然稱畫手春
山培塿不足多君之學畫亦其偶素縑都未着粉墨吾於
此中窺所取山林泉石頗寂寞人物夭矯有妍醜不如搏霄
掠地畫蒼鶻六翮風前恣擊搏兔蹄狐跡一時盡攜手歸來
狎溪友進賢大羽畫凌烟竹杖芒鞋歌十詠

大司空李蒼檘遺溪翁李天馬初度詩

旃厦從容啟聖躬中朝特重大司空虞書親逦先敷土周
禮文章讓考工萬户千門營洛日八年三過導川功西江
記得迴帆處廬阜高應接華嵩
豫章喬木許誰攀毓秀神區拯世艱帝室垣墉塗墍日名
家夔李文牛間紱冕護處丁年貴紅藥翻時午院閒絲綸
金扉何逅遠黑頭官已出中班
傳家岌嵲戟三重仙李蟠根湛露濃才到火溫真是虎門
降元禮别無龍標著初定明堂位曳履時聽御苑鐘風月
襟期誰得似汪洋雲夢芥心胸
湘瑟瑤笙徹曉聞傳芭五月紀星分綠蘇小縛揚燧繡縷
燮盤梵字紋杞梓生當營大廈騏驎行使踏浮雲鑄顏昔
忝鈞陶力顧接荀公百和薰

上大司成東川汪天子

里居無所營曠懷游京國京國復何有當路爭飛轂自顧
蓬蒿人豈苟策高足世無卞和知燕石混美玉台星西中
天卿雲光炳煜頗作銜泥燕飛飛托華屋
白蟻紫燕神駿利長坂何期歲云暮鞴鞍游洛苑頓銜時
一嘶前途逝其遠假之一叉箠千里輕往返秣越時及晨
刷燕日未晚尚非伯樂顧行行但偃蹇

題少司馬張慕亭小影

黑髮方瞳為寫真靈臺一片自生春更憑何堵傳神手畫 。
上凌烟粉墨新
半泉文石午橋花巾履游行興自賒記得江南烟雨裏一 ∞
聲鶴唳渚烟斜
古木垂垂列畫屏曲欄球處結方亭閒來東埭堪乘興游 8
水能分一派青

選 閒時手一經，胸中書味自騰騰。古來大隱居朝市，寄
語君家老季鷹。

長橋飛閣遞浮埃，竹木陰森手自栽。白傅儘多池上樂，憑
君呼出小蠻來。

二陸齊頭小築成，而今天上掌機衡。萬緣不抵鹽梅味，莫
憶雲間壽夢城。

送揚令弘憲副之官大名

西郊祖帳日高中，六轡將迎馬首東。自古諸侯尊節度，如
今三輔是天雄。春生沙麓山花碧，水落枋頭庾粟紅。京洛
故人多悵戀，好緘書札付來鴻。

歲晏感興書四首

宦歷年年伴旅程，副身無物累浮名。館餐夜辦營薪米，
影朝催駿馬行。書著癸辛緇舊帙，軍屯戊己號新營。河湟
負米多材俊，投筆無由賦北征。

三門迢遞隔重闉，溝水寒澌御氣新。廣陌買喧人似蟻，
沉高陷馬隨騎三年落托常千里，百口支離望一身。車笠
故交相憶否，每緘詩句到孔憐。

蕁羹羊酪不同天，踯躅京華已二年。桑落未堪濡渴口，
隅聊得拭飢涎。長途疲馬浮埃過，歸夢輕舟細浪眠。惆悵
鄉關非甚遠，書樓遙望斗牛邊。

京華兩度蓬除日，旅思鄉愁倍黯然。硯北焚香親續火，城
東欽馬僕投錢。某寒花草枝枝放，饋歲魚蝦色色鮮。脉脉

銀牋紀女樂心，宵半減十年前。

雪車冰柱悉愁何，曝背西堂總景過。細柳新軍馳羽檄，華
林別苑徵笙歌。人多搜粟求金計，樹少栖鸞集鳳柯。惟有
把人憂獨切，江干未忍拂漁蓑。

容京師錢二得與木僕東臺先生諸交時時以
年酒相過從，嘉平月留揭書自出
黃子吉峯家藏玉端明蓄枯木竹石圖求為題，見示顧其高逸，尋又
遺先之。坐上舍黃君輩古文因為臨摹十幅，書
成而西屏湯翰編西齋吳郎曹適至，酒酣各題數
語用誌一時名流之聚，知己之素，為不多得云。時
康熙乙亥除夕前二日也。

曠望晴雲居有如子雲宅，琅嬛卯酉歲分甲乙，歲晏晚
詩謁設醮召嘉客，主人解朝衫，衆賓脱輕幘，而無物外牽。
豈有塵事迫，黃石拂靈素，篆古神理出，細篠蒼烟浮，嘉樹
空翠滴，柯條起涼風，蘚苔滋白石，鷺鶿近其遠，暮鴉寒未
集。曰余山澤癯，林泉固所癖，昔棹湖上舟，今躡燕市屐。高
齋手此圖，籍歎拂素壁，坐卧十日餘，聊以永今夕。

讀東江集中門神詩戲成五首，即東東江夏重諸

同志一笑

描成金紫未為真，也學將軍感故新。無策門庭防暴客，有
時簪笏比陳人。臨春祭日同中霤，閱節通時卸要津。堅楯
詰郎憐兩立，泰優畧似兩長身

骨幹靡靡一妾形 炎涼瞬息已周星 累憑脂粉裝着目遂
有輝光照戶庭 風字題門宜避客 羊頭媢竈可通靈 鳴珂
舊宅遷時到 脫落皮毛屋晝扃
每到冬殘似賄遷 西園列市易黃緣 織思趙勝誰工繡 且
買司徒莫靳錢 古籍何言門第好 為神終愧貨刀 腎戶樞
不朽君毋羨纓紱 從來比嚇蒿
刺繡俄思倚市闠 回依廡下事尤艱 中庭引吭形如鵠 直
夜慳眠目似螺 蟾鎖作閒人面 轉獸鏍低檻履聲 閉上東
門外聽長嘯 尚有銅駝蝕蘚班
兜鐵神猪事可憂 疲兵終日戴兜鍪 衰遲忽聽尺彥田美
好難封戶牖侯（陳平封戶牖侯） 列屋盤餐詎與共 倚門骯髒定何求
人間無限炎涼意 送故迎新辛未休

輓張因亓中翰二首

綸閣移時便息機 江村風物換初衣 湖蓴淵筍張翰去 池
竹行鞭白傳歸 不分魚燈懸顯濇 只除虎賁似依稀 皮堂
棋墅東山外 錯莫羊曇歎暮扉
京華悵別幾周星 契闊頻懷肺附親 有癖每於泉石狎 無
求聊爾笑言真 豈期斜日逢庚子 却使遺編號癸辛 今似
三年還鳳翥 踵門應訝戟枝新

寄懷沈國望先生兼祝初庚

曠望城南香澗軒 蝦林蓬一尤 皤然生庭門 有隻鶴晨興
黃石期 夕赴赤松約 晞髮日未下 道書猶在 採秫米中田收

茯苓上山劉 何言農圃師 尼宣猶可作
矯矯羣鳳雛 搖翅振羽儀 朝飲醴泉水 夕宿琅玕枝 風雲偵
可托 羇映光陸離 隱候方丈室 冰絲長萎甦 笋班出後庭
蘭芽丞前墀 呼童荷鋤出 言采商山芝
冶劍鑄斧鏡 遠弃長生藥 時人莫浪語 垂老歛鋒鍔 五湖
蠶來秋 八公叢桂落 至人混泥滓 大道不斷蒼 懷智有
餘勇 退意無着躡 屐東山歸 陶然進一觴

題畫

烟水滿川風日明 危亭高樹夜涼生 畫中如許悲秋意 只
欠空堦蟋蟀聲
琉璃硯水落驚濤 畫作雲林氣點騷 閒向此中覓詩句 碧
山無語自周遭

崢嶸歲晏 故鄉在南 值□居斟歎之時 有室邇人遠
之歎 二二知己 盡同此情 西崖元朗以所和子瞻
朝雲詩見示 不揣鄙陋 聊一效顰 未能狎晉之盟
適見取鄭之易 然而各賦一詩 意亦各有所寓 譬
之着火飲水 涼暖自知 故不妨以姿卷之音 繼南
郢之調也

小腮分額艷陽天 逸思風雲便入玄 神女散花旦示病 濟
尼入座豈逃禪 閒緘最憶能書手 作客先尋問字緣 縱有
離懷莫憔悴 朝雲容易配蓮仙
世事窮通合付天 花間話可且鈎玄 歠歌子夜三更夢罷

舞天魔一覺禪粗服亂頭猶絶俗釵荆裙布且隨緣無端
孤負金錢會惆悵雲中雙髻仙

駱駝十六韻

舊號飛龍號（貞元初以橐駝有未號飛龍軍）崔骨有稜獨封詩老種三折類
奇肱入磧千蹄雪眠沙萬幕燈羸軀難貼地長頸半垂膺
載寶戎丘阜（史思明以橐駝載珍寶歸范陽望若丘阜）馱熊出射棚（杜詩駝背負熊崔）度遼隨騮介
欵塞裹金鞴負重千鈞力現泉一枝森稱聳峯疑病馬（不識駱駝）
背瘇附尾有（謂馬）癡蠅秋放羊為伴春歸雁作朋種花名可怪
柳眼應憎（用吉弗事駁行倉柳棄茄題）意亦憐荆棘身還耐雪冰會須同率
舞莫更憶蒼陵高足行當貫承程或未能同宜併疑嗳忽
兩快奔騰鷄塞尋常入龍堆取次登猩脣與鯉尾待爾入

又報柔

除夕前一日東江先生西飲西溪蒙泉西庄適至
關蓬旅游蒙歲京師撰游展結文多文雄車笠俱詩伯時與
二三子顛倒任歡劇纔過蔣詡徑卽入子雲室雕章與繪
句往往露肝膈方茲歲云暮高門交轍跡時俗重饋遺
官勞計畫或致三品金或分一端帛乞米作粗數典裘買
醇醪冒急百不具如度災年厄而我寡酬應不為禮數役
晨騎櫪下馬搖鞭恣所適唐儀放朝暇偶無文案責扃戶
謝群動匿居手蓍策布算畧已定懸詞玩周易象得天水
需云有不速客蒙泉方入坐賤子亦接席頃之姜侯來笑
談稱莫逆倉卒謀請醪咄嗟具脯腊春蔬既剪韭舒雁亦

8

宜麥酒行來勝友（西庄最後至）更酌浮大白相對戒常語清言導
竅隙閉交聚有神脫畧無吟陌語長街鼓嚴分手戀今夕
急景轉燭間春陽將土脈相訂歡歲約取次飲椒栢

悵悵詞（六首）「同素菴先生賦」

悵悵臨岐日未斜便從海角走天涯病身易試君臣藥淚
眼難看姊妹花舊夢寄書無隻雁新寒著抑有疎鴉衾囊
卸火金條脫斷愧詩篇似綺霞。
藏閨行馬夜何長不是他鄉是醉鄉雲髻三層風鴨綠舞
衣幾隊卸鶯黃承鄰人號登徒子北里姝稱窈窕娘姑婦
津邊風雨暗小姑終是誤彭郎。
畫板紅橋水面平小舟盪槳及時晴春深燕為將雛出雨
過鳩因喚婦鳴別院笙歌聽錯旦隔簾燈火見分明遺釵
墮珥無人知數坐客何曾解紀綾。
士女西郊逐勝游紅亭面面瞰芳洲聰回生白類窺魚水
自拖藍穩汎鷗夢裏朝雲飛著暮愁邊春雨聽如秋而今
蹤獨長安路耐此蕭條亦懶愁。
此日猶未解行縢記得平山一夜登簫管聲隨三疊鼓芰
荷香拂半船燈款同蠋她時時戒恨逐冰花寸寸增酒醒
夢闌人不寐誰憐寒夜被生稜。
禅智山光起暮霞遊塵隔斷七香車千年不見遼東鶴八
月曾無漢水槎園柳垂垂遮屋短紙窗片片出城斜江鄉
春色深如海悔惱歸期未及瓜

恕堂詩卷之四

帝㴤集

恕堂 宮鴻曆 友鹿

湯西厓太史招同西溟、蒙泉、東江、漢瞻、元朗寓齋讌集，同用昌黎贈張秘書韻。余有宛平相國觀燈之召，未得赴，用韻柬諸同人

京師富才彥，昕見逮所聞。奔趨謝餘子，文酒同諸君。諸君吾畏友，金石和高文。湯侯上日讌，談笑扶浮雲。顧茲蘭茝植，異地能同芬。麟鸞並蹲跱，齷齪羞毛羣。而我隔巷住，寧有岐路分。偶以左右袒，判若南北軍。猥陪大賢後，日中酒力醺。千枝藝燈火，百槃燒氤氲。平泉方款坐，歡別不敢云。雷車與火鳳，翔空何繽紛。金蘼茀微酸，玉蕤斷餘葷。小伶十四五，地衣拖茜裙。銀花照夜勻，微茫見飛蚊。坐此失朋會，奚以資德薰。緬想即爭坐，一堂羅三墳。卅方貴錢刀，我輩攻墳耘。佳篇鬭妙捷，濁醪勸奇勳。㝡哉金石交，提攜及朝曛。

唐東江考功寓齋小集，同諸君用子瞻岐亭韻同人見前

千管摧筆鋒，百脡磨墨汁。但飲必賦詩，迫促如束濕。飯顆戴笠吟，未易咄嗟得。況此人事擾，春正隙駒急。君家長鬚奴，磨刀向猪鴨。春杵雜五辛，客來揭冪羃。子鵞四掌江，侯鯖爨寢赤。詩腸得酒勢，高談破堅白。縱橫案間書，顛倒上幘硬。語防天驚，險句動鬼泣。不放槃筋空，那憂唫詠缺。相期七子宴，次第作主客。酒酣各為詩，松陵待編集。

上元夜吳乙朗部曹寓齋小集以樂天明月春風三
五夜爲韻限七言古得三字同人
金吾放夜、未闌華燈滿國明星含前門燈棚不知數魚
龍百變來幽潭春泥踏乾漏箭急火城十二檯晴嵐五都
之市浩烟海風物漸歎爭江南靚妝盛鬬妖麗鈿車繡幕
隨驂驔佳人笑靨桂眼尾摩肩一過遺華簪秧鼓作隊騁
兒女連描似弄漁陽三吳君嘉招恰今夕六人連袂停飛
驂一月數見禮文簡詩篇淵與恣研覃縱無舞衫與歌板
頗勝宵寘眠虛菴赤泥初坼若下酒香苞細剖江陵柑春
柈飣餖帶生意況有紫蜆兼紅蚶冰鮮海蠡各異味千錢
下箸羅芳甘既無厨娘伊饌事又鯵精辨誰則諳滇史尺
䴢照西户瑞光千丈天容涵晏之洗眼看八世碧海卷雲
摧雲龕大星舒芷小星沒嗟食豈有妖蟇楚風磨露洗一
規玉恒娥濕影行藍鬖月色清好酒芬烈險韻強對競搜
探我詩曹鄶附大國步趨勝友資高談彎弓或射日下鶴
啟篋便拂書中蟬時、辯謔俱絶好吟塲酒地聊河酣因
之把盞念身世人事束縛吾何堪揭來徒步入京洛觧囗
消盡頭銜、糗糧扉屨頻缺御未及寬政弛爭擒貴人杯
酒瀕捏桔富人銅臭殊矜貪聊與諸君數晨夕共入妥究
披撻山前年故山好燈月家遊雜㳄畝諵、書雲看兒弄
紙筆卜繭興女祠先蠶亘憶去年葦間宅二查椎飲同起
酣乙未上元集西溪寓夏重軺山寄在焉今集軺山以事不至而夏重亦歲南歸 只今踪跡異南北我輩即事樂且
湛人生易聚還易散歸途感慨鳴長鐔

上元後一日携尊過西齋寓約諸同人小飲是日漢
瞻未至而亮工來限七言律得家字
燈影連朝亂暮鴉酒腸今又轉河車元宵已過月遲得早
歲不寒梅始花偶藉柈餐邀上客漫勞寓主問誰家江鄉
春好魚鬣賤蒿坼冰融憶挺叉

用昌黎謁南嶽韻送李吉四陪少司空木菴先生游
南嶽時司空奉祭告南嶽之　命吉四從行
我愛君家長源公早齡鍊氣衡山中紫衣玉帶一儆蹤蟻
視李郭爭才雄昌黎投荒儿　陵人棄我亦疑天窮有時
默禱若爲應顏雲屜擲噓長風至今斂名塞天宇呼吸使
與精靈通當時窮達偶然事且從健翮摩晴空君陪司空
過南服祗帳正值風景融到口走馬上天柱繡旗玉仗穿
花宮鵓鴣低飛竹鷄啼雜花滿樹繁春紅剝落豐碑不知
數搜括蟲鳥恣折衷吉四工漢隷君生富貴應自有不煩杯珓咨神
躬紫蓋峯頭雲氣白九疑遥望兒孫同期君此地一洗耳
五弦聽奏薰風終因之高步祝融頂憑霄跨漢分元功期
君此地一洗眼海日夜出光曨、山中之人日夕佳嗟余
馬首何時東

送惠硯谿之官密雲
漁陽大邑俯重関迴望長安紫翠間叱馭客來紅藥院閒
尊影對白檀山訶頭壓量騷壇重紙尾封題紫牘閒祖帳

都亭莫悃悵期尤補衮陟榮班
兵車孔道藉時能玉帛犧牲境上存君子六千過袵席土
田什〻是軍屯望雲不少還家夢為政終懷遇主恩日與
長安誰近遠好隨邊雁寄寒溫
簿書端不廢清吟文酒常時滌宦情自有翰林報價在非
関邑宰事權輕地輿名古播周易驛路花香迹漢京攬轡
莫愁冰雪盛春風披拂指王程

歸舟載花圖為狄向濤太史賦

前年買花於越東海棠千樹花迷濛囊錢倒傾不暇數枝
葉捆載根泥封三月錢塘又採動雨濕胭脂覺船重嫣然
一笑晚妝慵推篷夜與花同夢古山樹石久塵埃瀨上朋
儔侍舉杯五湖舸載西施出七寶車迎飛燕來勝日重花
向晴昊寶帳紅羅弄春曉臉霞撩亂翠羽瓦粉闌珊青黛
掃今年琵居在京洛瞿鑠王君為画作雲山重疊過軒桄
紙上紅潮吹不落先生寸地推人師上闌看花到鳳池鍾
鳴山林豈殊性偏喜我輩来攀追齋館招邀俱勝友壁有
画圖尊有酒開尊不費買花錢看画喜無寒具手華林亦
事多芳菲莫憶花間白板扉古人白首功成日嘉樹平泉
長卜園

賜黃尊古

大癡画作世無雙楞散誰同倒玉缸不是將軍留揖客也
因楓冷憶吳江

8

屏安六幅富春山下走桐廬水一灣公望至今留粉本乞
君圖画待君間

祓日狄向濤太史集諸同人容膝園

清明上巳日載陽長安水邊今曲江榆莢雨少一春煖朝○
暾照見蜂攢窓興來祓除修故事羣賢會合空諸邦相國
宴亭自爽塏翠藤紫蔓交籬杠主人上塚客徑入（圃為高陽李相國休沐地公孫
循吉居之是日偕老以公事他往未得與）作悉不待歸老龎我來攬衣拂塵土麤疏却繫
拈湯椿邀頭拌盒具餅餌藍尾瀲灔浮罍缸琴棋韻互
響答笪泉瀉溜鳴淙〻曲旁文茵坐款洽似泛秋水登吟
襬隔牆何人弄短笛春風自嚼梅花腔笑探詩格隨補綴
左抽右取分纖庬史侯多材罰爵勇一發忽若盤鵰雙鵲馹
市人赴戰鬪徑麾鳥合持旌幢忻折次第俱如意我手敢
以龍文扛（以詩牌集詩胄司先生所獲亦獨多）自甘琵縮罰大爵望塵直欲空壁降
諸公清談晰名理（東江文弢富木）瀾翻舌本迴奔瀧上湖軒虎下標
季景鐘無射隨擊撞頗聞金吾易號令日暮已警鈴與柳
（是時外城增置邏卒百餘處）攔街十里九亭長痛飲莫待燒銀缸逕須舉盞浮
大白歸隨漏鼓報逢〻相與折花紀此樂何如澤畔牽離
茳

禊飲詩甫成而向老札來限五言古再成一首博諸
同人一粲

蘭亭飛羽觴洛濵驟華轂往跡千餘年飄擲一轉燭今年
三月三春妍鬧紅綠東流待祓禊南澗便薰浴况與清明

並家家賣餳粥（是日清明節）頗憶嶺皐游愧此旅居獨太史休沐
暇岸巾一水曲觴詠集群賢招邀謝方幅談許稱阮偕文
呼命駿僕賴拌飣蔬果餳銀瓶瀉醽醁藉君竟日歡散我
半飼螢歸来搆新篇長句已刪牘而何飛箋来五字令甲
肅既慚詩漶漫亦悔才拙速那教皂續脛已苦蛇画足姜
翁上元詩先期發吾覆（上元集元朗萬齋詩限七言古而西老誤成五言）詩壇有禁例破體
不收録更作吾何辭非貂可再續還以筆墨緣一觧羈旅
東目耕帝子館摩訶上人屋懷彼林垌间雜花亂文穀逝
將果此游携尊聽布穀

丙子暮春八日同[illegible]過[illegible]同西溟子文西厓蔌
山文子贊皇耘石諸君咫紅蘭主人東皋雅集洒

竹而根師達至詩限五言律

雖得一尊同相將馬首東觴飛公澗水花墮卷簾風托乘。
來枚叟支節過遠公銀槎天漢上信有百川雄
卯酒紅於玉春餳白似脂那知金粉地能著雪霜姿彥李
參差鳩舃蒲遠近陂陳思有高韻佳識續南皮
梁園留白雪燕館落紅泉邀我花間席歌君池上篇流連
河朔夜祓禊永和年山水清音在臨觴故渺然
到门六七里嫩淥帶山莊綠竹清如語林花暈有香（花暈東皋亭名）。
客心天際雁歸興水邊摘古寺雙林晚（双林寺距東皋數里許歸途小憩于此）吟鞭
送夕陽

豐臺芍藥

譜得群芳畫後壁陸璣疏未寫天真間譜本草推功效下
體猶能活萬人
寶馬香車拂曉行草橋花事比傾城憑他金帶誇名色看。
是誰調芍藥羨
紅抓猩血白鵞翎一剪濃香入胆瓶不是翻階無好句上
林栖鳥太零星
嬋以將離又遠行長途伴我只芳卿揚州士女傷春事姤
殺文無占好名
無限深江淺碧攢御闌花課署園官廣陵種異玄都樹莫
作皂葵燕麦看
雪窖山莊歷舊叢催花方法費人工儂家要敵春風後㗊。
月纏舒一朶紅

秀野草堂顧俠君園名頃客京師顏其寓曰小秀野
索同人詩因賦四絕句

宣武門坊二尺泥棟花風緊雨濛迷騎驢看客君應懶且。
築新豐續舊題
負釜經行儗屋居飯鐘粥鼓亦吾廬署將秀野何言小一
榻從他地有餘
生怕街泥涴客髭半窗晴日但支頤柳絲榆莢吹都盡櫻。
笋江鄉上市時
縞紵生平定有神愷之咫尺是通鄰揭来文酒多才俊車
畔應無戴笠人

古義一首如陳鍾庭太史

古義何寥寥，今方貴華膴。逢時車轉轂，鑽利箭飲羽。擾擾九逵八，揮槳劃白雨。氣𢿱成今吾，突獻失故武。方其得意時，驕矜見眉宇。不知丘山並，博此旦夕詡。定分固有托，天君豈無主。肯以軀六尺，聝易皮五羖。陳君高世材，摛詞見儀槼。燥髮入蓬閣，㒓直但孤寠。敍利不可干，清約固所取。憶昨齋會間，車笠共諸父（尊公在之令叔右之）。因得手君文，雲霞見吞吐。旋聞歸吳閶，芥拾簪與組。器利雖為藏，術高不可俯。雖無金滿籯，已得祿三釜。只今官京師，縹緗映環堵。蕭然一畝宮，哦詩出清苦。固知耐官職，無復歎行窳。莫厭東華塵，韋杜天尺五。

東史學士專司先生

神龍方夭飛，為霖遍郊畝。攫拏風雲隨，奔馳雷電轉。方其有愛戀，豢之等羊犬。大宛汗血駒，神駿國馬選。羇以金絡頭，夸途駕車輦。吉行三十程，不異駑足蹇。我生有微尚，經史待研剸。琢磨出風雅，塗竄及誥典。硯北日譬繹，非以慕榮顯。中道不自持，趨走足徒跣。一落科舉中，術業但敷淺。蚓吟悲體弱，蠅甍怪語軟。局束還自笑，砣砣蠹魚卷。有如縛溢兒，手足不得展。夫子玉堂仙，十年侍旒冕。高文古禹陳，快若利劍剸。時還手我詩，假借令黽勉。不知蕪莬腹，惟充中蠹（蠹）。況今事俗學，低摧但仰俛。譬如搏空雀，六翮愁鍛剪。飢思太倉粟，下飛下平畈。不粘出翅翮，即挂一絲繭哉。

詩達烟素冗下於面硯材不中輪輌用愧大匠扁

枯木蘭竹圖

雷公追青蛇，破空若枉矢。墮此石罅中，尾肉牛枯死。劫火燒千年，倔強具生理。而豈不材木，偷生待窳呰。叢蘭亦幽人，細篠比君子。結交來空谷，衆芳望披靡。鼒植雖異抱，菀枯自齊軌。譬之標季運，卷舒各有以。滄海方橫流，端居思彼美。

祝京江公太夫人壽

南徐焜燿婺星明，師亮萱闈代有人。尊酒陶家頻設客，弦歌鄒邑近為鄰。敬姜勞逸尊中閫，太姒徽音徹北辰。一品天邊褒誥早，三公膝下舞斑新。大家舊有封鮓訓，全盛應無織屨辛。諸鳳翱翱，埒擬謝群；龍濟濟，競稱荀。鹽梅列鼎和天膳，黼黻登璣課蓋臣。翟茀仍傳三殿詔，魚軒時碾午莊輪。欣瞻白帝迎涼節，恰值星妃設帨辰。萬歲樓頭雲紀縷，千秋橋畔水漣淪。鵲飛漢渚銀為浪，雀下緱山錦作茵。驥子朝天俱蹀躞，雲孫繞膝盡鸞麟。蟠桃再熟娛金母，法醞登筵醉玉真。遥想笙歌酬節序，同應龍馬比精神。遐嶠自衍三千紀，莊樹同符八百春。玉燭中天光正炳，又看景命自天申。

奉懷𣉖雲王公履𧾷北討

朔雪漫空鳥絕飛，武皇親將遏金微。如何橐筆甘泉客，也解蕉衫著鐵衣。

白草黃沙客路征漠南何處有穹廬怪他接羽歸飛雁只
寄平安不寄書
瀚海西頭天盡頭常時風氣冷如秋綿衣莫待新霜寄五
月猶披紫綺裘
無定河邊阻客車投鞭任渡莫躊躇蛟龍直夜休移家只
是焚山不打魚
天山一面起嵯峨塞笛邊笳入夜多料得今年作端午有
花無酒奈愁何
雪山一臂指重邊青海黃河路接連若使張騫槎尚在使
陳兵馬到西天

午日狄向濤太史寓齋宴集同查德尹趙蒙泉姜西溟錢亮工吳元朗顧俠君分得榴花

漢家萬葉麗豐條安石諸劉亦自豪五運代終仍火德千
年得姓是金刀茂陵不忘同根意博望寧辭置驛勞稍待
甘酸落秋實盧揚南北盡兒曹

題黃蔡園畫重臺石榴

樓子多分上下層石榴不讓牡丹能因他博得時人愛北
地胭脂價屢增

送王文在尹鄷都

地絕中原俗自醇平都春望草如茵揚驅初上瞿塘馬（侍步一訪青城宴）所。
繪先烹丙穴鱗兵甲銷時征戰少雁鴻歸後版圖新（時從人入蜀占籍者）
（以數高計）還朝應上賢良頌宣室無勞對鬼神

落日春山聞子規排船惟有鶴琴隨江分巴字劉爲國。
疊蠶叢杜甫詩木佛那堪燒舍利叢神應怕毀淫祠（邑有王方平廟俗云）
（洪崖司相通）君名舊在靈仙籙且與方平話見期

題顧俠君秀野堂圖

過江何處好林泉疊石疏池傍妙岩花潔雨移千囊竹紙。
窗晴勘百家編（俠君有元人百家詩選）漫誇酒數同金谷且喜吟場勝王。川
二陸東西門巷近夢中春草費詩箋
金臺襆被感年華欲賦歸與路正賒黃菊白衣人載酒黑。
菰紫蟹客還家長懸一榻邀詩老別起三楹貯麴車千禩
如今風雅缺羨君詩味吸流霞

[illegible]同人宴集時徐學人將還毗陵合賦二律志別

初買題名一笑譁門生不隔絳帷紗錢多兵費通神易目
睫難防擇塔差半世清狂留白眼三秋容易負黃花君歸
豈有窮途恨懷袖新篇麗錦霞
當道猖狂嘅初肥名士誰拋白紵衣藪澤共羞張網待鳶
凰全不破羣飛眼中驚足能爭路天外開心願息機戒巨
拘攣綁夢遠送君何以慰調飢

送顧俠君歸吳門

斑竹三尺弓青葦一囊矢君射南塘鴨我射東皐雉相望
雲水間相見長安市沽酒道心曲托身等微技明日秋風
高駛秋一水泛泛翔家廟中鴨沒寒潭裏去矣勿復云拂

拭衣上滓臨岐省贈言弋獲古人訟
君手青萍劍我腰白玉斧、劍固殊用、之同所取鍛斧
爲劍語切玉碎如土冶劍作斧斤自署修月户二物雖同
心市兒牛聲替鄰女解自媒倚门被繒組薔薇塞東籬菟
李荒舊圃利器猶在手藏以待良賈
向余客京洛未澣衣中塵十月典裘袴雖言壯游人側間
我友歸祖道桑乾津珠玉滿懷袖此客寧久貧落日下
嶺卷蓮颸天垠蓬飛行已遠日落猶再還一别詎足戀重
來豈無因明發執子袪努力當及辰
蓼花分韻同紅蘭每日問亭索素花梅軒浩菴
麟功黄黄古𥫗耘石賦得蓉字
巫宋先秋色慵涉江何處采芙蓉但抛紅豆沿堦種似萸
赬霞映酒濃浦溆懷人迷夜雨江皐盪漾秋蛩黄茅白葦
如相憶賓雁來時寄去踪
晴雲書屋小飲宿觀音庵作
西第西偏梵竺居後门宛轉對蝸𧐢黙燈入夜僧分火誤
連朝客賦詩老屋雨淋新粉辟古槐根長怒生枝安心道
處堪支枕狂用儒冠泣路岐
余北闈失意九月十六日得言兒南闈捷音呈銀臺
兄
天風披拂桂香濃花發淮山第一峯爲有箕裘傳世業敢
誇軾轍亢吾宗藏書幸不歸王粲愛子何當笑觸龍我老
豈無經濟在半床詩卷一枝筇
青氊敢自詡傳經遂有佳兒報策名架上牛腰猶汗漫眼
中犀角已豐盈丁年錯莫萍流處子舍吚唔泠誦聲今日
天涯老兄弟好傾官酒話平生
狄向濤康常約諸同人爲菊社買菊數百本中庭設
淵明画像分題賦詩先成七律一首代柬
單衫重袖画淵明云是山椒俎豆人已約三章呼酒伴好
吟五字賽花神霜無意妬枝间蘂雨有詩消苦底塵嘉會
趁君休沐暇垢泥先擬漉頭巾
銀臺劉後齋先生席上食蟹詩同劉大山沈固亭息
宗璽皐酒文子武
豪家飫盤餐高人樂蔬食肯以口腹故跋履六門第適以
桑梓親招尋及晴霽紫蟹出泥筌霜後滿都市縱非蝤蛑
群而豈彭蜞類臍坼膏馥露筐擘肌裏離黙薑味殊俊哺
糟骨已醉登柈競揀擇往、雜笑詈大小祈六四六團仕
所嗜兩手那得閒百叔無一棄諸賓盡那庶諧調總譏忌
一飽旅食樂千錢下筯費因之几案间迥有江湖意寄昔
水村居風日大清麗郭索漫稻畦朝魁乞沈慮互鐙陷泥
塗利劍割芒刺漁師三四人夜深葦蕭伺橫行不成列超
乘每先繫遠沙燈火明擒生如獲騎無勞絇尺施綴拾之
盈器胜齗心未降面縛氣逾肆尋常萸菊秋比鄰作珍饋
今吾客京洛致之豈云易感公歲寒心謀歡發長喟古鄉

憂沉宊溪塘蔓菱芰風吹蟹簖腥之緣葦間思

述懷詩東顧丹扆先生

蘆溝橋上壘高染游子冠彰義門前柳低拂流馬轂馬蹄
人不息尉敝行未殫碌碌朝放夕來去環無端今年下明
詔簾王利用觀吳越蜀閩士搢簦行盤桓麂㕛逼擺市蟻
聚来長安繩尺科舉文切切事研鑽一人言擊節萬口已
翻瀾士惟重行誼文事非所難而況禮部試見鄙蘇洪輩
虞廷闢門選巋從止九官姬宗號得人八士矣唐詩近代
獨異是孟野紛椒蘭取士帖括中賢否容相奸之錦襲燕
石鐵網遺珠玕美材溝中斷良桐爨下殘先生高世資挺
樹百尺竿為文光溟水異華如流丸謂我氣類合握臂生
平歡我性褊且小廉隅曾未刓以此困繾掖十載方泥蟠
固知山麋性不堪和八鑾醜顏事俗學泓穎珠奪漫哀哉今
士賤誰為華與磻

消寒第一集分得煖炕限五言古同作者張漢瞻
湯尚志查德尹亞赤杼俞大文徐大臨史蕉飲吳
元朗錢亮工功方拱樞何屺瞻湾湯琢

朔野號天風射我玉肌粟朝出狐謀裘行人驚拳足脛縮
被生稜半床未煖促譬以地賂秦尺寸不可復巧者一何
巧置槃定方幅東西依兩垣寬平半楹屋北户楗蘧戚南
榮就朝旭最宜列高窓取便寫文牘朝治夕以成稱名混
土俗繚之青蘆欣緣以白文木施笮有餘地兩端置箱簏

8

不因徐孺懸難容孟婁蹋朝客躡屐升文茵疊方褥薄食
滯淮陰長踞笑籍福厄溝馳炎官花磚隱田禄文明耀地
中灸取明夸畫挾纊難比温吹葭未云速鞋韈商香穗亂
棚熔葦束借活花卉收烟種菜菔凍蝎跂款行寒蠅痴不
伏誰嘲竈下養此非厝薪宿惡臥兒不啼吉凶謀頻卜紙
窓捲風簾非烟散遥矚市駁穿挑朵閑周坊畫檗我瓜羅
出餘爐透露然新燎棄冗當塗高豪法不可督福過得
災寵多乃延辱灸手詎足誇熱中亦宜戒坑亦名頭痛國
如號身毒飲冰消煩心噀水豁睃目抽薪冷翠尖炎涼一
反覆我作煖炕詩主文寄忠告

消寒第二集分得雁以銜蘆二字為韻同人見前

好在瀟湘浦黃雲稼花菱銜風翎又健吽月尾相銜一
逝秦網飛飛越楚帆遥烽猶照眼何處了滁函
上苑千竹樹江河萬里途何言五百雁只抵一雙凫佛書夢此雁王有五百雁為羣此句用揚子雲衆雁双凫之句秃柳搓邊雪尖風折岸蘆形影相弔未慣
搶枌榆

消寒第三集分題狄向濤甲園十二閑得適適[illegible]

君不見貴人官中居屢遷打頭破屋挑三隅改日平泉夢
来往長安空費緍居錢又不見甲園花樹春風多鑿岩置
屋如行窩左壁右箟伴圖史竟放堂寧藏山阿萬坊各決
適其適茶苦蓼辛不相易上者遣情次遣身鐘鼎何當傲
泉石只今披圖神乍往何時分日遊游賞歎述懷英客舫

歸（有請餞之意）稍待平度春水長

芝巖歌為曹希文賦

彤霞爍地丹砂生白虹貫日石為球璞星隕人乜古亦有
芝巖何獨其倫商山茹芝猶草木仙人煮石非奇珍各以
所嗜無正味譬彼熊魚難兼陳異哉米顛袖中石似芝因
以芝岩名一卷那可尺寸計平坡壺嶂殊嶙峋謝巖岩背
數細字寶晉款識寧非真我疑媧皇補天竟山骨碎璅拾
黃塵帝於奇巧露險怪遂揮鬼斧排又坦鄣錢薹瓦神理
出輸般好手空遂巡吾友廉讓癖好古愛其渾朴而輪囷
要當位次泓穎畔左圖右史相為鄰安置幾帖復再拜墨
雲蒸雨催詩神莫將丞寶入行橐世路險側飄蓬蘋況復
京師重玩物異珍不脛能飛鳴櫝藏鐔裹豈不好且勿輕
示平常人

隔谷歌

弟行谷中兩腳凍兄行谷外八騶哄谷中泣訴饑且寒谷
外安知行路難乞兄咄嗟唾餘之絮救我腹中饑與兄
乞兄奴隸身上抓絡裘解我短衣遮體之餘豈不暖乎已、
不顧鞭馬驅車首前路尺布斗粟人所悲箕豆何復燃豆
箕兩兒未死有翻覆且為阿兄歌隔谷

甲乙游草卷三

恕堂詩叢卷五

金湖集上

恕堂　宮鴻曆　友鹿

賀查德尹生子詩二首

鍾山白鶴銜牛女孫郎諸昆並才武乜弟紫髯真可兒眾
中颯爽英雄姿決機兩陣非兄伍列忠三公下如汝印綬
將來付孝廉、昭瑜肅皆心膂高楠六艦截天來酉泪旺
江亦霸才乃今按劍砍案起四十諸眾揚飛埃君家小兒
氣食牛爆爇便欲輕曹劉生子當如孫仲謀

三垂岡下晨置酒義兒材官迭為壽中身得子感慨多嗚
車竹馬行婆娑鴉兒酬酒挽鬚起冷人百年歌且止豊盈
犀角真奇兒異日倘能戰於此中都夾寨自臨軍眼中那
有梁君臣漫驚亞子悶軍旅即是當初侍酒人掲來君有
弄璋喜頭王硯、誰可擬生子當如李亞子

賦梅消寒第四集分韻限十四寒

嶺表千峰至江南十里灘贈行無驛使欲遠寄誰折
寒龍尾驚飛嘯雀翰牛州先存席二浴始登壇日曝粉未
藥泥封壁梗癡萋如少妾病咲得老時歡綢主簿古先
瓮定汝完於身依止水守口靜情瀾冷白衣龕空溫愁玉
汝乾辟人朝傅粉珠樹夜枯鸞無用時驢訪聊同挂鬣看
招魂歸錦帳遺命嗽清湍皎潔凝酥有嫌問玩玉何存心
防漏泄香暈喜檀團寫月思臨鏡凭窗似倚欄妝前看點
絳硯北咲研丹壁界橫斜影簾分特峭寒來子同婉戀及

𠆸未闌珊雪案書千束風簷日一笑嗒然同隱几夢殘燭
花殘

題春帆梅信圖送狄向濤庚常試假歸平陵

東風夢入梅花村縞衣剝啄來扣門翩然起立無一言冰。
雪作塊瓊法溫明朝高舸歸甲園孤山羅浮花六存竹兜
笋輿何軒〻掛枝梟娜隨蕊根暗香一片吹金尊莉言求
此冰海魂此意曠放如飛鶴因應束縛羞蹈豚我家小筆
春枝繫四年不共寒與暄送君路河〻冰〻心〻一里隨
之奔逝將歸侶鶴與猿毀車捉馬棱丘園雅意不就嗟短
轅先鞭真愧梁公孫

消寒第五集各賦何處消寒好（平）聲

何處消寒好寒消酒醆邊閒餘無事飲醉後小乘禪氣壓
愁城破花浮喜暈圖屏居人跡少不礙日高眠

何處消寒好寒消花窖邊魂從香界返春入座中先（撰戴花詩老狂聊作坐中先）高髻山簪龍烟重冰肌得酒妍風師莉汝〻（化〻更欲呈郡工才蘇詰）未省
化工權

何處消寒好寒消燈市邊坡公書不上放仲以初燃卯
無愁國從此不夜天燒殘香甲煎容易炎夕旋

何處消寒好寒消薄雪邊新呈花爛熳掠地絮盤旋綠蟻
頻分蓋紅爐試割鮮無勞灞橋畔浸説聳吟肩

何處消寒好寒消散帙邊燈明丹鳥避粉退白魚拳曠望
思千古行吟手一編誰歎日相狎乏穎與陳玄

何處消寒好寒消活火邊博山微有餘沉水細無烟不潤
燒銀葉灰殘撥翠鈿擁爐過夜半猶自得人憐

何處消寒好寒消綠竹邊雁行款鈿杜蠹粉浮螢初出水
陽空劇東山殿已穿韓娥千載後歌向雍門傳

何處消寒好寒消紙帳邊六銖輕似德意好歌於歸惡卧
嗔兒踏長齋禁婦搴梅花誰剪刻總、斜新鈿

何處消寒好寒消清日邊朝暖浮〻馬晚涼點飛鳶憐章
迎陽坼總蛘趁午顛吻當晒書史坦腹臥木末

何處消寒好寒消吟社邊人將詩遣日客辦酒為年追琢。
闋風雅驅除伏聖賢融怡過九〻又費買花錢

少司成寄亭張先生子席上同諸君賦石花魚分韻得
十一隊

定羌古巖邑渾河喧地肺（魚出保德州）波寒衆鱗趁濤奔萬渦碎。
山骨剝蒼蘚唼喁各成隊（冬月思食石鮮而肥故名石花）舊聞石花魚上方作
珍饋排船行高浪勢如朱鷁退（一河汲奔江取之甚難）玉瓶擬沉收魚尺若
垂臂花歙注清水硬鰍從頂背傾瀉不到地堅冰已成鬼
四照琉璃中紅腮尚噴沫（魚冬月取以小清之成冰即以帛裹之）新鮮一〻善
落闌闠一魚一金直爭買若珠琲吾師〻子鼻嗅響驚
漸朝茶食指動下春得異味暈髭試一割臟理衆所愛撐
腸飽盤洗耳聽珠歎撫今念在昔於筋於長唱前汗汀
鮮魚中使走十輩江魚尾半赤官長心已悔分頭捉網户
吏牘連月廢吳趁到幽燕置驛一何駛販夫或偷賣靴價

已十倍天子却異物喣濡加勞徠此歲桑麻陰不聞叉犬
吠綠疇爭耕作黃雲催銍刈時々水廟前漁師來報賽我
本江南人蓴鱸雅意在逝將歸去來試頻飢往來能不思
秋風逆車可同載

又分詠品二首

青黃瓜絲 得四支

黃臺列蔓已紛披落蒂垂々正作絲小摘旋蔬收病田半
催新柳換香姿煙葦容狙聊隨分算派江新二後剝若是
盧家有蔗味然壺門見爛燕將

櫻花脯 得二冬

、嘉果收來亦禦冬臂含輕壓怏吳儂色同丹荔逢鹽腊味
似蒲萄釀酒濃故節右香留齒頰登拌無子可函封圃師
教得新方法鑿壁年々學養蜂 曹忠詩鑿壁養蜂休奮實

消寒第六集分得草橋

江南二月花芬菲薊北不待春風吹花煙汀々矣花隨京
陰遮莫迴春次頃刻作花成幻術是陀夜花維摩室畔央
輕湯素腕垂蘋緗半捲紅蕊出右史門外位橋邊家々種
花如種田旨脊封茅門挂席擁爐却有千單娟紫陰抱甕
空草 橋上轆轤當大道天香國艷照青春二十餘年花
送花氷梅未謝湘花紅枝々剪刻煩々工心慧狂花旨開
落不愁細雨愁顛風移花有法種有時香泥半圻花不知
紅蘭紫桂一時好粗俗何言花李姿春風壓墻來城邑蜂
引蜂隨如舊識公子初疑內苑花佳人暗認金堂植否不
見平泉莊上樹繁華日南萬里貢奇花玉釭撲處金鈴護
羯鼓催時繡幕遮人生富貴那長在紅樓門前幾回此蟲
絲網了鵲巢梁柔枝滿眼春如海樓臺半廢成平地隣翁
指點滄桑迹舊過朱門下馬人今來但畫移花六又不見
草橋十方地有餘芳時藉草閒提𥁞綠豆紅蕖一佰依林
食仗酬千頭如天樹生成此叟今却園花百無有秋英
春薰次第開賣花得錢日飲酒我來有花客有詩無囊無
物被花欺上林客遊故鄉遠折得南枝欲寄誰

月之七
對玉

題曹布文山靜日長圖

頻年客京洛所至厭塵俗疲馬受鞭策近坊塞鞍馱蹄涔。
流毗襪塗轍波車軻縱行九軌道不免一跌蹉況當盛夏
節狂飆掠面大陰山甃沙碟白日捆塵堁東家指詩朋西
隣約酒佐入門衣衫黃杯几大顛簸尋常老陌中蟻轉不
停磨憶君監官居山容深可唾精舍十三公之暑溽蒸邏
新蜂來一吟吾燕入由是君中劇好客二仟款闃過興句
洗頂囂晞髮北窗臥撫今念在昔努勵進能巾鳥主鳥上
面添毫忽意座石谷好畫手尺幅比籠乎江交花一畦青
以竹前个山靜日初長義熏心可作皇君此圖中天倪憂
相和我來一披對坐令萬想惰署題過紙毛公日作詩課
君將岸巾歸薄田收秫秔松濤耳可洗田餉篠可荷君歸
樂有餘吾方歌楚些

消寒第七集賦酒具分得酒鐺

倦客閑官一例貧消寒何物破愁城提壺自買賢人酒掃葉親燒力士鐺乍聽冷冷流澗去水[illegible]聞說[illegible]寫於[illegible]解酲更有龍團餅撥盡寒灰[illegible]生

一盞鵞黃去酒花提壺常及日初斜與[illegible]醒眼[illegible]茶碾未免[illegible]涎到麯車墮地不須羨折足[illegible]廉吏如何恨盆底[illegible]

題曹[illegible]採菊閣

東籬暑冷未全荒[illegible]黃金盞酒香一夜霜花似飛雪天邊作意伴松篁

菊如人澹人如菊[illegible]看兩忘機好與菊花同寫照一燈窗外影離離

白桃花和陳廣陵先生韻

○、絳雪紅雲自繞村瓊英開謝本無根飄零未消無言恨點淡能招獨醒魂畢竟[illegible]洗如[illegible]粉[illegible]可陽別後楹如去一種[illegible]

峯[illegible]峯頭雪霽時鉛華盡洗舊丰姿[illegible]有[illegible]垂子[illegible]枝縞袂攜歸蕊葉妾壁[illegible]作木[illegible]暗香不共[illegible]天曉孤負西湖處士詩

王[illegible]吹徹悄凝眸珠箔垂垂月一勾[illegible]紅難似[illegible]不隨濃艷與歸休風飄素帶空中舞淚漬殘粧枕畔流折送銀釵兒女去碧雲無際蕩春愁

五舫詩為向濤狄庵常題

風月家鄉

瀨江春漲與天平草覆南隄畫舫升[illegible]客不[illegible]詩[illegible]預[illegible]松陵

海[illegible]船

綠[illegible]紅雨蘸波明花塢停[illegible]待曉行[illegible]香[illegible]事快將[illegible]雨換傾城

春帆

甘脆常時置兩頭[illegible]潮[illegible]泊初[illegible]山陰[illegible]雪思君夜雨更能來洗玉舟

泛爽

魚婢吹花猶[illegible]荷錢[illegible]水[illegible]田[illegible]尋常白芡青菱味不到官廚又五年

卜月[illegible]

尊前明月二人共湖[illegible]春山四照開[illegible]支[illegible]待橫江孤鶴夜深来

暮春聞宋堅齋招集[illegible]柳園[illegible]六首

柳[illegible]池塘[illegible]蘸扉芳郊祖帳反晴暉[illegible]已[illegible]客歲閏[illegible]節物漸添[illegible]減林[illegible]信美故園非憑誰牽[illegible]修門過草長江南鶯亂飛

、舍軟城隅尚及辰長繩那得縶奔輪荼蘼最怯三更雨芍藥難留四月春曲水池頭藍尾酒東風馬上接羅巾[illegible]

想像飈車過且替鶯花作主人

池闊天高著處迷東皇鑾路有端倪愁看㢘徑紅衣薄漸見斫枝碧葉齊風過幔亭開折柳鶯啼芳草似秋驪唱朝色蹟花花坼燕麥息葵改舊題

駒隙無心今物華塵襟空負上闌花時知此日不再得未信天生定有涯目斷春風門過客心隨流水共還家牽衣不似人間別南浦萬重去也

玉琯芳時寸劍灰不聞義仲馬迷隨青陽何處還家路綠醑依然餞客杯記取假柑攜酒過倩將萬柳維春田臨歧好誦劉郎句劉禹錫有送春詩 蜜蜂采花次第催

予京文藻軼羣賢頻對春風悵別筵逸少蘭亭紫眼日客成

奉 命修蘭亭時值上巳日設客于山陰

絮廣陌初飛榆英錢等界盡山臨水意不應秋盡始淒然李倫金谷文今事是日不侍郎在座相邦侍郎劉夢得 單衫漸撲柳花

題畫三首送書布文歸海昌

金臺柳

成團打絮撲天飛千條萬縷夕暉輞川共說塘柳枝好因桃花流但迎歸

野店聽鶯

暇聞鷄唱暮車鈴鞍馱連朝奴驛亭料得如黃鶯好處颿高風利過淮聽

故園櫻筍

赤鳳珠輕含宿雨蒼龍尾重破春雷此時六洛愁人處移

寶蘆芽上市來

出京日作

一生西堂賦鵩鴞歲星四度換堦蓂夢中天接排雲閶眼故鳥同飛水萍九夏誰教同上月余以甲戌六月十五日北行今以丁丑六月十六日出京 三年曾不少奇零一片楚水隨兒去未必鄉音作夕聽

涿州謁張桓侯廟

泥深路滑客心危左右陽說古涿州破竹全天下七軍行河翠帳中雲壇松光赤高纛古祭霞明起大旗主上東征亦蕭索眼穿難得涕泗兵時

豆店弘恩寺

閩越吳齊一迴通紅塵姓裏行金容看來滄海桑田路澗盡苦人倦客說綴角風鳴調雲到門賈鐸應黃鐘吾方碌碌隨車馬慚愧高僧笑短筇

任丘旅次偶成

千里馳驅駢闌淵館一番我下征軺客來不掃窗塵滿風過還松屋茅廊涌寒寺聊為隱縣文無路歎龜焦日邊知是長安地紫蓋黃雲路亦遙

黃河歌

昔鑿公明去路賒九河遺址不停窪滄桑昔已經三徙牛馬今能辨兩涯亦自龍門穿馬頰應以清水刷黃沙問嗟渲浒為魚久日日司空側手遮

舊館人有丧為詩書辟間博過者一笑

到門頗覺事倥偬下馬相看有戚容當案依然食不飽況
殤卯爾泣無從杞梁在野君毋弔晏子臨城土可封此是
齊人前日事題詩莫訝似秋蛩

敘夏

千層絕巘阻躋攀數仞清溪浴鷺閒[illegible]不[illegible]雲通一綫誰
能插羽過嚴關野多麋鹿可作脯[illegible]姮門上放李西崖
人家否長菱東[illegible]十[illegible]三川

望岱

直從混沌破肖最出但齊州九點青屢過行如旋磨蟻河
年手摘傍巖星已開大[illegible]列鏡文放羣山列西屏且憩
塵蹤來岳廟進簿高豐[illegible]靈[illegible]

天書觀

西陲北御日尋師豈有[illegible]谷帝私試問芝生千百本何
如麥秀兩三歧秦皇漢武今[illegible]健牛帛魚書皆共嗤惟有
[illegible]明遺恨在茲[illegible]真[illegible]諫書遲

[illegible]安道中

吟鞭搖搖馬匹馳千盤絕磴東清漪雲想征衣足烟出山
頂[illegible]看絮帽披意愜不須澆磊塊口[illegible]開自烟華池何當
一陟岱岭頂拄笏扶桑日[illegible]時

錢塘觀潮命言勤呂三兒同作

海門一綫雲濤起桂華無風濕金藥夜來商殺發清籟白。
日高秋飛海水須臾攪怒地軸折歘迸寒潮入城而醜背

遠從北海運鯨鬣直若南車指雷司擊鼓鼍鳴牙萬壘屈
毛混宵從銀城雪壁四面開龍伯天吳供役使素車電掣
白馬奮鴟夷精魂今未死組練三千[illegible]茶瑳臺十二子
口砥柱疑歘霍墮太白乍見[illegible]騰流[illegible]矢文身繡項踏波
兒一葉飄飄摩戰壘萬人回首百夫[illegible]轉軀命如螻蟻
瞿塘峽封灩澦沒遠天四眦蛟龍[illegible]身潮人眼
座紛、畫餘子觀飛、[illegible]自[illegible]歌空說婆[illegible]衣錦里

和 惣 言

吳越兩山相對起蒼蒼海門浮浪藥屬鏤無眼殺靈胥
遂有鴟夷翻海水千[illegible]志那得手歘捲吳山洗城市
先驅萬竈依組練參差千[illegible]嚴劈指魚鱗屋尾萬家震
但愁城郭隨鶻徙金戈鐵八斡地軸巨靈五丁任驅使
神機萬弩一時發鮫[illegible]馮夷死衣錦里中起宮闕
三百年來王如砥後來天下王氣銷白雁南飛遺一矢
廟子沙高騎屯[illegible]敢窺軍壘如今[illegible]河水逆流
十丈高堤空一笑[illegible]食[illegible]人食魚司空憂愁河伯喜
[illegible]得媧皇斷鼇足安得神禹鎖[illegible]浦縛甚屬不敢豪
[illegible]泰油、一千里

和 燃 勤

[illegible]蜃金蟆裂波起山河桂影飄瓊[illegible]廣寒未扃白[illegible]飛
向東溟戲秋水霓裳雪羽如燃犀照破蜃樓驚海市此
時馮夷自惴懼傾瀉天河一彈指龍藏怖隨砥柱析鮫

室欹傍桑田徙赤鯶高飛巨鼇擲魚龍亢可鞭箠使逗
娥孤眠亦何事藥臼丁東求不死笑遣吳剛逐白萬桂
〻〻利斧初礲砥萬飛却過錢塘來〻轉星飛若流〻忽
然〻〻作萬銀甕擲過海門城雪壘不怕風〻鷗識太鵬豈
日長鯨〻螻蟈此時秋水亦時至〻〻望淮河差可喜不
〻海若固慮〻縱河伯聊〻呼豎〻〻史白〻飛上天雪
輪䡍苍三古〻

和

姑蘇高臺切雲起夸〻舞鈒溜金藥光傾長城後傾國
壯士鶩纓賜槃水樹〻〻到甬東城扶眼那見吳閶市
館娃宮外夜潮寒〻〻溪上軍麾指千年往事已銷歇
忠魂不共滄桑徙雪〻〻潮騎赤鯶公霓旌夜隨蒼水使
北斗柄爛銀河乾到〻〻心不死倚天長劍半鏽澁
吳山右石甚磨砥遂驅水〻〻向城郭先道〻吳作嚆矢
躐越鞭吳〻勇存〻〻白馬〻軍壘我〻看潮〻眼豁
下視叢塵〻陋〻〻皓〻挂木末坐見千林同一〻
〻杵誰偷不死藥紫桂〻落天〻〻〻娥〻〻總愁絕
海碧天〻萬餘里

〻行六十韵呂兒之官〻冶舟中同錢鳴菴賦

楚〻吳頭路長空望渺瀰一家聯出〻千里未睽離〻漢
光能致詩篇我自携政亭妨華札事莫競刀錐且飽官廚
粟從誇宦達資伊惟秋仲月爰與故山辭江界疑無地王
程未有涯杯盤勞客餞艤艓以家為道遠風烟接身嘗節
亭遲米新論月買雲物逐宵移斥堠排江圻艅艎列水湄
長〻儼卓戟高舸訝登陴牽纜山迴合揚舲路嶮巇風飈
〻不作橈櫓竟安施津鼓連宵待鉦鐃隔岸催燒錢憑水
手酹酒向風姨東北瞻清籟西南擲綵旗遙岑高岸嶂遠
景淡迤逶忽爾鯤魚徙俄看鷁首飛車何足比健馬不
思騎側臥隨琴〻撫〻任酒〻望赤嫖眼防怖定怪神疲
雅令還抽史新詩屢〻音猶〻甚把盞亦〻囊圍挂錢鳳
連朝喚冰輪雨度虹白洞楊柳夜彭澤菊花期紅葉霞漂
楓黃蘆玉粹枝水寒憐〻〻網重莼魚肥鳥道山圍寺人
烟水浸陜眼看孤鶩下〻望遂天款候館還停泊江行不
計時曉雲迷〻苑朝日〻咸池訪古時操簡探玄自手著
固知身是客且喜路無〻到處徵風俗隨方問土宜樓餘
王粲賦阜聳屈平思萬古孫即恨千秋宋玉悲浮天平起
色拔地豫章〻蛟蜃〻雲出齊鼉負日嬉泥〻龍蟄沙白
鳥頫鶢霜落地〻〻〻草〻萋感秋啼於澤催曉唱嚘
咿冷態聊供笑蠻音或售〻風腥〻虎過滌更想猿垂負
米〻頭娌拔犁赤脚兒人家竹為屋打落槿編籬劚土收
山芋〻榛刈水葵浮槎漁子淩捲葉牧童吹府吏催魚稅
田翁拾穗遺署留槎上木網結水中坻憑弔今猶昔登臨
健未衰村醪供夜飲脫粟且饘炊且縷槎頭鱠兼嘗牛尾
狸饌堪酬酩酊酒只餔糟醨歲月常如駛〻襟散七縱詛

儹江上興賴有箧中詩楚吏迎旌葢吳儂隔領綦且種沙鳥
去官作賈胡羈自有閒心在無憂世網縻磁湖近咫尺悵
望心詷飢
贈賈可齋時官黃州太守以循良第一候遷轉
眉山三載七淹留未似長沙擁碧油詩客邀同看赤壁詩
人叫興刺黃州蔦蘿詩在郡投分多萬情親爲少留聞到
官廚饒美醞出六五色供賡詶
遶城喃練画屏如蓬島梟真句上居熊軾外齊霄漢外蠙
珠百琲咲談餘氷廚寒折竹籠笠江艇晴供陞鈎魚早晚
雄州開縈戟攀轅絕鐙一詩酬
過東方山 三首 相俳方訂讀書處
涓山名人姓偶利府曼倩不真李有無浪說三冬翻故牒空
令一飽羨侏儒荒村鷄犬鹿成朧平楚川原入画圖我亦
滑稽聊玩世戍陵松栝荳榛蕪
秦関囷綺塚默默豈有真人夢草萊梅福亦携妻子去嵗
星能挾細君來因知瀛海多異草慈說昆明有叔灰虎鼠
千秋無定論今看衛霍是人才
○、赤壁 顧子瞻像
朱是不話月是魂騎翁精爽法今存因為地主留風賦莫
向山靈辨燒痕定慧院空誰復到女王城古在何村三處俱公詩中我
來不做年時夢且吸齊安刺史尊
雪堂田親闢署東坡黃有雪堂公除作閣署曰東坡蹤跡何如樂潤門江上人遨孫
鶴夢舟中客和洞簫歌孫郎霸業依然在公子騷壇不啻
過雄得河東賢太守別開亭榭俯晴波
立春前二日游赤壁
消郭泛江飲渴龍故将飛溝壓高墉留山白浪晴堆雪燦
辟眦霞夜低烽與客一筇來勝地得閒幾日是殘冬亭碑
剝蝕花間句小刻坡公詩詞及手画梅一株指點坡仙舊草蹤
迎春日集一齋居
晏歲文書一例捐圍爐薄雪記豐年雲陰巳喚君留榻木
落江空我扣舷農樂春前占占語官閒朧尾賦賓筵偶延
荊楚微風俗銀勝金支並一軒
可齋畫竹
莱公竹顆何年活坡老梅花分外妍用可齋自題句寂寞誰能參後
乘風流君不讓前賢亭玉節梢雲瘦梟梟春枝咽露乾
我與長少是親串山僧莫惜打碑錢
赤壁
坡公謫居詩逞口親扣仙禪呼僧室酒囊錢盡買村醪往
往謝甜比蘆窩後生潘郭同仙舟伏空一鴻江油油山神
向人索好句如獲百琲千琳球公言人是田間叟那與王
堂揮斧手江山忽然露精怪特借孫劉起沉瘵酒酣落筆
翻雲濤勝地雄圖供一快大兒如龍諸葛侯小兒紫髯孫
仲謀元豈諸子奚足仇舒亶李定真蚍蜉君不見惠州路
更一千重瀟洒移居白崔峯潮州之韓夜郎李雲夢何嘗

8

一芥舱

江夏晚行庵人告匮以茗瀹饭食之得六绝句

何如食饮尽关渠艇子惟携一卷书半日荒江虚市过可。曾看见武昌鱼

饥肠吟过日曈曈急桨随波又趁风饤白茗香是兼味座。须小海觅鱼熊

腹心不免一时空厨灶都无华把疏尚愧子房能辟谷山中谁是赤松九

灵薪浓煎瀹雪抗起来扪腹已彭亨世人食品多穿凿真味何曾入大烹

江流初煮楚山茶脱粟仍多细碎沙不怕何曾开口笑绝胜涨海食虾蟆

双桨咿哑拍水过微风吹面涤春罗酪奴一梳新诗出不。负撑肠万卷多

岁暮客黄州行箧有苏诗一册因随所见辄用坡公在黄时诗韵得廿余首

武昌怀古用将至岐亭先寄吴远逵王子韵

鄂州英雄之旧里背挥千峰面流水我来不见紫髯翁那复夸张到余子北望邾城西夏汭（邾城在黄州陆逊所筑）磅礴山川争卧起千年惟有浪淘沙万事忽然风过耳汉江南流到建业自昔金汤称表里刘勋败绩黄祖破散花洲前同一喜（孙策破刘勋也）（西塞山即今道士洑也又策破黄祖宴军士沙上各赐花一枝因名散花洲）临平湖水有通塞（吴时童谣）转眼前兴亡歌汝尔君不见昔时安乐公蜀技盈庭都不耻龙翁几次复何事大厌相容莫相恃青盖入洛彼何时（青盖入洛之谶以为指金陵地定中原及皓被俘是其年月也）差胜刘禅真溢美

舍舟陆行东李文庵姻兄用磁湖阻风韵

黄石矶头浪舞空别寻归路万山中行人不是无消息舟泊空滩待转风

腊残春动意醒然薄雾霏霏款暝天江上野凫成小队见人飞过碧山前

村村摩诘画中诗茅覆墙头竹隐扉水际横斜数家住碧苔苍藓作垣衣

柳稀梅蕊日冲融几夜春晖许功君在横衡洲上泊停桡东望莫烟空

我肩笋舆背千山君坐虚舟落远帆莫向白茅冈上望夜。来虎迹印空岩

除夕前二日舟中阻风由武昌陆行用别黄州韵

驹隙骎骎不可攀消寒谁与障屏帏风豪愁傍危滩待浪急乍寻别径归来信诗书闲散常漫劳赠布裘新衣一痕陌草迎阳色惭愧年年悔昨非

登武昌江上小山用过江闻黄州鼓角韵

挠欲啸空帆不展东马悬车登绝岘九曲寒溪咫尺问舟子兴来但解远次山子瞻一世才公遗旧符天下健通来人物千余年浪迹沙痕几迴变不逐山色供愁眼且吸春

風頹酒面西州地主吾所狎（黄州曹太守、武昌吕大令）未謀主簋一飲散

黄州迎春戲賦土牛用初到黄州韻

攫攫搏沙大劇忙便瑩蹄角也頽唐未收南畝耕耘次且飽春風雨露香北里靚妝看窈窕西凉假面騁兒郎豚蹄已見甌田約何用新詩滿縹囊

鱧自黄州内子以瓷盤見餉用自興國往筠韻

春韮搓搓摰蚕吐生菹飣盤誇縷抹細君儲得江南醪笑我飲比姚羌灼香糗不羨粔妝飲蔓菁亦斅蓴絲滑兒停職課女放閒圍爐一醉戶早闔

雪後孩齋閒眺同曉從宿乾明寺韻示西兒

濺檻前魚鳥不須驚我亦忘機取次行一面湖波通小市千家屋脊當高城雲衣落處春山暝絮帽披時夜雪晴兒禄未堪償酒券叱牛難免向求藏（奮勉至有父叱牛語曰我小不能求養使父勤苦）

和　懋言

濺雪茂松瘦似猿驚自千雖騃步履行信有三年淹大鳥可無五字比兒戒蒼龍迴照扶輿煦青蕭吹花爛熳晴小檻東頭山斷處千章寒木換春蔽

和　吕

濺一枕山光四座驚官齋内集奉觴行任人未敢追罩父對酒猶能唱渭城庭草雪融添曉艷嵐烟風捲送新晴仲兄木有扁舟約（時子卯二兄家居）藍尾尊前好寄聲

寄懷查德尹錢亮工用游寒韻（時兩君在京師）

作客病矣如夏畦淮南薊北楚水西一年足跡半天下舊交零落有鴻泥與君共習毛鄭學名場昂足相提攜勞勸各自比精衛蕭灑或得儔鳧鷖有時鞍馬出西郭一春壺榼尋山溪消寒不怕雪霜勁共沽雲液斟玻瓈蓮萍轉眼略相似上林不借寒枝棲官厨我但隨傭作朝市君亦同山谿不知此權竟誰執有才無地徒悲悽不憂天窮終蒦落而何人力能此擠明年共君對牀語辛勤莫更憂鹽虀會當一萬一持翮無勞尺寸分黍圭

聞張石楼以無妄被劾用西臺寄子由韻

吹律難迴黍谷春籌据不自保謀身扶搖擊水知何日歎貶還鄉得幾人鉤鉅有時逢乳虎揶揄無術致錢神見幾真悔無章婦泣向牛衣沽舊因

永夜圍扉自慘悽驚心噩夢首重低問途已蹶霜蹄駿閉力終輸鈴羽鷄不分囊頭呼獄吏可能留舌示山妻平反引領成歸計花浦春帆一水西

聞石楼蒙赦得歸

濺青鴉嘘呴易為春網罟如何偶脫身但免招魂同故鬼不妨落籍比陳人興來率爾還提筆痛定依然一愴神此後安心良是法災年頻過豈無因

濺柏臺曉出尚餘悽搶地休嗟羽翼低不向鵲烏論黑白免將得失問蟲鷄偷生莫訝靈均姊逃死真同后羿妻話舊何時湖上聚壓驚為勸玉東西

恕堂詩卷之六 戊寅

倉浿集下

恕堂　宮鴻曆　友鹿

〇、黃鶴樓小游仙詩

神魚跋浪水浮天三日顛風断渡船安穩不如黃鶴背錢
龍吹徹上晴川

蜀江中断水漸穤黃鵠幾高大別孤宛似銀河衣詩隔不
教織女近黃姑

黃鶴達朝飲之清氣瑯可著癯仙大星散亂浮萍似倒景
還過水上天

正平詞賦謫仙詩屈子行吟賈誼悲江上老仙都不管梅花
横管但孤吹

雲濤孔翠摇青荅浪蘂魚鱗霞紫綃芳草晴川飛得過文
嗟雌雹結長橋

仙棗瑤林垂纍纍雲壇碧海起峨峨七十二峯行遍處漢
江今夜月明多

湧月臺

黃鵠磯前一片石湧月荒臺留墨跡承訛襲繆不復論想
見英雄舊標格漢陵草色千里青銅駝破碎無完形征西
將軍論如鬼欲鬭走鹿嘗膻腥荊州俊君自虎視但有豚
犬無兒子江東走死大耳兒肌肉時時消髀裏吳中會獵
思高秋檄書草出頭風瘳顧曲郎君一稗指吳回赫怒焚
連舟東風不借周郎火銅雀春深二喬鎖此是丙意得意

詩忖量老賜心亦痴君不見冀州兩雛將說京今年殺賊

正為傀袁家新婦頭不舉妲己亦賜姬文公用孔北海語

雙飛燕渡江渡船名

選楚江秋高怒濤起雙槳夾船如燕尾剪波掠水鬪身輕一葉點蓮疾於矢兩竹白板釘不牢船頭著脚船尾高北風吹江江水立便輕性命同鴻毛舟子招招人迹浪拍兩淋都不顧安得々江千里似掌平黃龍萬斛安流行

鍾馗圖

選歲晏天陰雲潑墨黑風吹沙起平陸冬青樹底啼妖鵩信有鬼瞰高明屋箕帚自飛車自覆白碧燐青髑髏哭殺街京雞走廟祝木佛泥神都蓄縮老馗來白終南麓戟髭張肩手拄腹帶緩靴寬著儒服豈隆為車雲為目怒折鬼脾臠鬼肉一揮何異空壁逐徐倚長劍手一牘報汝平安錫汝福茶壘當門聽爆竹不煩香鐙事響卜曈曈朝日行若木萬里春光變清淑

詠夢用高青丘韻

塵濁真無邪華胥有太和蝶輕衣栩栩雲薄影峩峩閨婦心情悄征人驛路多緣愁頻反側極意忽風波有翼思排閶無梁欲渡河冰胖難散縷翠黛易葦蛾遼濶誰馳載深沉孰禁呵臉留紅玉印鬢亂綠雲窩憶別成啼喚懷歸劇歎歌窗窗搖雪柏淨簾捲風荷淚漬熊腰枕香生鳳尾羅曉風街鼓寂夜月在梁過送喜聞符讖添愁省折膂跚跚人隱約森森意蹉跎燼落連珠穗烟銷小篆螺代尋鶯女日遠想惜成訛促漏寒三疊棲鴉夜一柯幽憂原有象煩怙豈無魔未免牢愁甚其如良夜何百年占吉夢飛變繫義和

漁父詞

選西塞山高江水長漁人刺船沉大網磯頭白鷺翻雪水底長魚裂波響兩岸漁罾多若織戢戢小魚逃不得大魚入市三百錢小魚論斤聊取直網師罾戶俱業魚亦分大小輸魚租水仙祠下賽神罷呼羣換酒歌嗚嗚夜來打槳一尺雪江港蕭條菰蒋折酒醒不聞人語聲楚天萬里鳥飛絕

牧牛詞

選林豐草肥山複沓牛背臥兒如臥榻三三五五渡前溪長短不妨牛踐踏羣兒牧牛上南原山花壓帽語笑喧探雛繞上籬邊樹吹笛還過花外村去年雨少收不足八口一家全恃粥阿翁輸租莫責牛轉眼明春生小犢長安馬上多公卿白髮仍愁世網嬰如雲車騎那長在安穩何如牛背行

楚巫詞

選紙錢挂樹酒盈罇旋風陰森神下馬一村父老趨如狂鬼燐神燈照平野楚巫跳踉舞且歌楚娘聲鼓兒鳴鑼睛修蠱甍自狼嗥烏鵲啼得升高柯楚俗從來畏淫鬼淬淬袖

衣盡紈綺一朝堂宇野火焚四壁猶存庭樹死芥荼周遭長榛棘蓏茭筵篝一時失天陰日暮雨淋頭偶人猶作猙獰色

彼鴷吟

輪囷庭樹十圍大蠹之只用一寸蟲此蟲食心不食葉枝榦雖好心已空支撑或耍賴木石顛仆未免愁北風何來彼鴷鳥鎮日相擊攻雌雄上下作禹步鉤鉅有術來蒙長吻利爪似錐鑿却令病蘖回春叢紅襠綠翅捷緣木臥聽神鼓敲丁東噫嘻蒼鷹肉重飛不起人間狐兎蹲蒿蓬搜索羣蠹縱勞苦尺寸自効非全功

東武吟

章服人所貴禍患與之俱不如蓬蓽士一簞一瓢樂有餘錢刀人所愛東家握算頻躊躇不如西家叟葵藿亦得泛朝廚君不見牙籌會計梁蕭宏積錢百萬呼愚翁又不見口舌得官魏蘇季六印垂腰光照地東武吟成殊可哀西山薇蕨半草萊富貴豈盡閔賢材噫嘻嗟富貴豈盡閔賢材

相逢行

渫朝菌不知晦與冥蟪蛄不知秋與春物因所處乃異趣要亦大小非其倫南溟鵬翼垂雲飛搶地斥鷃來相訕鵬但一咲委之去豈更尺寸分高卑君不見秾李艷冶姿多栽溫室前松柏勁且直棄置空山巔有材無地可奈何相逢且莫相嗤呵

江上吟

江湖水落波溶溶青青草樹連春冬輕霜薄雪不殺物雜卉欲傲依巖松岩松默不言雜卉各爭妍世間好醜那得定夸誕千載知誰賢君不見昭君姿首殊絕約註誤丹青向沙漠東隣工作時世妝俗目何曾咲輕薄又不見長安朱门乳臭兒識字還被項籍欺穀色以外無一事繞床阿堵誇餘遺不知此權竟誰執碩士終年困蓬蓽莫作百鍊剛當為繞指柔百鍊作劍寸寸斷柔者乃可曲如鉤噫嘻有道賤貧壯盛時老衰安用富貴為

香奩詩寄晴雲主人並索和草

騰騰情思浩無涯軟語何曾隔絳紗熊枕獸爐香不斷燈光月影幕帷遮釵分綠篸鬟成暈釧壓紅酥臂有花正是一春行樂地人間何處有靈槎後门花月悵芳踪一抹雌黃蠹粉濃繡被持來心不定花箋送去手親封小垂年命憐張碩大有詩篇惱李邕昨夢閔心愁對鏡空教雙燕上釵茸蓮花世界一微塵按舞天魔得幾巡洗盞莫辭芙尾酒窺簾不隔掃眉人胡麻飯盡垂前約黃竹歌成問舊津銀箭報中收夜鑰墻高何處宋東鄰大羅天自鬱嵯峨白道青门幾度過玉燕飛時雲髻亂金蓮印處麹塵多臉霞已礴三升酒眉黛能銷幾斛螺屈戍、

銅鋪終夜鎖，雨雲來去欲如何。

王妃宮闕海茫茫，獨掩雲屏又幾霜。金鳳釵留他日約，紫綠裘剩隔生香。但傳羽客搜神法，豈有仙人換骨方。今古傷心何限事，吳儂枉結九迴腸。

一剪香煤蠟炬明，誰教弱水接蓬瀛。華姿不分為中婦，薄怒多緣喚小名。送喜航船憐醉眼，揭天歌吹助情波。周郎世裏銷魂夜，莫忘新詩作報瓊。

寄懷狄向濤、顧菁宣兩先生 疊本韻

選扶過竹西，並舫下鐵甕。金山眉睫間，紺碧耀欄棟。復此渡錢塘，仙舟別二仲。歸理楚江楫，洩濤奔湍洞。懷人心凱飛，寄遠書未孤。豚子覓升斗，荒途百程迷。磁湖越小邑，川原互引控。西泛潮潛沱，東浮接章灘。嵐晴拖遠烟，水澗起纖霽。寒月冰腹堅，指直踵皴凍。到踝拔榛菅，四壁供吟哦。兒課案牘親，婦績燈火共。四山燒春會，遠樹散寒淞。秋蟲上堦吟，幽鳥下庭呼。官廨非大盈，齋廚亦屢空。絕無珍饋陳，畧受魚稻供。山蔬與村釀，草草入杵臼。橘柚沁齒酸，棄置謝方貢。楚茶品粗劣，聊用挏馬湩。一醆自畀漏，四時下霖凍。尚思爭延巫，招魂競縛粽。狄侯吾畏友，詞館教價重。筆繪三神山，胞吞九雲夢。古懷露肝膈，新篇雜嘲諷。客來舉座驚，句出萬人鬨。顧侯蓬閬仙，天衢躡飛鞚。端居對竹素，六經資折衷。剩若奔椎雷，歎如飲渴蝀。險句鬼可泣，強韻山欲動。相思十年餘，一會頗倥偬。我亦縫掖士，博浪慨一中。縱好黃公龍，誰歌楚狂鳳。踟躕思後動，錫殺已前陽。贏勝骨嶙峋，倦鳥足縮以。三年客京華，文僅已頭痛。西堂厭客喧，東華避騶哄。關捷才落落，趨利心懵懵。便腹非時宜，白眼任睨睃。兩君今大匠，頑礦待磨礱。而我戴南對，末由刮昏曹。時坐硯北對，吟供笑詠。愧無白雪調，下里和者衆。

舟中小病柬韓德其內兄

半生奔逐悔神疲，散木勞薪任所為。自學刀圭療宿疾，免將性命付庸醫。畜囙諸子牽婚宦，病到中年感鬢髭。殺馬毀車如有日，維摩丈室拜尊師。

楚中懷古

江清漢廣竟安流，形勝居然屬上游。三户入姻猶昨昔，諸熊廟食自春秋。狂歌無復憐衰鳳，霸業何當咲沐猴。千里荊襄通宛葉，不勞百數神州。

水碧嵐青送去舟，瀟湘南路等荒徼。侏離無處非蠻語，歎息何人續大招。俗陋村巫聊已病，山深木客易為妖。由來此郡多淫祀，酹酒叢祠未寂寥。

作賦無勞喚楚傖，南對何路好逢迎。於莵出谷荒茅合，款乃連天畫舸行。江表英雄留舊傳，郢中曲調換新聲。熊渠華路開疆處，明月蕭條漢水清。

高樓崒嵂大江邊，歎息雲間控鶴仙。去艇夜衝滄浦浪，落帆朝帶洞庭烟。山川氣色供留句，魚稻生涯不了錢。日莫渚宮何處所，碧沙香草又今年。

屈原祠

選 秦吳戰壘四郊多，其奈南風不競何。逐客甘沉湘水石，寓公竹負武関戈。雨雲巫女曾同夢，草木騷經好訂訛。望裏脩門揺落甚，招魂忍聽楚人歌。

伍胥渡

選 無極翻唇起禍胎，吹箎乞食未須哀。一餐聊得奔吳去，九死終能覆楚來。軍幕啼烏猶有恨，墓門樹攬已堪材。鴟夸舊在沉錢浦，雪浪橫天萬馬回。

孫伯符廟

選 公路何當易擲兒，兩椎相見歷階時。但吾江左猶堪用，死中原不可知。三楚風流春水艷，二喬聲黛曉山姿。我浸精爽千年在，鄭重芳椒酹廢祠。

贈謝二安 本姓朱，精醫善琴

廣柳車前變姓名，浮雲落葉比身輕。相看若木千枝秀，想像天潢一派清。日午當堦移藥籠，月明閒幔轉琴穀。還家已值春陰過，水長湖田正好耕。

漢江女兒竹枝詞

鏡裏梳頭聽棹歌，全家一舫狎風波。問儂年紀今何許，十八差些十六多。

選 處女丰姿子建才，洛濱莫遣鳩為媒。長年只傍耶孃宿，那得凌波送枕來。

湖上簫敲憶釆蓮，不先臉影比鮮妍。真能嫁得江南去，日日搖衣拜水仙。

莫訝英皇是後身，竹間淚點自分明。聽儂鼓罷瀟湘瑟，依舊冷〻學水敲。

不是酥娘與黍娘，莫將顏頰比新妝。食魚只有河魴美，說與郎君是姓姜。

用元微之離思詩韻

芙蕖一柄水天中，占斷風枝與露叢。巫女不來雲雨散，屋梁初日正融〻。

選 畫橈西去水東流，天外愁心滿舵樓。無事捲簾空翠裏，為郎惆悵一回頭。

唾作餘花暈碧新，笑因丹荔出紅塵。王環飛燕纖濃外，始是人間第一人。

橫眸快剪湘江水，掠鬢低雲楚澤雲。金粟尺裁青錦段，繡成鴛枕待夫君。

選 檻隔簾衣見未明，釵鐶隱約鏡中人。武昌楊柳休攀折，不解迎春解送春。

弦齋望興國諸山

選 青山列南紫，嫵媚似西子。若無大圓鏡，雲鬟不可理。快哉金湖流，江濤比輸委。每於春夏間，一碧四十里。白雲冒山巔，清流激山趾。有時風雨來，變滅隨寸晷。我來坐高檻，風定波不起。良辰一凭檻，長日一隱几。蕭散無俗慮，嗒然忘

愠喜何當汎洞庭，於胞見鵬徙作賦弔古人氣學屈宋興

江州大雪寄懷韓慕廬先生（孟本闕）

潯陽仲冬客舟過，風捲雪花席片大。清冷不敢開篷窗，布被蒙頭著船臥。黃頭踏市買鳥薪，藁束筠籠氷雪涴。煎茶不成且煎炭，綠烟滿船起危坐。須臾腦騰飛無星，猝欲遮防更無奈。過時吟膝高並肩，始聽銅鉼蚯蚓和。芳椀爐形何所營，聊用清詩洗寒餓。鹽絮吟成不直錢，畧似南尉歌楚些。却憶前年京洛游，副相府中黍窗佐。荷公忘年亦忘分，赤幟招邀刷塵埃。来光寺西南市頭，霰雪封髭泥没踝。我亦素解濁醪理，百呼一不辭勞瘧。有時漉巾盡一石，有時岸幘喧四座。爐頭曉日扶桑烘，缸面青蒭竹葉拖。白雪當筵不敢豪，朱顔得酒春先播。風情跌宕氣如雲，縱有寒威先禁呵。僕来廡下沾殘膏，馬放棧前飽新莖。歸鞭不怕催更籌，醉眼只愁逢夜邏。此時滕六故依然，逡巡不向尊邊墮。我公文筆今昌黎，萬象直欲毫端挫。爬羅剔抉啟来哲，八代同時振衰懦。殘賸一任學子乞，襟度從令朝野謳。不因冲謙遠穀響，便恐高名塞天破。鯫生此腹可所有，詩以頑礦求劘礪。立雪縱愧游揚徒，側席頻承柊玉唾。自知才命俱人後，廿載名場遭跌蹉。飯顆吟成不自聊，長門賦就凭誰貨。青衫席帽出都門，掉頭三年悲轗軻。柳車送窮本非策，閩越荊吴一旋磨。豚犬冲稱宰下邑，基薄墉高愁負荷。縱有微禄供酒資，未抵薄田收秫秔。倦鳥思困息羽翮，疲驢豈得辭鞍馱。匆匆復作榕城游，藥亂花飛没坎坷。今日琵琶江上舟，坳堂一芥愁掀簸。荒村寂寞無酒壚，敢麓哆張理詩課。迴望金臺紫翠間，懷人感事真無那。賣文糊口東南州，零落酒人還幾箇。別来江澗鯉魚沉，世路艱難非懶惰。明年又擬踏槐花，樂事歡場猶可作。侍公澣沐得餘閒，醉白堂中一相賀。

自大冶往閩抵江州陸行至大孤塘過湖作

江州謝舟揖，百錢一籃輿。輒離雲水鄉，而行榛莽墟。側聽田夫語，此地藏於莬。初聞毛髮竦，却顧心躊躇。作意首前路，茅葉迷荒途。况當仲冬月，朔風裂衣裾。草枯山骨瘦，葉落楓林疎。人家兵燹後，落落晨星居。縛茅代陶瓦，壁竹為椽櫨。瓜壺下場圃，禾黍登篝車。畜淨如洗，藤蔓悉已除。纍纍山中果，丹砂黑漆俱。亦有村中醪，白蜜黃虀如。忍飢四十里，卸擔日已晡。匡廬劃昏曉，彭蠡混太虛。大孤一拳石，变滅隨鷗鳧。登舟索一醉，醖酊無鹽菹。河魚與山蔌，隨分聊相於。明日西北風，茲焉泛東湖。

小姑山

雲作屏帷月作璫，水晶杯裏見金堂。斷無青鳥傳仙札，空有神鴉送客檣。衣著六銖誇裡女，妝留半面惱彭郎。寄言巫峽湘江去，眉黛春山若箇長。

和　懋言

霧鬓烟鬟碧玉璫，珍珠簾額半垂堂。堯花水濺千堆浪

繡帶風吹百尺檣帝女天邊元有匹小姑江上豈無郎
芳掀好聽巫咸語鄂渚湓城路正長

○ 選 南昌贈韓筠齋憲副

筠齋好客兼好酒分日謀歡聚賓友我時金臺簡寂人設
醴飲醇無不有燕山二月花柳春鈴吏趨走本曉頻主人
退朝未解帶衆賓已漉頭上巾談諧競起雜方諺風雨乱
闌邀拇戰君家昌黎眞酒星（元少先生）並隣張君最勇健（謂漢瑞）我嘶
戶小心茫茫從君空辟來受降轄投井中門未閉號召朋
侶同捲堂一官隨兒來下雉君亦雙旌蒞章水入門一咲
滌塵襟官閣重開舊營壘君心瀟洒誰伯仲雅量能呑九
雲夢兵廚滿載烏程醪可許扁舟携一甕

○、8 登滕王閣

選 慢捲魚鱗萬尾齊樞衣初上最高梯長天秋水蛟龍蟄畫
棟春風蛱蝶棲山送嵐烟侵短鬐江連漁火宿長堤古人
才命相爭處宋邸無端賦鬪鷄
靈光景福盡荒榛傑閣千年粉䕶新大是人文能度劫非
關地勝不成塵蘆花映水帆如箭楓樹連天月似銀楚閩
榕城饒客思（時家大兄開府閩中呂兄官大冶令）愧他鷗鷺自相親

南昌舟中聯句

理棄章江由（恕）倚然思不禁劍分牛女談（言）山割楚吳岑
湓水方飛渡（恕）匡山已臥臨分藩帶礪舊（言）開府節旄今
東路通甌越（恕）南荒接桂柳城高嚴曉柝（言）江遠急秋砧
帝子千年閣（恕）才八九日吟鵝飛教湃湃（言）駒走日駸駸
身已隨南雁（恕）心猶戀北禽糗糧誰問訊（言）朋輩自追尋
官有逢迎席人無餽贐金醉因添竹葉（恕）渴詎得梅林夢
過鄉心入（言）冬殘歲事深沾唇酬酒德（恕）刮目稱書淫不
撅桓伊笛聊携叔夜琴客能操古曲（言）兒亦副遺音鷗鷺
忘機意（恕）漁樵見在心（謝二安舟中彈此二曲）可堪娛短日（言）泊與滌煩
襟人世同炊劍（恕）艱難比食鐵楚天鴻雁遠（言）榕水鯉魚
沉縱少鶏棲樹（恕）依然鶴在陰八閩垂到處（言）閩樹曉森
森（恕）

彈琴曲贈謝二安

選 魚在淵鶴在天空桑六尺張吳弦琴散希琴韻古促軫調 8
綠鳳凰語宮商一一臣典君牛鳴甕盎羊離羣九疑塚荒
二妃老水邊有客彈南薰勸君且賞無弦趣鍾期那有黃
金鑄我亦齊門抱瑟來不堪裋褐隨飛埃君不見二十年
來一翻水雲門歇絶新聲起繁哀滿地奏伊凉箏笛琵琶
聒人耳

吳城驛夜泊

行路悠悠又一程破颿壞槳悼孤征船過庭下人烟聚山
接湖波戍火明月落霜林啼越鳥夜分寒柝動吳城尊前
聊得三人共不似年時冷落情

○、舟中小至

南來舟楫已兼旬野水荒江寄此身綠見梅花開似雪便

看天氣燰於春常年緑蟻停紅燭今日黄虀煮白鱗草草
一杯還自省此生真未離風塵

至日

天邊雲物記年光客裏空驚節序忙書共梅花難北寄人
隨雁影又南翔蕿灰每共鄉心動繡線真同客路長水淺
灘高時繫艇憑將濁酒滴詩腸

建昌道中

竹截檣竿篛益篷青蒲八幅受風輕灘聲甚兩中宵怒江
水因誰見底清松磵鳥啼花自笑茆岡人斷虎先行爬沙
亦念篙師苦安得澄流一掌平

水濺峽偶成

湅雲千里接飛翰沙水清漪沁骨寒石齒漱灘聲瀧瀧山
腰置屋路盤盤筆耕誤我生平意禄養資兒本分官此去
鴿原無限意累人真不為猪肝

峭石塘過毛女峽

束馬懸車路未窮却携詩卷入船篷兩年行脚半天下萬
里鄉心一夢中日暮稻田喧鳥雀沙明灘水臥羆熊連朝
不借長風便地險惟應蜀道同

和　　　　　　　　　　　　　　　　懋言

辟立千峯徑已窮松巖轉處見高篷水來浩蕩天門外
船入嶔崎石葩中束峽波濤奔萬馬古祠鷄黍祀諸熊熊氏祠堂在山巔
橋頭舉酒招明月憶弟思家此意同

嚴婆市游劉氏西園主人也出

抱水臨巖地一弓黄頭指點步蘭叢殺鷄不饌郭有道上
塚未歸龐德公列戟山排書案外故灘聲入枕函中最憐
小徑紅梅艷蓓蕾枝梢待曉風

次前韻答謝二安

存亡盡付楚人弓松菊何當戀故叢昨日御風同列子明
朝按牿學任公明日入閩界翕瀹一水來天外變減羣山入眼中
春浪生時理歸筆好從宗慤借長風

峽石陸行過杉関至水口登舟得近體六首

嶺嶕嶢後嶺長竹兜平軟上茆岡山盤曲磴人烟少雨
作飛絲酒面凉雪瀑灌田才泛鴨風輪激水自春糧篔篁
深處講曾到望絶雲屏一鳥飛

峽石奔湍一水間杉関峯嵂接飛翰山留霧雨迷空谷水
送樵梢下急灘村惡輿臺爭説虎路長兒子勸加餐咿啞
笋轎休辭倦應勝年時據馬鞍

石鋳輪囷一艇通篙師慣捷去如風應無蓬閬乎天外信
有峯巒出地中禹攆幾曾來絶域秦鞭真未著仙功滄溟
若可飛梁渡枝葉扶桑好挂弓

千里江流去似湯波間疊疊臥駝羊問途不省侏離語取
徑多隨鷗鷺行沙水淺深猶有雁山花開謝已無霜川鮮
海蠢冬仍好只少駢頭十八娘荔枝美種名十八娘
破浪開頭避石岩一燈相對語諵諵故書畧已隨行筴蕭

酒何堪污客衫縱喜素馨花可折怜愁丹荔子難函無諸臺下滄瀛路到日雲濤看蠻帆

閒身真覺物華舒冉冉晴曦澹客裾縱有風吁天亦暖何言冬是歲之餘搜符禁虎初開徑荷篠携魚晚趁虛火種刀耕成怪事眼前野燒满新畬

城門洞

重關複闢故依然疊畫圖中棹去船上水應如風退鷁失篙真似箭離弦波濤不盡千年怒沙石空磨萬顆圓十日看山都不厭何人解賦下瀧篇

延平津劍歸亭

三尺青萍自解飛癡人省識刻舟非雙龍去作雲虹氣猶向延津說劍歸

推符地有未歸氓草澤人猶帶劍行正使龍泉無恙在合教買犢事春耕

水車二首

阿香推車轉山麓馮夸春雲響空谷蛇骨瘦蛟盤古槎翻尾鸕鷀整復斜咿咿啞啞終日鳴不聞人語聞水聲進水自忙人自逸似役兕伯驅神兵水車水車何利勺水寸波俱有私君不見榷關直到閩海頭那得不算津典舟

側輪一扇三丈濶決霧盤雲流活活低田開海轉水輪高田引水輪背行稻畦一歲再取禾自舂自磨呈功多救田亦借函車力筧泉分送如懸河水車水車力已竭我民猶然窮徹當君不見使輪不煩人力牽農夫尚乏修車錢

三山署中呈中丞兄

伯兄分陝莅炎州季弟携家楚水頭幾載神京淹客揭三秋晉浦別仙舟（自甲戌入都留揭京門十年丁丑隨呂兄宦治邑送家兄至莪塘而別）對牀又敍追遺館[redacted]共被應思花萼樓相隔領原二千里雲汙空爲送星郵

雨膏行地黍苗豐斤斧登山惡木空政事民依閩國恤文章官樣自家風榜花累葉今開府棣萼聯枝已獨亢宗昭代象胥重九譯扶桑遙見海雲紅

和門疊鼓落風笳行部樓船出瘴沙畫角曉催漳浦月牙旗晴拂海天霞已鋤帷演姚黄種旋斥君謨粟粒芽（宋時進花自錢惟演始進閩茶自蔡君謨成之閩中例進花果今皆罷）清節聖朝推第一佇看曳履上星槎

高灘急水路三旬一揭西堂萬慮輊已典弟兄均苦樂自慚羽翼愧生成雁飛閩嶠情逾切身到蓬山眼倍明若問官中經濟事天容海色比澄清

寄大司成樹峯孫夫子

義輪麗中天萬族資暴曬大可照魚牛細不遺豸介九夏方蘊隆飄灑一雨快流膏自嘉禾分潤及粃稗泰山受土壤江河納涓派以此成高深而不局卑陋自知大人德包含貯眇界微材可兼收小疵不盡詿夫子睚哲人胞吞夢澤芥風標作人砥雅韻鄙天械筆露垂瓊飴當圖長金薤放詞淵海如風濤舞泙湃斂生機線材許從床下拜籠藏參典禁不棄鼓皮敗三年旅京師口業負詩債落托誰為

親耩悶屋抑噫甫兒趁脚行豈云力超邁公獨遇我厚洗
刷憐羽鎩橋門聽大鏞國子分上廨刮目去障翳提耳起
聾聵礱玉固取石爍綵仍留劘遂使躍冶金鋎鑄出爐韝
今為閩江游氷雪途已屆臨行辭孔席索石發熲喟世網
相羈縻役役致沉瘵譬之飛游蟲蛛絲行枝拄明年當北
來企踵挹情話一旅收後勁兩甄謹前戒寸氣不低斂一一
筆愧瓌怪聊為述情詩硬語不堪囁

閩中紀事四十韻寄姜西溟楊耑木查荊山毅山嚴
寶成吳元朗王赤抒宋堅齋園雲蔚湯西崖史蕉
飲汪文升安公

百越椎南服三山近海陲不知天隔閡坐覺地吏離石氣
千林黝波斂萬馬嘶迨逢過嶺日（仙霞嶺閩之北門 杉關閩之西門）黯淡下灘時
（北自浙入閩西自豫章入閩灘石險惡各以百數而黯淡灘特著名）蠻俗聊供咲方言可拾遺地曾無朔雪
人不解流凘草木誰編譜禽蟲任缺疑聊因耳目暇一一
見聞資艷目惟園果垂涎首荔枝辭臍香易落（荔實時遇麝則落）石背
溺先萎（荔樹生蟲如荔核一生十二殺遍園又多一種名石背荔香時即溺溺而全枝皆萎矣）絳實盈筐瀉晶丸帶葉垂（水晶丸荔之美）
還愁樸孕早或售互人欺（荔園受賈人直謂之樸荔有樸花樸子樸實之別抵以樸之遲早分價之高下樸時佰郷老從直名曰互人樹主樸主爭賂之）
亦可封泥活無勞置驛馳（荔枝小幹尺許二年五秋花時截取和致京師結實無異）緗枝防
護密（夜燕所過則荔子一空害又甚於石背之防之甚勤苦）龍眼昌歌遲（備人樣龍眼恐其遲嘆故采自相約歌勿遲謂之唱龍眼）佛手寧
非沛（會城外齊坑道者岩有柿一枝結實如佛指柑長六七寸皮褲色味皆柿也）鰕頭儼似螭（漳州爺鰕儼然龍頭也大可三四觔味美如龜鼇）品
茶如太姥（太姥峯茶品極貴）咏舌羨西施（西施舌會城亦不常有）柱剖江珧美赤隨海
扇移（海中田物於春三月出名海扇）珠蚶佐羨膗（小蛤名）石蜐長萋𧊺（一名龜脚春雨發花）蠢動憐沙
噀（無首無目僅能蠢動觸之則縮小徐復膗歷味極美四明亦有之閩人呼為土筍）踟躕笑海蠵（海中大龜）飛翔龍蝨出（八月十三至十五海濱龍蝨飛集取之餘月絕無）
束縛虎蟳歧（蟹之大者名虎蟳）黨醬空盈甕（土人重之味極不堪）蘭沙亦滿
匙（閩人以珍珠蘭點茶不聞有毒人之說）珠娘擔石過（閩中呼婦人為珠娘言其貴重也然下戶民人亦有舊窩舟者是婦人為之）颶母踏波
嬉象譯唐朝壤（日本人呼中國人為唐人）錢刀宋代貲（延建以上多用宋錢）雕鎸疑鬼物刻畫
見鬚眉（雕漆器及自鳴鐘皆有專家絕技如鬼工然）秣厲千章樹（有高二三十者）竹蘭九畹姿（花亦絕不同）龍
頭藝燈火（龍綴空其中作燈擬者特駭目）魚魷絡藤絲（魚魷蘭吳越閩亦有之莖一葉劍立者是也魚魷嬌則莖細如藤絲刀不勝花開時攜陣出葉中）
蛋戶泅波出礵田帶火治（閩地多山山麓盡治為田曰礵田）搏沙珠傘孕（汀西丘坑口撥土一寸許有珠大如米光稍晦相傳汪華據歙巡行至此有珠傘風墮落至今生珠）
告廟土牛為（取土於閩忠懿王之廟牛始可成）魚訝連山
大鰭堪一木支（魚骨可作樓觀）竹森如擲火（最見畫家寫竹用硃不意延建間實有之）榕蔭似搘
帷俗習干戈便（兵後尚武家藏甲者滋多人亦趨捷恥一夫之敵）人操硯席隨（人又以文事相尚至於藏獲戕婦多能文者）
蟶苗代錢鑄（塍水為田種蟶其中苗初出蠢蠢若蟶子）螺甲透纖欐（螺甲作香即古之甲煎香）卷舌侏離語
文身漫浪兒（閩俗多雕青者）稗官留小說淫鬼踞高祠（所祀鬼神都不可解最可怪者洛陽橋祀夏得海會城祀齊天大聖）
述異資談藪催詩倩酒卮荒唐來絕域懷抱向京師
鐘鼎諸公業山林我輩期雖憐趨舍異未覺性情歧大海
難蠡測奇聞只管窺采風誰氏職聊用播敎詩

除夕前一日登舟即事感懷

簡尉初著不兼旬又逐春（鴻）去海濱到眼西船排雁齒傷心
碧澗漾魚鱗清詩檢點酬瀧吏別酒倉皇酹水神極目楚
天猶是客為收搜香草答靈均

懶看排榻數峯青對酒連朝醉復醒天上誰呈聯北極人
間廉石下南溟真難料理惟長路最易低摧是短翎風物
不殊人事變高灘野水又重經

8 8

遊正擬秉燭汗漫游驚心噩夢為勾留圍棋誰是爭先手破
浪真輸勇退舟遂有稻粱縻野鶴故應文繡慕犧牛嗟余
豈獨錫原意萬里歸裝一敝裘

驛要津閱鍵幾人諳豈獨拮据七七不堪莫討敍名居下考多
困書問寄空函宦情有茶心苦鄉夢無聲境甘不盡棣
華榮謝意心隨鶺首過淮南

閩中歲暮效子瞻歲事詩即用原韻柬錢爾載陳右
原吳友琨李允華毛俊人閩南江及家四兄淄甥
金穀姪晨鳳泰其男懋言和韻

饋歲

江珧信川鮮叢醬亦酒佐香螺與蠣房一筐百錢貨槖
橙橘柚杯盎分小大昔艷南中珍今作西堂臥方物不難
致疑塵但盈座時節駒過隙道路蟻旋磨客游不愧節奚
囊免背過聊為饋歲詩槖衣侍君和

別歲

春曦來幾日臘意去頗遲添年即減歲義馭誰攀追玄冥
作歸計我乃天之涯楚兮別三月淮浦還何時從宦春前
蒯早韭霜後肥一杯聊飲餞去去未深忘忘我因人游行
與閩海辭迎新復送故轉很渠與哀

守歲

別歲復守歲真如画足蛇長繩不可繫危酒難邀遮但為
逆旅人如此良夜何起温床頭酒把盞殊不諱庭鳥夜未
宿街鼓暁停撾窓梅傲人意弄影初橫斜菰行迫短景人
事忽蹉跎屠酥縱後飲年齒何足誇

甲己游草卷五

恕堂詩存卷上 己卯

南游集

恕堂　宫鴻曆　友鹿

、閩江舟中元日偶成

往日京華浪過春，軽鞭細馬踏芳塵。尊前鬭酒多時俊，座
上分題約比隣。西塞偶尋垂釣侶大名西塞山相傳即張志和釣居，建溪又作點
茶人。莫因侘傺停歸計，艷李濃花正及辰。

、和王玉田元日韻

紅鹽青子味森嚴，荔葉濃陰拂水簾。人意尚隨詩筆健，年
華只共酒籌添。灘沙是處縈衣帶，梅蕾多情壓帽簷。取次
上元人日過，長途新韻幾迴拈。

舟中立春

銀旛綵縷若爲春，索莫扁舟劇有情。未飣辛盤娱上日，且
傾卯酒荅佳辰。詩篇此去添新詠，山水重來作故人。十載
年華但虚擲，好臨清澗浣新塵。

上元ヨ舟中莪花

元夕天南換袷衣，一枝濃艷露晴暉。活泉扶得春風起，快
槳迎將莪葉歸。過嶺冰霜粘蘂濕，上灘蛺蝶傍船飛。絕憐
窮寞揚州客，東閣裁詩詠早梅。

黯澹灘

黯澹之名吁可哀，高灘未上魂已摧。怒濤迸石何喧豗，珠
琲跳濺浮空來。有山都從水底埋，舟師慣捷仍徘徊。篙插
石罅何危哉，小舟一觸如刀裁。一步争力十步回，失手箭
急奔雄雷命，薄如紙輕如灰。誰分蘭杜蓬蒿萊，數舟並力
猶邅迴。顛岩仆石牽船開，就令猿狖來山隈，亦怕指足隨
飛埃。開頭挨舵時驚猜，長年恐或同嬰孩。嗟我豈猶兒女
懷，惟應洗滌金荷杯。兩頭七腳偃春醅，酒船拍浮玉山頹。
一葦飛渡如銜枚，灘神不敢相擠排。夸險一致吾何咍。

過仙霞嶺

神峯指天階，美姿雲霧裏。九關虎豹蹲，咆哮震山阯。豐隆
忽車馳，祝融亦鞭指。岩扳若猿猱，麓轉類蜉蝣。萬象逼嶺
界，百道灑泉水。赤烏下虞淵，翻飛一何駛。
拾級伏短筆，懷袖來罡風。三山縹緲在，振衣跨長虹。無底
井何極，有梯天可通。神壇雲畫合，精藍出花叢。木末亭翼
然，飛泉割混濛。萬竹天籟出，翛然何始終。嶺頂有泉分兩道出攜亭其上題詠頗多主僧杭州人也

過仙霞嶺寫所見

雲

點點飄空同敗絮，絲絲出岫想仙衣。山川若解留雲宿，肯
復粘天貼水飛。

泉

吮水焚巫亦偶然，野如龜坼土如烟。垂龍不作爲霖夢，只
有雷車夜救田。雷車閩水車名

山

地險悠悠莫浪誇，樓船横海到天涯。兹山便欵雄関服，豈
獨公孫是井蛙。

溪清未許喧魚婢湍急難堪泛鴨媒何事山分川分處只
愁蛙鬬鼓来吹

三衢青湖鎮别家大え還楚

索莫天難問飄蕭物可齊兄歸吳苑北弟去楚雲西脉
思蓬水遥〻溯建溪先春花作幕送别柳盈堤上苑泆誰
借天門翼向低喧場看易寂笑口劇成啼事業蛇添足年
華麝退臍天應連日醉雲自到来逃不分觀新曆無何変
舊題登天関帝女顛谷豈人擠门户仍牛李心情自阮嵇
無縁分曲直何處解端倪北極揄難種南山豆可犁嘶人
憐腐鼠出甕美醯鷄野服裁新樸林花識舊谿艱難到扉
屧屏當及菹虀一載悲離濶兼旬即解携荒城頻有夢落
日重含悽極望遥天月流輝濁井泥飛、同倦鳥心逐故
巖栖

用原韻答王玉田留别四絶句

衛國春陰柳脚斜輕舟銜尾艤晴沙老妻稚子休相憶開
遍棠梨客到家

飯炊車脚歎薪劳春枕時〻聽夜濤此去豈無經濟在平
章花草註離騷

生計驚灘急水间扁舟興盡趂潮還幸同玉局王郎過付
與新詩一破顔

親串相依事〻慵冥鴻何路寄高蹤相思碧洛青嵩外結

隐携家第幾峯

青湖别陳右之

章有名遠志島有名思歸去住非得已豈必心相違我今
客鄂渚君今還故扉中年哀毙集執别常依〻顧君為寶
鏡〻碎有清輝顧君為利劍〻折匁可揮志士負名德所
貴知者希去〻勿復云思子以奮飛

庭中葵

婀娜庭中葵頗受花葉繁花傾向晴旲葉亦衛其根兎絲
至猥賤高下絶攀援幸生庭堦側依葵如短垣已復苦紫
繞葵傷孤幹存嗟哉臧獲輩衣食仰高門假借憑氣勢風
塵思飛翻主人有重器爾乃攫之奔燕雀方翔風顧咲鸞
與鵷霧以養蔚豹反澤狐與貆執迷不一悟愛如親弟昆
秦威制六合運蹙由寺閽聖人戒幾微甚象初六坤悔吝
不在大康莊亦覆轅顧言劉兎絲勿令生丘園

廬山道中寄賈禺玉

猿中猿夜啼山中鳥催歸聞猿亦腸断聞鳥亦淚垂人心
本自厭行旅不関猿鳥之所為秃襟短後老兵服羞對廬
山真面目提壺不可沽酒漿促織那能成報章無用虚名
一相誤十年詰屈行羊腸天上白榆今夏長海中珊瑚不
可網賞音半是貧賤人那能抜起青雲上

治署初夏感懷

斗大荒城屋数椽全家百指此延縁暫看舟芥浮坳水莫

咲甌鷄舞甕天酔客艤船春禊後課兒書套夜燈前蟄雷雨過催時物乳雀生翎笋露鞭

、詩律文魔盡小乘蕭閒也似在家僧鉢瓶送老吾何恨履足相忘愧未能囊捲乍窺中夜月窓虛猶照隔宵燈殘春何許逃禪興一酔騰騰喚弗譍

、小病連朝恃粥糜靜看物類總時宜朱櫻已熟半垂潁黃鳥又來爭踏枝書比百城緣宿業泒因三折作名醫燕吴同學晨星散歎共誰看绝妙辭

、珷門更鼓夜分催獨坐危亭掩緑苔縣小苦無書可借山多頻說虎能来即看花藥粘棋局又送螢光入酒盃席帽麻衣無可戀此心猶自未成灰

、不見神仙張志和空来西塞聽漁歌傷心驛路飛黄蝶極目荒江起白波天氣乍寒今又暖年光嗟少雨偏多故山兄弟應相憶牛馬風塵奈爾何

、闃無人處署齋閒花氣氤氳一晌眠嵐雨似緑還似綫湖波如玦復如環問途未覺霜蹄倦攬鏡先愁曉鬢斑一棹白門行有日清醪為酎謝東山

、襴衫利市賦賓筵為有瓜期扣短舷（北竹不果將赴金陵省試）幕府山頭花熳爛莫愁湖外水澄鮮誰教小盡逢歸日更喜三秋值閏年去住無心隨所遣一槳雙屐總忻然

午日病中

服艾盈腰衆所知滋蘭誰解學湘纍閒惟自寫書三篋病不能勝酒一卮辟結神符難鎮惡籠收靈草試尋醫裁綃裂繡如龍舫閒殺金湖兩翠旗（冶俗五月十八日賽龍舟二梅華祠）

自大冶往金陵舟過池口望九華同馮漢英作

、大誇泞山好游山祇一餉後山甫登涉前山已遺忘縱令腰膂健蠟屐費幾緉藉曰住山住住山似屏障画盡久相狎孰寘神已喪生平喜看山眼明心曠放看山肩短與不如乘白舫舟行山側飛舟住山正向我從磁湖来輕舟狎波浪初裝宿溢浦匡廬固無恙今泰池口泊九華爭献狀朝日生紫烟夕靄羅翠嶂雲端九仙人如坐几案上小峯挿釵鈿高岫排隊仗尖稜隱復見陂陁拖逾亢琉璃一泓水澡洗出盆盎盡日相周旋一、窮變相狀君看山詩不游寧觖望

舟次金陵寄呈李少司空木菴七十

、三年旅京師筆墨代傭作舊書擘敗篋新稿漫行橐無何鞘還鄉即次更游鄂楚江一年住旅躡閩海嶠南北萬郵驛東西百城郭雨屆春夏途風捲歲寒韡陸厭鞍馬煩舟怕風水惡短衣如老兵輕裝似行脚所過不席煖比至亦絕縛僕夫告疲羸家人念飄泊譬彼駑足駒屢爲困羈絡亦如倦羽翎警夜避繒繳今年覲國光局束隔京洛不爲白下行遂恐終濩落幸以文贄公北面就斤削而公促駕去帝室待丹雘一會何艱難前途猶困約我生如礦鐵洪爐未鍛鍊給用慚鋤鎌銛利謝干鏌不爲繞指柔幸免不

祥躍東歸後公莂十州鑄一錯却望匀陳邊台星方炳爍天階瑆光明銀河北斗酌推公小竹年計日入綸閣此言不苟然勿哂技術薄鯫生復何云藏器抵丘壑庚辛[?]一語驗於浅渥躭酒栽詩遂寄公聊以博嗢噱

聞呂兒被諭自金陵[?]竹往楚時己卯七月十七日也

蹭蹬名場二十秋孟明宵濟已焚舟無端又理磁湖棹更讓誰何出一頭

仕宦風波有妙機曲鈎良是直言非癡兒兩載塵埃夢枉為他人作嫁衣

華嚴菴阻雨至柴岡宿

跋蹶焉能竹步奔肩輿避雨入柴門農家夫婦真無事折足鐺中白酒温

一徑攀躋那得前山中泥淖雨中添竟能努力柴岡宿冬典華嚴結淨緣

過金椒懷吳末年翰編

文酒京華又幾春時時祭竈[?]説比隣玉堂夜直寒如許應憶車邊戴笠人

水際鷺鷥羣飛

白鷺窺魚立釣磯避人飈起未忘機腥臊未足登尊俎始。淂平沙自在飛

金斗訪王出徵時有顏上之行未值

選荒城夕照黯征衣滿塹蒲荷水際扉顏尾懷人無限思秋風破帽又西歸

包孝肅祠

雖然一笑比黃河風采剛嚴氣色和一自開封傳里諺至今兒女説閻羅

余忠宣廟

書生介胄孰知丘千載睢陽共皖城下民能戰卒能耕

過桐城懷吾友張樹菴戴一阜

百轉千迴磴道開僕夫驅黑馬去[?]彼青[?]白飯來

肩輿竹寄呂兒

選上山難下山易上山十人九人[?]下山易天陰泥滑愁擠顛頭顱誰肯如此君子慎終如慎始

村店女兒竹

選村店女兒年十六黑鴉群中一白鵠野花隨時插半髻高袖[?]裙新結束倚門笑見官人至轉過墻頭不迴避官下肩輿入草廬問有午飯餉客無答言阿耶往輸賦泥中旋炊誤行路壺中有茶吃茶去

新茶行倣[?]家天

六安山中種茶客來宿平塘主人宅我亦肩輿憩此間土床相近蓬窗隔各子諭〻語僕夫今年寒土春不蘇六安山中雪一尺黃金如土茶如珠進茶例限四月一三月寒猶封八前旗搶未向雪中生檄符已自州城出何處南枝長栗芽持金輦買向鄰家休年一樹一金直今年三倍輸官茶儂家有茶十六樹里正六科種茶户慳囊滿撲二百文沽酒披鷄寬日暮明朝賣女典閒八七尺銀鐺始脫身官火乾焙局秤六折耗錢增二十緡布司齎送到銀臺蠟裹筠籠當面開通進堂官凡幾輩椽茶一〻封呈未可憐進茶未十日春雷一骰崩葉出換盎換米不直錢只今販向金椒驛我聞此語重悽然雪涕如今今看[illegible]曰　同此和醉煮誰辨分泉沃雪煎中乾不說古今女下筆　魚鼎如草頭網入庫飽蟫蠹枉用多乎書進表

黃梅過四祖五祖道場

弱金抗大火掀地沃焦釜祝融戰芳收餘勇猶可賈游子七月征喘息汗洽淩曾誰翻天瓢無因灑快雨緣茲熱惱界益思清涼宇肩輿過黃梅山木鬧清臙陽岩寫松原陰麓變禽語地靈渠八出接踵兩禪祖遂令薝蔔林枝葉亘山三千侍過天門解不憩廊廡永懷在遐躅端居見遺矩我兩閱壇席天雷震聾瞽臨濟緇錫流今可萬億數無復人天師象教日崩頹憂剎竿倒誰作前鋒拄何當覲斯人松根坐揮麈

徐侶蒼摹古印譜歌

選古時作書無墨楮以刀代筆殊觀縷標杖結繩非所安要以文明振聾瞽庖羲龜龍象既陳頡皇魚鳥篆可紀蝌章科符宣聖經秘文亦滸神農譜周官六書保氏職太史變文今共觀上蔡君相作小篆千禩師承如出祖秦火以來文字阨往〻帝魯呼魚虎嶁山高碑歷劫盡之梁舊禍六丁取銷鑠不存二命昌破碎誰收五熟釜荊山玉璽走沙漠成皋印文埋厚土後來祭酒工說文陽冰披搜非小補不虞鉉鍇兄弟間祛妄書成識者鹵（徐楚金等祛妄正李陽冰之誤）今八縱復有徽尚但可百千存十五齊昌徐騶癖書画酒閒過與軒眉字華門遂户一何有惟有易[illegible]共用米[illegible]趙又[illegible]祖述之篛斯拉摘追皇古餘事刻成一古石[illegible]璽斧之澤般同錐劃沙滴瀝形如屋漏雨巧未心手自相應鐵畫金戈出璽府蟲魚蝌蚪須史間輕比飄逸重欽司案上縱橫王筋絃草前加折金釵股彙成冊昆漢甲乙丹黃分兩部品題却笑逸才高天閣竹簾良屬苦識奇無復有揚雄詠古誰堪逆共甫我來開卷一研玩目瞪心怦手書肚惟喜雲開星日曜不虞鬼泣禽魚舞嗟〻徐君磊落人生於作陋且孤楚山友業楚水清風雅千年得誰主祇須斂手待獨鑿無用低眉求衆煦凡物固以罕為貴方流蕩軼先民矩世上豐碑多若林金字刻成名已腐何如延陵墓碣十字強照耀千秋日亭午

8

卽事寄姜丙溟李根菴兩先生

先生卿魯升堂〻弟子淵騫在寝年何事虞羅周適處冥。

鴻天外只孤騫

蛤有珠珍兔有台天旨桂子落瓊臺如今江漢非靈瀆不。

入山河影裏來

蔣水揚塵海岸移蓬山何路是歸期只今袖手無言處人

過銅仙下淚時

適燕怪我但南游十日灘頭細纜吹楓葑掉頭蘆葉評看

人能使順風船

寄方靈阜江武書宋以查德尹咸俠君徐學人蔣

揚孫錢亮功張超然徐濱是

8

團〻桂影度寒香七寶裝成卞色示八韻四千

名猶自欠吳剛

翠管銀箋賦玉臺嫁衣鄭重手親裁風流江漢高人處下

雉山應是煬姚雉山在大治三國史下雉縣是也

王粲樓頭落日催英雄江表氣如雲如今莫罥江陵真

犬多應誤俊君

8

野羣登國馮詢貂偏僭漢江隅憑誰說與前先輩喚。

得詩文李第興用之文鼎八司一月再韋同則忘年訂交文矣尹復同日時差小

已卯冬月寓鄂邸寄呈華亭公八十韻

軒虎開昌運彲熊叶慶霄懸知天一柱端倚國元寮清沔

龍初躍秋灘鶴獨翹箕裘名世遠杞梓切雲喬彪固三枝

8

管金張七葉貂佩刀徵德器捉麈美丰標馬巷青鈷席槐

廳画戟描摹塤登上第臚唱奪高幖夜伴青綾宿晨趨綷

朝選言鏗洄磬擇繫和韶簫露掌天星迥春臺物色饒

於以介蜀纈伏外騁車鑣摛藻推宏華張藜照大昭之掄

銀漢長紅藥玉階嬌世有叨兼墨殘同撓洪皐欲扶吾道

正先斥異端囂好武原同害討狐近絕妖功應不下高學

定可匡堯身作中流砥名依北斗杓侍謨承主遇步屨式

民恍節緊朱紱直風稜白簡昭南討瞻綺多平野肅霜鵰

都市空朝邏高城罷夜刁謨謀關密勿名姓播遐微彝冕

尊三命冰銜自一條 菊九晚人服又齊眾色樂謙瓊

欣萱榛姤菊藹情 一可甲應集一年

從鳳閣邀藜輝令 宮廿典化四

萊穗雄文史倚相便 遠詒跨陸平非海陸韓自有瀨

國應許盱蕫亦不廢爲莞有鳳旨堪吐爲龍正可雕修書

過浹歲典彌自崇朝常伯今清秩冬官古上僚孟春須木

鐸九夏作天瓢金莢姬周牖平成大禹橇鳳姿高炙、麟

閣上岧〻參差幾與穩陪游馹職驕腰懸白犀帶勒紫絲

絳國士升堂得門生折簡記栗温和拱璧若郁楚申椒卿

川影空爲天衢入望逺星辰看曳履黼黻佇裁綃咫尺形

庭密萋甤緑綖飄五雲流沆瀣八翼接扶搖坐覺金扉近

何言碧落遼豚兒慕升斗小邑等鷦鷯化梗思除薙謙多

賦采蕭画龍葉公好悲鳳楚人謡自是荒商陋非閑末俗

虎社墻憑鼠穴□□餘任蛙跳踔踸終何益低摧信有録戴
盆宜日曝畫地顧心慘鶴病偏勞豢鷹飢可猝調公應憐
□洞德自適枯苕大旱為霖雨秋陽渴迅飆可知□酷暑
□□枚疾熇公直誠惟泯餘光亦自聊鮲生懷蠹簡廿□水
駐蘭撓足繭山□惡心空□火燒愁因兒撒急病覺客魂
消篋有韋編絕□無錦字挑詩囊惟自祭文姑任人桃蒲
質慚先謝蓬心□從彫媆嫌雖作伐□破□ 琱殖□將
垂白攻書白影謠逢時才落□上□羽翮□竹以孤生折
金困□錢銷□寒愁□雀咽露比秋蜩脫難魚辟蜀覩空
虎覆蕉從尤宜悅蒜 □□前料佇看鴻鸞上從□謷望
迸公功過旦奠之 □□□佳□□□
心瞻斗岳俯首戴 心論□□□□ 風雲□
可托籛翮上清寥

今以□見□舟□來歸內子寓漢鎮病未□□詩以志別 下

燕山楚樹不同□上（尤計偕入都三兒晉楚故舉家數十口俱住漢鎮）却棹□□午 邊世□歎 ○
嵜猶故我住□□□ 今年□方入手推功效別酒沾唇
定聖賢佗除□坊 在□衣知不為暖纏
作□予□
□時井臼事齏鹽今復相攜楚水邊歸及瓜期多□日病
侵匏繫斟歡年午衣竟類王章婦眉案空傳德耀賢待渴
落帆風雪裏蹇驢君又褁行纏

和朝雲詩 首

骨艷寧居色界大髻雲不數有仍玄解醒笑我劉伶頌示
□□鄉法喜禪靈鵲未辛天外約文鴛自結水邊緣佳兒
□□視□尺何處人間自在仙

漢陽登兵□

黄湾邗水接□□□□□蕭騷□扣舷莞簟何曾占吉□
馳聊爾過災年□□磨蝎休嫌命 □□□ 有天刻□
刻舟成一笑不如□望斗牛邊
白雲□□□□□□誰非失意人乞食□臣□覆楚還
黎三户解□秦□夫 □無謂攀氏□奇仇六□□歎勝
南陽諸貴近還宗

疊前韻

颶影空濛破渚烟字 □□一征舷淺鈯□觸寧兒戲
比蜩□□年此去怨知重作□合轄歸直以□生天老懷
北望情何極（在時□□）未信長安在日□之
夢想何須辨妄□□夢前聊此對賢人□□□ 分□□
瘠從教看□春□□上馬歸寧□福穴中鼠鬭豈無因閑春
好逢場戲遍□□街九陌塵

家□泊沿江上一時官忝世好親串向貸廿金□
船還里計往返數過不應衣尉中無此人要亦其
人之本色如此聊為小詩紀事所謂老夫留眼看
他日也

閑鵝小兒宦情八賣盡鹽船買官做好風吹上江城來元
之失咲坡老哀（伍二公謫之地）今人宦達似行賈汝以大商作官府
材天煎水前人苦換得尺祖誇兒曹兩眼生來人不識往
古花叩惡客一官謫貨真可居鹽租十倍滿贏餘膏脂
悛削上司喜賬書官箴稱々子兒郎努力索民錢白鏹煎
金尺五天咫尺佔　又應第一抑下季子已三黜官久自當
人所知何須株守　以人賢只恐炎熏　長　眼涼君
無有

問風俗訴心寄　戰田有何此瞻張漢瞻廛雲府俞陳
芳郭乾為　執紛湘芷蘅湘靈詩諸君省試
未遇　爰人亦同呂　典試

東風　連日翻洄　山倒流不知　何處
遇勁　敵常逗留來船　誇捉狎朝溪江陵墓巫峽去船
繁纜　荒江灣言如南　求遣秦八生富貴偶然爭避非
拙速非　方苒荳蔻季二秋已憔悴我友故
誰寄殺切勿　不平君不見三　不行一
行過三日程

○、湖口縣

匡山一若三百里青　蹴天波四起（俗呼大孤山曰鞋山）直送湖波作江
水危魚墮網不直錢高艫大艑停水邊山城曉角吹寒烟
城堞跨山盤風　南北兩鐘高矻々獄底龍泉不可劃蘆
花拜風柳枝掉　子攢眉鼓双櫂司空使者科船鈔

石鐘山

鯨魚晝鳴蒲牢吼鐘化兩龍踏波走鱗甲出火霹靂驚賈
看急鬪馮夸懼歎空壁馳天吳駭將徒手攻五丁
縱　歎　風雨驟揮空劈險龍怒飛蛻骨千
年露蒼秀我　破天鍾銷鑠堅頑排列宿茲山玲瓏
不忍鍊寶玩　遺　珉琇又　秦王肆椎畧駕海驅山功
不就神人一去　險怪靈奇多　對峙
口石壁銀屏分左右双峯岱華夔　觀一水　浮遠岫
珊瑚　漫　網春　綰瞿塘燕　來山
泥　煩洪激秋高　殼似　天　九奏我
山　一　笙抽　沐

顆　一
無射　杖　猶同清　物　春不異
雪竇　古秋　冊壁洞何人探　山　挾蛟
螭涎石氣寒　皺坡公千年下再　荒怪　誰訂
謬蘇臺老僧下　住蹲漢盤雲結飛　塞送
潑剌長魚　梵唄上鐘沸屋半傾圮（俗呼上鐘岩下鐘岩）碧瓦如鱗　飢
颷　無天花　室只有荒榛封古甃老僧本是吳趨
山　誰　後噫　太湖一片青龍伯鮫人不能守良
亭前車驟馳平泉莊上黏襄畫物　巧難天全往々
奇遭遠購茲山之石殊　猶幸屏居托荒陋夜深但
伴猿狖吟天寒　作駝羊瘦空江鎮日少游人操輪拶枝

閱豐茂移山載石彼何時却羨兩鐘㵼長壽

己卯十月東𨑳自九江至湖口倣李義山轉韻詩寄

京師諸先達及同學諸君

□□八日凋湖一葉扁舟彭蠡口八尺桅□風輕

如水上鷺毛走□底霍霍豆隆鳴閘頭掀柁失江蛟

睡鼉不敢狎七十五老爭出迎紅樹青山愁獨立兩

人在京邑分得匡廬瀑水蕭洮華吟□稱子

升斗資熙陽拓汴餅京師齊城魯道莫程過蹬馬真似

并州□方駐淮浦日月高懸赤白羽淮楊南池草

送任□柔□七夕歸東陬桑下三宿仍他□

道 矍閃登一葦流□青雀□

徐□上誰人曾識方君徐君稱莫□分泉滄□惠山劍

㧡鵠□雛（家兄□□錢塘江始別）

（方拱□你學人□□）拜□堂尊舊盟炊黍烹鷄勞行客送江一水通吳

趨練瀆沖寒錦□枯鈿釵澆叩貞嫒墓画舫還過西子湖

子西不討錢塘□（唐東江□）頹園將徑悭□（昆仲里□□）

惟有馮護□人□帥來彈鋏過莼葉（馮文子孝廉僑居姑蘇相晤始知有新婚之喜）雁

月濤鴿飛折柳□江漲滿□銀城雪壁看瀾處迴 濤

辰理□江□纜日苦短（歸自錢塘即送呂兒之任大冶時己丑冬矣）一舫□館

□落魚梁遠接天沙虛虎跡深於桄荒涼小縣太愁生縛

竹誅茅屋數楹殿壚未見頑民徙賴水猶為淮氏清黃鶴

晴川理游屐歸□木只有詩盈冊（戊寅下之漢陽舟居兩月餘及秋始歸）旦夕看兒放兩

衙閑藏不慣思行役無諸臺下蓬瀛路鼠穴羊腸看叱馭

（往時陸行至大姑塘始具舟楫）彭蠡秋高五兩輕晨裝載上吳城去（吳城驛舊為吳楚分界之地豫章一大都會也）

□章入市多鮭菜僧寮破屋誰酬對刺史分司十日留酒

尉刺洵王郎□（韓觀察在岳李太守迎過王蘧德）獄底龍泉暮草□ 同閣

職洪都閣□□才人賦幽蝶誰收帝子閣前江□

淮甸畫防□西夜防虎破瞬開梅節候融趁虛壹搖

古杉闌□越作□門玉峽飛龍一道□（為閣□）

（濫觴可比）笠鞋窮□圖□裏不知身已入蠻村莫以蔗甘嫌蘖苦

何須□今章甫放灘性命托長年問道係□頃鳥語□

□西□冬□黃柏無荔枝江珧海蜆淮竹

到 述北辰人間何地不通津

方□□□八閩延津亭下青油幔劍□

龍歸游汗漫（延平有劍歸亭）考亭武夷君終□朱旗落天半經□

活計□粃□安槖買花兼買書上灘點滄浪洪過嶺仙

霞映客□青湖□水青於練（過仙霞嶺住三衢之青湖鎮四月始別）客子鳴榔還□

甸歸聽元喧訟□諮書篋紛紜見□□長安

（鄉試不果行）捷□□□□冥冥爾徒南溟幕府山頭

幗折翼天門□□□忠耗讀分明（七月十九至金陵十六日被系之報□一撲□）楚□

許□東淮科□即與陽城一罪名籃輿過□□□衣

□湖似行賈還從金斗拜閻羅（過金斗謁包孝肅祠）却過黃梅參佛祖（黃梅縣四祖五祖道場至今猶盛）

八口新來寄漢陽舊交反手盡參商况兼妻病兒

多難旅食遑憂道阻長只今東歸似南竄殘景何堪供把

既此時京華車並人聞說猶應當食歎諸公握槧侍金鑾
蜀纈青綾一例寒應嗔不寄平安字即爭方知行路難兩
江㳅華急流水計程一萬六千里縱是騏驎骨骼存何堪
置足勤鞭箠晰平又趁踏京塵東皇噓喣易為　云侍
定諸公在眼底也　之淵

雪詩　白六
無題同賦　　令司王乃齊陳𦬇聞張其相憐

雪

平野頑雲忽復開花為步障玉為臺隨風作態斜飛去前
火無穀惜下來道也　泛柳絮晟黎句好散銀盃隨車艷儒蒂泓
馬裝人㢋昜　匣孀門酒好　蘭騎驢問早梅

晴猶作折綿寒　曉映遠巒練影浮空凝望斷空
紗倚日從消雅王塵務處棲禽下瓊樹歌蒔石粉殘已布
陽春風物在岸沙痕細咽清湍

箸冰

院寒威　侵大公武手綠瓊林乍懸小閣添冰
陸空增寫磬音在　小班比玉蘇詩也知不作堅牢玉　崖頭冷　其
埼雖於不用瑤華贈子野詩若贈離居者折以代瑤華　石髓風吹憶故
詠酥二十韻和乾為于宮招同方石村小集同賦
楮葉年年刻琪花片片殘紅冰慳落着火絳雪小宜寒刀
割熊肪臟囊盛馬乳乾枯腸滋月霱燥吻吸風湍術化玉
為水功燒汞作丹何郎粉初傅屬閣雪頻餐碎屑龍涎餅
醫治獺髓瘢仙葩開玉蘂甘露浥金盤上品醍醐灌中宵
沆瀣漙蔗漿消渴飲菊水駐顏看麗日初融頻用元微之句　青瑤
新作肝冷風堅石髓決剪裂冰紈柔落調和美　心非
雖瓊膏流滑　　味　戲水鸞鋼勞秉軒御　三
冬盛霜雪　　治火圍爐集暄風傍席彈肉
一口來正日三　論頻移座新詩　　梅開
遠及未凋闌

乙巳游草卷六

恕堂詩 辛卯

柱史集　　　瀛海　宮鴻歷　恕譏

盧素功太史出入　內廷惟乘一小車計其歲月已不啻
行萬餘里矣素老勞之以詩同人屬和者甚衆余反其
意用以代嘲雖不會不同其爲勞者之歌則一也
長安〻〻薄北風吼以雞棲馬如狗辰入酉出敢告勞太史公
方牛馬走古來束帛隨蒲輪崇禮無乃徒其名僨轅濡軌隨處
有安車那似常安行貴者乘車賤戴笠誰爲此言殊爽實我昨
湝湝債卑來意在辭勞就安逸長途如天二千里朝行犖确暮
泥水〻〻艱不異負版蟲轉側真同旋磨蟻筋疲力竭那得休闖
騄端月如蟻行囯人鞭響飛塵黑浣衣撲面風颼飀道旁油壁
高於屋鈴鐸郎當輪轆轤借問汝車何處來主人官滿歸鄉國
明珠白璧青翠箱塗金交椅七寶床同車美人年二八舜華顏
色芙蓉粧裁重車輕駐亭館句馬青騾晚流汗羊酪駝羹殘膳
多飽飫輿臺行步殘壓君此車奚足云空有書奩經篋陳縱學麗
阬公早焚却尚喜炊飯代勞薪　竹

送李西音之石埭

高帆畫舫下池陽秋浦盈盈水一方地近九華山作障江來三
峽石爲梁芳筵饌客魚蝦賤露冕行田穲稏香把偶公餘無一
事好收靈芽瀹旗槍
家世蘭錡耀丰台科名累業重平臺暫紆墨綬花封去旋策青
驄柏府來邑有江山供琢句縣無迎送且銜杯京華朋舊如相
憶江上先傳驛使梅

奉送大宗伯許公引年還里

盛世儒臣啓沃殊卅年終履上楓宸極榮已賜新車服李泌終
懷舊隱淪水炭去留無夢枌榆入眼正陽春生平忠讜憑誰
說試杞青編問史臣
憂國頻年白髮侵遂初歸老敢輕論羣知出處關時事獨往林
泉問聖恩問字常來攜酒客停杯屢喚作詩孫此身廊廟江湖
異只有丹心對紫垣
屢典文衡國爲公百川手障盡朝東勳名豈但爐錘力陶冶全
佇造化功湖上釣魚思賀監洛中車馬餞疏公只今祖帳歌驪
處桃李江鄉長舊叢
登朝赤舄肖公卿七十懸車云就明繫職容臺司禮樂縈心洛
社會耆英南飛鳥羽栖時倦北望衣緇渤後清莫笑歸裝但書
卷句來原是魯諸生

澤州夫子席上同賦梅

庾嶺孤山路正賒一枝破臘啓寒葩冰霜今任藐姑射玉雪疑
逢萼綠華應有高人憐冷澹肯隨時世鬭横斜情知領袖春風
早桃李紛紛屬後車

寄懷霍州牧洪秋山

風雨懷人歲序闌獨持黃案侍金鑾貧來未辦二陽沒與到時
彈貢禹冠豈有二梅堪贈答只隨隴鴈寄平安御屏名姓今猶
在雲路看君振羽翰

太〃山盤秀壓西〃想見〃齋紅笏時應有珠璣呈地瑞爾雅西方之美者有霍山之珠玉焉
可無虎豹守神祠水經注河東霍山有嶽廟廟甚靈鳥雀不栖其林猛虎常守其後
當年明月三〃人共此日清風兩袖吹盛世壺關狂藥盡李義山霍山詩壺關有狂孽速繼老生功
試捫科斗看殘碑

寄懷洪孝儀

旅夜〃〃夢大〃開緘似聽廣陵濤才名十倍超流俗風雅千
秋托後髦詞客首彰塵未辦貧官白髮首頻搔知君袖有驪珠
句想見秋風紙價高

垂老長安夢〃硯耘故山親舊斷知聞翻階有句留紅藥出岫無
心比白雲京兆誇驢應笑我揚州騎鶴正思君詞壇旗鼓尋常
建且埜淮陰水上軍

抱恙旬〃門庭寂〃感而有作

晏歲孤居急景催門宮門戶冷如灰身因多病抛書卷客為長
貧斷往來雨二同秋後蝶新春誰共燭前醅結交松處青松
在贈與詩篇當隴梅

壽總戎

少壯枌榆自屬親今看六纛莅清源買臣且喜懷金印定遠休
誇入玉門傳箭合圍屯虎豹揮戈下瀨走鯨鯢與朝高總戎轄
遠茅土還應長子孫

賀劉中丞玉〃再撫湖北

帝簡名臣廷〃蘭錡〃〃自〃龍來紫泥丹詔馳中禁黼斧清
霜領〃臺爽氣秋〃判樹碧恩〃春滿峽雲開為霖好慰輿人
望早晚和羹到上台

喬梓崢嶸〃世卿棣華朱後雖雙旌飛帕借節臨前邑陸抗甘棠
高比父兵三戶風謠猶昨昔諸熊冠蓋有逢迎荊南再世三杵
節不羨松榆晝錦榮

節鉞酒懸樊〃水又申巽命走鋒車新街換殿紆青綬好句題
時〃絳紗南國棠陰堪駐馬武昌柳色已藏鴉重來恰喜春風
後笑指亭前舊種花

漢江如練〃高秋長日官齋〃唱酬幕底賓僚饒麗句膝前騏
驥壘流芳筵列呼賓更轉晝戎清齋晝景幽從古風騷說荊
楚符公秉月〃句樓

送大司空徐〃貞終養南歸

聖主作人臻壽考廷臣翊運亦遐齡堂前對武耄好學階下韋
賢老受經八座千莊春告治諸孫雨含鬢星星〃公子騎溪家
日鶴髮朝衫舞鯉庭

上公歸省辦輕裝，聞道嚴君飲啖強。行倚尚方靈壽杖，坐酣法醞紫霞觴。香山退老堪圖畫，石建承歡服衮裳。[illegible]慶延[illegible]國瑞，曾玄眼底已成行。

造杞菊酒

仙家服食異常人，麴白[illegible]香藥裹新。清濁相投偏易熟，咄嗟立辦已三春。難邊金[illegible]能延壽，洞[illegible]靈根欲吹人。未要天隨誇賦手，堆盤何似飲真醇。

出雍和門口號

三值天闕兩重門（每上直入長安門，過天安門闕、端門闕、午門闕，出右和門，始至內薰殿）十四宮城五鼓行。日日斜歸路遠，七年萬里笑行程。

寄懷高藩司

樊侯摳趨李郭舟，閩江楚水起風謳。韋平應繼三公業，禽向偶思五嶽游。[illegible]海經綸魚萬尾，山林奴婢橘千頭。功名付與兒孫輩，長日南村狎鷺鷗。

桑梓情親願不違，[illegible]斂向北[illegible]飛。昔隨華表仙人去，今見延陵季子歸。風[illegible]從耆[illegible]問，枌榆喜與故人依。雲亭一榻常時下，二徑何年款暮扉。作

送陳院長延撫粵西

東虛雲路壓仙班，縹緲天書下玉鑾。節鉞威行新[illegible]，文勒[illegible]詞壇。紅豔瑞露停尊侍，玉筍瑤簪柱笏香（俱見桂海虞衡志）。應念諸偏多愛戀，鋒半迴首望長安。

湘南山水數王程，却勝驂鸞到玉京（用呂祭語）。政暇[illegible]閒[illegible]時平不發夜郎兵。[illegible]書妙筆籠鵝換，三絕[illegible]多[illegible]棠待歌樂職[illegible]新聲。

[illegible]載幸從[illegible]問字[illegible]亭[illegible]國工作報青編，麟筆在暫辭丹陛，鳳[illegible]空聊將潤[illegible]文章事散[illegible]東甸雨露功業落霜飛。好時節一帆風便剩飛鴻。

篇章典冊擅西京，勲業旂常[illegible]匪輕。共說鸞[illegible]皆赤子，要將經術[illegible]蒼生。四時犀少明旗影，九嶺猿多和角聲。聞道台星映南服，還就又準更縱橫。

題安陽令孫師魯小影

跌坐盤陀月正圓，新泉石銚水涓涓。世間誰是為霖手，且鑿清潭溉旱田。

披襟散髮意翛然，謖謖笙簧[illegible]樹巔。何處松風聽最好，狎鷗亭畔錦堂前。

題小影

三徑原非隱士居，[illegible]猿夜鶴莫躊躇。博陵他日[illegible]故買瓻，牛駕鹿車。

那將猿鶴換蠡沙，酒社詩壇一向誇。不信天風[illegible]書問到京華。

中秋微雨陳禮秋先生官齋燕集澤州六子連示佳句步
韻奉謝
摩土東華容思盈却憑詩酒報行成赤霜〻談〻秋光韻〻共天
高夜白明漫向北〻憶杞菊且看東閣奉橋衡何勞絃管吹雲
散〻嘗看驪珠斛〻晴
元和詩老句纏綿人物風流正〻前韶濩忽聞鏗樂府魚龍直
欲舞鈞天幾宮上界風雲要〻鬼中宵雨露偏容散不須穿屐
笠夜深孤〻向人圓

戲示彭尹作同年
維摩示病原非病無言默坐安心竟文殊不來天女來空花散
處根源爭跨歷向周八百年只餐雲母便成仙老錢於君有依
舊〻彭不敢來黄緣苑裘聞道在西江常時燕寢凝清香桃燕
不妨歸子敬小姑眞得嫁彭郎行樂不教兒輩覺只愁惡客來
相謔莫隨百果笑櫻桃且向〻階吟芍藥

寄懷十一姪
〻從京華蹤欲〻藹雲爭說兩舉空券驢上直貧非病操瑟干
時計不工一束牛汝猶度閑三年鵬翮自摶風重午降誕應多
福先後行年一例同
桂籍飛騰意可知中年身事博支離〻鍾侍養非〻〻好家榮
心已及時自有文殊來問疾漫勞子美更吟詩歲寒期汝長安

陶小閣圍爐吸酒卮

雜興十八首
治學如治生銖〻存餘貲仰取俯有於〻〻淇一近有〻收〻所
棄〻帶千金資嗟我〻鈍劣況復年衰遲手鈔〻〻誦皇古猶
可〻讀書任窮〻往訓〻所師
喽喽一泛畫鳥求魚〻勞癖可憐〻天緣拳立俟魚過二鳥巧拙
殊約略同飽餓人生有定分〻關健與懦得者豈營求失者豈
安坐奈何〻之人役役赤塵裹
聖人治天下人情以爲田禮耕而義種耨以講學先省官亦省
事建國作建官包戈矢文德偃革馬朱軒守閻厭粱肉居官長
子孫遐哉大同世小補何足言
斯〻役名利知進不知退譬彼逆旅人中途行欲倍路長力不
任踵決足頓敝不戒盈滿懲不悟知止義無端申旦憂狼狽敗
長喟何者是足時眼前有歸去
老聃道貴柔仲尼道貴仁墨翟〻其兼關尹守其清乃知貪暴
儔〻至禍患隣〻子厚負責不恕己恕人舉足動念間儼若祭
與〻負忠信而篤敬 工言宜書紳
鄉侯豐沛吏仲〻入堂阜囚一朝位將相〻〻開八謀計洞達八
者本是東陵侯時來不能免運去不可留譬如〻〻〻〻皆
自由忽焉有變化不可以理求何況身外物儻來眞贅疣

生當封列侯死當有廟食梁竦爲此言自命頗奇特英雄間世。
生功施及民物止如六月息而族仰膏澤工書好餘武准鼓鬲
自昔我官不限品典司文字職縱能賦詩思於世復何益
靜閱世態块扎奔忙有如不飲人但坐看酒酒狂何擾。
擾行無津涯坎坎不自持壁重寧無傷有身不自盼聲利走
且僵沈心藏於密庶幾壽而康
薛固積孱國肩隨魯與衛詩亦入國風史不記世系自夏禹。
封逮及春秋季國祚二千年倍代六十四田齊與三晉亦莫非
不列韓媯能幾時子姓已陵替乃知謀國人強梁不足恃盛哉
奚仲烈奕世得所庇
隆冬萬物屯閉藏意惆悵老梅先有信青陽氣已壯嚴霜變膏。
雨動植盡欣盪無何朱明催濃花忽凋喪既春春不住時序有
定向人生百年中苦樂不一狀六律旋爲宮五行更迭王但當
隨遇安可以祛塵妄
山濤夙藻鑑品題重當時滕前山公不爲家公知襄陽三年。
守酩酊何所爲倒著白接䍦溢醉習家池從行有名者葛彊并
州兒此外無可傳言箴亦已戲晉人習放誕黑白自欺知子
莫如父斯言眞若龜
窮達天所定卷舒不自由逍遙大鵬運窮如斥鷃從未枋榆
祀乾榆非所憂隨遇得所安適性良可求皇皇軒冕貴側身走

道周任重責方艱旦夕不得休世道交相喪我懷在丹丘
皇古聖教微異端競長吹仲尼大著作可使一字殺青傳迄職。
方丘索至今廢公人解著書掇拾但剽竊竊比聖人徒述作有
何有老莊不足云何況管商輩
仰觀天青蒼俯見淵黝黑視遠日昏亂天淵豈有質世途萬褒。
斜本由人心出譬彼空中花熏有芽茁無成則無虧有得斯
有失我心多愛戀妄意生形役游心物之初與道無止極
燕麥不可食兔絲不可衣南箕與北斗待用則已非寄以神明。
完我至石必歸神珠不脛走大王無翼飛求何釣名者止歎知
者稀
落日下宮道行人滿路隅貴賤名不同同爲名利驅我性固寡。
營詞館方濫竽朝入金馬門夕到承明廬心爲衣食擾身爲筐
墨拘不能無一事無乃斯人徒
古者娶婦家三日不舉樂直以嗣親故懷思意有托魏文代親。
感內以泣交作如何標季運習以日渝薄生辰競歌舞喪葬事
酬酢禮經殊不亡隨俗任穿鑿
孫登坐彈琴蘇門發長嘯當時遺世人嵇阮亦同調三年從之
游絕不聞語妙以知達士懷非人所意料戒心清微的道叉奧竅
道要忘機屏物累觀心取自役有時神山開衰病同可療
寄懷汪楊諸同學五十二韻 用庚韻

淮海維揚比朋知昔共誇渾金方在礦大玉不留瑕酬唱知文
藻談諧羨靜嘉徵名超魏晉況古到黃娟執雉八將上禪脫望
豈奢龍潛寧易豢鳳逸詎能籠隣速誤天行示留門巴邑浮沉
今為鯉依托舊蓬從白昔聞驪唱於今仗馬櫃入騎驅塞鴈秋
淡淡邊笳放曉原無悶幽憂似有瘕砭治非五石處劑乏三椏
羸驥忌加策鉛刀欲礪砥一斑雖見豹無足但憐蛇學語迷齊
楚酣歌雜郢巴莽甘仍黠絡薄似剝椰安榴間庇曾無四
壁遮上書謁光範策蹇入東華下士憐肝膈名流借齒牙木朱
宜行菌蕈穀更生芽詹鵲何多喜窓燈亦有葩夢聽湘水瑟共
看曲江花且免呑書蠹何言得路驊主恩常紛餫歲賜亦分猳
日飽雙雞膳時頒八餅茶清同金掌露高並赤城霞官燭輝書
案家餘錢稻畫乂世途別涇渭宦路極褒衰我望培風背何勞上下
漢槎雞栖同敝宅鼠穴便乘屯諷諭慚枚乘風騷愧景差候錢
聊羅米行灶免蒸沙已悟身如幻何妨客當家官廚登蒜孃鄉
味想魚蛙春砌蘭芬馥秋庭桂吹歌偏羞老驥詩或怒妖蟇
泥穿旋羸驂塵汙薄紗鄉鄰供扉筏歲問少賓椽門外風雲
接尊前笑語譁持燈花照蠋掃壁僕除蝸鏡裏流光換花邊鬢髮
影鬢身心常老成人事任紛拏旅食思窮挫八次已遺
金馬貴意共白駒遐勝友尋常隔相思一倍加狂吟良夜戴是
摩恩燒香頌我歌匏葉因誰賦木瓜園林花作障江岸柳排衙
聽為聲啁哳搖船響軋鴉河流邊窟宅土穀實污邪屬和詩篇
在睽違歲月賖何時共酣暢飲石鐏窪

題供奉吳君小照 吳善雕器物工妙絕倫

眼眼懸虱似車輪縱裏針鋒破點塵却笑般倕作何物只雕楚
棘上三春

題鄧甘來淮水村居圖三首

鴨欄雞柵傍牛宮長板橋頭一徑通讀罷離騷水北柳邊輕
颺釣絲風
香杭杭連洞指前　髡柳條桑曹斧斤朝市朝市須思大隱千章傳
足傲封君
青霄他日隔塵泥莫忘綸竿淮水西我亦懷思五湖去種魚萬
尾續千蹄

移居示三四兩兒及亮孫

古人有田祿必先制祭器我今五六載立錐尚無地末由安先
靈何以恤童稚頻僦富兒屋催租遣駡詈一年春至冬月月惡
聲至欲買道南宅袖短難爲費出就市人謀騎驢日勞勩彼豈
無高貲未免秦越視甚者持其急企欲龍蚌利在其間架只
工料塗墍銖錙皆析耗良苦有柳配址近見規徐此研柔計
同年二三人芝蘭共臭味相與謀野獲不待道路議直技設基
金或捿潤餘饒或取貸庫資或收羔鴈贄我比薄少增皆用悉

淮海維夏四月初遷家入新第蕪壞亟掃除叢灌亦剪薙中堂
奉宗祀前楹設賓位廡庫既寬敞居室亦軒邃阿孫尚冷針誦
書翁所嗜插架紛縱橫精舍宜早置我笑謂阿孫營構無乃遽
北沚安肅菜秋飽霜露氣栽蒔半畝餘隙地藝花未嘆菜復看
花乃翁可以臥

乙丑丙寅間蔣游山左每念問室言及衛君菜園客吳陵
與家兄輩叔昆弟之間時相過從嗣余從官滇中懷想
二十餘年余亦走四方不得一晤今春權守鹽湖相晤
京邸御孟道舊感歎不已因作小詩

龍節南來借一廛當年曾唱竹西詞百錢繫杖經行處五馬隨
8
車按部時芍藥開筵金帶重木蘭覓句絳紗披到來官閣梅初
放不羨尋春杜牧之
春雨園林小桂紅常携酒殘花叢深堂拜客呼兒待炊京
鷄與客同顧我征途驅病驥時書問托高鴻京華聚首真如
夢霜鬢皤然已作翁

辛卯大雪

重半之歲凝陰冽減後春前五回雪漫空作態欲聚下地無
聲輕一瞥映窓晴鵠風满满隔户璀璀……川荒……池納
污一洗人間塵與涅就高仁見翠屏空習坎還同流……良
約問來……練帶翩翩迷去轍昧谷東頭若木西一瞬八荒同
皎……由來……朴不琱飾萬里茫茫飛鳥絕濤……冰合易水寒何
人却到城南獵惟有書生……坐萬景眼前無……麗……
風片亂冐松漸冗冰條結衾裯潑水……新……夢……
今二十三白在春前飛埃入地無遺孽入寒敝裘……憂年豐音
聽……人說

恕堂詩 壬辰

桂史集　　瀛海　宮鴻曆　恕堂

寄懷年東々并送之武昌康察任

江花初滿黃鶴樓々草初生鸚鵡洲謫仙縮手不敢句卻讓才
功出一頭千年風景俱閒寂豈知復有年侯出繡衣驄馬居上
游自買輕舸載書秩漢江女兒以竹枝宴客憑高弔古時芙蓉
幕底多名士一日萬口傳新詩君昨攜齊來濟汶冠蓋東郊一
何盛別後憨余鉛槧勞羸得如霜照鬢宮々聖人垂衣裳湊
矣但周滿嶺堂君是天南中執法勿為鷹隼為鸞凰晴川芳草
漢陽樹依稀記我曾游處庾公月夜一登樓相憶還尋題壁詩

題燕文毅公彙草辨疑之作

氏明揚波舞蛟鰐碧雞金馬妖氛惡白頭作賊能幾時南越東
甌相犄角迢遞桂海連蒼梧列城叛亂如摧枯當代忠臣誰第
一扶風義氣雄千夫天狼芒寒日西墜八口同歸幽土室草書
頗亦不匆匆鳳泊鸞飄迴筆力公騎箕為列星緗縹手澤今
猶存上比崔杜下羅趙詰絕不數東吳精心摹手追唇齒黑素
瘦硬肥收拾得顧家大人欲助能筆蹤髣髴簪花從容就義
古來難歷劫只燕文文山小樓坐臥々律為吟詩見何心蕭閒
廬陵節烈青雲上惟公千載追想望忠魂謁帝九閽開前代天
門々跌宕炯姓字留青炯人紀人綱作標準後來無復見衣
冠之看心還知人品

題劉漁齋小影

及早歸耕好時四階前蘭玉已齊肩去今幾々恁有一餘之試紉郎
君々六孳鮮
百尺高梧畫影移侍兒把卷出書帷也知老去情難遣不學香
山放柳枝

試院偶成呈兩總裁一首

名場喜接令公芬後輩論交兒紀群（公皆兄同譜）余少日頗有古
地廿年猶識戰場文襟懷灑灑三危露卷奪迷茫五色雲頭々
豈無司命者何勞滿座論紛紜（兩李年兄弟卷故及之）
家世青箱舊業工漫搖鉛槧從諸公妍媸本不關秦鏡得失何
勞問楚弓學圃探奇麟角少賢臺搜駿馬群空文章聲價原無
定鄭重官家蠟炬紅

惜春詩五首

一段天機錦繡開燈前刀尺鎮相催河姨不識新花樣戴鳳天
吳倒剪裁
隱約模糊鏡底蟾々花蝕處有痕瘢郎君不要吳綿拭只好模
糊一例看
畫舫清尊約比鄰每嘗鄉味只鄉情金醑玉醴徒虛費只傍劍
陵法酒醇

清（）舜欽（）晝眠莫愁十六正華年阿侯小小能調舌鶯語如
簧最可憐
淡（）詞絲句眼淌滿堂傾耳不分明琵琶（）洋誰能似（）
知（）許消聲

和勵南湖前輩原韻四首

霜濃春淺曉寒侵天語如絲咫尺臨奎象已隨孤月皎雲衢秪
隔一簾深欄杉利市當年事江尺衡寸此日心渭道柯亭有椽
竹虞韶誰和鳳鸞音
九和二老重人倫棘院皐比得再臨勉步後塵臣節在得酬先
志主恩深自祖父以來通籍者皆未與鄉會試　予去秋今春予與言晃兩與盛典　枌榆豈有凌霄
翮葵藿終懷向日心一十七人同健者明朝詩筆嗣前音
桑梓離居歲月侵文昌上座喜同臨月明鈴院金輪滿夜靜周
廬玉漏深錫宴升堂瞻國典欽冰受等見臣心北門學士溪春
曲屬和真慚下里音
安仁老去二毛侵戰藝名場始一臨寸劣喜分文卷少戴學禮記僅及三大經之半春寒閒對屋廬深酸鹹舊日原殊嗜辛苦當年敢負心
幸有故鄉前輩在（）嘉樹聽聲音

自警

如弦勁直總違時道足神全心守雌何用評香同說唾似須飲
酒（）麥絲（）壓未肯收身早泉石終慚到眼遲七十懸車曾有
約（）教誨視動文移
靜坐心如不繫舟流光檢點三秋伯仁年未同歲鼠（）聞豆
先似鷙火客不當春後筍故鄉猶（）（）散闡（）（）
跡一醉聊同造物游

雜詩

倚樓趙嘏無佳句詠瀑徐凝有惡詩負鼓盲翁收拾去斜陽村
落唱彈詞

餞學使詩

山東陳緘菴

上界文星指（）東滿濯水帶舊都雄章縫禮樂尊儒行輕重（）
鹽鐵霸功靜對青編麟筆在暫辭丹闕鳳巢空起衰深望爐錘
力重覩泱泱大國風
雲章縹緲出楓宸六郡山河（）百城誰鄭天門碑碣古於言孔
壁管弦清縱橫莫問齊三士迂闊寧（）魯兩生畢竟宗工屬詞
館岱宗渤海此聲名

四川王楚士

劍閣刀州錦作城争羨入蜀使星明青箱學在文（）麗白帝城
孤棹東輕地號風流因典午山經浩劫得（）（）知絳帳青綾
處和璧隋珠次第評
縞詞壇（）後塵更緣蘿蔦得相親每於冰署懷鉛日却羨王

程以傳入上廐搜求多國馬天池浩蕩少凡鱗一尊相屬南飛
鴈莫厭新詩寄遞頻

廣東史欽崖

詞壇三十重聲名杏苑頭行地望清六詔纔看揮綵筆五羊終
見擁霓旌錦衣侍宴春秋富絳帳掄才甲乙平應念韋縫求試
者窮經皓首尚諸生
暫辭京舍到番禺結束裝輕道里紆杰李芬芳値節候魚龍變
化只須臾不磷自比端溪石無翼能飛合浦珠過嶺梅花如昕
奇並賦新句到清都

福建張滙六

縹緲雙旌擁畫霓青門祖席正歌驪到官六月餐丹荔過嶺行
盤聽竹鷄滄海魚龍時擊水閩山堯李已成蹊三年文教敷南
服卿月還看斗柄齊

河南吳震一

雙旌四月祖青門稽古殊榮絳帳存北去宗工臨上國古來淑
氣萃中原兩河冠帶章縫盛八郡川原棫樸繁無限故人天北
極每看落月憶梁園

山西孔念菴

昌平門牆等恒嵩三晉諸儒仰國工園客繭絲方作鑄郢人斤
削成風已傳鄒魯新銜貴學擅河汾舊業同指日歌鐘有殊
錫又重先資進賢功

閏中紀夢二月廿二日

騰空倒景五神仙欄幔金燈寶樹懸知是恩期后世出故教騎
鶴奏鈞天

自南薰殿移直武英殿偶成

連衡接宇擁滄鼎內殿相望咫尺餘（南薰武英二殿相去止數十步）南省舊因（宋移
婚第行（婚第見南史今南薰爲諸王出婚之所故移書局於武英殿中）北扉近傍浴堂居（學士
院於浴堂之南今改於應詔亦謂之北扉今浴堂正在武英殿西建於明成祖時）牙盤八載饗官饌（亦修書者每
乙酉三月今八年矣）縹帙千番啓秘書不怕年來筋力減西華隨處有巾
車（余出入皆由西華門就車以省步履）

麟筆刪裁自一家三唐詩句爛朝霞（時命纂注御定唐詩皆堂皇正大之篇選初盛者
最多逐日進呈詩注時有未書御批發下）運
披陳字字驪珠貫揚扢時時鳳藻加
瑤尊同商典誥箋疏愧比晉嵇蝦資游一別忽如雨（詩如網花口及）
感事懷人髮有華（座主漯陽公）
青瑣分明隅嵌垣銅鋪晃朗映朝暾石梁水過銀床在（殿西有石井
梁從蓄上引水入浴堂如冕泉之制）寶扆龍飛御榻存（今上養正時讀書殿中今御榻在焉）仲
紙上切蓬食葉樸頭於愧鶴乘軒諸郎兩立期門侍應羨儒生
甚恩

枝鉞棲消息定佳期羊燈影暗分雙穗河鼓星

明〻雨旗芙鏡有絲紅墻罥杏梁無燕碧簾西一紙應重問成都
叟可是明河黃別離

憶故園四首

蒼山翠〻舊田緣指〻還家理廢園菊木移栽先九日檻材〻。
種待三年一欄花藥春開幔十畝荷芰夜放船比舍有人常問
字不將冠帶儀吾賢

欲壺甘瓢飯添匙穲稏登場果滿枝課子只教溫舊學逢人更。
喜誦新詩瓶罌有酒酣眠早剝啄無人睡起遲拂拭窗欞塵土
淨懸車七十是歸時

縛木椎蓋架數椽依然春雨故山前閒聽有月此靜坐好客不。
來吾醉眠恰恰曉鶯紅樹雨嘈嘈夜蛤緑畦烟闔門少待牛羊
下老眼燈前續舊篇

好展經綸到燕吾并將才略付樵漁營生家貧不學研桑術戚早耕
飛鄣日染不夢官廚叨克食惟斟社酒讀農書英雄習氣銷磨
得千馬烏亾亥毛魚

送賀令之官仁壽

隋時家後秦時鏡飾以嘉名是美它路入華陽仙令喜俗登仁
壽〻迩民安年豐石姓林頻從縣有石姓歲早從之即雨政簡皆雲得靜清比
去三年先報最以愁蜀道上天難

皇　七子梨綴柰謝得長句三首

朱絲横經鬼務申頒來錦綴色彬綸織文出筍三冬暖花樣從
頭一斤新寬窄同量煩肉子短長裁剪命縫人從知庾信真蕭
瑟絲布尋常詎足珍庾集有謝趙王賚絲布啓

雲錦仙機有報章人門杼軸那堪方扶桑摘要如瓶盎銀漢縲
絲比雪霜倍丈並高連壁價一縑平剪兩端長小爾雅倍丈為端倍端為兩倍兩為匹
剩憐縫夜倚鉛客也向天孫詠七襄

小織盤龍作繡飛剪刀燈燭有光輝妻嫌衫敝收餘幅兒等身
長索故衣肯犯塵埃勞澣濯不因華彩耀輕肥褰旗何處稱安
吉旃履從容伴直歸

秋夜聽雨偶成

六尺繩床一短檠新秋夜雨嫩涼生風欺老樹翻飄葉蛩和空
簷滴瀝聲尺素已傳魚信息時家累將至三霄初展雁途程明朝定
約封姨過積霧農炯一掃清

次日海棠盛開賦四絕句

青帝嗇憐錦簇叢秋風又簇數枝紅化工盡力翻新譜花木長
春日再中

蝶老蜂殘只暗驚一枝紅艷若爲情春風買笑人依舊添得空
階怨蟀聲

玉篁新涼烟畔曳清秋又作海棠顛見放翁詩楊枝別去桃根在雖
得紅顏再少年

阿嬌金屋久成塵漢殿秋風起白蘋留得返魂香一粒帳中重
見李夫人

恭賦 御製波光日影映旌旗

五色燦光一水湄圖符應運叶昌期扶桑影動交龍伏天漢波
揺祈羽旗乍見霞標開菡萏旋看虹旆展葳蕤鯨鯢不用潛形
窟麗日和風定着時

恭賡翰林院署 御書道德仁藝四字扁額恭賦二十四
韻

帝治超千禩皇恩遍八紘道偕三統正德並二儀貞天體同仁
覆人文仰藝成龍章來玉署鳳藻揭雕甍百爾煩宸訓欽哉壓
奎情當時詞翰職他日棟梁楨瞻拜辭難罄臨摹筆罕精賡颺
原有志讚頌詎能名自昔岐嶷右游嬉事頼泓於今明聖主筆
札重瓊瑛運腕迴鸞舞臨池顧鵠驚六書尊草聖八法備真行
叙點八分 頭百法生點同拳石落曲似入河傾耀彩三辰
轉含華萬古形皇瞻寶畧貴重儼璣衡般爾工原巧羲法
盡呈鋒芒千鏌利光彩日星明豈獨千秋鑑真堪百世程共炫
虹貫玉從訝電流極芸祓勞澌祓丙工竭悃誠德仁無襲貌道
藝出循聲服習如遵路瞻依即在蓬瀛清肅地幽獨有心澄

題尋梅圖

長安城中三日雪白枯蒼榆凍將折獨有梅花耐曉寒暗香疎
影真清絶高人驢背聳吟肩欲與梅雪爭清妍試煩顧陸丹青
手寫出襄陽孟浩然

題達履中西郊看梅圖

寂寞莿天動晚笳聳聳吹落水晶霙燕京無數閒桃李只欠春
前第一花
月地 三百閒嫣然一笑許誰攀那能不作湘纍佩長此清
泉碧不一
野椰村桃萬萬枝等閒花艸與春期芳姿不共東風盡講向柯
亭笛裏吹
花光人影兩依依氷雪郎君玉面妃鞍馬來時成一笑梅仙衣
緺我衣緋

祝湖廣制臺鄂朝宗六十壽

重臣家世錫彤弓翼軫星高秩望崇爽氣秋澄荊樹碧恩波春
暖 火托君臣契鑾旗新收社稷功時節欽服人莫聽興
人歌衣鳥 七禪敬正思公
七澤三湘望眇綿尚書分陜耀華旃封疆地盡江湖險節督刀
高將相權金印騰書八尺五銀貂照部路三千層樓岌業長筵
啓笛先招跨鶴仙
秦隴高名上景巫衡今又樹勳庸提封盡屬看迴鳫威暇行
時想卧龍舊舍甘棠清蔭合新栽弱柳翠烟濃用陶侃事後生欲識

褉期曠雲夢瀟湘不芥胷
長庚晃朗射𡿺 勝日官齋互唱酬幕底芙蓉饒麗句膝前騏
盍名流芳筵列炬宵更轉畫戟清香晝景幽從昔風騷盛荆
楚從公更月上南樓

送宋蘭揮首親回籍

初抛席帽羼紅箋依稀前度梁園夢際得斑
三百
衣五
龍門月旦盡英才我亦嘗㩗硯席來莫道年來雲樹遠得君牽
夢到平臺
燈火三門踏錦鵠聯枝棣萼恰差肩情知春艸池塘句不柢南
陔敬養篇
平泉花石午橋詩曾謁東橋謁本師聞道中丞方矍鑠時時盤
馬出西陂

叔父 安溪師

李公 重鄉里維時井蛙噪列城盡披靡鋏籠載宗
八荒谷六轉徙吾師朝請意在刷讐恥迢迢尺一書遥遥七十
呈識 誅可致四郊賊壘南八兵男兒間道走榛杞竄身出
重圍微服見天子楊僕得嚮導畫助諭意指潛師覆其巢鯨鯢
汗碁几聖君喜 績衡湘賜弓矢一門將與相祭哉滿蘭錡而
公寒高尚歸卧東山趾東閣命琴尊賞勝拂窗几既注床頭易

亦展瓠中史奕奕三鳳凰鳴飛叶宮徵公年正七十吾師職台
揆昔日共艱難 詩介蘩祉別墅在清溪緘寄煩尺鯉綦花慈
一笑折屐齒

君天山坐鎮圖

逖大玉燭調和氣北闕金甌奠太平此去到官無一事坐看雲
翠拂 上霜花白黑水沙邊月色明奪得胭脂開两
翼至今 聲清

壽胡東樵先生八十初度

帖括喧騰後壓盛學徒終然守章句至竟隅方隅曲學無通識
雕蟲豈壯夫 才麟角少相士鳳苞孤卓矣胡夫子誠哉世所
儒映螢功最苦穿壁日方晡學海方舟濟文壇直嚮趨魯宮論
亥豕汲塚别焉烏治易欺張禹談經陋摯虞尚書非樸學禹貢
川新圖絳帳晨皮苍緗帙夜點朱張華能指掌班固善操觚楷
古業 力未痛蠹帛蛟食場駒遹軸遵前烈林
泉入 伏勝縫掖羨王符記問何堪比精研亦已殊
十县杜式庫名軼陸書厨碩果存長德靈光矗輿區欣逢釣番
歲卯 代懸弧

題五湖 釣圖

兩地 鄉一欽 具區烟月洞庭波知君不着蓴鱸想朝市從
來大隱多

扁舟載月夢蘆花好共漁翁理釣車若解鑄金求少伯便從天
漢上星槎

洪仙圖爲胡永叔題

六拔蔽右令威於好在與同歸神仙極貴須兼得且學班
生
淪謫多生綺語未消磨仙人那得長年少閒道麻
姑

題佩劍荷鋤二圖

將不直兩錢錐可要蓮花櫑具垂風雲灞橋應着句看君彈
鋏作新詩
樓下鈍鈎出亜銛帶牛佩犢未爲嫌任從落盡南山豆切莫論
換短鐮

祝浙閩制臺范句牧五十壽

譬作大勲希文真國士少伯古封君奕世逾
顯殊開草昧師旅際風雲耿鄧丹書錫蕭曹赤
社啟後唐棣並流芬閥閱人爭羨蘭錡世共勵先
操嶠值紛紜節臺懋武保軀不愧文忠誠貫山兵江
燮贊大業公能紹英猷帝所訢螺江持絳蘂霞嶺建朱幰
趙武封前邑統父軍清栽標玉潤宦路解紼孝道逾兵
塞淳風繼汝墳下車條教肅寥慢物華欣千思銷鋒燧三農樂

阜殷吏懷脩蠹民靜樂耕耘斗室頻懸榻冰廚屢斷葷共知
才分美寧止寔勤雋句酬圭璧名書煥錦雯人歌魚出釜
生芸誼托金蘭契心儀蕙茝熏舊從床下拜今仰坐中熏
雁稱觴芹共知巴唱難受郢人斤句分心
冠羣小春祝純嘏澤遍海天垠

次原韻應 教

來源看清袂衣寒料峭嘉樹意欣榮殿迥櫻嵐
護池平細浪生集秋知不遠向夕起砧聲
地靈蠶雨潑山分外清猗蘭隨節茂叢桂及秋榮橐筆逼梁
苑逼經愧操觚從知為善樂五字發英聲

賦得製竹林寺詩萬籟含虛光

雷出地筍鞭長豫動東春到上方影拂虛堂朝爽入簷傳空
午風涼千竿笑王閣竽瑟萬笥干霄集鳳凰恰似甘泉祠祝
神光
花宮竹逕三三選佛場一自宸游留翰墨至今天
賁鮮照夜窓生白青翠經冬節貫霜阿閣巢痕依舊
谷載新篁

紅苗歸 二十韻

桀敬三苗種由 化誨難荒唐無紀載險阻未平削峒狹蜂
穴山高鳥墮輕騰宮身手捷烙石蹤跟癡未識占風樂空知跳月

獄狱疑情易破蟻聚勢難安書契惟刻木兵戈止揭竿窟居三
楚半地極五溪 前毒侵膚急刀銛刺骨寒羈縻同野鶻芥來
類豨禹畫輿圖遠般懸禁網寬止戈方戢暴柬鉞已勝殘元
天威化外遐馳書鴆食世折箠馬隨鞍即火加冠帶
盤即火派呼爲酋人不學三載代已格七旬干銅鼓
官雖盱通象譯稚跣獻壺餐沅澧來箘簵瀟
歌有截茶已靜風湍

迎鑾曲十首

露和風遍八荒山陬海澨盡來王 仙輦經行處鼓旗嬉
樂未央

晴雲靄靄映波陀遍隴盈疇欽稼禾不是離宮風候暖聖心所
有陽和

別館鑾輿避暑回川原如掌翠革開關山月捧千秋鏡上谷山
遊氣雲如蓋護霓旌迎鑾豈獨鵷鸞喜童叟萬
景物閑 依翠葆出前 農夫在野商居市已改
輿 席開

九邊烽火報平安漫道封關有一丸寒谷只今禾黍盛儘教
卒吏農官

溥海黎元受寵深普天盡想屬車音灤河易水千尋碧不抵山
川望幸心

邊城畏早霜桑榆葉落草初黃一從過化存神後變作春
載泰稔又看宿麥長新禽桑間止輦巡游地繪出幽
夜且周廬宿衛同願扈六飛封泰岱金泥王
檢告成功

蹕道西偏覲
王皇地近紫垣星晝拱日行黃道景初長華燈高矗金支艷寶鼎濃薰甲煎香多少操觚持翰客問誰天路〻迴翔

萬壽聖節詩有序

蓋聞上元開闢啟無極太極之屯蒙一氣氤氳
皇地皇之統緒黃河清而聖人出符昌期者五一
里社鳴而王者興傳心法者十六字故能張演立宇兩地參天合覆載而執樞歷過萬八千年之久握乾符而建極心叅六十四卦之先欽惟
帝陛下
同天地大
並日月明方鑄舜而陶堯更馳湯而驟禹德盛化神之蘊誠無能名豐功大烈之盛可得而紀從來唐虞夏商之主皆稟危微精一之傳然而性反殊途步趨異局安而行之視其質性而及之惟其才我
皇上齊聖廣淵聰明英武本仁以育萬物秉義以正庶邦禮樂悉酌乎中和忠信無忝於風雨躋萬民於仁壽之域推解為人恥一物非堯舜之民飢溺由己水瀹
盛於纖輔則
丹綍援宣懷襄警於淮揚則
翠華遠蒞歲〻行慶於冬月家〻分穀於高年蠲萬〻之金錢謀元〻之衣食遠近無冤於徵繅臣工相砥以廉隅至於虎賁羽林試之龍鳥鵝鸛之陣秋獮冬狩教以坐作進退之方故前此三蘖方苞九頭挺暴殄蚊成響海邊有蹤尨之羣長蛇肆凶徼外起陸梁之志
皇上决盈廷之猶豫運獨斷之机宜三年而鬼方克千一舉而罪人斯得戈船下瀨彊圉極島嶼之遙鐵騎犁庭鞮譯達遐陬之表若夫
神包萬有心契先天四始開風雅之原三畫洩圖疇之秘
訓詞敦厚遠追帝典王謨奧義研覃高越漢箋宋註况乎道大不器聖萬多能紙落烟雲仰
龍章之璀璨硯横河漢欽
麟筆之煒煌莫不家珍
鳳藻之榮人飽驪珠之賜由是民安物阜風動時雍既至而鵠來亦苐歸而㮣入襄封日逐款塞歸誠封帶月支來王草面聆海波而歸馴雉車從天外飛來白風候而貢生犀槎向星邊從去蠶衣祖食盡天子之黎元山結川融皆一人之宇縣水火同菽粟之富寧止邑甕禾興郊畿有秉穗之遺豈但鄉名穀熟殊卜狎至綮入祥書累譯同歸盡圖王會此雖禹湯擁篲莫之或先高光扶輪瞠乎其後者矣時值三春之盛

恭進
萬壽之辰縩電繞星樞毓
聖同符於軒帝瑶光扶月御鍾神合契於高陽方天人胥
悅之時正遐邇歡呼之日
午年紀歲日景方中
辰月發祥龍飛得位野劇麒麟之璽文勒長生朝鮮鸚
鵡之杯字鐫延壽坐明堂而
頒國政登日觀以受天符舜壺醞百福之漿禹鼎調八珍
之味揮南風之一曲爲天下
君聚東井之五星稱
聖人壽冥疇之歛時錫極申五福於億萬斯年天保之戩
穀罄宜襃九如者千八百國臣甫雖士籍未列官常
雖巢阁舞庭得與飛之列而敲金戛玉難隨拜
之班敢以巴渝之陋音上干
黼扆之清聽惟是華封父老盡祝
堯齡康衢野人亦歌
帝力不忘明酒羔羊之献用代美荇冬曝之私敬展葵誠
恭成蕪韵詩曰
華渚虹流護紫宸
聖人當壁慶長春中天日麗年當午乾位龍飛月建辰耕
鑿八弦歌帝力梯航萬里貢坤珍恩膏普洽勾萌動
盛德從來比化均其一

當今垂衣節八風春陽噓煦氣厖洪並躋民物羲皇上遍
納蒸黎覆載中雷電經天均戴德雨膏行地不言功
昇平盛事憑誰紀好譜咸英付國工其二
薰弦久已阜民財更會豳風七月來愷澤盈疇滋甲
坼甘霖遍野潤根荄八荒重譯陽和滿
萬歲三呼壽域開
聖德天心俱協應人間到處樂春臺其三
星聚奎躔與義通傳心撥古賴儒宗羲文爻象包皇
極河洛圖書蘊𡿨
帝秉洙泗方將增舊脈濂閩那得競高風
一人兼擅君師統至德奇勳並日中其四
天宗舄奕衍箕裘衣德鉛聞盡遠猷色養晨昏披内則歲
時温清到
長秋
橋山弓劍隆時享
原廟衣冠奉月游五十慕親真大孝燕貽來許裕孫謀其五
神禹天縱作司南猶向帝編事討探書出酉山披萬
帙坐當乙夜啟千函
黼扆肅穆宵更轉旃廈從容晝講酣琦勑日躋亹
聖學豈徒章句有研覃其六
庖羲一畫啟先天
睿藻高懸日月邊詞賦共推風雅祖

綵論迴出典謨前熊〻圭璧連城、重疊〻珠璣百琲聯生
值文明眞大幸得從東觀讀
瑶編（其七）
鳳翥鸞迴腕力存并羲獻淵源墨花霧澤南山
豹硯水晴飛北海鷗乍起芝英綜六法懸知精彩射
三垣微臣鉛槧曾無補得
賜瑶華即聖恩（其八）
蓋天宣夜僅傳譌
帝秉生知察悟多握算已看同顓頊首授時豈但命羲和
畧觀象數三正合始信心胸列宿羅風動乎立定今
日堯堦蓂莢長新柯（其九）
舊時三蘖比連雞鷰穴螺江美鼓鼙終仰
廟謨驅串兕更封京觀殘鯨鯢地標銅柱狼煙息淡戢戈
舡鰱浪低獻誠詔令寬脅從
皇心端爲拯遺黎（其十）
葡萄苜蓿大宛來釜底游鱗敢暴腮銘勒天山踰瀚
海檄飛雞塞過龍堆平安火報妖星落驃騎營看偃
月閒百勝兵威懸一怒幕南萬里淨烟埃（其十一）
勝國遺俘白馬宵貂璫豎敢逡巡三竿日浴扶桑
奇九譯舡通析木津虎節分疆開地軸龍編過海際
天根象胥直到無雷國尺咫何從定廣輪（其十二）
百萬金錢出水衡江淮千里慶乎成歸墟春浪蕣花

靜奐圻秋風黍稌生蛟窟閒時修府事馬圖呈慶啟
文明即今拜洛
巡河日又報黃河幾曲清（其十三）
滹沱東下水溶 積宍常看巨浪春向昔三農憂稼
穡年時八蜡祀坊庸千金堤就迴奔馬萬頃陂成轉
伏龍欲識萸川敷土績好登碣石望朝宗（其十四）
陽和萬彙日昭蘇節屆家〻飽二餔每遇災年先發
粟即逢樂歲亦蠲租春時種麥盈遮徼冬月行糜遍
國都自此金穰稱上瑞歌風聲壤在康衢（其十五）
偶向卷阿一矢音却緣民瘼有登臨懸知億兆永蒸
意即是山川望幸心洛邑九州通貢篚塗山萬璧奉
天琛賜祖已責年〻事始信
宸游雨露深（其十六）
常勑廷平愼五刑如傷念切爲求寧蒙茸春綠圜扉
草煜燿宵明貫索星上理政成興禮樂太和氣洽遍
郊坰蟠天際地仁風扇闔沿相將育鳳麟（其十七）
羣工庶士望臨軒
訓戒言同化日溫已播典謨垂柏府又宣綸綍重橋門神
明遠燭簪纓肅六汸粢敷棫樸蕃千載作人今獨盛
天章雲漢可同論（其十八）
宵衣旰夜念民勞庭燎清輝映
赭袍萬事幾宜皆自斷庶司默陟總親操

體元德比天行健
出震功同太極高正是洪纖同一照何人水鏡可形逃（其十）
不論黃支與白題蠶衣租食盡烝黎疆圉日擴殺霧
遠勳德天高畧月窟年服猺人通象譯蒲梢究馬躍
龍媒史臣若紀提封濶風送飛車過海西（其十二）
萬年玉策手親探日觀登封掃翠嵐道契先天應得
一功高前聖已參三
青宮少海歌重潤朱邸維城詠百篇易文物車書千載
盛
威靈久已徹扶南（其十一）
載歌天保詠川增曆數綿〻景福凝
龍德亨時乾象啟
鳳扆負處日華升恩威六已同溫肅臨保何曾異寵興精
一由來傳
聖學千秋方治得所承（其十二）
乘李春榮
禁籞香簫韶奏徹下鸞凰萬年枝裊和風漾五色屏開
旭日光華祝敷天王會盛歡呼動地
聖圖昌太平有象時分暖雁許群臣奉壽觴（其十三）
鳳閣岩嶤複道聯日華雲影共澄鮮
乾符寶曆三靈協
禹祚昌期百福全南極舒芒看若月御雲流彩散非烟小

臣𢳭散霑恩重頌祝
堯齡德萬年（其十四）
醉梅限韻同乘萬遜貞若獻賦
梅妃斜觶玉蟲釵小摘條梅取次排醉酒人來收翠彈責
花聲已斷香街甘酸沁齒眉低紋脆響鳴牙手暫揩慚愧
紅塵騎馬地一春孤負踏青鞋
次澤州商丘二公見于郊館唱和詩原韻
霧浥春波合有詩況逢舊雨話心知街塵晚逐鐘聲定苑
樹宵分月影遲青瑣相逢連榻夜玄都重感看花時金吾
魚鑰侵晨閣尊俎從容共論思
名公諷詠武公詩淇澳卷阿世共知溫室奇深人語靜禁
林花暖燕歸遲三霄雲路同今日二老風流勝昔時聞道
上蘭春事盛紫藤紅葉好尋思
郊館唱和詩兩公復有疊韻因再和二首
元和酬唱幾篇詩好事流傳永得知隴首秋雲方柳惲江
南春草似丘遲謨訓不減閒吟興禁近非無靜語時（白詩靜語）
還同待香火為連同甲會洛中圖畫有餘思（文潞公同甲會詩此會從閒時未誠未有洛中應作畫圖否）
蓬萊雖密里巷詩簫韶八百亦心知承翕語貴緣天近風
月談深覺夜遲愧未掃門同魏勃驚看推轂有當時即今
吟賞璣珠句以把芳荃慰所思
商丘公招諸同人署齋讌集晚步龍泉寺過風氏

園觀古松古槐

弥天出夏以雲壇請甘雨既沾中田苗亦溉行人暑山公啟事歸朝奥映廊廡折簡去鈴吏分日命傳佔連朝食指動莫慰作勞苦趣聞長行々期集恰亭午相將飲文字不事踏筵舞幽香撲簾扇清言拂門塵解帶卸絅衫重席共窗主既飲詩中腴々飽盤中脯鉶麗鼓不厨傳餐膾成縷方物出大官飲酒詩注補珍從亦古典麗錫金璜琳開函展湜襲晶彩燭篋亭（觀御書人御賜玻璃眼鏡）迤逶十城南蘭若帶荒圃涵懷始興公施饮興百堵適來世池平遺趾默可數不懸槐絳鐘尚臥樂須臾（壁有文敘王氏舊物也）風園何代松攫拏鬚鬣古借耳若僑如跂縮若僬僥僂幽燕氣雄共植物盡摧武俯仰路折間光公奠名虎西鄰槐垂蔭修幹自支拄衡鹿守山林材大不敢斧誰與長松陰濤籟鳴徵羽送酒慣馬軍浮白當杜牽薰風吹接羅聯騎々林鳩知公教假借車茵未妨吐

恭題座主歐陽公捫腹圖

薄宦難求十畝居荷塘梧樹望猶虛惟應腹笥幽時曬三十年來竹秘書

火棗交梨取次栽菱除□去好懷開瘦中空洞無勞問容得時流百輩來

東壁雲路八多年酌雅斟經眩果然趙壹有時還自笑五車書愧一囊錢

○塵土東華障扇過逢人但勸飲無何眾中不用分青白大腹如囊忍可容

徑直如弦計未工還應屈曲似屏風綠衣亦有公言在不合時宜是阿翁

腦滿腸空自得仙心虛腹實己天全何曾咄々同般浩只是使々似孝先

桃李春風卯第開自憐捫腹殿英才此生倘有揮戈力終向虞淵取日回

紀無遠砌薔薇刺忘有連車薏苡珠西向長安何足嘆暫時捧腹一胡盧

送洪虞霞之官文城

小杏園金乳誰飛驪駒載道有光輝王程駢路驅華轂子舍長筵待綵衣人羨浪大臨劇邑因捧檄慰慈闈錦屏以下寒帷過幾點青螺拂翠微

太行北首絕徐溝今晉堂々室裡狀叱馭頻過羊坂夕吹笳遠落雁門秋畫叢處々頌童叟孺慈家々起頌謳曾是昔賢為政地可知保障即良謀

柱笏朝來八韵工印床花落訟庭空五臺路近嵐烟紫萬卦山高木葉紅唐魏以來風俗古河分三晉甲兵雄改戎上最長安近柏府堪乘御史驄

蘿蔦同依松柏枝詞壇竊許此心期慚余冷署懷銘日念子征途擁傳時別酒離筵聊取醉暮雲春樹最相思新秋

亦有南飛雁莫忘郵筒數寄詩

送某某持之官慶雲

繡虎家聲列戟門花封咫尺九河濆双旌已指扶桑日五
色西浮魏闕雲官署民清開訟牒農田雨足課耕耘丹綸
最羅循良績不獨旂常重舊勳

〇　送成周伯熊歸大名即過長沙署

結束輕裝問所之京華凝望白雲低到家暫聽鄉人語入
署還尋舊辟題湘水寄書煩雙鯉欲陽封信有青泥憐余
發息南尉久送別邵陽牽楚水西

題澤州六子午亭山邨圖

靈光古殿幾春秋畫閣人間舊華流記取午橋莊上路丹青
原出小蓬壺

重堂高閣勢平臨石至於門翠靄侵匹似南陽樊重宅千
章梓漆已成林

龍池鷄樹坐春風共柳宮花集集叢卻表珏山山下叟將
軍不過太行東

羅含蘭菊滿前除樂鶴空驚蕙帳虛若肖長安營別墅面
城聊可賦閒居

綠竹東山舊願違故人許我到金扉憑知丙舍青松樹恰
比栽時長十圍

膚寸溪看知渭投無心出岫渺迷離青山也歇留雲住正
到為霖作解時

五門山外舊通津雨洗松篁不染塵亭榭會須名獨樂江
湖纔羨是閒身

塵土東華未放閒午亭容易即家山惟應一覺蘧蘧夢碧
石清泉共往還

京兆名阡無鹿觸枌榆舊社有鷗飛少游欲向生平語付
與人間話息机

山杏園蘢疊綿蔦飛花一片滿前津偶隨流水溪頭出散
與人間作好春

紊裳清暇註魚蟲麗句清詞奪化工從此長平方志上儀
型不數鶴鳴翁

一壑鶺詠處其水其山游釣時析城香老若相憶寄
與梅一枝

商丘公題午亭山邨圖有小山叢桂歸來躋攀之
句奉和四首

銓衡日署吏文書問有閒心起遂初最憶西陂田一稜連
枷汀麥網收魚

裡盃作浴可淹留此屋栽花事事幽朝市不曾妨作達買
山何必定菟裘

茂苑山川勝畫圖十年游屐遍三吳不須更賦梁園雪一
曲居然賜鑑湖

南戌移家對西山排闥青來一破顏江左門生半京洛籃
輿扶引試躋攀

題黃主一令郎畫天文之輿圖扇
管窺蠡測詎能窮禹轂羲輪詩頌中八表方圖隨手画二
儀釣闡與心通張騫絶域何難遍鄒衍高談也自雄懷袖
清風緣出入三辰右轉可以東
遠播仁風宇宙寬氤氳萬里霞並安蓬壺指點三梯米烏
兎追飛兩彈丸掬此清涼隨翠篷不知星野上冰紈龍編
圖紀無窮極莫作尋常錫楮看
送同年吳孔山侍御返里
皇帝丙戌春南宮初賓薦貢籍一倍增搜網收宿彥當世
重文學儒臣有高選未聞未給牒聞喜未排宴黯然九閶
閒之衣褐兒齊年三百人霧豹一時變乃從闕睢始遠
乃以亂書後像章材亦傑會稽箭玩古等茹茅稽數盈
大縱吳子龍紛錦碩珍衍線方北湖璉貫遂及代砆賤以
此課業暇一月數見面命酒借名園看花亦芳甸先後騎
聯翩日々游汗漫英蓮卷日成好句揭貞絹吾師併歸裝
君有白雲戀斑衣從將車侍養到鄉縣喧闐薊丘塵迢遙
路河牽鮭庭在仙河魚秋可餍是時多北風飛沆掠輕
燕計程宿語溪洗耳聽呈詩手成色令超腰乾鄉老羨椎
牛會此隣羨尊入朝陽門庭客履錯多門婢妝倩樂事詢
已多高足何當伴君才自皇帶師疾漸平善木沐程限定
根寺渠尉傳會知來有期輕別亦繾綣折柳長安門江鄉
心忻眷倘懷京洛游寄言及歸征

長句索朱字緑詩序
朱公居欣二十九年殖貨三致其金千朱家重氣破其禁闾
里之俠誇其賢君於二者都不屑獨與簡伯相周旋廿年
讀書親道妙長途歷覽以此纏奇氣鬱勃不得發醖釀畫
沈為文編清思健筆天所稟筆乾射貫丁寧守杜谿文稿
百十首義光一笑何嫣然正如翩 獨立子弋綈袍體逾
輕如方今翰林付書約日共趙壹嗟嘆錢王陽鑄金不可
學揚雄華髮方盈箴好詞工善將應用柳州癖習誰能悅
吟君砭之事筆札初情鈎索天與我亦依君自矜惜待
君之灼加礱礪並是之言未脫稿致師敢用糠粃前正如
此有輕重亦牢合以乘韋先知君自言方日出晏衍然
吟泉枇杷大手有撰述一般嘁圓驚蜩蟬
送同年西特詩屯觀還楚
舊賦閒居楚水濱四江花滿玉世許趨朝追憶承歡地聽
漏頻遲愛日辰補以手中五綵線舜斑指下換朝紳明年
還奉潘輿到鴻於亦看上苑春
題畫蘭送荊樹存省覲歸吳門
塵土年時澆客裳白雲歸夢送吳閶畫來莫訝靈均佩一
操幽蘭是國香
空谷幽林一水涯崇蘭汎汎受風斜憑誰畫取庭萱色并
作羅含宅內花
題高軼之太史春曉聽鶯圖

朱朱白白已成堆日映晴霞瑞錦開香氣滿園尋不見只
憑鸚鵡語款衣衣
天庭紫閣振飛翰（見鍾夫人舊賦）清暉園林日一竿兩兩黃鸝舊相
識百花開處無獨侶相
黙坐微吟著句遲鶯兒百轉上高枝載顛畢竟無才思斗
酒攜來不賦詩
草長江南舊夢迢迢林深處坐金衣高情不似紅襟燕只
傍籠屋角飛

啖荔圖為同年何章漢題

綠蔭濃陰逗午午黃黃葦過荔枝香紅綃一一筐冰雪合
生八滿音音
卅 風枝露葉層層碧葉壓朱丸來禽青李函封得尤
物偶從西裏看
消瘦冰姿自有香孤陳先為解紅裳風流何遜閒情在泥
殺南州十八娘
則主能啖三千顆海空囊也足豪只是茂陵無藉甚啖
盡惟食七蟠龍

題吳寶巖西溪漁隱圖

湖陂十里是家鄉白小藏好漫下鄰花港外買魚
君同寒水仙王
蟹舍魚梁一水邊家家上市叫湖鮮看圖莫訝垂涎久曾
食槎頭縮項鯿（武林鯿魚極美他處皆不及也）

丙戌冬同年喬學齋招同無黨太乙潤木寓齋小
集分韻得漫字

書生傳朝衫昕夕事柔翰寓居如逆旅甑塵冷孤學不無
朋舊呼亦就比鄰喚尤皆芝山葱寓羊羔澤蒜秦烹及隴
饌皆然堆滿案南人重滋味下箸輒辭汗今刻食指動佳
招及日旰主客四二人相視一咲來平頭坊市來長魚蒲
枒賈乍聞鍘器投鼎味來異觀嘗吾老枕紅如煮白石爛
酒名喬家白百罰贏無算無是同平生形骸絕羈絆莊諭
為經史訓諧參里巷許書或論古今言亦瀰漫是時冬至
後歲篇倏將換陰陽見節候輕寒別土炭薄雪冬以時貽
也 工璨初行花雨白稍見風寒亂扁舟棹山陰蹇驢過
酒 柳頑何請條無乃行逃畔不如飲文字端居起肅惝
春韶出爐錢寒冰隔紅帳酒酣夜大嚼良夜已過半歸來
踏瓊瑤廣衢行客散

和同年喬學齋士司詞

松傘桑蕊只等芸早將食法補嚴龜芸枯料得同朝槿腐
朽爲能出瑞芝餐芝貪饕愁墮齒菇蔬雋永勝含飴冰衛
一例多清約肖謁樊須祈圃師
溝中雨過日溫屯菌菌太無物化有蕈似釘還似笠漱
泥如蕈復如蟠萬錢難入何郎宴三韭同伏便老殘戰勝
膏粱有真味陀蹄鹿尾不堪論

書畫舫小照為吳隱君題

不劳岸上更牽舡小海歌成踏两舷青笠绿蓑苕上去恁
和臥拾是神仙

書畫装成一舫閒擘窠題字煥雲雷（堂額乃皇四子書）從知江上披
裘客不免君王物色來

贈曹子清四首曾以江寧織造巡鹽兩淮

懿親屬籍重當時况有才名萬口推慶氏禮儀傳建武鄴
都詞賦有陳思　巡方官守勞奔問已　駕旌旗待指揮
畫接只今多異數賜駒莫漫足歸期

亭愁艇子過江船南北相望兩惘然宮閣詩同梅閣艷長
干今見柳垂烟新當日狀形鹽笑舊日蒲茏數錦鮮羞領
古八莫羨世間原有地行仙

同

神仙不必論從龍閥閱數高門佳人（曾子丹）才子（曹子建）原通
籍帝葉皇枝許議婚陵雲已隨柄轉鹽綈寧有司存
知公補袞調羮手堂裡沙隄長待來

持庭臨岐可贈公君賤分得綠霞紅因看鴻爪留陳跡敢
況豚蹄望歲豐鉉有書關國計袞衣無闕補天工茲行
正誇揚州鶴料理詩囊付小童

恕堂詩卷之廿七　丁亥

瀛海　宮鴻曆　栖麓

步冢宰公西郊詩韵

聞道西陂上春來竹樹滋試知宋元遠即賦纆之柔（左傳國子賦轡之柔矣乃許鄭衛侯注古逸詩也）宦路同驅馬詩編說汗牛忘機心自得隨處
狎沙鷗

九言轉韻詩為吳寶崖題雪龕煨芋圖

人生仕宦須至二千石不然根賈如奇萬金直爲能不富
不貴空視息日與筆林墨竈共晨夕舊聞南山之下多芋
田阜氏翁媪謠向臨邛送十年能産億萬僮指千列侯封
君未許來羨何又聞鄴侯棲隱衡山巒時與懶殘微言相
於復取太平宰相二十年坎止流行但以蹲鴟卜吳子
歔嵚歷落可咲八疵於人識咸陽天麒麟揭來於書提華
入天祿不肯俯仰向東隨通津門誰寫此一段荒凉色乾
坤清氣沁肌入毛骨出人（維）雅晏坐團焦中手畫地爐寒
灰煨榾柮謂君燕頷虎頭腰十圍眼中有客百輩如君稀
噫嘻富貴君身應亦有終當萬里食肉看雄飛

題同年喬無功杏花春雨圖

江皐絲日推篷坐春草花帶雨看直北今朝騎馬過花
枝琵琶缩怯風寒清明上巳却虚擲好好吟詩對藥欄

晴烘一片蒸成白雨浥千林谷蕾紅得句漫誇盧仝艷提
壺好剩社公風菖蒲葉短榆钱小記取東菑祝歲豐

最是玉堂吟詠苦有時思叢在春前三於白道紅香地家
在山光水氣邊指點放船迴處分明携酒看花天
病假旬日僦屋宣武門西偏時侯君仁宫右軍甥翊
元姪皆先後移寓因成長句代記
斜街僻巷隱松蘿僦屋三間養病車載孟郊家具少書
鈔弘景藥方多病中短假容身懶借長齋謝客過何處
營臣堪理癖把擬猶可學東坡
宦眼黃沙屋角灰門庭藩溷蓋塵埃潔除帚可十人縛封
桂花知幾日聞猶勝一龕心自定收桑五柳夢初回如今
難比維摩病天女文殊好往來
君未曾温哭衣點都門適歲屋三遷日辰逝忌同乾龍深
雲薰燕憶踮翁天上空占營室為人間常之買鄰錢別來
楚尾吳頭地一粹山陰記往年
屏須青瑣煥飛甍四堵居然嘯詠從兩角煩嫌蝸偏仄一
巢聊與燕經營漫誇下榻多名士漸恐催租有惡僧且共
諸君話嚀昔城南看續新盟
和宋冢宰豆苗菜詩
一頃南山豆芳時已立苗摘歸沾曉晚分送路迢遥離落
雨初渴筠籃露未消條香有生意羊食待哭宵
列鼎烹珍膳操鑱採豆苗天淵雖隔澗臏胃各逍遥下筯
輒饕飽登杯宿酒消鄉廬荒舊圃為爾立中宵
孟夏朔花市買花數種口占四律

修書隻日免朝參為揀華滋入市闌正客未邀婪尾醉春
風已逐擔頭還散花天上無消息種對增前只等閑知有
故園松菊在歸裝未理鬢先斑
上闌紅藥自通衢舊恭晉賜掩故廬若又出山名小草不
如善價買文無清泉灌頂魂先返翠幕遮空病轉蘇只恐
塵勞被花哭夕歸遲直幾歡娛
閒官孤館未忘情只買芳菲已向榮便喚芙蓉為侍妾更
栽桃李當門生風花墮地原無定野艷逢時亦有名薄醉
不成難穩卧夜深和月遶廊行
一弓花藥五湖濱應喜經年入夢頻客舍青棠偏觸忿故
山叢桂不留人灌園幸自饒餘力看竹無勞過比鄰錦帘

○ ○

余錢送閒謝阿誰更哭阮家貧
賦得麥候始清和五言律限和字館試
節呂初調律長贏郎候過點衣於時潤拂面麥風和嘉種
盈青隴平疇捲綠波分陰涼足惜只永晝編摹
賦得薰風自南歌五言長律十二韻限風字館試
聖主乘乾運長贏昇舜巽風闢門明四目端極仰重瞳魏
闕卿雲爛觚棱瑞靄紅受釐長啟駐景小年同作沸披
香殿余過太液宮開襟疏爽氣被物普元功已祛炎廚著
寧誇楚殿雄龍池波激灩鳷樹影蘢葱碧柳搖金線丹榴
顫綺叢揮弦知慍解緪瑟兆時豐方覲群三象因來日再
中帝庸歌復旦奕禩剖鴻濛

商丘公招集豐臺看芍藥限七言古

青陽少女催花信藥欄曉洗紅妝靚天公着意惜餘春故遣奇芳為後勁劉攽舊譜三十二廣陵散絕從誰訊北地風流稱自昔祓除艷說風詩贈豐宜門外草橋市葵尾家皇傳甲令居人種花如種穀終陌包原無地賸四月游人舉國狂車馬如流劉高興山公啟事有餘遑衆賓雜遝隨轅鉸玉孟紫勝咒虯凝儷白駢紅朝日映名種無勞金帶誇芳姿合遣姚黃諱錦幃梲陳不見後十里惟看平野亘祠國亭臺連舊閣閣官籬落開亭新從畫醉尊前我不辭一枝插向鬢霜鬚記取秋風欄熳時起舞會須賡病競

試得夏秋五言排限十韻 館會課

瓶水經時合沱水徹底凝波流原涸洞坎止忽剛稜穀綱看ゝ定瓊華寸ゝ增瑤臺花爛熳崑嶺玉崚嶒陰壑藏凌俱雪壇禦雹能五采清毒暑一合醒瞢騰將給公家用先從寢廟升隨輸從定崔踢避矢竄蛇蛟骨堅堪琢鯨牙碎可淨瓊入脚欲清熱客肯逃蒸北陸水方存南薰瑤已拒色分紈扇潔光奪玉壺澄仙醴芳樽列金莖寶露承炎官塵可避酷吏力難勝孤聽中宵淅蟲疑到曉冰為山卑足道煎水定無憑都尉停車未諸渠受命留冷風清薤簟寒影對蔡澄人語如何喜頭鬨或見稱相看冰明徹姑射景高層

芍藥 館會課

自昔揚州產何年冀北移客窗無夜合故國恨將離壓髩留佳兆劇措得好詩鄭箋溱洧俗風物到今疑

花市草橋邊春殘紅藥鮮共憐無隙地買亦不論錢葵尾芳菲艷遨頭士女妍洞姑原有匹一例首酥煎

送賈漢升年伯還里

東華塵土撲衣裾欲版抽簪賦遂初上直怕題千木紙還家肯致子公書今遊客去虛郎署問字人來識草廬我有故鄉親串在買鄰試更卜新居

近門世講久從遊嘶路河間望古郵舊社枌榆人未老酒尊竹葉酒新芻羅含蔚道南宅張翰蓴鱸江上舟共更騎牛出關去如今紫氣滿瀛州

豐臺四絕為陳隣湘作

攜樽種藥及春陰日蔔前屏情吟莫笑氷衙風味薄朝衫拖紫帶圍金 芍藥名

葵尾花開已過春不家錦浸尚横陳夫君自有斟措句漫道誰將好贈人

洛邑曾誇富貴姿菜欄肯共寂寥期小豐臺畔留春宴翠幕銀缸倒玉卮

三載京華踏軟塵故山叢桂不留人四何白草青榆地忽有揚州一段春

題史西眉三車圖

瀛海下邑吾梓桑史侯從政官共鄉時ゝ詩筆署牒牘往

徃吟口談冀黄民貧歲惡邑加穪抽籌去似高鴻翔底須射鵰𤝪牛弩幾見補履持千將陸車水舟各有適用違其器殊乖方浮屠桑下不三宿愛戀絶去猶遮防戒定不随法華轉三車圖畫争毫芒譬如諸郎住火宅池魚幕燕時相牟長者门外既脂轄竟浔栓引升車杭我聞竺仙有少諦駕羊挽鹿非堅良敎闻緣覺但小乗去住久亦迷津梁白牛車大載亦頁不遺一物誰能量君今去官一以適家具満載行周行正恐蒲輪訪遺逸後車虛左難珍藏况君闭户已合徹柳子説車寧荒唐方中圓外乞致遠下軒上軒馳偏箱玉鑾光耀金路重後建九斿肖太常八器堪作扇堂用不須寂寞依空王

送同年喬學齋歸省

北明门外走鋒車虽指清秋入故廬隔歲已蒭進甕酒到淮先買過船魚板輿日永看花處曲沼波澄從棹初歸向西堂逢小謝别來春草夢何如

題澤州公楮窓圖

明堂法宮敞九筵上包密邇鈞陳連吾師登庸登大政堤廳晚闢黄麻宣公餘文字一翻水筆刀直借波涖連書上百函未云速札供十吏誰相先閣中老楮久相識枝葉張王根蟫蝼興酣落筆瑣窓下鸞臺虎覌争渾研謄鈔萬本讀千過命義未易知其然或云物以無用貴果蓏未熟愁攀緣不如此物等樗櫟無用爲用真天全或云造物兒戲耳媖姆豈定嘶婵娟大方達觀偶寄興妄分黑白皆謡塗斯言我聞忽大笑渋紬耶識江湖鱣稚圭本不慕富貴有堂胡以畫錦傳君賓先憂後樂人園名獨樂奚取爲固知位高心益下不自満假如天渊吾師剪除荆棘盡胷中梨棗常騈聯社邪有如契茶蓼芟夷蘊崇無蔓延涵来望士比旦薁梓材樸斵時懃拳不材一顧即嘉樹封殖可比丹松椫而况物本不自棄爲用五六傳前賢蔡侯作紙書契便桐君入録沉痾痊樹人樹木本一理意與大化分微權鈲生常時侍函丈孔席未敢追渊騫窃年砣砣事筆硯正然楮葉空雕鐫散木豈堪眾匠石顧以朽質負陶甄展圖讀公楮窓句重愧俚耳闻鈞天

又題楮窓圖恭和　原韵

北望星榆月桂间漫勞雪石護蒼顔迎風露葉經春緑溜雨霜皮自古斑老柏本緣丞相重貞松未離大夫班不從温室傳名氏看畫吟詩只等閑

交柯匹似翠帷深老榦還同畫戟森籟起音徽元有兆影懸端正自成陰女桑華沃聯中禁孫竹枝長憶故林晚向彤闈封奏罷北牕相對起清吟

肯居材與不材间浔地嘉生異冥顔蟲蝕尚留蝌斗字鵲巢時剝蘚苔斑柯梢鵷吻宵承露蔭合蛾眉曉闢班知是鴻鈞無棄物染諧削楮破除閑

車蓋團團歲月深春萋秋實共蕭森漫誇梧鳳傳清籟早

趂槐龍舞翠陰五石旅窗思廣漠萬年枝只在華林珍材
正要韓宣譽黃閣年時不癈吟

送王幼芬先生視學四川

承明曝直望搖親見文昌作慶霄閣體新詩霏玉屑殿
頭薰秩領冰條望雲書託三江水叱馭人過萬里橋知是
青箱家法在至今於越有新翹
玉壘銅陵擁傳過絳紗深處聽鳴珂青神瀹遠章縫集白
帝城荒棫樸多文闈蠶葉新驛路詩吟杜宇舊山河菖蒲
十様蠻牋好萬束應須苦馬馱
閬州錦作城朝看入蜀使星明揚任正自停尊待李
特先應負琴迎地歸風流因典午山過浩劫
舊有詩人在小隊花間試問興
垣井絡耀星躔玉鑑冰壺次第懸却送紅亭仍載酒不
妨綵筆代籌邊蘄慈諸葛攀龍地寥落公孫躍馬年黃閣
懸知虛左席漫勞卜肆叩筵篿

奉懷院長揆館師八首時扈駕北巡

火城珂傘列平津畫戟高閎作世鄉橋梓通班推國老鵷
鸞得地盡門生崔琳々比金甌貴樂廣神同水鏡清曾看
扶桑迴日馭（向曾奉使至朝鮮）漠南猶莫小行程
帝社相望尺五天蔚藍高處領群仙殿頭衙挂冰條貴宮
體詩裁玉律妍百濟有人求妙筆（用南史蕭子雲事）鷄林無價抵新
篇還家腹稿鈔謄後藝苑懸知萬口傳
扈蹕常年賦遠游又攜綵筆按邊州木綿衣薄過初夏草
樹霜凋見早秋頗憶江干双艣健（今春歸自吳越）却看沙磧萬山稠
孤鴻目送窮千里定有新詩許唱酬
斗辟關河促去裝炎天習々有微涼川塗路杳程難算羊
馬群分谷可量戴鶡兩廂趨衛士腰鞬諸部走名王時巡
誰紀登封盛試與龍門問子長
悲笳三疊送斜曛晚屬櫜鞬侍玉扉吹竹空山蒼鹿出彎
弧積渚白魚飛百樓重險驅羸馬一雨微涼換袷衣千里
緘書更南望高雲閣伴早鴻歸
里行人曉聚糧纏盧亘地綵繩張眼將未怕燈檠短腰
瘦偏驚革帶長帳殿尊開圖白獸獵場圍畔黃羊金門
誰送相如渴撒賜仙槃玉露漿
八爪堆北小平城詩句都於馬上成載得琴樽家具足除
將書帙客裝輕鴻溝不限天南北奧海難量水濁清帷有
謝安風調絕朝來擁鼻學吟生
御札分題展麦光吳趨壁水觀文昌將車昔已同荀最推
轂今還遇鄭莊事業不愁年力邁身名終藉齒牙香却慚
竽濫難成調只合蓬々綴末行

鷗邊洗盞圖為朱姜銘題

瀛洲閬苑羅群仙幻誕略似齊諧傳吳根越角美山水裹
糧千里途迢綿不如屋傍十弓地浔暇日涉消塵緣昔聞
梁園飲勝槩君家池館今平泉石分甲乙富題品廳事大

如千斛船鹿眼編槿芭曲白閣出樹紅亭懸山林不遠
朝市近塵尾蠅拂行翩翻閒門而仕閑門隱琴樽軒冕隨
所便方春臘退寒色淺流澌決〻河冰穿玉雪香浮梅破
萼葡萄綠蘸波連天肉穀一概雜悲健雲階月地何是廷
閒居青山有要約讀書飲酒供天全呼童挈榼欣獨往忘
流洗盞聲潺湲白鷗亦何預人事點水翻雪遮平川高人
寓物不留物心有所賞誰知然物初可游意乃適道存目
擊鷗波前忘機頗與海翁似不妨與我常周旋此圖摹神
已逼肖伊人呼出雄而妍解衣磅礴坐磐石函松狀柏蘗
〻遷君方結綬作通守伐亦羸馬操吟鞭何時避迫六梁
道照門借榻當風連平原十日逕大醉晴〻〻共息鷗眠

潘封翁濂硯圖

〻玉紅絲蘸碧漪風流日〻愛臨池乃公六十平頭日恰
是人書俱老時
文思如江說往年閒居有賦在林泉如今水部揮華起草
穎時〻發硯田

宋修武世兄北渚洗硯圖

野鶩家鷄咲右軍五千言只換鵞羣墨雲淀盡清池水又
寫羊欣白練裙
松滋毛穎日同游賦就梅花艷歎流北渚儘多湯沐地怪
君只拜石鄉侯

送唐次衣春日南旋

春明外門花如雪只有垂楊管離別折作長條滾作綿萬
縷千絲最愁絕還家澣濯衣中塵椎牛釃酒飽比隣鄉廬
蓬藁本非計青眼高歌知有人錦段龍梭銜鳳鑷新衣裁
剪迎花葉不須斗石論明珠天上仙姝方庚叔君歸邛便
似冥鴻輶去淮山小叢叢莫灣水碧隋堤綠羨爾眠朝思
首東

〻待漏上直有作

金吾持鑰待天明露浥銅盤夜氣清已見非烟扶若木尚
留殘月配長庚鵷啼欲趁霜鐘起馬退遙驚曉柝鳴莫道
身隨華硯韋平素業是經生

題查宮詹聲山寫經圖

自崇交宮詹十年任京輦仁孝根本心流〻人者鮮曩登
〻版初風木忽偃蹇素車出國門長路仁徒既望雲嘗欲
裂問途滯先泫太翁曠達人浮休惟理遣陟髮既上梳化
蟲已脫繭視等敝屣如棄置無泆沍胡乃托歸薦示之覺
皇典乃知真如力彌天自弘演還家有朕兆契合事逾顯
痛哭衷經中大願思勇踐舊寶剡藤紙經時藏篋衍滑膩
不忍觸明窗對朝暾六生工臨池歐褚固其選旨秘意渺
領書多指生研齋心筆法勁靜觀微諦闡方將轉法華不
隨法華轉孱羸不勝喪哀立時汗喘無父蓼莪有毋用
洗腆相勸復蔬茹半弓手親繕無何庭萱瘁躃踊若遭珍
獨處苫塊餘早夜自黽勉下帷不窺園入內或吠犬半以

祝嚴君半以供聖善法雨宵握槧慧日曉披卷次第有成
帙龍象勢騰搏如来昔追福報恩經久藏菩薩既出家思
親供芳饍遺教傳法書頭陀有奇撰從来至性人今古共
仰僥我亦失怙恃皐魚恨不淺祿養不逮親面目故已[illegible]
竭来校秘書丘墓疊荒蘚此心本淡定世事日崢嶸略[illegible]
風法華同塵便庸謭愁披寫經圖孫生愧軒冕

題王紫稼焦麓銘圖

結草為廬潤阿　焦先事　華陽真逸又經過朱方鶴化山留
碣滄海龍歸水自波名蹟莫愁雷掊軫靈文有物撝訶
君不用通犀照即得驪珠一撫摩
峻陽石鼓說囂々焦麓銘詞代已遥證據々　東觀論姓
名訛上皇樵殘碑拍浪文難泐華表停々　可招滄海
塵日萬牛牽挽立山椒
路依風一轉蓬
君白鶴莫更臨池嗤野鶩曾踏浪走垂龍水仙
洞府探奇後時世波濤不芥胞

同年沈華平舉孝廉輶歸瀨上挈眷来　京師有小
星之喜今夏六十初度同人作詩奉介予亦效顰
得五絶句因以頌葛藟之祥祝熊羆之兆亦可謂
戲謔而不虐者乎
未宴同年已識君酒籌歌串鬧繽紛如今主盃頻相噉敢
發狂言問紫雲

白紵纏拋折桂新明珠一斛買佳人休文腰帶從他緩莫
令庾彥怨積薪
直房豈竟有河魁小袖雲藍稱剪裁生日今朝更斗麵背
人先道勝常来
何云織素不如縑菅蒯紈羅恰比肩来歲並開湯餅宴頭
愁多費沈郎錢
剩得身名未屬官長筵一笑且追歡待郎着籍金閨後日
日香衾向曉寒

小除日商丘公寓齋守歲

晚歲云除義馭不停晷土風重節令々肆止填委况此
都城中人海鬧如螘後衖罷百貨前衖馳々　喧闐迎年
鼓嘹々踏看燈市軟紅高十丈厭洞差可擬々　不作蹶衣
亦壓滓食事尤荒唐略與隴饌比饋趙銓鷗召客封
羊豕饈餅壓貊盤饎花飣方簋山葱共澤蒜禾噉乙類泚
顧我窮薄官嚼虀響宮徵冬氷斧作糜咼食竟安企屬以
休沐暇闤闠厭轉徙科頭坐下春擁被得晏起何来剥啄
聲赤幘走胥史吾師循故事徵召共諸子連朝食指動趦
趄歘倒屣圍爐獸炭熾坐蠟花紫廚人方歘清鏘器鬣入
耳菜鷄抹作鮮韭蓱風味美巨觥斟羊羔老祉斫濼鱀倭
螺生可致驛送已千里一餉良足樂萬錢詎云侈放筋腹
果然老饕信以酒闌燭未跋談清掌猶抵文康手蹟存雲
烟縈側理敬觀聊一過典型追正始曲房護羣葩火迫綻

霜藥東皇来有信濃香鬱桃李稍待春融怡西城陪杖履
分日理竹策联袂出郊鄗摩訶菴裡花玉泉寺邊水清游
要及辰取次韻言紀

恕堂詩卷之六 戊子

瀛洲集

瀛海 宮 鴻曆 梄麓

人日春樹草堂讌集詩東俠君

流澌活活已辭冬咫尺門坊易過從星指攝提剛七日人
將老健敵千鍾旅懷汙酒辛盤共鄉思花前雁後濃閒逍
西郊盛燈火充庭舍利舞黃龍

史蕉飲太史招同德尹蒼存元方寓齋讌集奉和四
絶句

促膝深宵酒未闌東風特為破軽寒莫愁雨雪經旬少坐
銀河洗玉盤

青瑣頭班乞假回沉冥初起即銜杯維摩丈室安禅地容
得六殊問疾来

一國音書尚渺茫閔心時事轉荒唐西行儘有魚龍隊不
怕鯨波鱷浪狂

歌舞誰家宰堵紅高燒樺燭照春風江鄉早報平安火渴
免農家飯甑空

冢宰商丘公致政詩

商丘邑自殷商時神明胄亞伊耆媯後裔賓周白其馬封
國曰宋承王基家秉國史一萬古人文秀出禩羽儀天子
為時作霖雨琬琰照座何陸離岂求畋卜碩輔出亭毒萬
彙嬈軒義韓蘇詩文馬班賦公於此等聊児嬉諸不具論
論政事何必獨數伊皐蘷歷官中外五十載澤遍翼軫斗

斗危有時奮髯戡群盜古時定沫起窮黎通介與時成習
俗寬猛隨地為轉移齊東栾公立燕社荆南叔子鐫新碑
入操鑑衡挖百揆明揚側陋才無遺履聲朝上柏梁殿紫
荷橐橐開瓊筵眼中封胡過末輩查梨橘柚卯等莢次公
懷鉛直詞館步追騏𨇾挈帀螭陪公拜前魯公後天爵尺
五常委蛇而公青雲有結習歘乞長假歸東籬懷中章奏
字漫滅寵渥不敢言其私今年屢請得遂志竹林洛社應
攀追山王寧以貴盛累君實彦国真良師陛辭更逢天一
咲庭賓旅百羅𨇾奇享有體荐宴折俎形鹽昌歜西枅匜
庸作歌寵元老文後天華殊淋漓公布西陜足魚麦晏
温出詠歸田詩書帙散亡百金摘碑榻断金鳌此時
文交坐膝上鳩車蠟鳳諸孫隨珍珠滴槽醉歌一
酎巾欹常時鞠䠊對法酒今始曠蕩持杯卮乞言祖割
有古典虞庠國老非公誰九十就问以珍從少微照朗連
台司竭來祖帳出郊郭長安日遠行遲遲還家懸心在霄
漢豈獨魚鳥江湖思

寄朱竹坨前輩

一半生徒兩制間十千雲臥覺身閒會稽園扇家家西栗
里籃輿處處山才子詩篇傳樂府地仙名籍落人間游
我亦雲亭客何日携尊薰款關
好在苑東浙水尊鱸歸興自秋風萬间廣廈知何日百尺
高樓著此翁家計秪憑倫雀鼠身名寧羨魚蟲天留文獻
嶄然在國史何當重付公

閏上已集聽雨樓分韵得瀨字

朱櫻未登柈緋桃尚留蒂章茚羸一笑歸餘浔嘉會蘭亭
競觴詠洛濱盛冠盖顧此京華春舉足蹈塵壒無緣行水
邊聊且憩人外仙人樓居避勝此其最輕飇出高樹傾
耳聽濤瀨冶游異溱洧狎盟豈曹鄶相將我輩人長嘯發
清籟酒行觴插羽風吹衣鮮帶世無顧陸手盛事誰能繪
詩成後視今風流方未艾

題秀野草堂圖（王麓臺學士做董宗伯所画盧鴻草堂圖朱竹坨作記）

鴻画手稱逸品名與摩詰爭先馳（宣和画譜載盧鴻画三幅，草堂圖其一也）宣和
絹素久厭滅紛紛俗手誰能為閭丘巷南宅中有幽
人以鴻乙連時捉鼻縱不免文采風流固山華亭舊作
草堂圖中條太室烟模糊麓臺學士手画肚昭摹本與前
人殊辟疆荒園玉山圮秀野池臺今特起偷浔嵩丘一角
山移向吳淞半江水明朝絡繹送詩篇舊雨猶懷竹坨翁
新詩在手圖在壁蛟龍夜吼風濤立

分得三江

篳扇相攜啟碧窓好風楸衫趁奔瀧推枰雪藕冰甆共入
坐良辰樂事双壘土劇憐身是客壺觴相對酒如江信知
旧雨清談勝試聽洪鐘夜擊撞

題林鹿原長林豊草吾廬圖

伏馬不戀黃金韃犧牛不愛文繡衣巖廊鐘鼎豈不好往

往丘壑来訶訖林君工文擅詞賦六草三真堪獨步西圖彷彿似中林為號鹿原以鹿喻春草萋萋春樹濃飲噉决驟安可籠我亦旧署友鹿翁山麋野性将無同我家淮南荒舊宅匹馬紅塵三載客冥鴻高飛應笑人犬似騰猿落剃棘君家菀裘闕海𣏌閉户只合箋魚蟲揭来懐鉛入上苑何異鷄鶋眩鼓鐘君不見唐初閣士不北宦山水禽魚任蕭散擢科始自歐陽詹自此人文比珪瓚騏驎逸步誰能攀君才合是昔賢班會見簫雲日千里莫憶長林豐草間

聖安寺避暑

維夏六月天苦炎祝融擲火焚九原爇攸少𣲗赤蛇走元冥黑帝愁煎熔自来京師無此酷似移北𤇆為南𨍏庭花𥁕巷窓几熱鮮蔕朊𩯭殊憂煩簟齋凸客日亭午肩輿揮(?)汗来軒軒却過城南聖寺殿閣正對西湖柳村地偏心遠從所適闃寂不聞人語喧東南好風入庭户氷壺渥龜清吟龜興来策杖一訪古布金創搆由金源滄桑变後劫灰出古碑断爛依荒垣高臺曲池足榛莽此寺獨與靈光存長楸老槐一百尺勢與寂象争𡺶𡺶前朝供奉西殿辟寶蓋纓絡何翩翻修羅蛮君極变相剥落猶作熊猿蹲昆耶老人見事久亂離一一皆能言當時赤眉破都邑官吏獣散民靡奔及今太平六十載風花過眼猶朝昏諸君劇談聯名理危言曼衍窮天根雲間日下两𡎺敵如恭庭柏談風旛壯觀楽事有今日千鐘一吸空瓶尊踏歌歸来興已極孤雲落日横寺門明朝好事傳衆口南皮河朔何足論

銷夏宴集分得壽昌寺白塔

妙應寺在城西麓白塔高搴如白鵠西番新様異中華玉石團團寶幡矗勝蹟肇自遼壽昌釋迦舎利函金匱至元天子一啟視銅瓶乳水猶堪掬（塔貯釋迦舎利二十粒香泥小塔二千無垢淨光等經至元八年發視銅瓶香水如玉漿舎利堅固若金粟二龍王跪而守護瓶底獲一錢鑄至元通寶四字於是益加崇飾）戒珠走盞二十粒粒飛光奪人目龍神跪護陀羅經香泥小塔盈其腹最奇瓶底貯銅錢至元四字分明讀勅使迎歸謹益蔵異鴿驚人誰敢遶珠網重重衛石欄華鬘金鈴照空谷我聞如来滅度日修羅悲感天龍哭拘尸城邊双樹下妙花天香何馥郁迦葉来自伊梨山既欲猶然出双足（佛滅度後迦葉来佛從金棺中出双足）空中三昧焚金棺舍利茶毗餘八斛（金棺舉空中發三昧火自焚後得舎利八斛五升天王龍王等分而建塔）八王分建七寶塔何日飛騰入中國一花五葉盛東土穠金到處蔵金粟此塔靈徵自昔傳浩劫經過猶轉燭近百年来变色相紅似春花白如玉（元時童謡曰塔兒紅北人來做主塔兒白南人是客(?)元世祖時塔色皴赤明祖起兵淮陽塔白如故）北人南人幾戰争主客興衰從此卜君不見泗州浮圖九級高高改西番異前躅（泗州僧伽塔元時重建改西番塔式）空將法眼照天人不免莊嚴随世俗

香囊

斗帳中宵捲紅珠四角垂聊登荀令坐莫鬪謝家棊甲煎焚燒俗申椒紉佩宜昭儀拂清簟定定勝蘭芝

雨後張園讌集同賦南字

西嶺雲迷着屐難城闉池僻且幽探鳴蓍快雨歇不久吹樹好風來自南舊築頻過三徑熟故人相對一杯酣催詩迫促君休訶除却高吟百不堪

寄懷李松咨運副

閩江風雨共班荊揆覽干支一例評命守玉猿雖上格術者以命在參度為玉猿宮崑身居磨蝎豈虛名昌黎子瞻有身命居磨蝎之說今月亦在斗度翰林清約餘詩卷憲長威聲聳旆旌正欲商量娛老計足錢隨處可歸耕

從人已握淮南節御我衰遲入玉除浪說行年同甲子空將詩筆代犁鋤竹西歌吹三春夢冀北麟鴻一一紙書慷慨只君能念舊京華聊藉慰窮居

御賜烏獬廌歌為商丘公賦

天閑上駟三萬匹足有馬衆中兼德彷垂鞭委轡只徐行後騎追奔那能及去年南苑春田蒐親見龍鑣控玉轡天子賜名烏獬廌驚帆一掣超前騶驚帆馬名常時路馬不敢齒可期寵賜歸田里乍離天廐到華堂四蹄猶帶香塵紫歸歟歸歟好是閒馬不新辭絳代班得似聖俞騎鐵獺聖俞馬名鐵獺吟鞭摇曳看秋山鴻臚西手追書霸虎脊龍媒待高價踏鐵霜蹄欲蕭雲夾鏡方瞳能照夜翟龍門外馬如龍咲我騎驢風雪中西陂若置當時驛欵段南來就謁公

陳太常月瀧畫蘭竹草蟲

秋蟲飛躍盡天機更寫蘭叢與竹扶尺幅居然有生意品題不藉宛陵詩僧居寧善畫草蟲梅聖俞贈以詩名益之見宣和畫譜

夏雨

墨雲擁樹接山岡一瞬飆車過曲廊乍見寒飈喧鼓角漸聽懸溜有笙簧雨催北海扶摇發風送東南穲稏香正是天功煩燮理敢言殿閣有微涼

銷夏第三集分得王獻之夏月書練裠

士生漢唐後學業等剽盜延緣及書法纖羸隨俗好金石易裂泐撫搨轉彫耗家雞或見稱野鶩或蒙誚臨池何紛紛剡藤真可弔子敬精筆法家翁實前導羊欣尚妙年篤嗜欲深造練裠方在析上客入寢與偶然興欲書不待折簡召栗尾一含吮數幅尺迅祎目擊心已領以此益精到而何蕭老公論書止諭貌一一呼羞澁婢一呼河朔少狂詞肆訊評不直古人笑我昔入小學鹵莽失體要今乃稍知之眺劣目轉眊當其握管時作意無一肖有如風中舟一縱不任棹此九三伏中日喝華石燥筒懶已成性北窗卧寄傲無字碑可讀有絃琴不操庶以安心神無勞誇二妙

送宋瀟碧之官辰州

高艣大舸百尺強北風送客過湖湘水雲瀰漫道里長沅陵雨雨天一方知君瀕行思故鄉曉猿夜鶴寧相忘衡岳咫尺無雁翔春鳴杜宇秋寒螿對之不免心傍徨吏人來迎羅酒漿跪請為公述其詳吾州雖鄙古巖疆複嶺後隘

前重岡地遠民樸俗亦良隄防修治粳稻穰中人家有石
斛藏鷄豚满栅魚满塘蔬果便足充朝糧官府頗無案牘
怡坐嘯畫諾固其常兼有山水堪相羊二酉之麓沅中央
双屐登陟一葦杭助公詩句盈錦囊老鴉井口丹砂床採
得不異珪與璋一爐家火则烹旁神仙極貴寧相妨君聞
此言色飛揚更酌大斗歌琳琅篙師水手夜鳴榔月色皎
皎天蒼蒼

題讀書松桂林圖送張天農出守常山

青松節磊砢紅桂香萋𦵵中有高世人結廬剪茅茨跡與
市廛遠興共山林期地偏心不俗境勝詩益奇寂寥環堵
中意行無津涯散帙書满案召客酒盈卮或詠徂徠句或
賦淮山詞三徑足盤桓八公儼追隨折松當談麈擣桂和
羹糜蒼鱗振遠籟金粟飄書帷帷應山中人偶此歲寒姿
斯今宰大邑膏澤蘇民疲依〻故山詠庭草荒不治輪囷
幹有蠹蟠曲風偃枝猿鶴每相怨問君歸何時出處自一
理努力勳名垂勿營買山錢皇路方倭遲

寄張帝存太守

百尺帆檣引西船京江水清水浤漣過家暫入枌榆社為
政先調燮濕孩星土舊為吳宇縣提封今是越山川從游
誰是顏公客湖上先招放鶴仙

結束裝輕肅去帆江城攬轡聽風謠地多山水留吟咏俗
尚蕭条出數條湖面春濃開疊函潮頭風迅捲扶摇清游
不怕歸來晚燈火長堤過六橋

書家書後

榮槑少日隙駒過患難中身事已多華髮年来到詞館天
應將壽補蹉跎

嬌兒愛女满床前但少奁金與聘錢莫怪阿翁頭半白等
閑心事自年年

黃金臺畔但孤居春雨堂前夢想初南北相望二千里莫
教常斷鯉魚書

折葉力可驅銅馬撫劍心常笑白猿誰識江淮好男子帷
將詞賦比文園

廿載飄零客路岐一官白髮許彤闈青雲眼底無路記取
天寒恋故衣

秋懷四首南薰殿上直作

羨煞天高易爽秋蓮漪風味近清幽官閒最合親書課
官拙偏宜與道謀傑直獨來紅藥院裁詩還憶白蘋洲
癡居只在雲深處紙葉淮南一葉舟

頭銜手版近何如居晚鐵嚇詔對玉除出折俸金因貰酒
月收官紙為鈔書（康熙月支官紙百番）裁青日課三條生白霄深
室意閒向雲亭問奇字笑談聊得劉室談

勝水登山興未闌殘羽涂小院獨徒欄蔡光暎字更初轉
共聞警大夜向闌月滿庭階邊廊寬風吹鈴索井梧寒
與誰共踏西山路捐眼生離桥茶丹

恕堂詩卷之十九 己丑

桂史集上　瀛海 宮鴻曆 標麓

孟春十日陳幼菴先生招同胄司崗木漁璜方若山
堂相怡友常寓齋讌集追和昌黎人日城南登高
原韻

江南逢好春冰釋水可弄燕京氣沍寒及春未融凍昔人
登高宴初正例用宸游召元胄同樂逮侍從（北史元胄傳正月十五日帝與近臣登高召元胄曰公與外人登高不如就朕之）昌黎人日集亦有親舊共竭來修故事
詩酒更迭送結交依柏松擇客旁蒿封入座無雜賓情熟
談始縱街燈漸凌亂戲鼓劇喧恖歸踏九衢塵眩眼回花
重

聖駕避暑灤河行宮（避暑山莊） 限冰字寒字

灤河北拱萬山層別殿軒廊掃䔍蒸清蹕朝從黃道
出天階遙見紫雲凝披襟風拂林梯入坐涼生玉
碗冰觀稼省耕真樂事阜財時聽舜絃揮
封關不用一泥丸長日崑丘駐玉鑾黍谷已隨春氣
煖松風翻作夜濤寒天門虎豹開馳道御仗旌旗擁
從官扈獵相如頌草成宵分湛露滴銅盤

賦得秋蟬送夏聲

火雲蒸暑欲週旬念正行秋已及辰雨過玉虹懸曲澗風
來木葉下前津水亭漸覺宜單縠竹簟還將換錦茵碧石
青花知素節蒼蕪白露應蕭晨即看榆柳森森處遂有蜡
蜩嘒嘒頻半晌寒嘶初送暑數聲低咽又迎新漫誇裙
衩名齊女却戴貂比侍臣上苑風高初振羽長林樹碧
坐無情（見義山詠蟬詩）蜩聲翻咲思莊叟蟀首鉛華賦碩人凄斷秪
愁螳奮臂孤高正伴雁來賓淹留桂樹及長夜搖落楊枝
作舊春避雀皮頭音斷絕桑琴門外客逡巡朗吟早變炎
涼候清德寧居寂寞濱潘掾不勞悲白髮陸生何用歎緇
塵（見盧思道詩）但餐寶甕三危露勝飽天廚一合陀翳葉包枝何
處所玉堂槐棘自為隣

午門賜觀嘉穀

六御巡秋出上方中門省斂重農桑祥雲瀼玉露連莖秀
掩冉金風五穗香龍尾道觀誇穎栗豚蹄稱祝滿倉
箱嘉禾篇帙今遺逸頗冶豳風為補亡
國寶民天重歲時嘉生同穎自離披江茅無用誇三
脊龍麥還看秀兩岐穀熟夕卿將上瑞禾興改邑叶
昌期
聖朝原不徵符瑞寒暑惟求免怨咨

香山寺登高限五言排律二十韻

義馭當秋肅猶鐘應候遲遥林風摵摵平野日皚皚紅樹
看凋謝蒼葭足溯洄金飛籬菡艷玉露井桐摧晚晚重陽
節依稀九日臺（見南史齊武帝本紀）秋園山岌嶪鷲嶺路縈迴向徑塵
襟曠簪花咲口開（見杜牧詩）登高聊偶爾望遠亦悠哉天宇何寥
闊皇輿信廣恢嵐光青一抹柿葉錦千堆藍水歌佳什龍

山憶俊才朔雲對山頂秋爽映城隈仙子催花信(九日鶴林事)門
生致酒村授衣時代謝沿帽客追陪勝友題糕去出人釀
林來白衣門外榼黃菊掌中杯拌飲迎涼脯尊浮潑綠醅
潭痕依潦減泉脈抱山回戲馬曾留句囊萸已卻災山川
雖且麗引勝下詩媒

花朝宴集

長途誰寄隴頭枝勝日閒遊愜所思北谷向憐施李信東
風漸鮮雪霜姿(姿)詞壇珠玉霏湘管樂部笙歌送羽卮從此
芳閒須逐造披帷先讀冶春詩

再用前韻

萬錢高會及芳時客滿華堂花滿枝酒氣上浮金錯落歌
聲迭和竹參差神仙帝子麟爲侶天壤王郎玉雪姿歘更
踏春成後約官堤正郭柳垂絲

紫幢軒梓花詩

春葉秋花紫翠分枝成帷幄木成文金風掩冉來三徑寶
樹離羅絢五雲攀去漫勞蒙叟惜坐來如挾令公薰日長
最愛濃陰轉留客茶(瓜)對夕曛
星河似見白榆光月映湲同紫桂香嫋徑無花非若木濯
根有水即銀潢音聲裊裊聞鸞鶴車蓋堂堂下鳳凰頗憶(憶)
姑江南雲水曲蕙蘭十畮樹千章

郊園觀燈

春入華林暖氣增離宮初試百盤燈但知天外卿雲合不
覺空中皓月升曼衍魚龍看一一(立)蓬萊宮闕望層層儒臣
漫草登封頌太乙神光映時騰

西苑觀荷

西苑臺池近濯龍芙蕖尚柄日華東禁烟濃染粧鬟綠宮
錦齊裁步障紅珠顆走荷承曉露爐香拂面汎薰風金鰲
橋上凭欄望白玉分明貫雨虹

賀兖東道年東山

畫戟牙旗憲史班鳳凰傳詔五雲間萬家岱畎供絲枲九
點齊烟接海山竹部美君詩思發譽言顧我鬢毛斑情知
最愛璽光賦叱馭來時一破顏
姬宗同姓魯爲先開閫名都元最便禮樂從知王澤遠魚
鹽漫道霸功全天門擁節搜碑碣孔壁收書聽管弦親串
時時看落月魚山狼水夢魂牽
少舍長筵侍綵衣知君捧檄慰親闈悖齊諧入耳心逾快
魯酒霑唇興不違平世島中亡命散醇風稷下客談稀政
成指顧操麾節食肉還當萬里飛

上巳日雨二首

片雲霮䨴過遙岑泼溆宜行節序深喚婦春鳩霑濕項營
巢社燕濕紅襟蘭亭書記烟雲合小海歌殘霧雨侵知是
東風能長養盈蹊桃李欲成陰
谿雨如酥出禁城東郊一片已爭榮酒帘茅屋客竟醉細
柳新蒲人耦耕且約流觴修故事漫聽河女弄新聲遙知

一夜東風力鐘鼓明朝報曉晴

習静

習静身依鶴夢邊閒時白晝似枯禅鞘竹復坐書堆案欲睡還醒鵲啅簷合眼觀心同止水田頭憶往似流泉晚來燈火南窗近又聽佳兒誦紉舊

牡丹十六韻

三月繁華地春風滿洛陽嬌娆真少匹貴室合稱王一尺秦娥髻千珍越使裝東皇持玉節西母沃瓊漿九子金鈴夏三重繡幕張輕摇湘女珮濃沁令公香照席三珠樹當筵九醞觴雲雷雕篚筥蔗火畫衣裳錦段供裁剪璠璵作報章漢宮驚國色郿時望神光翠羽双双影文鴛六六行禍鐙盤紫鳳絡索綴明璫金蝴卿雲爛瑶池辟月凉萎蕤廻寶扇磊落擁牙璋瑞露滋紅藥祥風拆绛房無勞數姚魏定定壓群芳

送大參張勳伯之官粤西南寧

家世南州惠愛深棣華春畫藹瓊林正當芒湜同官日唐湜與弟澄液並君顯秩長憶姜肱共被心千里屏藩俱輯玉一门腰帶畫横金灘江濵水無多遶汴草吟成思不禁

夔门楚峡昝雄関曾記乘舟一水灣宦達每當山水處解携多在友朋間清風肖識襟期曠白日長看薄領閒道邕崙名勝地南寧山名試攜弦管共躋攀

王程拜節聽清笳桂海千峯卓虎牙龍眼林高清蔭合象蹄花放午風斜龍眼大者出邕州即今南寧也又象蹄花似梔子夏月開俱見桂海虞衡志川原無瘴香山美風土宜人杜老詩范成大云考桂林之地少陵謂之宜人樂天謂之無瘴退之以為湘南江山勝于驂鸞仙去汇去驂鸞遇仙伯若為塵土咲京華

瑶簪玉筍出天垠桂林山如玉筍瑶簪又山皆中空故多佳巖洞緑竹登山莫厭頻霞溢紅鹽宜下酒官厨瑞露壹勞唇粤西人取生薑芼入梅汁令色紅曝乾荐酒謂之紅鹽草果又名瑞露官廚酒[redacted]俱見虞衡志殺名父勵懸魚節親串偏多待釁人引領期公為使相萬間廣廈庇窮民

感興六首

少门一入悵淹留休道官班似门丘五載但騎王濟馬乙丁再來京師今五改歲矣廿年不換晏嬰裘鶯花海淀饒詩筆蝦菜淮壖限釣舟漫浪故人無恙在幾時二徑欵手求

情知三夏有炎蒸且喜今年快雨頻旋洗盆瓶承屋霤却看硯几净街塵酒杯入手還伏花藥沿堦已簇新賀雨詩成倍惆悵江鄉禾麦苦沉淪

孤懸華室似蜂窠婚宦相牽竟若何譜香鴉憂隨往復亀長策短任平陂冶游底處招紅袖名飲當尖卷白波牢木随身聊戲劇高鴻無意羨雲羅

執戟揚雄亦姓顔平交泛泛占通班醉醒酒盞渾無味勝負棋枰了不関極命風騷䇿草木散懷書帙雜榛菅離縱白髮西窗坐却得官身半晌閒

歌聲環堵縱琅琅貧病從來少禁方客裏慳囊常澀縮尊前舞袖太郎當到门秋雨人今舊送别郵亭路短長方朔

侏儒休誚責一般准鼠盜官倉
日日南薰握槧過水經沁志事綱摩乏錢我愧奇書少熟
蚨八憐退筆多屋角好山看幾許床頭新醞飲無何故園
平陸龍蛇起漫把離憂托浩歌

和同年酉潤木韵七言

天馬刷燕秣越雲鴻春北秋南桑下不妨三宿拈來轉語
同飧並舍時防盜酒隔墻日聽吟詩畢卓無以熊虎踏
未必真癡故書從教壓擔家具何曾滿車十笏雖摩方丈
一一勞更散天花敝屋原非故宅一一葦不是江鄉竿木隨身
作劇任他假面西涼一一宅地心遠賡詩色正苍寒二陸
東西咫尺分甘正好傳餐南村晨夕可數奇文欣賞相与
蓮社不遺詮炳竹林莫屏戎濟

大雨招唐益功郭斗文飲酒

下安六月三日雨倒甕翻盆汗工新繫蔽日龍起陸蝸
牛上壁魚生釜東家屋老墻危墮西家軒敝塌墻堵禾苗
生耳麥飛蟲豈獨天街困行旅冷官寂寞欣閉門熟客對
泥愁路阻杞人憂天復何益蟣蝨微臣誰比數且收天泉
煮靈荈韜免悲水煎鹹乏飽來獨酌不成醉二妙忽忽隔
秋浦平頭赤腳走西隣忽招唐勤呼孫楚

憫蝗

蝗蝻初生時跂蠕動以致中田方戢戢那能一炬畢無何
兩翅折飛飛亘天宇跛扈出雲霄跳踉滿園圃稻粱既汝
甘茶蓼非汝苦憑誰假手遮狼用三物詛坐視席捲淨空
拳莫敢禦害馬食鬟尾八屋齧箱楮何況原野間菽麥禾
稷黍蝗生兵疫後斯言聞自古云是戰死士沴氣所孳乳
高飛整行列下集齊步部伍排空分鶺鴒決起驟風雨撲
面施戈鋋跂聰金鼓一日金鼓聽則起坑法教老農火攻祝田祖格
磔齊師殲轟奔趙卒鹵往者不可畫來者劇如許三輦車
載之豈易僂指數方今成聖明時四郊息旅卯鳳凰
食作虐甚田鼠　皇心布愷澤陽和匾幽阻汝蝗亦奚為
孑孑育繁儔侶無乃司民牧乏龔黃皇督汝微等蟊賊吏健
似彪虎昨聞院牒下役縣聲洶洶或云彼所驅或煩此發
與飢飛不擇地飽颺不問主此災將安歸薄責日旁午捕
蝗小吏來喋喋訴大府兔脫逃有人拙吏挂網罟有口有
吻者較蝗更毒楚一氣感召之咒殘詛惟汝

戲詹思

潘郎髩未白挾琵游清都抗顏不學望塵拜外縱被褐中
懷珠道南一區宅踏地無賦租室中何所有絕代千金姝
誰言碧玉小家女通籍咸里馳彤車大喬嫁伯符小喬嫁
周瑜亦如季隗配重耳汉見趙衰為之夫嗟我官后渠閉
箱倒篋惟殘書分無紅袖呵筆硯天寒把卷歌嗚嗚歌一
闋酒一壺同君醉倒黃公壚瑶宮金闕天咫五莫因蝦菜
思五湖

得崑霞書却寄

山重水複古交城府傳蕭然少送迎田野鳥喧秋稼熟闌
闌人靜長官清閑函應苛求禽種啟户先聽啄木聲聞道
二年有暇事蟻封試馬策如縈（交城產良馬所謂屈產之乘也）

送馬觀我同年南歸

息朋有聚散雲物有遷從之其出岫時一氣結文綺翩然
秋風至飄飄去何駛我有同年生玉德溫且理三年共筆
硯驅望互因倚今晨趋我別僕夫飭車軌首聯桑戴書後
隊房揷矢意氣何軒軒風日正晴美北去定何所遙指長
千里蒹葭灑白露伊人山水中歌驪慄不文勿以溷吾
子折柳春明门為君拭河水

贈沈徵君滄扶

偶扶天風傍玉扉更無幽夢上魚磯離家鬢髮何勞染（何長有）
（陸展染鳥髭將以媚側室之句滄老近亦時點染也）入社篇章自鮮飛（袁郎云我詩因大材逗之不爾飛去）鞍馬
興隨詩思發（滄老有馬癖又善飲）衣巾醉帶歸魚書緘寄閨中去
為報東陽比瘦肥

陳泗源同门奉詔來京息駕口外寄懷一首

賜鈔還家卧敝廬忽隨羔雁上鋒車同年不爾尋常面晤
語無煩咫尺書十里息丁迢紫塞九重顧問立丹除近來
控縱都如意看客何須消蹇驢

王方若翰撰移居詩步劉大山原韵

身事都如野蔓纏滿車亦具苦頻遷搬薑鼠過從人咲我
屋蝸行黯自憐千貫買鄰應有日（宅西有官屋欲移居隣並）萬间構廈定何
年道南讓宅非無謂（始余亦欲居此後以相讓）花市人來貴酒錢
昔為宋玉行吟地今著蘭城寓直身紅藥堦猶留好句青
坊巷合住才人柴居車看客家家酒廟市尋花月月春久
共維摩宿方丈不教塵夢過東隣
昌黎久窒抱書歷歲勤有屋廬（昌黎詩自我來京師止擕一書辛勤三十年始有此屋廬）道
大並容今雨過詩豪共說古人如鑿池後院先栽林漱水
前除自灌蔬草草杯盤聊取醉客來丘嫂

己丑九日集李世兄彥绳柳塘書

竹街塵土撲行窩西第清幽側分
分仙李挹春和蓴鱸江上秋風
紅裙須併合擘箋付與雪兒
柳塘深處啟蕭齋步屧長廊
蘿且喚白衣偕黃囊擎臂栽卸
杜公老窗從醉狂猶許拍洪崖

送同年彭石源編修請假歸茶陵

茶山古壯縣靈巖發神秀有明文正公才
三百年異稟石源又燦吻童子科探囊錐末透春官公車
來一發已入數遂小讀同清易如發吾覆萬卷一日成百
技隨手就珠玉不可名編鼓任所扣天驥絶道馳冀北空
羣鹿名都如歷塊凡馬瞠已後正如彪虎將騰身捷猿狖
軍中袒臂呼萬夫盡冤中又如絶代姝桑陌一邂逅脫帽
看羅敷人人慚纖陋五年共游處溫如飲醇時朅來請假

歸三星明户牖百雨里门盈掀簾出红袖椿庭舞斑淥長
遊初上壽比麟椎牛賀：吏負弩走人生得意事于君一
朝覲明年挈家来玉堂催草奏屈指犀角兒咏：出裾繡
主孟能啗我湯餅随飣餖

題曹應溪也兒搜硯圖 應讓尊公先君癸未同年之
硯田莒類待鋤耰夢裏依然手澤留第一莫書千秋紙斯
君磨墨上蝸頭
二老風流姓氏香生兒年紀正相當少
鬚眉各老蒼
三釜榮親事若何一經教子曰
画困君癡夢莪

和仁湯夫子出閩圖恭
留都古神皋川原互噴薄襟帶
仁氣浮定禺天邑作遠過豳岐典
初百戰戈津槊天上舞梯衡樓頭散飛雲
一南朔豈同遼與金半面畫地洛燕山既
錯歷尺共星分如聽御魯析規模仿二周氣象隨三古香
御南頓间王侯沐阜…出兜鍪厮養盡封爵吾師文
章伯主辟競磨琢孫綸代王言詞翰变俗學兩河典文柄
遐執但垂橐 帝謂時太平使掌北门鑰双旌方啓行秋
風振林薄導騎不棄鞬以吏無鉦鐲汗牛萬卷書盈車大
郊郭緬想到官日改啇人逢樂下雲下盗羊描猶繫繳地

士卒負弩迎平沙列萬幕丁零不盜羊描矢猶繫繳地產
夫何饒一二曾領略谷量馬千噉田牧羊萬角封君不足
欲州侯乃相若官廚蛙水清頗亦善揮霍旅米既可飽秋
酒亦堪酌射麋給腊脯泂魚作羹臛鹿尾糟更美駝蹄生
可斫捫官時生還養…乳酪 乳酪見晉書 泉甘土物良美疢喜
忽藥乘間一弔古登臨解塵傳元禮紉安華遺跡…
何况勝國事…信待研榷會寧秦王魚…
人鶴故事雖瑣屑麟管時一握鮿生芎
方踏後塵步趋愧體弱聊賦

醉吟圖為犬江史…滄題
青瑣窓櫺紫界墻城東杉柍
月卯得平居履道坊
紅綃剣立紫綃前…蛮素粘
風流寫出四嬋娟
香衾孤負早朝時擁髻無言意可知塵
如鸞珠溜駱放楊枝
肯為閒情損道心空中花墮不粘襟鳥絲欄寫香奩句付
與先生伴醉吟

除夕前四日招諸同人小齋宴集用東坡除夜贈段
屯田韵
增年即減年渇半乃失小屠蘇甘後罰可喜亦可歎端居
受景光愜心任流玩 …遂招我輩人相對百憂

散晏歲齋閣寒長夜燈火伴分題叶強韻吟口啼盍旦何
時東風来硯氷釋几案看山近可游春流淺可亂自噺面
壯土欲就水泉盥蠟屐要頻數著幘勿遲緩同社盡詩伯
搦矢輌笠貫公等王尊而我愧之奇懦及茲歲崢嶸陰陽
分錢炭節鼓亘長律桃花桃高館一冬雪霰少亭午正妍
暖昌黎遊青龍寺詩幸值亭午猶妍煖典裘續沽酒莫惜三英粲

同社諸先生以次韻詩賜教因再和以疇諸
人生百年中苦樂恒相半有時得酒壺座探得注歌二韻
、自知每為造物玩我生何支些　旦署高陽叨世講派
人典作香火伴狂呼迫兩夜些老萸菊尊前舊雨多文字
塵満書案吟君除夜詩関雎歌

奠盥史官一倍添　遷轉例行以散懐西嶺未採紅葉去東
原憑甘清貧𪥜勃本庸懦肯典勝菊當進農王欽莫説
氣將除寒漏沉虚館明年春水上
隅披詩發君粲

與宇宙蘊蓄

恕堂詩卷之二十庚寅

狂史集下

瀛海　宮　鴻曆　櫶麓

歲正上浣内子生日治具因贈以詩次除夕韻
百歲稱上壽五十乃其半汝年又過四二毛何足歎拌搕
無珍饈服飾謝奇玩我亦將無同衷㪚黄金散維摩典天
女方丈呼老伴上直我待漏聞鷄汝戒旦從先王競衣猶
華渓鴻案家事既纖细一ゝ理繩亂著㩟一
暇盥幸居命婦班赤芾来已緩今年作生
辰就子謀得酒何嘗懦秋畦記
千里坏ゝ坐虚館待掎使者些
題詩付此粲

早春西郊
迢遞城西路重来已決旬和扉
少芳𦳝水邊無麗人遥思舊園

一勺菴種藤歌為周桐埜前輩賦
松柏枝幹堅楊柳通體弱種松要待十年
飄泊易栽還易成不如種朱藤縈花密葉一兩東怜覚青
銅三百文蕭齋東屋連西舍初秋却怕驕陽射擔頭慇勤
春風来準擬濃陰敵桑梧一年蛟螭二年枝葉亞三年
藝張王引蔓修架遂覚涼颸来木杪豈有炎颸穿葉罅
我作種藤詩未到花開時深春看綴紫瓔珞和風却展錦
屏帷明年四月携春醸来踏君家新歩障香雪濛ゝ到眼

明詩老相看尤跌宕樂天比作妖婦人斯言不公吾所放

題郭于宮婣堂奉母圖

邛將山澤換巖廊七尺長身髩未蒼鄭禹咲人常宗宗耙
舒對客自堂堂修書日上延英殿持槖先傳奉母觴我亦
江鄉舊覲串憑老牽夢到維桑
雙村漂㴑水雲居廿旨常隨白板輿顧我力田稱孝悌看
人叢塚用詩書遺時羔雁盈門户賜額雲官護里閭食肉
雄飛良易事漫勞子舍問鹽虀

為查田題二隱圖

誰信東籬霜後枝駐顏得與綵衣期燕環肥瘦相形處那
尹嫚娟並御時梅比高人閒最于菊如貧女嫁常遲先生大
隱稱同調故遣雙清對酒巵

暮春中浣花市看花集潤木年兄寓齋同用昌黎城

南過春韵

斯人走名利意與奔馬競幣帛高門馳軒車廣衢映琴嬿
古韵澹粧愛時勢靚健羡縱有人詈罵亦已病挺徑足投
衆中氣方橫㮮櫟不中程污濁何足鏡交游或假借邀洛
畫識許後房孰倚多漸進簪裓盛甘肥筋懶下綠竹耳倦
聽對書口常箝歷險目迷瞑運移時代謝如醉一朝醒雀
羅張門前多藏忽爲罄何如我輩人古義相訂正心曠撤
屏　障懷坦絶塹穽談詒捐俗忌真率露天性無復懷眸
罪寧希席珍聘春蕪滿斜街連臂共游泳活火烘花開香
風拭葉净横鋪密如綈縱列繁如經主人授几筵塵壒一
時迸名花勝友偕樂事當心併寫詩頻阿買喢我呼主孟
八户寧避賢洪飲惟樂聖布穀口吻乾黃鸝嘴爪勁頭盤
有辰告鞍馬宣甲令款坐隨年齒善謔見愛敬或爲杜華
罰或用伯雅慶斗酣仍復傾已醉更相命觥籌任交錯烏
知爵所竟

題宋山言微雨種瓜圖

天上匏瓜只一星散精人世各殊名種留狸首誰珍味不
及嘉瓜並蒂榮
婆娑老柳夏陰涼瓜蔓青斑引蔓長若共東坡說滋味石
芝終遜土芝香（土芝瓜別名，見稽含賦）
一瓣靈瓜便得仙函封佳種自瓊田荷鉏莫道無人伴白
鶴化爲三少年
瓜田十畝湧溪西莫認東陵作兩邢若邑秋　巡問方物
削瓜手自羃纖絺

暮春中浣劉西谷先生携尊聽雨樓兄下宴集同用

少陵重過何氏五首韻並柬千波府洲昆仲

爲展三春宴先虛尺一書是間繁竹木何事憶鄉廬百斛
椒花釀千絲藿葉魚醉來貪露坐不復問樓居
一色瑤華艷鈎簾樹影移花迷縞衣使竹護錦綳兒麥浪
黃千疊秧針緑一陂情如故鄉遠有夢到東籬
憶昔歸餘月春風上巳時蘭亭觴詠句洛水祓除詩照席

霏瓊屑當蓮開色綠今年又秋閏七夕有期前
齋事清深處牙籤引興長談看消燭跋醉喚瀹茶槍聰話
採宴藝鄉心憶稻米倘來同硯席幽耿共張皇
當代劉賓客班揚托輩平清詩標玉雪逸興屬林泉名壓
香山杜情牽好田田為君賦河水相對意悠然

送楊次也之官平涼

不將名姓付司銓中旨傳呼鳳綍鮮為地求官且破格送
君作邑似登仙閒雲自擁崆峒擁廿兩平添好水川最是
文儒能化俗蕭關千里靜烽烟
五馬西來紫氣迎提封北地物華新隴頭鸚鵡能呼客塞
上葡萄解醉人熊軾課耕行得句銀毫判牒坐生春使君
自有凌雲賦不用為文說過秦

讀安溪贈王孝子詩敬賦

曾聞不世出人心弗古處借祖有德色取箕或誶語異哉王
孝子尋親歷艱阻子身走萬里茹蘗不知苦重趼越榛莽
乞食過江滸齊魯宋衛閒往來十寒暑夢寐忽來告神明
固所予遇之精藍中初見猶爾汝遙聞呼小名相持泣如
雨無親而有親是攜歸舊土鄰里共驚異殺雞命儔侶妻
為夫舉觴婦為翁起舞俯仰歲星週後作門戶主倘非此
孝子坎廩終逆旅鷹鸇有報祭瓶雞知哺乳獨怪輕近人
同氣化豺虎世無采風官潛德不褒舉當時失薦達後為
佩簪組夫子闡幽筆大書告來許蓼莪廢可讀白華亡可
補顧膽一萬本揮灑鑿毫楮持贈擴目民用作人倫矩

讀魏孝子學洢贈庇太公詩漫成三十六韻

四星宦者名天市座側甘石著於經烏能畫罷黜顧此
闒茸材止供洒掃役漢唐標季運秕政忽萌茁初加謁者
號旋典長秋秩七陵牽北部嚴屬階漸已陟李杜亦何辜
駢踵受梏桎有唐訓約輩虎皮蔽羊質終嬰屈麗誅不赦
晉侯疾沿流及明裹舉足踵前失刑章亂於荼投匭倖夏
日凶殘甚恭顯周內過寃郅哀哉六君子赴死曰若蚤鶴
以忠節公正氣天宇塞劉蕡出讜言董狐秉直筆心摧北
寺囚氣盡南尉繫親黨遭證逮妻子共牽率庇公一代賢
慷慨古遺直臭味焚椒蘭識分投膠漆破家能相容百口
不遑卹廣柳李布匿複壁趙岐匿魏齊昔羅禍虞卿乃棄
職芒碭初見收縣令欲投劾以今方古人寥寥有其匹魏
公身以殞令子病亦華覆巢既有徵完卵更無術今讀丁
韵詩銜恩露肝膽豈惟忠孝並落落亦間出天心果無知
喪此百夫特古來任奄豎危亡固可必封狐與碩鼠城社
地甚逼縱有智計人安能闢心力微如緣衣蚤隱若虎渾
蟲從搔不可忍家衣害方畢癰潰人命危一擲輸萬億此
理竟誰悟鑒殷庶不忒

聽國工吳官山彈琴

淫哇到處繁新聲黃鐘喑啞尾缶鳴琵琶箏笛鬧如雨古
樂縱解誰能精長干吳君稱絕調蟹行鷹鳴新得妙參尉

拂琴為我彈，疏越聲如奏清廟。小弦民事大弦君，柳絮飄泊隨浮雲。初聞函胡澌瀌折，牛鳴甕盎羊離群。須臾促軫彈清散，雲濤破壞松風亂。何意京華塵土間，倏忽霜鐘鳴夜半。莫言羊體與嵇心，賞音何必定知音。古來大樂有默契，六馬仰秣鐔魚聽。四座振襟如槁木，口不能言耳相屬。移宮換徵一再行，依稀譜出瀟湘曲。瀟湘斑竹舊成叢，二妃鼓瑟水聲中。請君迭和南薰操，咫尺清亻逢重瞳。

送周桐埜前輩視學畿輔

天祿圖書秘，文章藥職司。望宜操玉節，地未遠彤墀。失罚非無幸，趋燕會有期。何勞越飛棧，且坐宴南次。陀塞雄幽冀，星分跨尾箕。金臺求駿骨，絳帳擁皋比。碣石魚龍舞，西山虎李滋。持衡知月朗，攬轡見風移。章句將軍易，河梁屬國詩。揣摩非樸學，砥礪即經師。庭訓儒生列，古無吏牘披。前除羅典籍，後秉旌旄。豈獨文瀾富，還看化雨施。人衍起廉嵎，名教理綱維。道脉宗儒棲，凌風人古為。文篇還正始，俊造絕奔馳。賤子叨新進，先生乃宿耆。綜承卒笠語，頻挾潁泓隨。上日停飛蓋，泰明共羽卮。樽罍時揖揖，風月共共擬。支串貫尊卯，講談諧出庚。辭嚼冰消夏渴，溫卷借冬曦。十載投誠歎，三秋悵別離。故交常落托，天路正逶迤。東覲綢書日，西郊折御時。情知兩年近，落月最相思。

雨晴上直東同殿諸君作

撒粟飄盆一夜喧，浮漭朝溜尚軒軒。庳車旋濘輪生角，小巷衢泥水到門。新綠濯枝清欲滴，初陽含雨曉猶昏。江鄉櫻笋三春盡，漫向虛舟記劍痕。

溪流溅溅赴郊塍，吧望西山紫翠凝。尚有濃陰留硐戶，又看朝靄上觚稜。金溝浮動添新水，玉椀晶瑩出夏冰。敢道微京生殿閣，雲峯聊喜歲年登。

諸公見和再疊前韵

親切薇垣隔世喧，北窓高挂即義軒。經生久已馳鷹披（謂揣日會象瀛），隱士心偏憶鹿門（搓客有說行尺時有還山之言）。未要汝南留月旦（于生以割前南歸但徽以工函隨焉），直從天祿度晨昏。誰知讀盡哦詩客，雨地塵襟蕭墨痕。

雲氣迷濛接遠塍，石渠晚入露華凝。風吹燕（海）嬌無力，雨折山榴細有稜。丹地平分瓊島月，清衢空忝玉壺冰。俞卻畢竟坤仙否，龍尾蟠頭亦嬾登。

南薰銷夏用前韵

九衢車馬逐塵喧，殿角沉沉迺紫軒。尖看我方忘夏屋，清涼身似到移門。曉聽園柳啼搏黍，晚見庭花卷合昏。聞道淮山河復後，長堤水淺露篙痕。

長風蘋末起南塍，何處清香宴寢凝。萬卷鈔謄添筆冢，五年起坐減床稜。文成破體如飄水，事屬公家合飲冰。相近雲雷輝煥處，蛟螭滿壁畫登登（殿西即御書處）。

夏日下直書懷三十韵

親切承明地，端居恥素餐。官資隨次第，宦路且盤桓。技拙

同操琵文工愧美九咨長堂食早袖短俸錢殫點筆烏絲
滑開函白蠹乾才微識小草力薄任重栾匪石心雖轉為
觚器肯利融風揺𣏌暑暍日嚼氷寒細雨滋紅藥輕飈擷
紫蘭清俸承露掌高並相風竿下直恭三昧還家喚二難
時言行兩先生和而言尹將之任臨汾 高談拂巾塵雅意薄羅紈身與編摩事兒
除本分官辭家行李迫之任簿書攢勵此氷霜操依然栽
水歎六年塵禁藥萬卷費雕鑽劣尚居龍尾飢寧便馬肝
趍朝乘下澤退食卽中單廳事三刀夢書堂十笏寬素屏
山掩月故葦水生瀾未着登山屐空留拄笏對鷗盟思我
羽鵷序劉飛輸豈羨三刀夢聊支一枕安鉛黃新虎觀車
笠舊鷗壇時節爭飛箭人情駭激湍論交常寡合玩世固
多端雖蒲萄酒惟甘苜蓿盤帶寬因憶沈髮禿恰愁潘
丈納牀頭潤松明照夜闌簪花方爛熳不厭數回看

寄天津劉憲副

御屏書名姓在黃扉記多于漢殿公卿萬石綸 鎮天津想節度星 丹陽移劍履風
行海外肅旌旗蔘龍勳業承家大渡虎威聲長德奇右輔
股肱推龍虎地看公霖雨將車隨
陽春催與和高之儒吏經邦易策勳官署風清閒訟牒農
田雨足課耕耘双旌家指扶桑日五色西浮魏闕雲京邑
股肱看咫尺幾時出接令公塗

寄太原趙太守

專城剖郡佩魚緋勝日邀頭興不違擁塵惟書半部琴
適還見鵲孤飛五原縱獵寒帷過千騎催耕露冕歸始信
陽春膏雨遍不從霜雪借清威
太行西望勢穹窿千落河山指顧中百代衣冠唐俗古千
年甲兵晉陽雄臺駘舊著汾洮績見左傳 尹鐸新成保障功漫
祝暫停持節鉞從朝笏升例三公
一門簪紱望蟬聯奕葉聲華傍玉躔過晉久知宣孟烈守
原先驗趙衰賢晉文公問原守勃鞮曰趙衰以壺餐不飢而不食以衰爲原見左傳 三関設險銷烽燧五
馬行春聽誦弦共道金蘭通世誼此思高紵在丁年
惟矢丹誠對玉鑒胷絕無援引借飛翰盃花漫詡蒲萄酒詎
令常甘苜蓿盤竹馬出郊時童稚喜蒲鞭行部處之民歡從知
冬日陽和近豚犬[illegible]難

讀過江集用原韻寄懷史蕉飲前輩集中贈李簣齋
詩有瀛海有人堅壁壘之句愧不敢承故次及之

古渡晴波淺汐沙舊城春好發新芽林章渢黷頻移疾記
法維摩本在家詩好借消酆孫酒于高以瀹定溪茶過江
可得同聯句欲問仙舟到水涯
詞壇擾擾萬蟲沙夫子心胷長雪芽自是邗江多國手不
關瀛海有詩家頃來一棹城邊舫病起常烹竹裡茶爲語
天風臺畔客李簣齋爲唐咏令今春以鶴怨猿鳴圖囑題 可知猿鶴怨天涯

送唐益功之官德清

一夕蒲帆便吳中到浙中國門山翠合官蹟縣名同菱芡
饒官稅蚕桑沃土風改戍應上最莫後北來鴻

送歸李垣之任西華
京洛千餘里將家便到官舞斑因教孝捧檄即承歡地僻
萑蒲靜民馴簿領寬眉間有陰德定〻有麟鸞
贈（讚）姚際唐叅戎詩賦贈
閣江才士極權奇草檄橫戈兩不辭（滄海揚旌）空秋下瀨荒
城挍（掃壁）窗夜題詩試看箭道穿楊葉何似騷壇詠柳枝早晚
封章奏光範扶南又見使星馳
下里紛〻鬪景鐘忽聽白雪引謌〻賦成萬戶千門外詩
咏三唐兩宋中自有繁纓𦫳䮖駿莫將杯上競華嵩待公
隻日〻叅暇垂與還來吸碧筩
送沈岱瞻之官寶坻
懷符便從擁華轎望邑畿東象緯懸技擊三千皆禁旅膏
腴一半是屯田股肱豈比尋常地韋杜真同尺五天早𤼵
晚應臨深境辨裝不費沈郎錢
東陽家世重人倫〻試牛刀政七〻秦禾尚秋郊蝗不入桑
連春隴雉常馴金張貴族為賔從濁質高貲屬部民此去
三年先報最碧梧青瑣代王綸
十二蟲詩
蝶
楚〻翩〻五色裾〻花間栩〻意蘧〻炎涼本不関渠事也
費秋風一掃除
螢
腐朽前身逐逝波涼秋熠燿水螢多何曾解映車公字終
夜隋宮照綺羅
蠅
坌集如塵鬧不休點污書冊涴衣篝趨炎逐臭渾閑事轉
盼人間又好秋
蟬
海柏枝高露氣清偶烹迢遞送殘聲𦒉伊出殼無多日便
戴冠緌得意鳴
蟫
未食神仙亦可哀白魚嘗穴古書堆吳蠶經緯成文錦不
自行間字裏來
蟻
赤伏〻黿鐙仗齊南柯酣戰日沉西何言撼樹無全力一
穴能穿〻汲隄
蝸
蝸牛微濕自需濡兩砌苔階地有餘為要巖廊高處立却
教粘壁一時枯
蛙
不似官家鼓吹殻子隱井底腹彭亨南來却咲昌黎懦哶
兩何須面汗騂
蜂
鑿壁千門萬户成衙花擇蘂識君臣忍飢且莫嘗崖蜜怕

有囊錐解刺人

蟣

氣化生成浩劫前□中眷屬縫中天淄湯已具休相弔能讀阿房亦偶然

蟋蟀

臨臏刳身屢合圍爭雄亦自有兵機清秋博得童兒喜也算沙場奏凱歸

螢蝨

嘬血墳膚費撫摩夜行潛伏敢誰何六麼細碎無勞問況蝨人間着處多

七夕

碧落蒼茫一望遙星妃何處整仙軺絲牽雲藕蛛分巧水淺銀河鵲駕橋好月迎弦光未滿新秋近閏暑猶驕雨雲何似江淹夢暮〻朝〻送雨潮

送[illegible]孺子再任山西

宗臣家世錫彤弓叅井星高岳牧崇唐魏千年風俗古河汾三晉甲兵雄諸營柳色猶高日半壁崇墉又戴叢旌鄴陽年雄倚疑旌游中正思公宦績奇川耀斗杓看行見公來風[illegible]新氏共沐新青澤層吏都送嚴夜條看[illegible]蛟蟠曾趁華事委傳估又聯鑣中都人夏經過之處以及重來景物饒八月初[illegible]影斜旗[illegible]聲程塵鋒車彩旦再[illegible]行手疑

舊日重亭看舞衫吾州從此畫圖戰雲中校獵南秋笳勝見初子採風劉得月欲逢迎水涯

送朱明原〻任永埠

水府歸何年未闕大梁面去路道〻雲生芒碭笛聲柳拂隋堤帆作翁林部常侍夜外騎吟詩出幕中傳羨選攻簡民風古坐歎三年上度霄

將樂令錢公殉節詩

公名楞字茂生國初委授將樂令時從賊未請賊粟虛杰攻力守城陷公率家僕巷戰力盡賊為破千戶死僕從死首二人貢生史賊去興鄰負其尸埋山中事平收葬有司上其事部議以委授之官部册忠〻石未與邮亦闕典也孫以瓊令為掌科

石〻山高雲色黑鬼卒夜啼媱猶出戍孤不挂天狼星十萬赭衣長弩射鑼州孤城入如斗誓與吏民同死守此真衄邑均存亡劍花歎作蛟龍吼城破烈火紅營頭曉壘吹陰風異事翻旋江塗地隘巷格鬭何其雄屍馬革塞山趾事平靈柩還鄉至歸元先軫面如生睢陽碎心不死曼言虎豹守天闕六吏枸迂豈足論吁嗟閉元天子自明哲當時不識顏平原

保定張氏一門殉難詩

明崇禎甲申春李賊自山右出圍京都以偏師攻保定癸未進士張羅俊與弟光祿少卿羅彥等倡議守城

方甚衆賊欲委之去矣時閩部李建泰在圍城中

戒遂陷張氏兄弟羅俊羅彥羅書羅輔及

二十三人今癸未進士東盼己丑進

取日射天初時草間矣兵革漸

翦鷄首更驅錢騎蹂幽燕三關

儸候𤇆前朝養士重儒術名臣總

王臣 環公忠義

君欲謝

中奮

柏弟

薛賓陵

塞

甚不如賊匕寥公虎三欵息至今

相絕出大業本自真儒來天應報

衣歆板不勝情藝香堂後初涼夜似

落纷纷歆似秦青歆駐雲橫笛吁烟望吸露一

平分

日藝香齋推集即事

齋集客興方酬談鋒格調欺韓白酒

衣輕秋未退山榴花客暑猶含问君

翦翠嵐

詩典故人同㣲庭好在留苏樹萆

方叨一第黑頭君應到三公年時

去野

一生石試

亭非化去师世上原無真實樣莫

大寶屋題

但以衣為屋春來玉雪何翩翩亘

玉試手剪氷雪瓊華着樹添膏沐萬頃

兄乘鸞驂白鶴吳君家在西溪西隸竹誅

三间屋繞百株梅夜吟時與花同宿無何辟舊

風流先如轉燭只有緇塵上巾屨無復梅魂伴
今伯樂一顧踔驪空冀北生平見詩未見
設謂今重名不重才似寶康蘇遺殼玉
意深情多感觸看詩作畫者誰子鴻
尺幅爲寫生雪蘂梅英盈卷軸依稀
追孤山甃我愛梅花如美人不事鉛
二李皇霜只共留松竹懸懇寄無

墨華詞

（清）宮鴻曆 撰

《墨華詞》二卷，清宫鴻曆撰，據泰州圖書館藏傳鈔本影印。

宫鴻曆有《恕堂詩》，已著録。

此書爲宫鴻曆詞集，卷首有康熙二十五年（一六八六）宫夢仁序。宫鴻曆詞作頗有名，團鴻序將宫鴻曆與宋代詞人相比，『曉風殘月讓柳七一頭地乎？若歐九秦十，固不妨弟畜之矣』。此評過於誇張，其詞則確有值得鑒賞之處，如《如夢令·初夏》：『雨過横塘一暇，蓮葉珠璣堪把。風致宛如秋，何事牡丹紅姹。無那，無那，簾外緑陰初夏。』

（周　忠）

序

余幼作送春詞有云借我榆錢千萬數明年償幾許長者見之以為不讓仲殊年年用着來也後當以詞名已自病其纖也懲不復作及見古今人好詞時復見獵生喜輒鈍置木强無一佳語真有小時了了之歎余友宫子友鹿以篤才絕艷秀出於烏衣王廛之中蓋諸王之子敬諸謝之阿玄顧不鄙棄余每相與豎義送難馳騁後先謂如莊之得惠出其緒餘涉筆花間草堂之製無不摽新穎異徑路絕而風雲通余效而為之者或亦瞠乎若後矣夫詞者詩之餘也詩者文之餘也文者人之餘也宫子挾有餘之才為雕蟲之技所謂函鼎片繡何足道哉然觀一節而知象讀宫子之詞而即可以知其詩可以知其文可以知其文人知宫子者於此知之亦可也今世之詞號稱極盛如王濟南陳陽羨輩無慮數十家以宫子與之絜量有過之無不及焉余未敢以位置宫子則謂之曰有宋詞人首推柳七郎餘亦多以輩行名者而於八獨闕如吾子在昆友中其序為八自今直當以八郎之號掉鞅詞場八郎八郎或者曉風殘月讓柳七一頭地乎若歐九秦十固不妨弟畜之矣

丹徒同學弟圖鴻拜題

墨華詞 序 二 泰縣圖書館傳抄本

墨華詞序

吾八弟友鹿工制義能肆志於古文詞以其餘力作為歌詩每相與商搉詩道之源流竊歎聲詩之亡也久矣而有未絕者殆今之詩餘與曲調倡之何則后夔以來樂以詩為本詩以聲為用古之聲歌即今之詞曲也故曰聲依永律和聲吾夫子所刪三百篇外大率有詩無聲者為多漢初猶以聲歌肄業樂府協律唐之陽關渭城皆作散聲繼此遂不能歌矣而詩餘長短句作焉其樂府之支流曲調之濫觴乎至宋

而譜益多金元更為北曲有明又稍變焉吾不知其所底也要期於聲詩之道無殊旨耳則詩餘詎易作柞哉學者溯源風騷上下唐宋回翔於元明之際而扣其同源異流之道雖接三百篇可也寧正而勿傾無蕩而無則寧止而勿過無淫而失歸寧為蟬翼之高吟無為蚓聲之低唱寧為杜若江蘺效美人之顧領無為羅袖玉釵作狂且之嘲弄豈止天情綺麗以周柳為當家託旨遙深笑蘇黃為笨伯而已哉不以淫哇為詩餘而以風騷為詩餘所謂治世之音安以

樂不必詞人之賦麗以淫也則詩餘一道不第為樂府之附庸而風人之別子也已暇日與吾弟論詩餘者如此因以弁其墨華集

康熙歲次丙寅秋七月上浣定山兄夢仁題

墨華詞

兄夢仁定山氏　弟世洪長源氏
象宗友達氏　世垚維章氏仝選
鴻營東表氏　淮南宮鴻曆友鹿氏著

點絳脣

立春和家七兄韻

綵勝花盤禁寒不識東風獨華年如許錦瑟慇懃語
未伴春遊先結傷春緒長隄路淺香無數吹上梅
梢去

念奴嬌

登五琅别崇川諸友人

盤空翠巘是誰削萬丈孤雲如壁寺下深江流不盡
怕有蛟螭出没無鐸驅山有犀照水捫蝨談堅白艤
舟江畔百靈誰爲生色　今日沈謝曹劉晴中摸索
總是文章伯賦骨驗腸揮玉麈滿座雄談飛雪一片
歸心使船如馬浪打蒲颿急蓬瀛何處令人俯仰今
昔

桂枝香

寄家大兄

别來强飯只負笈囊書莽流携散辭愧雕龍文慚鏤
鳳猶戀仲升柔翰極目漢江天際一線水雲瀰漫悄
悵處有長星落月沉鮮鸂雁　轉盼歎男兒三十年
華短褐還遮肘問字傳經小時了了衰遲何曾習慣
人事幾多樂事一樹荆花爛熳升沉事更壯年何用
輟耕長歎

踏莎行

金陵晚泊

山抱蛟宫月明天塹澄澄一碧千條練櫂歌誰唱大
江東蘆花如雪颿如箭　晋殿陳宮齊臺梁苑山靈
往日依稀見孫劉千載有精魂一杯濁酒横江奠

滿江紅

村居

江漲初生看策杖秧池水滿喧午夢老鶯啼徹枯樺
聲斷麥隴黄堆深淺浪柳堤碧簇高低院種東園芋
栗已成畦清陰遍　蕉葉嫩新荷颤篁如戟蒲如劍
更朝來急雨冷浸揩扇營葺收時裁白帢苶麻到處

約

眠黃犬羨茶烟輕拂午風涼騰蝌蚪篆

又

竹裏松間有蟬噪此山逾寂羨隣舍小兒垂釣大兒荷笠麥飯熟時朝睡穩林花落盡清陰容扶飛泉鎮日濕笙竽前溪黿　漁艇小翻周易牛背穿橫羌笛問何如官裏車塵馬跡杜老新萄春雪釀越姬會斫銀絲鯽笑兒雛朝去暮飛還頻相識

又

碧沼澄〻清無底鏡人眉髮羨是處麥雲吹浪縹緲剪雪桑柘濃陰遮小犢菰蒲容葉藏香鴨儘風情輸與竹間禽提壺切　踈狂甚車隨鍤忘機處鷗相狎正嬰鹽豉下蓴羹初滑青樹棘籬邊鴉栖樹綠楊港裏雞頭甲醉歸來溪上好看山山如抹

又

淺浪瀰瀰渾照眼連漪杳淼算只有水村北郭杏菰堪飽蟹甲黃分金縷色笋班嫩折紅鱗爪忽松梢吹落滿庭花呼童掃　杯到手攜鄰老醉鄉大乾坤小趂兒耕婦饁烹葵剝棗人事總拚飛彈擲功名相避

墨　十二　泰縣圖書館傳抄本

如歸鳥辦五湖烟艇畫圖中迷昏曉

長相思

別緒

柳如絲恨如絲恨汝柯條千萬枝枝枝綰別離　對朝暉惜斜暉鎮日南樓雁到稀長天碧四垂

如夢令

初夏

雨過橫塘一霎逆葉珠璣堪把風致宛如秋何事牡丹紅姹無那無那簾外綠陰初夏

浣沙溪

贈人

鬟髮垂垂捲暮鴉柔荑曲曲鬬紅芽小池閒謝家娘（少字）度曲自憐人似玉停杯莫惜酒如霞春愁今夜上梅花

水調歌頭

郭斂霞先生歸自潯江留飲賦贈

十日九風雨孤館閉殘春令公呼我帳飲陌上草初薰為看隋堤楊柳屈指十年輕別應憶宦遊人此日

墨　四　泰縣圖書館傳抄本

一樽酒盬鼓下尊羹　當年事提健筆走風雲匡廬雪浪山靈魁首待題名左顧江州司馬右盼東籬處士千載此風情且倒步兵甕醉問葛天民

鳳凰臺上憶吹簫

感舊

燕舞紅綃鶯歌金縷當年麗錦纏頭問文君何處絃管滄留記得闌干小遇凭肩立衣帶香裯秦樓夢不堪夜夜逶遍揚州　悠悠今年多病空目斷關山霧捲雲流帳靈風夢雨事也應休醉喚莫愁小字千萬遍恍遇溫柔相思似水蠶一繭縷縷春愁

永遇樂

訪道者不遇

塵世勞勞無十日酒有五里霧未餌飛魚空嗟芻狗托足知何處喬松縱在應如蕉鹿誰保虛舟敗鼓問當日秦皇漢武何緣頓成今古　疎狂似我鍾情特酒徒枉高車左顧仙不如頑老當益壯日月寧余侮久知上界也多官府不信嬰兒姹女魁首去白雲堆裡為余傳語

汪叔定招飲盒前韻

犀柄清談醇醪妙理籠霄捲霧髭髯儒冠十里頭上才命欺人處汪綸高趣摩娑雙眼夜啟竹書石鼓更酒酣劃然長嘯吾徒畧可如古　吳陵相遇青衫對着瓶墜何須重顧帖括蟯丸文場蝸舍老卒爭相侮幾絲華髮十分愁緒幔閒車中兒女待何日雲沉夢醒憶生平語

減字木蘭花

題具上人梅扇

冰肌玉骨憑伊點破空中色春事茫茫眼底應憐紈扇香　清姿如許不似梨花輕帶雨何處相宜紙帳雲屏亞一枝

菩薩鬘

迴文

曉山青黛雙蛾小蛾雙黛青山曉幽雨夜添愁愁添夜雨幽　冷香沉瘦影影瘦沉香冷纖手玉花簪簪花玉手纖

醉春風

閨夜

良夜秋如水月與人千里凝思往事可憐生憶憶憶
郎在天涯銷魂橋畔相思樹底　魚鑰重重閒打
盡三更未驚心蘆管不成眠起起起記得郎衣恨長
人困誤裁雙袂

念奴嬌

癸亥誕日依韻答陳右原

四筵滿座咲攜琴中散昂昂鶴立鄧禹封侯今過四
借箸未能前席對此人龍愧余牛馬枉戀生花筆誠
諧似我喙長定爾三尺　不用繫缶彈箏醇醪百斗
聊可娛今夕傳癖書淫吾已慣湖海渾忘主客眼幾
時青衣還未紫世事矛頭窮華年如許吾生已近三
十

木蘭花慢

觀女劇作

閒珠堂絃管今此夜晷長耶正鼓給青絲箏歇鈿柱
且任為佳就中易撩人意有一枝解語錦江花舞罷
栢枝無力知伊舊住西家　眾恩窗綢漾晴紗無意

點鉛華只青螺淡掃低歌金縷淺拍紅牙欲得周郎
頻顧誤移宮換羽臉生霞無奈鼕鼕戍鼓教人腸斷
棲鴉

賀新郎

七夕

往事重悽切為當年十分幽眠釀成離絕慧似仙娥
難釋恨未必巧多於拙天河浪澄澄如雪豈是淺波
猶不慣累人間烏鵲辛勤盃金風裡聽啼鴂　流低
看纖纖月是隔年雲屏露幌兒家宮闕若使吾儂遭
憔悴應生白髮那得此神仙離別心上相思機上錦
織迴文細向天公說因甚佩寒金玦

秋日同王子健山亭小集

醇酒還深酌漸蕭蕭洞庭波冷風吹廣莫滿月寒蕪
飛野馬目掛古城西角幾兩屐一生能着舉世悠悠
誰識我但仰天咲絕冠纓索秋夢遠入寥廓　中年
莫吏傷哀樂駕鯤鵬扶搖直上怒濤如削才只去君
三十里猶記賦詩橫槊試尋問草堂幽約巾舃塵犀
清徹骨似翛然欲下鷄群鶴殊不負鸛鵜約

蝶戀花

感舊

有意尋春春不管閒病閒愁天樣催人遠眼底流年偷暗換相思只在巫山畔　念橋頭四揚柳院窄袖輕羅記得回頭看恨未來時腸已斷那堪又染鶯花怨

踏莎行

詠史

冀北龍驤淮南虎視河山表裏兄兼弟幾人稱帝幾人王三公四葉門風異　車載門生斗量故吏真人未必闌家世英嗟豚子太摧殘而翁常自教兒矣

南鄉子

有贈

淺笑撚千金白獺和膏點玉痕多為（是）儂消瘦損佳人還比梅花瘦一分　風暖草初薰不唱梁州也動情斜抱雲和如有意聲聲彈得相思兩字真

青玉案

臘盡

朔風吹雁連空斷愁極頓拋絃管簾外氷花垂玉筯三杯濁酒兩行詩句暗裏流年換　春情臘意爭寒暖可憐車閑青油幔墨龕筆床徒汗漫隙駒過眼吾年三十已是窮愁半

念奴嬌

秋日西郊觀獵有感

君為我飲對風塵牛馬誰堪碌碌我讀長楊游獵賦恨不同時角逐金彈盤旋雕弓宛轉仰射雲中鵠灞亭小吏敢呵李將軍宿　我如病渴文園蕭然四壁辭雄文難蜀壯不如人功業事慷慨暗傷髀肉渺渺愁余飄飄念汝歧路何須哭踏歌歸去共傾一斗醽

醁

高陽臺

賀人納麗

綻柳為烟輭花成粉深閨曉日遲遲珠堂銀蒜芸杏淺鞵雙鴛如椽健筆擎天手先分付小畫蛾眉蕙幃前月暗燈明一半迷離　納衾咳細聲微道書堂孫另夜冷宜回起取良時攜來一片支機南園春色相宜處大婦前行小婦隨笑擅郎百子鈿釵偷付行伊

雙雙燕
李意用史達祖韻
趙家姊妹正綠鬢愁濃翠裾香冷昭陽宮裏當是頸
交肩並時傍銀床露井又掌上風前不定愛行窓窓
花陰怕見疎疎簾影　春盡江南泥潤看玉羽雙飛
個儂輕俊啣花葺壘掠暗燈明月暝才向舊巢棲穩
空帳望三春芳信烏衣何日雙歸畫檻且教同凭
減字木蘭花
酒酣東何綫村
墨　十二　泰縣圖書館傳抄本
酒酣燈細巾角彈棋誇絕技老大誰憐若輩封侯盡
偶然　彎弓鳴鏑新婦車中掀幔出撾鼓停匝文舉
呼他作大兒
又
陶家之側好賜百年湯沐邑醉看吳鈎君似霜鷹欲
下韝　使君與擽豈羨時流黃吻噪罵人奴僥倖
多因衛子夫
念奴嬌
賀家大兄校士山左

烏臺鸞省紅杏路曾侍西清劍履昨夜宮花生彩筆
散作濃桃艷李棘院風清杏壇春暖絳帳堆青史諸
儒北面競看鄒魯夫子　聞道宗國名都靈光古殿
千載歸然耳拂霧摩雲登泰岱極目昌平闕里三老
衣冠兩生禮樂談笑皆名士升堂入室孔顏之樂何
似
謝池春
題繆墨書天香書屋
一室天香雲水故來縈繞遍園林薰風初掃牙籤萬
墨　十三　泰縣圖書館傳抄本
軸誰道吾廬小池塘夢又生春草　扣門誰也好伴
短歌長嘯開三徑搏前傾倒月明人散怕竹深林杳
莫恃紅燭驚棲鳥
水調歌頭
家七兄遊豫章賦送
阿大豫章去我作楚歌聲嚴親若坐堂上肯使汝宵
征收拾青鐙舊物不問吳頭楚尾且去訪淵明千里
未為遠強飯弟兄情　官舍樂橙剖玉菊餐英可憐
潯江江水九派遠孫城吟罷小孫詩句又見匡廬杖

霞山水徧題名快返燕城掉好滌㯃園樽
同張稺恭胃辟彊兩年伯紅橋汎舟
落日放船好簫鼓過邗溝年年載酒行樂此地幾春
秋纔得呼韓橋頭倏忽又傷頭頸花月阿婆愁願景
大急急豈待雪盈頭 憑弔處多少恨在迷㳽無愁
天子當年彷彿舊風流六代金陵蔓草幾簇玉鈎黃
土轉盼盡蜉蝣且酌杜康酒醉與滌園遊

浣溪沙

偶拈四首

長日偏如度小年纖腰無力只思眠寸心今在阿誰
邊 嶺外流雲遮宿恨亞陽塵夢續前緣石榴裙底
墜金蓮

又

無那閒心理玉鈎有些春恨鎖眉頭玉人何事苦回
眸 今夜尚思前夜夢新年不減去年愁遠堤宮柳
認揚州

又

翠袖應知有淚痕青衫誰為浣征塵日長人瘦奈何
春 柳線易牽羈旅恨榆錢難買別離心惱人今夜
是黃昏

又

百尺蝦鬚捲玉鈎流蘇小帳護香篝傷春還上最高
樓 深院殘紅和淚落小池漲綠學眉愁揀花風起
惱人不

水龍吟

聽程隱庵鼓琴

隱庵隱者流耶相君彷彿淵明懶古桐三尺清狂又

似搖中散白雲雪初零熏風入手為誰悽斷看非絃
非指響成天籟人疑在武陵畔 纔看星明月淡漫
揮絃電馳雲捲寄情常記海天鷗鷺平沙邑雁濠濮
之閒羲皇以上聊堪自遣況尋師來去水傾林杳三
山伊遠

永遇樂

京口夜行用原韻

浪泊之閒飛鳶墮水下瀨上霧匹馬蒙塵雙輪生角
燈火無尋處征車幾輛長途幾許杳杳蘋鄉更鼓看

綿

橋湯見俞

舊交雲翻雨覆誰如青山貌古　悄然對此神傷已極回首南徐比顧龍卧知松虎蹲是石不受山靈侮六朝遺恨瓜分豆剖多少英雄兒女快明日臨江酹酒與孫郎語

滿江紅

惜別

古道長亭阿誰遣黯然輕別空悵望半帆烟雨水雲千疊芳草不迷行路客梅花獨照昏黄月更一枝楊柳盡橋東和愁折　香雲約今休説青衫淚何時絶恰三春孤負可憐時節秘戲空留鸚鵡語柔腸誰解丁香結只相思一點嵌心頭增悲切

又

門掩桃花記當日小橋初過空裁就線桐絲柳絆春不住人日上元方過了斜陽一棹亭亭去縱浮萍泛梗再逢卿知何處　敲象板歌金縷春有限愁無數正早梅初綻雨欺風妬金屈卮斟千點淚鷓鴣絃撥三更語向秦樓東望一銷魂憑誰訴

疊前二調

堂　十五　泰縣圖書館傳抄本

柳色依依似惜我灞橋傷別有誰念驚笙獨炙鴛衾獨叠蝴蝶遠將千里夢簾攏近送三更月任南園開遍杜蘭花無心折　霓裳曲今休説陽關引都淒絶更誤人多少良辰佳節記得叮嚀分手語也須珍重同心結只江州司馬濕青衫情偏切

又

一架荼蘼是前度花間小過更攬得落紅滿地游絲罥住玉管只憑和淚説布帆不解將愁去憶一枝艷子鬟雲低今何處　剪不斷情如縷看不盡春無數最柳腰顰恨蛾眉憎妬峽下雨雲朝暮恨夢中哽咽分明語想此情脉脉有誰通飛鴻訴

大酺

辛酉上巳

淺碧深紅鶯啼倦無限縈心撩目去年修禊事正椿庭白髮一絲一竹愧我伶仃未邀升斗遺恨已悲風木鎮日無人處却愁成萬疊腸廻九曲幸父書猶在丹黄手澤淒涼難讀　春歸何太速杏花零亂半堆墻屋誰更念貂裘敝盡豎儒誤我過良辰淚珠盈掬

堂　十六　泰縣圖書館傳抄本

况小人有母只儉歲頻嗟梁肉何用儒冠儒服鷄聲喔喔恨無祖生夜從惟餘孫憤相續

憶秦娥

曉行

霜天曉九衢馬滑人行早人行早孤城吹角連天衰草 征鴻啟羽音書杳歲華凋謝紅顏老紅顏老塞垣風急秦關月小

八月圓

紅橋觀蓮步宗鶴問韻

池塘陡地添新綠載酒出危橋柳陰十里藕香千頃穩送紅潮 詩魔酒癖於今也應無賴無聊撞蓮人去風流借與蘭槳笙簫

十二 泰縣韓國鈞借傳抄本

漁家傲

觀女劇作

掠就青鸞雙鬟穿乍歌金縷櫻桃劈眉黛衣光相與碧嬌無力含羞強學男兒揖 媚眼窺人波欲滴叢鞋踏地香無跡見慣誰知真愛惜難再得且拚暫醉金釵側

一剪梅

題情

小車油壁碾香塵墻外朱輪墻裏紅裙天台咫尺渡迷津花已微嚬草已微薰 惱人時候又三春杏臉桃腮嫁與東君銷魂此際有誰嗔月影隨人柳眼窺人

水調歌頭

崇川為成懷嵐使君作

花滿河陽縣此地恰相逢君是人間仙吏琴鶴伴清風鄧禹封侯年少趙有鹽梅霖雨憂樂與人同官舍一杯水不問夕廚空 行車處遍父老擁兒童競取江山勝槩拄笏白狼峯暫假烟霞簿領預整蒼生經濟百里豈能容佇看繡衣詔當路避青驄

十二 泰縣韓國鈞借傳抄本

念嬌奴

登平山堂

靡蕪衰盡蜀岡外隱隱平原無際大業三分花月夜歷開依然撲地笑指江南曉峯如簇掩映杯中翠開雲捲去青山一派如洗 猶憶隋代離宮直欄檻橫

困囷稱靡麗盃筆歡娛如不足多少翠環珠佩曾幾何時粉銷香黯滴盡昭容淚春風楊柳歐公别有佳致

底事何如牢騷甚休問春江旅客濁浪排空迷宇宙忽峙擎天柱石地湧樓臺天開圖畫亂石堆千尺覇圖王業空留鐵甕遺跡 遥憶春雨堂開鼠肩斗酒樂事真何極午夜悽涼驚客夢惟有蟲吟四壁短句長篇江神應怪我窮愁鳴悒盈虛如彼安知夫水與月

長相思

金山雨望

烟濛濛雨濛濛遮莫南徐三四峯樓臺翠且重 怨東風惜東風一院飛花貼地紅江亭水氣中

浣溪沙

九月

寂寞龍山可一樽瘦筇無力怯登臨南樓時有雁縱横 薦冷黃花披玉露盪寒白酒起紅鱗滿庭梧葉做秋聲

鵲橋仙

七夕

銀河瀉影金盤凝露玩盡夜涼滋味穿針分付且遲遲料此際玉人方醉 一年一度佳期有定不似今生拋棄便將三萬六千年也抵勝人間百歲

滿江紅

家七兄三十初度

伯仲之間間幾許詞峯學浪人共羨東西頭住機雲無恙近日鬚眉皆長大少時梨栗曾推讓辦盈盤紫

蟹對黃花澆新釀 抒到手蒲萄漲書連屋界恩漾待功成身退損篪相向宅柳墻桑春與熟弟荷蓑笠兄扶杖把壯年事業付淩烟歸湖上

永遇樂

懷陳筠閒用原韻

楚尾吳頭去年好景過眼如霧歲暮天陰柳寒梅蟄襆被經行處論文秉燭浮盃大嚼城上紞如三鼓雁重憶海陵舊館幾回傷今弔古 雄才如此紆青拖紫談笑功名指顧我囷田間君遊燕市肉眼應相侮

墨華詞

丸夢仁定山氏　弟世洪長源氏
象宗友達氏　世垚維章氏仝選
鴻磬東表氏　淮南宮鴻厝友鹿氏著

沁園春

寄懷陳右原遊武昌

司馬當年南遷沅湘東浮會稽看河山流峙總成圖畫乾坤蕩圻盡屬文機近日陳琳十年作客聽慣驪駒陌上催推篷去恰峯攢如髻水瀉如盃　雄文十斛珠璣誰不道三吳男子奇記紅亭過眼琵琶調曲蒼苔剝繡湧月看碑江夏梅多武昌柳早一路春前雪後枝憑高望問十重雲樹甚日東歸

又

南北東西我不見君于今三年笑景差去後騷人餘緒楚狂歌罷鳳德誰憐月白燈明旅懷蕭瑟醉讀南華第一篇文章事任庸流肉眼輕後軒前　別後月幾迴圓但遙望吳山九點烟羨洲名鸚鵡詞追屈宋樓翔黃鶴詩壓青蓮驥子才雄飛而食肉自是君家壯懷未遂南冠猶在泣對燈前兒女更何日芸窗促膝聽儂狂語

又

樂事難忘當年舊夢不勝霧雲雅願都赤牛衣對分無限傷神處半生作客幾何人壽且聽正平撾鼓問何日共君談噓倏然有懷千古　中年以後傷于哀樂愁極頓成狼顧李廣逢奇淮陰未遇總任庸流侮儒冠自嘆才多為累人妬入宮美女算只有韓陵片石差堪與語

卌

閒苑仙雛靡思倩飛鴻訴與此意綿綿

醉蓬萊

王景州歙州李久菴見過戲作

正木落天空水寒山瘦人文星聚故國秋深問芙蓉開未舞罷迴波歌殘繞樹岸幘頹唐醉作達誹歡擕稍擊鼓未除豪氣　借問昭陽幾人膠漆詩壇飛將多誇王李雌伏雄飛而我傷淪滯賣醬朝歌牧猪海上乞食吳閶市君毋笑我功名雞肋從天兒戲

釵頭鳳

題情

無情月圖還訣弓鞋淺印苔痕徹迢迢路䌷䌷鼓小鬟已睡䀹釭半吐佳住任　花前別音書絕巫陽夢斷聲悽切春無主愁如縷賺人雁字傷心魚素誤誤誤

錦堂春慢

惜花

長擲東君怒排少女留春且何如（住）滿愁沈病些時只欠提壺多饗桃怨柳盡費九十工夫忽狂風過處枝

廿三　泰縣圖書館傳抄本

多一月字

恐有错字

上空餘顆淺青莩　看來韶華無主似英雄日暮美女顏臞滿徑不言桃李怨也應無已自飄零宦路誰更輾油壁輕車只有懸懃雙燕啣向雕茸壘將雛

滿庭芳

晚過二侄貽安書屋

門外澄潭碧波相漾鑑人鬢髮皆青紙窗竹屋好月月間蹤檽坐擁緗青萬盎何如南面百僧城墻東畔朝烟瞑靄灘木語流鶯　幽人頻起坐花光鳥語費卻逢迎更芳流轉屈指堪驚壁上干將孤另閒風雨遶室長鳴米攔外擕來斗酒塊磊一時傾

金菊對芙蓉

憶別

春去花零夢闌酒醒閒愁何處安排任絃拖玉軫獸冷金煤佳人已是淩波去梅花瘦知為誰開東風迴望眼凝思舊恨倚遍琴臺　還憶度曲聲哀唱陽關一畚調也難諧只浮萍南北溝水縈迴傷神處羈鴻書杳總幃獨坐百般猜良辰美景九迴腸斷一寸心灰

廿四　泰縣圖書館傳抄本

百字令

題李葯園先生調羹圖

長康妙筆初寫就鳳敎龍綃一握笑折瓊枝當露井花與春織争白衣染鶯黃鬢翻鴉翠疑是梅妃洛紅粧白帢山中無限清福　况是才子西園佳人北地相對忘幽獨合德身中香自好何用爵馨蘭馥花已僝僽人還綽約結隱孤山蘿笑他和靖何須獨伴花宿

別緒

霜天白菊最無端釀就離情別緒兩地相思千里月

同照叛橋歸路物是人非如今不道物與人俱去湘簾慵捲黃昏幾點踈雨　猶記玉管銀箏調高聲脆宛轉清如語午夜紅衾添蜀纈還問越娘寒否寶釧愁濃羅幃夢遠好景天孤負碧雲初斂紗窗飛下翠羽

又

揺鞭垂發薦西風滿目絲絲愁緒萬里砧聲催葉下長夜長亭歸路月缺花殘風流可惜鏡裡青鸞去荻花蕭瑟夜來淚如雨　當日象軨輕懸鵾絃漫撥眤眤還私語並坐敲碁纖指冷消得玉人憐否行雨無緣凌波有恨兩地都相負隨鴉彩鳳總成憔悴毛羽

水龍吟

寄懷陸懸圃

大江萬里東來會須洗耳江深處蓬茨水淺波翻太液風吹草露寒霞牛衣飯炊車脚古人如許怪江南夢醒東陵瓜熟空贏得愁千縷　故國幾重雲樹又匆匆揚州風雨頻年樂事有生花筆得池塘句避世

墻東埋輪道左許誰問渡笑耡花謀種不知曆日惟分寒暑

水調歌頭

邗上九日束孫豹人

頭沒酒杯裏醉卧菊花叢知君志在泉石心厭大槐宮任達幼輿折齒識字子雲投閣今古暮雲空明日值重九登眺幾人同　文章伯遊戲馬賦雕龍平山一派烟樹山色有無中莫管參軍落帽且共步兵倒甕吟盡夕陽紅白眼看人世拚取鬢成翁

居恐是易

浪淘沙

偶成

促漏下秋聲細數寒更百般心事付文君欲上高樓愁獨倚抔且停停　天澹玉河輕斗轉參橫紅藥空伴燭花明只少團圞三五月惱破黃昏

滿庭芳

美人風鳶和友人作

長恨如絲薄情似紙倜儻天外手神錫簫禁火好景及清明縱得心情散澹長繩繫難夢行雲堪憐惜畫眉點綷宜趁總隨人　拂雲歌吹動箏彈趙女瑟鼓湘靈看風前飛燕裙結紅纓粉黛六宮顏色誰爭似掌上輕盈愁只是巫山暮雨濕透越羅裙

水調歌頭

輓李屆庵

君駕款段馬鄉里舊知名燕臺誰市駿骨肉眼重黃金可歎儒冠半世贏得短檠長劍萬卷足生平此外復何有松石歲寒盟　升沉事閑對佛問前因一花五葉靈山十二看傳燈令似未為良相自解巫咸妙術村後著鉉經一笑乘風去曳杖問迦陵

姑蘇七夕

今夕伊何夕雲淨月初弓我欲乘槎西去笑向斗牛宮只恐銀河飄渺未許鵲橋輕渡深處有魚龍良夜漏聲永天上也應同　雙星爛瓊露下旅愁濃館娃宮畔長逐慵聽五更鐘亭際鏗然一葉墻上數聲啼鴂譜入管絃中薄暮西風急跳雨滴梧桐

雙雙燕

即事

龍香小撥看纖指何如玉環風韻開元宮裡睡去海棠未醒曲譜霓裳休問愛點拍一鉤蓮印嫣愁慵理鬅鬆鬢淚暗銷魂鸞鏡　還憶夢寒花暝是倦客臨邛絳綃織恨夜涼如洗月也似伊瘦損往事總成幽憤但一抹梁州淒冷四絃莫說離思腸斷已無一寸

青玉案

詠蠟梅

宮娥別樣梳新鬢頰粧點嬌憨性金屋前身應記省鶯兒未織蜂兒未釀誰染輕黃暈　一枝帶雪寒成

陣越襯出凌波半䪨雀啅更疑春事近玉容已換香魂未化猶假梅妃姓

又

畜脾磬口香風遞天付與猗蘭味謾向姚家誇富貴鵞黄渲額貂璫附耳合是花王配　玉真不解風塵意潘妃步踏蓮花碎金粉裝成氷雪蒂紅綃深護膽瓶低映未許行人寄

哨遍

邗上東園雲蔚

長路漫漫容裏逢君烽火揚州地嗟君與我不狂不狷似造物有心兒戲人亦有言從古知名士酩酊讀離騷而已歎髀肉空生頭風誰愈聽換如龍如鼠笑生平志不在烟霞但相賞有松石閒意極目邗江明宵濤壯吾其歸矣　更想見當年笑談眉宇生奇氣到酒酣耳熱慷慨燕歌四起一别幾何時草堂風景可堪重憶看揚柳成絲木猶如此奠更泫然流涕吾楚歌若為君楚舞君不見當時阮宣子百錢當向壚頭觧誰鑿太行為甕引大河為酒吾將終日往還伊洛澆我胸中塊磊使君與我自相知何庸瑣瑣問餘子

沁園春

題程隱菴松下鼓琴圖

彼君子兮氷雪其姿山澤其容笑雲臺往事丹青餘幾凌烟舊跡圖畫誰工所謂伊人草堂棲遯檢點名山不姓鍾人間世有峯頭落月天外冥鴻　閒來自撫焦桐看一片疎篁翠幾重要琴心得趣還添一鶴竹林生韻更種些松解愠熏風寫情流水早韭春初

夏晚菘渾閒事對此君無恙刻羽調宫

上元觀影戲作

是耶非耶立而望之姍姍來乎笑錦衣玉帶幻如蟻聚黛蛾釵燕嬌倩人扶影便窺人炎還炙手酷肖官徒愛五銖升沉事對侏儒傀儡一樣糢糊　芳筵一笑掀髯正檀板微聞閒楚歈恰斗横參落良宵不禁人生仕宦當作金吾車馬無聲旌旗有影彷彿金城破敵圖來朝事看烽烟未息頓許馳驅

念奴嬌

邗上東汪梅坡

吳江楓落看征途霜葉周遭紅碧下筆如神才八斗視草金華殿側斗極星明長安日近整頓垂天翼東山歌舞莫孫重九風日　誰念潦倒經生鉛刀未試藝語通周易自歎書淫時臘腹此外總無長物文鳳棲梧鷙鳥遠樹底事天人隔何時重遇為君一飲千石

賀聖朝

春日即事

鈿金小釧柔荑手正相攜依舊許多情緒幾回縈戀一番消受　朱樓簾捲黃昏後暮雨翻紅豆相思常在天桃枝上牡丹時候

金明池

詠金魚

水殿烟鬟清池波面細縠生綃微漾正幾簇游鱗潑潑碧藻依稀相向記檀奴小字紅兒應重省綉閣珠簾生長帳採藥無緣姓劉人杳空羸得桃花浪　更佇立勾欄凝想為尺素蠻箋淚珠紅漲何曾總年頭

香餌渾未識湖邊絲網只憑伊珍重年華看皓齒朱顏此身無恙嘆爾我相忘翛然自異此地何如濠上

賀新涼

韓憲孝歸自粵南

嶺海炎蒸地聽羊城月明鼓角幾番離思去歲長安看躍馬今到粵南天際山水瘖差強人意江上琵琶歸未得想越裳翡翠鮫人淚鄉夢遠只宜醉　蠻烟瘴雨山如髻漫回頭扶桑銅柱也曾標未滄海由來多戰伐莫勸幽人焚芰問可似曲江風致餐獻荔丹還痛飲看紅塵萬里遮歸騎遠遊事直兒戲

又

瘴霧番禺地聽蠻歌未曾識曲已添離思梅嶺龍江多少路渺渺天南無際動業事幾人如意伐木尋山吾輩樂對良辰莫下潛然淚須料理濁醪醉　遠山一派青螺髻問海上蜃樓開合馮夷來未底事搖鞭歸興熟故國多收芡芰莫更歎青雲難致千里萬緣鹽豉下蒹舊遊門巷添車騎新詞好當賓戲

虞美人

張字竺談

旅夜

鷄聲夜度紗窗裏好夢還驚起東風料峭客衣單自是不曾經過五更寒　隋家亭院黄灣樹一帶迢遥路画梁雙燕已辭行春雨落花時候斷人腸

踏莎行

錫山道中

碧野烟濃青苔色闇黯然别去銷魂未茂林叢裡有桑鳩雙飛却揀安枝睡　嫩柳人眠疎梅魚麗入扃美酒尋常醉紅樓可惜隔青山征棹不解愁滋味

沁園春

隸園初夏偶拈

萬里長風披襟當之僕狂且顛漫同招皓月照余舞影旅呼獨鶴爲我乘軒譬雜松篁凉侵枕簟君去休妨我醉眠冷然也待緑陰成夏細咽新蟬　數奇不受人憐但跕跕還看墮水鳶是纖塵不染身閒似鹿時宜未合眼白于綿鷹爪麻姑虎牙王母未必華姿可駐年憑虛去愛雄風蘋末竟寥天

喜遷鶯

贈妓

冰絃解語問可是開元盛時兒女疑醉疑醒乍嗔乍喜人似夭桃着雨百結柔腸堪斷一串歌珠如縷相憶處歎蒂圍寬損美人遲暮　辜負誰遣洛浦仙姿只儔中郎去微步生塵東阿還憶往日隨袁家新婦眉黛更添積翠腰細不禁束素香雲約待燈前重見再彈舊譜

定風波

有憶

數盡歸期未有期幾回偷看寄來詩縱使喬松今尚在無柰年年歲歲别離時　斜整烏絲欹半鐔真箇玉人值得一相思孤負東君三月約花落無花我亦愛空枝

踏莎行

春郊芳跡

小徑紅稀微行泥潤軟香深處傳春信遊人看意幾回量鳳頭剛菀愁三寸　風靜窗虛草薰花嫩綉成羅襪羞郎問不知春盡踏青時蘭皋已露凌波印

臨江仙

歸棹

二月京江歸棹發，鶯花昨夜行成。半生為客幾時停。連朝風雨暗，深院獨黃昏。　一點濃雲輕似夢，舊歡何處追尋。斷腸今夕是南城。柳烟新蘸綠，杏雨故辭

春

賀新涼

江上阻風

浪噬山如洗。怯西風、片帆低卸，輕撓乍艤。歷數諸雄伊誰在，墜露沾衣而已。悵故國、不堪徙倚。自歎年來輪翩健，怪常餐、來麥醴乾魚味。渾不管，唾壺碎。　新亭自昔山河異。記當年、熊羆豺虎，投鞭渡水。江上寒波閒月冷，覷金戈鐵騎閒何事。怒濤頻起，不是別離兒女恨，是英雄、千古興亡淚。都釀就，雪花蘂。

何仲堅移居賦贈

拓落看誰偶。嗟古來、衣冠傀儡，功名芻狗。左臂為雞求時夜，肘後俄頃生柳。闊濁世、幾翻陽九。冠蓋京華何鼎鼎，笑風塵、滿面顏非舊。冠上玉，終何有。　腰間

卅五　泰縣圖書館傳抄本

印雖如斗，算不抵、雄談大嚼彈琴擊缶。阿黑近聞窮愁損，何處華門圭竇。歎鶴寄一枝安否。紈綺偏能纏錦幛，怪衛公、祠屋纔為廡。且勸汝，一杯酒。

鷓鴣天

賞荷

一派清香雜鼓吹。紅潮十里畫船回。沿堤尾雀分行宿，掠岸沙禽逐隊飛。　風忒細，日初西。芰荷聊當小蠡杯。金蓮寶炬花間送，綠蓋紅幢醉裏歸。

漁家傲

偶成

郡典南柯歸未早。夢餘蕉鹿空勞擾。大纛高牙前後導。英雄表，一彈指頃平如掃。　水淺蓬萊波正小。碧城十二連烟島。倒景視人容易老。尋瑤草，飛來王母雙青鳥。

又

王女投壺金闕裏。麻姑雙鬢皤然矣。吸露飲漿清似水。勞而已，何如領取香醪味。　忙處看花閒處醉。窮通一任天公戲。上界空傯官府地。難位置，會須且讀

卅六　泰縣圖書館傳抄本

少一字

南華子

臨江仙

北固

碧懿芙蓉天外峙層岑俯視金焦雨容晴態隔江潮二喬真面目眉黛逐時描　公瑾伯符成往事新來滿眼征鐃寒風獵大旗高佳人朝跨馬健卒夜擐刀

沁園春

寄韓恥園

對酒當歌人生幾何多憂奚為笑庸流騰躍應同傀儡英材伏櫪誰辨雄雌范叔猶寒王孫未飯如亂如龍任所之東山外看謝家子弟肯學肥癡　不須人步人趨更拓落乾坤有所思歎歌臺舞榭總成黃土珠圍繞盡是愚夫吐白鏤青紆朱佩紫應似秋蟾隙底駒吾何有有蒲團茶竈碧石青溪

百字令

寄何仲堅

當年何遂見梅花猶是揚州旅容老我元龍湖海畔誰作風塵物色笑顧周侯腹中空洞容得時流百窮愁已甚為君一請鷥炙　更憶白眼傳杯如公榮者使擬澆醽醁老不如人今正壯躍馬長安西北猿臂難封鳳雛易老底事烏頭白僕狂誰語韓陵一片孤石

滿江紅

秋夜雨坐

耿耿秋心渾無寐打窗聲急誰攜弄一庭絡緯半江蘆荻燕去湘簾隨意捲月沉銀蠟留心炙正梧桐滿院舞殘秋和愁積　涼露下雲初濕寒漏永砧無力只燈花頻卜陰晴消息風過霜林鐘磬響雨翻紅葉珊瑚泣但揮絃目送楚天空孤鴻沒

金臺偶存

（清）田廣運 撰

《金臺偶存》一卷，清田廣運撰，據南京圖書館藏鈔本影印。

田廣運，字右君，號慎齋，江蘇泰州人，敬錫子。康熙四十四年（一七〇五）聖祖南巡，獻詩賦，召入武英殿纂修。五十年舉順天鄉試，次年會試，欽賜進士，授福建惠安縣令。惠安爲海疆嚴邑，廣運涖任多異政。督撫屢薦，奉上諭廣運盡心公務，勤勞可嘉。將次擢用，入京需次，卒於邸中。著有《三十二芙蓉軒詩》《楚遊草》等。

是書前有尼山孔尚任所撰序文一篇，叙二人交遊，稱廣運才學。目録記四十六首，實録詩七十一首，以七律、七絶居多，大致可分爲兩類：一類爲廣運與親朋故舊、同僚幕友酬唱、交遊所做之詩，如《上合肥李相國》《賀太史劉海觀公祖新蒞維揚太守二首》《贈裴致庵編修先生》等，約占三分之一；一類爲廣運記述輾轉各地、羈旅途中所見所聞、所思所想之詩，如《萬年閘夜泊有感》《别長安月色》《阜城早行》等，約占三分之二。酬贈之作難覓佳句，偶有『桂發蟾宫香撲袖，血淚門外冷侵衣』（《上京兆鄢陵年祖》）之類清詞麗句；記行之詩則别開生面，或描繪沿途風光，如『凉風生遠水，白到月中天』（《滄州道中對月》），『柳色參差日影斜，白河氣净似紅紗』（《白清河觀柳》）；或抒發羈旅之苦、思鄉之情，如『離家二千里，鄉夢疊如山』（《臨清寄家書後書事》），『遠念霜華驚歲晚，獨慚遊子逐風塵』（《眺泰山積雪有感》）；或登臨古迹、感時懷古，如『今日何人能下士，馮鞍踏雪且高歌』（《雪後渡汝河》），『名將功成不世才，英靈千古在荒臺』（《淮陰釣台》）。孔尚任稱『右君之作，清麗婉秀，如浣沙溪畔人』，『真得中晚之神髓者也』。

（李猛元）

金台偶存

金臺偶存序

余奉使海陵与石君喬梓稱莫逆交別去十餘年無日不作停雲之想己卯秋石君同黃子交三來都門相与飲岸堂藤下在在有詩而石君之作清麗婉秀如浣紗溪畔人余謂之曰輦下諸君尚宋調今喜中晚石君真得中晚之神髓者也故石君名動京師當代諸先生交相引重以大器相期爭為結納及赴棘闈石君卷為香河令于年兄所賞薦以數溢未得入彀遂秋風鍛羽挾策南歸都門諸縉紳咸共惜之然石君詩興勃勃一唱三歎深入賈閬仙羅江東之室

非學有原本悠然自得能如是哉吾獨為石君惜者以石君之才之學出其餘技足以鼓吹休明而乃邊沙風冷与黃子於邑而返臨歧送別泣下數行歸報尊大人說余官興闌珊反不如海陵社集燈火高樓吟詠達旦時仍為我致語舊頏先生曰何日南遊香山洛社中幸留一座以相待當不付之空言也

尼山孔尚任撰

金臺偶存目錄

秋日司農家德州叔祖招飲

上司空李昭易毋舅

讀二家詩呈總憲王新城先生

上合肥李相國

贈宋山言世兄

早秋岸堂藤陰集飲

贈宋嵩南編修先生

奉懷中丞宫瀛洲毋舅

上宫詹李山易年祖

上京兆常鄢陵年祖

賀太史劉海觀公祖新蔺維揚太守二首

贈别家念始叔民部

贈孔岸堂先生民部

贈黄叔威

上趙天羽黄門先生

同殷桐皋查書雲豪又上顧鵬南汪紫滄園雲蔚

黄交三分賦岸堂集飲菊蘺

黄駁九移席岸堂觀菊適他往未赴作詩寄之

贈查司亭

壽孔東塘先生

贈裴致菴編修先生

將渡黄河賽神時雲中龍見大雨俄至紀事一首

南池懷古

登太白酒樓

皂河夜雨

萬年閘夜泊有感 屬嶧縣治先祖文肅公曾尹此地

舟行詠柳

分水廟雨黄石閘賦

東昌登射書臺

東昌夜泊

臨清侍闕

過武城縣

夾馬營

七夕舟過四女祠

滄州道中對月

興濟縣阻雨

立秋天津觀月同黄交三賦

別長安月色

蘆溝橋

良鄉

白溝河觀秋柳

冒州遇風

題三家店壁

獻縣道中

阜城早行

德州懷家司農公

青齊道中未得謁平原董太夫子

金臺偶存

秋日司農家德州叔祖招飲　泰州　田廣運　右君

籬落黄花傍侍臣，廣庭招集最情親。文章閲世行藏拙，譜誼惟公道義真。水鑒從知歸月旦，德星終只傳陳荀。堪憐鬧鼓天街返，仍是風塵行路人。

上司空李昭易母舅

昭易閶闔望重神京，此日登龍愜素情。盛世詞臣為柱石，中朝元老接家聲。紅絲畫寫凌雲賦，黄閣秋聽上苑鶯。我本鄉人兼至戚，問奇常款傳先生。

請二家詩呈總憲王新城先生

當代詩名數二家，才名並響滿京華。濟南高岫秋晴月，梁苑孤梅雪後花。詞客風流輝映久，騷壇遇合古今誇。把來一卷新詩句，留取人閒護碧紗。清

上合肥李相國

相國調元清晏時，無私庭館長花枝。九重優渥宸心眷，四海昇平品彙宜。投刺新蒙文字識，通家重荷絳帷知。何當更覽三台集，一任春風唱雪兒。

贈宋山言世兄

公子翩翩一代名帝城相遇恰多情才華已見繩開府家
學今看接廣平玉漏早朝趨輦道花磚過影聽宮
鶯獨余瘦馬搖鞭去愁唱陽關第二聲

早秋岸堂藤陰集飲

不敢自雄豪投名寫釣鰲馬惟傾塵語燕市把香醪雅意琴
同遠隆情月共高藤陰留竟日如對綠萄蔔

贈宋蒿南編修先生

風雅朝霞第一班帝城相見得開顏花磚著述鴛鴦裏

玉尺量文霄漢間自昔文章輝似錦平生道義重如
山何當卜得比鄰地好與先生共往還

奉懷中丞宮瀛洲母舅

閩海歸來且閉關著書樂道自怡顏半生經濟半開府
一代才名庚子山起閣帶雲移片石種梅乘月弄潺
湲蒼生屬望為霖日早晚看趨鵷鷺班

上宮詹李山陽年祖

耆英文筆重淮陰主眷儒臣意最深入直殿前常進講
下朝花畔即高吟爇香小榻燈移屋蕉影疏簾月上

琴蘭譜誼深逢祖輩提攜終歎借知音

上京兆常鄖陵年祖

京兆堂堂帝畿高才羣共凜嚴威文名舊日專壇
坫貢舉新秋領棘闈桂發蟾宮香撲袖雪深門外冷侵
衣此來竊忝通家誼纔謁芝顏汗漫歸

賀太史劉觀海公祖新簡維揚太守

京洛人傳雙鳳名卯君新喜領蕪城十三門外花如錦廿
四橋頭月正明得句絃歌盈下里行來露冕勸春耕
皇恩特簡綏南服指日韓歐起頌聲

百二山河產大賢一門臺閣又隨肩趨朝同踏花磚影
持節真崇泰守權愧我上書歸舊路喜公之任是新
年緣從茲守託衡門下好向開隂理舊編

贈別家念始叔民部

為序金蘭舊兼叨譜誼從深乍尋如夙昔未面已傾心紅
日千林晚逢山一抹陰前途頻比馭相隔帝城砧

贈孔岸堂先生民部

曾從淮海識芝顏古道高風世仰攀講學士今歸闕里
執經人盡向尼山皇都初到憑提挈世誼應期日往

還闇說仙郎飏拜暇國風一代任君删

贈黃叔威

才子羣推叔度名汪汪千頃是平生久知闇海英奇士
能繼盱眙家世聲侠重千金輕脫葉義高一諾重連
城我來燕市同歡飲款與寒松結舊盟

上趙天羽黃門先生

當年視樞莅維揚敎澤于今未可忘獻賦只今游帝里
來風曾亦列門牆上林仙桂迎風綻壁水槐花墜月黃
此日欣從牀下拜高山引領却相望

同般桐皋查書雲蒙又上顔鵬南汪紫滄園
雲蔚黃文三分賦岸堂菊籬集飲

岸堂籬落影模糊重集分題在畫圖異地賓朋從酒識
黃花心事入秋孤聖賢魯國千秋見風雅都門一手扶
此夕燕台真快聚漏深還戀步兵廚

唐馭九移席岸堂觀菊適他未赴作詩寄之

長安道上遇鄉人約看黃花過比隣偶爲探親趨遠道
誤使良會負佳辰應知絳帳揮杯好遥憶羣公發興新
獨我日斜方返轡吟鞭空策六街塵

贈查可亭

讀君詩句服君奇落落行藏孰見知投刺姓名艱合志
碎琴聲價傲當時塞鴻背日過斜陣籬菊經霜白一枝
欲向市中尋擊筑茫茫吾道欲何之

壽孔東塘先生

長安一見記當年便爾心期古處賢文思乍開調綠綺
酒杯初舉對紅蓮蕭條我正無情緒垂翅君偏著意憐
好把菊花同上壽不辭歌舞醉瓊筵

贈裴致庵編修先生

隔歲邗江別晉公燕台今日挹高風膺門未履盈階集
馬帳文光射斗雄秋月乍圓巖桂白桂露華初浣渚
蓮紅頗依有道慚微賤瘦馬天街似轉蓬

將渡黃河賽神時雲中龍見大雨俄至紀事二首

打鼓賽河伯斜陽看忽昏斥雲龍掛尾對面雨傾盆涼
氣生淮浦神光射海門攀鱗如有分霑樹灑乾坤

南池懷古

嘗讀少陵句知偕主簿遊我來正三伏地竟似清秋密樹
蟬猶噪殘荷水暗流千秋風雅處欲去幾勾留

登太白酒樓

賀監何人物，能同公作儔。高懷開岱霧，豪氣吸黃流。最
快一生事，曾登兩酒樓。采石酒樓余亦曾登 謫仙呼欲出，星斗近臨浮。

皋河夜雨

皋河一夜雨聲連，愁思茫茫望遠天。霜路榮枯難預料，
辭家去住兩相牽。鬧喧忽報河聲至，風怒全期旅客眠。
一榻聞雞同起舞，未知誰著祖生鞭。

萬年閘夜泊有感 禹城縣治先祖文肅公曾尹此地

夜泊嶧山境，茫茫感慨生。兩朝傳豆莢，地瘠廢春耕。
勞吏思先德，居人頌大名。何能繩祖武，不負舊家聲。

舟行詠柳

何年北地柳成圍，掩映長堤暗夕暉。一自司空命栽植，
遂教濟水睹芳菲。徵求從此民間免，萬代應知道路稀。

分水廟同黃石閣賦

相對茫茫百端集，敢期取汁染官衣。
汶水西來日急流，南北分勢奔山腳。吼聲壯雨餘聞孤
棹入齊境，鄉心望海雲無聊。客中況醞酌賴同羣

東昌登射書臺

三年城被幾重圍，一紙書賢十萬師。羽鏃乍飛能示敵，
火牛無復更稱奇。將軍身樂榮齊國，處士功成遁海
湄。今日椒漿奠祠下，高風空許後人知。

東昌夜泊

夜泊聊城驛，高風想仲連。遠山昏魯邑，細雨亂齊天。鄉
夢雞聲裏，孤蓬海角邊。何時抵京國，把酒興陶然。

臨清待閘

舳艫千里拱神京，游子朝來暫阻程。兩徑人家雞犬舞，
櫓枝聲裏浪花平。筆牀晝永涼風拂，茗椀香浮暑氣
清。昨夜雨餘新夢足，馬蹄先向帝城行。

泰縣古物支會

臨清寄家書後書事

離家二千里，鄉夢疊如山。忽遇江南使，因開旅客顏。
書傳海陵驛，信達秣陵關。欣喜添杯酒，蓬窗月一灣。

過武城縣

小縣臨官道，絃歌有名人。家住板屋，黃土疊高城。野
曠鴟鶻叫，子原黍稷生。誰為牧民者，學道動微情。

夾馬營

宋祖龍興地，名傳夾馬營。紅光當夜見，真主際時生。燭影

疑難釋黄袍事不明可憐開國主杯酒處休兵

七夕舟過四女祠

驛路蟬聲入早秋漢時遺事至今留為尋孝女停
舟處謁不向銀河望女牛

滄州道中對月

晚泊滄州道人家土屋堅凉風生遠水白月到中天殊俗
軍民雜秋成黍稷連夜深同把酒聽笛不能眠

興濟縣阻雨

猛雨暗荒縣孤舟殊寂寥雲深龍氣動沙水聲驕

詞客抛書卷篙師醉酒瓢天津雖不遠只覺路迢迢

立秋天津觀月同黄交三賦

兩日天津滯短篷此宵明月照高空初秋正有江南思
一葉初飄墓北風異地人同杯酒畔小山夢入桂香叢
吾儕豈是蓬蒿客醉舞摩挲寶劍雄

别長安月色

長安秋色最關情每向天街蹈月明誰識今宵風
景在數聲宫漏促人行

蘆溝橋

征車初發到蘆溝邊地飛鴻已倦遊滿目紅塵縈客思
鬱葱佳氣别皇州

良鄉

最難遺興是吾徒第一郵程夕照孤樹色邊城連帝闕
歸雁初集似南湖

白溝河觀柳

柳色參差日影斜白河氣淨似江沙深秋正有淮南思
又見黄花賣酒家

冐州遇風

落日寒山一半明

閻道當年有舊城只今遺址我來行店荒風急聊停宿

題三家店壁

村墟歷落兩三家旅店蕭條一徑斜閒說桓侯生長地
古祠何處舞神鴉

獻縣道中

野色蕭疏接遠天孤城一帶柬花連我來獻賦迷歸
路烟水蒼茫泛釣船

阜城早行

朝来霜跡遍荒村征路凄涼月有痕土屋人家籬落
影隔遥見白夜屯
德州懷家司農公
帝城遥隔夢猶通雞忌䑕〻慰道窮此日槐陰聊記
憶照人古道孰如公
青齊道中未得謁平原董太夫子
燕都桃李浴春光歸去蕭條客路霜今日平原停轍望
兩江猶憶舊甘棠
禹城道中
遥望齊天老樹遮征途却喜過香車田家麥種三秋後
撤手柴門看落霞
過齊河未得訪李芳崖先生
青齊觸目動烟霞官舍氷清俗不譁獨我抱書惆悵
去千山歷盡愧槐花
齊河大清橋
石梁橫斷夕陽邊隔岸人家種麥田行到齊峰青未了
香車到處有嬋娟
長清至張夏

泰縣古物支會

生平雅好是齊山險隘千峯若翠鬟曲澗夕陽騎馬
過遲鞭貪聽水潺潺
經泰安欲雪不得登岱
泰魯惟知泰岱尊諸峯環列似兒孫萬家白晝柴
門掩雲樹蕭然欲斷魂
十年扶策始來遊嵐氣橫秋帶雨收獻賦無緣空
躑躅荒村閒撿黑貂裘
眺泰山積雪有感
空山殘雪照行人寒氣初添景色新遠念霜華驚
歲晚獨慚遊子逐風塵
雪後渡汶河
褰裳欲渡意如何異地相逢感慨多今日何人能下
士憑鞍踏雪且高歌
羊流店懷古
千山將盡宿羊流不道書生汗漫遊建策平吳功業
一不過侯帶与輕裘
雪後宿敖陽
畫圖彷彿有敖陽帶雪遥看隔短牆此日客中愁不

泰縣古物支會

麻魯峯行盡是家鄉

新泰道中觀雪

望去千山是玉山傍村老樹未曾删迷茫天際何蕭瑟
不見香車載翠鬟

蒙陰縣積雪

陰霾偏宜帶雪看泉聲幽咽玉溪寒雞鳴已踏蒙
陰道客子新驚行路難

沂水道中

合向春風看苑花如何歸去夕陽斜堪憐沂水村中路
獨倚征鞍數落鴉

青駝寺

萬石堆中一寺横瀾溪曲抱水聲清為尋古路登峯去
積霧空明帶雪晴

沂州道中

鵞村繞過是沂州騾背征人已倦遊行到竹籬風動處
一鈎新月望中收

紅花鋪

人家密樹覆青苔無翅書生策馬回行近故園秋已
盡菊花不見一枝開

峒峿道中遇雨

江南新雨足寒溪一路蒼茫烟水迷行看遠山殘雪
淨黄昏燈火宿橋西

鍾吾旅舍對雪題壁

最愛吾廬有此君荒村積雪淨塵氛畫屏繪出
江南意客夢朦朧隔水雲

淮北觀月

亂鴉初集晚風清淮北天高暮色清我已歸時思遣
興好攜明月送人行

泰縣古物支會

早渡淮河

行人又聞過淮津帶霧披霜着皂巾聞說南天仍澤
國湯湯愁對舊溪濱

淮陰釣臺

名將功成不世才英靈千古在荒台淮陰秋柳千條拂
一帶斜陽送客回

珠湖懷古

獨抱明珠暗恥投何緣照乘逐波流近来豈少如孫

覺不見寒芒射斗牛

露筋祠

樹色垂垂映緑溪松風千載夕陽迷閨中亦有寒霜節

愁斷荒祠一鳥嘷

東歸萸灣觀月

北地秋來看月還南歸今復到萸灣明蟾与我為知

已又遣幽光照客顔

月夜官稻河聽濤

百川呼吸注東流皓月横天却暮秋逝水有情傾客

聽明波照澈木蘭舟

泰縣古物支會

楚遊草目録

真州曉發

晚登燕子磯

采石拜太白祠

蟂磯拜孫夫人廟

小孤山

舟中望廬山

九江

琵琶亭

湖口

黄梅

武昌

黄岡竹樓歌

入毋舅署

黄鶴樓

仙棗亭

赤壁

鸚鵡洲

泰縣古物支會

楚遊草

泰州 田廣運 慎齋

真州曉發

楚水吴江第一程，探親不憚遠遊情。滿天曉露帆前散，千頃浪花船尾生。衣上倏聽疏磬響，橫山回首半峯明。前途沽酒娱親意，斟酌聯吟有弟兄。

晚登燕子磯

停帆入寘尚登臨，如墨烟雲接遠林。風起晚潮歸艇急，火明隔岫亂鐘沈。六朝舊事沙淘淨，千里孤裘夢早尋。

玉笛一聲商女怨，夜深巖下老龍吟。

采石拜太白祠

金天失職太白落，泐天星斗橫復錯。詩人豪氣塞兩間，刀下留得汾陽郭。酒屢自遇賀季真，一笑金貂等毛鞹。歸朝自言於至尊，世有此人難立鶴。明皇召對沉香亭，傾國名花增綽約。玉妃纖手捧硯盤，親見書生筆揮霍。調羹御手七寶床，三千宮女窺珠箔。須臾撰出調清平，腴嫂飛燕巢紅幕。醉來不識力士尊，金殿頻呼靴脫脚。老奴弄權忌清流，寺与婦結傾才畧。落拓江湖作散人

南樓

楚王宮

世皆欲殺誰依託夜卧匡廬頂上雲五百甲士渾生縛
欲以公為謀畧臣北山猿鶴殊驚愕事平有口難自明
令公援救歸王爵上万生公昔夜郎蠻烟瘴雨隨飄泊
歸來采石謝家山紫綺紗巾伴樽柏有時騎龍欲上天
水底捉月飛寥廓一代奇才世不容千秋名落横江闊
我來酹酒思高騫光焰萬丈猶如昨

蟂磯拜孫夫人廟

僻地龍興業孫劉好合成艷妝扶漢主英氣逼諸兄望
蜀烽烟起歸吴嫌隙生我來宿磯下環珮夜聞聲

小孤山

長江横絕壁一柱砥中流孤聳雲中落遠帆天際浮之黿
鼉諸嶼出戈甲幾年休策杖飛高處鄉心入暝愁

舟中望廬山

舟行入楚天奇峰遥隱見云是五老峯局外識真面青
壁塗白雲瀑泉掛素練峯峯相倚伏氣色終屢變我
情戀此山風帆疾於箭安得化黄鶴飛入遠公院瑶草
四時生猿猱弄花片白月出林端攜朋一逝宴不能生羽
翰翰与山中彦勝境那能尋倚櫂幾回羨

九江

江水新逢九派長旅人愁思正茫茫風天氣色憑高覓
蠻語帆檣半夕陽彭蠡有潮通楚澤虎谿何處訪柴桑
夜深覓得潯陽酒一笛高樓欲斷腸

琵琶亭

琵琶亭下晚烟生留得千秋白傅名商女舸船何處泊
空江白月至今明棲烏琴裏初聞響漁笛沙頭自弄
聲我亦青衫為飄泊一時登眺不勝情

湖口

章江蠡盡處湖色欲吞天洞入蛟龍府崖懸太古年人
烟分數百水利赴千川前路巴河近傾盃對月圓

黄梅

遊人旅思幾曾閑辛苦江湖破浪來傳午僕時新夢
穩一帆風順過黄梅

武昌

上游形勝地樊口昔稱雄荆益衣横帶江湖浪泊天空吴人
懷北志楚國競南風不盡登臨意河山一望中

黄岡竹廔歌

黄岡竹樓照江水日落龍鱗青欲起虛心直節棟梁材
臨春結倚徒為耳元之鉅野之偉人載筆久在承明裏
偶然實録直筆書詔從黄州下黄紙公到州城甚月餘
政和民輯歌樂只負笈相從千里來請學楚人遵意旨
暇時築樓竹為之濤風明月堪徙倚質不失朴華不靡
此君性合正如此未幾兎鬬雞齊鳴守臣命運知時否
上書宣室蕖生還茂陵遺稿存風軌我來登眺想前賢
遍倚闌干看夜麗地以人傳古者風前途又入叢篁矣

入毋舅署

此來探舅氏不為武昌魚見面傾藏酒連床讀借書
青山官舍見紅藥郡齋餘情話何無已高臥月落初

黄鶴樓

何年黄鶴樓古斷此空洲山控東西勢江喧日夜流捲
簾還弔禰倚檻歎依劉鐵笛仙人往嶺香滿目愁

仙棗亭

仙人樓上棗夜香大實如瓜小吏嘗皆笛聲何處去
滿天明月露華涼

赤壁

一炬烟消霸業空成周郎年少用奇兵東風不急燒樊口魏
甲應須下石城細柳營沒黄蓋破碧桃花豔小喬迎江
山如故英雄去寂寞寒潮夜夜生

鸚鵡洲

千古名高禰正平孔融一薦送餘生荊州也少憐才
意黄祖空留殺士名山鳥時從巖際叫春潮空向
草根行江中聲鼓誰人過猶似漁陽昔日情

南樓

庾公嘯詠在南廔明月清風不住遊今日誰人能嗣
響空教老子擅風流

楚王宮

當年此地競雄風虎視中原總是空長袖細腰無覓
處黄昏夜落楚王宮

倚雲近日樓

拄笏樓詩

（清）宮懋言 撰

《拄笏樓詩》一卷，清宫懋言撰，後有《九雲書院集》八卷，清宫昌宗撰，據上海圖書館藏鈔本影印。

宫懋言（一六七三—一七三二），字書升，號澹庵。清泰州人。鴻曆長子，康熙四十二年（一七〇三）進士，官袁州知府。

宫昌宗有《中翰公未刻稿》，已著録。

《拄笏樓詩》一卷，宫懋言撰。卷首吴啓元序言康熙五十四年（一七一五）與宫懋言交往於臨汾官署，懋言出詩邀其評隲。此書爲吴啓元輯懋言詩若干首而成。吴啓元序評其詩『清神骨秀，立玉亭亭，態有餘閑，蕭然獨遠』，『間有牢騷磊落之辭，如變風變雅，或托美人以寄興，或詠芳草以言情，然皆本之性情，用意忠厚，不失三百風人之旨』。此評頗爲傳神，其詩可證，如『蕭蕭白楊樹，秋聲愁殺人。宦情如落葉，驛路轉傷神。破廟風兼雨，空山霧似塵。此來何所事，感慨嘆無因』（《洪洞道中口吟》）。

《九雲書院集》八卷，宫昌宗撰。依次爲連珠、五七古、五七律、五七絶、詩餘。宫昌宗詩名不及其他宫氏子弟，此集詩歌亦有可觀，如『瀟瀟一夜雨，漠漠萬山秋。江浪連天卷，雷聲倒地流。殘燈摇永漏，短夢續長愁。寄語南征客，休登王粲樓』（《夜雨》）。

（周　忠）

乙未初夏

拄笏樓詩

鐫於臨汾官署

予嘗愛讀李青蓮詩如秋水澄空如老鶴彈舌飄然不知何以起劃然不知何以止而一種天然秀逸之致繚繞筆端令讀者意所未至筆已至之意所欲至神已先之似風之行水也止見水而不見有風也香之在花外也花可尋而香不可尋也秋水為神玉為骨太白固自己寫照矣至晚唐予又愛讀義山詩句々工鍊字々秀韵如十五六絶色女子迴波一盼令人驚魂蕩魄不能自持然心雖好之而口不能言其所以然即問之我心何以好之亦不知其所以然及拈筆弄墨苦自搜索求如古人一字一句不可得夫嘆才實天授非人力也歲甲午予偶有匹州之行道過河東郡于別駕董宜書先生齋壁讀臨汾明府滄菴宮先生詩驚其才高老蒼秀有仙骨心折久之遂通謁先生春滿眉宇一見如平生歡無何謝別去今乙未春仲予至自濡須復投刺先生喜甚即下榻論詩終夜

盡出數年來所作詩見示屬予評隲且索序予固知先生家　太史公淵源世學然亦不意先生虛懷若谷如此也先生之詩如春花如秋月其古體則空靈超忽如天半峨嵋青蓮之豪邁雄奇也其七律則清真秀麗玉溪之溫厚纏綿也五言擅長卿之長城絕句造牧之之奧室總無一字落時窠臼亦無一句似時人格調清神骨秀立玉亭亭態有餘閒蕭然獨遠凡予心之所欲至先生詩已至之予心之所未至先生神已先至之吾向之心好而不能言不自知者今忽盡得之於先生之詩誠所謂天授非人力也臨汾晋稱巖邑地當繁劇每日簿書堆案先生目視口訊手揮耳聽五官並用俄頃立盡民無不歡欣感激折服而去長日多清暇婁總竹戶坐手一編興發即拈題限韻八叉立就間有牢騷磊落之辭如變風變雅或託美人以寄興或詠芳草以言情然皆本之性情用意忠厚不失三百風人之旨以是知先生詩可歌可詠可管可絃將必傳於後無疑也夫古人不得志於時遠望當歸長歌當泣或借麯蘖以自豪或指東陽而自寫一觴一詠無非發其胸中抑鬱無聊之氣亦其天性然也太白將進酒明月述懷諸篇義山錦瑟之什非其尤彰明較著者乎今聖天子稚意作人凡一才一藝者皆羅而置闕下又詔以詩歌取士先生雖稚尚恬退塵泥軒冕其能辭上林長楊之召乎君家世占鳳凰池吾將讀先生明光蓬萊奉敕應制之什知先生風格又一變矣是用輯其詩得若干首而弁數言於左亦見我兩人好古之同而論詩之合也是為序

天都同學弟吳啓元青霞撰

拄笏樓詩

衙齋獨坐遣懷六首

瀛海宮懋言　書升

衙齋謏謏響松風獨坐蕭然儼梵宮淡泊自知心似水
昂藏敢道氣如虹池魚未必終游釜野鶴何時更出籠
人事無憑還一笑逢迎到處總難工
世事由來未可齊塵凡那有上天梯民風自古愁新法
官課于今改舊題薄骨何曾隨俗化厚顏不復向人低
唯應守拙常安分莫向城東更鬬雞
悵悵前途不可知他鄉唯覺醉鄉宜未耳搖落同哀椰
且喜零星似敗棊豪興欲增狂士態清談有味酒人詞
此生與物從無競自折花枝自解頤
城南二頃莫愁蕪唯問先生歸去無松菊有情招我老
馬牛隨意任人呼宜時才調嫌非佞違俗衣冠悔作儒
貧苦豈干毛穎罪硯田久已不收租
朝朝梳洗向粧臺欲嫁無由未有媒駿馬可求誰買骨
明珠堪採未含胎原因秦女吹簫至錯向齊門抱瑟來
咏罷巫山雲雨賦梁園賓客總凡才

幾度秋風鴈帶霜年來事事總荒唐狗牙相鬬因投骨
麝臍難安為有香假寐弗皇唯隕涕噬臍無及但迴腸
從今禪榻茶烟畔不用天花作道場

官廨雙松歌

參天蒼翠團青蓋竹床靜坐風生籟夜深時作老
龍吟虯枝拏攫走精怪兩株對植顏色古恍如蒼
髯商山輩我時偃息天花落景仰高風常下拜況有
丹鳳巢其巔紫霞氤結光生靄垂蔭恰愁霧雨翻倚
壁奔雷歌石壞一株微仰一株俯長柯盡掛烟蘿帶香
脂入地幾千年我來劚取仙苓曬嗚呼此松閱人多安人去
幾時松自在官廨留傳復到我把酒呼松聊一快葉密
半遮月影微幹老陰生朝日晦我本與松同一心得失榮
枯全不介醉倚松根卧不醒驚濤忽起風雲會雙松化
作兩龍飛我夢騎龍遊天外

行路難

吁嗟乎行路難不在高山大林麓之崎嶇不在江海潤遠
之波瀾江海驚濤遠拍天蛟龍怒吼黿鼉顛挂帆直
去疾如絃舟中人坐穩如盤磐長風破浪嘯且歡眼中不

解愁風湍山險無過太行巔崩崕削壁千丈懸過此令人心胆寒況有虎狼腥風羶山頭日日行人過車馬安間度曲蟠吁嗟乎行路難不在江湖不在山反在分明履平地奇險突出多巉巖青天忽有千峰障白日狐狸當道眠使人趨避長不及失足一墜無躋攀舊開陸地可行船令見風波起路邊橫濤萬頃舟屡覆蛟螭食人口流涎人或遇之皮骨穿只在平沙不在川吁嗟乎行路難我忽處此不可測陰風慘澹天為酸酒酣拔劍更起舞安得此身生羽翰乘風直上青雲端朝騎青龍朝玉帝暮謁王母驂紫鸞回頭下顧塵凡世山如彈丸海如盤雲中自覺天地寬君群携手共盤桓其如蓬壺山高不可到瀛洲欲渡風吹還吁嗟乎行路難

病鳥行

南國有金鳥本是鸞鳳匹生性東純陽飲啄思就日朝從海上來當空萬里赤群鳥不敢過深咸飲戢偶為日所棄推擠傷左翼上林不得棲墮羽落荊棘狐兔嘯其旁鴟鳶向之嚇見人啞啞啼哀鳴徒轉側縱有香稻粟啾唧不能食啄欲虬龍卵風吹海雲黑有時聊鼓翅飛向達官室達官見之怒挾弓思彈弋不敢更啼飢俛首自垂泣那復擬鵬摶且同退飛鷁寒冬積雪深废止將誰適仰觀日在天豈竟遭淪没三年不飛鳴養晦自棲息回思東海遊薄暮歸西極扶桑可托足咸池浴毛翮病羽會長成謝過返天闕飛入日中去長明不再蝕

郊行二首

禾黍豊盈夾岸齊干旌孑孑出郊西秋風古塚牛羊卧暮雨斜橋父子携山列画屏分遠近田張棊局别高低閒行更訪名僧語送我還過虎溪（邑有卧虎山）

肌膚氷雪古仙踪我來何處更重逢峰頭雲繞如飛鶴澗底泉鳴欲起龍四野蒼生歌帝力三年宦況懊吴儂一方秋水伊人隔寂寂荒山遠寺鐘

憶梅花

記得東風第一枝半牕寒凍水姿三年别却無消息空憶山中雪滿時

知是仙人萼綠華托根清淨散水花自慚俗吏無仙分降在空山處士家

淡淡臙脂點頰唇曉來初破一分春自從嫁與東風後

可惜香魂也染塵

遊平水龍子祠用東坡百步洪韵

巨靈擘山山湧波驚雷掣電起龍梭須臾風捲黑雲過百尺澄潭如鏡磨姑山縹緲紫雲裏鸞鳳飛繞仙人坡仙人臨流照冰雪丰姿綽約衣芙荷碧流浩々聲虛靜左洄右瀠生旋渦武皇雄風出天表樓船鼓棹橫汾河膏流下潤幾千畝水光山色秋雲羅古樹槎枒老蛟走怪石蹲踞如伏駝龍子變化上天去至今潤底藏脩蛇土人歲歲賽龍母擊鼓迎龍返舊窠我來正值清秋節逝將浩蕩遊無何明朝更上蓮華洞仙人鵠立休呼呵

得古画佛三軸傳為吴道子作真偽莫辨然其古色蒼然必非近代所能摹用東坡陳漢卿家見吴道子画佛韵

吴王好画清且閒片紙留傳值萬錢前生疑是金粟佛落筆往往通幽玄偶得画佛貌深古左列阿羅右菩賢傳聞此係道子作靈秀發越同飛仙秋毫落處花雨散精璘閃灼須彌巔中有至人默不語慧眼獨照心寂然跣足問法大弟子經翻貝葉何翩翩蒲團坐化松子落蹴踏龍象神氣全愧我學無博古術真贋莫辨辨媸妍生平澹泊寡嗜好對此更覺空諸緣近代久無好手筆展玩數過堪磨湔枯朽寂滅心無注内有真空外自揩錦囊玉軸護珍秘但愁霹靂燒殘烟

懷歸二首

三年宦況苦難支歸去逍遥任所之避地有山原貴早遂禪無洞已嫌遲遶籬種竹清音滿坐石彈棊緑蘚滋但把琴樽消歲月羲皇以上更何時

一榻蕭然病起初思歸何事不恬如池邊春雨看栽藕江上秋風自打魚老婦操持形似鵲稚兒頑劣性如狙太平時節真難得家室團圞樂有餘

贈方士

李生貌深古鼻祖傳柱史步華逢異人點易參微旨天地本無極至道窮終始偶來晉水遊蟄廉向城市賣卜不計錢迷津歷歷指世無嚴君平誰能識生死君術更難測驚人搖奇技風雷生謦欬龍虎躍素紙掌中握靈符神鬼供叱使圜闠毫光中隱約見形似夜叉持戈矛

天人衣朱紫忽見蓬海仙忽見西方士恍若天門開玄豹失所恃又似桂輪圓雲霞捧月姊更聞聖人語問答一一是我見頗相疑驚問無此理君言天地間怪事多如此況且本非怪怪乃其常耳屋漏有鬼神聖賢豈欺爾君崇無鬼論我將遊弱水清虛縹緲閒紫府真吾里言畢忽不見躍入水壺裏

過韓侯嶺三首

才為齊時用困頓識英雄韓侯不得意浪跡同飄蓬一旦際風雲遭逢隆準公未能欝居此慷慨志欲東得茲無雙士楚羽失雄風功成誇列士震主萌殺鋒豈待陳豨反血濺室前鐘飛鳥何負爾應悔作良弓

韓侯第一功乃在破燕趙赤幟背水陣兵取井陘道路險不容軌功成歷天巧此地更崎嶇鑿山未易造相傳侯過此輿圖不可考我來瞻廟貌英風射高鳥勲業既已盡松楸半枯槁蒯生非為楚從之悔不早取酒一酹君落葉秋風掃

丈夫未遇時慚愧倚市門方其辱跨下忍恥復吞聲詎料兒女輩乃能識王孫哀而賜之食豈思望千金功成富貴極為報一飯恩漂母亦何幸我更傷伍員乞食向吳市潁女性堅貞獨處三十年老母未許婚開筐食之畢自投潁水濱未聞有厚償韓侯高義行存觀其不負母豈肯獨忘君固應千載下微言與論心

述懷四十韻

寒牕常臥病青鏡頰紅消薄質殊蘭桂微根比艾蕭齊門嗟抱瑟吳市乞吹簫千歲琪花種三年楮葉雕蓬壺風渺渺天漢路迢迢可慨烏頭白堪憐魚尾焦烟霞期嘯傲山水足漁樵忘分因投袂衔恩欲報瑶未能疆董項空笑折陶腰薄宦蛇添足浮名雀有巢不甘為木朽終恐作蓬飄擊筑思同調銷金畏衆囂高岡棲鳳侶尺地托鷦鷯擬學肱初折長吟腹更枵清燈來獨照濁酒散無聊風俗成澆薄衙齋正寂寥人惟誇健步誰復許聯鑣鰲背三山重鵬程萬里遥已經悲濩落那更羨扶摇獻玉懷珍璞探珠入海潮酒酣頻説劍肉味絶聞韶赤水勞虚渡青雲肯見招固應歸畢竇無計入烟霄隱霧聊同豹承塵忽見鴞風清聞淚鶴霜冷射横鵰雞用牛刀試羹和鹽豉調磻溪屠釣遇莘野割烹要沈約因

詩瘦相如為病痟玉池朝灌溉丹竈夜焚燒化鶴依華
表吐虹駕彩橋揮毫搖地軸痛飲倒天瓢畫虎翻成狗
呼盧竟得梟花晨馳寶馬月夕解金貂豪氣如雲舉
芳華似水漂芙蓉江上謝蒲柳澤中凋自歎先零質人
訊不秀苗身如波泛梗心似葉辭條采藥收苓朮求仙遇
葛喬風吹還碧落霞起建雲標早晚歸思急行歌
老聖朝

讀李太白上皇西巡歌有石鏡更名天上月後宮
親得照娥眉之句為作石鏡歌

嫦娥清秋踏月輪東遊滄海西崑崙偶過峨嵋留月魄
化為石鏡照行雲開元天子風流客十斛明珠買國色
廣寒仙姿迥絕塵恰除鏡影知無匹忽驚鼙鼓動漁
陽生生世世意何長春風不返馬嵬魂石鏡何由照艷粧
乘輿倉皇走西蜀後宮粉黛紛相逐令朝石上照蛾眉
美人不見空苔綠山東才子李青蓮曾進新詞近御筵
酒狂忽作斷腸句陽臺宋玉知無緣月中親見霓裳舞
彷彿餘音製新譜梨園散落幾經秋唯留月色照瓊戶
至今天上月常明風蕩雲磨石鏡清千載照人遺恨在
傷心一闋雨霖鈴

和張懋哉春日書懷韻

署冷閒無事清幽似梵宫官貧門愈峻境苦道彌崇
久病忘生死澄觀悟色空春風取到[illegible]逸興正難窮
嵗嵗春風好花開眼更明酒酣楊柳色夢斷管絃聲
汾水波濤靜姑山水雪清神人如綽約應解戀芳情
金鞭揮玉馬隱隱映垂楊流水將心遠遊絲逐恨長賭
碁輸別墅結客拜高堂故國梅花發猶飛薄薄霜
憶昔傾城色驚人是小憐晉陽花月夜續命笑歌天逸
豫隨戎馬倉皇墜寶鈿三推春自好無復騁遊田
尋芳誰作伴琴鶴好為儔半世虛金馬三年坐土牛壯
心春水發薄夢冷雲浮人事無憑擬長拚物外遊
太平真有象景物歲時嘉禾黍秋風穗芝蘭春雨花
斜橋烟水綠小閣粉丹華楊柳縈歸思輕盈夢到家
愁歲因春至中年感慨多知心寧有幾日飲但無何人事
堪狂笑生涯寄浩歌小山幽避甚歸去結烟蘿
紙鳶憑頻看線飛去羨空群不掛枯枝樹應黏青草墳
來如睡夢寄答任行峯
去鳳鶯偶失足不踏上林簾外看花落西山日色曛

鳳鸞偶失足不踏上林枝飲啄真無味飛鳴會有時境
隨遊蝶化心藉落花知造物無私意尋春莫恨遲
窈窕春々麗簾櫳花氣侵鳥酣如欲語雲睡本無心蝶
粉翻堦亂蜂黄繞樹深不隨遊冶態古柏自森森

生日感懷

念載勞勞苦備嘗今年今日最凄凉若非僕子爭來祝
竟使吾生久已忘出塞何妨常失馬讀書可笑亦亡羊
良材未必終拋棄紫閣丹樓待畫樑

過病張郎墓張郎乃臨邑前輩張君諱象蒲

之子多才多病年二十餘而死自題其墓曰病張
郎墓墓在邑之南去城七八里碑陰有絕命詞
十首云

聞道張郎人似玉清詩妙楷誇絕俗聰明天生病亦生
稜稜瘦骨如寒竹只今唯見墓草新蕭條霧々與花
晨楊柳覆碑苔點石傷心垂泪路旁人生前原足空餘
死後留名何足喜墓碑自寫病張郎猶是名心未化爾
修短從來共一區薄命文人恨有餘君如得遇漢武帝
臨死應留封禪書

花朝偶成

二月十二日人道百花生却憐此地無花看不知何處
拜花神忽憶江南花正好杏花春雨煙綿草家々攜酒
醉花前亂插花枝向晴昊日來汾水已三春不見花枝
空惱人桃李開遲春已過尋春悔煞杜司勳風流自古
稱花縣今日何曾識花面年々寒盡帶春來幸有
梁間一雙燕

初夏偶成

淡蕩微雲釀雨潮成陰綠葉簇新條石榴裙好當
窗剪芍藥羹和待鼎調午睡起時濃似醉早衙放後
靜無囂簾垂只有清風入獨坐長吟破寂寥
池館風和雨乍晴日長人困瘦痕生朱櫻子熟簪紅玉
綠竹生孫着錦繃水底常喧蛙部鼓上林時聽鳳吹
笙太平偶歎豐年象悵望田中打麥聲

喬烈婦挽詞

烈婦姓郭氏臨汾東鄉喬某婦也有姿容年二
十歸喬性貞節笑言不苟歸喬二年生一女忽
一日夫往山中未歸鄰子突入欲污之婦恚甚怒

罵格鬬力盡被殺余廉審得實其人閔死烈

婦請旌表因為長歌以彰其節

山村女兒山花容躬操井臼夫勤農周親隣里不輕見第簷鎮日下簾櫳一朝夫向深山去忽來狂客何忽遽顧我謔浪恨已深倉皇自覺無生路空山夜聞豺虎哮星月慘淡陰風號挺身格鬬氣愈奮怒髮直上干雲霄須臾力盡摶轉急顏如桃李心鐵石延頸就刃頸血模糊雷霆震蕩鬼神泣可憐鮮血染素衣芳魂應化作霞飛明月清風夜來往千秋青史生光輝閨中名節如山重一任狂風吹不動離鸞別鶴總無心霜竹寒松時有夢懷中血泪滴孫雛地下香魂見舅姑死生含冤復含笑巾幗何曾無丈夫

荷花二十四韻

林皐初散步芳氣滿清池朝露零金粉凉風透玉肌文君堆臉頰靜婉鬬腰肢帶時雨香生亂臨流醉欲欹身輕同趙燕舞妙學西施翠蓋迎神女紅綃出小姬金莖擘雖露瑤瑟鼓湘湄骨以亭亭立姿因淡淡奇美人新出浴公子好相携顧影神長瘦凌波步自遲薰風歌解愠香草賦幽期但見龜巢葉曾無鵲踏枝遊魚時有礙宿鷺巧相窺素腕揎紅袖新粧染黛眉曉烟餐秀石秋水落華滋直並干霄竹虛同向日葵苦心無可訴高潔有誰知只合栽靈沼何當傍水涯孤清宜世忌卓犖耐冰持願共孤蒲老寧甘鳧鷺欺有情憐碧玉着意愛紅兒柳弱長堤拂舟回隔岸移如船真可羨並蒂更相思最是堪珍重清風托素絲

初生白髮二首

頭上忽驚生白髮蕭蕭蒲柳嘆先枯奩開青鏡尋方有帽覆烏絲看尚無祇恐秋蓬飛不斷便教春草蔓難圖呼童早覓桃笙杖霜雪蒙頭好自扶

已非張緒少年時那更潘郎鬢有絲乍喜青山飛玉雪忽驚綠樹長瑶枝花當應候風先報壯不如人老可知聞道上林棲白鳳尋芳此去未為遲

詠柳三首

倚檻臨流拂野橋年年牽恨上柔條西施曉夢顰愁黛飛燕春風逞舞腰暗暗藏鶯如有意依依送客更無聊不堪秋盡飄零甚好向長門伴寂寥

最怕成團撲面飛遊教春色減光輝王孫陌上花相逐
少婦樓頭人未歸漢殿已能沾曉露灞橋猶自點征衣
武昌官柳栽多少唯帶寒蟬送落暉
含烟點翠曉粧新金縷絲絲不染塵塞北常飛千里雪
江南占盡十分春迎風自解揺仙珮傍水還應夢洛神
最是淇園多緑竹蕭騷鳳尾好為鄰

寄懷同年唐益功

三年京華春日日長聚首並馬遊都市意氣爭先後歌
呼互相答顧盼真無偶一日或不見折簡煩卒走詼諧
雜論清詩壓酒醇險韻迭酬唱投桃報瓊玖交情金石
堅相聯同臂肘忽各墮風塵星散棄如帚君去浙江潮
驚濤日夜吼我來汾水秋險怪無不有失身龍鳳闕
入足豺狼藪感慨迫中腸此責將誰咎近聞我故人
已能脫塵垢自致雲霄上披襟朝北斗我欲慶彈冠俯
仰還自怛屢遭風波惡更陟巉巖陡進退兩無據驚忙
心在口自笑蛇添足人譏喪家狗精神困憔悴衰憊同蒲
柳一夜風霜白青鏡羞老醜念我天上人嫵媚如舊否
喜君着先鞭愧我徒小受君本泰華姿我質似培塿豈

敢相攀追無如交道厚為問青雲士垂手故人不我將遊
物外歸耕向南畝

新秋雨霽登樓望藐姑諸峰東坡自金山放船至
焦山韻

我遊汾水何所耽藐姑突兀城西南蒼翠遠含看不厭
拄笏臨軒日再三新秋清閒無一事閉門獨坐如枯蠶
欲將好語琢山骨青山得句應無慙今宵更逢秋雨霽
雲山風滴翠如空潭斷崖叠嶂歷歷數山容猶帶烟雨
酣披衣扶杖一登樓開簾欲接神人談冰姿綽約如可見
乳洞石竇尚留龕我生本是神仙侶塵凡久墮殊難甘
俗情欲借山雨洗飲露餐霞未是貪目對口吟坐不去
摹神刻意山何堪但恐青山長笑人好從高處結雲庵

秋日小病閒吟十二首

臥病南軒事小閒支頤聊復看西山此身久悟浮雲滅
入世常懷倦鳥還白雪已經棲綠鬢丹砂可得駐紅顏
秋來剩有清涼夢得失於中了不關

秋水湯天分外長清風明月好徜徉不妨坐笑談齊怪
更復行吟學楚狂世事危如騎虎背人情險似走羊腸

我生宦味由來淡應托蘧廬去一方
夢境糢糊苦不真太清仙闕屬何人故鄉綿邈終吟越
薄宦羈縻且贅秦周道久聞多要路天河曾說是通津
須臾八月涼秋至可得浮槎上紫宸
星傍簷楹月滿樓涼風披拂玉京秋故人天上遥垂手
巢父江邊只掉頭白露舞無聲隨竹響黃河倒影逐
雲流生平曠放無清慮小婢何須字莫愁
山容草色入簾清起步苔階曳杖行高致不妨同鶴瘦
閒情聊爾共鷗盟佳兒烏几勤揮筆愛妾胡床學弄笙
自處豈無長策在勞勞生事向誰爭
細縷微雲薄似羅簾垂落日晚風過潛身欲比蝸藏
殼處世驚遺鱷鼓波禪榻茶烟懷杜牧藥爐經卷拜維
摩三生石上因緣在扣角騎牛好放歌
名山甍列小樓西濁酒清詩日日携朝握中書聊破楚
暮邀從事好過齊蟄龍豈要長貪睡驚烏何曾得
穩棲冠蓋自嫌拘束苦久樸歸去把鋤犁
風月蒼涼嘯野狐驚魂不定夢相呼粗嘗世味辛如此
細檢名心淡欲無醉截竹龍騎作馬病招橘叟命為奴

南山種就十畦豆策杖芸根好自扶
霜雪濛濛兩鬢侵得閒且復破愁吟因貪泉石真成癖
為愛詩書竟類淫怕染塵氛常拭面靜依禪榻好安
心秋來無限淒其意望斷銀河泣暮砧
心如明月照空潭喜有彌陀共一龕不遣夢魂飛六六
但參禪語說三三清風拂袖時稱快淡水澆腸自覺甘
賈傅何須長太息嵇康生事更難堪
何事清秋太瘦生天教小病養幽情文章久足窮蘇軾
婚嫁還能累向平未獲田中設謀黍徒勞境上捧犧牲
折腰五斗知無分歸去桑間好聽鶯
靜坐湘簾鎮日垂多情花鳥任相窺從禽可要良工御
無米難教巧婦炊滿院香風時拂桂一天清露自傾葵
姮娥若解秋陰好月應常娥圓不復虧

秋風

颯颯涼風至清寒透玉肌簾疎愁漸逼袖薄好相携
衰鬢柳吹還亂殘荷望欲欹晚來蕭爽意最與野人宜

秋雨

雲陰吹不起細雨散如烟陣陣疎還密聲聲斷復聯芭

蕉響愈寂枕簟醒猶眠遥想江湖上蒼波放釣船

秋雲

陰如天幕下晴似錦紋鋪流影空來去飛烟淡有無宵随銀漢遠晚傍玉山孤無限青霄意當秋幸不辜

秋月

夜氣涼如此清陰淨似波桂花仙露濕寶鏡練雲磨高閣光先照空閨影更多美人秋思冷好與伴嫦娥

鳳雛吟

鳳皇飛且鳴巢於牟似崗雄儀雌舞共將雛既雲結聚朝霞芳中有一雛雄且長羽毛遍体生文章軒后來龍至王母騎鸞翔相慶好鳳雛應騶鑾輿侍玉皇老鳳顧之喜拭目望朝陽未幾兩翼忽開張巢邊飛出自相將毛湿羽弱飛不遠隨風墮落荆棘旁荆棘多針刺牽挂彩雲裳塵泥泥污非舊形不鳴不食首空昂老鳳回翔呼不起雌凰沉痛肉中腸野狐向之嘯野鳶喜欲狂嗟尔鳳雛偶失勢鴟鴞反得誇爾強尔豈塵凡物暫失復何傷須臾羽翮修且整排風直上天蒼々感召軒后與王母相呼類應來帝鄉朝餐竹實夜宿女牀仙人雲中共飛颺始知荆榛偶失足終開閶闔朝明光嗚呼英雄遭時不幸真如此為君一曲歌鳳凰

寶劍行

我有千金劍晶光練秋水匣中寶氣衝牛斗突兀長鋒天外倚縱横飄忽吐蓮花光生掣電走金蛇流丸轉動掉日月風雲叱使隨飛車可惜時平無所用塵封澁縮寒光凍不遇壯士為寫心利器肯困微物動豈知神物自通神光燄那得久埋塵仰看壁上蛟龍吼會乘雷雨冲天行

秋日雨窗書懐

烟樹迷漫雨氣侵小窗蕭瑟坐愁吟幽憂欲散調琴柱壯志猶存扣劍鐔曉夢暗驚蕉葉響晚雲低覆鶴巢陰頻年感慨經秋甚冷泪縱横自不禁

山色雲埋雨溜簷積陰成濕怕開簾官衙不響升堂鼓野店空懸賣酒帘故國迢遥千里隔身病蕭索五年淹不須惆悵芳醪斷蛇足于今悔自添

積水空階似鏡潭閑門清靜比雲庵氣調許邁千餘息

境苦嵇康七十堪無事耽書終類蠹有情貪睡更如蠶

樓頭雨意經旬密望斷朝烟與夕嵐

縣古民淳本自閒況兼門巷水潺潺階前青綠凝書案

塞上風雲度玉關雨脚聯綿沾繡幾山容顛頓濕烟鬟

從今若有為霖日應入君王曉夢間

對酒歌

王嬙絕代艷秀色入漢宮天教玉骨葬胡沙後世何須怨
畫工賈誼經世才文帝虛前席徒勞宣室問鬼神落魄
江邊長太息朱顏頹老風塵豪士放廢可憐人何似
樽前日日醉榮辱不復關其身呼兒為我致美酒大爵
深盃常在手咿須教師瞬成糟粕釀出錦心與繡口王
嬙何處去賈誼不復來佳人才子盡塵埃漢王宮室空
蒼苔我笑屈大夫何為歌獨醒漁父長吟真達者勸君
何不酩酊我羨陶彭澤日日醉如泥左手持螯右把杯
千古高風誰與齊彼豈真酒人中有不平氣杯中之物
澆壘塊燕雀安知鴻鵠志君不見高陽酒徒拂衣起
長劍高冠揖天子一朝際會慶風雲三日酒肴宴鄰里
男兒功業盍當世酒徒得意常如此為我更置酒痛飲
總莫辭大醉狂歌拔劍舞茫茫宇宙將安之

蘭鳳吟寄京師諸同年

紫鳳與青鸞雙羽同秀色蘭蕙與芝草臭味還相得
況本靈山一處生清芳盡屬神仙宅未幾鳳凰飛青冥
孤鸞罷舞掩修翎瓊芝爛熳閒瑤席幽蘭谷裏懷
芳馨鳴呼紫鳳啣芝草上國雲中風露好王母棄豈
竟棄青鸞仙人忽使蘭香老我向空林泣孤鸞又向深谷
惆幽蘭歎此不是無情物何不同聲同氣招致青雲端

白雲篇

白雲裊裊山頭出隨風飄忽無蹤跡我欲乘風與之遊
悵望青霄不可即我聞海上三神山仙人棲息白雲間朝
遊北海暮蒼梧白雲一片時往還可羨王子晉逍遙
騎白鶴手弄雲和白玉笙白雲飛去返寥廓仙家聞有
白書雲神篆迷離識得無上元夫人遺錦字中有雲霞
氣卷舒白雲卿遠何縹緲青童玉女常迴繞附鳳攀龍
如可上羣仙見我又不見鄴侯相業傳青史白衣常只住
山中本是白雲侶還隨白雲去山頭舉手謝時人白雲
一片知何處

秋日庭前雜花叢開漫成四首

纖草盈堦緑，風清玉露寒。花開低傍砌，子結小如丸。芳氣差堪掬，秋英實可餐。何妨香獨晚，含笑倚欄看。

羨爾清幽質，經秋色自紅。有情隨旅鴈，無意向飄蓬。那復愁滋蔓，唯因念故叢。春花何處去，零落泣西風。

草根吟蟋蟀，落葉帶寒螿。節候嗟遲暮，芳華耐久長。臨風何用泣，對酒且聞香。可歎杜陵老，白頭徒自傷。

無限淒其意，相看奈爾何。露凝香結陣，風轉葉生波。秀艷鴛鴦襪，輕明蛺蝶羅。莫嫌纖弱質，偏喜傲霜過。

雜感詩偶讀放翁集雜用其韻十八首

三年畫虎笑難成，何似歸休量雨晴。緑畝桑陰牽犢健，紅橋柳色聽新鶯。逢人長揖交原淡，與物無爭氣自平。濁酒一杯堪送老，當門況有好山橫。新夏感事韻

遭逢處處似臨深，何用勞勞較尺尋。駿馬只存千里骨，孤松不改萬年心。短絲覆額添霜雪，荒塚盈疇半古今。可喜故園歸計在，緑簑垂釣柳成陰。渡浮橋至南台韻

三島蓬瀛吏莫論，但收烟雨老江村。不馳花裏青驄影，唯卧山間碧蘚痕。王謝風流誰擇婿，朱陳淳朴世為婚。人生樂事懷家室，兩鬢皤然好抱孫。村居韻

為愛樓高俯仰寬，坐深北斗夜闌干。興來點綴雲山案，醉去沉埋天地棺。頑質久經同木偶，散懷無復望金鑾。人生富貴難求得，骨相何煩鏡裏看。病起書懷韻

無端春事太忽忙，冷落花房與蜜房。倚壁挑燈嫌焰短，仰天吹氣羨虹長。匣中鳴劍遭時棄，袖裏藏珠與世忘。芳桂不須傷歲晚，露華濃處夜生香。閒中偶題韻

爭誇健步渴相呼，獨立何人更與俱。博帶峩冠粧傀儡，高官厚禄飽侏儒。狂瀾萬丈誰當挽，大廈千尋孰可扶。未死端知天有意，中朝枉石在吾徒。江夏與章冠之遇別後寄贈韻

瘦馬殘鞍偶出城，停鞭山下看春耕。逢場作戲心原淡，薄宦忘家累自輕。坦路不須驚犬吠，壯懷猶或舞雞聲。丈夫欲建縱横業，順逆無憂任意行。雪晴韻

零落西風寂似春，村淡烟踈雨閉重門。蒼鷹畧地山河濶，寶劍横秋日月昏。一段殘碑頻弔古，三杯濁酒自招魂。誰憐白傅江頭恨，憔悴青衫濕淚痕。山寺韻

每欲乘鸞上紫霞，空嗟驥足困泥沙。神龍變化多藏首，老檜縱横始作花。身似驚鳥常擇木，官如旅客暫為家。

何時解脫風塵恨，天路蒼茫未有涯。寒食韻

生事真如不繫船，葦間聊復暫延緣。點金無術能鋪地，鍊石何人更補天。三月病身忘肉味，一官微祿比羊羶。共如屠狗功名在，竹帛千秋總爛然。書事韻

閒裏方知樂事多，閉門終日意如何。壯心歲月逍還在，稜角風塵久自磨。楓葉雨相過馳獵騎，桃花春漲理漁簑。胸懷曠蕩彌天地，醉倚層樓好放歌。自詠韻

誇奇鬪捷各爭雄，獨臥閒齋作病翁。但作閉門長卻掃，何須面壁自書空。彈碁已讓爭先手，牽纜猶甘避下風。叢菊霜開如有日，任他桃李及春紅。南權遇大風雨韻

蕭然一榻久忘情，老去看書眼尚明。大意畧觀時有獲，微言參透寂無聲。身因貧病翻能健，詩為窮愁浪得名。一夜西風吹葉落，嗚嗚画角起孤城。題書齋壁韻

久病長驚腰帶寬，秋來喜氣溢新寒。高僧對語傾心聽，好友重逢刮目看。翠羽雙鳧隨釣艇，金鈴小犬傍花闌。人間好友行樂原多地，湧遣閒愁落鏡端。病起韻

萬里雲行萬里天，一身如寄浪花船。孤松蟠石呼為友，野鶴摩空望是仙。但得世人非且笑，何須姤婦見猶憐。

我生未解憂多患，日日歡容落酒前。六十二翁吟韻

欲着先鞭愧未能，何從上達比雲騰。輸他宦海爭如買，笑我官銜冷似僧。頭上秋霜新有信，枕邊春夢久無憑。來生因果今生定，勤向龕中點佛燈。野興韻

漸覺精神總不如，況經衰謝二毛初。歲如奔馬頻過隙，病比蝸牛自帶廬。市近屢賒新臘酒，家貧還讀舊書時。欲知豪興消磨處，但看庭前落葉疎。寄子文成州韻

一椽茅屋老餘生，況復丘園地可耕。故國未忘花有夢，雄心消卻劍無鳴。吟詩足了閒中事，把酒何須身後名。可喜萬緣空已盡，囂然寵辱總難驚。冬夜讀書韻

秋日頗閒用東坡謫居三適韻三首

旦起理髮

清秋夜初永，忽夢朝天宮。身騎白玉虬，手把青雲松。醒來頭骨換，毛髮凜仙風。南牕事櫛沐，怡然脉絡通。我少苦多病，精神衰悤悤。短髮不滿把，霜華集幾重。白鵠理修翎，寶馬搖玉驄。凌霄志共遠，伏櫪悲尚同。爬梳聊快意，對面青鏡逢。笑我非貴人，白髮湧持公。

午牕坐睡

不夢松生腹但忘柳生肘旣能空復空方能有其有瞑目
理自全虛心道乃爻神遊八極外萬累一揮手古藤倚
雙肩頹然如中酒一醉千日卧頑鈍斯能壽不見莊生
言其人骨已朽丹經與寶訣仙人親授受不須懷淨土
本來誰玷垢茶響夢初醒徙倚蒼髯叟

夜卧濯足

朝安几與席暮棲枕與裯呼婢脫靴韈穩睡醉忘憂積
陰生蚤蝨夜擾同鵂鶹兩髀困爬搔驅除尚延留煎水
入艾菊香氣上騰飀肌骨早滌濯吾足豈妄投愧無兩
女子自洗卷臂耩坐詠滄浪句漸覺青雲浮爽似涼秋
至快如惡病瘳會當師自足何事咲獼猴

僑兒頗聰慧喜為文勤苦不輟戲書其文後

文如秋水淨無塵巧熟方如筆有神欲得此中眞趣味
乃翁原是過來人
當年苦志欲求伸得手如今事更辛蘇子教兒愚且魯
祇緣文字會窮人
乃兄文戰未分明難弟摻觚倏有聲棣蕚風花開次第
小蘇不讓大蘇名

九月朔坐別駕董姻翁署齋閒話清貧異常感
賦長句

陰霾十日天如夢凄風瑟瑟凝雲凍風流別駕若清貧
寂寞秋齋無餘俸休言匕箸少兼味更怕饔飧缺常
供官廚火冷不生烟唯餘麻頭韲一甕先生高致不可攀
群仰清華名益重玉軸牙籤書萬卷明月松風琴一弄
怡然自得若有餘絶口不言鹽米空轉眼黃花霜節冷
陶潛白酒何人送紛紛勢利各爭趨守拙深藏渾不動
居官却掃兩無妨清神濁賢時復中歎我年來事益奇
捉襟肘露愁倥偬更遭舉動與時違才踈志大終何
用百事敗散不可收破裘零落無針縫云天意未可知
頑石何堪細磨礱唯待兒女婚嫁畢江田百畝親歸種

聞雁二首

冷落平山又一秋西風吹起雁聲愁寒蘆衰柳飄
無數黃菊清樽淚不收景物晚潮來有準年華逝水
去難留此身棲泊眞如寄和爾哀鳴獨倚樓
中年感慨入秋多病倚危欄數雁過為覓稻粱來藪澤
還飛雲漢絶煙波摩空自覺天形濶寄遠惟愁字踈訛

勸爾江湖休眷戀上林佳景莫蹉跎

歎裘二首

貧病相依已十年漸愁零落比飛烟物猶如此真堪歎衣不如新卻未然六印垂腰知有日千金換酒更無緣西風乍冷還重覔坐擁寒爐活火邊

晏子羊裘三十年窮愁相伴淚潸然看如馬革雄心在未勝牛衣對泣眠紫綬金章嫌不稱酒痕墨跡㗛偏妍何妨肘露襟常折袖有清風愈堅

署樓落成登臨感賦

三年薄宦愧琴堂更起高樓傍夕陽雲樹欲招鸞出谷春風聊借燕巢梁暫居傳舍安歸夢總為他人作嫁裳一望平蕪迷去住空嗟身世兩茫茫

宦境真如夢境中蜃樓幻出海雲空城頭姑射看難盡天上銀河路可通騏驥偶然悲伏櫪鳳皇終是欲棲桐休吟王粲秋來賦千古傷心約略同

昔人曾道似登仙拄笏看山我獨然朝望扶桑鷲浴日暮聽鐘鼓欲棲禪風從樹杪徐徐至星向簷前的的懸回首玉京疑只尺不知今夕是何年

人間何處玉為峰綽約冰姿未易逢放眼無邊觀世界立身高際見天容雲連山色形偏幻月帶秋香露更濃笑我宦居多寂寞惟餘琴鶴一相從

病中偶成

我笑維摩詰示病本非病欲以病說法天人各問訊乃至無言語妙諦何由聽我今病且久日夜雙目瞑內觀有所得病深心愈定天花滿碧落湛然見空性浮雲須臾滅夢幻無根柄一氣還太清萬象歸虛淨此身本外物棄之如塵甑況復筋力衰霜雪添鬢百年一彈指風馳電光迅以此扣維摩維摩百不應毀步下庭階仰視天宇靜

又病初起湯成二首效放翁體

無端抱病忽兼旬强起扶頭覺少神舉步暫憑鳩杖立安身久與竹床親湯嘗酒味腸初潤喜見花枝眼更新坐向南牕頻就日一時冰雪漸回春

因循病起歎無聊暫取芳樽破寂寥酒夕不勝知量減睡魔常到覺神消觀書銀海花猶眩養室丹田氣自調為愛莊周栩栩夢鵬摶好與任逍遙

病起試酒戲作

高陽酒徒病初起病中不飲徒然耳披衣危坐索酒嘗
病死何如醉中死牀頭一甕春初熟醱醅色味清且美
香氣噴人口流沫兩頰微渦一笑喜頓覺精神百倍生
長鯨欲吸江湖水酒星酒泉在天地相邀共入樽罍裏
況借杜康驅二豎遣疾神方無過此一杯兩杯識故人三
杯四杯忘汝爾多多益善復故我千鍾百觚從此始

對酒

我羡陶淵明愛酒兼愛菊々本隱逸倫清英絶塵俗
當其令彭澤豈邀五斗粟不肯負黄花歸去何當速我
今亦吏隱三杯萬事足佳節逢重九叢菊堆滿屋日
日醉如泥那復知案牘風吹頭上巾墮向杯中漉對
菊理陶詩醉吟還醒讀摘來滿頭插酒卮照清淑會
當問田園三徑歸卜築城南有二頃種秫爲糟麯況
當蟹正肥紫匡脂塡腹持螯向拒霜相將棄幽獨
但恐志未酬徘徊意往復

食蟹

南方多珍味魚蝦棄數罟每逢秋稻熟霜蟹登盤俎
見人如欲鬬螯巨雙拳舉黄脂膩口頰白酒澆腸腑自
我來三晉滋味淡如土得魚獻上賓才盈二寸許況茲郭
索翁此邦未經覩忽有遺我者百里攜筐筥開筐還
一笑細碎不可數小者同蜆蛤大與蟛蜞伍物以罕爲奇
不復論細巨少少得其味那堪重嚼咀譬彼食雞肋
茫然籌棄取人生天地間口腹何足語丈夫志四方自顧
頭如虎會當飛食肉橫行絶海宇何爲一室中區
區事吞吐

中秋臥病用東坡中秋見月和子由韻

明月經秋清且高微雲散盡無纖毫精光萬里如垂練
仰見雲漢翻波濤夜靜天香落桂子冰壺晶瑩如積水
一枕秋風客夢多心共庭鳥驚欲起歎息流陰似轉丸
病中剩有枯腸蟠披衣開牕一危坐姮娥宿處清光寒
家住淮南隅古汴别來幾度滄桑變畫堂不見霓裳
舞香閣無人拍檀板呼朋暫醉樽酒前病骨秋深應更堅
姑射神人載月遊肌膚冰雪誰曾看但得光景年年好
今歲何妨署草草太液波澄玉露漙桂香芳馥荷香老
居官三載不辭貧凉月清陰欲照人七寶戶成銀闕出

乘風飛揖蓬壺客

得菊花千本堆成菊屋坐卧其中者十餘日因

作歌以志快

君不見潘郎容貌如玉樹花縣風流稱獨步至今想見河陽春千枝萬蕊含朝露又不見陶令野菊傲霜開東籬燦燦黃金堆我醉欲眠君且去對花日飲三百杯古人高致應難朽春花不比秋花久連珠合璧委塵埃何似黃雞與白酒我今種菊幾千盆移傍朱欄可作村摘蕊已添方士藥餐英欲近騷人魂左張右列堆成屋芳氣迎人清可掬長吟痛飲坐其中淡懷敢擬人如菊看來如綺復如霞花作屏風葉暮遮不羨石家錦步障樓頭紅粉泣殘花更似層巒與疊嶂紫綠日晡形萬狀醉來圍繞花間宿一對花枝一惆悵潘郎不足道陶令復何之人生行樂耳到處可棲遲但得有花兼有酒何必急賦歸來辭何必急賦歸來辭

有感一首

幾處朱門映紫微日斜已覺少光輝荊榛零露看駝卧汾水秋風有鴈飛學道終隨黃石去謀身應逐子皮歸須知世事浮雲滅卜築深山不啟扉

喜晤鄧穀貽

乾鵲能知來當忽譽驚噪意如有所見飛向主人告主人正岑寂喜見踏枝鬧俄有遠客至殊非意所料相迎到中堂握手鄉一笑驚問子何來言從楚山道相別久相思不憚山河寫感君顧我情喜極還悲悼别久已十年彼此顏非少為君一置酒三觴意顛倒酒闌忽感慨歌呼復長嘯言過洞庭湖風波真險冒又過太行山崎嶇不可蹈生平未經歷驚懼失常貌我一聞此語心酸還自懊自我來此邑風波更狂暴君思入仕籍未若丘園妙有書原可讀有子原可教春田百畝耕秋水一綸釣醉後自解衣人前長脫帽理亂置不聞險難何由到何年得歸去與君同為調

病起勉强視事勞而復病感賦長句

人生天地間何者可自全紛紛智巧徒雕琢愚頑差足完其天我材自顧本無用唯宜棄置荒山顛何意當春偶發匠人一過誤相牽取來欲為當世用既賦杞柳為桮棬散材疎質無繩尺縱橫那得成方員三年冠蓋

苦拘束荒署剩百有病相連二豎作居一月餘深秋始得稍安便未能卧理起視事厭看案牘愁紛然勉強措置不數日清瘦又被寒風顛精神困倦如宮梆一日三起復三眠料頭跣足野人態被以文繡偏無妍終朝卧病反適意差勝折腰與脅肩自笑畫蛇已添足芳醪一盞竟無緣何況畫虎更不成形似喪家誰復憐憶昔少年志頗豪酒酣意氣如雲烟深夜鬧雞更起舞着鞭未許他人先豈知志大無可用退居人後焉能賢近來益覺世味淡甘與枯朽同棄捐孤松勁直枝先偃何如樗櫟可長年我今衆病一時至霜鬢蕭々不再玄嗚呼天地有時老人生何者可自全

病瘦甚用東坡聞子由瘦韻

病中禁酒兼禁肉加餐唯飽一盂粥夜静飢同嗅柴鼠秋深寒比棲檐蝠我生口腹原自淡梨棗内含真絶俗適來三月不知味搗霜和露餐飛玉對鏡清癯骨起稜迎風消瘦肌生粟但同偶失塞翁馬何須更逐秦人鹿夜坐焚香讀道書頭觸屏風惟倦僕謾道官清馬骨高主人先自形如鵠

疊前韻

班生虎頭飛食肉季倫咄嗟奉豆粥至今富貴兩無有山中只有千年蝠人間烟火久不食官庖珍味殊粗俗華池日夜飲瑶漿灌溉丹田種瓊玉欲上蓬壺訪玉真還從兜率豢金粟前身未必果爲仙採藥靈山隨白鹿人生浮老白雲鄉何用居官爲令僕玲瓏瘦骨欲飛去好向瀛洲戲雙鵠

禁酒

青州從事吾友好日日相親不釋手閒情無着待君消悶懷作惡煩君剖忽然卧病三月餘見者背我成款歆衆口一詞稱過酒我亦無言辨其誣親朋相勸復相戒屈情抑志無可奈暫向樽中一別君搔首躊躕如割愛平時劇飲作歡場今日方如在異鄉情懷冷落凄其夢無計消磨寒夜長隱隱青燈半明滅雞聲枕上三更咽榻前童僕鼻鼾如雷主人一夜心煩渴曉起衣履謝諸人親朋愛我未爲真養病安心爲要法無眠何以静吾神不如節飲且少少三杯頤養天和好但使心胸得暢然自遣沉痾去如掃我言有理未爲左諸君語塞咸曰可

將軍行

漢家將軍猛如虎颯颯英風建旗鼓大旆卷舒萬里雲
長弦開拓千鈞弩自從束髮戰匈奴轉戰流沙霜月孤
兎胄臨戎群虜拜橫戈衝陣萬人呼身出玉門憶漢闕
彎弓仰射胡天月飲馬無泉渴嘶風酣戰刀頭時飲血
將軍用武真如神夜半啣枚破賊營諸番胆落不敢戰
沿邊三桒受降城國恩深重難身顧交河爭踏層冰渡
夜靜不聞戈甲聲曉日黃塵障如霧身作長城捍朔
州天子無煩北顧憂射獵寒郊逐狐兎談兵雪帳練貔
貅貔貅百萬連雲陣繡甲花驄笳鼓競單于稽首內稱
臣百戰功成取侯印歸來絕口不言功稚歌投壺儒將風
酒酣耳熱猶思戰馬革裹尸志尚雄嗚呼將軍名太重
功高不賞真堪痛不見林中飛鳥今已盡良弓深藏
復何用

戲嘲彈棉瘦叟

樹頭落日聞啄木枯木槎枒響幽谷忽然變作秋蟬聲
長鳴飛過別枝宿知君應是謫仙人能鞭白石化羊群
不然定向巫山過神女携來一片雲手揮目送誰同調
七里灘頭可垂釣如聞坎坎伐檀聲食力無慚君子操
更似腰弓赴敵場雪滿天山照地光又似天孫織文繡
剪霧裁雲作嫁裳嗚呼君不見東郭先生雪中臥
寒士三冬衣露髁安得使汝被服天下人女織男耕
無凍餓

騎馬出西門三首

騎馬出西門霜落草枯死汾流水澌澌長橋覆蘆
葦黃雲催日暮風沙四塞起悵々復何之魴魚勞赬
尾朔雁苦銜寒孤翔失所恃伊人不可見迢々隔秋水

騎馬出西門靚面有佳色山々色為誰好青々了髻鬟
路逢採樵人荷斧空手還言有虎當道獰猙色斕斑
明哲貴保身知機須早閒欲上青冥去遙々未可攀

騎馬出西門山徑阻且迷蒼然暮色至村雞上屋棲傍
皇何所適道險不可躋上有狐貍嘯下有鴟鴞啼人事
慎趋避得失判雲泥願言遊物外丹丘上玉梯

射獵行

邊城九月霜飛急黃茅白葦無顏色野獸竄竄失
所棲愁聞鼓角聲鳴邑將軍年少逞游俠馳騁豪華

為結習。風飈忽起志凌霄。猛氣如雲思破敵。旌旗閃々
出郊行。刀環馬勒黃金飾。伏下健兒齊踴躍。韋犬吁
鷹一時集。弩矢不動埋三伏。旗鼓相當張兩翼。獻籞声
高催合圍。金鞭麾處羣毛慄。羽箭恰隨蒼兔落。馬蹄輕
比花鷹疾。弓如滿月左右張。大似烏龍隨轉側。大獸迫
促小獸號。有時倔強如人立。揚旗振旅轉山前。功尚先
登忌深入。山中飛走亦已盡。仰取縱橫俯有拾。從禽獲勝
誰最多。將軍馬上鞭籌級。落日鳴金奏凱歸。鞍掛獐麕雕
荷戟。野狐不得正丘首。狡兔空自遺三窟。嗚呼將軍射獵
如殺賊。下馬猶能自草檄。時平無可報天子。緩帶輕裘
聊稱酷。

歲暮吟

青々河畔草花葉亦何繁忽驚秋風至衰萎存枯根可
憐陌上紅顏子。須臾白髮垂兩耳。草枯春來還再生。紅顏
一去如流水。君不見吳王宮中歌舞台。繁絃急管芳筵開。
翠眉玉頰不知數。樂極那顧悲風來。三春桃李當臆
見。六月荷々花映人面。桃李凋殘荷々花死。嘆息秋來棄
團扇。粧臺冷落泪痕斑。為君解下相思環。羅衣不向風
中舞。笙歌別院暖朱顏。朱顏行樂不須綫。流光轉眼
芳華歇。不見陌頭楊柳碧、如油。一夜西風吹雪滿。可惜楊柳
枝。無復遲柔潑。隴上人歸不堪折。空教惆悵憶芳時。嗚呼人
生事業行當早。莫教白雪埋青草。眼中又見歲旦峥嶸。
休共紅顏一時老。

憶諸同學用東坡和林子中韻

長林多勁枝。大器無小受。鼓舞各爭先。著鞭未肯後。方
其不得志。寒臆同困守。吾友大沈君。雄才誇入斗。年長
事以師。亦復循循誘。鬚眉如戟張。嫵媚未為醜。小沈溫
如玉。髫年交至厚。佳句自吟成。膾炙斯人口。顧生美少年。
才高如山阜。在璞玉可攻。他山聊假手。論文長過我。頻敲
竹間牖。更有滑稽雄。團生我妙友。詼諧寓諷諫。曼
倩真堪偶。與君一夕話。鄙吝棄如帚。其餘三數輩。文行
各有取。自我微名縛。乖隔亦云久。夢中時一見。容顏如
舊否。作詩寄相思。搖搖筆如走。

採蓮曲

南浦採蓮女翠袖紅粧隔花語纖腰腸蕩槳入汀洲
驚起鴛鴦飛別浦兒央飛去自成雙妾採蓮兮意傍

皇妾心真似荷心苦空流粉泪墜蓮房桂檝蘭橈張水嬉粉紅黛緑香風賦章臺柳色忽驚秋人面荷花兩憔悴岸上誰家美少年金鞭烏帽鐵連錢花裏相逢不相識為君折得並頭蓮並頭折得為君贈又恐女伴相猜問含羞含怨默無言風動羅衣嬌不勝家住錢塘掩玉扉年年春盡惜芳菲偶從江上採蓮去褰裳採得六郎歸妾容豔豔多光彩不比羅敷有夫在垂楊繫馬莫踟蹰明日荷花香處待

臥病百餘日左右無一親人感賦四律

三秋臥病苦因循忽憶梅花過小春顧影燈前還獨吊無言酒後更誰親漫吟老杜無家別應念菩提自在身久已安心遊物外不須歸夢去來頻

欲上青雲未有梯鷦鷯聊借一枝棲三秋久病形同鶴半夜長醒夢似雞瘦杖扶身如有子重衾覆足可無妻出門孤孑從來慣聚散何常理自齊

凜凜寒風肅肅霜蕭蕭枯竹響長廊鬧中取靜無家累病裏求歡作酒狂摩詰天花參法喜小姑春漲憶彭郎此生念念浮雲滅好向空山建道場

客底何堪屢病侵坐移簾影日沉沉閒情喜得書為伴寂處欣聞足有音浮世已空人我相淡懷久絕利名心丈夫不解憐兒女清夜無煩泪漬襟

王昭君

漢家天子欲和戎為遣蛾眉出漢宮蛾眉婉轉辭君去萬里胡沙有鴈通幾年冷落長門院今朝始見君王面君王一顧莫留連平時畫裏曾相見昭君遠出玉門寒凍折水絃和泪彈天子自怕傾城國故使佳人嫁可汗畫圖粉黛如花簇不及明妃真面目君王縱殺毛延壽空有墳前春草緑明妃去國向窿穹多情漢月遠相從遺恨留傳千載後莫把妍媸付畫工

古別離

壯士雞鳴起仗劍行匆匆問君何所之去去向新豐新豐在何處秦關百二重連天飛朔雪單騎走衡風君輕千里別不解惜芳容芳華容易歇秋水凋芙蓉為君理舊裳繡線短長縫和泪著君體須知妾意濃送君出門去重門碧草封君行如轉輪妾首似飛蓬蓬飛逐輪去唯有夢相從塞草寒未緑江花春早紅君踏隴頭草妾

懶對花叢無計留君住幽怨寫絲桐相思無限意夜
夜託征鴻

雉朝飛

天地易變情難改精衛啣石填東海東海水枯泪不乾
望夫石上香魂在香魂化作化雉朝飛錦衣繡羽生光輝
雄鳴雌舞相呼應不羨仙人丁令威衛妹來嫁齊公子
半路欣嘗齊國水玉輦香車忽折輪不願同生願同死
墳頭麥隴正青青貼地雙飛並入雲丹鸞鳳原成匹
池上鴛鴦本一心可憐世事如朝露齊國亡來春幾度
至今雉子更班班飛去飛來雙顧步雙顧步意徘徊
飲還啄鳴且哀人生不得為夫婦遺恨更有青陵臺青
陵臺上相思蝶朝戀花枝暮藏葉春風處處趂遊人
陌上芳華何日歇

送郡守祝喻存先生入覲

九重天子虛前席宵衣旰食憂難釋誰能為我理天下
自古唯有二千石先生江海知名士文思泉源流不竭出
宰花縣頌神君袖有清風霜月白昔水平山大都會
地界神京連肘腋人說閶闔古帝風相傳姑射神仙宅
天子躊躕未得人忽見公名動顏色丹詔宣傳下九天
三十四屬歡騰溢墨吏望風解組去民情頓覺洗濯革
天子久聞異政多詔上金鑾資謀畫長途瑞雪壓雕鞍
天上恩波凝北闕五馬聯翩入鳳城入座三台咸拱極
遥知風格動天王左右臣工皆竦立天子日吁爾郡守
為予平治股肱邑我公稽首復揚言臣愚唯當盡臣力
神彩奕奕映龍章君是神堯臣稷契拜舞階墀
受命歸雲繞衣裳花拂駕罷榮一日震皇都滿朝冠
蓋爭相識歎我江南落魄人三年困守無良策風波
不定屢遭危大海驚濤舟一葉今得托棲弘宇下蒲柳
何幸依松柏况復叨居近水樓雲影天光常近逼公如
海日燦朝霞我似五更寒落月藉公餘蔭映微光我自
有心原匪石吏民擁道送公行晴雪蒼山開畫戟遥
憶歸途正早春好布春風遍阡陌兒童竹馬迓公回
莫負閭閻相待迫

憶昔行用杜工部韻

憶昔仙人垂髮髻金管玉簫乘畫舸自謫塵凡已十年
莊粉丹顏還在磨曾將翠羽挂冠纓鼓琴命匝匡坐

雲漿共飲意微醉臉映紅霞寶釵墮闌香去後閑[illegible]
扉青鳥來時開玉瑣樓頭香霧緑如雲洞裏花熏紅
似火忽聞環珮步虛聲珊珊自覺纖腰娜偷從巫峽
盼行雲神女盈盈一笑可龍吟鳳嘯迎仙去縹緲烟霞
長别我子晉吹笙玉輦前湘妃鼓瑟香車左蓬壺山
高不可到唯尋石上三生果幾時還載西子遊重泛
五湖烟雨拖

棄妾詞 邑人有棄妾者當官告遣戲作

妾顏如桃花郎心似柳絮桃花開落任東風柳絮飛來
復飛去嫁君三月客揚州妾夢空閨春復秋歸來迎
笑出堂前誰意君心變石頭石頭懷抱猶能煖君心匪
石渾難轉忽訴當官遣妾行官人亦怒郎情短妾淚
紛紛粉不匀官言不必太酸辛蕩子無情同落葉從
今更嫁有情人可憐身逐飛蓬走幾載河東獅子吼
妾去君邀大婦歡願君夫婦情長久抱將錦瑟下君
堂君前脱却嫁時裳回頭還問輕薄兒當日懇信誓
旦旦今竟忘

從軍行

男兒少壯當封侯三十功名志未酬潦倒家園不得意
酒酣往往看吳鉤傳聞天山今合戰天子下詔收武弁
鼓掌揚眉俠氣生辭家跨馬腰横鉀箭御風北走望
天山天山高處雪漫漫單于連營横朔漠漢軍日出
戰聲酣自投軍前願効死大將傳呼當面試身強力
挽千鈞弩三軍籍上書名字長安市上鼓刀屠目中
久已無匈奴今日與虜決一戰横槊風生敵萬夫揚旗
躍馬繞營呼陷陣匈奴帳裏望神驚漢家今有飛
將軍戰罷胡兒潛遣諜知是尋常屠狗人尋常屠狗
人不識功名今上燕然勒金甲花驄奏凱回丈夫出處真
難測

月夜同鍾豫公鄧貽穀攜酒登樓穀貽大醉戲作

自我來西晉三年困羈旅憂多恰少歡孤寂無可語今見
月輪明開襟破愁苦偕我二三人豪興杯中舉不怕霜露
寒寒登樓臨玉宇舉頭覺天近恍似生靈羽凌虛揮入極
探手月可取況復照杯中精神自納吐三更寒寒氣重痛
飲力愈努大觴一再行鄧生忽起舞傞傞醉態絶

踏履無常王意到不自知似為神所侮酒後見天真
意氣重相許俄復仰月卧醉枕奚奴股人生貴適
意何為膠瑟柱俯仰天地寬一醉無今古鍾郎素
不飲清談揮玉麈我興復不淺洗盞斟桂醑待君
明日飲餘勇尚可鼓

讀東坡泗州僧伽塔詩即用其韻

長空流月照清汴皎似青銅初拭面人生如蟻附大磨
周行不覺天輪轉造物顛倒不能逃唯爾淡泊隨僧
飯維摩説法度群生廣施無量開方便此中得失久
相忘爾我何由有恩怨順逆相遭亦偶然江頭風色時
時變至人不生愛慕心桑下曾無三宿念馬負鹽車
過大行渥洼奇姿泣神倦安得海上訪真仙一粟金
丹神骨換排雲馭氣凌紫霄回看旭日射芳甸

瓶菊四首韻分四支

剪得凌霜耐久姿曉窗插向定州瓷羅含秀色凝香
案陶令高風對玉巵水上無根同泛根鏡中有影是空枝
清寒歷盡多惆悵羨爾芳芳晚更奇
莫訝寒芳獨後時忍寒寒方見雪霜姿根枯久已忘生滅
香遠何須計早遲不向東風怨搖落還隨北雁寄相思
一枝供取無窮意對此凄清我最宜
獨對芳華酒一卮晚香最在月來時倚窗不作含風態
堆案猶餘映雪枝姿共説空瓶藏止水何殊枯木產靈芝
夜寒寒任嚴霜重自有清芳繞夢思
為愛玲瓏玉一枝孤芳不怕晚風吹天花散處原無着
香草吟成别有思已作芙蓉臨水態終同松柏傲霜姿
幽蘭谷裏休離恨占斷春秋汝自知

病馬行

渥洼奇姿本龍種霜蹄落處風雲擁驕嘶欲騁萬里
行不遇伯樂誰為寵玉轂金勒無人被五花連錢自愛重
伏櫪長鳴人不識更遭鞭箠棄丘隴塞寒草枯霜雪
侵病瘡瘦骨嗟高聳朝隨烏鵲齧草根暮伴牛羊卧
荒塚野人見之偶收去使負鹽車過崖律從峻坂危坡防一
蹶盤旋那復風生踵苦辛受盡皮毛落顧影悲號淚泉
湧用匪其才不得意馬不能言情自塑嗚呼此馬何失時
履險遭厄常懷恐安得伯樂過冀北偶然一顧神驚
竦古人千金重徒買骨况茲神駿堪騰躍被以文繡食以

笏因思報德時揺鬣暮越朝燕疾似風掣電流雲色如永欲從塞外立奇功躍海騰山坤軸動功成乘雲返天廐每遇風生猶鼓勇世上榮枯何足定且待春來芳草茸

久病氣虛一夕頭暈目眩幾不自主感而成賦

人身精神氣微茫如一線丹田有小竈日日煩煅鍊嗟我病且久神虧力更倦兼以人事惡所遭無一善忽然摇我精如見天形轉此中强把持眼花空四絢爛若流螢星有光如過電似持大風輪推移世界旋茫茫何所之瞑目觀內變璧比火焰生風吹焰愈熾大江一葉舟迴流自遠漩山走兩岸移風狂樹自顛此時不自主脫手去如箭人生須臾耳何惡復何羨至人空死生達士無春戀外身々自存去來頗自便願歸慧眼仙冥然空所見

祭竈詞

易言作善降百祥我未為惡何罹殃道家言神司禍福看來天意殊茫々我本玉皇香案吏謫向人間苦勞瘁只今罪滿宜上天煩神為我告天帝三載官廚冷似氷祀神唯有樽酒清一束生芻一方肉神應不笑官家貧須臾送神上馬去乘雲直上天門路朝拜三十六天君肯向塵凡一回顧一年歲序又云終不向神前泣送窮但願百室歌盈止倉箱大有樂時豐神去廚頭應更冷青煙漠漠飄燈影送神明日復迎神為傳消息來青冥忽望天西羅紫雲駕龍驂鶴降中庭為報新年多得意彷彿雲中一見君

歲晚三首用東坡韻

饋歲

故鄉殘臘盡白酒黃柑佐西來無兼味相饋鮮珍貨土風若粗疏肉肥酒盈大麵餅送鄰里一飽三日臥我來風味別醇醪傾四座日月去若馳天行如轉磨歲晚事稍閒薦紳相與過共為文字飲清詩數酬和

別歲

我念杜樊川尋春去較遲況當歲云暮驅馬何能追爆竹諠街鼓梅花落水涯彈指歲已換孳留能幾時能白堆盤滑黃羊壓案肥相邀知已飲不覺離鄉悲韶光暗中盡徑去不我辭年年與歲別白首漸成衰

守歲

人生如幻影恍惚杯中蛇電光倏已過放眼不容遮身
世嗟如寄日飲但無何官衙頗虛靜清夜寂無譁隣
官兒女誼歲鼓達旦撾歎我成獨坐燈影映風斜骨
肉體離鄉井功名易蹉跎守歲歲難守老景向誰誇

咏雪禁體用東坡聚星堂雪韻

天陰漠々垂雲葉颯々寒飈吹瑞雪堆簷瀉竹寂無聲
旋繞回風輕欲絶雁陣驚沙飛羽低象管聯吟凍毫
折霏々着水欲成氷晨炊瓢忽随烱滅陶公高致愛
煎茶掃來清興殊難掣何如錦帳夜圍爐美人醉臥紅
生纈安貧東郭寒無屨孤羈屬國饑餐屑冷逼窗櫺
火焰微横斜郊邑初飄瞥二麥根深定有秋豐年樂事
人爭説對此頗覺有餘歡不怕寒衾冷似鐵

除夜病中同人守歲用東坡除夜病中贈段屯田韻

人事感中年哀樂常過半已逢日暮悲况復窮途歎行
事多錯誤造物聊相玩所遭嗟不偶骨肉天涯散賴有
蓮幕友賓主相倚伴强病爲守歲清燈坐達旦椒酹綠
盈樽盤飡列氷案我著未能下饑腸空鳴亂心腑玉液
澆口嚙清詩盡歲月去如馳可復須臾緩莊生物自齊
聖人道本貫吾氣剛且大久病非真懦要知氷雪質未
堪埋塵炭加餐殊勉强改衣誰適館温飽非素志自知
唯冷暖長披晏子裘不羨三英粲

元日病中懷歸用東坡除夜野宿常州城外韻

夜冷燈昏不勝悲沉痾抱體覺生微官居久病身宜退
客遇新年夢屢歸關塞氣寒霜相雪重江南路遠信音
稀遥憐兒女逢佳節猶向堂前拜且依
風馳電捲歎時徂感慨中年入畏塗官似神門新舊换
歲如竹使去來符經春那復吟芳草歸老何煩染白鬚
因病得尋田野樂莼魚菰飯美如酥

新年病中懷歸三首

得病初秋日懨懨到歲元身閒思别浦署冷似荒村暈
減酒花淺年衰鬢雪翻傷心成獨坐老眼對燈昏
崎嶇悲世路今歲復安之花信風翻暮雪殘鵲踏枝
閒投安穩地歸及太平時一唱還三歎扶携最愛兒
氷霜三載歷兩袖有餘清燈亂黄昏市人烘不夜城故
園梅蕋綻春水子魚生不待秋風起歸膾興羮

病鶴行

有鳥有鳥本仙骨馭空排雲飛紫極朝謁王母為傳
書暮遊滄海棲雲壁罡風忽吹毛羽翻墮凡誤摘麩
公軒樊籠深閉不得出修翎那復長飛騫緩步低頭
復垂翅海月松風辜素志俯仰已失天地寬飲啄寧為
稻粱計零露漙漙正好秋蓬壺三島夢中遊紫府仙
人渺何所曾乘黃鶴上丹邱照水啄苔形更瘦昂藏
獨立空庭後已經鎩羽入雞群羞向雲間引長短安得
軒然鳴九皋聲聞嘹嘎達青霄梳翎刷羽沖天去鵬搏
九萬同扶搖嗚呼人生如此鶴清興何時返寥廓仙人籍
手為開籠得意長鳴歸碧流

臥病半年恐不能起寄內二首

二十餘年色笑歡三千里外勸加餐藥爐可怪身為伴
鸞鏡應愁影忽單膝上驕痴煩子教堂前老健賴君
看人生生死皆成別何用傷心冷泪彈

于歸德耀不嫌貧操作何曾歎苦辛兒女未完身後累
夫妻欲了宿前因思君每念牛衣泣見我應悲墓草新
倘得生還重識面相看不覺轉傷神

空齋獨臥榻前設佛燈一盞長明終夜寂然有皈
依三寶之想漫成二十韻

薄宦虛糜祿濫叨宜避賢荒齋常養疾草榻欲棲
禪樽酒時相對龕燈夜獨然勞人歌旦旦逝水歎年年
道演三千界花開百億蓮廣思無量度靜念得心傳
但見維摩病何曾天女妍菩提空萬象寶炬照無邊
俗慮都澄澈煩囂自洗湔放懷彌六合說法見諸天蔥
嶺尋遺跡錢塘訪舊緣琉璃觀幻境光相引迷川脫酒
郵揮手遠遊更拍肩心清渾似水夢薄不勝困成佛
寧居後為珠散在前三更鄉思斷一室夜光圓缺短寒霜
重明徹曉色鮮梁塵凝凍硯窗網積冰絃含冷如山靜
磬空似磬懸困應拂席去歸意自蕭然

和秦孝則生日漫成韻

塵心消盡處全無病馬何堪更失途君老未能忘舉案（原唱有征衫綫斷情惠老之句）我貧聊復勸提壺籬邊霜落思餐菊
江上風清欲膾鱸何日得尋垂釣叟扁舟歸畫五湖圖

賦得送傳一掬泪為我達揚州送鄭穀貽歸維揚

揚州三月花如剪春風盡上珠簾捲香車寶馬亂遊人

大家爭踏紅塵軟忽傷飄泊別揚州汾水秋風幾載留美人不見空歸思三更夢落海西頭貯得相思一斛淚幾回南望無人寄君今別我向淮南煩君為我寄將去忽忽寄去莫留連春風正暖春花妍尋春一路眠芳草好上揚州烟雨船揚州烟雨隋堤柳六朝金粉繁華久念四橋边春色多思君應坐鶯花藪君歸得見我故人但說平安莫愴情逕傳一掬盈盈淚洒入廣陵濤更清問我幾時歸故里為報春風占鵲喜古人自是有名言人生只合揚州死

佳人歎

南國有佳人美艷真無匹驚鴻游龍不足誇玉環飛燕減顏色見者惆悵黙無言鄭重芳容未許婚解佩脫臂那可得使人三月忘精魂綠窓春暖閒拈線鴛鴦繡出人爭羡更從簾内度琴聲纖指流音落釵鈿鏡中顧影歎無雙宜入清華侍玉皇豈意飄蓬不自主風吹嫁逐揚州商商人重利喜為客朝遊秦楚暮遊越鳳皇可惜入鷄群自守空閨長歎息可憐寂寞度韶華春盡年年歎落花不隨上苑春風去只恨當時擇壻差妾命薄如烟妾容淡似蓮江上自開謝冷落倩誰憐江頭更有風波起吹折蓮花隨逝水回憶亭亭照初日秋風一夜罄香死朱顏憔悴絕横波枕上無人紅淚多琵琶聲聲寫哀怨宛轉悲歌喚奈何奈何奈何何當拍手永懷酌彼金罍酒我今含恨賦佳人仰視青天一搔首

與園書田夜話二首

與君促膝話生平一點殘燈酒湯傾相隔十年無別事鬓边添得雪霜盈

漏斷更殘不可聽此身終是屬漂萍問君憶得揚州否同把生涯付醉醒

病中自録醫方二首

多病應求上藥驅壺公何事自藏壺蓰苓本草虛收效蒲柳秋風望欲枯莫恨三山逢弱水須知五嶽有真圖葛洪那得成仙去句漏丹砂久已無

當年曾自學刀圭遺疾醫方肘後携地上神人多似草月中靈葯賤如泥清風池沼春魚躍枯竹簷廊瘦鶴棲何必浪傳延壽述碧仙葬處草萋萋

春日登樓望射姑山用東坡再過超然臺韻

城頭姑射古仙山仙人棲息雲蘿間我今來遊千載後
疑是華表鶴飛還半年養疾廢案牘詩篇酒盞清
且閒樓中坐笑春風暖神遊八極相躋攀西望山頭結雲
氣隱見鶴髮青童顏仙人胡盧長拍手笑我衰病二毛斑
前生本作玉皇吏謫來自恨仙緣慳蓬山瀛海渺何處
只有蒼苔點石頑我羨神人肌若雪曉梳螺髻雙鴉鬟
躡影步虛凌素波遺我玉佩珊瑚環相期執手遊汗漫
排雲直上銀河灣

病小愈偶思飲酒戲用東坡飲酒四首韻

我本踈狂士蕭散任天真況得酒中趣而忘世與身偶
為病所苦病起興愈新油油三爵後依稀似化人
醉去若浮雲惝恍遊霄漢富貴吾自有失意不足患所
慮酒樽空更愁酒人散千鍾與百斛吾未達一間
病客醉春風解醒思苦茗天地本瞢瞢胡為我獨醒舉
觴邀明月共遊糟丘境爛醉習池傍兒童笑酩酊
病中聊禁酒三月未沾唇相别久相思譬如女懷春開樽
私自酌未敢邀芳鄰為餞二豎别驅疾效如神

遣懷五首

頭上堪驚日月催金樽相對笑顏開青春可惜堂堂去
白髮無情得得來醉後摘花偏髮插雨餘移竹傍簷栽
人生適意閒為樂浮世空傳萬刼灰
閒帳燈清向曉微春來布被減寒威身因多病時時睡
夢為懷人夜夜歸苔徑草深雙鹿臥月樓雲淨一鴻飛
浮生到處皆如寄冷淚何煩點客衣
腰帶重量減舊圍霜生蓬鬢髮全稀行車錯誤驚前
覆歸路蒼凉悟昨非世味縱如南海蔗高風應比北山薇
幾年辛苦嘗都遍萬事從今付落暉
官衙寂寂戶常扃默坐聊觀自在形花氣風前隨酒綠
苔痕雨後入簾青東方金馬虛千牘劉向芸窗老一經
未信此生終落寞鵬飛何日起南溟
群玉峰高不可梯小樓常坐夕陽低家貧賴有經傳子
身困還留舌亦妻官閣無因窺野菊石渠何自照青藜
遙知天上春風好悵望徒勞夢自迷

浮山縣尉陳棟予同鄉友也治浮十餘年人頗德之
適予承乏臨汾相去數十里時時相過甚歡用東
坡贈慶源宣義王丈人韻為詩贈之

江南九月霜風枯山中自種千頭奴忽然薄宦遊平水
何殊逐臭海邊夫所欣握手逢故人昔日朱顏今白鬚
十年清政浹人骨愚夫往往念南無有時騎馬出城去
為公割肉吏擔壺婦女熟識如家人兒童拍手笑相扶
自公下車食公德窮黎不復歎無襦我亦勤政不敢後
心勞力拙徒清癯與公接壤難並美適來衙吏窮追呼
問公何如歸去好跣足科頭卧酒壚

得家信知亮橋兩兒西來偶成

父子本天性相隔情何極況我衰病軀扶携借人力孫
旅寄天涯有子嗟莫及杜甫小兒女長安未解憶每逢
佳節時對酒三歎息朝來得遠音兩兒行在即聞書
顏色喜幽憂忽以失生小掌上珠珍寶珠如再得亮兒
年初長難字頗能識揮洒意自如落紙風雨疾僑兒亦
聰明弱齡知弄筆前兒後有弟往往推梨栗孝弟由
天生兒戲常懷橘聞我久抱病肩隨負行笈長途風
雪多使我轉憂惻況復太行高崎嶇艱涉歷何日至
我旁使我憂思釋

送春四首

幾載春歸客夢中可憐春去太匆匆滿園燕剪裁新綠
一樹鶯梭織亂紅長日相思為欲睡隔年消息總難通
多情只有章臺柳猶自依依待好風

東皇別我欲何之留得夭桃一兩枝春色行來原又早
晚香開處未為遲情思已共黃鶯懶意緒還同蝶夢
痴陽歲相逢更何地好風先到鳳凰池

花自飄零柳自舒送行無處可牽裾不堪塞北三春暮
好在江南二月初此日欲歸歸未得今生難定定如何
唯憐別後揚州路寂寞無人與寄書

春風猶憶到西郊日日移來半錦茵曾幾何時不再得
欲相尋處更無因花開不啻逢知己春去何殊別故人
蝶板鶯笙寥落後東君無復逐香塵

蒼頡祠

大道本自然混沌不可鑿鑿之七日死何能返太樸上
古結繩治順則無雕琢俄有聖人出象形造字腳蹴
書與鳥篆點畫紛錯落鬼哭風雨驚天地亦怪愕知識
日以生奇巧由之作六賊更相攘大知還大錯譬如戶常
扃忽然投以鑰鑰閉戶亦開盗賊滋探攫所以後世人

情性日以薄智多真意少禮義難束縛不如物之初合自守渾噩不識與不知何用煩丘索我來觀廟貌瞿然起嚴恪四目縱且横聰明天所斵整衣一再拜望風贍約略安得秦始皇詩書付一爍

隨郡守南郊禱雨法取董仲舒春秋繁露

去冬晴無雪今春旱無雨二麥已成枯三農坐愁苦太守日勞心祈禱法遵古董公天下健我公堪步武齋戒宿郊壇跣足迓田祖老龍之貪睡雲霧慳不吐掣劍使龍驚鑿池通水府祀以蚩尤神清酒雜乾脯冠者五六人絳衣群拜舞童子立香案蛇醫頻呪詛精神格上帝恩波遍后土會當翻天瓢先聽鳴天鼓阿香為推轂雨師布膏乳盆傾四野足不絕更如縷慰渴農夫望西成欣可睹高巖夢裏賢霖雨知為汝上下感公德謙讓不自許送龍歸滄海報賽煩士女

郊外禱雨宿古廟中夜不寐感賦二律

森森古殿欝崔嵬涼月侵堦淨似波梅雨偏于荒歲少松風猶向夜來多鐘清聊穩棲禪榻雷蟄難驚掛壁梭展轉三更渾不寐未知天意竟如何

樹頭風定影淒淒星漸稀微月漸低山險千巖多虎卧（邑有卧虎上）村荒半夜少雞啼徒看紅雨開花徑（廟中有牡丹兩株又桃杏等樹）未見黄雲秀麥畦早起瓣香勤禮佛慈航何以濟烝黎

望雨行

東郊野老聲盡吞仰天拍手拭啼痕禾苗枯死不得食扶老啼幼東西奔平疇一望地皆赤樹皮剝落無烟村我來值此荒歲苦對之能不傷心魂三春禱雨到六月長齋禮佛減饔飧人言旱年多雨勢山頭日日陰雲屯狂風薄暮吹雲散早起又見朝日暾老蛟潛淵不肯出雷公西去藏崑崙安得萬弩仰天射須臾射破天瓢翻蛟龍激怒電光走甘霖大注如傾盆溝澮既盈渠決溜膏乳活盡枯苗根此豈人力能自致群黎仰荷皇天恩嗚呼皇天如不聞為我呼龍出海門我欲秉之扣帝閽為民請命職司存嗟呼始終仰荷上天恩

喜雨

上天作雲雲色同形如潑墨陰霾重電走金蛇雷破柱傾盆猛雨趁風飄須臾堦前盈一尺河魚倒倭隨龍飛

蕭踈細點入簾幕竹樹垂陰烟霧濃倏忽風回復大注天河直與泉源通耳边活活聽渠溜奥如坐我空山中樓頭瀑布掛匹練縱横斷續真奇雄老樹競作蛟龍走吼欲東雲雨飛蒼穹晚來不絕更如縷土膏浸潤如酥融大雨時行沾四野介我黍稌慰我農嗚呼久旱今始雨敢以人力誣天功年來人事屢遭厄近復皇皇憂歲凶一朝雨足快心肺始知人困非天窮安得從此歲書大有年縣官無事鞭朴完租庸

雨後行野

禾苗久旱成枯容一雨頓覺回神工枯梗起死色轉翠青蒄珀石葉光芃芃我行郊野薰風暢農父荷鋤咲相向呼婦取茶兒飲馬一洗從前愁苦狀蒼山遠樹盡含烟桑陰緑融有牛眠鵓鴣喚晴還喚雨遠村溪水流濺濺人生何事為農樂春日家家勤力作秋風轉眼慶西成雞黍邀鄰共春酌我本江湖蕭散人釣水耕山未覺貧何時穩坐黄牛背扣角行歌陌上春

送園書田南歸用東坡次王定國南遷回見寄韻

少年投契如乳水讀書説劍爭磨砥憶君十歲賦桃花艷語新詞爍似綺我方束髮就師門庭訓私心問孔鯉相呼爾我久忘形相見何曾着冠履幾年濶絕各西東更有訛言入君耳感君平素重交情愧我無能供行李相别握手話艱辛不獨傷心更酸髓德公此去卧鹿門何日陶潜歸栗里天涯薄宦屢遭厄巨海驚濤何足擬平原十日送君歸來去無憑真若是酒酣相對兕無言兩泪縱横拂衣起

和園書田留别原韻

心如皎月絕纖塵性比山薑老愈辛不合時宜誰似我欲同素志更無人到門春雨唯求舊入鏡秋霜各感新此日河橋聊折柳與君重訂後來因

書田用前韻留别疊韻答之

我似老蛟愁失水君如利劍新硎砥千里命駕篤相思豈獨遺來一端綺相逢莫歎食無魚别後空煩裁尺鯉嗟予貧病久相兼塵中難挽高賢履竹床布被憶同眠半夜雞聲猶在耳只今垂隔十餘年隨風飄散如桃李君去但携風滿袖我留更覺冰生髓漫説江風是故鄉白雲深處真吾里意氣交投世所希薰蘭臭味差堪擬

爾我嗜好同即且顛倒難評非與是與君分袂復何言
殘山萬疊蒼烟起

古意二首再送園書田

白雲忽飄散去去欲何之相逢曾幾日又動別離思別離亦何苦百年能幾時人生貴知己知己隔天涯相思不得見暮雨秋風悲為君挙卮酒不飲淚痕滋送君出城去故鄉烟雨迷君歸我不歸腸斷送君詩

解我身上衣為君被玉體解我腰間劍為君壯行李丈夫志四方去住不可擬古人重意氣交情淡如水兩心不相負何妨隔千里世人雲雨翻那堪托生死唯君敦古誼交道全終始去去莫回顧四塞蒼烟起

上山靄浮雲下山薫綠草故人遠遊踪離魂夢自遶中年感哀樂那堪離別早復作數日思憂心更如擣感君愛我情獨處傷懷抱征車聲轔轔征馬嘶長道回首望太行天末風雲掃何日賦歸來衡門共君老

登郡城鼓樓極頂宴四川方伯劉青岑先生用東坡遊白雲山韻

山高不礙飛雲縱仙人玉笛橫空弄為上元龍百尺樓俯臨欲失蓮花洞姑射山洞名雨過時驚赤鯉飛風生欲驟天兒鞚是日登樓風雨大作方伯名高岱嶽齊登樓益望聲華重羡公就日鳳鳴崗愧我窺天雞舞甕此間山水亦何奇龍蟠虎卧相回動東有卧虎山西有龍子池念公遺澤暮高風公原任平陽太守何幸相逢一樽共樓中仙樂列蛾眉縹緲巫山雲雨夢千旌此去錦江春貌姑回望孫雲送飲人以醇笑語溫春風自解寒冰凍歎我落拓不羈人對酒胸懷如浪湧提携何日遂公德扶搖直上從攀鳳

席間贈歌妓

踈簾風動燭搖紅纖腰斜立小屏風歌聲宛轉櫻桃破舞袖招要香霧濃回眸不住燈光裏斷腸只在銀屏地襄王莫赴高唐約但有雲情無雨意雲情雨意莫留連神女行踪淡似烟臨風罷舞欲飛去豈在朝朝暮暮邊賓客華筵紛列座分司御史情偏大狂言忽發總無心消魂何必成真箇好花應向鏡中開仙杏無因傍砌栽須臾筵散人歸後一簾踈雨點蒼苔

陪劉方伯宴元氏園亭東坡遊法華山韻

雲山空濶天無邊界仰見黃流第一派先生高致迥絕塵

時光以過萬事總歸空驅車欲西去路迴復向東人生無定所感慨窮途中

仙桂高幾許乘風曾獨攀意謂從此去直上丹崖山豈知中道隅墮此塵寰間青雲不可至少年理無還慚愧飄零久空老昔時顏

儒兒詩

儒兒吾次子幼小習驕癡愛如掌上珍嗜好任所為橫牀踏枕席堆盤爭栗梨有時遭毋怒轉側不受笞譬彼神駿駒倔强不可羈又如燕雀雛終日鬧庭枝讀書不成句識字旋復遺折竹為龍馬剪枝作旌旗或學文臣坐忽作武將馳態度常不一兄弟群相嬉近來初長成高大異舊時今春聞我病别毋向天涯崎嶇太行巔勒馬自揚眉入門見爺面低頭禮欲施抱膝問安好歡極泪交頤回頭顧兄笑友愛手雙携亭亭玉樹質行立並肩隨到此十餘日戶外足不窺語言無遊戲方員中矩規學書二王帖坐摹日影移心正筆自正自小見丰儀更喜讀史傳几案列紛披昭然考治亂上遡軒與羲複能識忠佞稱賢駡奸欺中有不堪解問兄頗晰疑乃兄談鋒突兀逸雄快愧我微才不足數細流那得成驚湃幸叨陪從醉園林痛飲唯嫌量生隘清風開牖自徐來老樹參天敧石壞欄杆曲處立紅群下簷棲鳥窺相怪賓朋離離還笑相呼温雨如邀冬日晒妙舞清歌鼎沸陳新詩冷淡垂金縋我生曠蕩苦拘束年來恰被微官械今得偷閒一放懷怡情樂事如爬疥驥足欲馳雲漢遠脩翎不怕霜風鎩安得從公萬里行償盡生平山水債

遣興五首用杜工部韻

風來非有意雲去本無心天地瞬息何分古與今人生貴自適安用求賞音幽人坐長嘯空山無處尋陶然時有得缺月挂疎林

我聞蓬壺島云是神仙府安得插羽飛脫此塵凡苦奈有弱水深長鯨不可禦閉門讀要吞納氣自聚嬰兒會養成沖天無外取

終日如夢中不知此何方所念伊人遠蒹葭秋水長山川多間阻故國不可望周道平如砥忽對豺與狼誰是知心侶携手可同行

春花何冉冉掩抑醉春風驚飈忽然至吹折蕙蘭蕤

勤苦士書卷卷手不離鵬搏指顧間爾應相攀追人生無得失樂事家室宜有子萬事足况已五男兒頭角各崢嶸顧之頗自怡放筆一大笑為作僑兒詩

登樓晚眺二首

暮景蒼烟赿遠峯登樓披拂領微風晴霞落日明如綺野水長天淨似空萬里鄉心殘照外五年歸夢亂山中此身何日雲棲壁舒卷無情晚更紅

薄暮微凉暑暫消倚樓風樹正蕭蕭漁舟吹笛晚歸去野寺鳴鐘僧寂寥禾黍盡能沾雨露鷹鸇猶得傍雲霄舉頭銀漢清秋影為問張騫路近遥

立秋二首

風露微凉暑氣收蕭條客思又驚秋梧桐應節枝先墜鷹隼摩空目似愁螢火細飛時點案女牛相望夜當樓此生豈得飄零盡雲漢天章意未休

三年望斷七香車又見金風落晚鴉良士有懷歌蟋蟀伊人何處托蒹葭一方秋水堪垂釣萬里銀河好泛槎莫道凌霄虛素志登樓猶喜聽吹笳

初秋雜咏

白髮鬖如草秋來不可芟何由歸故國有淚濕征衫衰柳偏多態寒香迥不凡蕭騷無限意花雨落重巖

何意當窗月三更分外明竹搖秋鶴怨葉落暮蟬鳴玉露看無迹銀河聽有聲凌風生羽翼應向太虛行

啟窗行戶外舉首見雙星橋渡填河鵲枝飄墜露螢未共同棄扇可歎逐流萍何處秋聲起花雨落重巖（淒其不足聽）

（羈居思卜棄秋草滿柴扉）何意當窗月三更分外明老樹因風響寒蟲帶月飛凭欄朝拄笏望遠夜披衣遥憶空閨裏征人苦不歸

新月敧斜上捲簾欹作鉤砧聲和漏急河影共雲浮蟋小雨時時至松風似海潮聲從天外響魂向月中招霞燦如裁綺雲高欲建標仙人何處去回首在青霄

雨霽雲散夜半月明如水登樓獨坐聽城外洽河

濤聲

天容雨喜洗成太空雲收山寂夜方中披衣起坐更上樓冰輪湧出雲濤宫又聞天匠腰玉斧脩成瓊户非凡工耳边似聽松風響驚濤出沒飛蛟龍又似泠泠鳴玉柱高山流水彈仙翁須臾風起聲轉厲崩奔霹靂何奇雄我欲扁舟一來與挂帆直向滄溟東樓閣極望渺無際

天光水色何融融汾流自古紛無定浩歌痛飲三百鍾俯聽秋濤仰觀月伊誰鼓枻河上公

喜晤余燮庵同年用東坡喜劉景文至韻

山高秋爽蒼鷹呼鵬飛萬里彌天隅故人忽從霄漢至握手一笑寒温無與君同作杏林客意氣自許非凡夫惟楚有才誇第一文衰八代唯君扶翰林聲價清且羨愧我齷齪風塵鬢蕭相起家本刀筆笑罵俗吏何其迂我政不足比龔黄君才豈止淩韓蘇惠我新編三十首美麗如得傾城姝同年面隔復三年相逢未免歎猶吾中懷浩蕩仍夙昔胸有萬頃玻瓈湖

呼天行 登西山極高峯作

孰謂天無形蒼蒼冥冥何其清孰謂地無心昭昭穆穆如有神善惡不可齊天心有定衡君不見猛虎山前勢咆哮山後陷穽亡其身又不見騶虞之獸仁且聖鳳皇翺翔飛青冥聖人在上應時出莔莨載味岐山鳴今時正值堯舜主豺狼虎豹藏荆榛鳳皇騶虞滿靈囿我庭乘時達帝閽天豈予我又忘情星冠月珮騎長鯨仰天大呼天其聞天降雙龍爲我迎逍遥直上凌紫雯手攀日月足躡雲朝拜三十六天君玉皇香案舊列名於今始得還瑶京下視人寰塵鼎鼎拍手大笑丹霄行

紫霞篇

我夢乘紫霞飄颻上玉京仙童騎鶴盤空舞玉女回旋吹玉笙玉皇詔我侍香案夢中恍惚神仙伴身披北斗五雲衣星輝日映霞光燦王母更賜紫霞觴玉液雲漿許漫嘗一盞仙醪爲駐景顏丹骨緑雙瞳方須臾夢醒何蕭爽猶疑身在雲霄上窗中日出見塵埃縹緲空餘紫霞想紫霞散去不復還蓬壺三島有無閒君不見海上求仙不可得秦皇漢空愁顏爲我樽中置美酒招取流霞貯玉卣陶然一醉聽松風此中便是烟霞藪烟霞棲息可長年有時醉拍洪厓肩丹成終上紫雲去始信仙家別有天

擬古三首

我遇王子喬呼我上玉京手把緑芙蓉飄颻躡紫雲乘風竟長往閶闔九天門上有青鸞翔下有玄豹蹲金闕輝日月玉棟雲霞蒸聖人被衮冕龍章煥錦紋天宫列階陛玉女侍雲屏香風動披拂仙樂陳繽紛詔我金殿

上試以玉樓文援筆頗稱旨龍顏喜氣溫謂我本仙籍下界無茲人我忽鼓掌笑草野忘帝尊玉皇嫌輕脫左右不敢云斥下九天去衣履猶亂盈被謫將十年落拓臥江濱回首青天上但見浮雲行時有鸞鳳侶吹簫過紫宸賜我金砂丹授我太玄經終當得道去舉手上書空

獨坐長松下悠然風露清牖懷何所寄拂拭玉牀琴一彈還再鼓流音頗清新感慨意長往追逺秋雲行高山有餘竟流水自怡情不遇鍾子期何以寫我心忽欲絃聲急變為戎馬驚儼如戈甲響壯士英風生不奏閨中曲爰琴彈塞外聲須臾絃復緩春容若垂紳功成有遐想青雲如可升恍與安期遇仙風洒凡襟我生有微尚一潭秋水泓誰是知心侶陶潛醉不醒高蹈成素志琴上無絃音非是琴無絃歎無知音人因此掛壁上不復聲鏗鏗玉軫任催折金徽滿流塵相將採芝去徙倚臥雲根

秋風吹落葉边塞氣早凉草枯馬正肥弓勁弧矢長男兒志功名安能老故鄉況聞边境亂朝野頻憂惶東夷既跋扈西戎復跳梁下詔募武畧將軍勇莫當聞命自踴躍應詔事戎行離家別妻子荷戈赴沙場短衣腰結束窄袖戎馬裝夜走天山雪衝寒氣自揚身高一丈餘力挽十鈞强花甲星雲燦雕戈紫繡囊躍馬也龍騰揮刀明月光一戰收河北再戰虜賢王三戰匈奴滅遂平戎與羌何以報國恩拓土開封疆流沙萬里遠瀚海何茫茫功勒燕然石竹帛垂輝煌翔漠既已清奏凱朝明堂天子為解甲捧賜黄金觴河山若帶礪苗裔國永昌歸家見妻子胡塵雜鬢霜丈夫死馬革家事久已忘何故班將軍兒女情自傷

秋夜雨窓不寐感作長句

西風吹雨歲云晏羈人伏枕空長嘆百事關心酒力微通宵不寐頻寒慢枕上時聞淅瀝聲破葉芭蕉響更亂老泪長隨夜雨流壯懷已逐秋雲散寒燈耿耿照人明颯颯窓櫺催夢斷飢鼠竊物相鬪號床頭一陣追奔竄豈知人意正無聊布被蒙頭露雙骭五年寂寞坐孤城秋風蕭瑟寒無炭剩有窮骨可傲人按劍揚眉情屢岸況復今年臥病身慵殘一任文雄案國事豈可

付儒生我本散材雖鮮幹更兼衰朽不如人盈盈兩髩
新霜爍盤錯固能辨利器頑鐵鏽澁何堪鍛人言造物
是非公適來曹曹無心判愁腸宛轉不復眠奈此寒更
長夜漫坐起披衣燈已滅雨聲細聽微而緩簷前時或
滴一聲墻根咿喔雞鳴旦

讀昌黎招揚之罘詩中有洒掃縣中居四語爲賦

長句

洒掃縣中居引水經竹間罍嚚譁所不及何異山中閒昌黎
此句感我意爲之三復開心顏我少喜讀書幽居常閉
關綠竹十畝陰清溪水一灣經年累月不出户不見不聞
如石頑忽膺民社責掛籍郎官班縣古民淳事甚簡
政清不怕吏生奸早衙放後闃無諠閉門獨坐如空
山案上布疏無累牘室中聚集書史環手披目過殊
快意大呌呼樽起我孱鳥啼花落多逸趣秋風蕭瑟
忘城闉邑多文士不我棄攜酒問字長常過還人生何
妨爲吏隱朝士山林自一般況有姑射神仙宅烟嵐翠點
雙了髩綽約丰姿常在目春鶯宛轉桃花殷乘興
上城頭望紫霧青雲如可攀俯臨平水清且淺溪流濯
足聲潺潺水边怪石龍虎踞苔痕駁落何斕斑歸來
掩閤無一事濁酒清詩百慮删清白頗不愧前人親朋
不諒嘲我慳我醉鼓掌付一笑相扶小婢雙眉彎

中秋同余燮庵登樓看月見城外烟火甚盛各賦

長句

西風吹雲掃空淨冰輪光耀彩形端正嬋娟此夕欲照人
雨洗雲磨粧更靚我有佳客共登樓天香桂露飄天輿
樓高百尺月凝空彷彿瑤臺安玉鏡忽看火樹出城頭
光射九天寒月映橋如赤電走金蛇鳴如出地春雷震
須臾大星隕且吼小星數百隨飛迸又如堯時九日出照
曜宇宙光無暈更如劍氣衝牛斗光炫目紛難定又
似群后驂龍翔赤蚪金鳳飛相併忽聞項羽聲叱咤
金鼓排空列雄陣又見周郎燒赤壁舳艫千里飛餘燼
更如坐我深山中恍聽山鳴與谷應一時快目數奇觀
豪氣雖衰猶一振仰視青天月更明萬里寒光山色襯
歎我本是不羈人君才十倍誇時郡偶然共醉中秋
月清寒爾我差相稱明朝分手向天涯月圓月缺何
須問

送同年佘燮菴歸孝昌周東坡送陳陸知潭州韻

微才不足充華洞守拙山阪如抱甕羨君倏忽萬里行
踏空天馬風生鞚相見幾時復相别舉觴未飲心先痛
君身仙骨絶塵凡脩真不用燒丹汞蓬島瀛洲任往來
白雲深處騎青鳳鄂渚秋風我昔遊人物江山時入夢
烟鬟相見二喬姿雄風猶倚周郎重愧我囊中頗羞澁
君行剩有新詩送照人秋水夜常寒悵别孤雲凝不動
黄鶴仙人待爾歸樓中鐵笛清宵弄

王衛閣招飲賦謝用放翁無咎兄邸齋燕集韻

霜風吹菊秋初晴王郎意氣如雲生折簡招邀客盈
座繚繞笙歌酒再行酒酣忽憶平生事走馬擊劍志縱
横腰大十圍頭似虎英雄坐老山河清來守晋鄙閒無事
獵郊閱蒐旌旗明憶昨濫叨紅襌飲觀燈諠閙春王正
愧我不如畢吏部君亦頗漸阮步兵賓主雜沓同醉倒
歸卧鼻息如雷聲令復相邀燕重九劇演李郭收京城
忠誠貫日氣猶凜號令精嚴草木驚羨君本是將家子
漁陽老將可齊名未免見獵猶色喜大叫狂呼飛巨觥
我亦豪家興未破除舉觶立盡有餘情男兒未死功名在
與君旗鼓相遮迎

對菊

偶然三日廢吟詩忽對黄花索好詞淡白似同高士節
輕紅如見酒人姿凉風吹葉香初冷細蘂含霜放更遲
醉倒東籬無箇事晚烟摇蕩雨絲絲

九日登樓二首

今歲今朝事不同登樓莫放酒杯空迷濛望斷千山險摇
落聲高萬木風九日蕭條愁對菊半生飄泊歎飛鴻蓬
可堪秋盡人常隔惆悵雲中一雁通

休驚破帽落西風老眼羞看菊幾叢未到鬓絲無可
白恰忻霜葉尚老紅空餘滿目悲秋意差勝長年卧病翁
一酌千憂隨酒散高樓望盡興難窮

洪洞道中口吟

蕭蕭白楊樹秋聲愁殺人宦情如落葉驛路轉傷神
破廟風兼雨空山霧似塵此來何所事感慨歎無因

感慨一首用蘇子瞻定惠院月夜韻

往事雲散不堪語只有長吟伴孤夜短髮臨梳日日稀
漸如水葉當秋下人生忽忽駒過隙殘燭風前那堪瀉

應唯皓月留千古夜夜牆頭照紙亞我生計拙不自謀
前箸籌之有誰借窮愁已是過半生與宜家未肯安衰謝
眼底紛紛誇疾足對此寧當避三舍漫言世味苦如荼
深歷方知耳似蔗細推物理本如此履險如夷何用怕且
邀明月相對飲醉倒一任兒童罵

病中自調方藥寄懷四首

容舍淒其風雨晨薄綃烟帳夢因循散花天女無消息
隱几維摩有病身年命何當分大小藥方聊自配君臣
常時已是無情緒染得微痾倍愴神

抱疾閒眠生意微家山不到夢依依好花最怕逢春雨
低樹焉能挽夕暉試病不靈唯遠志袪愁有驗是當歸
掩關鎮日情何限瘦骨崚嶒減帶圍

從來多病是多情厭聽枝頭喚小鶯那得刀圭驅二豎
聊憑因果話三生無言可說窗燈冷有味自知樽酒清
脉脉懷人渾不寐天涯歸涯夢苦難成

一簾風月淡疎星纔得成眠忽又醒往事模糊輕過了
此番磨折未曾經心如長至浮灰動身似秋分病葉零
自是情多忘不得非關上藥總無靈

疊前韻四首

街鼓聲催漏向晨擁衾無那強持循杯中蛇影支離病
水上萍蹤夢幻生那得桃根為侍妾收將毛穎作親臣
牽情每讀陳王賦夜夜從教會洛神

莫訝窗虛燈影微夜長唯爾獨相依身如秋燕辭空壘
腸斷寒雅送落暉列子風行旬日返何郎逝後幾時歸
青春可惜堂堂去種柳成陰已十圍

相思鄭重故人情默坐聊同不語鶯出定未能能入定
長生不學學無生微雲變滅樓臺迥涼月晶瑩枕簟清
一榻枯禪人寂寞蕭然病起道心成

韶光一失似奔心酒入愁腸醉易醒天上應無却死術人
間那有衛生經孤松勁直枝先偃獨鶴披涼露漸零
惟訪當年王杵臼藍橋好去覓仙靈

新浴用東坡浴罷韻

山水有佳趣幾人得休浴應唯無垢人清淨不煩浴下
此染塵埃本體要當復歎我墮濁浴齒塊填胸腹呼
童汲水洗未洗先投足豈唯濯腰膂要見真面目清以分
盆水香滿把溫如玉譬彼嘉木槁一雨便沾沃更如鶴梳

翎鷺鷥傍脩竹晚風遶髮涼松鳴茶已熟身輕欲仙
去黄庭那用讀古鏡既刮磨清光自凝矚薄宦殊可笑
歸期渾未卜會當守素志北山無過督

秋興八首用杜工部韻

身如驚鳥夜投林颯颯秋風草樹森落葉打窓秋送冷
孤雲出岫晚成陰常懷旅鴈他鄉夢更迎寒碪歲暮
心極目江南情正遠鄰家漫急擣衣砧

銀河迢遞亘天斜桂露成團月有華是處空懷回日馭
當年曾說汎仙查宦途未敢聯車騎酒陣猶能競鼓笳
老去起無生計在東籬醉插滿頭花

綺閣風清送落暉露寒酒力漸輕微鷹呼欲逞摩天
翮鶴淚何其畧地飛偶念蓴鱸商出處有懷松菊定從違
故鄉秋日真堪憶霜稻登場蟹正肥

日閒知己坐彈碁得失無關不用悲華表人歸傷隔世
黄粱夢醒歎何時姑山水雪霜來早汾水秋風鴈起遲
悵望碧雲愁杳渺伊人天外寄相思

漫看城頭姑射山神仙只在有無閒東風金馬虛承詔
老子青牛欲出關晚遇紅裙忘絕色秋生白鬢感頹顏
玉皇香案何須憶天上人閒各一班

歸志常懷珀石海頭暫留閒病卧清秋衛山日落驚晚時
接塞雲陰入暮愁未得上林巢翡翠思從江畔侶鳧鷗
寒衣未授西風冷玉露溥溥遍九州

時平不見戰征功老去英雄困頓中無復山川强晉國
祇留儉嗇鄙唐風康衢稼穡經霜熟茀土楓林帶雨
紅為問帝堯何負爾巢由空作白頭翁

淡雲斜雨總迷遮清濁難窺萬頃陂碧玉徒勞雕楮葉
黄花空老傲霜枝身經流浪萍蹤潤病到深秋帶眼移
未卜此身何作着落銀絲鬖鬖鬢邊垂

閒雲四首

悠悠身世兩無情禪榻安棲夢不驚宦況真如茶味苦
雅懷常對竹風清姑山縹緲多雲氣官閣蕭有鴈聲
偶爾得閒聊自適肯因微祿負生平

常騎瘦馬遶山行惱歷危途第一程棋局何須連敵國
酒兵聊自破愁城閒來喜有書堪讀歸去漸無地可耕
更向小窗時默坐此中壘塊又銷平

頭上堪嗟為白髮新一官匏繫屢經春三千里外飄零客

二十年來落魄人薄宦無家誰似我清風滿袖未爲貧
欲知世事何常定日日唯應痛飲醇
當年曾說到蓬壺謫向塵凡吾豈圖知我者希聊抱璞
匹夫有罪在懷瑜致身未得舒龍甲處世還同捋虎鬚
自笑未工狐媚術好從齊市學吹竽

和東坡朝雲詩二首

當年曾上大羅天字識歸丹事更玄雨過巫山惟有夢
花飛丈室自安禪將雛小鳳諧佳偶呼侶文鴛結好緣
愧我風塵多落漠可能同作玉堂仙
心清淡泊喜秋天伴我通宵草太玄葯竈頻燒扶老病
佛龕勤理愛清禪窗中半夜醒殘月石上三生續舊緣
翰墨丹青粗解得深閨聊作掌書仙

中秋夜月感懷三首

袂衣初著試新凉秋意蕭騷客夢長七寶戶成遮桂影
三霄露冷泣蓮房看來野草偏沾澤開到寒芳更有香
莫道金堂無分到王昌原只住東墻
漫從雲漢望瓊樓搖漾心如不繫舟好月縱教千里共
良宵只合獨眠休蛩吟幽夢三更斷蟬噪殘陽一樹秋

宋玉大言無可說高唐雲雨暗難收
暫謫塵凡豈下才仙人曾引上瑤臺文蕭終得乘鸞
去弄玉唯應待鳳來明月每逢愁裏見好花合向掌中開
幾時小印金蓮處還共秋光映碧苔

憶故園三十首用東坡和文與可洋州園池韻

湖橋

雲影天光照水明斜橋扶杖鏡中行垂楊夾岸風吹面
笑聽黃鸝一兩聲

橫河

山鷄舞拂錦衣粧白鷺相窺映雪霜爲載小舟閒蕩
漾櫓聲搖破碧天光

書軒

松間茅屋紙窗明開卷微哦静有聲書麓閒翻風雨
至兩京三禮自吟成

冰池

水檻還宜待月看履霜時節不勝寒蛟龍蟄起騰春
浪暫向冰池耐屈蟠

竹塢

休言霜節老逾孤獨鶴相依也自娱騎向曹家池畔去
化龍始得震凡夫

荻浦

柳色章臺恨早秋蕭蕭荻葉更堪愁鴛鴦灘瀨頻
飛宿誰念孤鴻落遠洲

蓼嶼

莎雞終夜傍堦鳴紅蓼西風冷更清莫向斜陽留返照
滿簾秋色正關情

望雲樓

山頭變滅巧還新已向浮雲悟幻身莫怪神仙消息斷
白雲深處本無人

天漢臺

黄河天上幾曾經奉使虛傳八月靈守到新秋還寂寞
迢迢不見渡雙星

詩月臺

月過陰晴不可期圓如團玉缺如眉冰姿自是難輊出
三五相望倍覺遲

二樂榭

小窗無事愛琴彈樂趣杯兼月共三一不見東山行樂處
西州痛哭有羊曇

瀼泉亭

可惜年華委逝川光陰飄忽更如烟唯將一點無塵意
靜對泠泠不息泉

吏隱亭

玉皇香案豈人間暫墮塵凡苦不堪作吏假如真可隱
陶潛何必更還山

霜筠亭

峻嶒瘦骨不須持自有清堅耐久姿一任風霜搖落後
亭亭直立歲寒時

無言亭

斯人目擊道常存默坐時時更閉門禪榻茶烟無一
事此中有得自忘言

露香亭

桂露光凝欲濕衣玲瓏金粟似珠璣何人待月西廊下
香露濃濃夜未睎

涵虛亭

厭看桃李鬬葩妍獨愛秋光意亦偏試向亭畔涵虛坐
鏡花水月覺神全

溪光亭

溪聲活活自無情遠砌寒光落檻楹清酒一樽聊取醉
枕流落日夢初成

披錦亭

繞簾堆砌百花香柳絮飄春恨自長錦繡場中歌舞
地蝶翻新板叶鶯簧

過溪亭

山雲朝出晚還歸為愛溪边落照微策杖過橋烟景
暮釣磯人理綠蓑衣

禊亭

柳浪依依拂水亭鱗盛遊猶憶曲江濱楊家姊妹朝天
去何處水边多麗人

菡萏亭

帶露含香趁曉風採蓮靜婉恨難通凌波對對塵生
襪無限紅粧落鏡中

酴醿洞

漫道酴醿花事了猶先芍葯殿春來淡紅淺白層堆架
如倚東風醉綠醅

筼簹谷

不逐秋風數轉蓬還看附鳳更攀龍凌雲高節三千尺
早具泥蟠寸許中

寒蘆港

寒蘆沙潤自清輝秋水長天野鴨飛最是江边一行鴈
離鄉那得稻粱肥

野人廬

破壁蓬門暮已鋤蕭蕭松竹覆幽居卧龍自是無人
識不許君王顧草廬

此君亭

何可一日無此君東坡高致倍情親果然到得千霄日
霜節森森更怕人

金橙徑

碧枝金實耐霜姿頗使虬龍卯價低下界寒酸宜食此
畧嘗滋味澁如虀

南園

花開鶯語上垂楊雨過鳩鳴屋角桑春草滿園隨意
綠蜂黃蝶粉盡生香

北園

荒園十畝綠陰餘舍此偏教入畏途為問此山猿與鶴
年來猶憶使君無

官貧署冷門重掩每食無魚唯彈劍忽然有客餽冰鮮
鬣亂鱗凍合雙眸閉顋下雖無綠藻穿尾間猶帶青泥
染憶昔江邊看打魚銀刀錯落飛天塹買魚沽酒費百錢
杏花春雨江村店金虀玉膾美雙絕朝夕盤餐未為借
至今薄宦遊晉州海味山羞一時乏偶得水魚欲解饞
快如痼疾逢鍼砭人生處處有真樂粥飯隨緣也自贍
料得中無尺素書磨刀剖玉嘗醇醲

客有稱貸者愧無以應詩以答之

我似清池照雲嶺烟霞出沒空中境誰識澄虛一物無
百尺長繩汲枯井五年困守坐荒城征衫半帶秋荷影
忽然有客朝扣門緩急從容一笑請開囊欲助頗羞澁
相對無言同畫餅古人高義愧弗如力拙原非心不肯
公瑾安能指一囷冉子何從與五秉歎我不解問生事
映門殘雪苔生鼎兒女未免苦飢寒那有餘貲及公等
安得金玉如丘山四時海貧窮一時拯容聞我語去倉皇
滿堂剩有清風冷

歲暮感懷二十四首

朔風凛冽歲云終擬學昌黎賦送窮漫道居官如啖蔗
還驚浪跡似飄蓬彈碁一任稱高手執街何妨笑拙工
剩有傲人寒骨在年年此際羨囊空
中年以後意常慵欲洗愁腸酒萬鍾玉琢令方成美器
劍磨蚤已出霜鋒風生自要招雲鶴雷動終當起蟄龍
待詔金門方朔在讀書應不負三冬
夜夢驚寒雪打窗醉魂依約照殘缸半生聽命諸緣靜
一着輸人百慮降未必山雞能似鳳秪愁陸海變成江
此心驚醒如鐘鼓旦暮時時自擊撞
莫歎年來事益奇浮雲去住托心期休將薄宦頻强
弩且向堅囊處利錐映户好山聊拄笏倚樓暇日自彈
碁野人情性同麋鹿加以冠裳頗不宜
感慨青冥夢已非那堪行事更相違瞻烏不定棲誰
屋舞鳳猶思覽德輝未免有心同見獵安能得意比遊歸

晉陽原上風霜急腸斷雲間一鴈飛
寒盡方知歷歲餘一年生事又成虛積薪痛哭長沙傅
團扇悲吟班婕妤細馬紫駝歸上國紙窓竹屋爱吾廬
倦飛已比棲林鳥擬向灘頭學釣魚
五年流浪只斯須曾學終童欲棄繻恰悔荆門勤獻璞
更羞齊市濫吹竽半生治鑄終成錯舉座歡呼獨向隅
莫道官貧無足貴從來仙骨自清癯
世事端知未可齊茶烟花雨比禪棲有懷清況常携鶴
無志先鞭不舞雞宿憤旋消湯沸雪壯心難起絮沾泥
蛾眉見妬由來舊聲價何妨暫自低
年命參差久自乖非關人事暗相排悟來已識生如寄
醉去何妨死便埋岐路真堪悲世道畏途無復羨官階
維摩丈室清閒甚也有天花集玉釵
夢鏡模糊那得真雲雷不雨正逢屯擬從東海尋屠釣
恥向西施效捧顰縱未薦羞同澗蓀已全節操比霜
筠欲知君子經綸日歷盡嚴寒自及春
層巒叠嶂望中分頑石無心也出雲爱共山翁談往
事懶從時輩說新聞他人作嫁衣常剪地主收租我代耘

不分此生長落拓好吟騷賦弔湘君
食力時々詠伐檀宦途久已與成闌龍因失水常遭侮
鳥是傷弓莫更彈但得身如百鍊鐵何須生服九還
丹神仙自覺無緣分擬向丘園息羽翰
藐姑仙子鬢烱鬆日日相看欲破顏境內自慚無善
政城頭恰喜有佳山犁牛不足被文繡疲馬何堪勒
轡環官況每年當此際吟詩偷得暫時閒
官舍風清夢寂寥年來豬氣與兒全消飬雞自要常如水
獲鹿何須更覆蕉每遇歲時懷故國聊將詩酒永今朝
佳兒帖括文成後囊底蕭然意倍陶
與物無争百念拋坦懷頗覺省推敲小山不足藏文豹
淺水何能護老蛟未化摩尼千萬象常占乾卦九三爻
此身進退渾難定自作新詩自解嘲
年少從横氣頗豪家還來始悔是徒勞身如風逆閒蓬梗
心似泉流轉桔槔相馬誰能忘牝牡拔茅可復乃蓬蒿
莫嫌野草根株薄也向雲天望雨膏
時聞鸞鵲起庭柯閒日關門自養痾德性共憐難
翩短仙緣誰惜鼠腸拖夭桃色艷宜栽苑芳蕙香清獨

産阿破悶臨書千百本道經擬欲換羣鵞
參謁高官禮數忙漸如新婦拜姑嫜折腰底苦煩陶令
食肉齊驚馬得漢郎漫遣春風吹柳絮還愁歲閏厄黄楊
東雲拂羽知何日荆棘寧堪集鳳凰
心不忮求夢不驚破除俗氣意常清自因學道能安
我豈爲吟詩大瘦生動履時時防惱吝天人處處見虧盈
光陰分寸皆堪惜莫放陽烏浪蕩行
官燭高燒分外明從今不復效囊螢舊書文讀千行過
難字新鈔一筆停別院歌呼愁互答同人掀髯笑相形
上林指日春風到鶯囀高枝好自聽
寒月烟光小閣沉爐燈悼冷逼酒頻斟楚咻安得成齊語
莊詠終當作越吟自歎早衰蒲柳質誰知清囀鳳鸞鳴
音夜深霜重闈鷺鳥流浪天涯共此心
好爵從來未可貪歸休早擬卧雲庵東山事往真堪哭
北海樽空誰復談處世難容汲黯戇謀生欲學虎頭憨
幾時烟雨扁舟興一棹漁歌向碧潭
一任花開自懶拈老懷漸覺逐年添帶因腰瘦頻移眼
鬓爲愁多又退尖未免因人慚碌碌差能寡過學謙謙

生平際遇殊堪笑既不成飛復不潛
鬓比蓬飛不可芟堪驚歲序疾如風秋娘老去誰
當愛國士歸來竟被譏莫訝人情多冷煖須知世味
有酸鹹幾年寂寞灘頭坐一日風回任使帆

真々歌爲武陵馮生賦

晋陽女兒年十五落籍烟花學歌舞長袖風迴燕子飛
新聲翻出霓裳最憐小子唤真真凌波微步襪生塵
素王圍成冰雪體名花裁就綺羅身垂楊枝裊纖腰妾
眸子流光剪秋水一顧傾城再傾國刺使幾番腸斷死
馮生年少更風流春風庭上暫凝眸柳絮忽牽三月恨
榆錢買得一生愁低語問年知未嫁娉婷十斛明珠價
馮生文字當瓊璣鴛鴦紙上雙雙画清歌妙舞化行雲
鳳去鸞孤空有情巫山神女無蹤跡真真原是画中人

虞姬

虞兮虞兮奈若何英雄氣盡泪滂沱漢宮多少閒花草
不及軍中一曲歌

戚夫人

四齣從遊計果良可憐人彘禍機藏漢王若早除諸呂

不殺韓彭殺子房
佳人難得欲傾城老去終當見棄深何似而今顏色在
别離猶得繫君心

陳皇后

感慨君恩不可當留梧桐疎雨幾今秋相如解作長門賦
忍使文君詠白頭

王昭君

寶輦香車出漢宮胡沙朔雪馬嘶風天生國色難描寫
枉使君王殺畫工

新歲雜感十六首

玉律新回歲在東陽和氣暖兆年豐歡情喜共春風
起愁緒消同臘雪融株守獨憐雞在塒飛鳴猶憶鳳棲
桐聖朝微物皆無棄應向天門望信通

新春新歲喜逢雙元旦立春難弟佳兒醉客牕酒浮函花
翻玉盌燈頭結蕊爛銀釭事如對奕知誰勝心似揚旌
未肯降北闕恩波來有日應流膏澤比長江

莫恨尋春去較遲還看桃李及芳時紅群綠酒連宵
醉鴈後花前别有思采药難逢三島客擇棲擬借上林枝
自慚凡質仙緣隔空羨夔龍集鳳池

猶憶天街望紫微燈光月夜色含輝銀牀萬里虛垂白
玉殿千官盡賜緋長樂鐘鳴星欲墜華門啓輦將歸書
生無分依金闕謫向汾水河看雁飛

記得江鄉臘歲除寒梅幾點報春初雙柑斗酒紅燈下
綵勝金花笑臉餘偶以衣冠裝傀儡何殊鐘鼓祀鵷鶵
南天北闕親闈隔猷節無從問起居

猶憶春郊雨滿犁荷鋤歸卧草堂西戴經閒出常騎犢
卷舌深藏不示妻隙日縱觀飛野馬兜天堪笑舞醯雞
幾時得遂躬耕願村酒山肴處處攜

月影燈光踏滿街新春喜氣浩無涯笙歌沸鬧人如海
杯斝縱橫酒似淮故國他鄉同是夢清流薄俗總難諧
眼前取樂何須恨且看紅裙醉落釵

青春白髮巧相催但把年華付酒杯老去功名慚管樂
狂來才思擬鄒枚漫言腐草猶生火誰惜紅顏盡作灰
欲上太行天北望不堪馳驟馬虺隤

一年好事又從新老態何堪更入春天上久聞無俗吏
人間誰肯示迷津輕風欲放花經眼薄雪還催酒到脣

自笑時宜多不合擬將蓑笠換冠紳
寒盡從知山戚欲分銀花火樹鬧如雲張燈水閣風雲舞
烈竹山岡霹靂焚不復少年同賈誼還來下第哭劉蕡
時如周第下第來書度歲青樽相對休嗚咽且過年華再鼓軍
羲和驅日去如奔欲盡花前酒一樽稅駕有心懷賀監
着鞭無志讓劉琨千竿鳳尾因風舞五畝鴨頭帶雨蹲
四十餘年彈指過誰從屠釣識王孫
漫道雙鳧已化仙凡禽那得上青天自甘鎩羽蓬蒿內
不羨高飛日月邊閒把詩書消永晝懶同兒女過新年
青衫白髮垂垂老歌管無煩沸綺筵
佳節重逢苦憶家五年身病客天涯檢方自配君臣藥
遠砌還栽兒女花可歎人情河九曲嗟堪世道路三叉
微材不足當時用擬學青門學種瓜
未得身依日月光姑山汾水意蒼茫驊騮有志長鳴廄
燕雀無知樂處堂老去心情如隔世睡餘風味似還鄉
故園松柏猶存否歸戴黃冠學道裝
寫鴛鴦字今年二十獨登場芍藥枝橫鐵月黃
眉翠淡拖螺子黛頰紅新褪海棠粧小喬已
嫁周郎老陌上相逢恨不早斜倚銀屏笑睨人嬌鳥
無聲百花惱前身應是杜蘭香一斛明珠晝夜光從
此莫歌紅豆曲春風春雨斷人腸

青霞疊韻贈琵琶妓宛玉再和

春風二月繞十五荳蔻初含柳初舞淡點櫻桃杏蕊紅
行雲依約腰如楚檀槽輕撥一聲聲別鳳離鸞夜夜
驚舉坐無言聽欲絕三分情緒一分明須臾再促如有思
錯落珠簾珍滿把出冰絃繞指墜梨花盈盈如寫相
思字更如戎馬赴沙場天山日落悲風狂黃胡漢衛寒四
飛起明妃馬上月支拯丁寧似說人易老章臺柳色驚
秋早莫同杜牧枉尋春綠葉成陰空懊惱牡丹色艷更
餘香冰畔一剪秋水光綴使廣平心似鐵也為梅花
一斷腸

附青霞原唱

劉家女郎行第五一捻腰身常善舞新來學得
好琵琶指間鈎撥鄙青楚無端轉調作边聲
草白雲黃孤客驚淒淒切切訴離別欲斷不
斷難分明挑風弄月惹愁思女兒心性絃中出

為人夜夜拳衣裳便把桃根當小字自從長大入歌場
鏡边画得雙眉黄長日弄春愛春色憾憾惜惜不成
粧芙蓉容易秋江老留春念春須及早不見陌頭楊
柳花一點一點春心老衣上啼痕枕上杳莫教孫負
好年先明妃亦是琵琶女一曲春風枉斷腸

長相思

長相思思難忘两年濶別秋水長覽鏡不窺紅粉
面開襟猶覺聞衣香天涯芳草多處處斷人腸美
人別有後音信稀空床繡被減輝光長相思思難忘
長相思々何苦愁結攢叢千萬縷殘燈一夜黯復明蟲
吟四壁增凄楚知我此時情惟有隔窗雨點々滴々碎
人心芭蕉葉上如相語長相思々何苦
長相思々且悲塵封玉鏡無清輝秦臺莫教鸞孤舞
漢宮羞見燕雙飛征車何日返香幃鎮日垂楊柳陌頭
秋風急塞上行人歸不歸長相思々且悲
長相思々而怨哀音凄惻絃中見琵琶三聲兩聲急杯
酒縱横泪如霰丈夫忼慨情翻爲兒女念恩情如海誓
如山莫到秋來棄團扇長相思思兒怨

長相思思如麻魂飛遠隔天之涯莫趁飄風同柳絮樓
頭鸞燕啄飛花願以松柏心守此桃李華鴛鴦帕子同心
結别來展玩徒咨嗟長相思思如麻
長相思思更切人生何苦遠爲客憔悴風霜欲白頭舊
日朱顏真可惜君如庭前花我似天边月安得花枝長久
開月裏清光更無缺長相思思更切
長相思思悠悠凭欄鎮日但凝眸酒醒夢回人不見思
君直到海西頭空留薄倖名遺恨在揚州秋雲灣灣無
踪跡春水茫茫天際流長相思思悠悠
長相思思悄悄氷絃凍折知音少美人離别秋復秋空使
紅顏鏡中老芙蓉泣西風芳醼成衰草夜寒霜相落愁
人心鶗鴂荒荒啼天曉長相思思悄悄
長相思思且過歌歡樂不如憂患多人生久別不得見長
歌當哭喚奈何蘭蕙本芳草寂寞處山阿美人命薄真
如此幽噫毂手筑泪相和長相思思且歌
長相思思且泣美人掩面當牕立欄杆曲處倚不成翠
袖香多和泪濕空床難獨守空房難獨入堦前古井不
生瀾縱使君來不堪汲長相思思且泣

山水歌為朱星若賦

君不見山染青螺曉畫眉烟鬟霧鬢神女姿雨雲恰是無消息朝朝暮暮徒相思又不見綠水澄波凝空碧盈盈遠映青天色驚鴻瀏絕游龍杳洛女陳王夢蕭瑟乃如山水故長好不比佳人更窈窕遠山連娟多嫵媚秋水停迴自傾倒憶得樓頭笑春風花開別院酒微紅簾鈎不捲鷺鷥醒睡蝶矜風狂蜂黄盡日融如今臨水復登山山自高高水自寒丁寧莫負刀環約嶺上梅開應早還陽關三疊不成弄回首揚州真一夢安得山平水不流長使人間無斷送

西崑體詩一百首和朱星若韻

朱星若海鹽佳士也客遊晋州館于荒署一日遊貌姑射之山神人綽約如有所遇歸擬西崑體詩百篇嚼蕊吹蘭香氣襲人予以風塵俗吏竊不自揣花晨月夕依韻閒吟效顰之誚知所不免爾

何處重尋白玉扉秋風江山暮烟稀石城艇子閒雙槳边塞征人換袂衣潮去潮來書可寄天南天北夢相依三更細雨殘燈黯獨掩瑶窗卧蕙幃

沙痕水浪浴鴛鴦抵勝人間十二行但得娉婷金屋貯許教情思碧天長沾巾淚濕荷心苦拂蓆草香青桂露涼猶記壽陽宮額好低梳蟬鬢學吳粧

濃濃露重碧苔滋曾見輕盈小立時人影獨停孤月下天香正在晚風枝錦囊暗結同心縷翠袖寒生一局棋回想當年行樂處薜蘿烟雨有誰知

何須佳麗滿三千續命應唯是小憐眠去素牀宜對月行來裙態不勝烟採蓮靜婉今何許擲果安仁可以前誰道秋風消息好長空依舊鎖嬋娟

帝女端居十二城偶然騎鶴下三清閒遊巫峽携雲過欲渡銀河恐浪生莫恨人間多薄倖須知我輩最鍾情他年倘許通仙籍同向緱山譜玉笙

碧檻瑶階面面通如何人隔畫堂三秋雲漢虛垂白一夜寒燈自裊紅蝶夢迷離花夢裏蟲聲愁寂雨聲中此情脉脉誰堪寄付與銀箏十二鴻

七夕微涼暑氣收天孫迢遞望牽牛風吹鵲駁星為使雲剪鴛幃月作鈎欹枕情濃如中酒捲簾人淡正宜秋

章臺柳色知何似莫更飄零逐水流
憶從雲散與星離又見凉風淅淅吹大婦房中愁織素
細君樓上怨彈絲三年惜别盡調粉八歲臨粧解畫眉
千古傷心唯帝女至今湘水有靈祠
觸緒關情憶舊遊東風爭得到瀛洲名花對酒能銷忽
少女當歌善解愁露氣暗侵星在戶池光不動月盈樓
明朝莫更登高望紅蓼汀邊處處秋
嬌怯丰姿自帶羞偷從簾下看梳頭青鸞顧影
頻開鏡赤鯉聽經欲上鈎仙杏花繁春意早垂楊枝裊曉
風纔别來鮮有相思恨小子如何喚莫愁
文鴛彩鳳總離羣望斷朝霞與暮雲翠羽烏棲螺
鈿髻金蓮花落石榴裙繁華最艷惟三月增減無容
只一分堪歎鄂君猶獨睡繡衾香暖爲誰熏
懊惱吳歌不忍聽臨流執手語丁寧木枯經雨猶生菌
草腐逢秋更化螢羅綺一端裁繡被珍珠三斛買娉
婷天涯有路須歸去莫遣新愁鬧舊思
小兒闌干暫倚門傷心無那又黃昏冬郎欲卧龍鬚席
司馬還穿犢鼻褌何日東牀逢擇婿當時筵上獨留

髡有情定作鴛鴦侶莫遣新愁門舊思
髮委鬢烟鬟别樣粧年來膏沐總無光搓簾對菊人同瘦
吹氣如蘭語亦香錦瑟暫抛閒几席舞衣封疊舊巾箱
幾時繡帳春風動玉體橫陳共夜長
看花日日到花叢柳自拖烟杏自紅臉嫩芙蓉長掩映
腰柔環珮更丁東寫成圖畫渾難似繡出鴛鴦分外工
寄語青陵金粉蝶相逢只好待春風
香苞欲折露含枝記得初逢未嫁時西子鏡中留粉黛
東君花上染胭脂章臺柳折驚秋早阿毋桃開恨歲遲
我本多情卿亦爾聊憑青鳥寄相思
小苑清門隔幾重夜深人立畫露華中花房只有蜂能入
金屋應唯燕可通雨潤丁香開爛熳光流玉樹影玲瓏
蓬壺山色依稀是早上仙舟待好風
别來遥寄一雙魚宛轉迴文尺素書獨有情時朝閣
冷更無人處夜牕虛雲膚花貌因愁減霧鬢烟鬟亦懶
梳領略春風無限意含嬌最在畫眉初
方春事事少歡娛慚過文君舊酒壚織錦天孫期尚遠
貴珠斂妾淚難枯綃裁半臂聯金脫帶結同心貼玉膚

惆悵不堪花落後夜夜颸風雨一孤燈
花傍朱門柳拂隄王郎曾此上丹梯春融錦帳嬌鶯睡
日暖紅樓彩鳳棲 記與蘭香原有約何言法喜句為妻
如今別後成乖隔一度思量一度迷
金錯刀鋟遠寄來迴文錦字恨難裁丁香帶雨初成結
荳蔻臨風早有胎蛺蝶聊依花作屋鴛鴦休倚鵲為媒
江南春色知何許唯待今宵夢裏回
又看花枝刺眼新客中無計可尋春東牆少女徒窺宋
洛浦陳王但感甄今世因緣由夙世美人丰格作夫人別
來始信西崑句綵鳳靈犀事事真
樓上春深織錦文燕歸也解惜離羣金梔欲放蘩香動
紅豆輕抛小瓣分巫峽雨雲因夢見畫船簫鼓隔溪聞
當時多少風情事魂斷瀟湘六幅裙
檢點征衫總泪痕斷腸愁絶叫清猿人生苦夢歸何處
顏色如花謝幾番夜月驚回鸂鶒睡春風招得海棠魂
遥知小閣金爐冷背立欄杆無一言
春風故意作春寒到得花開總怕看天上有涯唯月魄
人間不竭是情瀾終教阿閣巢雙鳳莫把秦臺照雀鸞

別後定知憔悴甚强憑魚鳥說平安
匆匆春事已闌珊倦極無聊枕簟閒鮫女來時珠有淚
湘妃游處竹生斑曾遺羊氏金條脫莫負韋郎玉指環
青鳥西飛何日返好傳消息到人間
歸期曾約在花前此日花開倍黯然塞草緑遲纔出地
山桃紅淡不勝烟挑燈特教取金錢卜擁被還欹玉枕眠
為語小奴遮繡幙妬他明月向人圓
楊柳如絲拂野橋碧簫初教小鶯調檀槽卸音撥櫻桃
破金鼎香濃蠟炬消無處堪尋行樂地有人虛度可憐宵
朝朝暮暮樓頭望不見風帆起海潮
望眼糢糊轉泪波呼天不應奈天何淒凉欲絶三霄露
迢遞難逢七夕河酒醉芳筵狂御史花飛丈室病維摩
當時折柳青溪岸腸斷薰風送玉珂
軟紅簇簇擁雲車隱約峰頭片片霞烘日桃花歌頰暖
迎風柳絮舞腰斜褰帷就月當星拜含泪移燈舉袖遮
一自劉郎仙路隔空思香飯食胡麻
畫閣軒颸雨送凉竹陰深處夢方長匡牀坐並芰蕖影
湘簟痕生荳蔻香微香汗欲侵匀薄片雲纔過理新粧

如今寂寞添惆悵兩地春風總斷腸
永夜相看倍有情憐卿那得不卿卿春嬌柳浪鶯無語
香暖桐絲鳳欲鳴猶憶記當年當十五最宜小字喚雙成
秦王少女居何處悵望雲中響玉笙
香階蓮步走蛉蝆為覓嬋娟到小亭攜手同行羞缺月
背人私誓指雙星吳宮冷落花猶放蜀道淒凉雨更零
何日紅樓尋舊約鴛鴦穩宿水晶屏
一時分手恨難留回首天江路阻修金枕終遺曹植去
玉桃應向阿環偷雨中芍藥風中柳花上欄杆月上鈎
此景此情如再得人間樂事更何求
客中何處寄歸魂千里音容一夢存阿母相逢唯是
笑維摩解意本無言花時月夕偏風雨柳徑桃蹊隔水村
獨對殘燈愁寂甚夜深軟語向誰温
天上相逢自有期那堪惜別盡沾衣文君眉黛愁如許
靜婉腰身瘦幾圍每遇歡場偏落泪況逢佳節更懷歸
何時載得西施去長作鶼鶼比翼飛
當時走馬繫章臺綠柳姻如遠壁栽簾捲春風無忌
至艇分秋水莫愁來空餘玉燕飛香閣無復金蓮印翠

苔何日瑤池逢阿母碧桃花放綺櫳開
摳衣曾拜紫霞仙石上三生有舊緣環佩聲中知窈窕
麝蘭香外見嬋娟花藏錦帳春深處人在珠簾燭影
前吹罷玉笙何限意乘鸞同上大羅天
歸期何日白烏頭鄉思逢春淚不收斷送生平惟濁酒
浮沉身世任孤舟三年人別千山恨一寸心容萬斛愁莫
嘆陽臺烟樹隔楚王原是夢中遊
何須獺髓點微痕花自嬌羞玉自温牽恨春來楊柳陌
捧心人在苧蘿村幽蘭香動風生韻仙杏紅消夢寄魂
池館只今行跡少碧苔封徑草侵門
神仙長在蕊珠宮青鳥飛還取徑通人立花陰銀鑰響
夢回燈影錦屏空芸香芬馥留衣上泪粉華滋落鏡中
寂寞春愁無處遣徒勞惆悵怨芳叢
總綢蛛絲几護塵幽居鎮日悄無人客中歲月偏逢閏
別後鶯花不當春故國關心魚雁少西樓牽夢雨雲頻
當時密語殷勤意一一從頭記得真
出門只有影相依隔帳清燈顯復輝身似落花隨地
墜心如遊絮滿天飛頻移帶眼知腰瘦細數更籌嘆夢稀

別後故人音信杳新詩和泪苦思歸
傷心越鳥本隨陽况是仙居別有鄉氷雪肌膚金玉質
海棠顔色木樨香花前雁後歸思討急雨散雲收舊夢
荒莫悵別離消息遠重重恩義皎如霜
樂事歡場總不知孤棲終夜繞寒枝花開花落全無謂
春去春來繫所思少傳獨眠悲月夕司勳久別怨芳時
竹西人倚紅樓上應誦樊川薄倖詩
若耶溪畔畫橋東烟柳如絲拂面風陌上飛花憐白白
樽前度曲憶紅紅當時載酒西樓晚此日尋芳北地空
淡粉濃香何處去只教零落怨春蕪
坐倚朱闌日影移春心無限在花枝嬌羞帶雨憐桃妾
妖裊回風念雪兒猥以將離名芍藥恰愁紅豆號相思
金唐公主年方少種種情懷知不知
春意方濃酒意微凭闌含恨對斜暉風前望遠花偏反
夢裏知還鳥倦飛萍梗生涯長不定粉香情事已全非
從來未慣輕離別月下移砧學擣衣
漢廣江南未可求相思萬里繫離憂人間有此無雙女
我輩應居第一流永夜難逢燈焰短當時乍見眼花浮

分明仙子遊塵世閬苑何曾隔九州
引鏡初看白髮侵驚心春日降秋霖多愁宋玉偏能賦
久病相如不鼓琴楊柳陌頭方落絮鴛鴦樓上已停針
自從別却紅樓兒後煩惱無眠直到今
萬木逢春生意含物猶如此我何堪海棠欲睡嬌無力
粉蝶如癡夢已酣獨有桑鳩頻與婦漫言萱草最宜男
一輪明月三千里心與鳥飛共向南
一任浮塵落鏡函小窗曾記語喃喃湘妃寶輦呼龍馭
織女金梭遣鳳啣不見佳人調錦瑟空教司馬濕青衫
欲知情緒無終極千里江濤萬丈巖
畫影遲遲樹影深午牕幽夢杳難尋三春花方三春放
萬里雲行萬里心猶有愁煩思往昔最無聊賴是如今
平時意態羞兒女別後由來也不禁
別後誰傳梅子音枝頭應嘆葉成陰莫將杜牧尋春
恨負却文君賣酒心對鏡自憐挺草草楚香獨坐夜深深
燈花晚結簷鴉噪一帋書來字字金
一搦腰身掌上珠臨風欲舞襪生塵紅燈影裏羞還
怯綠蟻樽前笑復顰情態難勝如中酒心期不語最疑人

只因恐怕傷郎意獨自含愁泣暮春
自古多情只愛才春風偷度畫簾來芙蓉水殿三秋
冷鸂鶒金籠半夜閒望眼望穿還望復迴腸迴盡
更難迴空餘無限相思意紅豆成叢遠砌栽
峻嶒瘦骨總難支一飯何曾忘却時客裏原知身
是寄病中還覺命如絲神方縱欲求功効心病無如
少藥醫天上嫦娥休獨睡玄霜搗就好相攜
一夜樽前強作歡別來應許粉香殘櫻桃那得連枝摘
荳蔻偏宜帶露看烟黛蹙時愁幾斛峽雲行處夢成團
東陽消瘦令多少但覺衣裳漸漸寬
數定歸期又定過期莫教容易損芳姿相如病久難忘渴
子建情多合思號桂子搗殘香自賦蠟花剪落淚還垂
人生只有分攜苦說與西飛青鳥知
曲水橋邊認若耶斜門低掩碧桃花鴛鴦機錦字金梭織
鳳篆香烟繡幙遮弱柳迎風增物態幽蘭泣露損年
華佳期莫定休離恨薄命從來擇壻差
黃昏慘淡月籠烟獨坐清宵意惘然淚眼難開羞對鏡
愁腸易斷怕驚絃前生未種三生福今世還逢修再世緣

漫說楊州佳麗地花枝何處更娟娟
柳暗花明只閉門無言整日我思存空留玉枕遺曹植
忍擲金梭誤謝鯤夢裏依依難斂恨人前脈脈似無恩
一庭瘦竹愁何限豈猶瀟湘有淚痕
長年寂寞處長春江清夢依微半蹴紅鳳紙裁成唯託
燕花陰好待莫驚龍深情只有詩能寄幽恨原非酒可
降每憶玉樓同夜賞相看人是世無雙
何事春深課女工閒情只全倚簾櫳江妃玉佩無人識
司馬琴心有意通桃李花開烟欲暖臙脂日射暈初融
唯憐破鏡塵昏後紫鳳青鸞兩處空
多病經年不自由含愁又上木蘭舟鳥緣慴別常兼翼
花為相思亦並頭離恨暗同春草長鄉心更逐水雲浮
長江莫作銀河遠橫亘東西隔女流
相逢一顧即相憐暗暗花房落寶鈿事此何珠圓又碎
心如螢火息還燃月中桂冷金蟾宿雲外書遙彩鷁傳
別後祇應頻夢見幾時歸去繡簾前
悵望江頭數去程曉來含恨未分明金釵墜髮香雲重
彩筆添眉翠黛橫花露沾時蜂粉退桂輪圓處蚌胎盈

同心結子君收貯石爛河枯好訂盟
紅雲飛去杳無踪悵逐巫山十二峯寶樹生成唯集鳳
驪珠偷得莫驚龍慇勤密語人難識鄭重蠻箋手自封
縱到春愡尋好夢深幃猶是隔重重
腰如約素倩誰扶小字人前道得無雨過桑陰鳩喚婦
香清桐影鳳將雛而今鮮詠風中絮自小生成掌上珠
天壤王郎傳舊恨漫誇夫婿學羅敷
燈昏香暗惜分攜坐覺欄杆月轉低往事消同湯沃雪
新愁痴似絮沾泥芙蓉池上文鴛睡豆蔻梢頭嬌鳥栖
長夜懷人眠不得三更清夢鷓鴣啼
碧草萋萋亂拂階此時情緒最無涯畫樓不啟金蟾鎖
粧閣空飛玉燕釵擬向瑤池招雜佩佩偏宜香徑臨弓鞵
別來何處能忘得酌盡兕觥更永懷
身去江鄉未得回南山應自有殷雷閒愁萬種渾如海
積恨千重可作堆得遇蘭香方是匹恰除青鳥更無媒
欲知此意難忘處縱到形枯心不灰
長眉不畫恨微微念我揚州久未歸懊惱莫聽清夜曲
相思長着別時衣陽臺雨過來神女洛水風迴夢宓妃

寄語樓頭休悵望蓬壺山色但依稀
春風春雨最傷神人惱梅花花惱人世上姻緣多有錯
夢中情態更難真游龍夭矯原離俗飛燕翩翾迥出
塵歸去定然薰繡被香烟深處好相親
濩落逢秋病骨新丹楓霜後葉初勻清燈隔雨飄殘夢
濁酒和詩念遠人玉笛長吟迎彩鳳花箋輕拂託紅鱗
可憐宋玉悲多少望斷墻頭未有因
寂寥燈灺夜何其隔院鐘聲破夢思病來白轉傳憐斝
素老去秋娘憶牧之黃花已慣驚風雨衰柳何能綰別離
最是樓頭一行雁五更霜斷不勝悲
初涼天氣未云寒惜別斜欹翡翠冠心比木枯猶出茵
泪如泉湧欲生瀾方攜素手言離恨便問歸期卜後歡
通夜不眠何限事簾鉤屏壓日三竿
誰遣幽蘭着意芳多情原只住東墻相思子是生前種
荳蔻花開雨後香別酒沾唇和泪咽去帆迷岸共狂颩
天公似識離人恨烟霧濛濛障夕陽
漢女誰云未許求投簪遺珮恨難休懶從花柳回青眼
枉倩鴻鱗寄白頭酒可破愁嫌薄濁鄉堪遯老愛温柔

遥知别後情何恁
當時密語殷勤意悵望應同與婦鳩
薄倖生涯最淺情檀郎謝女舊同盟心香燒盡寒灰
熱意馬馳歸好夢迎眉樣翻成雲黯〻錦衣繡就泪
盈〻幽期試向何人説惆悵相思未有名
離家又見月生輪饑鼠床頭破夢頻不分少年長作客
自應清夜獨懷人丁香子結成前約紅豆花開定後因
明日扁舟歸去急低聲相對喜回嗔
井桐病葉正逢秋飄落難禁一夢休嫩蕋無端經雨
折芳魂何處共花游羅衣架上餘香在玉鏡臺前剩粉

留巴峽老猿腸斷吾夜深啼泪使人愁
玉樹凋殘夢乍驚金屋悄小恨難明詩篇屢讀奇而
艷丰格相傳麗以清但道鍾情惟我輩豈知幻影了今
生瓣香一奠君應感涕泣無從也自傾
傷心又值小春時嶺上梅花放幾枝離别但存顔色在
相思獨有夢魂知清燈夜照憐孤影玉鏡長開怯瘦
枝姿一種情懷無可奈寒飇風雨不勝悲
繡被空餘舊錦文猿啼鶴淚惜群離香山月夜長孤睡
茍令爐烟祇獨薰蝴蝶夢中魂不定夭桃枝上實庭萱

自從宋玉無消息閒殺巫山一片雲
湘簾鎮日隔花垂正是鶯簧學語時嫩蕋何堪經
驟雨東風生怕損柔枝織成繡帕裁紅袖採得明珠貫
紫絲更願將身為柳絮春深好向玉樓吹
相别旋經百日期音容不見但相思花飛尚念連枝蒂
藕斷終牽一縷絲犀壓繡風細細香消錦帳夢遲遲
三秋數遍該多少一日寧惟十二時
仙家何事隔蓬壺欲買桑田變海枯好鎖金籠〻翠羽
還沉鐵網〻珊瑚傷心别宴春方盡屈指離懷夏已徂
百日相思無可奈端知此後更愁吾
惆悵秋空雁影斜經秋人恨正無涯自憐多病垂垂柳
苦憶含芳艷〻花隔座縈絃驚别鳳臨風輕髩欲棲
鴉虛堂寂静深深閉一任簾櫳捲暮霞
偏是愁多覺夜長温柔送老在何鄉堪憐别後頭初白
欲卜歸期面未黄梟〻春風傷杜牧蕭〻暮雨泣吴娘
憑誰寄語江南去門外花飛盼玉郎
記得秉槎汗漫游别来何處問瀛洲甘同寂寞眠沙鴒
忍作輕浮逐浪鷗朝露冷時青桂冷晚星稠處白榆秋

五湖烟雨催歸去画舫蘭橈載莫愁

隱隱香臺護碧霞何來仙路訪雲車阿嬌定得藏金屋海客從教泛斗槎恨斂眉峰螺黛減風吹鬢影玉釵斜誰云薄命無緣分要食東陵五色瓜

別來惟有病相牽何處凌波拜水仙燈影更聲愁裏思雲容雨態夢中緣魂飛不信天能隔積恨方知海可填寄語樓頭休悵望春風好泛五湖船

拒霜初放一枝斜又傍疎籬鬬晚華人到中年猶失意客逢秋老欲還家閨中少婦吟紅葉塞上征人泣暮笳似爾朱顏好珍惜莫教零花比殘花

晋陽原上霜風急腸斷雲間一鴈飛

寒盡方知歷歲餘一年生事更相違瞻烏不定棲誰屋

九雲書院

吳陵宫昌宗武承甫著

連珠

蓋聞驊騮善走不服鹽車鸞鳳高飛不棲山棘故無功非斗酒之戀用違其器則失人士九非百里之才任爽其能則溺職

蓋聞高山流水入鍾期之耳而成聲白雪陽春遇下里之巴而寡和故存乎我者術業所在自裁存乎人者好醜唯其所喻

蓋聞蒲𦶏雖涼隆冬不御狐裘雖煗盛夏不曳故物適其用則貴土鼓瓦缶野老以之合懽物失其時則賤干將莫邪治工鎔之為鐵

蓋聞上天賞善而刑惡不盡報德於為善之家哲士趨吉而避兇不盡全身于貞吉之地故湘潭之下忠臣抱冤魂陳蔡之閒至人有飢色

蓋聞木秀於林疾風摧其末堆出于岸急湍瀉其坳故賈誼雄談不容于絳灌禰衡子志見惡于黃曹

蓋聞鵾鶴翔林頗借一枝鼴鼠飲河不過滿腹故老聃之學因乎自然蒙莊之談歸于無欲

蓋聞蘭植中塗必無經時之翠松生絕巘終保彌年之青故蹈道而守真者大成之器工媚以趨時者細人之行

蓋聞狼鶚雖毒毋習見者以為常麟鳳雖祥罕覯者以為異故至人之言下士所大笑君子之行衆人所不識

蓋聞美珠生淵賈胡知貴良玉在璞和氏見珍故甯戚不遇桓公卒為飯牛之豎呂尚不逢周武終老垂釣之濱

蓋聞麝以香斃而羅褐禽以藻羽而被鐵象以巨齒而焚身豹以文皮而暴骨故名位漸崇憂患乃至金玉積富冦盜斯集

蓋聞鋸雖有齒不能咀鼎烹箕亦有舌不能別滋味故名美者實未必副其名位尊者才未必當其位

蓋聞大川不促其涯以速舟楫之用震雷不細其響以諧金石之聲故君子有高世之行不能貶技以從俗修士有憤時之疾不能工媚以悅人

蓋聞片帆雖速必因風而致千里孤桐雖響音必借絃以

激五音故大器試以小成雖管樂不能伯其國長才屈於短馭雖伊周不能顯其君

蓋聞冶金所以鑄劍而劍即能斷金鑽木所以取火而火即能炎木故文種伯越謀臣乃亡武安相秦杜郵就戮

蓋聞嫫母施朱益增其陋黥妻衣錦無益於貧故晏子飯脫粟時人稱其力僞公孫覆布被同列惡其釣名

蓋聞囿有螢虫藜藿不採山有猛獸樵牧不任故制勝之謀貴先設險守險之道尤貴得人

蓋聞人無全德因時之所尚為趨捺世不乏才視上之所興為鼓舞故養之者有素而後取之也唯所試而咸宜取之者有方而後用之也無所施而不可

蓋聞梓匠掄材曲直各當其分衡人校物輕重務准其平故任大者不可以凡品庸不勝其大而强所能雖竭忠必将覆公餗才奇者不可以常數遇自見其奇而無所試雖其位必且薄功名

蓋聞工師之居肆不當則器與人不相習匠石之程能欲速則巧與拙毋殊奇故任必當乎其官而後得審其所效官必久於其任而後可竟其施審所效則採聲望者必考其行能無事後吏張之患竟所施則責前勞者猶需其後效非目前苟且之規

蓋聞名器不可以虛假唯上所操爵賞不可以倖邀唯義所在故禁令設而不用權乃下移吏道雜而多端政由賄敗私源既絕始服于公利竇不開乃遠乎害

蓋聞鸚鵡何知卒肖音聲之巧猿猱何技工為傀儡之觀蓋性與習相殊雖竊彼所長而無用物與人相化則為吾所使而不難故軍聲以節制為威强弱當乎所教陣形以奇正决勝鬼神不得而干

蓋聞樵者不童山漁者不竭澤唯其取之有節是以用者不疲源竭而流愈枯徒倒懸於蠆尾皮盡則毛安附毋取決于繭絲

蓋聞縱失出毋失入喜怒見天地之心與不辜寧不經刑賞為忠厚之至若令不歸於畫一則功罪難明且律可出於多塗則低昂何據故欲寬附生例欲嚴附死例徒兹奸吏之舞文而亂國宜用重治國宜用輕貴

有明民之定制

九雲書院集目次

五言古詩

感懷

拂劍出郭門秋風正瀟灑黃葉四五落江風紅于赭孤鴈橫高空悽鳴咽欲啞頹顔惜芳草愁思紛清嘗攬鏡一揚眉為誰憔悴也傷心不能道菊花滿籬下

贈別

蘭以香被折玉以清受玦與人卑勝高行已汚勝潔所以魯連子肆志輕覊紲不見鴟夷翁五湖甘棄絕一朝識去就千古稱明哲夫子東魯豪翰苑推人傑椎望冠流俗清姿擬冰雪垂老髮成絲而乃遭蹉跌珍此千金軀無使人窺笏何日話殷勤揮手空嗚咽

遣興

自顧嵇阮儔器煩不耐勞清致耽詩書放懷寄醇醪咳吐駭風雲談笑縱波濤濟時雖有具多口獨無聊詘道以從俗劉樊以為儔方欲揚其波兼之啜其糟奈何委蘭蕙斷棄等蓬蒿魚躍于重淵鶴鳴于九皋各自適其適豈必在名高義輪不可挽轉瞬侵二毛會合諒有在英光寧終韜

新秋

夜來香簟寒晨起單衫薄涼氣洒堦除閒步出郊郭借問是何時秋意增離索乾坤有代謝世界紛糟粕念此傷心客往事揮如昨援琴一再歌歌成轉寂寞

偶拈

懽樂未可見極悲哀相侵尋人事有枯榮天道有晴陰昔為比翼鳥今作分飛禽豈棲連理枝摧落等浮沈君情不自保妾意誠難任明月照簾帷不眠彈青琴生為長別離竟死誰知音君如懷餘思應苦長與參

晚望

空庭落細雨薄暮峭寒清歸鳥宿花塢棲雲擁荒汀
美人在天半相望迥參辰酒樽空復滿勞勞誰為情

遣興

猛虎伏羈絡狐兔肆摧鋤蛟龍困淺水尺鱗甾不如隋珠
可以彈卞玉反見踈落落處鷄羣誰復識鵷鶵所以彌
處士減刺羞屠屠沽嵇康只好鍛楊雄只著書豈甘
終放廢壯圖無由攄人患才未成豈憂時未亨富貴
如流水尚期存令名縶摯劍浮濁醪胡為懷不平俯仰
何寥廓陶然怡此情

獨酌

宇宙如轉丸流景相循環炎獻倏已遠秋風吹苦顏芳
草何淒淒落葉誰為刪志士惜分陰安能終踈頑仙人
在天半夢到蓬萊山蓬萊高且深渺然難躋攀不愁
才已拙但恐鬢將斑聞樽暫鮮歡長嘯破天關仰窺明
月影清冷浮雲間

送昌無譽還東皋

年須及少壯吐手取朱紫莫待悲伏櫪驚看肉生髀君
今又東歸鬱鬱難為擬遇合有奇數甘苦應自矢積
歲不窺園潛光躭圖史簡練為揣摹取精點渣滓湛
深于經術肆應無所倚寓宙寧寥寥漫云鮮知己況有
兒食牛名駒閱十里開顏一撫摩岐嶷正堪喜當筵
發浩歌遠懷空徙倚投報愧瑤瓊贈言展底裡揮手
再三別相期非近軌珍重前路長努力在吾子

冒雨訪吳山人揣骨

江風吹驟雨駭浪翻長空水天爭混合煙霧失西東飢鳥
啼堦除瘦馬嘶豊隆旅望空寂歷愁思如紛叢前期
邈無涯何去又何從傳說吳山人絕技過淳風聞聲辨
清濁按骨了窮通閒行出郊郭藉爾發余蒙撫掌忽
嘆息揣摹難為工斯人多權奇伏枕淩穹窿將疑郭有
道恐是王無功誰當假羽翰拔起草澤中微言探至精
毫髮無疑恫似君朦叟耳識我于飄蓬寓宙誠寥
廓靦面何冬烘山人拍手咲天意空學懵懵出門江色晴
晚景拖長虹

九雲書院集目次

七言古詩

九雲書院集

吳陵宫昌宗武承甫著

七言古詩

俠客行

世事難分怨與德蝨沙滿眼競齮齕安得冰雪之鐵心石腸剖肝裂胆相羽翼一聲叱咤鬼神驚三尺摩娑天地亙萬死不辭重然諾千里報仇無德色君不見聶政鼓刀之人耳剜皮决眼報仲子又不見擊筑酣歌易水寒白虹貫日髮沖冠又不見侯生本是抱關者謀成刎首夷門下又不見毛薛賣漿隱博徒平原信陵交歡娱屠狗吹簫安在哉翟公書門空徘徊俯仰千古失郭隗誰人復上黄金臺

暮春

李花落盡桃花稀楊花如絮柳如絲春來春去知多少眼前猶見两三枝春風一去不復返人生行樂須及時記得當年遊冶處雕鞍寶馬任吾之翩翩好鳥翻紅樹點點游鱗戲碧池驚瀑飛來千尺雪懸崖倒挿萬重溪晚天蒼翠露欲滴寒烟籠月風凄凄杉取

銀燈歸阮落絲竹清切沁心脾白眼狂呼叫天地酩酊那復辨東西幽情反被微名悞夢短愁長無盡時翰墨豈能抒勛績天路高渺難攀躋世事於我亦已矣髀裏肉生胡不歸

送吳觀庄出征滇南

咄嗟乎男兒學書不成當學劍筆床墨灶難留戀不為卿相當封侯莫教徒敝貂黑裘憶昔傾蓋結勝漆連床風雨聽蟋蟀青燈綠酒無虛日今朝别我去緬滇我滯北海君南天談笑碧油何時還遊商山濯芝冷泉攀雲關涉滇池秋風夜夜石鯨吹但願朱鷺鐃歌清日月人生離别何足辭

偶拈

有所思兮在漢南漢南邈絕思何堪上有鎖煙樓霧之宮嵐下有卧虹落月之深潭含情欲見不得見令人腸斷摧心肝試將綠綺琴為君一再彈彈之不成曲杜鵑啼血春風寒且楚鷓鴣枕琥珀夢魂或繞巫山端簫清衾冷夜漫漫飛越河梁良獨難我有龍蟠鳳舞不敢照照來不似舊時顏捲帷掩袖坐長嘆淚痕片片點苔斑願君為楊花我作東流水遊絲飛絮莫輕飄有心墮入迴波裡敢將變作紫鴛鴦同飲同啄同卧起

湧月臺

黄鶴樓頭湧月臺湧月臺前碑剝苔阿瞞手蹟乃如此奸雄偏負過人才豈有神鬼相呵護歷經千劫獨崔嵬方其順流而東也排空鐵艦驅風雷橫槊賦詩真雄絕俯視江左如嬰孩何當舒州一少年連兵赤壁飛焞烪百萬貔貅一時盡華容君臣數騎回三方割據九州裂轉眼興廢同傀儡秋風夜夜吹紅雨春水年年漲綠苔山川仍入後人眼伯王心事總成灰誰視阿瞞猶視鬼如龍如虎安在哉我欲乘風跨鶴去洞庭湖上且啣杯莫令千秋弔古者指余姓氏重歎哀

赤壁

飛空赤壁何崔嵬雲峰摩天江奔雷千尺斷岸明月裂萬壑陰風粘莓苔我行惟此何蕭森古今登眺幾人哉攀崖躡磴披行壘吳魏爭鋒殺氣開謀臣猛士曾蟻聚半吞魚腹半灰飛至今巖谷扠枒處猶是當年戰骨堆龍拏虎攫一時盡漢水[嗚]咽喉流不回遞興遞廢如朝暮

千古雄圖付蒿萊憑欄一洒英雄淚爾我且盡掌中杯
天崩地折有時盡何況區區此胚胎追思始卧盈虛理
獨醒獨醉任人猜

野老哭

朝來憑眺晴川麓脉脉銷魂聞野哭掩袖堪憐畢老翁
血濺山河腥草木良田荒盡不得耕輸輓公家動千斛
昨年没入西男兒今朝又將女少嵩呼祖之吏疾如風
肌膚剥盡無完肉逃生無地死無門衰年服見罹潢
潰我聞此語心骨悲爾罄脂膏厚我禄豈乏流民繪鄭
圖位卑言高罪莫贖暫勸老翁休自苦且執犁鋤服黄
犢殘喘或可緩須臾廟堂應致太平福

匡廬

匡廬之峰高插天嵐光雲氣相糾纏浮空蒼翠色昏黑
飛洒寒江萬尺泉虎豹奔騰躡其足猿狖哀吟踞其巔
苔蘚紛披陰磴滑晚飈紆曲斷崖懸熒熒石鏡落紅雨
嬌嬌香爐結緑烟我欲乘風到絶頂捫參歷斗星漢邊
天池晞髮舒長嘯幽洞餐芝托短眠又恐塵魔未脱盡
驂生羽翼駭羣仙大藥豈能長駐世不如捐棄區中緣
翩然撒手懸崖上把臂赤松侶偓佺

阻風

遊人厭聽秋風劇秋風偏撼遊人䑰霜楓亂擺馬當紅
雪浪倒翻鶴問白飢烏寒雁聲啾啾積霧連雲慘不流
凍合山城晝閉戶冷侵簾幙夜披裘總爲名利牽塵想
遂使風波送客愁男兒自有千秋業桑蓬何事走遠遊
君不見香爐峰下草堂開江州司馬安在哉又不見栁繞
柴桑窺栗里歸來松菊真高士古今曾見幾喬松少
壯悠悠成老翁但令身後名長在眼底經營何必工

喜雨

鵓鴣逐婦聲烏烏銀床捲霧枯菰蒲阿香推車裂山澤
白衣蒼狗紛崎嶇不勞祈虎泛蜥蜴銀河萬丈傾須臾
田家滿慰山畸望荷鋤帶笠相歌呼龍骨軋軋翻遠浦
鵁尾涓涓滴清渠狂奴歸田心獨喜豐年春酒足歡娱
揮鞭騎馬玉街滑何如烝黎種林長農夫但願年年十
風五雨無疵癘將使普天枯槁盡昭蘇

陪陳靖共

吾年忽登三十三骨支肉索如瞿曇梁吟蕪嘯不得意

終日昏昏春睡酣君今纔登三十一跅跎倜儻無與匹
朱幡皂蓋玉麟符江山卧治何清逸憶昔同遊金馬門
一咲相逢古義敦高懷落落能忘貧流俗尚財不尚義
追逐豪華矜魑魅翻雲覆雨輕蚩嗤忌唯君知我我
知君忠肝俠骨定非羣許伙酒債莫虛擲俯視兒曹同猶
薰嗟我才拙命惟忤棄斥軒冕學農圃參辰相望苦
相思君忽褰帷涉江許向來市交知是誰開顏刮目争追
隨稱君文章述君德滿眼光怪何纍纍鳴吁嘻呼牛呼
馬任誰擬為虎為鼠何足齒丈夫得失偶然耳所賴心
期保終始

月

雲已稀月正遲月明千里夜照我長相思相思不相見
明月空淒其月既有圓缺人豈無歡悲但願有情人
常如月圓時月有晴兮復有陰天長地久以為期

偶拈

種木莫種柳々絮飄揚無定偶種花當種蘭幽谷無人
花自酣人生自有時會合何必栖々遑々西北與東南
君歌從軍行妾夢長隨君春風忽衰歇桃李失芳群

夏葉滿柯條翳翳蔽行雲行雲不可見誰與托殷勤紅
顏為誰凋綠髮為誰紛長天白日暮睡鴨損夕薰挑燈
拂素霞裁作合歡花緘寄遠遊人玩弄珍惜無參差
妾物輕微不足道妾意凄涼窮天涯但願努力保前途
謾逐庸流失故吾功名富貴浮雲耳暫博顏色壯妻孥

行路難

騎駿馬出東原大行九折窺天門煙雲陰森無朝昏猩々啼
雨猿銷魂虎豹奔騰長荊棘折蘭蓀渡雲海々上有仙
人朱唇綠髮春常在我欲就之鍊金液使我頹顏發光
彩長鯨跳躍横天河翻雲倒漢揚波濤馮夷擊鼓叱鳴
鼉石蜃吐霧張幺魔憑流不涉奈君何行路難多
辛酸舉足成網羅束手與波瀾落花紛々春已殘
令我無端發長嘆釣魚已者蟠溪叟飯牛空歌長
夜漫誰人更進王孫餐何用咨嗟氾叔寒々行路難
摧心肝

苦雨和顏佳亂

不分晝夜雨傾盆銀床粘霧驚波翻日日披裘燒
桂木雷鼓髣髴蛙聲煩嗸嗸哀鴻嘆安宅頹垣敗

壁田爲石連年兇飢生事無誰使疲甿安枕席夭意朦朧未可知堆棨盤餐難下食共澆濁酒呼良朋聊博歡娱壯顔色津乎其味有也榮矣腹心之任蕩蕩乎無能名焉臣敢不咨齒相依喉古是職春田北苑愈展清芬秀發東陽益高風韻顧臣之所以獻陛下者水火既濟終不變氣盾以增嫌願陛下之所以待臣者臭味相投更宜謹褱封而加惜庶追陪歡伯捐軀發肌骨之清而左右疏王竭力洗湄陵之穢

九雲書院集目次

五言律詩

雨

早秋

緑柳長堤

暮春讌集

新涼

歸燕

元日

暑中對雨和安丘夫子韻

題画

送别

荅客

南苑大閲和胡山陰夫子韻

贈别

喜宗哀大兄入都

送友人南旋

太公廟

九雲書院集

吳陵宮昌宗武承甫著

五言律詩

雨

北海陰風合東城烈日暝山鳩喧石砌瓦雀亂花汀穴
月披裘坐孤窓捲幔聽無端紛意緒何以慰生平

早秋

經年動作客風物早關心代謝分天地凄凉自古今輕
風翻灝氣病葉墜清音卧看銀河影横斜過遠林

木落山川淨秋風高氣候新艱辛重千里客俯仰百年身
細露摧紅蓼微波漾北蘋登臨無限意舉酒酹蒼旻

綠柳長堤

楊柳知誰植春光付寂寥頓新今日恨不減舊時嬌
鎖鶯聲細輕縈馬勒驕離人深惜別攀折更無聊

暮春讌集

一夜催花雨朝晴看落梅客愁隨地有詩思爲君開歌
妓松間出行厨竹裡來千秋多勝事吾党擅雄才

新凉

荒林木葉下細雨洒芳塘斷續蟬聲歇凄身雁影長
單衫臨曉薄團扇逐風涼何處一聲笛登樓欲斷腸

歸燕

秋老難爲客又看社燕歸呢喃庭惜別來去亦知幾振羽
沾清露辭巢伴落暉明年春色好還傍漢宮飛

元日

京洛倦遊客偏驚歲月新忘憂千日酒有用百年身雪
意仍含臘天心已及春家園多勝事應念別離人

署中對雨和安丘夫子韻

二月春將半寒添細雨來隨風迷宿霧匝地淨飛埃
客況三年病鄉心一寸灰驚看梅柳色物序暗相催

題畫

將事真俊逸好景閑人頤地僻柴扇迴沙平柳葉低扁
舟臨水急古寺入雲齊何日一樽酒西湖問釣磯

送別

相逢誠草草惜別轉匆匆今日樽前酒明朝江上風
乾坤隨落葉聚散逐飛蓬遠望孤帆盡浮鷗西復東

答客

非關輕傲睨自是慵逢迎淡泊存天性炎涼任世情餘
閒唯坐隱有興即狂酲懷刺庭誰可空勞吏識荊

南苑大閱和胡山陰夫子韻

驚蹕離宮內喧喧鼓角鳴至尊非黷武小醜敢佳兵神
臂當秋勁高牙浥露明大風懷猛士孰與請長纓
渭涘曾未達狂醒似寬饒珥筆慚書絹彎弧欲射潮
遥看分虎列盡道阿龍超一鼓清江漢千秋拱聖朝

贈別

淮南需鎖鑰元老起山東耆舊歌思地聲名宇宙間
豸冠籌六府豹略肅諸蠻早計安邊策爲紓宵旰艱

喜宗家大兄入都

雖我爲官在著書寄此身驚人時有句益我可無倫骨
肉天涯至文章眼界新始知朋友樂不比弟兄親

送友人南旋

攜手黃金路相看迴失愁送君今日別獨我異鄉留
綠酒三秋淚黃河一葉舟應思天外客敝盡黑貂裘

太公廟

磻溪如不遇没世一衰翁雖際風雲會亦須神鬼通未

能除害馬何以夢飛熊今日江湖裡寧無姜太公

風順

今朝天色好急浪擁飛艟風怒騰奔馬帆開恍馭龍遥
看數十里已過兩三峰回首黄金路殘雲暮牛封

鄢陵公署望梁氏園亭

争識風塵苦逍遥何處天望中亭榭隱鏡裡水雲連勝
麗兵戈外蒼茫晉魏前此間饒逸趣何必汎湖船

公署晚望

官閣晴初望鳳皇對面迎雲從山脚起人向樹巔行處
處竹為屋家家魚作羹秋風增旅思蕭瑟度江城

夜雨

瀟瀟一夜雨漠漠萬山秋江浪連天捲雷聲倒地流殘
燈摇永漏短夢續長愁寄語南征客休登王粲樓

七夕

今夕是何夕應開織女筵人間競若此天意恐非然詩我
乘槎去看誰乞巧還年來餘犢鼻羞向阮庭懸

别興國守楊蘇生

五馬分殊寵新聞刺溆州烏蠻天作險龍母棧為舟君
去休辭遠吾歸不暫留何當勞别餞追送富池頭

中秋

豈知今夜月猶作異鄉看夢遠人千里思深緒萬端銀
河低白露玉宇射朱欄强醉南樓酒秋衾不耐寒

卧病

擁衾疑有失攬鏡不勝愁身世渺如寄乾坤過若浮原
知暫作客何用更悲秋且盡樽前酒委形任去留

避風小孤

攀崖尋梵宇走石避江風身世煙波裡乾坤吐納中心隨
諸品静悟起萬緣空欲借慈航力慚余似轉蓬

濃雲垂短榻濁浪洒層軒秋併雙鴻落天隨一葉翻
薜蘿供衲布苜蓿進盤飧縱未逃禪去權來嚼菜根

江上晚泊

鼓棹潯陽北避風鼓澤東雲蒸秋水黑霞染暮山紅舟
作坳中芥人同渺際鴻悠悠江海裡鄧禹笑吾窮

讀甑甎酒槁見其次龍塲追嘆王新建詩感
而賦此

吾道徧寥落先生足苦辛奇窮老國士大任降斯人不解

龍場戍旋為麟閣臣楚歌成想像展卷一沾巾
生前身見逐没後謗猶侵不表風霜節誰當社稷臣任
安危占國運顯晦屬天心俎豆斯文在吳鈎起暮陰

脩禊

憶昔聯高會流觴值祓除渾如昨日事又是暮春初勝
地留佳什雄心老敝廬臨流一擊楫望眼為君舒

別李草樓

幾歲邊荒外一麾又遠行朱旛開瘴雨畫戟肅山箐此
地宜詞客知君有令名摩天領上月雲樹不勝情

荅京洛諸舊遊

追憶論交處令朝意若何山川容放廢詩酒易蹉跎病
後逢時拙别來感舊多難將羲馭挽空按魯陽戈

同友人月下説長生

金陵風月麗好友共相将乾坤疑不夜湖海有餘光對
影渾宜酒回頭欲斷腸誰當遺玉屑勝得駐年方
志士惜流景達人有大觀秋深光轉潔夜静氣應寒可
按三才影誰鋪七寶丸愧無雙羽翼飛上青雲端
金水含元氣盈虚盥素魂夜分還子午氣轉闢朝昏只
此嬋娟影已為天地根君看江上月處處照華樽
可怪千年久曾無半點瑕細看如有物俯取却成丹照
徹三關透光分一息攢唅然忘爾我何以未心安

棋

安定三春碧宜都千樹丹携來金錯落劈破玉團圞懐
袖情空切堆盤齒已寒遥思黄袂宴選夢入長安

讌集限韻

尋常文字飲相對興偏雄夜永添殘燭秋高落緒風
縱談天下事寄跡酒人中宇宙容吾輩斯文應未窮

媿之

江上晚泊

江上

即事

放舟

哭趙友沂

脩禊

前題和劉雲樵麗使君韻

江行

夜起獨酌

九日寄内

雨中卧病

客中九日友人冒雨過飲

雨化臺登高和韻

讀楞伽

晤陳靖共

棋墅

遣興

江上懷古

晤沈韓倬

王楚先年伯招飲談舊事

曾謙菴署中同盛珍示較奕

喜雨

誕日

贈江撫

得大兄捷音老父偶爲二詩依韻奉和

水災

草堂偶集限韻

九雲書院集

吳陵宮昌宗武承甫著

七言律詩

西園讌集和韻二首

清江碧石鎖楓楠冉冉煙霞護綠龕此日逢君空冀北
誰人托處引東南夏侯車騎愁中過仲蔚蓬蒿醉裡探
自足山中千古事殷生底語咨空函

繞岸芙蓉秋色侵伏藜幽勝足追尋嵇康好鍛真成癖
支遁求仙亦苦心但得放懷遺世外何須浪跡遯人深冉
梯粉堞聊舒眼指點高風在邑令

金山

鐵柱何年峙此山橫流獨枕石根閒藍橈楫桂時當擊
貝闕琳宮晴自攀驂駕欲依天北極龍吟長在殿中閒
海門縱目風濤急轉羨高僧日閉關

遊古湖心寺

同君湖上蒼茫立古寺深暝清眺餘沙捲龍堆春水急煙
迷蘆浦晚風舒遥天裊裊飛黃鵠獨浪陰陰跳白魚
漫自臨流思擊楫飲騷何意有居諸

讌集限韻

勝日張筵碧水隈相逢異地共追陪穿花舞蝶飛還墮
銜岸游鱗去復回敢謂文章推我健故留懷抱向君開
殷勤莫負尊前酒漢室如今重馬枚

早朝

未將經術酬初志空老文章直未班鳳闕朝暉開北斗
龍樓爽氣逼南山時平自覺封章少官拙何如拂袖閒
纍若曾無一寸補日勞青瑣費躋攀

晚出直廬呈朱梅麓夫子

雲浮落日擁蓬萊長樂鐘聲入夜催複道花陰穿月
舞上林鳥語趁風回棄繻誰復請纓去待詔翻為戀酒來
縱是朝端饒汲鄭微臣敢自負多才

玉皇閣

玉皇高閣鎮清都翠柏蒼老碧梧鈴鐸遠從天上聽旛
幢疑向鏡中鋪山腰西鎖封琳館水面東流逼鑑湖應
是至尊崇道德非同九級起浮屠

花朝同龔芝麓姜湹思韓聖秋吳園次朱紫來
嚴方詒集汪雲襄齋中

菲菲芳草鬬春華二月尋春處士家千古才名鎖濁酒幾年客淚落清笳風穿曲檻鶯聲細月上空墻鶴舞斜自是名園多勝事長安今始見梅花

御賜九成宮石刻

陪侍宸遊御苑花臨軒賜出九成宮從容清讌天顔喜洒翟殘碑聖藻雄筆陣遥分三折勢墨池敢負十年功小臣渥澤慚無補心正還當效寸忠

晚直口占呈安丘井研兩夫子

星霜鹿鹿敝貂裘虚負追陪入鳳樓玉輦初回春雨細珠簾半落晚煙收聲華應念樞榮老揺落誰知宋玉愁日沐君恩無一補尸餐何以慰前脩

别孫作庭年伯

法筵君趨青鎖闈儒冠我入紫薇垣官銜親切榮光近樽酒殷勤世講存細雨疎風今送别清江碧石遠銷魂他時若有鱗鴻至應報黄門入坐尊

王大宗伯寄老父香参賦詩

老父年垂五十餘蒼顔鬒髮負居諸狂歌陶令歸來賦懶草長卿封禪書遠惠奇香供寶鴨兼承聖葯伴金魚歸時若訊尚書履欲折梅花慚報琚

送陳靖共奉使蜀中

片帆我向家園近疋馬君應跋涉艱障日懸崖虧白帝倚雲連棧接烏蠻休言好友殊方别記取江陵一日還却寄幾枝邛竹杖扶持共醉茱萸灣

羅欽瞻年祖留飲其釀有黑白二種

生平性癖耽詩酒羅酒由來天下奇白比梨花欺琥珀黑分桑椹染玻瓈千杯不待吴姬壓百斗何嫌吏部羈可惜歸舟星火急無能滿載沁心脾

題羅園

烏府先生楚諫書名園卜築愜幽居松花凝月娟娟静荷葉翻風細細舒自外塵埃憑醉醒閒評今古付唏嘘故人不用深留款露節趨承難駐車

阻雨戲敲針作釣鈎

浪軟沙平好泛舟空山雨氣動人愁雷車鬼馭風雲合霧井神吹天地浮細捲琴書妨急溜閒開帷幔聽驚流王璜何處沈天地浮埋久猶把絲綸隱直鈎

寄懷吴戟方

此地遥憐吳李重幾年摇落滯西樞驚人好句情空切送鬼窮文計轉疎茹菜庚公三韭慣悲秋杜老一錢無蕭蕭北望神傷處媿乏雙南慰阮途

過東光莊年祖母遺两兒朱棗時栩庵年祖南遊未值

登堂擬拜萱陰叟聞去邗關已十旬遠贈敢當立稚輩高情深荷太夫人鷄心細煮閒脾氣羊角分甘慰客貧還顧妻孥須飽食故鄉無此味鮮新

晉元陂

此地猶傳晉元陂蕭蕭易水足歌思披圖曾入秦庭去擊筑空聞壯士悲獨惜深謀虛鞠武頓教失計殺樊期迂儒莫漫嗟成敗渺渺天心未可知

驟雨

放舸陰陰暑正煩中流忽報雨翻盆風沈黑浪雲雷鬪霧擁黃霾日月昏應有蛟龍探水窟不分晝夜失山村須臾返照催蕭鼓點點晴沙白鷺蹲

崆峒

盤山縹緲接崆峒傳說軒轅拜下風鳳聴樓中吹玉琯龍騎天上落珊弓白茅東望仙人降赤水南歸象罔通欲向昏繙求至道茫茫何處廣成翁

謁岳忠武祠

陰森遺殿鬱岧嶤草木中原恨未消既使臣躬親戰伐何妨君側靖飄摇班師共惜心猶壯叩馬何人識亦超潭水松風空有夢登臺極望莽蕭蕭

夷門

東去夷門一問津侯生居處舊城闉中原龍戰滄桑久古塞鱗分草木新遥想當年停轡地不知何處抱關人區區游俠能存趙按劒寧無席上珍

家大人索金長真年伯銅雀硯金賦詩寄荅時余奉使適至汝寧拈酬之

小子單車六月來大夫尺素幾時回新詩已奪驪珠窟古硯何須銅雀臺看去將來歌妓艷携來亦恐老瞞哀我曾坐索無消息漳濁河邊問刼灰

藩臬諸公邀遊黃鶴樓

黃鶴樓邊秋氣清樓標黃鶴傍山城仙人駕鶴今何處吾輩登樓倍有情怒浪排空翻日月層巒逐險走鼉鼍

旅愁一夜西風急湧月臺前滿落英

博浪城

莽蕩中原草木生祖龍曾此駐遊旌銷金已盡咸陽急道袖鐵難防博浪城五世忠韓權借漢一朝辟穀早辭榮橋邊黃石知何在洞口白雲空自清

同友人遊仙棗晴川諸閣

蹉跎金馬總沈浮令得同君作浪遊漢水疑從天上落秋風不管世間愁題詩直逼煙波里吊古堪悲鸚鵡洲安得仙人招鶴至憑空吹笛向揚州

送督師張西岳移鎮荆襄

當年玉燭開黃閣此日金符擁碧油萬里旌麾收瘴雨千秋江漢屬安流元規樓上飛帆去叔子碑前綬帶遊相對匆匆殊未盡空餘雲樹向荆州

甘將軍廟

荒祠斷碣拜行營此地將軍舊有名腰裹光寒潮作御芙蓉焰冷血猶腥陰陰霧擁黿鼉窟點點晴聞烏鵲兵豈是報吳心未死至今江水尚東鳴

鰣魚港

鰣魚港畔少人煙盡泊晴江估客船浪蹴千峰啣落照風懸一葉捧清天汀前細細留鴻語沙際雙雙宿鷺拳坐看漁人抽細網數聲欸乃亂寒蟬

抵孤山風濤大惡土人謂猪婆閒椒芳故作祟投媿之

曾聞爾是羣龍種漫說乘雲入九宵鮮味聲寒噴浪急負舟力猛借風驕寧當燭火啣紅日未必珠光射黑潮我欲燃犀探怪穴恐驚鰲柱泣鮫綃

江上晚泊

風帆趁浪正驚人咫尺孤山入望新虬松偃蓋通霄漢怪石蟠空逼鬼神村火含煙誰送笛漁燈傍月獨垂綸乾坤盧可容蹤放何事湘江泣逐臣

江上

沙黃風黑日昏昏孤舘橫江晝掩門一水盈盈浮地軸千峯歷歷亂雲根高楓帶艷三秋落細草無情兩岸翻莫怪阮途悲底事更誰一飯識王孫

即事

鷄唱鴉啼夜未央舟人指點過黃山岡天翻波浪低星斗

山跨荆吴接混茫豈有神龍飛玉去故令奔馬疊相望
秋風已覺蓴鱸健何事東山捉鼻忙

放舟

恰宜順水扶青舫更有輕風下翠微浪穩不驚鷗鳩
睡天空巧蹴鷺鷥飛山根跋足橫江過石髮森鱗首
雨肥咫尺九華空際落片帆好趁片時歸

哭趙友沂

憶昨追歡黃鶴樓賦詩把酒作狂遊聽歌楚曲紅簫艷
遠贈湘茶碧玉浮最喜三秋逢舊友誰知一别向荒坵
淒涼何處山陽笛淚洒西風不得收
鄂渚題詩應作讖邛關弔古總增愁令余策杖思金
鼎疑爾乘雲記玉樓劍氣空懸新塚外琴聲已逐故
人收九原莫聽招魂賦委蛻何妨任去留

脩禊

江城雨歇亂鶯啼正是華林結禊時好友相將四五輩
叢蘭咲㧺兩三枝羽觴趁浪飛花墮絲竹鋪茵舞絮
垂性癖未應灑水祓草堂吟望獨裁詩

前題和劉雲麓使君韻

園林日暖草菁芊好友追隨鬪錦箋綠鷁臨風支淺
水紙鳶舒响破輕煙花情過眼還留眼詩思今年勝去
年何必永和傳逸事相看疑是酒中仙

江行

江寒日暮雨簾纖把酒張燈落翠簾萬里浮濤翻白
雪六朝遺事付蒼蒹空勞慱稚誇邊筍媿乏權奇效
鄗尖潦倒已愚秋水逝阿誰猶自讀飛鉗

夜起獨酌

夜冷風淒大不聊起憑雁柱獨高燒聲欺柳葉翻三疊
响遏桐縣度六么鍾子知音只爾爾巴人寡和宜寥寥
瑶琴擊碎唾壺缺徒損清歌對濁醪

九日寄内

淮擬開懷臨勝地偏逢佳節滯江天縈花曾否知殷七
幽恨虛無滿大千疑爾題糕停綵筆教兒拔幟列邊
筵酒闌獨挽茱萸佩可憶狂夫此醉眠

雨中卧病

露葉霜花只自繞坐看晚雨逐歸潮寒侵枕畔爐煙冷
風過窗痕酒力消飛鳥徘徊泥滑滑行人躑躅馬蕭蕭

病夫對此渾無賴，靜悟乾坤一覆蕉。

客中九日友人冒雨過飲

落落悲秋興欲刪，何當未老却投閒。江山有意人留滯，風雨多情客住還。笑接白衣頻進酒，戲簪黃菊一開顏。年來攬鏡渾非舊，莫訝蒼黃楓樹班。

雨花臺登高和韻

北固茫茫眼倦開，況逢旅病客多懷。蕭蕭木脫風千片，兀兀鵰枯日九迴。帽墮偏宜秋葉起，詩成應有雨花來。山川自昔多興廢，難禁騷人賦七哀。

讀楞伽

閒宵習靜禮楞伽，半偈當機勝五車。慧起諸天呈意樹，空窺入識洗心花。寥寥人事真憐蚿，點點風光咲觸蝸。記取西來無一字，何須避世結因芽。

晤陳靖共

聞說神州好卧臨，故人正自珥朝簪。與君攜手渾如昨，顧我强顏忽到今。恰喜寒帷存稚望，私憐按劍負知音。元龍百尺真豪舉，泉石悠悠豈我心。

棋墅

至今賭墅尚知名，太傅風流孰與并。應咲驚心迷蒭板，非關矯意樂棋枰。時維危決策須安靜，任重當機賴老成。小草何人輕置許，東山出處豈無憑。

遣興

乍晴乍雨倍凄其，異客登臨有所思。山鳥翩翩飛欲隨，江花冉冉落還遲。愁時叱咤閒看劍，暇日蕭踈好杖藜。却咲子雲不曉事，閉門只作解嘲辭。

江上懷古

田田鼓吹鬧西街，獨坐開樽逸興賒。芳草馬嘶喧霽藥，平沙鷹落聽琵琶。吳宮治麗應何似，晉代風流莫浪誇。江上年年春水綠，曾知興廢幾人家。

晤沈韓倬

一别金門遂十年，相逢話舊兩茫然。江州底事青衫濕，杜曲無端白髮添。但使乾坤容小隱，何妨湖海任高眠。不堪夜半鷄聲急，起舞從誰共著鞭。

王楚先年伯招飲談舊事

粉署仙郎欵欵留，殷勤樽酒話前修。數奇只合漁樵老，才拙何堪仕宦謀。莫怪人前多白眼，須知世外有丹丘。

狂奴故態今安似著有狂談正未休

魯謙菴署中同賦珍示較奕

名噪鷄壇幾十年相逢清署敵華筵文章世共推持論風雅君當過昔賢偶寄雄心棋局裡暫分殺氣酒盃前茫茫睹墅今安在漫擬休閒話橘仙

喜雨

連年憂水今憂旱最喜秋來雨意纖清響翻空摇急溜新凉匝地透疎簾驚看禾黍千枝秀漫試池塘幾尺添民力東南愁欲絶可能高卧樂優噡

誕日

百年草草真浮寄半世悠悠不合宜轉眼華心已負回看少壯鬓將絲高懷雅置千秋上俠客誰拚一日知未審吾生何所似幾時拂袖侶安期

贈江撫

曾懸氷鑑開天府遂握金符擁上遊邮伯夂勞王國雨波臣遠靖海天秋三吳風物由來麗兩越山河望裏收漫擬能文追永叔重題晝錦待君遊

得大兄捷音老父倡爲二首依韻奉和

京國同遊束髮初居然讀盡五車書擬從姓字鏤金榜漫以疎狂玩石渠嘯咏猶能支海嶽經綸豈遂老犁鋤秋風桂蕋垂垂發翹首南宫羡洛如

窮年矻矻未寧居今日風流得遂初駿骨圖來空國貂裘在否龔華裾敢言經術能千主聊藉書香慰倚閭上苑花光春正麗好承宫錦報瓊琚

水災

連年澤國儕魚鼈匏子應誰底績高極倫懸知臣職曠省憂無乃聖躬勞頻煩太府頒金液忍見窮簷沛玉膏日戴堯天同擊壤私慚何以答分毫

草堂偶集限韻

深秋氣候轉暄妍秉暇藍輿聽暮蟬競喜座邊天下士休猜臣是酒中仙臨風興逐詩篇健愛日情同歲序遷朱許西園圖勝集風流椎欲邁前賢

九雲書院集目次

五言絕句

九雲書院集

吳陵宮昌宗武承甫著

五言絕句

已日和劉雲麓使君韻

纔見梅花開，又見梅花落。春服何輕盈，看花到山閣。

鶺鴣喚雨晴，燕子呼春曉。時序已關情，況復聞啼鳥。

偶拈

偶來洛水濱，疑夢巫山曲。對月認分明，臨風頻彳亍。

勸君銀鑿落，聽我玉參差。一夜梅花發，春風正及時。

春日

花開四五瓣，鳥弄兩三聲。減却登臨興，春風也咲人。

臘殘猶自暖，春遠尚餘寒。半雨半晴意，騷人不耐看。

雨中梅花

美色不長好，名花不久開。春來花信早，春去幾時回。

花開為誰開，花為誰謝。花謝與花開，春色都無價。

九雲書院集目次

九雲書院文集

吴陵宫昌宗武承甫著

七言絶句

題東湖釣隱

煙蓑雨笠冷蒲菰，事業誰甘老釣徒。應是後車勞夢卜，暫從湖上著陰符。

閨怨

永夜秋風鐵馬鳴，憐人落葉逐風輕。紛紛浪蕩如遊子，霜打征衣不記程。

慵拈針綉倚闌干，含笑含顰草花自繁。妾縱如花花亦老，羞從黄落向君看。

鸞鏡雲鬟曉自疑，獸爐香篆夜增悲。請君試看珊瑚枕，點點流痕知為誰。

花比同心帶合歡，燈前下避人看。看來俱作斷腸草，妾意君心恐亦寒。

田雪龕松下讀南華圖

使君清節勵松筠，坐讀南華學隱淪。梁苑應需作賦客，漆園難老傲梧人。

平山懷古和韻

仗策悠然憶故宮蜀岡迢遞入雲中當年簫鼓今安在
寂寞鐘聲送晚風

楊花點點落誰家春雨春風逸興賒淺綠殷紅無限
意還疑剪綵鬬繁華

姑蘇元夜

瀟瀟風雨打船頭逝水無情兩岸流燈火滿城簫鼓急
頓教旅客起閒愁

弔夫差墓

苔蘚陰森亂石鋪登高一望影模糊館娃歌舞應何似
半尺孤墳隱霸圖

望裏江山入畫圖行成失計未為疎但知勾踐非池物女
子何能便沼吳

白雲堂賞梅

梅花滿樹渾如雪偏向春風鬬素華不是暗香浮琥珀
却教帶雨認梨花

陳渭公席間道及王穎士口占却寄

十年不見王郎面千里相思意若何忽遇故人重話舊
不堪把酒聽清歌

拚得文章身後在何妨事業眼前虛山中自有長生術
俯瞰塵紛總不如

九雲書院集目次

蝶戀花 留餘閣白牡丹初放岳翁雲部招同吳薗次宗崔問花下小飲分賦

水龍吟 前題

誤佳期 本意

水月圓 紅橋泛舟同薗次崔問分賦

醜奴兒令 別意

九雲書院文集

吳陵宮昌宗承甫著

許餘

驀山溪

畫闌干外，正晚風寒峭，明月映簾櫳，聽譙樓、鼓聲輕掉。嗟哉寂寂，獨傍曲寒眠，舞長蘋，舒長嘯，鄧禹輕相笑。不如歸去，杜宇聲聲叫，辜負少年心，且藏名、耦耕沮溺，何篠束西南北，何為是，棲棲遊春嶠，垂春釣，聊以從吾好。

秋光好

風淅淅，雨星星，好淒清，四壁寒蛩鬧五更，不堪聽。幽恨頻添枕簟，雄心漫付棋枰，莫道秋光容易老，甚心情。

醉蓬萊

問征夫前路，拂袖山阿，懶翁歸也，鶴怨猿驚，更雲嬌風姹，爭說東君，昨非今是，償却湖山價，此後休提，勳庸伊傅，文章董賈。　盼望庭柯，怡顏寄傲，藜杖巾車，東皋之下，回首塵寰，性干休罷，鴈避危絃，舟返驚浪，冷眼真堪訝。五桺吾師，五湖吾友，大家閒耍。

春光好

梅忒瘦柳初勻一番新舞絮飛花惱殺人恁般春　水碧
山青疊繡雨絲風片鋪茵賣弄春光都是假更誰真

傳言玉女　風鳶

站站風鳶摶彼扶搖而上問何能爾輙高飛遠望本無六
翮慣與燕鶯爭抗相逢列子泠然相向　縱致雲霄總
倩人收入放無情無緒却臨風引吭余不爾如賣弄飛鳴
之狀但春歸去君將安傍

滿庭芳

嘯倚天河手攀牛斗悲秋長是唏吁韶華辜負對月惜
清癯底事無端競逐謾回首人步人趨穿針會何煩乞
巧守拙獨區區　休辜且樂此浮瓜沈李映碧施朱看
良辰令序肯付模糊我意一年一度疑牛女有也應無來
槎去支磯石畔問我是狂奴

慶清朝慢

幾陣蓼風一番豆雨情然故弄新聲誰教夜催刀尺切
切砧聲感慨係之矣更西窗落日恁般聲聞檢點黃花
做色白鴈傳聲　聽一會愁一會禁不得耳畔有許多
聲四蛩吟唧唧又趲更聲起看星河搖動輕翻鐵馬

兩三聲向人問此何聲也一片秋聲

河傳第十體　蟹

郭索聽著有許多脚有恁般殼雙螯剪起一任雄心揮
霍渾身都是惡　忽然火照寒沙白蹣跚客請向釜中
泣死和生利和名空爭可還能橫行

沁園春

萬籟蕭蕭地與天連漫空雪來方其初至也穿簾度幙
無聲無臭祇覺寒催啟戶驚看青山老矣恍似瓊林
珠樹闤闠爐好有茶鐺酒榼趁早安排　臨軒四望佳哉
喜萬里同明絕點埃兒童真好事爭團粉絮狻猊騃立
點竹粧梅叟老欣言歲云豐矣拚取良宵千百杯披裘坐
咲衰安僵卧寂寞空埋

河傳

否否甚矣吾衰久矣況復如彼書空咄咄怪事難明底裡
問從何說起　難消百鍊剛腸冷淅衾影作夢還頻
醒一更更一星星孤燈恨天天不明

過澗歌

拚得萬事都拋捨安頓間身祇覺鸕鷀堪把甚真假一

任呼牛呼馬造化爲爐冶非好酒蓋寄情于酒者也只一觴一咏人如從懶翁遊而樂知吾何樂者醉裡文章醒後經綸人生道此暫且是做聾粧啞

聲聲慢第三體 寄懷大兄

去年相送春夏之間别緒正怯登樓打算何時歸計今又深秋中年傷于哀樂偏則是望遠凝眸君與我縱兩般風味一種幽憂 逝矣嗚呼老矣嘆大子多病孩臂難侯落落襟懷空自負與吳鈎我欲叫開閶闔問天公底事沈浮凭欄望暮雲煙樹兩悠悠

雪梅花 荅客

夫詩者聖賢發憤所爲螯不能通其意又編摩以成書仲任窮而論衡著子雲老則法言攄此皆鳴其所不平匪博名譽 非窮者能也工者能窮足可唏嘘染翰搦脈消磨多少居諸合拍狠如曲公子凌雲賽過病相如豈徒苟焉而已也莫我知夫

賀新郎 己日戲譜蘭亭

羡會稽佳地暮春初流觴曲水群賢修禊天朗風和堪暢叙相與俯仰一世信極視聽之娱矣觴咏雖無絲共竹暫得于己快然因寄觀宇宙察品類 曾不知老之將至向所欣俛仰陳迹事隨情異修短終期於盡化死與生誠大矣感慨所由如同契念彼臨文嗟悼處後視今猶是今追昔將有感於斯記

薄倖

苦爲情縛待把相思閒丟却一霎又經心將心做了相思包絡爲郎憔瘦轉瞞郎奴心不似郎心薄若換此心交付郎心裡滋味如何咀嚼 再把兩心齊換你我各自思量著你思量你我只思量我省多少風塵擔閣再休臨鏡照見人孤另依然你我情蕭索會多離少乍是療情聖藥

魚遊春水

問東湖漁父忽把光陰閒裡度喟然而嘆謂爾不知其故擲繭聊伸殺物感垂竿欲斷投鞭路可放可收何憂何懼 不見濠梁風素我匪魚安知魚慕相忘同在江湖應無殊趣枉擔心猶飢猶溺誰耐勞爲農爲圃已而已而唯吾知足

南鄉子 卧病

使鄧禹羞人兩髯𫝹多奈狂奴故態聊雲爾爾時留習解浪付呵呵一片冒襟千秋傀儡酒債詩仇暗自嗟相逢好忽憑今慨昔輙喚如何

行香子

誰醉誰醒誰濁誰清長沮桀溺耦而耕丘何為是獨自硜硜嘆鏡中花水中月幻中身　有陰有晴有虚有盈西山何必勝東陵是非奚辨總屬浮名咲井中蛙夢中蝶腐中螢

望遠行第三體

今夫太極原無極悖則凶脩之吉上天下地我在其中總一氣為消息吹萬不同而恕者其誰也知其白守其黑漫容多求五千言道德　須識生也有涯殆已總緣形氣拘生趁富貴非真風流盡假回首處誰將得無奈杯中春意眉間豪家氣露點英雄本色彼賤而存者吾將奚適

浪淘沙

衰草夕陽低滿目悽迷登山臨水送將歸欲話殷勤心已折清淚偷垂　不記畫樓西剪燭披幃三更寒雁天忒巧騰那陡送新凉雨後過一派秋聲催落葉心窩透入英雄合淚多　流景逝如波慷慨誰揮返日戈耳畔蟬聲揚挪外云何偏向愁人聒甚麼

又

何事惹閒愁風雨瀟瀟一夜秋應把愁魔吹送也無休繞去心頭又眼頭　風景有時收轉瞬秋光付水流可解將愁吹去也凝眸短笛關山莫倚樓

沁園春

上下古今不乏雄才誰為世宗即昌黎原道胸中未了歐陽諛墓筆下徒工既被秦灰旋遭漢謬無惟傳心有異同空言耳豈聖賢精奥文字之中　諸君邂逅相逢喜抵掌論文頻過從弟孔顏樂趣非尚存帝虎伊周志願豈在雕蟲眼底經營口頭渲染窮者能工者窮吾何敢舍千秋大事附和諸公

又邗江喜晤陳階六年伯

百尺元龍湖海人豪奚為病麼憶花磚啟事庭無闒冗蠻鄉叱馭海不揚波騷椎班頭文章巨擘漫負華簪泪妻和君之寶當為天下惜好夏消摩　嗟哉歲月嗟跎

五更鷄一曲陽關催去也減却腰圍

踈影

長空如練見銀河耿耿涼生湘簟別已經年何處重
詠燕舊時生面梅花嶺弄闌山笛一聲落葉梧桐蘭曉來
來臨鏡不如何事芳顏多變　爭道秋光堪羨可人
天氣正恣歡讌無奈懶翁意倦閒吟望惜分陰如箭
難將心事隨追電吐壺擊碎情空戀鬱鬱安能
久居乎腸斷蘆花千片

江城子

敲風漾雨綉波紋恨云云思紛紛為甚春來消瘦了休
文草帶嘗應移孔也寬幾許兩三分　更長漏永不
堪聞楚山雲越溪裙此地思君何日又逢君花意飄零
人意懶空兀守盡爐熏

水調歌頭　除夕前五日許澈石年見過同陸懸圃張九章黃仙裳丁長塽小飲聽澈翁曲度

爆竹鬧餘臘幾日又新年相逢不飲歸去梅柳也負煎
檢點敲殘棊局塗抹吟安詩句咳吐落雲煙鞭韃炉絲
梟呵凍寫春聯　夜將闌酒將判按冰絃玉簫聲裡
楚狂一曲興超然屈指乾坤之內幾輩應劉啟手湖
漫海高眠此外渾閒事且付與天天

鵲橋仙　除夕

松盆高架桃符新試簇擁金錢滿辟門前喧咲灶王
來齊唱采新春大吉　親朋爭索新書幾冊揀箇良
辰拜客家家插遍鬧蛾兒問今夕原除夕

長相思　春日遣懷

春風吹春雨纖一片香紅到處粘慵情怕捲簾　春
宵淹春晝慵蝶困鶯憨著意收閒思驀地添

又

為花留為酒留春色三分鎖盡攏下七分愁　在心頭
在眼頭煞要休時怎樣休空自把吳鈎

又

山也長水也長剛怕春酣欲斷腸又早送春忙　千思
思量萬思量贏得相思沒法償豆揖餘香

又

催殘夢枕上鐘千古英雄一霎空無語咲東風　休回
首塞上翁一餉陰晴不定中底事怨天公

重疊金　同魯謙庵遊紅橋道舊

橋邊流水清如滴橋頭野艇遊如織不覺眼中人回頭四十春　酒腸容易窄詩興渾難覓忽忽竟中心情總不肰

又

狂風吹落紅香渡驚波險斷紅橋路試問慣遊人遊曾不厭頻　流光原易擲往事休重憶春去有來時誰教春去遲

滿江紅 魯謙庵訊近况賦答

宮子年來無箇事栩然情適曾不慣書空捉臭枕流漱石忙裏偷閒抽逸史鬧中取靜耽周易每倦時一覺醒時遲忘朝夕　花照眼愁無客杯到手還爭奕閒揮毫染翰才華猶昔千古等閒緣水逝四時詁計憑天擲把從前一種莽心情都蕭槭

又

君固吾哉君不見古來豪傑大都是得時而駕失時而蟄晏霧粘山容豹隱狂風匝地誰貍別一任他坎止與流行驚看舌　毋攙閣因人熱休辜負安吾拙倘斯文未喪誰堪英絕要得足時誠未足恁些缺處何妨缺黑嘍嘍忘却鹿蕉葉還皆娀

阮郎歸 数日風作惡花盡落

雨聞怒者其誰耶塌然蘋末加雌雄颯至一般家何曾解惜花　花自落客休嗟鋪紅映晚霞勝如枝上開繁華傷心盡是差

蝶戀花 留餘閣白牡丹初放岳翁雲鄗招同吳菌次宗崔閏花下小飲分賦

又把春光輕漏洩雨意雲情逼教花清絕淡淡籠煙真个别一聲鳥喚提壺切　護檻金鈴須早揭莫引芳魂檻亂蜂和蝶羯鼓催頻吟白雪勸春暫此停歸轍

水龍吟 前題

一番春意闌珊膏烟膩雨輕寒顫畫欄干外濃陰如織花開曾遍陣陣空香踪簾乍捲十分幽艷甚花王花后鉛華盡洗偏占却春風面　試問吳興太守婦光陰風塵遊倦香柔玉煖庭都付與無情鶯燕爭佀歸休花前酒底任恣懽戀醉婆娑相與憑今吊古流光如電